“高速铁路工程技术创新丛书”
专家委员会

“高速铁路工程技术创新丛书”
编委会

高速铁路工程技术创新丛书
国家铁路局组织编写

高速铁路运输服务

贾俊芳　张建平　等编著
胡亚东　主　审

中国铁道出版社有限公司
2021年·北　京

内 容 简 介

本书是高速铁路工程技术创新丛书之一，由国家铁路局组织编写。作者以我国高速铁路建设和运营实践为背景，结合十几年的理论教学、学术研究和工作实践，首先构建集高速铁路运输的服务需求、服务容量、服务设计、服务质量标准、服务质量测评、服务质量控制为一体的理论框架及相关方法、模型，其次系统总结、全面展现我国高速铁路服务产品设计与经营、票务服务、车站和列车服务、应急服务及相关服务系统和平台的发展成就等，旨在为我国高速铁路的持续发展提供理论与实践上的技术支持。

本书可供高速铁路规划、建设、运营等各专业工程技术人员学习参考，也可作为高等院校交通运输专业学生的教材及广大铁路爱好者了解高速铁路发展的科技图书。

图书在版编目(CIP)数据

高速铁路运输服务/贾俊芳等编著.—北京：中国铁道出版社有限公司，2021.6

(高速铁路工程技术创新丛书)

ISBN 978-7-113-27954-7

Ⅰ.①高… Ⅱ.①贾… Ⅲ.①高速铁路-铁路运输-客运服务 Ⅳ.①U293.3

中国版本图书馆 CIP 数据核字(2021)第 086192 号

书　　名：**高速铁路运输服务**

GAOSU TIELU YUNSHU FUWU

作　　者：贾俊芳　张建平

策　　划：金　锋

责任编辑：金　锋　悦　彩　　**编辑部电话**：(010)51873125　　**电子信箱**：jinfeng88428@163.com

封面设计：高博越

责任校对：孙　玫

责任印制：樊启鹏

出版发行：中国铁道出版社有限公司（100054，北京市西城区右安门西街 8 号）

网　　址：http://www.tdpress.com

印　　刷：北京盛通印刷股份有限公司

版　　次：2021 年 6 月第 1 版　2021 年 6 月第 1 次印刷

开　　本：787 mm×1 092 mm　1/16　**印张**：27.5　**字数**：704 千

书　　号：ISBN 978-7-113-27954-7

定　　价：160.00 元

主要编著者简介

贾俊芳，1962 年 7 月出生，北京交通大学交通运输规划与管理工学硕士，北京交通大学副教授一级，硕士生导师，“铁路旅客运输”“高速铁路客运服务”等本科专业主干课程负责人，“高速铁路运输服务”研究生课程负责人，国家铁路局专家库专家。主要研究领域是铁路运输组织现代化、铁路客运服务、铁路客运组织。主编著作共 7 部：《铁路旅客运输》、《高速铁路客运服务》、《旅客运输》、《铁路旅客运营管理》、《铁路旅客运输》(英文版)、《轨道交通服务质量管理》、《公关与礼仪》；副主编著作 2 部：《铁路旅客运输组织》《公共关系理论与实务》。主持完成中国铁路总公司、国家铁路局、世行等领域的科研项目近 30 项，包括“铁路客运市场整体需求结构研究”“客运专线和既有线能力综合运用与投资效益研究”“铁路旅客运营指标体系与计算方法研究”“客运专线客运综合交通枢纽站系统技术研究”“广铁集团站车服务旅客满意度调查与分析”“铁路旅客运输权责关系研究”“《铁路旅客运输规程》修订研究”等。获得北京市优秀德育工作者，北京交通大学“我最敬爱的老师”称号，校级教学成果二等奖 2 项。被评为“三育人”“教书育人”先进个人、优秀班主任、优秀主讲教师、教学促进师等。

张建平，1984 年 11 月出生，北京交通大学交通运输规划与管理工学硕士，国家铁路局规划与标准研究院运输经济研究所高级工程师，国家铁路局铁路科技标准规划入库专家。具有近 10 年铁路运输基层工作经验，主要从事铁路运输规划、铁路运输服务、铁路运输经济研究。参与编写《高铁经济学导论》《高速铁路客运服务》《高速铁路行车技术管理》《铁路旅客运输》《铁路旅客运营管理》等教材，发表论文 10 余篇，参与“中国高速铁路安全治理战略研究”“交通强国铁路建设标准研究”等中国工程院、国家铁路局课题 5 项。获国家铁路局铁路重大科技创新成果库入库成果 5 项，获北京铁路局职工培训创新成果、优秀论文、合理化建议等奖项 8 项。获国家铁路局建功立业、优秀共产党员，北京铁路局十大杰出青年荣誉称号以及先进工作者等其他局级荣誉称号 6 次。

序

铁路是国民经济大动脉、关键基础设施和重大民生工程，是综合交通运输体系的骨干和主要交通方式之一，在我国经济社会发展中的地位和作用至关重要。高速铁路集聚了现代工业文明的丰硕成果，以其安全、便捷、舒适、环保等技术经济优势，显示出强大生命力。我国高度重视发展高速铁路，经过几代人的不懈努力，实现了从无到有、从探索到突破、从制造到创造，特别是党的十八大以来，我国高速铁路快速发展，已建成世界上最现代化的高铁网络，成为高铁运营里程最长、在建规模最大、高速列车数量最多、商业运营速度最高、高铁技术体系最全、运营场景和管理经验最丰富的国家。“复兴号奔驰在祖国广袤的大地上”。截至2020年底，我国高速铁路已达3.8万公里，占世界高铁总里程的三分之二以上。四通八达的高铁网，在服务国家重大战略、支撑经济社会发展、满足人民群众美好生活需要、助力“一带一路”建设、推动世界铁路发展等方面做出了巨大贡献。

我国高速铁路借鉴世界高铁发展的成功经验，通过原始创新、集成创新、引进消化吸收再创新，坚定不移地走出了一条符合国情路情、具有中国特色的自主创新道路。系统掌握了艰险山岭、风沙戈壁、黄土湿地、高寒酷热等各种复杂地质及气候条件下高速铁路建造成套技术，建成了一大批世界级标志性工程；创建了成套的高速铁路列车运行控制技术标准体系、认证体系和仿真平台，具备从列控系统设计、生产制造到工程实施的全过程能力；具有成熟的高速动车组设计、制造、测试技术，构建了科学的高速动车组技术标准体系，打造了规模强大的生产基地和完整的产业链；形成了适应复杂路网条件下长距离跨线运行的高铁运营管理成套技术，构建人防、物防、技防“三位一体”的高铁主动安全保障机制。我国高速铁路技术已经走在世界前列，成为推动世界高速铁路发展的重要力量。

习近平总书记指出：“我国自主创新的一个成功范例就是高铁，从无到有，从引进、消化、吸收再创新到自主创新，现在已经领跑世界。要总结经验，继续努力，争取在‘十四五’期间有更大发展。”今年，习近平总书记对发展职业教育做出重要指示。国家铁路局坚决贯彻习近平总书记重要指示精神，牵头组织铁路行业科研和工程技术人员编写了“高速铁路工程技术创新丛书”（以下简称“丛书”），旨在全面梳理创新成果，系统总结建设经验，进一步厚植技术优势，持续推进高质量发展；旨在集聚行业智慧，丰富教学载体，助力高铁专业人才培养；旨在分享我国高铁科技创新成果，促进各国铁路合作交流，服务“一带一路”建设。丛书共31册，涵盖高速铁路规划设计、土木建筑、装备制造、生态保护、运营管理、安全工程等高速铁路工程技术全产业链、全寿命周期。丛书力求全面反映我国高速铁路科技创新发展成就，体现铁路行业科技创新水平；阐述高铁工程基础理论、规律、机理，呈现技术、方法、路径，可验证，可复制，可传承；汇集专业积累和经验积淀，源于实践，指导实践；涵盖高铁主要工程技术领域，内在统一、自成体系。丛书坚持理论与实践、规范与实证、传承与创新相结合，着力构建“理论＋技术＋实践”三位一体的高铁工程技术框架，矢志推动建立反映时代特征、体现中国特色、具有世界高度的高铁工程技术创新体系。丛书得到了国家出版基金的大力支持，已列为2021年度资助项目。

我们深刻地认识到，我国高速铁路科技创新能够取得丰硕成果，是以习近平同志为核心的党中央坚强领导亲切关怀、铁路全行业攻坚克难实干奉献的结果，是集中力量办大事的社会主义制度优势的突出体现，是坚持改革开放强国之路的最好例证；得益于中央各部门和地方政府的协同奋战、通力合作，得益于广大人民群众的广泛参与、大力支持。丛书编著人员来自于我国高铁各领域一线，长期从事高铁技术研究与实践，具有深厚理论功底和丰富实践经验，是我国高速铁路建设发展的亲历者、见证人，是铁路各专业具有代表性和影响力的领军人物。丛书专家委员会由行业内具有崇高威望、为我国高速铁路发展做出重大贡献的资深权威专家组成，全程指导丛书编著，并进行审定把关。丛书既是高铁工作者的智慧和汗水的结晶，更是追逐梦想、奋发有为的写照。

当今世界正经历百年未有之大变局，我国正处于两个百年奋斗目标的历史交汇期，开启了全面建设社会主义现代化国家的新征程，立足新发展阶段，贯彻新发展理念，构建新发展格局，实现高质量发展，铁路面临新形势、新使命。我们必须坚决贯彻习近平新时代中国特色社会主义思想，全面落实《交通强国建设纲要》，不忘初心、牢记使命，传承守正、培元固本，继续推进高速铁路创新发展，高质量建设铁路强国，为全面建设社会主义现代化国家当好先行。

国家铁路局“高速铁路工程技术创新丛书”编委会

2021年6月

前　言

党的十八大以来，我国高速铁路快速发展，取得了举世瞩目的成就。为了全面梳理我国高铁工程技术创新成果、系统总结建设经验、推进高铁持续创新，国家铁路局组织一批具有深厚理论功底和丰富实践经验的科研和工程技术人员编写了“高速铁路工程技术创新丛书”，并请高铁工程领域资深权威专家全程指导、审定把关。丛书共31册，本书为丛书之一。

截至2020年底，我国高速铁路网已达3.8万km，在建规模和运营里程均为世界第一。四通八达的高速铁路网，在技术体系和现代化程度、商业运营速度和高速列车数量，以及运营场景和管理经验等方面都遥遥领先于其他国家。高速铁路作为我国自主创新的成功范例和国家名片，不仅在服务国家重大战略、支撑经济社会发展、助力“一带一路”等方面做出了巨大贡献，而且因其路网的可达性、技术条件的丰富性、服务理念的先进性、服务模式的多元性，在满足人民群众多层次、多样化、个性化出行需求，改善人民出行服务体验，增强人民高速铁路运输服务获得感等方面，得到了全社会广泛的认可与称赞。与此同时，高速铁路运输服务在产品运营、服务质量、品牌管理等方面取得突破性成果，高速铁路运输服务理论体系也得到进一步的发展和完善。

本书力求展示我国高速铁路运输服务理论与实践发展创新全貌，坚持理论与实践、规范与实证、传承与创新相结合，构建高速铁路运输服务的理论与实践体系。首先，以服务管理学基础理论为指导，结合大量科研成果，提炼我国高速铁路运营技术及模式等方面的经验，构建集高速铁路运输服务需求、服务容量、服务设计、服务质量标准、服务质量测评、服务质量控制为一体的理论框架及相关方法、模型；其次，以我国高速铁路运营十几年不断精进的发展历程，系统总结、全面展现我国高速铁路服务产品设计与经营、核心服务(票务服务及站车服务)、应急服务及相关服务系统和平台的发展成就。因此，本书既是对我国高速铁路运营实践成果的总结，更是高速铁路运输服务理论的升级完善，为我国高速铁路的持续发展提供理论与实践上的技术支持。

本书写作思路及成果呈现突出三个特点：

1. 先进性

先进性集中体现了我国高铁运输服务理论体系和实践创新互动的成就。作者在2009年出版的《高速铁路客运服务》一书中首次构建的高速铁路客运服务理论的基础上，结合十几年来我国高速铁路建设、运营及铁路旅客运输组织和服务的研究成果，对我国高速铁路运输服务的概念、特性和类型等进行多维度归纳、提炼、描述，进而对高速铁路运输服务经营管理、高速铁路运输服务容量计算方法等完成了系统构建；对高速铁路客运核心服务和辅助服务基调设计、服务包设计、服务流程设计、服务标准设计等进行了科学定义、描述和模型构建；对高速铁路客运服务质量评价、质量控制方法及模型进行了优化，进一步稳固了我国高速铁路运输服务在理论与实践方面的先进性和领先地位。

2. 系统性

运输服务的核心就是运输企业向社会提供客户（旅客或货品）的位移服务，系统性也是高速铁路运输服务供给侧的基本要求。首先，运输服务生产与消费的同一性，衍生出运输企业在服务需求分析、产品设计、服务资源配置阶段，需要针对运输服务生产过程中可能产生的影响服务过程的各种因素、事件等，制定出应急处置方案并储备相应物资。其次，我国高速铁路运输网络化生产及区域化经营模式，要求所有参与位移服务产品生产过程的企业，执行相对统一的服务规范及标准，并相互协调配合。最后，核心服务对象、辅助服务内容及差异化的服务包设计，需要综合考虑客户在不同环节的服务参与性心理、需求及特点，关注服务成本控制及服务体验感受的关系等。以上内容都体现了高速铁路运输服务理论体系、方法和运营实践的系统性原则。

3. 针对性

针对性是从本书所承载的意义和撰写目标考虑的。本书的意义和定位在于系统总结、凝练、展现我国高速铁路运营的理论和实践成果，强调理论来自实践、进而指导实践的高速铁路建设及运营发展规律，为我国高速铁路的持续发展提供理论和实践的支持。在撰写过程中，对理论体系构建和运营成果的提炼，基本针对旅客运输服务展开，期待我国高速铁路货物运输快速发展并纳入高速铁路运输服务体系。

本书由北京交通大学贾俊芳、国家铁路局规划与标准研究院张建平等编著，由中国国家铁路集团有限公司胡亚东主审。编写团队包括北京交通大学交通运输学院的教师和铁路旅客运输专家。具体编写分工如下：贾俊芳负责编写第1章，第2章第1、2、5节，第3章第1、3节，第4章第1、2、3节，第5章第1、2节，第6章第2、3节，第7章第3节，第13章第1、3节；薛源负责编写第2章第3、4节，第3章第2、4、5节，第5章第3、4节，第11章第1节；张建平负责编写第4章第4节，第7章第1、2节，第8章第4节，第9章第1、4节，第10章第1节，第12章第1、4节；佟璐负责编写第4章第5节；王伶俐负责编写第6章第1节，第7章第4节；万琛负责编写第8章第1、2、3节；鲁磊负责编写第8章第5节，第13章第2节；宋超负责编写第9章第2节；万千负责编写第9章第3节；王欢负责编写第10章第2、3节；姜明媚负责编写第11章第2、3节；曾泳贤负责编写第12章第2、3节；王忠峰、刘小惠负责编写第13章第4节。

另外，北京交通大学研究生李先锋参与编写第2章、第10章；屈晓勇参与编写第6章、第11章；杨飞参与编写第3章、第5章；刘阳参与编写第4章、第7章、第13章。

本书编写过程中，中国国家铁路集团有限公司颜颖、中国铁路上海局集团有限公司曲思源、中国铁路北京局集团有限公司胡冰、北京客运段京张高铁车队提供了大量资料；中国铁路济南局集团有限公司徐梦、中国铁路投资有限公司郭帅及北京交通大学韩学雷、李得伟参与讨论并提出宝贵意见；王献张、刘岩岩、王蔓琦、沙茜、熊三清等帮助查阅和整理资料。在此，对他们的大力支持和无私奉献表示深深的谢意。

本书是在参阅大量文献和运营经验的基础上完成的，在此，谨向所有文献作者和关心此书出版的学者、专家表示衷心感谢。由于我国高速铁路运输服务实践起步较晚，仍处于探索和完善过程中，再加上作者理解和编写能力有限、编著时间仓促，难免存在一些缺点和错误，恳请广大读者予以批评指正。

编著者

2021 年 4 月

目　　录

1 高速铁路运输服务概述

人类已进入后工业社会时代，其重要的经济特征是服务业的快速发展，并在国民经济中占据越来越重要的地位。服务业提供门类众多的服务产品，极大丰富了现代社会生活，提高了人们的生活品质和工作质量。其中，高速铁路运输(以下简称高铁运输)服务产品以其先进的技术、人性化的理念、多元化的经营模式向社会提供着越来越卓越的运输服务体验，并凭借其快速化、便捷化、差异化、品牌化等优势，成为铁路运输服务的名片，代表着铁路运输发展的未来。

1.1 高速铁路运输服务发展历程

铁路作为基础性服务行业，受经济社会发展、科学技术进步、经营管理模式改革的影响，在后工业社会时代得到了全方位的发展。尤其自高铁运输服务快速发展以来，铁路运输业加快了从“货运体系”主导向“客运体系”主导的转变，高铁运输服务也从单纯的“高速铁路旅客运输服务”(以下简称高铁客运服务)向“高速铁路货物运输服务”(以下简称高铁货运服务)拓展。

1.1.1 我国铁路运输业发展历程

人类社会经历了前工业社会、工业社会、后工业社会等多个社会经济阶段，每个阶段都呈现出不同的特征。在后工业社会中，高度发达的服务业成为国民经济发展中的中流砥柱，丰富多彩的服务产品成为社会发展中最活跃的要素。

铁路运输作为服务业的重要组成，具有运能大、能耗小、成本低、占地少、全天候、安全好、环境效益高、适应性广等技术经济特点，在我国综合交通运输体系中一直处于骨干地位。

1. 铁路运输发展阶段

从铁路运输业的发展看，尽管各国综合交通运输理念、政策和铁路发展的技术条件、模式有一定差异，但是世界铁路运输发展历程表明，铁路运输业基本经历了货运体系和客运体系两个时代。

货运体系的基本含义是，铁路运输的主要任务是完成货物运输。铁路网的发展规划及技术标准等主要考虑货运要求，相比之下旅客需求考虑得较少。这种模式主要适应于低收入的发展中国家，因为其工农业生产、经营的集约化程度低，原材料和初级产品的运输需求量高；相应地，人员的流动性小，旅客出行的需求量小、需求质量较低。

客运体系的铁路运输正好相反，即铁路网的发展规划及技术标准等主要从客运角度考虑，且客运发展和货运发展呈现出不同的趋向。旅客运输强调快速、舒适、便捷等；货物运输不仅强调重载，还出现趋向“客运化”组织的现象。这种模式适应于经济较发达的国家和地区，由于其社会经济和文化水平高，人们出行的愿望被激发、出行距离被延展，同时旅客对出行感知体验质量的要求也在不断提高。

2. 我国铁路运输发展特点

长期以来，我国铁路一直处于社会需求远大于供给的状态，客货争能的矛盾突出，几大干线的能力运用基本处于饱和、超饱和状态。因此，如何发挥更大的运输效率、增加运输密度等，成为铁路运输管理和运力资源配备的主流思想，而对于旅客的利益和需求特点考虑不够。结合我国铁路运输业发展背景，按照铁路运输经营模式可将我国铁路运输发展历程分为“生产经营型”和“服务经营型”两个阶段。

“生产经营型”是指铁路运输以“完成运输生产任务”为首要目标，企业以运输组织和运输效率为中心，关注企业内部的挖潜提效，甚至会以牺牲市场和消费者的利益为代价，旅客的需求和产品的营销等被忽视。这种经营模式带有一定的“计划经济”色彩，适应于运输资源和运输能力短缺的时代。“服务经营型”是指铁路运输以“最大限度满足市场需求”为首要目标。企业经营从满足运输市场需求出发，以扩大产品销售数量和经营效益为目标，服务的生产过程及服务质量管理是关键，适应于运输资源和运输能力较为丰富的时代。

随着我国高速铁路的规划建设和投入运营，铁路运输繁忙干线的能力大幅增长，运输能力不再是限制因素，铁路运输逐步从限制型服务向适应型和引导型服务转变。满足市场需求和提高产品竞争力，成为铁路运输与服务资源配置、铁路客货运产品设计、日常生产组织及质量控制的中心思想，越来越多的新技术、新理念、新模式与铁路运输服务经营、生产过程相融合，必然促使客货运产品的数量更加丰富、市场定位更加明确，铁路客户（旅客和货主）的服务体验与感知质量不断提升。

高速铁路的快速发展和客流转移，使既有线运能得到释放，其货运能力与服务水平也相应提升。高速铁路“大运量、高密度、公交化”的运输组织模式，加速了人员流动，扩大了人们的工作和生活范围，有力促进了铁路沿线的“同城化”。高速铁路让中国经济动脉畅通的同时，也在潜移默化地改变人们的生活观念、生活习惯以及工作模式和事业发展理念。如今，民众开始普遍接受大城市工作、卫星城市生活这一模式。因而铁路运输的服务功能和服务理念得到强化，铁路运输的服务经营型特点更加突出，更加强调服务质量，强调内部管理和外部协调，强调服务的规范管理、规范生产，强调以服务带动经营及市场竞争和市场开拓。

1.1.2 我国高速铁路运输服务发展历程

“人民铁路为人民”是新中国铁路运输发展和经营的基本宗旨。在运输能力极度紧张的情况下，为了向社会提供更多的客运产品，尤其在春运期间，铁路采用“以客为主、客货兼顾”和“南客北调”等有效措施，大量加开旅客列车以满足人民对位移服务的需求。同时在提高运输服务质量方面，也曾做过许多如增加市内客票代售、研发新型空调客车等实践工作，促使售票服务和列车服务质量不断提升，得到了社会的广泛好评。

铁路运输服务的发展有赖于运输经营模式、运输市场供需结构及能力、运输经营环境等因素的有机结合。在我国铁路运输能力极其紧缺的年代，铁路运输服务质量严重受到社会经济和消费水平、运输服务能力和服务技术、运输经营模式和服务资源的限制。在改革开放的背景下，我国经济、技术、人才、服务理念等得到飞速发展，提高运输速度和综合服务质量成为社会需求的普遍内容，最先起步的当属铁路旅客运输。既有线的旅客列车提速工程和高速铁路网的大规模建设及运营等，真正拉开了铁路运输服务质量提升的序幕，它在不断改变人们出行观念的同时，实现了运输服务引领和创造运输需求，也成为我国社会服务的时代先锋。

我国高铁运输服务的发展历程虽然较短，但十分迅速，表现出铁路服务多元化、差异化、智能化等的发展趋势。高铁运输服务的发展历程大致可以分为四个阶段。

1. 高铁运输服务的准备阶段(1990—2003 年)

这一阶段是我国高速铁路技术研究与实践探索的准备阶段。随着我国改革开放、经济建设发展，铁路客货运在规模和质量上的需求同时有了质的飞跃，铁路客运高速化、货运重载化的发展趋势更为明确，在繁忙干线上实现客货分线运行的发展思路深入人心。在这个时期，高铁运输服务的发展，包括对高速铁路技术的论证研发和既有铁路干线提速两个方面。前者以京沪高速铁路预可研、高速铁路技术体系(含工程建设和装备制造)研发实践为主，后者立足既有线路场站技术改造、机车车辆技术改进、车辆维养技术改进等内容。

(1)高速铁路技术研发及实践

我国在高速铁路发展的初始阶段，首先对京沪高速铁路建设的可行性论证及相关技术进行分析探索。1990 年至 1998 年间，铁道部先后向国务院报送关于建设京沪高速铁路的初步设想、技术攻关报告、经济性分析论证和项目建议书等，1999 年成立京沪高速铁路办公室，并开展高速铁路技术的系统研究。其次建设了秦沈客运专线，组织我国自主研发生产的“先锋号”和“中华之星”高速动车组在线上进行高速试验运行，并分别创造出 292 km/h 和 321 km/h 的试验纪录，秦沈客运专线在中国铁路的发展历史上具有里程碑式的意义。当初参加国产动车组研发的人才，后来都成为高速铁路技术研发的专家骨干。可见，这些努力和尝试对后期的高速铁路快速发展积累了理论和实践经验。

另外，在进行高速铁路技术研发的同时，在大量试验的基础上，从 1997 年 4 月 1 日开始，1998 年 10 月 1 日、2000 年 10 月 21 日、2001 年 10 月 21 日、2004 年 4 月 18 日、2007 年 4 月 18 日，10 年间铁路陆续实施了 6 次大面积提速，最高速度达到 200 km/h。它在有效解决中国铁路运输瓶颈问题的同时，也为中国高速铁路时代的到来做好了技术理论和生产实践的准备。其间，1998 年 5 月，广深铁路电气化提速改造完成，设计最高时速为 200 km，被视为中国由既有线改造踏入快速铁路和高速铁路的开端。

(2)铁路旅客运输服务标准规范建设

此外，这一阶段为了适应改革开放的新形势和日益增加的旅客出行需求，在客运服务标准规范制定和票务服务改革创新方面做了大量工作。多次修订《铁路旅客运输规则》《铁路旅客运输管理规则》，陆续发布了铁道行业标准《铁路工人技术标准》《铁路旅客列车照明卫生要求》《铁路旅客列车客运乘务作业标准》《铁路行李、包裹运输包装技术条件及标志》《铁路旅客运输餐营作业规范(列车部分)》《铁路旅客运输餐营作业规范(车站部分)》《铁路旅客运输服务质量标准》等。1996 年，成立全路客票发售和预订系统领导小组和工作组，组织实施客票系统的开发、研究及应用工作，通过分步实施，建设了铁道部客票中心，逐步实现了全国联网售票，增强了铁路运输企业适应客运市场变化的能力。

综上可见，我国高速铁路的发展历程，表现出坚定的"自力更生、奋发图强"之精神和发展高速铁路之决心。经过该阶段理论与实践结合，对高速铁路技术的系统研究与推进，为下一阶段我国高速铁路发展模式、高速铁路网规划及建设目标奠定了基础。

2. 高铁运输服务的起步阶段(2004—2007 年)

这一阶段是我国高速铁路网规划建设、技术发展与运营模式改革的起步阶段。随着高速铁路线路的开通运营，特别是高速动车组列车的开行，既有普速铁路的运输组织规范及服务标准等已无法适应高速动车组列车开行需要。在制订我国高速铁路发展规划的同时，学术、技术研究方面越来越重视制定市场营销战略、构建高速铁路运输组织与服务系统理论及规范等，此外，运输服务的经营模式也有相应变革。

(1)高速铁路网规划奠定了高速铁路服务水平

2004 年 1 月，国务院审议通过了中国历史上第一个《中长期铁路网规划》，确定铁路网要扩大规模，完善结构，提高质量，快速扩充运输能力，迅速提高装备水平。确定主要繁忙干线实现客货分线，提出规划建设"四纵四横"快速客运专线通道，把中国高铁梦及灿烂远景展示在世人面前。这一宏伟规划奠定了我国高速铁路在世界上的地位，以及对未来中国高速铁路走向世界，并成为国家名片打下了坚实基础。

与此同时，2004 年 4 月，国务院下发《研究铁路机车车辆装备有关问题的会议纪要》，铁道部会同国家发展和改革委员会联合下发《时速 200 公里及以上动车组技术引进与国产化实施方案》，明确了高速动车组采用"引进、消化、吸收、再创新"的技术路线和"以全面转让技术为前提，以引进核心和关键技术为重点，以国内企业为主体，以国产化为最终目的"的行动方案。由此奠定了我国高速铁路客运服务水平快速提升的新局面。这一过程为中国高速铁路创新发展注入了新动力，极大地推动了中国高速铁路基础理论和关键技术研究的全面进步，大幅度提升了中国高速铁路技术装备水平。

2007 年 4 月 18 日，全国铁路第六次提速完成，由此具备速度 200 km/h 能力的既有线路和国产"和谐号"品牌动车组同时写进了中国铁路发展史。同年 12 月 22 日，中国首列国产化速度 300 km/h 及以上的"和谐号"动车组列车下线，并相继研制出了速度 200～350 km/h 的 CRH2 型系列动车组、世界首创的长大编组卧铺动车组。

(2)高速铁路运输组织及服务规范建设

随着高速铁路建设的持续推进，迫切需要构建适应高速铁路运营模式、运输组织和客运服务的规范标准。铁道部集各方之力，组织制定了相关规范与标准，具体包括《动车组列车旅客运输管理暂行办法》《动车组列车售票组织办法》《动车组站车客运人员服务规范》《动车组列车服务质量》《动车组保洁服务规范》《关于做好 CRH 动车组餐饮服务工作的指导意见》等，涉及动车组列车硬件设备、人员配置、服务模式，以及既有线车站动车组客流组织等方面，对乘务人员服饰、服务礼仪，动车组专业保洁人员及动车组清洁工作等有了明确规定和标准。这为我国高速铁路建设、运营提供了"软件"方面的支持，为高速铁路的成功运营，服务提供及质量管理控制提供了保障。

3. 高铁运输服务的快速发展阶段(2008—2017 年)

这一阶段是我国高速铁路网规划建设持续发展，高速铁路技术装备和运营管理技术日益成熟，高速铁路服务标准规范等逐步投入应用的关键时期，也是高速铁路建设与运营的快速发展阶段。借助服务技术、运输能力的提高，经营管理和运输服务模式的创新，我国高速铁路服务质量得到了全面提升。

(1)高速铁路时代正式到来。2008 年 8 月 1 日，我国第一条具有自主知识产权的高速铁路——京津城际铁路开通运营，标志着中国在高速铁路技术上进入了先进行列，也标志着中国高速铁路服务从理论启蒙状态进入了实际应用阶段。2011 年 6 月 30 日京沪高速铁路建成通车，这是世界上一次建成里程最长、技术标准(设计速度为 350 km/h，最小列车追踪间隔为3 min)最高的高速铁路。

与此同时，我国高速铁路网规划、建设持续快速发展。一是 2008 年对《中长期铁路网规划》调整，实现了主要繁忙干线客货分线，高速铁路主要技术装备达到或接近国际先进水平，服务质量和服务能力实现大幅提升并得到社会全面认可与好评；二是为满足快速增长的客运需求，优化拓展区域发展空间，2016 年对《中长期铁路网规划》进一步调整，在“四纵四横”高速铁路的基础上，利用部分时速 200 km 铁路，形成以“八纵八横”主通道为骨架、区域连接线衔接、城际铁路补充的高速铁路网，实现省会城市高速铁路通达、区际高效便捷相连。

(2)铁路运营管理模式改革。2013 年，我国铁路实现了政企分开，进一步明确了铁路运输企业的基本职能是向社会提供客货位移产品及服务，国家铁路局实施对客货运市场及服务质量的政府监管之责。经营环境的变化，要求铁路运输经营及服务质量管理更加标准化、规范化和法治化，高铁运输服务也成为铁路企业、消费者、政府部门、社会共同关注的重点。

(3)高铁客运服务质量全面提升。快速形成的高速铁路网和日益成熟的服务技术，是运输服务质量的基础保障，到 2017 年底，我国有超过 2.5 万 km 高速铁路投入运营。在此阶段，高铁客运服务呈现出全面提升景象，具体表现在如下方面。

①客运服务流程拓展和模式创新

传统的铁路客运服务包括“购票—出发站—列车—到达站”等服务环节。2012 年，铁路客户服务中心及 12306 服务平台的建设，将铁路客运服务从线下的物理空间拓展到线上的网络空间。借助京津城际、京沪高速铁路等高铁线路的开通运营，12306 系统平台的服务功能和服务水平不断提升，成为铁路客运服务的重要渠道，其服务内容不仅覆盖到常规客运服务的各环节，而且拓展了旅客购票前的“信息查询”和旅行过程中的“列车动态”信息服务等。2013 年 12 月 8 日，官方手机购票客户端“铁路 12306”App 正式上线运行，突破了铁路只能提供“固定场所”服务的限制，旅客享受更多铁路“移动式”服务，如旅客在旅行全过程中均可预订、购买高速铁路车票，办理运输过程中的各项服务预订手续(如残疾人所用担架)等，进一步提升了旅客的感知体验质量。

另外，2013 年 6 月 21 日，中国铁路总公司宣布，为适应市场需求，京广、京沪高速铁路部分动车组列车的商务、一等座票价按不同时段实行特惠，高速铁路票价开始实行浮动折扣；2015 年 11 月 1 日起，乘客在购买车票的同时，还可一同购买铁路旅客人身意外伤害保险(即铁路乘意险)，保费 3 元，最高保障 30 万元意外身故、伤残和 3 万元意外医疗保险金，乘客可自愿投保；2017 年 10 月 12 日起，铁路部门推出“接续换乘”方案推荐、动车组列车“自主选座”两项便民服务新举措，进一步改善了旅客出行体验；2017 年 12 月 20 日起，铁路部门正式推出“铁路畅行”常旅客会员服务，购买火车票的积分可兑换车票。这些服务内容、标准和条件的改善，都有赖于服务能力和服务模式的改进，也促进了高铁运输服务质量的提升。

②旅客服务感知质量的全面提升

高速铁路运营以“快速”为中心，实现综合服务质量的全面提升，对人们传统的出行认知和服务体验，产生了重大影响。首先，高速铁路改变了人们的时空观。高速铁路以其时间的缩短、方便的票务服务、到位的站车服务和舒适的旅行环境，让人们的出行更加容易，例如，打个“高铁的士”从北京到上海赴朋友的约会已成现实。其次，高速铁路改变了人们的生活方式。“高速度、高密度、高舒适度”的运输服务，给人们的生活方式带来了深刻影响，例如，带着孩子从郑州到北京参观科技馆或欣赏大剧院的表演，已成为人们周末可选的休闲方式，工作在上海、居家在苏州也成了年轻人的不错选择。再次，高速铁路还给人们带来了更多的商机。高速铁路服务体验的改善，大大激发了人们的出行需求及更多消费愿望，例如，餐饮服务的便捷和丰富、网约车的普及等都会激发人们对服务需求的欲望，进而影响着各个产业的发展。

③站车服务内容、形式更加多元和丰富

高速铁路的快速发展带来站车服务质量的变革，给旅客越来越好的服务体验。以往人满为患的春运，再难见到“排队长龙”景象，尤其是进站验票、候车和检票等环节。2017 年春运期间，由国家铁路局委托北京交通大学完成的客运服务体验式调查，根据体验者提交的数据统计，车站主要服务环节的排队时间见表 1.1。

表 1.1　车站主要服务环节排队时间

排队时间	≤5 min	≤15 min	排队时间	≤3 min	≤15 min	排队时间	≤3 min	≤10 min
车站售票窗口	56.38%	79.79%	车站进站	80.85%	97.87%	爱心通道	88.00%	100%
车站自售机购票	73.40%	98.94%	车站安检	85.11%	97.87%			

体验者在体验报告、研讨、访谈中提到，服务等待时间的减少，除了缘自铁路部门对本次春运运力资源的充分准备外，还缘自各种先进设施设备的投入使用。网络售票、自动“刷脸”进站设备等新技术极大地提升了这些服务环节的作业效率，人均服务时间大大减少，排队人数自然得到了控制。

2017 年春运期间，铁路企业推出了大量新政策和新服务，如自动“刷脸”进站、学生及农民工群体的团体网络订票、部分列车取消验证码、设立爱心售票窗口和爱心进站通道、定制爱心服务、银行卡或支付宝支付、免费(2 元手续费)为旅客补票、增设中转换乘通道等，这些新政策新服务既方便了旅客，又促进了服务保障能力的提高，得到了社会广泛好评。

另外，运输企业越来越重视旅客的多元服务需求。例如，2016 年 9 月，西安市旅游局与西安北站共同主办西安“高铁＋旅游”宣传推广系列活动，西安市多个景区推出了半价优惠政策；2017 年 7 月，上海、天津、广州、南京、成都等 27 个高速铁路车站接入外卖服务，购买 G、D 开头的动车组列车的乘客，可以通过 12306 官方网站、手机官方 App 订购沿途高速铁路车站提供的外卖。

④货运服务的技术创新

高速铁路的发展不但快速提升了铁路客运服务水平，也促进了高铁货运服务的发展。

2014 年 4 月 1 日,高铁快递正式运营,中铁快运在 154 个城市开办高铁快递业务,中国高铁快递网络初步形成;2017 年 11 月,顺丰携手中铁快运推出"高铁极速达",可实现当日寄、当日达。

4. 高铁运输服务的升级阶段(2018 年起)

这一阶段是我国高速铁路网规划建设持续发展,高速铁路服务模式与技术、服务领域与类型、线上与线下服务融合的升级阶段。在发展建设智慧铁路的战略思想指导下,5G 技术、互联网技术、大数据技术等与高铁运输服务环节、流程更加渗透融合,由此产生新的服务理念和模式,不仅提升了服务效率和容量,还促进了高铁客运服务多样化、差异化发展。铁路企业在挖掘自身潜力的同时,更加注重与社会企业接洽,吸收各种优质资源,携手推进高铁运输服务质量的升级,促进社会整体服务水平的提高,为人们获得更加美好生活提供出行保障。

(1)描绘新时代交通强国之铁路先行发展蓝图

我国高速铁路从无到有、从有到强,"四纵四横"高速铁路网提前实现,"八纵八横"高速铁路网正在有序建设,到 2020 年底高速铁路里程达 3.8 万 km,居世界第一。2020 年 7 月,中国国家铁路集团有限公司(以下简称国铁集团)出台《新时代交通强国铁路先行规划纲要》,提出了中国铁路 2035 年、2050 年发展目标,系统描述了中国铁路未来 30 年的发展蓝图。实现:①现代化铁路网率先建成。全国铁路网 20 万 km 左右,其中高速铁路 7 万 km 左右,20 万人口以上城市实现铁路覆盖,50 万人口以上城市高速铁路通达。②创新引领技术自主先进。铁路自主创新能力和产业链现代化水平全面提升,智能高速铁路率先建成,智慧铁路加快实现。③运输服务供给品质一流,全国 123 小时高速铁路出行圈(都市圈 1 小时通勤、城市群 2 小时通达、相邻区域 3 小时畅行)和全国 123 天快货物流圈(1 000 km 以内 1 日达、2 000 km 以内 2 日达、2 000 km 以上 3 日达)全面形成,人享其行、物畅其流。④铁路运输安全持续稳定。人防、物防、技防"三位一体"的安全保障体系健全有力,高速铁路和旅客列车安全得到可靠保障。⑤运营效率效益更加优良。主要运输经济指标保持世界领先,主要经营效益指标位居世界前列,国铁集团成为世界一流企业。⑥铁路治理体系健全高效。党对铁路的全面领导坚强有力,国铁企业的行业主体作用突出,治理体系和治理能力实现现代化。⑦绿色骨干优势充分发挥。铁路与其他交通运输方式实现深度融合、优势互补,铁路运输市场份额持续提升,骨干作用和地位明显增强。⑧支撑引领作用全面增强。铁路应对突发事件及自然灾害、完成急难险重任务、服务重大战略、维护国家安全的能力全面提升,成为社会主义现代化建设的重要支撑。⑨国际竞争力影响力跃升。中欧班列成为世界知名铁路物流品牌,中国成为全球铁路科技创新高地,铁路走出去的产业链和价值链向中高端聚集。

(2)客运服务供给侧结构性改革

高速铁路成功运营的根本是向社会提供适销对路的核心位移产品。按照"运输围绕市场转"的经营思路,高铁运输企业突破传统,构建"一季一图""一日一图"相结合的动态化客运服务供给模式。首先,"一季一图"是根据季节性和阶段性客流规律,每个季度调整旅客列车开行方案和列车运行图。采用客运旺季和高峰期最大化满足客运需求,客运淡季停开部分客车的思路,实现路网资源利用高效、运营效益良好。其次,"一日一图"是按照日常线、周末线、高峰线配置运力资源,根据每日客流实际变化情况选择不同运行线,精准满足客运服务市场需求。最终,实现客运列车开行方案与市场客流实际变化紧密对接,既扩大了客流高峰期的运输保障能力、提高了经营效益，又避免了客流较低时的运力虚糜、降低了运营成本，同时推进铁路旅客运输工作由内部生产组织型向市场经营型转型发展，并形成更加科学合理的经营管理体系。

(3)高速铁路运输服务技术智能化升级

随着社会服务技术的智能化发展，建设智慧铁路的战略思想已经成为发展方向。近年来，铁路部门围绕客运提质增效工作的总体思路和设计，中国铁路大交通联程出行服务的体系框架，提出“打造智慧车站，融入智慧城市”的总体目标，构建以高速铁路为核心的多种交通协同服务生态圈，促进智慧车站与智慧城市融合发展的新业态，推动站车周边社区共建、商圈建设、文化旅游等产业的升级，不断满足人们对美好出行生活的需要。

①票务服务改革建立高速铁路服务智能化基础

我国高速铁路票务服务是旅客运输核心服务和辅助服务的信息源。2019 年电子客票开始在全国推广，2020 年 4 月实现高速铁路和城际铁路电子客票全覆盖，截至 2021 年 1 月电子客票已在全国 2 878 个高速铁路和普速铁路车站实施，标志着我国铁路票务服务从硬板票、条形码软纸票(红票)、磁介质票(蓝票)之后，进入一个新的数字化时代。电子客票的实施，首先让旅客购票出行更加便捷，旅客手中无票、票证合一，持有效身份证件可以“一证通行”，不用担心车票丢失，还彻底消除了假票问题；其次大大简化了旅客票务服务流程，退改签无须再到车站办理；第三为票务服务创新提供了基础平台，例如定期票、计次票等新型票制产品，在票制票种上实现了新的突破，提升了旅客的出行体验，受到社会广泛关注和积极回应。

另外，12306 网站和 12306 手机 App 功能也在不断升级，创新推出在线选座、候补购票、老人儿童智能配票等新服务，优化务工团体票办理方式，简化学生、伤残军人证件核验手续，使旅客体验得到显著提升。

②站车服务智能化

车站是旅客乘降和接驳的场所，智慧车站的主要任务是为出行旅客提供更加人性化、个性化的各类出行服务，满足不同旅客群的出行需求。智慧车站运用物联网、大数据、人工智能、5G 等技术对车站的旅客服务、客运组织、设备运维等方面进行优化和提升，一方面缩短旅客进出站时长，优化候车环境，提升旅客消费体验，另一方面降低工作人员劳动强度，监控设备运行状态，降低总体能耗。

列车服务是旅客运输过程中耗费时间最长的环节，其服务内容除了保障旅客及财产安全和基本生活、工作条件之外，最重要的是为旅客创建一个良好的旅行环境和旅程体验。通过来自票务系统丰富多元的旅客基本信息，借助列车畅通、便捷的 Wi-Fi 及 5G 技术等，运输企业可以为旅客提供个性化、智能化的辅助服务，打造适宜工作、学习、生活、娱乐的列车环境，充分提高旅客在列车运行中的时间价值。

③客运服务过程全方位延伸

传统的旅客运输核心环节包括票务、车站、列车服务。随着越来越多智能化设备的投入运用和客运信息的深度挖掘，客运服务环节不断延伸，客运内容广度不断拓展。例如，2018 年 2 月，广铁集团为服务旅客出行“最后一公里”，在春运期间推出“高铁＋共享汽车”便民举措。通过在广州南站提供新能源车位、搭建互联网平台和增添智能化的停车设施，引入共享汽车服务，旅客在关注公众号后，可以在任何地方一键完成预约、找车、出行、还车等功能。

又如，2019 年 4 月，国铁吉讯旗下掌上高铁 App 推出“极速打车”服务，实现一键全网叫车，旅客在高速铁路列车上就可以提前预约好车辆，到站即可出发。“极速打车”大幅度节约了旅客打车等待时间，缓解了出站口客流积压现象，调动了空闲车辆，实现高速铁路与地面交通换乘的无缝衔接。

(4)服务模式创新促生客运服务体验升级

为了推动高铁网+互联网“双网”融合，2018 年 7 月 5 日，中国铁路总公司与浙江吉利控股集团有限公司、深圳市腾讯计算机系统有限公司进行混合所有制改革，成立了国铁吉讯科技有限公司，负责全国铁路动车组 Wi-Fi 平台建设和运营。动车组 Wi-Fi 是铁路客运服务的基础设施，是铁路推进供给侧改革的重要举措，是铁路行业实现与互联网融合发展的基础性平台之一，是助推铁路多元化实现网络化、规模化和集约化经营的有效渠道，也是高速铁路“强基达标、提质增效”的重要内容。通过动车组 Wi-Fi 平台，在列车上提供无空间和时间障碍的一体化服务，既可满足旅客旅途中的需求，增强旅客旅行体验，提升旅客满意度，提高铁路客运服务质量；同时又能充分利用既有资源优势，提高铁路资源价值，提升铁路经济效益。

国铁吉讯科技有限公司以维护高铁 Wi-Fi 服务质量为业务基础，同时充分挖掘高铁运输的客流、信息和服务资源潜力，不断探索经营模式的优化创新，借助互联网技术、大数据技术、通信技术(4G、5G)优势，在协助运输企业完成客运核心服务及基本辅助服务的同时，快速挖掘客运辅助服务需求潜力，借力全社会服务资源，拓展、开发和经营更加精细化、多元化的客运服务产品，2020 年，国铁集团发布了《关于加快 5G 技术铁路应用发展的实施意见》，明确指出，要充分利用 5G 公网资源协调推进铁路应用，助力铁路数字化转型升级，赋能中国铁路智能化、智慧化发展，为推动新时代铁路高质量发展提供有力支撑。到 2020 年底，广深港高速铁路广州至深圳段、鲁南高速铁路日照至曲阜段、京张高速铁路全线实现了 5G 网络覆盖，京雄城际沿线的 5G 网络正处于建设阶段。基于铁路沿线 5G 信号，在高速铁路列车车厢内实现了电视直播，并率先在京张高速铁路开展了中央一套和中央五套电视直播服务试点，为 2022 年北京冬奥赛事车厢内直播奠定了坚实基础。

(5)高铁运输服务领域拓展

依托高速铁路成网给物流产业提供的强大运力供给，速度更快、服务质量更高、竞争力更强的铁路现代物流新模式正在快速发展。2018 年 8 月，中铁快运与顺丰集团联合成立中铁顺丰国际快运有限公司，推出了高铁极速达业务，2020 年“双 11”期间，首次试点“复兴号”动车组整列装运快件；武汉局集团公司开通高铁快件运输服务的线路达到 36 条，覆盖北京、上海等 21 个大中城市；上海局集团公司可用于电商运输的高速铁路动车组列车达 245 列，开办“高铁极速达”业务的高速铁路车站达 18 个，运行线路达 207 条，可通达全国 80 余个大中城市；2020 年，全国共有 980 条高速铁路线路推出了高铁快递服务，业务量超过 6 000 万件；2021 年 3 月 5 日，中铁快运与京东物流联合成立中铁京东物流有限公司，进一步推动高速铁路物流快速发展。

物流基地建设是高铁快运发展的基础设施和能力，2019 年以来，陆续在全国布局高速铁路物流基地规划建设。高铁快运物流基地是快运物流产业聚集发展区，是高速铁路提供“一站式”快运物流服务、开展多元化经营的重要平台。依托高铁快运物流基地，以“延伸物流链、拓展产业链、提升价值链”为引领，创新高铁快运物流经营理念、模式与产品，大力吸引电商、快递、仓储、商贸、流通加工等类型企业入驻，打造安全稳定、创新高效、服务一流的铁路新型快运服务体系，实现铁路快运物流业务提质增效。

1.2　高速铁路运输服务内涵及特性

随着服务业的繁荣，越来越多的服务产品渗透到人们生活之中。许多专家、学者对服务产品的内涵和特征进行了探索和挖掘，提出了多方观点和理论。高铁运输服务概念是在充分吸收这些观点和理论精华的基础上提出的。

1.2.1　高速铁路运输服务内涵

1. 高铁运输服务的概念

有关服务概念的研究最早是从经济学领域开始的，从 20 世纪五六十年代开始延展到了营销管理领域。如菲利普·科特勒(Philip Kotler，1994)对服务定义如下：一项服务是一方能够向另一方提供的任何一项活动和利益，它本质上是无形的，并且不产生对任何东西的所有权问题，它的产生可能与实际产品有关，也可能无关。格朗鲁斯(Gronroos，1990)对服务定义如下：服务一般是以无形的方式，在客户与服务人员、有形资源产品或服务系统之间发生的，可以解决客户问题的一种或一系列行为，在此过程中消费者的相关问题得到解决。

借用以上理论，高铁运输服务的定义可以分为广义与狭义两种。从广义的角度讲，高铁运输服务是指铁路运输企业以无形的方式实现旅客(或货品)位移活动的需要，其核心价值体现在旅客(或货品)的位移上。从狭义的角度讲，高铁运输服务是指为实现旅客(或货品)位移的最终目的，服务人员、运输设备与旅客(或货主)的交互过程。总的来讲，高铁运输服务是指为了实现旅客(或货品)位移，由一系列无形性的活动构成的服务过程，该过程在旅客或货主与服务人员、硬件、软件的互动中完成。

2. 高铁运输服务和运输产品的关系

运输业的基础属性是服务业，因此，高铁运输服务和运输产品的概念在实践中经常混用。高铁运输服务和运输产品的内涵有相互重叠的部分，但严格地讲，二者存在差异。

(1)高铁运输服务

借助菲利普·科特勒服务层次划分理论，从客户服务体验和感知角度可以确定高铁运输服务的五个层次：即核心利益、基础产品、期望价值、附加价值和潜在价值，如图 1.1 所示。

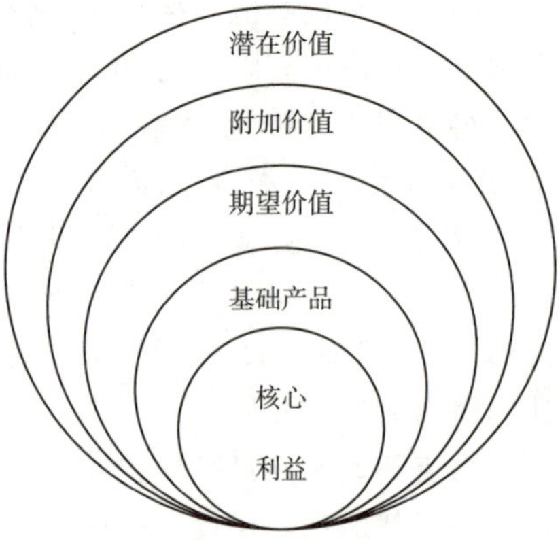

图 1.1　高铁运输服务层次

核心利益是无差别的客户真正购买的服务和利益，实际上就是企业对客户需求的满足。衡量一项服务的价值，是由客户决定的。在高铁运输服务中，旅客(或货品)的核心利益是“位移”，其他利益与价值都以此为中心。

基础产品是抽象的核心利益转化为服务所需的有

形化产品，即无形运输服务的有形化展示，如产品的基本形式与设备等。对高铁客运服务来说，其基础产品包括高速铁路列车、座位、铺位以及卧具和卫生设备等。对高铁货运服务来讲，其基础产品如指定的高速铁路列车或车厢、预留货位及防护包装等。这些基础产品对客户的消费体验会有直接而且重要的影响。

期望价值是客户在购买高铁运输服务时，期望得到的与服务密切相关的一整套属性和条件。对高铁客运服务来说，其期望价值包括高速铁路列车安全运行、准时到达，列车上卧具、卫生洁具等干净，环境安静等；对高铁货运服务来说，其期望价值包括列车准点到达、货品完好无损、信息通知准确及时、货物取送方便等。

附加价值是指客户在消费运输服务时额外获得的服务和利益。例如，旅客在车站候车时享受与朋友畅聊的快乐时光；货主在托运货品过程中服务人员给其货品进行二次包装，以更好保证货品完好、不易滑动、不易损。附加价值是形成与竞争者服务差异化的关键。

潜在价值是指服务的用途转变，由所有可能吸引和留住客户的因素组成。例如，夕发朝至的高速铁路动卧列车既满足了旅客位移需求，又解决了旅客"住宿"需要；高铁货运服务有一定时间的免费仓储服务，可以解决部分货主短时"周转"的需求。

(2)高铁运输产品

高铁运输产品是运输企业提供的满足客户位移需求的某种价值或利益的组合，包括核心产品、形式产品和附加产品三个层次，企业通常按一个整体提供给客户。由于高铁客运产品和货运产品区别较大，两者的产品结构如图 1.2 和图 1.3 所示。

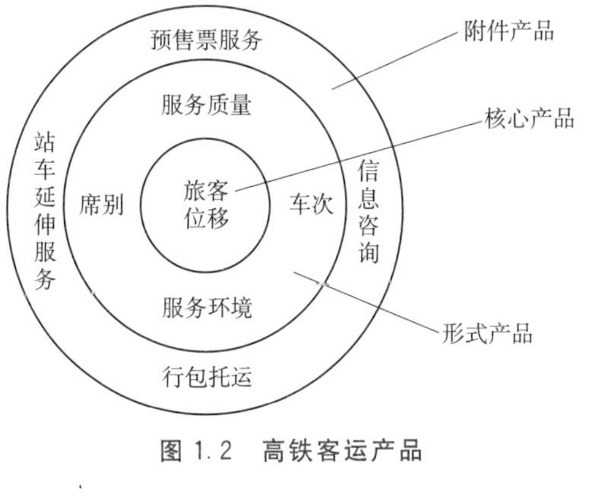

图 1.2　高铁客运产品

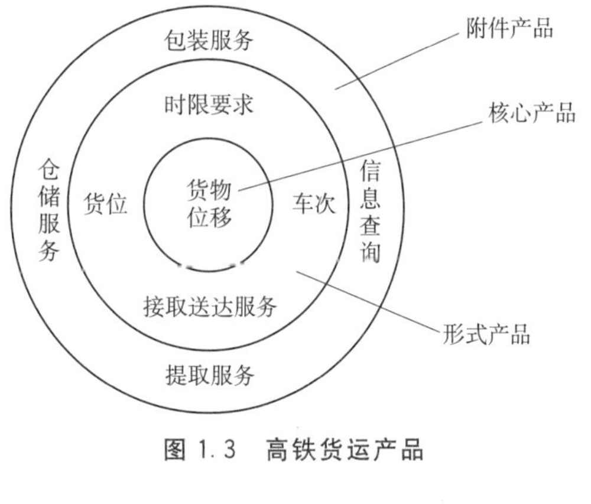

图 1.3　高铁货运产品

从核心产品层次上说，高铁运输产品就是旅客或货品的位移。

从形式产品层次上说，高铁运输产品表现为可供客户选择的服务形式即可供旅客选择乘坐的不同档次的列车或列车上的不同席别，可供货主选择托运的具有不同运到时限或接取送达特色的产品。形式产品是核心层产品在形式上的表现，高铁运输产品的基本效用只有通过形式产品才能得以实现。在形式产品层次上，高铁运输产品具有可感知到的一些要素或特征，例如列车的到开时刻或运到时限、服务产品的安全、准确、迅速、经济、便捷等质量要素，还有服务产品差异化的列车等级及席别(二等座、一等座、商务座、软卧等)或货位(车厢预留位、装运体积等)等。除此之外，在形式产品层次上，高铁客运和货运服务的感知度又有所区别，前者随着旅客乘车随时感知，后者的服务感知主要分布在选择运到时限和交付验收两端的服务过程，其中途运输过程的列车车次、货位确定等环节都是由运输企业独立完成，货主无法感知，这也是由于客运、货运对象和组织生产模式不同造成的。

从附加产品层次上说，高铁运输产品和高铁运输服务联系紧密、密切相关，高铁运输企业为客户提供实现核心产品所需要的延伸或保障服务。高铁客运附加产品包括保障服务和延伸服务两方面，如给旅客提供的购票、候车、行包托运等即为保障服务，这是客运产品价格中包含的内容，其他提升旅客感知体验的服务即为延伸服务；高铁货运附加产品包括为货主提供的包装服务、位置信息查询服务、仓储服务及其他延伸服务等。这个层次上的产品，是高铁运输企业提供给客户的各种服务和旅行生活所需的保障条件。

(3)高铁运输服务与高铁运输产品之间的关系

综上可见，从核心产品和形式产品这两个层次上说，高铁运输服务与高铁运输产品的内涵是一致的，而在其他层次上，“高铁运输服务”与“高铁运输产品”之间存在差异。主要体现在：一是认识角度不同，“高铁运输服务”是站在客户消费的角度强调客户消费的过程体验，“高铁运输产品”是站在运输企业生产经营的角度突出了企业经营载体和产品生产过程及市场营销、运作过程等。例如运输企业向社会提供的客运产品，其服务内容及价格包含了相应档次的核心位移服务和辅助服务(即服务包)。二是认识特性不同，“高铁运输服务”主要表现在客户获得和消费服务时的功能性特征，突出了是如何获得的、在获得的过程中客户又付出了什么等问题，“高铁运输产品”主要表现在铁路运输企业给客户提供什么，突出了其技术性特征。其中，旅客可以在既有客运产品的基础上，购买“升级”体验的延伸服务。

1.2.2 高速铁路运输服务特性

服务与制造业产品最本质的区别就是服务的过程性。由于高铁运输服务的过程性，伴随产生了服务的无形性、生产与消费的同步性、参与性、异质性、不可储存性以及服务的不可转移等特性。

1. 无 形 性

高铁运输服务在本质上是无形的，无论是旅客运输还是货物运输，都是在一定空间范围内的“位移”，它不能被触摸、品尝、嗅到，亦不能被看到。从服务供给角度看，服务产品难具专利、易被模仿。从购买者角度看，无形性也给消费者带来了更大的购买风险。从社会管理的角度看，政府通过立法行政干预手段来规范企业经营，如应制定高铁客运服务质量标准。

2. 同 步 性

高铁运输服务生产和消费的同步性决定了其不能像制造业那样，依靠存货来缓冲或适应需求变化。在制造业中，存货可以用来分离生产工序。而高铁运输服务的这种分离是通过客户的等候实现的。客户在购买车票或填记货票时，高铁运输服务产品也仅仅是生产计划，客户得到的也只是消费该产品的凭证，生产客运产品的过程也就是客户消费此产品的过程。因此，高铁运输服务产品的质量管理必须关注其生产和消费的过程，加强质量控制及监管，并适时做好服务补救。

3. 参 与 性

参与性主要体现在旅客或货主参与服务过程，旅客参与了运输过程的各环节，货主只参与了其中部分环节。以客运为例，其参与性具体表现为：

第一，旅客作为参与者出现在高铁客运服务过程中，对服务设施的设计也有高要求。因为对于旅客来说，高铁客运服务是发生在服务环境（前台作业区）中的来自心理、行为等方面的综合体验，高速铁路客运站内部装饰、陈设、布局、色彩及噪声等都会影响旅客对高铁客运服务的感知。

第二，旅客在服务过程中可以发挥积极的作用。旅客的知识、经验、动机等都会影响服务系统的效果。旅客参与服务过程的直接好处是旅客扮演了临时员工的角色，一些原本由服务人员完成的工作可由旅客完成，例如旅客通过自动售票机进行购票、退票等操作，通过自动终端打印报销凭证等，既可减少服务人员，又可扩展高铁客运服务能力。

4. 异 质 性

高铁运输服务作为一种无形的“行为”或者“体验”，其服务质量会由于服务提供者和消费者双方的个人因素发生变化波动，失去其稳定性。高铁运输服务的波动有三种来源：

(1)服务人员。服务异质性的第一个来源是服务传递系统中的服务人员。如铁路部门可以要求高速铁路工作人员步调一致，强调标准化服务，但不同员工的认知和提供的服务在质量上可能存在差异，甚至天壤之别。

(2)服务对象。旅客、货主感知的服务质量因自身思想状况、个人素质、心理预期、偏好情况等不同而有较大差异。此外，旅客还会受其他旅客行为和表现的影响。

(3)服务环境。一些外部因素也会影响客户对服务的评价。如旅客购票时是否已有很多人在排队、列车运行中是否出现颠簸等。这些外部因素不仅会对客户造成影响，而且有时难以被服务提供者及时发现并控制。

高铁运输服务异质性增加了服务质量中人为因素控制的难度。为了减小服务异质性造成的影响，一方面，应提高服务标准化、规范化程度，设立合理、量化程度高的服务标准，建立严格的服务监督机制和奖惩制度，强化员工培训等；另一方面可以授权一线员工，建立激励机制，提高其工作满意度。

5. 不可储存性

与工业制成品不同，高铁运输服务一旦未被出售或消费，其价值就永远地失去了，无法储藏。因此，高铁运输服务具有很强的时效性和易逝性，如高速铁路旅客列车上的空座位。这给运输企业经营带来了很大的风险，也对服务设备和能力的配置等服务容量调节问题提出更高的要求。在充分考虑客货运输服务需求波动性的条件下，运输企业应该兼顾提高运输服务质量、提高企业经营效益、降低运输服务成本的多重需要。

6. 不可转移性

高铁运输服务不可转移性指高铁运输服务产品的所有权不可转移。生产与消费的同步性，使所有权转移消失，客户付出的服务费用直接转化为自身的效用。如旅客到达目的地后，手里只有作废的车票；货物到达目的地，货主取货完毕后，托运单即作废。

1.3 高速铁路运输服务分类及内容

1.3.1 高速铁路运输服务分类

服务是在一定空间、时间维度中进行的，按照不同的划分方式，可将服务归为不同类别。

高铁运输服务具有跨度大、持续时间长、涉及环节多等特点，其划分依据更具多样性，主要可按服务的形态、时间、方式、主体、对象等进行划分。高铁运输服务包括高铁客运服务和高铁货运服务，由于客货运输组织与运输条件上存在较大差异，在具体的划分类别中也存在一定的差异。

1. 按照服务形态划分

按照服务形态可将服务分为有形服务和无形服务两类。有形服务指作用于人身体或商品(有形物品)的服务，如保健、美容、餐饮、设备维修等。无形服务指作用于人头脑或无形资产的服务，如教育、广播、咨询、保险等。

高铁运输服务既有有形服务，又有无形服务。如高速铁路站车提供的餐饮服务为有形服务，高铁客站列车信息广播为无形服务。

2. 按照销售时间和服务时间划分

按照销售时间和服务时间可将服务分为售前服务、售中服务和售后服务三类。售前服务指服务时间早于销售时间的服务；售中服务指服务时间与销售时间同步的服务；售后服务指服务时间晚于销售时间的服务。

高铁运输服务既有售前服务，又有售中服务和售后服务。高铁客运服务以旅客与运输企业实施交易为界，售前旅客可进行出行信息查询；售中是从运输服务环节上看的，其中，“售票”是交易环节，也是服务过程的主要内容；售后旅客可根据服务满意程度通过12306进行投诉或表扬。高铁货运服务以货主与运输企业实施交易为界，售前包括货主可查询货票、选择运到期限等信息；售中包括货品位置查询服务；售后包括货损理赔等服务。

3. 按照与客户接触程度划分

按照服务提供过程中与客户接触程度可将服务划分为“高接触度”服务、“中接触度”服务、“低接触度”服务三类。“高接触度”服务指客户亲自到服务场所，并且在服务传递过程中积极配合服务组织，协助工作人员工作。“中接触度”服务指在服务中客户与服务提供者接触程度较低，客户到服务提供者的场所，但是在整个服务传递过程中客户不必一直在场，客户同服务者接触的目的或是建立关系确定问题，或是取送需要服务的实物，或仅仅是为了付款。“低接触度”服务指在服务中不涉及客户和服务提供者之间任何的面对面接触过程，服务是通过电子媒体或分销渠道实现的。

对高铁运输服务来说，接触度与服务内容密切相关，应该是三种类型均有。例如，旅客在高速铁路车站和列车上都会与服务人员直接接触，是典型的高度接触服务；旅客通过12306网络或App订购车票并到车站柜台或自动取票机取票，即为中度接触服务；若旅客选用电子车票完成旅行过程，则售票服务环节为低接触度服务。高铁货运服务除窗口办理托运、现场提取货品为高度或中接触度服务以外，其他服务环节和内容均为低度接触服务。随着高速铁路服务信息化和网络化发展，托运业务可以网上、App受理，成为“低接触度”服务。

此外，针对同一种服务，接触度也可能有较大差异。如以上描述的不同渠道的“售票”服务，其接触度存在差异。

4. 按照服务生产过程的特点划分

按照服务生产过程的特点可将服务分为专业服务、批量服务、服务店铺和批量定制服务四种。专业服务指批量小而产品类型较多的服务。专业服务个性化程度高，服务系统的组织以人员为主，如心理咨询、律师等。批量服务指产品类型少而生产批量大的服务。批量服务个性化程度低，服务的标准化和程序化程度都很高，设施设备在服务系统中占有主要地位，如大型超市、机场服务等。服务店铺指生产批量和产品类型介于专业服务和批量服务之间，服务的提供需要人员与设施设备的组合，如银行、餐馆、宾馆等。批量定制服务属于批量和产品类型都处于较高水平的服务。

高铁运输服务基本属于批量服务，高铁运输企业属于路网性企业，运输服务产品的生产属于“流程”化服务过程，即一次高铁运输服务需要若干个铁路运输企业（含各铁路局集团公司或地方铁路等其他运输企业）分段提供相应服务，从市场和客户消费角度看，铁路运输企业应向社会提供统一性的标准化服务。为了提高服务质量，各铁路局集团公司制定共同的基本服务标准，进行全过程统一服务。当然随着高速铁路服务能力提升，铁路运输企业可以运用新技术新设备，不断增加服务类型差异化，提供批量定制化服务。

5. 按照提供服务的主体划分

按照提供服务的主体可将服务分为以设备为主和以人工为主两种。以设备为主的服务指主要靠设施设备向客户提供服务，如高速铁路自动售票机提供的售票服务。以人工为主的服务指主要靠员工向客户提供服务，属于劳动密集型服务，这类服务对服务人员的素质要求更高，如车上补票、窗口办理高铁快运业务等属于人工为主服务，要求服务人员热情、周到。

6. 按照与企业的关系划分

按照客户与服务组织的关系可将服务划分为会员关系服务、无正式关系服务两类。会员关系指服务企业对常客户提供相对固定的服务，如铁路对旅行社等团体，给予更多选购空间，优先供给，以及一些优惠政策。无正式关系指服务企业对偶然性客户提供的服务，这类客户一般只能享受到标准化正常的服务，享受不到为会员提供的优惠服务。当前铁路提供的“常旅客”服务是典型的客户关系管理，有一定的“会员”形式服务的特点，有利于提高客户的归属感和尊重感。

7. 按照提供服务的空间划分

按照提供服务的空间可将服务划分为线上服务、线下服务两类。线上服务主要是指依托网络进行的各种服务行为，如网络或 App 购票、订外卖、在线选座、在线查询货物状态等。线下服务主要是指物理空间内提供的各种服务行为，如售票大厅购票、行李托运、售货车购物、候车厅点餐等。

1.3.2 高速铁路运输服务内容

高铁客运服务是铁路运输企业为完成旅客位移过程，提供的一系列生产性的核心服务和改善旅客服务体验的辅助服务的总称。主要的生产性服务环节包括票务服务、进站（乘车站）服务、列车（途中）服务、出站（到达站）服务等。高铁货运服务指铁路运输承运企业（中铁快运股份有限公司）和高铁运输企业合作完成货品位移，并提供一系列生产性的核心服务和相关辅助服务的总称。主要的生产性服务环节包括寄件服务、接取送达服务、安检收揽服务、集装包装服务、仓储服务、运输（途中）服务、查询提取服务等。

1. 高铁客运服务内容

高铁客运服务流程是完成旅客位移服务不可或缺的生产性服务环节，贯穿于旅客进入和离开运输系统的全过程。按照时间序列和地点环境，高铁客运服务流程及运输服务环节如图 1.4 所示。

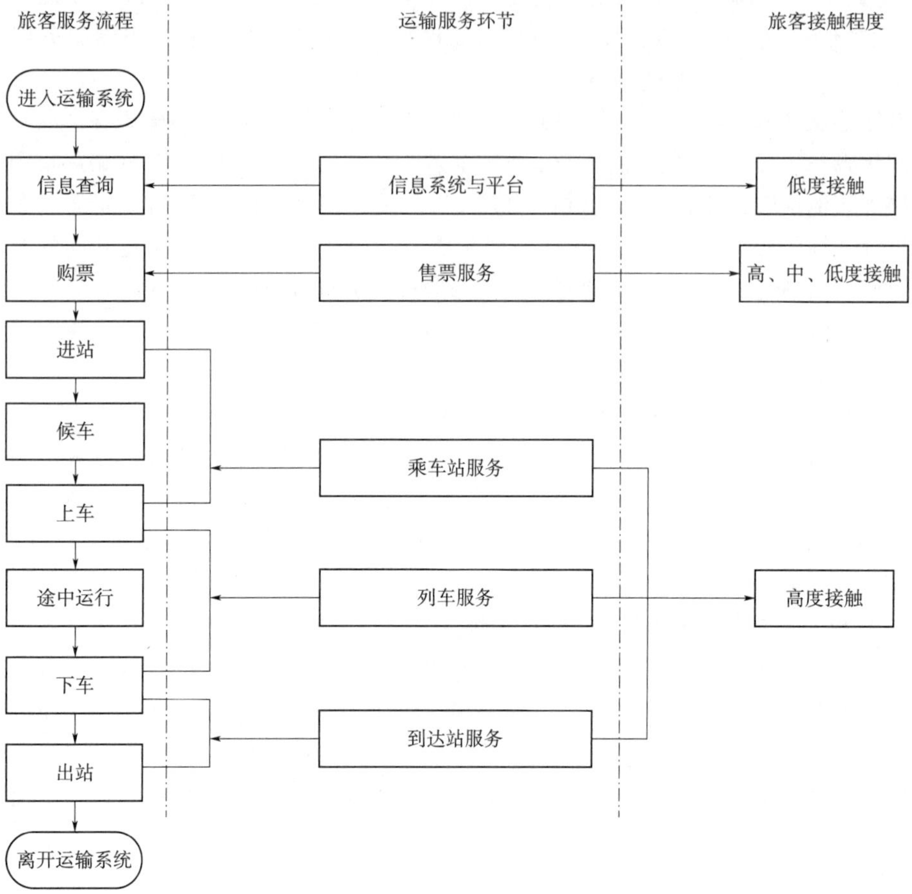

图 1.4 高铁客运服务流程及环节

按照运输服务环节划分，高铁客运服务内容主要有：

(1)受理服务环节。受理服务环节也叫客运产品的销售服务环节，主要内容是票务服务，可进一步细分为购票、取票、退票、改签、补票等部分。

(2)进站服务环节。进站服务环节也是旅客真正进入高铁运输服务系统的环节。可进一步细分为进站验票环节、安检服务环节、乘降服务环节、站内候车环节等。其中进站验票环节包含等候时间和接受验票时间；安检环节包括人检和行李检两项服务，所以安检环节包含安检排队等待时间、人检和行李检的接续流程及总体花费时间等，若有违禁随身携带物品，还需要进一步沟通及协助处理等服务；乘降服务环节包括旅客在进站、站内通行、检票上车等活动过程中提供的各项服务；站内候车环节所需要的服务内容较多，具体包括满足旅客候车的基本服务和提升旅客服务体验质量的相关服务，如指引旅客乘车及餐饮购物或娱乐消费的各类信息服务，按照服务质量标准配置的安全保障设施、座椅等休息设施、卫生间与盥洗设施、饮水供应设施、行包(含寄存)、网络等基本服务，还要有适当数量的充电设施、餐饮及购物设施、商品贩售和文化娱乐设施，供旅客自主选用，从而提升旅客候车环节的服务体验质量。

(3)车上服务环节。车上服务环节是旅客花费时间最多的一个环节，也是实现位移服务的实际过程。旅客长时间在封闭的、运行中的动车组环境中，除了应该具有良好的安全保障设施设备和安全巡视服务以外，还要有为旅客提供各种与旅行相关的信息服务、Wi-Fi 服务、与旅行环境相关的卫生保洁服务、与旅客生活有关的冷热饮水、卫生间与盥洗设施及服务，还需要为旅客提供与业务有关的票务服务、行李存放服务和重点旅客的特殊服务等，以上这些都是列车上的基本服务。为了提升旅客服务体验，列车上还应该提供餐饮、商业、文化娱乐服务(如影音、网络连接)和期刊等。

(4)出站服务环节。这是旅客旅行的最后环节，相对来讲，旅客会以较轻松的心态完成这一环节的服务过程。这一环节的服务内容包含站台和通道服务、导向标志、验票补票、行包提取、中转换乘、售后服务(含投诉及处理)等。

在完成旅客位移生产性服务环节及相关辅助性基本服务的基础上，高铁客运服务还包括许多延伸性服务，为旅客提供更好体验的客运服务享受。

(1)线上订餐服务。随着网络技术的发展，越来越多的线上服务出现，由此拓展或突破了线下服务对物理空间服务容量的限制，或服务拥挤对服务体验质量的影响。旅客可以通过 12306 或掌上高铁 App，结合自己到达某一高速铁路车站的相应时间，经过选择配送站—选择商家—选择餐品—提交订单—支付订单等环节完成订餐，这不仅丰富了餐饮类型，更是突破了获取订餐服务的时空限制，给旅客带来更高的餐饮服务享受。

(2)车站延伸服务。高速铁路车站是铁路运输与城市交通的衔接点，旅客会产生更多的服务需求。例如，旅客进入车站后的行李搬运服务(小红帽)；在高速铁路车站设有地下、地面停车场供社会车辆临时停放服务；较大型高速铁路枢纽车站设有专门接驳其他车站或交通方式的摆渡车，为旅客提供接续送达服务。

(3)打车/租车服务。旅客可通过掌上高铁 App 等，定制打车/租车服务，丰富一站式出行服务体验。

2. 高铁货运服务内容

高铁货运服务与客运服务的流程及环节有较大的差异，客户(旅客或货主)直接参与运输服务的环节只有办理托运手续(购买货运产品)和提取货品两个环节，其他环节都是由中铁快运股份有限公司和高铁运输企业独立承担完成，提供的是后台服务，正所谓货物运输的“前店后厂”服务过程。高铁货运服务流程及环节如图 1.5 所示。

按照运输服务环节划分，高铁货运服务内容主要有：

(1)受理服务环节。办理托运手续也是货运产品的销售服务环节，是货主与服务人员或相关系统以中度或低度接触的方式完成服务的过程。客户需向服务人员或相关系统提供寄件人和收件人的姓名、详细地址、手机、预约取件时间等人员信息以及货物品名、重量、件数等货物信息。服务人员确认托运货物符合国家关于禁止或者限制运输物品的规定后，即完成高铁货运受理服务。

(2)接取送达服务环节。该环节是中铁快运股份有限公司为实现货运“门到门”全过程服务，在“站到站”服务的基础上增加的两端短途运输。“站到站”是高铁运输企业的主体服务，其余两端短途运输服务是可选项服务内容，当前高速铁路车站提供这类代办业务。

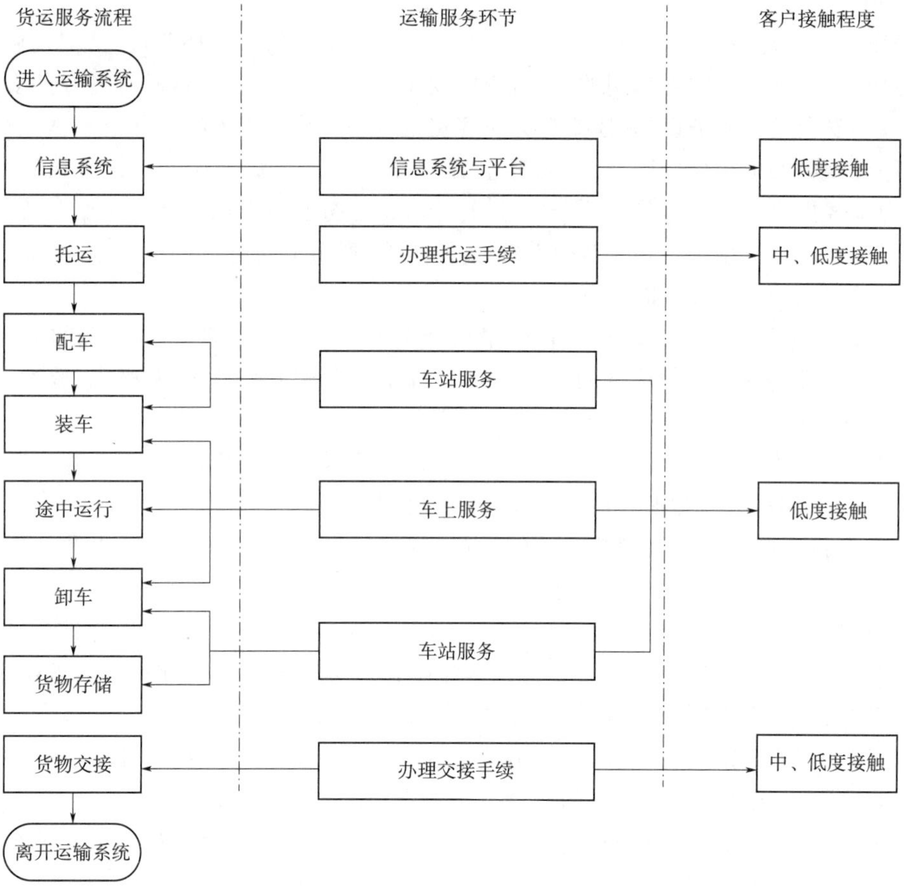

图 1.5 高铁货运服务流程及环节

(3)运输服务环节。自铁路运输企业与客户办理完成货物运输的委托协议后,在运输过程中的各项服务都是后台服务内容,只是运输过程状态的实时信息,需要在相关服务平台上发布,供客户查询。在此过程中的后台生产性服务工作(内容)包括安检收揽服务、仓储服务、集装包装服务及一系列的车站(装卸)和列车上的服务工作。

①安检收揽服务。这是高铁货运位移服务过程的起始环节,具体包括安检、检斤、收货、制票、施封、交接等工作内容。

②仓储服务。指货物承运前和交付后在车站仓储或货物仅在车站仓储服务。

③集装包装服务。高铁货运一般使用旅行拉杆箱、专用箱、纸箱、袋状容器等集装容器以集装件的形式运输。如托运物品不规则,则需要选定集装包装服务。

④查询服务。托运办理后,货主随时可以登录 95306、12306 或中铁快运(95572)网站查询货物运输过程中的实时位置、状态信息,也可拨打 95572 进行电话咨询。

(4)货物提取服务环节。到站后应及时通知客户提取,通知方式以短信为主,每天 8:00—22:00 发送短信,未留手机或短信通知不成功的改电话通知。个人客户凭有效身份证件到站领取"站到站"快件;企业客户凭收货单位印鉴、委托书、介绍信以及经办人有效身份证件领取。

我国高铁货运还处于起步阶段,对货运核心产品设计、辅助服务提供、服务管理配套等仍处于实施探索中,待我国高铁货运动车组等硬件条件具备,必将为高铁货运的发展提供更大的服务空间。当前,我国高铁货运服务主要是直达运输服务,大多数没有中转作业。只有当收货高速铁路车站与到货高速铁路车站无直达高速铁路列车车次时,需要在固定的高速铁路中转站(按照中铁快运公司提供的运输方案)进行中转作业,包括卸车作业、中转仓储、二次装车作业。

1.4 高速铁路运输服务质量概念及内容

1.4.1 高速铁路运输服务质量概念

无论是生产有形产品还是无形服务的行业,产品或服务质量都是企业建立持久性竞争优势的第一要务。质量不仅是企业经营管理、生产组织、服务控制的核心内容,同时也是客户(或消费者)对产品使用和服务体验感知、评价的关键因素。因此,关于服务质量的概念多种多样,总体可归纳为针对"服务提供者"和"服务接受者"两个角度的阐述。

铁路运输企业是高铁运输服务的供应商,企业在充分掌握运输市场需求的基础上,遵循相关技术条件、服务能力和经营战略,科学设计运输服务产品,向社会提供不同类型、内容、标准的客货运服务。运输服务需求,尤其是客运服务需求更有旅客主观的个性化表现,由于铁路运输服务的基本特点是大众化的批量服务,尽管可以通过细分市场,生产越来越多的差异化产品,但也是难以满足每一个需求者的所有愿望。所以,运输企业研究服务需求市场,严格来讲就是细分每一个子市场所具有的共性需求,将其作为提供服务的主要方向,并以此为指导设计出适销对路的服务产品。那么,对于旅客群体来讲,只有带有共性的部分需求得到了满足,运输服务的质量也就表现出对旅客服务需求的满足程度。因此,服务质量意味着企业的服务活动与所承诺服务的内容、档次、品格等必须相符。

借鉴 ISO/8402 对服务质量的定义"服务质量是服务满足规定或潜在需要的特征和特性的总和",高铁运输服务质量定义为"高铁运输服务部门提供的服务满足客户规定和潜在需要的程度"。规定需要指已经在技术规范或服务规范中作出规定的客户要求,如在高铁客运列车到站前,应及时通告(广播或电子显示屏)站名、到开时刻、停站时间,并提前组织重点旅客到车门口等候下车等;潜在需要指虽然没有在技术规范或服务规范中作出规定,但客户在接受客货运输服务时实际存在的需要,即客户可以意会但难以明确表达或不言自明的需要等。客运站应该是无障碍的服务系统,那么设立盲道和语言导向设备等,应该是运输企业认定的规定需要。而车站为盲人旅客提供行李护送等服务,便是满足了旅客的潜在需要。在条件允许的情况下,给予旅客更多的人文关怀,对改善旅客感知体验十分重要。

高铁运输服务的接受者(客户)为旅客或货主。客户作为运输服务产品的最终享用者,他们的服务需求不仅决定了运输企业怎么做,而且他们对服务过程和结果的感知体验更是运输服务质量的试金石。因此,更多的学者认为服务质量应该来自客户对服务的感知体验。

从客户的角度,高铁运输服务质量可定义为"客户对铁路运输企业(含服务人员)所提供服务过程和结果的主观感受和价值判断,其形成的质量评价主要来自客户的期望水平和感知水平的差值”。客户在消费运输服务时，通过对服务设备、服务人员、服务环境和氛围带来的过程感知体验，以及对服务结果（如可口的餐食、准确的位移等）的价值认可程度，形成对客运服务质量的综合评价。服务结果是客户选择服务和购买服务的核心需求，服务过程是服务结果传递给客户的方式，如服务是否易于获得、服务人员的言行、外貌、服务态度、服务方式等，这对客户对服务质量的评价及重复购买与否影响很大，因此，提升客户的感知质量是运输服务质量管理的重要方向。

服务管理理论指出，客户通过五个方面的因素感知服务质量，包括可靠性、响应性、保证性、移情性和有形性。当客户的感知服务水平超出期望时就会感到惊喜，当感知服务水平与期望相等时客户就会满意，但当感知服务水平低于期望时客户就会不满意，即服务失败，如图 1.6 所示。

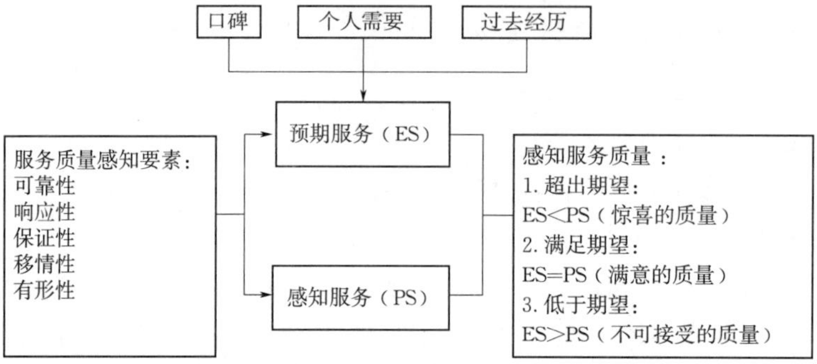

图 1.6　高铁运输服务质量要素及感知服务质量

（1）可靠性。指企业执行所承诺服务的能力。客运服务的可靠性主要表现在不断提高列车正点率，降低售票差错、行李差错、运输服务差错（旅客上错列车）等方面。

（2）响应性。指帮助客户或为客户提供便捷服务的自发性，包括满足客户要求、迅速解决服务失败的能力等。例如，晚点列车向旅客提供适当的补偿性服务，可以将旅客潜在的不良感受转化为美好回忆。

（3）保证性。指服务人员的业务知识和谦恭态度给客户表现出信任的能力。包括良好的运输服务安全记录、胜任的一线服务人员和与客户有效的沟通等。

（4）移情性。服务人员给予客户的关心和个性化的服务。包括理解旅客特殊需求，及时提供适需服务，如发现“误车”旅客主动为其提供改签服务。

（5）有形性。指有形的设施设备、服务系统与客户互动界面、服务人员仪态仪表等。如客运站的引导标志、自助售票机、候车室、站台环境及完好状态，售票员、客运员的着装等，都会影响旅客对服务质量的感知评价。

总之，服务质量是运输企业经营的永恒主题，提高运输服务质量是企业参与市场竞争的主动行为。运输企业在经营中不断挖掘客户的潜在需求、优化客户的感知体验，向社会提供“人无我有，人有我优”的运输服务产品，也将会为运输企业带来经营商机。

1.4.2　高速铁路运输服务质量影响因素

服务营销学理论指出影响客户服务感知质量的三大要素是硬件、软件和人员。这三者相辅相成，缺一不可，共同构成了“服务金三角”。对这三大要素的要求和描述就构成了优质服务标准的基本内容。相对来讲，硬件和软件因素是比较确定和稳定的，人员因素比较易变和复杂,也是关键因素。

1. 硬件

硬件指服务发生的物理环境的各个方面,服务提供者与客户的相互活动都在其内部进行。硬件很像有形商品的包装,可以方便或者是阻碍服务的进行,也履行着对外传递信息的重要职能,硬件为客户的整个服务体验设定了基调。硬件包括服务地点、服务设施、视觉空间和服务环境特征四个关键领域。

服务地点是服务组织提供服务产品和客户进行服务体验的地点,如车站、动车组、售票点等。

服务设施包括设施的质量和数量两个方面,设施的质量直接决定向客户提供服务的好坏,设施的数量则决定提供服务能力或服务容量的大小。

视觉空间是指服务场所的视觉效果带给客户的"第一印象"。视觉空间包括颜色、服务场所的通道设计、服务场所的座位安排、服务场所的设备定位、服务场所的光线等。

服务环境特征是指服务场所的环境,包括环境的色彩与照明、音响的音量与音高、空气清新度、温度与湿度、环境的清洁度等。

在高铁客运服务中,硬件包括旅客列车车体及相关设备条件、站场条件等,旅客在开始旅行前,对高铁客运服务的第一印象就来自于车站、列车的硬件和站场条件等,可以说它们为旅客的整个服务体验设定了基调。

2. 软件

软件指服务发生的程序性和系统性。它涉及服务的递送系统,涵盖了工作如何做的所有程序,提供了满足客户需要的各种机制和途径。服务软件包括以下七个关键要素。

(1)时间。向客户提供服务时,其服务的及时性和迅速性应该适度,即在规定为客户提供服务时,应按实际情况从客户的角度出发规定具体时间标准更好。

(2)流畅性。即为客户提供服务时应保证各环节、各部门的相互配合与合作,形成紧密的服务链。保证为客户提供服务流程的顺利实施,避免服务流程中的阻塞和停滞现象的发生。

(3)弹性。服务系统的适应程度和灵活程度。服务规范和服务规章在实际执行时应有一定的"弹性",应根据不同客户的需求及时调整。

(4)预见性。从规范化服务向人性化服务发展,客户提出的要做到,客户想到的,在客户尚未提醒之前,抢先一步,向他们提供所需的服务。

(5)沟通渠道。要使服务系统内部客户与高铁运输企业之间,企业内部相关人员之间能进行有效的信息沟通,应想方设法提供各种沟通渠道。

(6)客户反映。服务人员要对客户的要求和反映及时了解,并建立良好的客户信息反馈系统。这取决于具有良好服务素质的服务人员的观察、分析,并采取积极有效的解决办法。

(7)组织和监督。有效的服务程序需要组织、监管,要保证服务质量监督监管机制的有效性,并且成为进一步提高服务质量的积极因素,需要进一步完善服务质量的监督制度。

在高速铁路客户服务中,软件包括站车的一切服务内容、服务方法和服务规程。由于运输产品的特殊性还包括旅客可以感受到的,与运输组织有关的运输指标的要求等,如旅客列车的到开时间、平均停站距离等。

3. 人员

人员指完成服务项目者,涉及人与人的接触,涵盖了在服务时每一位人员接触所表现出的态度、行为和语言技巧。关于服务人员也有以下七个关键因素。

(1)仪表。客户对所接受的服务活动做出积极或消极的反应,很大程度上受他或她所看到的情景影响,仪表整洁、大方的服务人员会营造赏心悦目的旅行氛围,改善客户的心情和服务感受。

(2)态度、身体语言和语调。身体语言和语调传递了沟通中的"真实"信息,直接影响客户的服务感受。

(3)关注。关注是满足客户独特的需要和需求,它认同客户个性,从而以一种特殊、独特的方式对待每一个客户。备受关注的客户,其心目中的服务会大升值。

(4)得体。得体不仅包括如何发出信息,还包括语言的选择运用,如怎样称呼客户,称呼客户名字的频率等。

(5)指导。服务人员如何帮助客户了解服务环境、条件,为客户提出适当的劝告和建议。

(6)销售技巧。销售是服务不可分割的一部分,服务人员的销售技巧直接影响客户的接受程度。

(7)礼貌地解决问题。如何处理客户不满,使客户转怒为喜,如何对待粗鲁、难以应付的客户等,既要维护服务人员的尊严,又要能够礼貌地解决问题。

在高铁运输服务质量管理过程中,对服务人员的着装、姿态、语言方面制定标准化要求,以及在运输企业内部建立良好的招聘培训、考核、激励机制等,对提高高铁运输服务质量起看至关重要的作用。

1.4.3 高速铁路运输服务质量内容

客户对高铁运输服务质量从可靠性、响应性、保证性、移情性、有形性五个方面进行感知。客户购买运输服务并进行消费,对高铁运输服务质量的认识可以归纳为两方面:一方面是客户通过消费服务究竟得到了什么,即服务的结果,通常称之为服务的技术质量,如旅客购买高速铁路一等座席,最终得到了更短时间消耗的位移服务以及该产品服务包中所包含的小食品和瓶装饮用水;另一方面是客户是如何消费服务的(即服务的过程),强调服务过程中的主观感知,通常称之为服务的功能质量,如购买和消费高速铁路一等座,旅客可以享受到更宽敞的列车环境和更舒适的座椅等。高铁运输服务质量既是服务技术与功能的统一,也是运输服务过程和结果的统一,如图 1.7 所示。

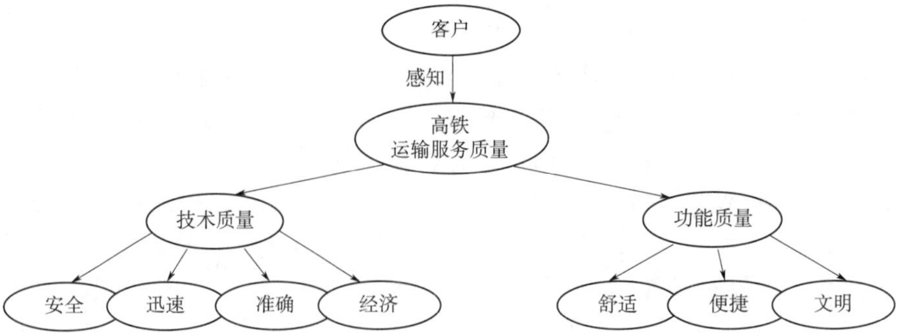

图 1.7 高铁运输服务质量内容

1. 高铁运输服务技术质量内容

高铁运输服务技术质量主要体现在“安全”“迅速”“准确”“经济”等四个方面，一般可以用某种形式来度量，具体内容如下：

(1)安全，是指高铁运输企业对旅客生命、健康、隐私及财产安全和货物完好无损安全的保证，是运输服务全过程在可靠上的评价，如事故人员死亡率、客伤率、旅客财物损失情况、货损货差情况统计等。这是客户最重视的，也是运输企业完成客、货运输全过程及提供各项服务的基本要求。对高铁客运服务来说，主要为客运服务全过程旅客及携带财物的安全，要求配备相应数量的安全设施设备，突发情况下铁路应该为旅客提供安全应急服务等；根据客流量设置相应数量的危险品检查仪，并保证安全设备状态良好；配餐食品储藏、解冻、加热和配送等各环节符合质量标准，确保食品卫生安全。对高铁货运服务来说，即按照货主要求保证货物在运输过程中避免货物损失，要求装卸设备质量、减少货品处理操作次数等。

(2)迅速，包括高速铁路列车运行速度快、服务响应快和服务提供速度快。它是运输服务全过程在时间上的快速评价，如列车运行速度、换乘接续速度及对各类服务的快速响应等。迅速是高铁运输服务质量最重要的特性之一，也是高速铁路最主要的技术优势。对高铁客运服务来说，主要是为旅客节省旅途时间，便捷、高效的服务过程，如中国高速列车的运营速度可达 350 km/h，京广高速铁路开通后北京到广州运行时间从 20 h 31 min 缩短至 7 h 59 min，京沪高速铁路开通运营后北京到上海运行时间从 11 h 41 min 缩短到 4 h 18 min。再如对旅客咨询的尽快答复，饮用水的及时补充，站车垃圾的及时清理等。对高铁货运服务来说，要求按照约定，服务人员尽快安排货物运送到指定的高速铁路车站，同时包括便捷高效服务，如高速铁路开展货运服务能够在时效上保证全国绝大多数城市间铁路网允许范围内 1～8 h 的快件寄递，可以大大提高铁路货运服务水平，增强铁路参与快递市场的竞争力；再如货主投诉的及时处理回复，货运营业厅货运业务的及时办理等。

(3)准确，包括时间上的准确，准时、正/准点率高，也可理解为服务的可靠性，要求在合同约定的时间内把旅客(货物)运送至目的地，完成运输服务；还包括空间上的准确，主要指高速铁路列车的停靠站点以及提供相关服务的场所必须要准确无误，不能出现偏差，保证旅客到达期望的站点，货物被运送至最终的目的地。对高铁客运服务来说，要求旅客可以在票面规定的时间内到达合同约定的目的地，可用列车出发、到达及运行的正点率指标来度量；对高铁货运服务来说，要求货物可以在货票约定的时间内到达目的地或约定配送到收货人手中，可用托运时间、承诺到达时间、实际到达时间、配送时间等几个指标来度量。与其他运输方式相比，高速铁路基本可以全天候运行(除特大雨雪雾天气之外)，且严格按时刻表准时出发，正点运行，准时到达。

(4)经济，要求以经济合理的价格，让客户感受到优质的服务，如票价、运价等。经济性是供需双方都十分重视的质量内容，高铁运输服务价格是企业经营、参与市场竞争的法宝，也是提高服务质量和竞争力的重要途径。高铁客运服务可以在基本票价确定的情况下，实施一些弹性或增值性服务，例如实行会员积分、团体优惠、折扣票价等营销策略，也可推出免费服务，还可通过提供如高速铁路外卖等旅客增值服务的经济性来提高竞争力。高铁货运服务的推广促进了我国铁路货物运输产品的服务质量。高铁快运大大提升了物流效率，降低了物流成本。据广州铁路局集团公司测算，“散件”货物从广州到长沙，汽车运输、航空运输的成本分别为 0.3～0.4 元/kg、2 元/kg，高铁运输的成本为 1.5 元/kg。综合对比看，虽然汽车运输成本最低，但很难实现跨省的当日达和次日达，航空和高铁运输均有时效保证，但高速铁路的成本仅为航空方式的 75%，且受天气制约的因素比航空要小得多。

2. 高铁运输服务功能质量内容

高铁运输服务功能质量主要体现在“舒适”“便捷”“文明”等三个方面，更多是客户的主观感受，因人而异，难以用统一标准衡量。如不同旅客对服务舒适的期望不同，对接受的同一标准服务的舒适度感受不同；再如货主对网上办理流程的接受程度不同，对同一服务的便捷性评价不同。

(1)舒适，指服务全程要有较好的环境与秩序，是针对高铁客运服务过程中的整体硬件、软件环境和服务人员的感知与体验评价，是一个非常全面且复杂的感知指标。人民日益增长的美好出行愿望要求高速铁路应最大限度满足旅客对舒适性的要求，使旅客获得热情周到、文明礼貌的服务，达到全面提高旅行质量的目的。如动车上配备的充电插座、免费Wi-Fi、不间断供水等，服务环境良好、温度适宜、座席舒适宽敞等，都大大提升了旅客出行体验。

(2)便捷，指为客户提供方便、快捷的服务，包括高速铁路列车较高的开行频率，行程中换乘接续时间和地点的“无缝”衔接，办理相关手续的方便性，实现旅客(货物)整个行程的连贯性及时间的可选择性等，它主要是对运输服务是否可获取及获取快捷程度的感知与体验评价。对高铁客运服务来说，在旅客旅行过程中的购票、进站、上车、下车、出站等环节力求方便，如丰富的购票渠道和充足的购票设备、自助验证验票进站、联程票、高速铁路列车选座、完善的导向标志和无障碍设施等，达到了方便和节省时间的体验，提高旅客的感知质量。对高铁货运服务来说，要求业务办理方便，接取送达便利等，如高铁货运服务电话、95306 网站办理，提供上门取件、增设揽活点等服务，方便了货主办理货物托运的体验等。

(3)文明，是客户在接受高铁运输服务过程中精神和心理需求得到满足的程度，主要是运输服务过程中对满足客户精神需求程度的感知与体验评价。文明性对于服务人员来讲主要反映其服务态度和技巧，对于网络界面和设备主要指流程设计的人性化感受程度。要求服务人员在为客户提供服务过程中要文明礼貌、热情友好，要保持微笑服务、使用文明礼貌用语等，如现场工作人员的微笑周到服务满足了客户友善真诚被尊重的心理，进而提高旅客的感知质量；要求相关服务设施设备和服务系统交互界面要友好，让客户感受到被重视等。

1.5 高速铁路运输服务体系框架及内容

1.5.1 高速铁路运输服务体系框架

铁路运输企业向社会提供客货运输服务。随着高速铁路运输规模和能力、服务技术和水平的大幅提升，高铁运输服务也由满足旅客高速出行基本需求向提供高品质、多层次、多样化、个性化出行需求转变。在此过程中，高铁运输服务取得了丰富的实践应用和创新成果，并成为当之无愧的“国家名片”。与此同时，专家学者不断深化、理论联系实际地开展高铁运输服务相关的研究工作，探索形成了高铁客运服务和质量管理的创新理论成果。由于我国高铁货运当前尚处于起步阶段，对高铁货运服务实践和理论研究等还处于探索过程中，需待高铁货运发展更加成熟完善后，再进行系统全面总结。因此，高速铁路运输服务体系主要针对高铁客运服务相关内容展开分析，从理论体系和应用实践两个维度进行总结、论证、构架和描述。

1.5.2　高速铁路运输服务体系内容

高铁运输服务体系框架如图1.8所示。

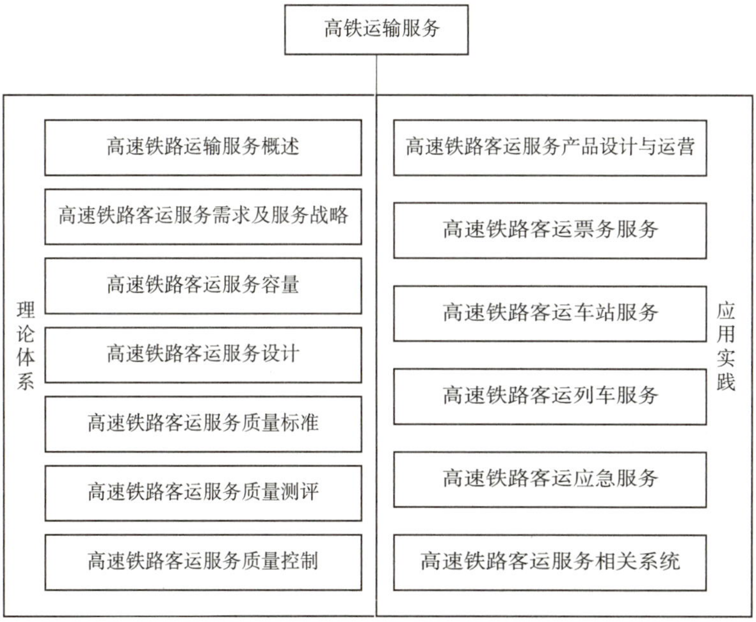

图1.8　高铁运输服务体系框架

1. 高铁运输服务理论体系

从高铁客运服务质量的形成环节出发，高铁客运服务的理论框架可分为高铁运输服务概述、高铁客运服务需求及服务战略、高铁客运服务容量、高铁客运服务设计、高铁客运服务质量标准、高铁客运服务质量测评和高铁客运服务质量控制。其中，高铁运输服务概述归纳总结了高铁运输服务发展历程、高铁运输服务内涵及特征、高铁运输服务分类及内容、高铁运输服务质量概念及内容，是对高铁运输服务理论和实践全面系统提炼总结的基础；高铁客运服务需求及服务战略、服务容量是高铁客运服务设计、质量标准制定、质量测评和控制的前提；服务设计是从用户角度出发，在服务容量相对确定的前期下，对服务需求的回应；高铁客运服务质量标准是服务设计的输出结果，也是高铁运输企业向旅客提供服务并评价服务质量的依据；高铁客运服务质量测评是高铁客运服务需求研究、服务设计、标准制定以及服务提供等环节实施好坏的评价，也是服务业绩改进的基础，最终反馈到后续服务质量控制中。

2. 高铁运输服务应用实践

从旅客与高铁运输企业的交互环节来看，高铁客运服务的实践内容包括高铁客运服务产品设计与运营、高铁客运票务服务、高铁客运车站服务、高铁客运列车服务、高铁客运应急服务、高铁客运服务相关系统。其中，客运服务产品设计与运营是高铁运输企业紧贴客运市场需求和定位，满足旅客日益复杂和多面的需求，构建客运服务产品体系，提升高铁客运市场竞争力和运输经济效益的重要保障；票务服务是高铁客运的核心服务内容，也是对高铁位移服务产品进一步分解实现市场交易的环节，通过对票种票制、售票组织、销售渠道等设计，弥补高铁客运服务列车开行方案、运行方案无法满足旅客需求差异的局限，向旅客提供更加多样化、多层次、个性化的客运服务；车站服务和列车服务是高铁客运的核心服务内容，是“位移”的生产性环节，也是旅客感知和体验服务的必经场所；应急服务是非正常情况下高铁客运的核心服务内容，应急服务水平和应急处置及救援能力直接影响旅客的服务体验和对服务质量的评价，乃至影响旅客身心健康安全，甚至社会稳定、国家公共安全等；服务相关系统是利用先进的信息技术与网络资源，依托一系列客运服务信息系统和客运服务系统平台，实现旅客位移的核心服务和改善旅客出行体验的辅助服务。

2 高速铁路客运服务需求及服务战略

高速铁路的发展将为相关客运服务带来巨大变化，运输质量大幅提升，客运服务产品类别更加丰富，由此在运输市场中更有竞争力。高铁客运服务需求及服务战略的分析，是客运服务产品设计、服务标准制定、相关设备的配置、服务质量测评和控制的前提。

2.1 高速铁路客运服务需求及服务战略概述

2.1.1 高速铁路客运服务需求概念及要素

运输服务需求指在一定时期内、一定的价格水平下，社会经济活动对旅客和货物位移服务及在其过程中所衍生出的一系列服务，具有支付能力的需要。运输服务需求应具备两个条件：一是有购买服务的欲望或要求，只有这样，运输供给者才具备满足这种需求的可能性；二是具有购买能力，在一定的价格水平下，购买者的收入水平越高，购买能力越强。运输服务需求包括以下要素。

1. 需 求 量

需求量即服务需求的规模，包括位移服务需求量和旅行服务全过程各环节、各项服务需求的数量。其中，决定"位移服务"的生产性环节的服务是刚性的服务需求，如票务服务、车站的安检服务、列车上的餐饮服务等。由于旅客自身或出行特点表现出在服务需求上的差异性，一定程度上这类服务需求量的规模，会决定服务供应商是否将其列入服务提供的战略性选择。

2. 流　　向

流向即位移服务需求的方向。位移服务本身是有时间和方向性的，伴随旅客列车的运行，旅客所处的空间环境不断变化，由此会激发出一系列服务需求的产生或剧增。例如，跨越南北间的长途列车上，需要关注到旅客对"保暖"方面的服务需求。

3. 运　　程

运程即旅客位移的起始地至到达地之间的距离。列车的在途运行时间与运行距离正相关，也会影响到旅客的服务需求。例如，京津城际列车的短途旅程基本无须提供餐饮服务，但对京广高速铁路上的长途旅程，其餐饮服务可认为是必然。

4. 速　　度

速度即服务需求在提供速度上的表现。对于位移服务需求往往表现在列车的运行速度，这是铁路客运服务质量的核心要素之一；对于其他方面或环节的服务速度，是指用户得到服务的等待时间或服务持续时间，对用户的感知体验非常重要，也叫服务感知的"响应性"。

5. 时　　间

时间即服务需求在时间上的表现。位移服务在时间上的需求，反映在起始地至到达地之间所用的时间及时刻的要求，对其他旅行服务可以表现一天中不同时段的服务需求，如夜间列车上乘车环境的“安静”服务，常规用餐时段列车上的餐饮服务等，在列车运行停站时分安排及列车服务提示等方面给予适当考虑。

6. 价　　格

价格即服务需求在价格上的表现。不同购买力及消费理念的旅客对服务价格的敏感度具有差异性，需要高铁运输企业提供不同等级的核心服务及附加服务，来满足旅客对于价格的差异化需求。如二等座需提供基本型服务，以核心位移服务为主；商务座需提供享受型服务，除核心位移服务外，需提供小电视观看、免费餐饮等，并使旅客可享受更“安静”服务的列车环境。

除以上要素以外，还有影响用户服务感知体验的各种需求，例如，表现服务“移情性”的问候、爱心服务；表现服务“差异化”的商务座、一等座、二等座席位等。在制定或调整服务战略、服务设计及提供实践中，需要重视和尊重这些需求要素。

2.1.2 高速铁路客运服务战略概念及特点

服务战略是指高铁运输企业为了谋求长期的生存和发展，根据外部环境和内部条件的变化，对企业所作的具有长期性、全局性的计划和谋略。服务战略是企业在组织目标、资源和它的各种环境机会之间建立与保持一种可行的适应性的管理过程。铁路运输是基础性服务行业，社会的经济发展、技术的飞速进步、客户需求结构的改变都会对行业企业内部的政策、规范等造成影响，形成新的服务战略，进而改进服务产品设计。

基于服务战略的定义，服务战略的特点主要表现在全局性、目标性、稳定性和接续性四个方面。

1. 全 局 性

服务战略是以服务企业全局的发展规律为研究对象，它是指导整个企业一切活动的总谋划。高铁运输企业的服务战略的全局性不仅表现在企业自身的利益上，还要保证其与国家宏观经济、技术水平、文化理念、发展战略相吻合，与国家发展的总目标相适应。例如，为响应我国绿色环保理念的号召，高速铁路推行电子客票，仅上海一站，每天就可节约数十万张的纸质车票，在为环境友好作出了贡献的同时，也减轻了企业的成本，方便了旅客的便捷出行。

2. 稳 定 性

高铁运输企业经营实践是一个动态的过程，指导企业经营实践的战略也应该是动态的，以适应外部环境的多变性，但同时服务战略必须在一定时期内具有稳定性，才能在企业经营中具有实践性指导意义。这种稳定性是相对的，如果朝令夕改，会使企业经营发生混乱，从而给企业带来损失。

3. 接 续 性

服务战略是高铁运输企业面向未来运输市场的行动计划，是确定运输企业发展方向的行动方案，而企业内部和社会环境是不断变化的，必须要根据不同阶段的环境情况，及时对上一阶段的战略内容进行调整，制定出适应新环境的接续性服务战略，否则，就会造成极大的效益损失，甚至被市场淘汰。

4. 竞 争 性

制定服务战略的目的是为保证企业在市场的激烈竞争中不断增强自身的实力，创造更大的经营效益，因此高铁运输企业在制定服务战略时，应该兼顾“自我提升”和“对外竞争”，强化企业对经营及市场的控制力。“自我提升”主要指高铁运输企业应该建立经营管理机制，根据外部环境的变化，在优化既有产品的基础上，拓宽市场，力争“精中精，强中强”；“对外竞争”主要指与运输市场中其他企业相互竞争，借鉴经验，在明确服务定位的基础上，提高各项差异化产品之间的衔接度，保证其优势互补、迭代优化，为运输市场提供“人无我有，人有我优”的服务产品。

2.2 高速铁路客运服务市场细分及定位

作为运输市场的重要组成部分，高速铁路以其独特的技术经济优势，在与其他交通方式和产品竞争中表现不俗，各类高速铁路列车和席别产品，吸引了相对固定的旅客群。同时，随着高速铁路服务提供模式和技术的创新发展，吸引或诱发了更多客运服务需求，为高速铁路运营拓展了更广阔的领域和利润空间。高铁运输企业要想保持竞争优势，必须立足行业特点，针对不同客运子市场所吸引的特定旅客群体，通过对细分市场的评估，确定一个或几个运输子市场作为服务对象，研究其服务需求，并在此基础上，确定市场定位。

2.2.1 高速铁路客运服务市场细分

市场细分（segmenting 或 market segmentation）是把整体市场分割成有意义的、具有较强相似性、可识别的小客户群的过程。每一个小客户群称为一个细分市场（market segment）。

1. 市场细分的目的

（1）市场细分有助于高铁运输企业发掘市场机会和开拓新市场。通过市场细分，企业可以把握各客户群体的需求及其满足程度，从而发现市场机会。同时，在分析运输市场竞争状态的基础上，根据企业自身的资源条件及竞争能力，形成适于自身发展的较为有利的目标市场。我国高速铁路建设规模大、线路长、组织复杂，对客运市场进行细分并深入研究是必要的。

（2）市场细分有利于高铁运输企业利用现有资源，获得竞争优势。高速铁路属于大型运输企业，虽然其资源约束条件较小，但由于市场需求的不断增长以及与航空、公路或各高铁运输企业间存在激烈的竞争，使得高铁运输企业的资源优势有所减弱。因此，市场细分更应该是高铁运输企业谋求竞争优势而充分运用的工具。

（3）市场细分有利于高铁运输企业了解各细分市场的特点，制定并调整服务策略。与其他交通方式相比，高速铁路具有一定的速度优势，但仅限于特定客户群。在市场竞争条件下，必须抓牢特定的客运市场，提高服务针对性，把握各细分市场的特点，建立相应的服务策略。

2. 市场细分的标准

市场细分的标准是描述市场、分析市场需求规律的关键因素。市场细分变量是指一个或多个影响市场需求的因素，是服务市场细分的主要依据。细分变量有需求和特征组合两类。旅客的需求是细分市场的基础，特征组合是指一些可以描述和测量的旅客特征，主要包括旅客的个人属性和出行特征。企业通过市场调研分析市场中的运输需求，并基于此把不同的旅客的特征联系起来，形成运输市场细分的标准。

(1)个人属性

个人属性主要指人物的特征或特性，主要用于描述人物，使其更好地被理解。通常影响高铁客运服务市场细分的个人属性主要包括年龄、职业、收入水平。

①年龄

不同年龄区间的旅客，对运输服务的需求内容具有差异性。按照年龄划分，可将运输市场细分为老年人子市场、中年人子市场、青年人子市场。老年人在享受乘车服务时，通常需要服务人员给予更多的耐心；中年人在的需求种类较为复杂；青年人则对列车的娱乐服务及网络服务更加关注。

②职业

按照职业划分，可将运输市场细分为公司职员子市场、个体户子市场、务工人员子市场、学生子市场、军人子市场等。通常务工人员与学生不仅出行具有较强的规律性，且都更关注乘车的经济性；公司职员更注重乘车的体验感，对舒适性和速度要求较高；个体户需求情况因出行目的不同需求情况复杂。

③收入水平

收入水平的差异对因私出行的旅客影响较大，按旅客收入水平，可将客运市场细分为高收入、中高收入、中等收入、中低收入和低收入子市场。高收入旅客对的价格敏感度低，通常对速度和舒适要求较高，中等收入旅客对速度和经济性要求较高。收入较高人群一般有比较固定的订票渠道，对舒适、速度、安全性要求较高。

(2)出行特征

出行特征主要指用于描述出行过程中一系列行为的基本特征。通常影响高铁客运服务市场细分的出行特征主要包括出行目的、出行距离、出行区域。

①出行目的

按照出行目的，运输市场可分为出差子市场、探亲子市场、通勤子市场、务工子市场、求学子市场和旅游子市场等，也可以分为公务流子市场、商务流子市场、旅游流子市场、探亲流子市场、通勤流子市场，特定时期还可以单独划分出务工流、学生流等子市场。而旅客的出行目的与交通费用支出、旅途服务质量等要求相关。由于现行报销政策已基本允许出差人员乘坐高速铁路列车，公务流和商务流所占比例较普速铁路有明显上升。在财务制度允许条件下，这部分客流对舒适、速度和安全的要求较高，对经济性要求较弱；因私出行的探亲流、旅游流，为相对偶然性客流，其出行次数少，对舒适、速度、经济性均有要求，也更加重视服务体验感，对娱乐服务、网络服务等有需求；通勤流旅客出行频次高，规律强，通常对经济性要求较高。

②出行距离

旅客的出行距离与出行时间正相关，对旅客旅途中的感知体验影响较大。按旅客出行距离，可将运输市场细分为长途客运子市场、中途客运子市场和短途客运子市场。旅客出行距离与旅途时间、历经运输环节等相关，出行距离越长，途中所需服务内容必然增多。例如中长途旅客相较于短途旅客而言，由于旅行时间更长，旅途中对娱乐服务、餐饮服务的需求更为迫切，对方便性敏感度较低；同时如果列车在夜间还需运行，旅客对卧铺席位的需求会更多。短途旅客更重视方便，其次是安全和舒适，对速度和经济性要求不太敏感。

③出行区域

不同区域经济发展水平不一，旅客需求特点不同，由此各地区城市间的运输产品应该体现这种地区差别，按照不同出行区域子市场的特点开展形式多样、灵活的运输产品。按照行政区域细分，客运市场可以细分为各省、市（自治区）子市场。不同省、市（自治区）子市场的地理环境、自然气候、文化传统、风俗习惯和经济发展水平等也存在差异，因此在提供餐饮、商品消费等相关服务时也应考虑这些因素，针对不同的旅客提供不同类型的服务。

2.2.2 高速铁路客运服务目标市场

我国高速铁路建设规模和技术装备水平在世界范围领先，同时具有运行速度高、运输能力大，开行频率高、安全性能好、全天候运行、准确率高、舒适性好等技术经济特点，在整个运输市场中的竞争力非常强大。各铁路企业可根据运输市场需求调查结果，确定目标子市场，如中短途子市场中的因公流（包括公务流、商务流）、高收入水平的探亲流和旅游流、部分短途的经常性客流以及长途运输市场特定流等，从市场营销的角度，在无差异性的基础上增加差异性服务，制定服务战略。

1. 无差异性市场战略

无差异性市场战略又叫无差异性市场营销。铁路运输服务是基础性行业，提供大众化服务，服务的特点是批量化。运输企业把整个市场作为自己的目标市场，只考虑运输服务市场需求的共性，将其作为提供服务的主要方向，运用相同的价格策略、推销方法等，向社会提供统一性的标准化服务，即可称为无差异性市场营销。如现阶段，各高铁客运企业普遍重视乘坐舒适性能的提升，如列车设有多种照明控制模式，车厢内实现了 Wi-Fi 网络全覆盖等。

2. 差异性市场战略

差异性市场战略又叫差异性市场营销。运输企业面对已经细分的市场，选择两个或两个以上的子市场作为市场目标，根据子市场的特点，分别制定产品策略、价格策略、渠道策略及促销策略，并予以实施，即可称为差异性市场营销。

不同运输子市场需求特点区别较大，每个旅客期望的服务因自身的思想状况、个人素质、心理预期、偏好情况等不同而有较大差异，随着高速铁路服务能力提升，高铁运输企业可根据子市场的特点，运用新技术，不断增加服务类型差异化。如 2020 年，京沪高速铁路、成渝高速铁路的部分车次推出“静音车厢”服务，通过旅客自行选择，自觉遵守规范，乘务人员细心提醒，提供了更加安静舒适的旅行环境，受到技术工作人员、学生等多种旅客群体的欢迎。

3. 无差异性和差异性并重战略

高铁运输企业在为旅客提供安全、准时、快速的无差异性市场营销的同时，分别对每个子市场提供针对性的产品和服务以及相应的销售措施。如在针对运距在 200 km 以下、

200～1 000 km、1 000 km 以上的三个子市场，部分高铁运输企业推出了富有特色的服务产品。

低于 200 km 运距的子市场上，高速铁路在速度上仍有一定优势，同时舒适性上有其他交通方式不可比拟的优势，故应充分利用高速线的运输能力，结合高速运输产品的合理目标市场，对快捷性等特点形成差异化战略。如中国铁路广州局集团有限公司湖南城际铁路公司，根据长株潭城际铁路公交化运营的特点，联合中铁银通支付公司和中国银行等单位，开发了“铁路 e 卡通”项目。2018 年 10 月，“铁路 e 卡通”投入使用后，实现了旅客乘降“验检合一”，使用“铁路 e 卡通”无须预先购票，简化了进出站流程，加强了乘客的快捷体验。

在 200～1 000 km 的运输距离上，铁路具有较强的竞争优势，可以结合市场需求，适时辅助以差异性服务战略，推出新产品，充分发挥在特定子市场中的优势。如 2018 年，中国铁路广州局集团公司在全国率先推出湛江至海口双向的高铁＋汽车＋轮船三种方式的客运联运，旅客从湛江西站（海口站）仅凭“一票”，就能乘车乘船横跨琼州海峡，抵达海口站（湛江西站），实现广东（海南）旅客过海无缝接续换乘，加强了乘客的方便体验。

在超过 1 000 km 的运输距离上，由于与航空存在激烈竞争，速度上有所不足，价格上也不能绝对占有优势，则考虑针对舒适性等开发差异性服务战略。如随着长距离高速铁路列车不断增加，很多乘客提出了乘坐高速铁路列车夕发朝至的需求，各高铁客运企业创新高速铁路运营方式，自 2014 年起，陆续开行北京至广州、深圳，上海至广州、深圳等高速铁路动卧，旅行时间 11～12 h，始发时刻安排在晚上 20:00 左右，终到时刻安排在早上 7:00 至 8:00 之间，加强了乘客的舒适体验。

2.2.3 高速铁路客运服务市场定位

高铁客运服务市场定位可以从宏观、微观两个层次理解。宏观上指高铁客运服务与其他运输方式和普速铁路相比所选择的目标市场；微观上指一个具体的高铁客运服务产品在市场中的定位。

服务市场定位是指服务企业根据市场竞争状态和自身资源条件，建立和发展差异化竞争优势，以使自己的服务在旅客心目中形成区别并优越于竞争者服务的独特形象。运输产品的市场定位是通过为本企业的运输产品创立鲜明的个性，从而塑造出独特的市场形象来实现的。运输企业可根据旅客对客运产品属性的重视程度、需求的满足程度及自身的实力和条件对不同的客运产品和服务进行市场定位。

通过调查和分析可知，旅客主要关注旅行时间（或旅行速度）、旅行时段、舒适程度、客票价格、服务质量、方便性（包括购票、乘车等）等因素，而且，不同的旅客群体对以上因素的重视程度不同。例如，商务流较重视旅行时间、时段及服务质量，票价则相对次要；务工流较重视票价，对其他因素的重视程度一般；学生流有较强的集中性，寒、暑假期间流量很大，较重视票价、旅行时间、方便性，对其他因素的重视程度一般。

许多同类运输产品在市场上品牌繁多，各具特色，广大旅客都有着自己的价值取向和认同标准，运输企业要想在目标市场上取得竞争优势和更大的效益，就必须在了解旅客运输需求、竞争企业及竞争产品的基础上，为企业树立形象，为产品赋予特色，以独到之处取胜。而且这种形象和特色可以是实物方面的，也可以是心理方面的，或二者兼而有之，如质优价廉、豪华、服务周到等，都可作为定位观念。现阶段主要的市场定位依据有如下几种：

1. 根据运输产品的属性和效用定位

运输产品本身的“属性”以及由此获得的“效用”能使旅客感受到它的定位。例如，公路运输具有“机动灵活”的特点，铁路运输则强调“舒适”及“安全”等特性。“速度快”是高速铁路的核心优势，此外，高服务水平、大开行频率、“家庭式”的服务理念都可以成为高铁运输服务产品“卖点”。

2. 根据运输价格和服务质量定位

“运输价格”和“服务质量”都可以为运输企业及产品创立不同的市场定位，给旅客留下不同的印象，这两项因素也是许多旅客所注重的。例如，航空公司的飞机票价格虽然贵，但旅行时间短；铁路旅客强调票价便宜、舒适和方便。高速铁路价格上优势不大，可重点结合不同的子市场特点设立品牌，比如在中途市场上提出“又快又好”，注重于快速和高品质服务；在长途市场上提出“家一般感受”“全程商务舱”“夕发朝至”等，注重综合性服务。

3. 根据旅客类型定位

运输企业可根据某一运输子市场的旅客的看法塑造合适的形象。如高速铁路针对不同子市场提出各自的品牌定位，对旅游子市场产品提出“风光之旅”，对通勤子市场产品提出“晚点承诺”等。

4. 根据产品档次定位

运输企业可以根据为旅客提供的运输产品(包含服务)的档次确定市场位置。如高铁运输企业根据不同等级列车或席别为旅客提供不同舒适程度、水平的服务。

5. 根据竞争条件定位

运输企业可以针对其他运输产品突出其市场竞争优势。例如，高铁运输企业的某些客运产品强调为旅客提供的服务质量及水平向航空公司看齐，但价格方面又有优势，从而提高市场认知度。

实际上，为了体现产品形象的多维性，许多运输企业在进行市场定位时，往往多个依据结合使用。高速铁路服务产品的市场定位在总体上应着重于核心位移服务及其过程中所衍生出的一系列基本服务，强调速度和方便性，强化自己的优势。随着社会经济及竞争环境的变化，旅客的服务需求水平也逐步提高，高速铁路服务产品也应针对特定旅客群，创新服务方式，引入新型提升性服务，强调高品质的服务水平和综合性服务，最大限度地利用高速铁路自身的优势资源。

2.3 高速铁路客运服务营销策略

现阶段，越来越多的运输企业主动投资于服务，以提升服务质量作为差别化和形成竞争优势的方式。由于运输能力一般不会构成约束，高速铁路运营后其经营理念将从普速铁路以节约成本、提高运输能力为主转变为以增加运营效益为主上来。事实也进一步证明，重视旅客服务质量，能够带来更好的业绩。

高铁客运服务营销策略是通过运用服务战略管理思想，在全面理解旅客需求的基础上，对为旅客提供服务，进而获取收益的营销方式的计划和谋略，主要包括服务定位策略、服务营销组合策略和服务需求管理战略。

2.3.1 高速铁路客运服务定位策略

运用服务营销理论分析，针对高铁客运服务特点和其对服务营销的不利影响，强化其有利影响，可采用服务有形化、服务规范化、服务可分化、服务可调化、服务技巧化、服务差异化、服务关系化、服务效率化等定位策略。

1. 服务有形化

服务的无形性对市场营销的不利影响主要表现在：旅客不容易识别服务，服务质量较难考核和控制，服务投诉或者纠纷较难处理，服务广告、服务展览较难开展。

高铁运输企业可借助服务提供的环境、服务品牌及其他有形线索，以帮助旅客识别和了解服务。如较新颖且具有城市特点的客运站，整洁的环境，明亮的灯光和欢快的音乐体现出热情温馨的服务；独特风格的标识、图标、工作服等体现的服务品质等。令人印象深刻的服务品牌，也可以有效地提供服务展示，传递企业的服务信息，如南京客运段沪宁高速铁路车队采用“高铁列车五多服务法”，打造的“紫金号”列车服务品牌；武汉客运段注册的“凤舞楚天”高铁客运服务品牌，运用微信平台等新媒体的力量，创新“高铁＋”特色服务等。

同时，具有吸引力和富有效力的服务承诺，也是传递服务质量的重要信号，将影响旅客对服务感知期待。如高速铁路“若旅客乘坐的列车停运、调点/晚点超过 30 min，网上订餐服务系统将自动退单，已支付的金额将全额退还”的承诺等。

2. 服务规范化

服务的异质性对市场营销的不利影响主要表现在：服务不易标准化、规范化；服务质量不易稳定；旅客不容易认知服务；服务品牌较难树立；服务规范较难严格执行。高铁运输企业应依据需求主体的特点将服务规范化，同时重视对一线员工素质的培养和服务激励。

服务规范化，指在服务过程中建立规范并用规范引导、约束服务人员的心态和行为，以保持服务的稳定性，主要包括服务的理念化、标准化和可控化三种方式。

(1)服务理念化指高铁运输企业建立自己的理念并用理念来规范服务人员的心态和行为，可以使服务人员将理念在服务提供过程中外化为较为统一的服务质量，减少服务异质性产生的不利影响。服务理念可以通过标语、口号、广告、公关宣传和座右铭以及品牌名称等形式传达，实际上是企业文化的建设过程。如中国铁路郑州局集团有限公司，新乡东站制定了“新无止境，乡约天下”的服务文化理念，打造“乡约”高速铁路服务文化品牌；洛阳龙门站制定了“以服务为宗旨，待旅客如亲人”的服务理念，打造“牡丹缘”高速铁路服务文化品牌。

(2)服务标准化指高铁运输企业系统地建立服务质量标准并用服务质量标准来规范服务人员的行为。服务标准化可以看成是服务理念化的实现形式，它不仅是一种服务营销战略，也是服务行业管理的要求。服务实行了标准化，服务提供过程就有了衡量和控制的标准，从而大大降低服务产品的异质性，提高了服务质量和旅客的满意度。

(3)服务可控化指高铁运输企业依据企业理念和服务标准对服务活动进行全面监控，使服务质量的偏差控制在尽可能小的范围内。服务可控化是服务规范化的保障。而高速铁路能体现这种可控的，最简单的办法就是将服务标准具体化、公开化、承诺化，让旅客在享受服务过程中自觉地进行监督。

3. 服务可分化

服务的生产消费同步性对市场营销的不利影响主要表现在：服务质量形成于买卖双方接触的一个个“真实瞬间”，容易“一招不慎，满盘皆输”；旅客的参与使服务创新与实施比较困难，因为旅客可能习惯了原有的服务，对新的服务采取抵制或不配合的态度；旅客的参与使服务过程变得复杂，如果参与服务过程的旅客不能在运行、操作上配合服务规程的要求，就难以保证服务过程的顺利进行。高铁运输企业可采用服务可分化方法，主动改善与旅客关系，保证服务质量的一致性和一贯性。

服务可分化，是指在服务过程中让服务生产者与消费者实行部分分离，主要有服务自助化、服务渠道化和服务网络化等三种方式。

(1)服务自助化指向旅客提供某些服务设施、工具或用品，由旅客自己完成部分服务，实现生产者与消费者一定程度的分离。如自动售票机的应用，餐车使用电子菜单等，都是服务自助化。

(2)服务渠道化指将服务或部分服务通过服务渠道商提供给旅客，实现服务生产者与消费者一定程度的分离。服务渠道商是那些从事服务交易的中间商或代理商，如合作售票点或合作伙伴。如 2017 年 7 月起，推出的“高铁订餐”服务，将餐饮服务大门向社会开放，支持站点外卖，为旅客提供更多品种、口味的餐食服务。

(3)服务网络化指将服务或部分服务通过网络提供给旅客，实现生产消费之间一定程度的分离。如现行的网络售票、网络订餐、预约接车等网络化服务，进一步丰富和扩充了服务旅客的资源和渠道，扩大了服务能力，而且服务方式充满人性化、智能化和科技化的服务特点，增加服务获取的方便性，更迎合了现代人的消费理念和习惯。

4. 服务可调化

服务的不可储存性(又称易消失性)对市场营销的不利影响主要表现在：服务供求很容易造成时间上、空间上的不均衡，影响服务质量和运输效率。高铁运输企业必须充分考虑到运输需求的波动性，采用服务可调化方法，提供规模和质量适宜的客运服务。

服务可调化，是指通过对服务时间、服务地点的调整和对服务供求的调节等三种具体方式，克服不能用服务储存来平衡供求矛盾的困难。如列车时刻表的调整，车票预售期、检票时间等是对服务时间的调整；开行路径的调整，是对服务地点的调整；车票价格的升降，是对服务需求的调节；而列车数量的增减，是对服务供给的调节。服务时间可调化指服务企业通过对服务时间的调整来满足服务需求和平衡服务供求的矛盾。

5. 服务技巧化

服务技巧化就是指培养和增强服务技巧，利用服务技巧来吸引和满足旅客，充分发挥技巧在市场营销中的作用。服务技巧主要包括服务的技能、知识和专业化等。专业化主要是指经过专业培训后，其服务技能和服务知识及职业道德等达到社会公认的水平，通常都以获得专业或从业资格证书为标志。

6. 服务差异化

服务差异化,就是服务的异质性。从实践角度看,服务的差异化可以包括服务的变通化、多样化和特色化三种方式。服务变通化是服务企业或人员针对不同的环境提供不同的服务,即在服务中表现出较强的应变性、灵活性和创造性。服务变通化有利于更好地满足旅客需要,也有利于服务创新,同时能促进服务技巧化。服务多样化指服务企业或服务人员针对不同旅客或不同需要提供不同的服务。服务的多样化有利于实现服务市场的细分,也有利于服务创新和服务技巧化。服务特色化指服务企业或人员向旅客提供独特的、体现自己个性的服务。服务企业可以在许多方面通过实行专业特色和传统特色,形成自己的服务特色。

7. 服务关系化

服务关系化,从营销实践看,服务关系化战略又可概括为服务的角色化、细微化、组织化、合作化等。服务角色化指让服务人员将服务过程变成"演剧"过程,将服务中人际关系变成角色关系。服务细微化指企业或人员从细微处来关心旅客和贴近旅客,使服务关系进入更深层次。服务细微化有利于旅客对服务质量的感知,有利于吸引新旅客。服务组织化指用某种形式将分散的旅客组织起来,便于服务企业与旅客的关系更加正式化和稳固化。如2017年开始,国铁12306推出"铁路畅行"常旅客会员服务,乘客可通过购买火车票、参加活动等方式累计积分,所得积分可用来兑换车票等服务。服务合作化指不同服务企业之间通过渠道合作来接近旅客并发展与旅客的关系。高速铁路可以大力开拓合作领域和合作伙伴,包括与其他运输方式合作发展联合运输,与旅行社、饭店等合作发展延伸服务等。

8. 服务效率化

服务效率化,主要表现为服务时效化、服务多功能化和服务一揽子化等方式。

服务时效化指服务企业充分地利用服务的时间资源和提高服务的时间效率,如电子商务、网上查询和订票服务,餐车的快餐服务等,都是时效化的服务产品。服务的多功能化指同一家服务企业对同一旅客提供多种不同但相互关联的服务,以便提高企业的服务效率或旅客服务消费的效率,如北京南站、合肥南站、无锡站等高速铁路车站,站内均设有餐饮、书店、便利店等商业设施。高速铁路车站是一个包括了餐饮、购物、娱乐、休闲等多种功能的商业中心。这种服务定位,就是一种服务多功能化定位。服务一揽子化指配套的服务多功能化,即服务企业对同一个旅客提供多种功能不同的且相互关联、配套成龙的服务,如对短期出差的旅客,可以将食、住、行等服务打包为同一运输产品。服务一揽子化将服务多功能化发展到较高的层次,比一般的服务多功能化更有效率,更能满足旅客对服务效率的需要。

2.3.2 高速铁路客运服务营销组合策略

市场营销学中市场营销组合包括七个要素,即产品(product)、定价(price)、渠道(place)、促销(promotion)、人员(people)、有形展示(physical evidence)、过程(process),简称7P。市场营销组合是企业依据其营销战略对营销过程中的七要素变量进行配置和系统化管理的活动,在制定营销组合时,高铁运输企业需要考虑这些组合要素间的关系。

1. 服务产品

服务产品具有和有形产品相似的市场生命周期,即从进入市场、稳步增长到逐步被市场淘汰的过程。对服务产品生命周期每一个阶段的考察，都是为了确定服务企业的生命周期定位，从而找出未来的主要目标、决策、问题以及公司组织的调整和变革等。高速铁路运营中，要求重视市场营销部门的作用，设计多样化产品并建立相应品牌。

2. 服务定价

在确定服务产品价格时，必须考虑其市场地位、生命周期所处的阶段以及企业的战略角色。对服务来说，可供选择且实用的定价方法，主要有成本导向、竞争导向以及需求导向定价法。成本导向定价法指企业依据其提供服务的成本决定服务的价格。竞争导向定价法指以竞争者各方面之间的实力对比和竞争者的价格作为定价的主要依据，以在竞争环境中的生存和发展为目标的定价方法。需求导向定价法着眼于消费者的态度和行为，服务的质量和成本则作为辅助因素对价格进行相应的调整。高铁客运服务涉及环节较多，应根据不同环节所处的竞争条件，结合实际情况，采取相应的定价方法。

3. 服务渠道

服务渠道是指服务从生产者移向消费者所涉及的一系列企业和中间商。服务中介机构形态主要有代理、代销、经纪、批发商和零售商等。在高速铁路运营中，综合性服务是以运输为核心，可以采取将部分运行线或部分运输产品以租赁、特许经营的方式经营。在一些需要市场开拓的领域，可以引进战略合作者，以其他服务商为组织者，运输企业参与，既可规避部分风险，又促进新产品的开发。在一些具体的服务领域可以采取外包的方式，比如餐饮、保洁。此外，高速铁路可以进一步研究整个服务体系的渠道问题。

4. 服务促销

服务促销包括多种元素，如广告、营业推广、公共关系、口头传播等。这里简要介绍其中的几种主要方式。

在服务广告方面，服务广告的指导原则是：使用明确的信息，强调服务利益，对员工做广告，在服务生产过程中争取并维持旅客的合作，建立口头沟通，提供有形线索，发展广告的连续性，解除购买后的疑虑等。公关是公共事务领域中普遍使用的促销方式。公共事务的主要工作包括媒体关系、产品和服务的公关、公司内部和外部的组织沟通、游说等。以新闻方式而非以直接销售或广告方式进行公关，更容易被潜在旅客或消费者接受。近年来，国家品牌计划广告——中国高速铁路复兴号篇，微纪录片《乘着高铁游中国》等纷纷呈现，说明了各高铁运输企业开始关注广告、公关的力量。

5. 服务人员

包括服务人员的内部管理和培训两方面的内容。企业内部对服务人员的管理影响着员工的满意程度，进而影响员工的生产效率和旅客的满意度，影响企业服务价值的实现。因此，将服务人员视为旅客是一种很好的内部管理方法。同时，旅客对服务的评价是由旅客与服务员工接触的每个真实瞬间员工的表现决定的。这也要求企业必须更加注重员工培训，尤其是在一线员工招聘时，不能只看重经验和技能，而更应考察态度、资质和个性等能为服务人员带来成功的因素。如何使新成员成为符合企业要求的服务提供者，是企业内部培训需要解决的关键问题。

6. 服务有形展示

服务的有形展示主要表现为环境、信息沟通和价格三种类型。

物质环境展示可分为周围因素、设计因素和社会因素。周围因素通常被认为是构成服务产品内涵的必要组成部分，是消费者可能不会立即意识到的环境因素，如气温、湿度、气味和声音等。这些因素的存在不会使旅客感到格外惊喜，但如果这些因素达不到旅客期望，就会削弱旅客对服务的信心。设计因素是刺激消费者视觉的环境因素，这类要素被用于改善服务产品的包装，使产品的功能更为明显和突出，以建立有形的、赏心悦目的产品形象，比如服务场所的设计、企业形象标志等。社会因素是指在服务场所内一切参与及影响服务产品生产的人，包括服务员工和其他在服务场所出现的各类人士，他们的言行举止皆可能影响旅客对服务质量的期望与判断。

信息沟通是另一种服务展示形式。从赞扬性的评论到广告，从旅客口头传播到公司标记，这些不同形式的信息沟通都传送了有关服务的线索，影响着公司的营销策略。高铁运输企业为不断开拓新的市场，需要注意服务过程中的信息沟通，还要将沟通延伸到整个社会生活中，寻求新的商业机会。

价格是市场营销组合中唯一能产生收入的因素。服务的无形性使得有形因素对于旅客做出购买决定起重要作用，而价格是对服务水平和质量的有形展示。这就要求高速铁路根据服务类型，选择合理的目标市场，采用完全恰当的价格策略。

除了使服务有形化之外，企业还应考虑如何使服务更容易让旅客接受。一是将服务同易于让旅客接受的有形物联系起来，且有形物必须是旅客认为很重要的服务的一部分，同时要确保这些有形物所暗示的承诺。二是把重点放在发展和维护企业同旅客的关系上。

7. 服务过程

服务过程是指一种把服务交付给旅客的程序、任务、日程、结构和日常工作。服务产生和交付给旅客的过程是服务营销组合中的一个主要因素，旅客所获得的利益或满足，不仅来自服务本身，也来自服务过程。旅客通常把服务交付系统感知成服务本身的一部分，因此，服务过程的管理和控制对服务营销的成功起着十分重要的作用。

2.3.3 高速铁路客运服务需求管理策略

经过分析可以发现，细分市场的部分需求是可以被预测的。为了更好地将企业的能力与需求相匹配，保持最佳生产经营状态，高铁运输企业可以采取相应的需求管理策略，在需求高峰期降低过量需求，在需求低谷期增加不同的服务以吸引旅客。其主要方法如下：

1. 与旅客沟通

一种改变需求的方法是与旅客沟通，使其了解需求的高峰时间，使他们选择其他时间获得服务，以避免拥挤或者等待。例如，在车厢端部设置的列车卫生间占用提示牌，可以预先提醒旅客设施占用的时间；客服电话提供的可能等待时间的提醒，这将给予旅客适当的心理预期，不想等待的人将选择业务量少的时候再回来或者通过访问企业网站达到更快速的服务。

2. 改变服务的时间和地点

一些企业通过改变服务的时间、地点以更好地管理旅客需求。例如，网络售票业务改变了服务的时间和地点，将服务延伸至更广阔的互联网络中，改变了传统的窗口售票时间、地点的限制因素。车票预售期(即提前发售车票的天数)的调整也属于这一策略，车票预售期将影响部分旅客的出行需求，如商务旅行者通常不会改变出行计划，但旅游流、探亲流等可以改变出行时间。

3. 提高客户忠诚度

企业需重视忠诚客户和高需求客户的培养。如已开展的“铁路畅行”常旅客会员服务，通过购票乘车累积积分，可兑换指定车次车票。再如，推出的掌上高铁 App，具备在途娱乐、极速打车、高铁订餐等功能，为旅客提供了一站式铁路出行服务，增强了用户黏性，提高了再消费期望值。这将进一步优化客运服务有效供给，拓宽服务需求。

4. 价格差异

价格是调节需求的有效手段之一。在需求低谷时期，一般的方法都是价格打折，这依赖于供给与需求的基本经济规律，效果较为明显。例如，2019 年，在客运淡季，中国铁路总公司推出部分高速铁路票价打折，对部分高速铁路动车组列车执行淡季票价政策，对不同车次，分别区段，实行不同的票价优惠幅度。但值得注意的是，过度使用价格差异战略来适应需求，可能会对企业形象和细分市场带来潜在风险。

2.4 高速铁路客运服务品牌战略

高速铁路是社会经济和科学技术高度发展的产物，也是运输市场竞争日趋激烈的必然结果。从市场营销的角度来看，对高铁客运服务进行品牌化运作是十分必要的，它将是继价格竞争和质量竞争之后最为先进的竞争手段。由此，高铁客运服务必须制定相应的品牌服务战略。

2.4.1 高速铁路客运服务品牌概念及内涵

根据最具代表性和最经典的美国市场营销协会关于品牌表述的定义，高铁客运服务品牌应是一种名称、名词、标记、符号的设计，或是它们的组合运用，其目的是借以辨认高铁客运服务，并使之同竞争对手的服务区别开来。主要包括服务机构、服务岗位、服务人员、服务生产线、服务活动、服务环境、服务设施乃至服务对象的名称或其他标识符号等，是一个涵盖很广的概念。

从品牌的象征意义和内涵看，高铁客运服务品牌具有复杂的象征意义和丰富的内涵。根据市场营销大师菲利普·科特勒提出的品牌六大内涵，可以这样理解高铁客运服务品牌内涵，如图 2.1 所示。

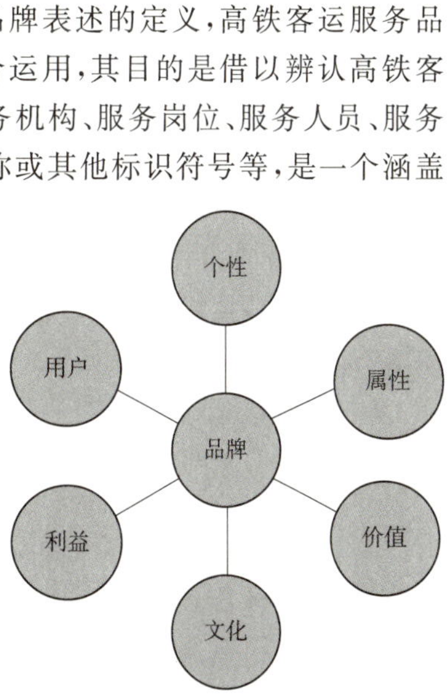

图 2.1 高铁客运服务品牌的内涵

1. 属　　性

高铁客运服务品牌应首先使人们想到高铁客运服务产品的属性，如安全、快速、准时、舒适，服务质量优良等。高铁运输企业可以根据服务及服务质量的特点突出其一种或几种属性作为广告宣传的卖点，如在广告中强调“优质服务”“快速准时”等。这是从高铁客运服务自身的角度来描述其品牌特点的。

2. 价　　值

高铁客运服务品牌隐含着一定的品牌价值，如高速、安全、舒适、便捷等。高铁客运服务品牌的营销人员必须分辨出这些价值，并针对那些对其感兴趣的消费者群体展开宣传和推荐。

3. 文　　化

高铁客运服务品牌也可以代表一种文化，即品牌文化。如高速铁路客运品牌代表着绿色、环保、可信度高等文化特色。

4. 个　　性

高铁客运服务品牌也可以反映一定的品牌个性，即如果把品牌当作一个人或是物体，他应该让人们想到他具有什么样的个性。如高铁客运服务品牌可能会让人想到流线型外观的高速列车和列车乘务员亲切的笑容、周到的服务等。

5. 利　　益

高铁客运服务品牌不只意味着一整套属性，因为旅客不是在买属性，他们买的是利益。品牌属性需要转化为功能性或情感性的利益。其中，安全、快速、准时等属性可转化为功能性利益；优质服务的属性可转化为功能性和情感性利益等。例如，将列车运行时间和到发时刻的属性包装成与人们生活习惯吻合的"夕发朝至"品牌。

6. 用　　户

高铁客运服务品牌暗示了享受服务的旅客类型，即高铁客运服务品牌的目标市场定位。

由此可见，高铁客运服务品牌是对客运产品带有一定感情色彩的包装，反映了运输企业文化、经营理念和策略，是提高高铁客运服务市场认知度和市场竞争力的重要手段。

2.4.2 高速铁路客运服务品牌功能

高铁客运服务品牌作为高铁运输企业参与市场竞争、提高旅客忠诚度的有力武器，其建立成为社会经济发展的必然现象。高铁客运服务品牌的创建与管理对高速铁路的运营和服务均有一定的实际意义。

1. 对旅客的益处

随着人们消费水平的不断提高和品牌意识的不断增强，越来越多的旅行者开始注重旅行过程的便捷与舒适，也就有越来越多的旅客开始注重品牌，消费品牌。

(1)高铁客运服务品牌代表为旅客提供的客运服务的一定质量和特色，便于旅客快速地做出购买决策，简化购买行为。

(2)高铁客运服务品牌可以提供相应的质量保证。便于社会和有关部门对其服务质量的监督，出现质量问题也便于追查责任、获取赔偿。

2. 对高铁运输企业的益处

随着客运市场竞争的不断加剧，越来越多的运输企业开始重视服务品牌建设。从长期来看，服务品牌对高铁运输企业的益处主要有以下几点：

(1)利于树立高铁运输企业形象，赢得公众支持。

高铁客运服务品牌是高铁运输企业进行营销和建立广告策略的中心，它可以使旅客对高速铁路产生良好的印象和丰富的联想，建立起消费者对高速铁路的认可度、偏好度以及忠诚度，从而提升高铁运输企业形象。

(2)减少价格比较，扩大赢利空间。

不同的品牌形象区分了同类产品的不同，因此不同品牌的同类产品在价格上允许存在差异，可以减少消费者对产品价格上的比较，形成竞争壁垒。同时，服务品牌也为高铁运输企业提供了非价格竞争的有利条件，保持了价格的稳定性，有助于提升高速铁路的综合形象。

(3)有利于吸引人才。

优秀的品牌具有良好的品牌理念和品牌文化，不仅可以增加员工的凝聚力和荣誉感，而且可以稳定和吸引优秀人才，为高铁运输企业的有效扩展提供条件。

高铁客运服务品牌的基本功能是强调和展示高铁客运服务。高铁运输企业提供的服务及其质量和价值，都将影响旅客对品牌的认识。出色的品牌策略能使优质服务更优。

2.4.3 高速铁路客运服务品牌要素及选择

高铁客运服务品牌要素指那些用以识别和区分品牌的标志性设计，包括品牌名称、标志、象征物、广告语、广告曲和包装等。它虽然独立于品牌营销活动外，但却是提高品牌知名度和加强品牌联想的重要途径，是创建高铁客运服务强势品牌的重要基础。品牌要素选择的好坏对创建品牌具有十分重要的作用。

1. 高铁客运服务品牌要素的选择

品牌要素作为区分不同产品的标志性设计，是形成高铁运输企业服务特色，取得市场竞争优势的重要手段。高铁客运服务品牌要素应该突出以下几点：

(1)显著性

显著性指高铁客运服务品牌要素选择要具有与众不同的特征，给人耳目一新的感觉，以便于清晰地同竞争者区分开来，给旅客鲜明的印象感受和强烈的品牌意识。如北京客运段、成都客运段的标志(如图2.2、图2.3所示)，给旅客留下深刻的印象。

图2.2 北京客运段标志

图2.3 成都客运段标志

(2)适应性

高铁客运服务品牌要素应与企业风格相适应，这样就可以通过品牌将高铁运输企业的精神风格和服务理念有效传递出去，从而发挥它们的传播作用。另外，高铁客运服务品牌要素的选择也要与行业相适应，应能体现高速铁路的快速、安全、舒适性，增强旅客对品牌的认同感。如“复兴号”列车，旅客能感受到这是具有自主知识产权、达到世界先进水平的动车组列车。

(3)可记性

可记性指高铁客运服务品牌要素的选择要具有内在记忆功能，使旅客在选择购买和消费的过程中容易记起和辨认，从而扩大高铁客运服务品牌的知名度。简单而言，就是要好认、好读、好记、好看，品牌的名称读起来音韵好听，名称、标志设计简洁美观。

(4)灵活性

灵活性指高铁客运服务品牌要素能适应不同的策略调整，因为运输企业提供服务的特性和范围不是固定不变的，所以有效的服务品牌要素应容纳这种变化。另外，高铁客运服务品牌要素应随着时代发展，灵活更新，使其看上去更具有时代感和新鲜感。

(5)含义性

含义性指高铁客运服务品牌要素的选择要具有内在的含义，使旅客在购买和消费过程中能产生丰富的联想。根据其他服务业的实践经验，可以选择那些富有视觉效果和具有语言想象力的品牌要素表示。

2. 高铁客运服务品牌名称的选择

品牌名称是高铁客运服务品牌最基本的组成部分，也是高铁客运服务品牌要素中最核心的内容。在选择时应该突出以下几点：

(1)易读易记

在业界，品牌命名流传着“一秒钟内一目了然”的原则，即识别一种品牌，在一秒钟之内就能够让人记得住。

(2)特色鲜明

高铁客运服务品牌命名要有显著性特征，可以增强品牌的可记性，提高品牌意识，从而给旅客留下深刻的记忆。如成都客运段的动车服务品牌“天府之韵”，具有鲜明的地域特色。

(3)寓意丰富

高铁客运服务品牌名称应有一定的寓意或暗示，让消费者能从中产生丰富的联想。例如，武汉客运段的高铁服务品牌——“凤舞楚天”，赋予了品牌名称一定的文化内涵，很好地体现了武汉地理特点，取凤凰楚天涅槃之美好寓意，超越自我，使服务更优雅、更优化、更优质，旅客感受更安全、更方便、更温馨。

(4)亲切舒馨

高铁客运服务品牌命名要有人情味、亲和力，能够给旅客产生赏心悦目的感觉和亲近的体验，拉近高铁客运服务与旅客的距离。如京沪高速铁路曲阜东站在服务旅客过程中，发挥地域优势，把儒家文化“仁义礼智信”的精髓与高科技、高速度、设施好、环境美、服务优的高速铁路文化融合起来，打造全国铁路首个以儒家文化为内涵的“高铁儒行”服务品牌，为旅客营造安全、舒适、温馨的出行环境。

3. 高铁客运服务品牌标志的选择

品牌标志英文为Logo，是指品牌构成中由字体、图像或字体、图像、象征物融为一体的视觉识别部分，是品牌要素的重要组成部分。高铁客运服务品牌标志的设计除了要符合国家有关法律、法规的要求外，还应注意以下几点：

(1)品牌标志与品牌名字相结合

通过一定的表现形式将品牌名字反映到品牌标志中去。如广深铁路股份有限公司、济南客运段等，将标志与品牌名字相结合，相互响应，如图2.4、图2.5所示。

图 2.4 广深铁路股份有限公司标志

图 2.5 济南客运段标志

(2)品牌标志力求简单明了

可以尽量选择人们熟悉的事、物、景等作为品牌的设计元素，增强人们对高铁客运服务品牌标志的熟悉感和亲近感。如南宁客运段打造的“刘三姐”服务品牌(如图 2.6 所示)，标志的设计灵感来源于飞速向前行驶的动车、代表广西形象的刘三姐以及盛开的桂花。由刘三姐的拼音字母组成飞速向前行驶的动车造型，刘三姐剪影嵌入桂花的花瓣，传达了明确的广西地域属性，体现了热情待客、热心服务的诚意。

图 2.6 南宁客运段的“刘三姐”服务品牌标志

(3)品牌标志应力求突出特色

品牌标志主要是起到标志的作用，让人们看到之后，记得住，想得起。例如，牡丹江客运段，结合地处三江地区的地域特点，高标准严要求，打造“三江之星”(如图 2.7 所示)动车队；广西高速铁路商旅服务有限公司(如图 2.8 所示)，其品牌标志线条流畅，多种色彩相互交融，体现出其整合高速铁路媒体资源，提供整合传播、媒体代理发布、商旅出行综合一站式服务等主营内容。

图 2.7 “三江之星”列车服务品牌标志

图 2.8 广西高速铁路商旅服务有限公司标志

4. 高铁客运服务品牌广告要素的选择

高铁客运服务品牌广告要素是指高铁客运服务品牌构成中的广告语和广告曲通过有声语言与印刷语言传递品牌信息的识别部分。

(1)广告语的设计思路

①利用高铁客运服务品牌、广告要素、品牌名称设计广告语，通过不断地传播，可以提高

公众的品牌意识和树立品牌形象。

②将高铁客运服务品牌广告要素品牌与相应的产品门类放在同一广告语中，使二者紧密地结合起来。

③围绕消费者的心理需要进行设计，让广告语具有感染力，如青岛客运段的“乘坐‘海之情’，温馨伴您行”，成渝高速铁路的“快乘高铁，慢享成渝”，杭黄高速铁路的“一路游杭黄，四季看画廊”等，为旅客营造了更具有情感的旅途体验氛围。

④围绕品牌的核心价值设计广告语。

(2)广告曲的创作

广告曲应该巧妙有趣地重复品牌名称，增加消费者接触品牌的频率。但广告曲的创作比较专业，需要灵感，通常由职业作曲家创作。因此，尽管广告曲具有很好的宣传效果，但用广告曲作为品牌广告识别要素的还比较少。

2.5 高速铁路客运服务需求调查及预测

市场调查和预测就是指运用科学的方法，有目的地、有系统地搜集、记录、整理有关市场营销信息和资料，分析市场情况，了解市场的现状及其发展趋势，对市场的发展前景进行预测，为市场预测和营销决策提供客观的、正确的资料。通过高铁客运市场需求调查和预测，可以了解和掌握旅客对客运产品的需求情况，了解客流的构成变化规律和发展趋势以及客流量预测值，以便我们根据市场情况和本身的实际，决定开发新的客运产品方向，以期在激烈的旅客运输市场竞争中占据优势。

2.5.1 高速铁路客运服务需求调查

1. 高铁客运市场需求调查的主要内容

现代市场是以消费者为导向的，从事商品生产，必须准确把握消费者的需求和偏好。要知道什么样的商品、什么样的包装、什么样的价格，才能最适合他们的需要，所有商品都是为了消费者的目标而生产。根据对高铁客运服务目标市场的分析，其需求调查的内容可以从以下几个方面阐述。

(1)旅客需求分析

高铁客运产品的开发应该针对旅客的需要和偏好，市场需求调查便是针对这些需要和偏好搜集资料。市场调查不是简单、模糊地收集旅客对既有产品的印象、看法等信息，作为市场研究人员，在正式调查之前必须依据已有资料和个人经验去分析旅客可能有哪些需要，并且这种需要的分析必须细致化。比如对高速铁路餐饮的偏好调查，可以细化到诸如是西餐还是中餐、快餐还是现炒、质量及其与价格的匹配关系等。只有这样，市场调查才能充分全面地反映消费者的具体偏好。

(2)旅客消费习惯分析

了解旅客的消费习惯，需要了解旅客喜欢在何时、何地出行，他们的出行习惯和选择的出行方式，以及对客运产品的要求和反映有哪些，有无规律；旅客的出行频率，以及每次出行的范围等。一般来讲，旅客消费习惯主要包括以下几个方面：

①出行时间。旅客一般在出行时间上有一定的规律。如因私出行旅客集中在春运、暑运、“十一”、周末等时间段，因公出行旅客分布则相对均匀。这便需要在客运市场需求调查时有所注意，以使问卷设计能符合其情况。

②出行地点。旅客的流量和流向，大致有一定的规律。如春节前，大量务工者从北上广深等大城市返家，而春节后又从家乡返回上述大城市。

③出行方式选择。一般而言，旅客对于客运产品往往还有选择的惯性。不同类别旅客的出行方式选择习惯，对于高速铁路细分目标市场采取的竞争策略是有重要价值的信息。

(3)旅客出行目的分析

旅客出行必然是由于某种动机促使其购买某种特定的客运产品，因此要想对旅客进行全面的分析，仅关注其一般要求和购买习惯是不够的，还必须深入到其出行心理层次，了解其购买客运产品动机及在不同消费领域的变化形态。即先要推测可能存在哪些动机导致了旅客的具体购买行为，这些动机是通过什么途径作用的，运输企业可以在哪些方面去适应旅客的某些动机，等等。

如旅客是因公出行，则其出行考虑的必然是报销制度，因私出行考虑的则可能是票价水平和产品间的平衡关系。即使是因私出行，旅游出行和探亲出行的消费心理也有不同，对其消费行为都会产生不同的影响。

(4)文化背景分析

在市场调查中，事先的文化背景分析常常被忽视，从而使调查结果中常常出现一些难以解释的问题。因为，市场活动是处在一定地理环境和历史文化环境之中的消费者之间进行的，这些地理、历史、文化因素不可避免地影响了消费者的市场行为。作为一种传统，它往往使消费者行为呈现一种经济学中称为“非理性”的行为，从而使得通过一些理性规则无法解释。

纵观中国高速铁路市场，由传统文化影响形成的数千年的风俗习惯、价值观念、宗教情绪、伦理道德意识等，都对消费者的购买行为产生了极大影响。例如，穷家富路的思想、更愿意选择携带方便面等方便食品的消费传统、某些地区三六九出行的习俗等。

(5)旅客地域特征分析

生活在不同地区、不同省份、甚至不同县市之间，旅客的偏好都可能有所差异。高速铁路如果想依据消费者的需求提供产品和服务，就必须对不同地域的特征进行分析。如北上广等区域，本身经济较为发达，对高速铁路需求旺盛、对运行要求高；其他欠发达地区则既有线更受欢迎，对服务品质不敏感。

地域差异分析主要是分析和了解不同地区的旅客在出行习惯、消费观念上的差异，以此为基础制定差异性的产品设计及营销企划。

(6)消费者人口统计特征分析

社会是复杂多样的，市场中的人也是复杂多样的。他们在年龄、性别、职业等方面将自己与他人区分开来，同时，又通过其中的不同特征与别人结合起来，构成市场营销中有重要意义的独特人群或细分市场。这些人口统计特征是区分消费者群体的最常用基础。因为理解消费者的生活、习惯、观念、价值等问题都无法脱离这些重要的自变量。在客运市场研究中，重要的自变量主要包括年龄、性别、文化程度、职业、家庭居住地、个人收入、家庭收入等。

(7)旅客阶层差异分析

此分析是为了了解不同阶层旅客的生活习惯、生活方式以及需求有哪些不同，这种区别与消费行为的关系是什么。与消费者人口统计特征相配合，可以更好地理解整个高速铁路旅客群体的行为特征。

2. 高铁客运市场需求调查的主要方法

(1)按调查的范围分类，主要有全面普查、抽样调查、重点调查、典型调查等四种方法。

全面普查法是对调查对象全体进行逐一的、普遍的、全面的调查。如对某一次列车或某一个车站旅客或服务设施全体进行调查，是旅客运输量及其结构调查经常采用的方法。抽样调查是指从选取的目标旅客总体中选取一定数量的样本作为调查对象进行调查，以此推断总体基本特征的一种非全面性的调查，是铁路旅客运输服务质量调查经常采用的方法。重点调查是指在调查对象(总体)中选定一部分重点单位进行调查，如对某调查单位餐车服务质量的调查。典型调查指在对所有单位有所了解的基础上，有意识地选择一些具有典型意义或有代表性的列车或车站专门进行调查。

(2)按调查的目的和深度分类，主要有探索性调查、描述性调查、因果关系调查、预测性调查等四种方法。

探索性调查是指当研究的问题或范围不明确时所采用的一种方法，如计划对某列车产品的价格水平进行调整，为了解旅客对该行为的反映所做的调查，通过在小范围内找一些专家、相关业务人员、旅客等以座谈会的形式进行初步询问调查。描述性调查是指对运输市场进行第一手资料的收集、整理，把市场的客观情况如实地加以描述和反映的方法，如对旅客群体特征及结构的调查。因果关系调查是指出各个因素之间的相互关联，进一步分析何为因、何为果的调查方法，如对经济发展水平与高速铁路市场占有率关系的调查。预测性调查是指对未来市场的需求变化做出估计，比如常用德尔菲法、专家会议法来进行定性预测。

(3)按收集资料的方法分类，主要有桌面调查法、实地调查法等两种方法。

桌面调查法是指对已公开发布的资料、信息加以收集、整理和分析的方法。实地调查法是指调查员直接向被访问者询问，从而收集第一手资料(原始资料)，再加以整理和分析，写出调查报告的方法。实地调查法所花费的人力、时间和费用较桌面调查法要大得多。

(4)按市场调查的主体分类，主要有委托调查、自行调查等两种方法。

委托调查是指委托专业调查机构来代理调查。自行调查是指企业自己成立调查部门对企业所面临的市场进行调查。

(5)按需求者选择行为的不同分类，主要有行为调查或者 RP 调查(revealed preference survey)，意向调查或 SP 调查(stated preference survey)。

RP 调查的目的是想了解被调查者在某选择状态下的选择结果以及选择的条件。例如，有时需要了解被调查者上个周三出行时，出行方式的选择结果、选择条件等。RP 调查的最大特点在于调查的内容是已经发生过的事情。SP 调查是针对某一选择状态下被调查者的选择结果。例如，了解被调查者在未来提供了某种交通服务时，将如何选择等。SP 调查的最大特点在于调查的内容是尚来发生的事情。

3. 高铁客运市场需求调查的原则与步骤

(1)高铁客运市场需求调查的基本原则

①客观性原则

市场调查为决策提供基础信息,真实、客观是最基本的要求。体现在市场调查过程中,不仅要求调查人员要有高超的专业技能,还要求有实事求是、科学严谨的研究态度。

②系统性原则

市场调查是系统地收集、分析和提供有关市场信息的活动。从纵向来看,准备、实施、整理分析、修正补充各步骤之间紧密相连;从横向来看,强调对影响市场运行的各种经济、社会、政治、文化等因素的全面综合分析。另外,市场调查的长期性和多层面,也体现了系统性这一原则。

③经济性原则

市场调查作为信息(服务)产品,它的生产过程是需要耗费成本的,存在一个经济效益问题,即怎样以最节约的调查成本达到目的。

④时效性原则

高铁客运市场不断变化,市场调查在这种不断的变化中对市场现象进行研究。时效性是由市场调查的性质决定的。

(2)高铁客运市场需求调查的步骤

高铁客运市场调查是一项复杂的工程,要使得这项工作有条不紊地进行,既要有合理的调查方法,还要有如下明确的调查步骤:

①建立调查组织机构。在开始调查前,应以企业营运部门为主,组成运输市场调查组或联合其他运输方式相关部门组成联合市场调查组,并召开调查工作会议。

②确定调查目的和范围。明确此次调查要解决的主要问题,并对调查范围进行限定,避免调查中出现资料信息收集不全或信息杂乱、资料庞杂、范围过大,造成不必要的浪费。在这个过程中,应对调查的主要对象先作一般性的调查摸底,以便明确需要深入调查的问题及需作进一步调整、补充的调查项目,为制订调查方案计划提供依据。例如运用探测性调查摸底。

③制订调查计划。即拟定提纲,明确调查主体与目的,确定调查项目、调查地点、调查对象及调查方法,选定调查人员,明确分工,预算调查费用,安排调查时间和工作进度。

④资料收集。根据确定的调查项目和人员分工,先分头进行一般性的已有资料的收集,如先向当地相关部门调查本地区可能影响客运需求的因素,查阅本企业已有的各项统计资料等。

⑤设计调查内容。调查方法确定后,需设计拟定调查内容。

⑥选择调查方式。根据调查的目的和要求以及调查对象的特点,选用适当的调查方式,如电话、座谈等。

⑦实地调查。按照之前制订的调查计划,根据时间安排,完成实地调查工作,并认真填写调查表。

⑧整理分析资料。整理调查资料和数据,分类汇编,并对调查资料进行综合分析,以找出其内在的规律性和关联性,如可以运用各种统计方法(如相关分析、回归分析等)或根据需要制成各种统计表、统计图来进行分析,最终得出合乎实际的调查结论。

⑨撰写调查报告。调查报告是市场调查工作的最后阶段，是将调查分析的情况、得出的结论、提出的措施或建议写成书面报告，提供给管理部门和职能部门的管理人员作为决策时的参考。

正式提交调查报告书后，工作并未完全结束，应跟踪调查实施程度及其效果，以便纠正偏差，取得更佳效果，并可据此总结经验教训，进一步提高今后市场调查水平。

2.5.2 高速铁路客运服务需求预测

深入研究客运市场需求是合理设计铁路客运产品、有效制定产品销售策略的基本保障。而需求预测，是在调查研究和科学实验基础上的科学分析，预先推测和判断未来或未知状况的结果。

市场预测的分类角度较多，不同的分类角度预测的侧重点不同，常见的分类标准包括：(1)按预测的时间维度分类，可分为短期预测、中期预测、长期预测；(2)按预测的范围分类，可分为宏观市场预测、中观市场预测和微观市场预测；(3)按预测的产品内容分类，可分为单项产品预测、大类产品预测、总体产品预测；(4)按预测的方法分类可分为定性预测和定量预测。

结合高铁客运不同的需求调查内容，可以选取不同的预测模型进行有针对性的分析及预测。常见的高铁客运服务需求预测有，针对核心位移服务的客运量预测、票务服务的购票需求预测、等；针对出行差异化需求的接送站网约车需求量预测、网络订餐需求预测、乘客站内购买行为预测、应急交通疏散需求预测以及运价敏感度预测等。

客运市场需求预测方法众多，常用的方法有运输市场调查法、乘车系数法、回归分析法和时间序列法等。随着高速铁路的发展，我国铁路运输能力彻底缓解，针对高速铁路产品设计和开行方案设计的各类预测方法的研究和应用也迅速发展，高铁运输服务根据服务产品的内容特性包括为实现旅客位移的核心服务与服务过程中所衍生出的辅助服务。因此以预测的产品内容作为分类标准，预测的方法可分为核心服务预测方法、辅助服务预测方法。本章仅对主要方法进行简要介绍，具体建模算法等请参考专业书籍。

1. 核心服务预测方法

核心服务是实现旅客的位移，它是高铁客运服务的核心要素。因此核心服务的预测，主要针对与客运量相关的一系列预测，通常是依据必要的统计资料，借用一定的数学模型，对预测对象的未来状态和性质进行测量等方法的总称。可从影响因素入手进行预测，通过分析最主要的影响因素，将其用量化指标反映出来进行预测，主要包括乘车系数法、产值系数法、弹性系数法、回归分析法、系统动力学模型等；也可从时间序列的角度预测，根据历史数据描述数据的变动趋势，并对未来数据进行预测，包括移动平均法、指数平滑法、灰色系统GM(1,1)预测法等

2. 辅助服务预测方法

辅助服务是为了实现旅客的体验增值，而向旅客提供的，在全过程运输中更加人性、更加细腻、更加高效地为旅客提供的服务。因此，辅助服务预测主要针对旅客在位移过程中可能产生的服务需求的预测，可通过社会调查，结合人们的经验加以综合分析比较做出量的直接判断和预测。

辅助服务预测方法主要包括运输市场调查法、德尔菲法等。

(1)运输市场调查法

运输市场调查法也称为直接归纳法。通过一定时期的资料积累和周到细致的调查工作,可以掌握吸引区内客运服务产品消费情况变化的大体趋势,运输市场调查法能够得出比较符合实际的预测结果。其操作方法简便、灵活。

如果吸引区范围较大,经济调查的工作量将过于繁重,遗漏和调查数据偏差的情况也难以避免。当市场因素在经济活动中所占比重越来越大的时候,无论客货运都会受很多不确定因素的影响,运输市场调查法的局限性也就比较明显。然而该方法不失为一种相当有效的预测方法,与其他适用的方法相结合,仍然发挥着重要的作用。

(2)德尔菲法

德尔菲法又称专家预测法,是以专家为索取信息对象,采用匿名的方式,通过几轮征询,征求专家的意见和看法,然后进行综合整理和归纳,再反馈给专家,供他们分析判断,提出新的意见和看法。这样通过多次反复,使意见逐步趋于一致。德尔菲法的具体操作过程如下:

①选择专家:预测成败的关键,最好由各方面专家参加,人数一般在 10~50 人。

②拟定、设计各种调查表:要求简明、清晰。

③预测过程:一般需要 3~4 轮的反复。

第一轮:提出预测的问题,由专家们提供预测的项目,经过综合整理,编制出预测项目调查表,作为第二轮调查表发给专家。

第二、三轮:请专家对调查表所列出的项目做出评价,并阐明理由;第三轮也可就第二轮中有分歧的意见和问题,进一步征求专家们的意见,然后由评委对专家意见进行统计分析。

第四轮:意见已比较集中,最后整理成为预测结果,写出预测报告书。

德尔菲法预测过程如图 2.9 所示。

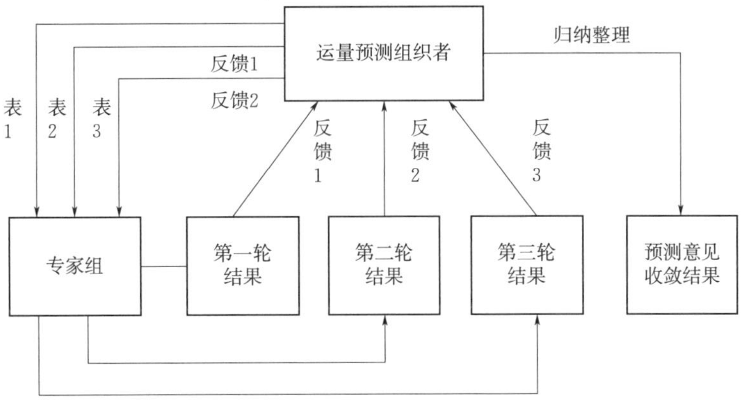

图 2.9 德尔菲法预测过程图

3 高速铁路客运服务容量

铁路客运服务需求呈现“忙闲不均”的鲜明时间、空间波动性变化，给服务供给带来冲击。同时，因为服务的易逝性和生产与消费的同步性，高铁客运企业缺乏库存能力，需求高峰期，客运企业必须超负荷运转，而需求淡季，服务设施人员等大量闲置。因此，企业必须充分注意服务产品的需求特征，进行科学合理的服务容量计算，最大限度地减少服务需求的时空波动性与服务接待能力的长期性之间的矛盾，避免不必要的设施设备、人员闲置带来的运营成本过高和由于接待能力不足引起的经济效益降低和旅客满意度降低等问题。

3.1 高速铁路客运服务容量概述

3.1.1 高速铁路客运服务容量概念

铁路旅客运输是一个多环节协同组织的运输服务过程，无论是广义的客运服务(位移)，还是狭义的客运服务(票务、站车、餐饮等)，都需要通过一定的服务组织方式和服务规范，将服务场所、服务设备、服务人员等要素，有机组合并形成功能完整的客运服务系统，支撑旅客位移及相关服务过程的实现。

高铁客运服务容量又叫服务接待能力，是指具体的客运服务系统(如线路、车站等)在一定的运输组织方式和服务模式下，在满足服务质量标准的基础上，一定时间(天、小时、分钟等)内所能完成某项客运服务过程的数量。对于高速铁路线路来讲，表现为通道服务容量，对于高速铁路车站来讲，表现为车站服务容量。由于大量的客运服务都属于批量服务，其所能完成的客运服务过程数量即表现为所能接待的旅客人数等。

高铁客运服务容量可分为设计服务容量和运输服务容量。其中，设计服务容量是指在规划设计阶段，根据社会客运服务(客运量)需求，高速铁路线路和车站在修建或改建后所能达到的客运服务容量(也叫高速铁路通道运输能力和车站接待能力)；运输服务容量是指在一定的运输组织方式和服务模式下，高速铁路线路和车站可能达到的客运服务容量。以下所说的高铁客运服务容量均指运输服务容量。

铁路旅客运输服务基本是在固定场所完成，铁路服务系统层次多、环节多，并分别隶属于不同业务管理部门或单位。对于旅客所购买的位移服务，需要全铁路网的运输资源提供服务支持，包括为实现旅客运输提供后台保障的车务、机务、车辆、电务、工务等业务部门，以及隶属于不同铁路局集团公司管理的车站、列车等运输生产单位。对于一项具体的客运服务内容或环节，需要的服务支持只涉及与该项服务过程相关的部门和单位，基于不同服务提供方式，有些服务还涉及第三方企业，如网上订餐服务。所以，承担旅客位移服务的高铁运输网，其点(车站等)、线(线路等)及所有技术设备、人员和管理规范等，组合成了高速铁路顶层客运服务系统。其他各部门、各单位、各服务项目或服务环节，都属于层次不等、内容独立、功能明确的服务子系统。客运服务过程的实现，需要各单位和部门的业务环环紧扣、分工协作，达到各层级服务系统的稳定运行。尤其是承担旅客所能接触和感知体验的前台服务部门，更加强调做到你中有我、我中有你的互助服务过程，最终给旅客带来"功能完整、无缝衔接、持续流畅"的服务感知体验。本书重点介绍旅客直接接触和影响感知体验的铁路票务、车站和列车运行(下称运输通道)服务容量的计算。

票务服务涉及旅客运输的全过程。客运站服务的重点内容包括售票、检票等票务服务及安检、候车、车站通道等业务服务，以及餐饮、购物、约车等辅助性服务，其服务设备及服务组织方式受车站物理空间、旅客进出站服务需求等因素的影响。客运通道服务涉及旅客列车数量、等级各方面的服务容量，主要包括高速铁路区段运行、车站接发等列车运行服务。其服务设备及服务组织方式受既有客运区段的线路、旅客出行需求等因素的影响。

高铁客运服务容量按照其服务资源特点分为固定容量与可变容量。固定容量是指服务系统内由于空间、技术等条件限制，相对固定或稳定的服务容量，如候车室所能容纳的座椅和旅客人数，自助检票机每分钟能通过的旅客人数等。可变容量是指在客流波动条件下，服务系统内可以增减的服务容量，如客流高峰期，可以增加部分服务人员、设备等资源满足服务标准的需求，也可以在客流较少的情况下，适当减少列车数量、关闭部分售票窗口等，以降低服务成本。

3.1.2 高速铁路客运服务容量影响因素

服务容量的主要影响因素有服务质量标准、服务人员、设施设备、时间、组织方式等。其中，设施设备为影响服务容量的物理空间的主要因素，可进行定量分析。从服务质量与体验角度看，影响服务容量的主要因素为服务质量标准、人员等，可进行定性分析。这些因素相互联系、相互影响、相互制约。

1. 服务质量标准

高铁客运服务质量标准是企业向旅客提供服务并评价服务质量的依据，它对企业提供的客运服务范围、服务质量及评价方法等都进行了明确的表述。服务质量标准的高低直接影响服务容量计算过程及结果，如候车室服务容量计算中，平日人均面积可采用 1.6 m^2/人，春运期间，在保证安全的前提下，人均面积可采用 1.13 m^2/人。同一候车室在不同服务质量标准下，服务容量计算结果完全不同，旅客感知服务质量也不同。

2. 服务人员

服务人员是影响服务容量的关键要素，主要包括三个方面。一是技能水平。服务人员的服务意识、专业技能水平及熟练程度直接影响服务效率，从而引起服务容量的变化。二是组合安排。对于高铁客运服务人员来说，无论是车站工作还是列车乘务工作，岗位人员数量设置及班制安排都将对其能提供的服务数量产生影响。三是具有弹性。通过对员工的工作时长、工作强度、班制等进行调整，可实现短期内完成服务过程数量的变化。

3. 设施设备

高铁客运服务容量计算中涉及的设施设备，主要包括两类。一类是用于容纳旅客和提供服务的场所(场地)，如候车室、集散厅等，这类设施设备的服务容量主要是指空间容量。出于人身和消防等安全要求,《铁路车站设计规范》等文件对常规情况下单位面积容纳的旅客数量进行了规定。另一类是服务过程中所需的用于处理人、物或信息的服务设备,是旅客服务的载体。例如,高铁客运企业通过自动检票机为旅客提供自助检票服务,通过自动扶梯向旅客提供进站服务,通过自动售票机为旅客提供售票服务等。随着铁路客站设备的智能化发展,车站客运服务设备不断升级,其运行效率、设计能力等变化也将大大影响服务容量。

4. 时　　间

时间是服务容量不可分割的一部分,是衡量服务容量的一个重要维度。例如,一个小型客运站平均每位旅客候车时间为 20 min,而另一座同等规模大小的客运站平均每位旅客候车时间为 2 h,则前者的服务容量更大。因此,计算服务容量,需要把资源利用情况和时间维度恰当地结合在一起,用每天、每时、每分的产出来表达。同样,可以通过影响服务时间来增加或者减少容量。如自动检票机升级促进旅客自助检票效率提升,实现检票设备服务容量的提高。

5. 服务组织方式

服务组织方式是服务容量的重要影响因素。同样的工作内容采用不同的服务组织方式,会产生不同的服务流程,对应的服务工作时间标准、服务效率不同,进而影响服务容量。如客运售票服务由传统的窗口售票向网络售票、自动售票机售票等转变,极大程度扩展了车站售票服务容量。通过调整设备、人员、运输组织方式等来优化服务容量。服务组织方式等内容在本书 3.5 进一步详细说明。

3.1.3 高速铁路客运服务容量计算思路

1. 服务容量与服务成本

高铁客运服务的过程性决定了服务生产与消费的同步性,这使得高铁运输企业不能采用服务存储来平衡供求矛盾。高铁运输企业既要避免由于服务容量不足而引起的旅客服务感知质量下降,同时还要考虑由于需求不足而引起的服务资源浪费等情况。

旅客消费运输服务所产生的消费成本,如服务排队等候时间、满意程度等量化后可称为旅客广义成本;服务企业提供服务的必需成本,如设备折旧、人工等可以称为运营成本;两者之和为企业的组合成本。三者之间的关系如图 3.1 所示。

随着服务容量的增加,企业的运营成本不断增加,体现旅客等候时间、满意程度等价值的广义成本不断减少,组合成本将随着两者的变化而发生相应的变化。服务容量管理的实质就是在保证正常服务质量和服务资源充分利用条件下,寻求一种能使组合成本达到最优且旅客满意的服务供给容量水平,即最优服务容量。

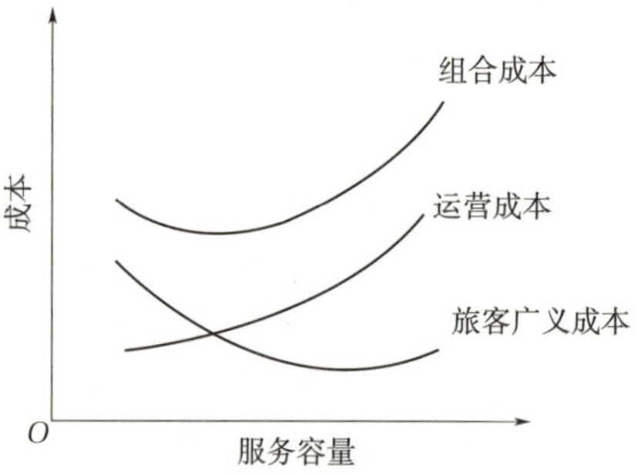

图 3.1 服务容量、成本关系

需要注意的是,当服务容量达到一定程度时,过剩的服务容量可能会产生消极影响,影响旅客感知,进而导致广义成本的增加。如候车厅过大导致旅客检票步行距离较远时,其满意度可能会有所下降。再如,站内同档位餐饮店中,一家店铺面积较大但只有 1/3 的上座率，而另一家店铺面积较小但满座，两者相比较，旅客会认为上座率低的服务品质较低。因此，服务容量不应盲目扩大，应以市场化为导向。

服务资源被最大限度利用时的容量水平，称为最大服务容量。最优服务容量通常低于最大服务容量。服务需求一旦超过最大服务容量，一部分旅客将无法获得服务或者因系统超负荷运转所获得的服务质量降低，影响旅客对服务质量的感知和满意度评价。如节假日期间，旅客买短乘长、越站乘车，造成部分区段列车超员，一定程度上影响了列车上正常乘车旅客的服务体验。因此，服务容量计算时，应结合相关设施设备及相关人员的备用系数，充分考虑服务能力的预留性。

服务容量计算是服务设计的必要前提条件，决定了服务提供系统的规模大小。由于高铁客运服务相关设施设备、人员要求高，资金投入大，计算水平的高低直接影响服务成本，因此，高铁客运服务容量计算意义更为突出。

2. 服务容量计算思路

客流波动大是铁路旅客运输的主要特征之一。国庆长假和中短期节假日客流量大幅攀升，对铁路旅客运输服务容量有更高的要求。而出行淡季客流量相对较少，对铁路旅客运输服务容量要求也更低。高铁客运服务系统的容量应适应不同区域、不同客运站和不同时间段客流的变化。客运服务系统的容量是服务人员及服务设备的能力在一定服务组织方式下的有机结合。在旅客运输服务系统的构成要素中，单个服务设备的能力是相对稳定的，但服务设备、服务人员的数量和服务组织方式是可调整的因素，可以通过增减人员、设备数量或改变服务组织模式等方法来计算和调整客运服务系统的容量，以更好地适应客流量的波动。例如，客运站配置的安全设备数量，可以满足日常客流量（含正常波动）的安检需求；但在客流量“井喷式”增大或需要“二次安检”的情况下，就难以满足旅客对安检服务效率及服务感知体验的要求。此时，可以通过增加设备数量或者加强人员的引导和帮助等方法提高安检的效率和服务的能力。

旅客在消费运输服务的过程中，每一次的服务接触都会对旅客的整体满意度和再次进行交易的可能性产生影响，是提高旅客满意度和忠诚度的重要机会。因此，服务容量的计算除了对现有服务设备、服务人员、服务组织方式等主要服务资源进行整合外，还需对服务需求进行详细调研。在详细的客流调查、客流预测和客流到发资料的基础上，充分考虑服务系统的物理空间和相应的服务质量标准，科学、合理地计算客运服务系统的容量，正确反映市场需求量和服务承受能力，提高旅客出行的感知体验。

为了更顺利地开展客运服务工作，高铁运输企业不仅需要计算服务系统的容量，还需要对具体客运服务系统的容量进行协调优化，根据客流调查，做好运输组织协调，保证各环节的顺畅平衡，促进资源优化配置，研究可变容量的“需求”，解决如何更加科学有效调整服务容量的问题。

3.2 高速铁路客运车站服务容量计算

高速铁路客运车站服务容量是指在一定的运输组织模式和技术条件下，一定时间（天、小时、分钟等）内，某车站所能完成某项客运服务的数量，主要表现为站内各类型设施设备的服务容量，包括安检、售票、检票、候车及通道等。针对高速铁路客运车站服务设施设备的容量进行计算时，可参考现代运筹学理论的重要分支——排队论。运用排队论可以较真实地描述服务系统并利用其方法进行容量计算。

根据排队理论，服务过程可用排队系统进行描述。因服务内容不同呈现多种服务过程形式，但一般规律如图 3.2 所示。

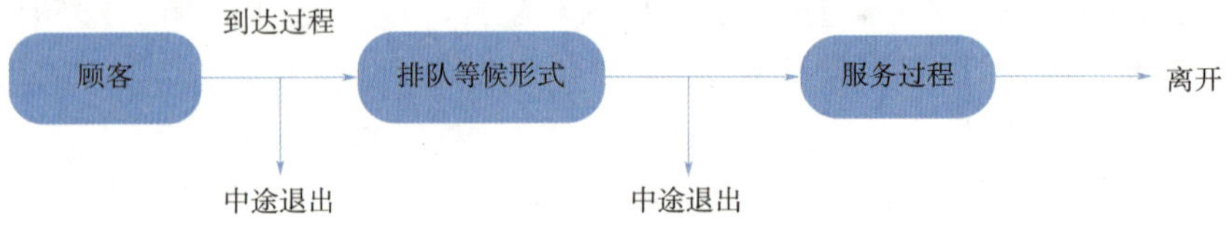

图 3.2　服务排队系统示意图

不同类型的服务设施设备应根据其服务特点对容量要求的程度，选择不同的排队理论模型，采用不同的容量计算方法。

随着现代科学技术发展，设施设备的更新换代引致服务容量的不断提升。高铁运输企业应以科技创新为动力，采用先进设施设备，提高服务容量。本书将对高速铁路站车设施设备的服务容量计算方法进行简要介绍，具体设施设备的技术参数需另行查定。

3.2.1　高速铁路客运车站安检服务容量

车站的安检服务包括旅客排队等候将行李放置到安检仪传送带上、排队进行人身检查、排队到安检仪尾部取行李等三个子环节。整个安检过程看成是“旅客放置行李＋旅客人身检查＋旅客取行李离开”的排队系统。

旅客随机到达安检区域，在安检通道前形成一个随机排队系统。安检排队系统内的安检仪为服务台，进站的旅客为顾客。该系统的特征如下：

1. 进站旅客到达安检区域，选择一个安检通道排队等候。

2. 旅客将所有的行李放置到安检仪传送带上进行检查。由于传送带前端一般较短，只能容纳一名旅客放置行李，因此需要等旅客将全部行李都放置到传送带上离开后才可以为下一个旅客提供服务。

3. 旅客选择了“放置行李排队系统”中的一个安检通道后，就只能继续选择与之对应的手检台。

4. 人身检查为旅客站在手检台上，手检员为旅客进行人身安全检查。由于一名手检员仅能同时为一名旅客进行检查，因此需要等到旅客离开后才可以为下一名旅客进行服务。

5. 手检区域一般只有 1 个排队队伍，手检员一般为 1～3 人，此时旅客平均到达率即为单位时间的旅客到达数，服务率即为各手检台的总和。

6. 安检区域的排队队伍和安检通道一般都不止一个。

7. 各安检通道都有工作人员或隔离栅栏等维持秩序，可认为旅客在安检排队时不进行换队。

8. 可能有相关工作人员参与协助旅客安检，帮助有需要的旅客快速安检。

实际安检过程中，旅客行李安检和人身安检是串联的服务组织模式。将行李安检、人身安检的相关设备、服务人员、服务组织方式视为安检服务系统，该系统的服务容量为

$$C_{安检}=\min\{C_{行李},C_{手检}\}$$

式中 $C_{行李}$——行李(旅客携带的所有行李)安检子系统的服务容量,人/min;

$C_{手检}$——人身安检子系统的服务容量,人/min;

$C_{安检}$——安检系统的服务容量,人/min。

旅客放置行李和人身安检的排队系统可看作多路排队多服务台服务等待制系统,相当于多个单通道服务系统并联。行李安检和人身安检服务容量分别为

$$C_{行李}=(1+\xi_{行李})U_{行李}$$

$$C_{手检}=U_{手检}$$

式中 $U_{行李}$——旅客行李安检设备的服务能力,人/min;

$U_{手检}$——旅客人身安检设备的服务能力,人/min;

$\xi_{行李}$——服务容量调节系数,指服务人员参与协助旅客行李安检对其服务容量的影响。

其中,旅客行李安检设备或人身安检设备的服务能力为

$$U_{行李}=\sum^{n_{行}}\frac{1}{\mu_{行李}}k_{行李}$$

$$U_{手检}=\sum^{m_{人}}\frac{1}{\mu_{手检}}k_{手检}$$

式中 $k_{行李}$——行李安检设备能力调整系数,可根据地区、季节等差异进行取值,一般为1左右;

$k_{手检}$——人身安检设备能力调整系数,可根据地区、季节等差异进行取值,一般为1左右;

$n_{行}$——行李安检设备的数量,台;

$m_{人}$——人身安检设备的数量,台;

$\mu_{行李}$——单条安检通道的单个旅客放置行李所需时间的平均值,min;

$\mu_{手检}$——单条安检通道的单个旅客人身安检所需时间的平均值,min。

$\mu_{行李}$为旅客放置行李所需时间,具体为旅客开始将行李放上安检机输送带到全部放置完毕为止的时间。$\mu_{手检}$为旅客人身安检所需时间时,具体为旅客在手检台前开始安检到全部检查完毕为止的时间。不同季节、不同区域、不同车站的旅客结构及携带行李的类型和数量有差异,建议可以通过写实统计拟合的方法进行测算,并作为车站安检设备配置的标准,从而形成不同类型客运安检设备配置的标准规范。

3.2.2 高速铁路客运车站售票服务容量

现阶段,售票服务主要包括车站售票、网络售票、代售点售票等其他方式。

车站售票主要包括窗口售票及站内自动售票机售票两种方式,故车站售票服务容量为

$$C_{车站}=C_{窗口}+C_{自动}$$

式中 $C_{窗口}$——窗口售票系统的服务容量,人/min;

$C_{自动}$——自动售(取)票机系统的服务容量,人/min。

旅客随机到达售票区域，形成一个随机排队系统，其主要过程如下：

(1)旅客在售票设备的影响区域内进行售票窗口搜索，由此产生发现队列行为。

(2)在发现队列后，旅客选择区域内最短队列，产生队列选择行为。

(3)当确认所选队列后，根据目标点进行移动，产生加入队列和队列移动行为。

(4)若发现区域内存在比所在队列排队长度更短的队列时，旅客可能执行换队行为。

(5)当旅客达到售票窗口(自动售票机)后开始接受服务，服务完成后，旅客离开队列，即购票结束。

窗口售票系统的服务容量为

$$C_{窗口}=(1+\xi_{窗口})U_{窗口}$$

式中 $U_{窗口}$——窗口的平均售票能力，人/min；

$\xi_{窗口}$——窗口服务容量调节系数，指服务人员参与协助旅客售票对其服务容量的影响。

其中，窗口的平均售票能力为

$$U_{窗口}=\sum^{n_{窗}}\frac{1}{\mu_{窗口}}\cdot k_{窗}$$

式中 $k_{窗}$——窗口服务能力调整系数，可根据地区、季节等差异进行取值，一般为1左右；

$n_{窗}$——开放的售票窗口的服务数量，个；

$\mu_{窗口}$——单个窗口服务单个旅客完成服务所需时间的平均值，min，可采用写实统计拟合法进行测算。

售票窗口数量应根据预测的高峰客流量进行配备和开放，主要受车站发送旅客人数、持窗口售票比例，及服务人员辅助程度等因素影响。原则上一个售票窗口可按一天不低于800张车票进行配备，通常是售票窗口、改签窗口和退票窗口分别设置，车站后台结账窗口与前台(售票、改签和退票)窗口分开，这样方便旅客选择；特殊情况(一般指小的车站)可以一个窗口兼任多种服务功能。同时，发售客票种类、采用的售票方式、售票员的业务水平(售票速度)等因素也将对单个旅客完成服务所需时间产生影响，从而影响窗口售票的服务容量。

随着旅客"随到随走"候车模式的形成及电子客票应用的逐步推广，自动售(取)票设备逐渐成为影响整个车站客运组织的核心客服设备。当前，自动售(取)票机的功能主要有售票、取报销凭证、取购票信息单，不同旅客需求及数量不同，对其服务容量有较大的影响。自动售(取)票机的服务时间差异取决于旅客本身，使用熟练的旅客服务时间较短，反之则较长。同时，是否有服务人员对旅客操作过程进行引导、自动售(取)票机的数量是影响其容量变化的主要原因。

自动售(取)票机系统的服务容量为

$$C_{自动}=(1+\xi_{自动})U_{自动}$$

式中 $U_{自动}$——自动售(取)票机的服务能力，人/min；

$\xi_{自动}$——服务容量调节系数，指服务人员参与协助旅客使用自动售(取)票机对其服务容量的影响。

其中，自动售(取)票机的能力计算如下：

$$U_{自动}=\sum^{n_{自}}\frac{1}{\mu_{自动}}\cdot k_{自}$$

式中 $\mu_{自动}$——单个旅客服务时间(含购票、取票、取报销凭证)的平均值,min,取值方法同上;

$n_{自}$——自动售(取)票机的服务数量,台;

$k_{自}$——能力调整系数,可根据地区、季节等差异进行取值,一般为1左右。

3.2.3 高速铁路客运车站检票服务容量

检票是旅客乘车前的必经环节。当前我国高速铁路客运站大多采用先候车后检票模式,也有部分车站实行先进站检票后候车的模式,旅客可通过自动检票通道或人工检票通道完成检票。

现代大型高速铁路客运站旅客检票口一般呈对称分布,每个检票口通常设1～2个人工检票通道,其余均为自动检票通道。检票顺序和检票通道数目由客运站根据自身结构、客流特点等进行设置。

人工检票和自动闸机检票可同时进行,也可先后进行。一般情况下,车站会优先为多件大行李旅客、商务旅客和老幼病残孕等重点旅客优先检票,然后开放自动检票闸机进行检票。

旅客一般会在临近检票工作开始前排好队伍,根据检票通道开放数目,自动形成队列,等待检票工作的开始。具体过程如下:

(1)检票前旅客在候车区候车。

(2)接到开始检票提示,旅客离开候车区,向检票口移动。

(3)旅客根据检票通道开放情况,自行形成排队队列等待检票。

(4)检票开始,各队列有序通过检票通道。

其中过程4中旅客通过检票通道接受检票服务的过程与是否需要查验票证有所区别。

通常情况下,人工检票通道和自动检票通道通过并联的服务组织方式同时为旅客服务,故检票系统的服务容量为

$$C_{检票}=C_{闸检}+C_{人检}$$

式中 $C_{检票}$——车站检票系统的服务容量,人/min;

$C_{闸检}$——自动闸机检票子系统的服务容量,人/min;

$C_{人检}$——人工检票子系统的服务容量,人/min。

自动闸机检票子系统和人工检票子系统的服务容量可以表示为

$$C_{闸检}=(1+\xi_{检})U_{闸检}$$

$$C_{人检}=U_{人检}$$

式中 $U_{闸检}$——自动闸机检票的服务能力,人/min;

$U_{人检}$——人工检票的服务能力,人/min;

$\xi_{检}$——检票服务容量调节系数,指服务人员参与协助旅客通过自动闸机检票对系统服务容量的影响。

其中,自动闸机检票和人工检票的服务能力为

$$U_{闸检}=\sum^{n_{检}}\frac{1}{\mu_{闸检}}k_{闸检}$$

$$U_{人检}=\sum^{m_{检}}\frac{1}{\mu_{人检}}k_{人检}$$

式中 $k_{闸检}$——自动闸机检票能力调整系数,可根据地区、季节等差异进行取值,一般为1左右;

$k_{人检}$——人工检票能力调整系数,可根据地区、季节等差异进行取值,一般为1左右;

$n_{检}$——自动闸机检票设备的数量,台;

$m_{检}$——人工检票设备的数量,台;

$\mu_{闸检}$——单条自动闸机检票通道的单个旅客检票所需时间的平均值,min;

$\mu_{人检}$——单条人工检票通道的单个旅客检票所需时间的平均值,min。

3.2.4 高速铁路客运车站候车服务容量

为旅客提供候车服务是客运服务工作不可或缺的环节。旅客在候车室停留时间较长,且人流相对密集,旅客对该环节服务的感知认可度会影响其对整个运输过程的体验结果。因此,对车站候车容量进行计算很有必要。

1. 候车区候车容量

高速铁路车站候车容量一般是指一定时间内高速铁路车站候车系统能容纳的旅客人数,候车区的候车容量分为最大候车容量和实际候车容量。

(1)候车区最大候车容量

最大候车容量主要由候车区内旅客最高聚集人数(或高峰小时乘降量)和旅客平均所需静态空间决定。最高聚集人数是指客运站全年上车旅客最多月份中,一昼夜在候车区内瞬时(8~10 min)出现的最多候车(含送客)人数的平均值。高峰小时乘降量是在节假日或上下班高峰时段客运站每小时的到发旅客量。旅客最高聚集人数直接影响候车区的建设规模,最高聚集人数取值过大,会造成资源浪费;最高聚集人数取值过小,会降低客运服务质量,不能满足客运需求。

客运企业可以在统计大量旅客候车时间数据的情况下,运用概率统计来确定旅客候车时间分布函数,进而将列车到达时间和候车时间分布函数拟合判断旅客最高聚集人数。

候车区需要的候车容量即该站最高聚集人数:

$$H=\lambda_{修}\max_{0\leqslant t\leqslant 1\,440}\{H_t\}$$

式中 H——该站最高聚集人数,人;

H_t——在 t 时刻客运站候车室的聚集人数,人;

$\lambda_{修}$——修正系数,主要考虑客流波动的影响,建议取1.4~1.7。

在 t 时刻客运站候车室的聚集人数:

$$H_t=A_t-D_t$$

式中 A_t——t 时刻到达客运站的人数,人;

D_t——t 时刻离开客运站的人数,人。

(2)候车区实际候车容量

通常情况下,候车区的服务容量相对固定。但随着客运需求的增加和客流管理需要的变化,如春运、二次安检等大客流或由于列车大面积晚点造成旅客滞留的情况下,现有候车区的能力已无法满足旅客候车的需求。此时，需要开辟临时候车区，来提升铁路客运站原有候车能力，改善旅客出行体验。临时候车区的服务容量即可认为是候车系统可变的服务容量。开辟临时候车区在一定程度上提高了车站候车系统的服务容量，但旅客进站候车的流线发生变化，需对旅客进站候车进行流线再造，保障旅客进站候车的流线顺畅。

高速铁路客运站候车系统的实际服务容量（$C_{候}$）为

$$C_{候}=C_{固定}+C_{可变}$$

式中 $C_{固定}$——候车系统相对稳定的服务容量，指现有候车区的服务容量，人；

$C_{可变}$——候车系统可变的服务容量，指临时候车区的服务容量，人。

高速铁路客运站候车区根据不同的服务对象的需求划分了不同的候车区，提供差异化的服务产品。常见的有普通旅客候车区、重点旅客（老弱病残孕）候车区和商务候车区。不同候车区内候车室的使用面积标准有差异。因此，候车系统相对固定的服务容量计算为

$$C_{固定}=\sum\left(\frac{M_{普通}}{W_{普通}}+\frac{M_{重点}}{W_{重点}}+\frac{M_{商务}}{W_{商务}}\right)$$

式中 $M_{普通}$，$M_{重点}$，$M_{商务}$——普通旅客、重点旅客、商务旅客候车区的使用总面积，m^2；

$W_{普通}$，$W_{重点}$，$W_{商务}$——分别表示普通旅客、重点旅客、商务旅客候车区的使用面积标准，m^2/人。

候车系统可变的服务容量计算为

$$C_{可变}=\frac{M_{临时}}{W_{临时}}$$

式中 $M_{临时}$——临时候车区的使用面积，m^2；

$W_{临时}$——临时候车区的使用面积标准，m^2/人。

可作为临时候车区的场所有人工售票区、商业区、站前广场、地下停车场、客运站周边场所等。不同情况下临时候车区的人均候车面积不同，应考虑旅客候车舒适性、安全性等因素确定。

当前，旅客出行以满足基本候车需求为主，$W_{临时}$ 的取值应符合《铁路旅客车站设计规范》。随着人民对美好出行需求的向往，铁路候车服务产品需要更加多元、个性化，$M_{临时}$ 值应在满足设计规范的条件下充分考虑旅客出行的感知体验。

其中，各候车室的使用面积应符合《铁路旅客车站设计规范》（TB 10100—2018）中如下规定：

①候车区（厅、室）使用面积不小于 1.2 m^2/人。

②软席候车区候车人数，高速铁路和城际铁路可采用最高聚集人数的 10%，使用面积不小于 2 m^2/人；

③中型及以上铁路客运站设置无障碍候车区，候车人数可采用最高聚集人数的 4%，使用面积不小于 2 m^2/人，小型铁路客站设置轮椅候车席位。

④军人（团体）候车存在时间上的不确定因素，使用频率较低，在实际设计中一般不单独设置，而是与普通候车区（厅、室）合并设置。

各客运企业应根据前期客流调查及需求预测，掌握候车室最大候车容量与实际候车容量的数值差异，若数值差异较大，说明车站候车方面需要进一步进行组织优化，以改善车站候车能力不足，高峰期间人员拥挤，旅客候车体验较差，存在一定的安全隐患及被投诉的风险等。

2. 站台候车容量

站台候车容量是指在一定的站台面积条件下，站台系统一次性能够集散的最多的旅客人数。通常情况下，站台候车服务系统组织模式相对固定、服务人员对服务容量的影响不大。因此，站台候车容量主要指站台本身候车的能力。

(1)影响站台候车容量的主要因素

①站台最大聚集人数。站台宽度应满足旅客一次乘降或同时进站的最大聚集人数要求，其宽度应根据客流密度确定。因高速铁路列车较密集，应避免旅客进出站在站台通道内出现对流现象。

②进出站地道数量及其在站台的出入口宽度。高速铁路客运站的旅客站台出入口应设计为双向出入口，其宽度应满足表 3.1 的要求；通道出入口设自动扶梯或升降电梯时，其宽度应根据升降设备的数量和要求加宽。高速铁路引入既有客站时，在满足使用功能和安全的前提下，可利用既有旅客进出站通道。

表 3.1　旅客站台出入口宽度　　单位：m

名　称	特大及大型站	中型站	小型站
基本站台岛式中间站台	5.0～5.5	4.0～5.0	3.5～4.0
侧式中间站台	5.0	4.0	3.5～4.0

③建筑物边缘至站台边缘的宽度。站台边缘至建筑物边缘的距离，应保证工作人员作业和站台上旅客的安全，以及有关车辆通行的宽度要求。

④建筑物的结构宽度。站台的宽度应满足站台上设置的有关建筑物的结构宽度要求。

⑤有关作业的要求，站台上应考虑消防车、列车送餐、送行李的通行及轮椅车的使用等要求。

(2)站台候车容量计算

站台候车容量是根据站台长宽确定的站台面积范围内，能够同时容纳的等候上下车的旅客人数。站台候车容量为

$$C_{站}=\frac{L \cdot W}{\rho}$$

式中　$C_{站}$——站台候车容量，人；

L——站台有效长度，m；

W——站台有效宽度，m；

ρ——站台上的人均占用面积，一般为 0.33～0.75 m^2/人。

由公式可见，当站台客流拥挤时，人均占用面积小，站台候车容量大，但超过一定程度会影响候车安全。需根据客流情况对站台候车人数进行适当控制(如加强下车客流疏散、对高速铁路外卖送餐设置指定区域等)，不能盲目追求扩大容量而忽略客运服务安全、便捷等基本要求；同时，也应避免盲目扩建车站站台而造成能力浪费。

3.2.5　高速铁路客运车站通道服务容量

车站通道容量包括客运站中自动扶梯、天桥地道及进出站口的通过容量。车站通道

服务系统中，服务组织模式相对固定，服务人员对通道容量的影响也较小，其系统的服务容量主要受通道自身物理空间影响。在车站的通道连接过程中，不同位置的自动扶梯、步道等，在运送旅客时，可形成彼此并联或串联关系，因此，本处只介绍单个设备通过容量计算思路。

1. 自动扶梯通过容量计算

自动扶梯是高速铁路客运站最主要的垂直移动工具，其通过容量的大小会对旅客站内移动、其他关联设备容量配置等产生重要影响。

自动扶梯由梯路和两旁的扶手组成。旅客使用自动扶梯的整个过程可描述为：

(1)排队进入自动扶梯口。

(2)待掌握运行规律后将双脚踏上扶梯连同携带行李放置在梯级上。

(3)旅客及行李跟随自动扶梯移动。

(4)到达地面后将双脚连同行李平稳地踏上地面。

(5)离开自动扶梯口。

自动扶梯通过容量不完全等同于自动扶梯理论通过能力。受旅客准备时间、渴望舒适空间及携带行李等因素影响，实际扶梯利用率将不足100%。主要原因如下：

(1)旅客准备时间过长。旅客在到达自动扶梯前，通常都会先低头观察自动扶梯的运行情况，掌握运行节奏后踏上梯级，这个过程消耗的时间称为准备时间。速度为0.5 m/s的自动扶梯，一个梯级的运行时间为0.8 s，当乘客的准备时间大于该时间时，就会产生无人站立的空置梯级。而且自动扶梯的运行速度越快，旅客确认安全踏上梯级的准备时间越长。

(2)旅客渴望拥有舒适空间。由于心理因素，旅客希望与其他旅客保持一定的距离，主观上不愿意与前、后旅客离得太近。

(3)旅客携带的行李占用空间。一是旅客携带的行李将占用额外的梯级空间；二是部分旅客拉着行李箱进入扶梯时，未将拉杆收回，造成后续旅客的衔接距离变大，会产生2～4个空置梯级；此外存在旅客携带的公文包或背包等小件行李不会占用较大空间，但会对后续旅客的视野造成干扰，从而增加后续旅客的准备时间，产生空置梯级。

因此，在实际计算自动扶梯通过容量时，可采用基于旅客携带行李的自动扶梯实际容量，即

$$C_{扶梯}=U_{扶梯}\cdot y_{扶}\cdot k_{扶}$$

式中 $C_{扶梯}$——自动扶梯(运行速度0.5 m/s、梯级宽度为1 m)的实际通过容量，人/h；

$U_{扶梯}$——自动扶梯的理论通过能力，人/h；

$y_{扶}$——扶梯设备实际利用率，通常与旅客行李、心理舒适空间及准备时间有关；

$k_{扶}$——扶梯能力调整系数，可根据地区、季节等差异进行取值，一般为1左右。

$y_{扶}$值的标定需要在一定的服务组织方式和服务质量标准下进行。例如，在客流高峰期和平峰期，旅客出行感知期待将有明显差异，将对该值的标定产生影响。

其中，自动扶梯的通过能力指单位时间内通过自动扶梯断面的最大客流量，根据我国自动扶梯和自动人行道的制造与安装安全规范，自动扶梯理论通过能力的计算公式为

$$U_{扶梯}=(3\,600\cdot v_{扶}\cdot w_{扶})/0.4$$

式中 $v_{扶}$——自动扶梯的运行速度，m/s；

$w_{扶}$——宽度系数，衡量每梯级能站立的人数，当宽度为 1 m 时，$w_{扶}$取 2；

0.4——每级梯的斜边长为 0.4 m。

各梯级宽度和额定速度对应的自动扶梯理论通过能力见表 3.2。

表 3.2 自动扶梯理论通过能力 单位：人/h

额定速度/$(m\cdot s^{-1})$	梯级宽度/m		
	0.6	0.8	1.0
0.5	4 500	6 755	9 000
0.65	5 850	8 775	11 799
0.75	6 750	10 125	13 500

由此可知，影响自动扶梯通过能力的因素包括梯级宽度和运行速度，不同宽度和速度的自动扶梯通过能力差异显著。

除自动扶梯外，站内常见的通行设施还包括楼梯等。通过现场数据采集和客流模拟软件分析，当前铁路客站各主要通行设施高峰通行能力通常见表 3.3。

表 3.3 铁路客站各主要通行设施高峰通行能力

部位名称		每小时通过人数
每米宽楼梯	下行	2 500
	上行	2 300
	双向混行	2 000
每米宽通道	单向	3 000
	双向混行	2 400
每米宽自动扶梯	额定速度 0.5 m/s	4 000

2. 天桥、地道旅客通过服务容量

天桥、地道通过容量的计算，基础条件是该设备为单方向使用，在同一通道内无反向交叉客流，并且旅客在通道内能较正常地通行，不产生堵塞。该项设备皆由站台通道与跨线通道两部分组成。两者能力不相等时，应以其限制能力部分的宽度为计算依据。

影响天桥、地道通过容量的主要因素主要有以下几点：

(1)一条步行道的宽度。将天桥地道通过容量视为几条步行道容量之和。每条步行道的宽度与旅客携带行李(空手、提物、背物扛物、挑物等)有直接关系。对于长、短途及市郊旅客之间都亦有差异，但考虑在留有一定余地的基础上，这些差异不被包含进去。

(2)旅客走行速度。旅客进、出站走行速度不相同，一般旅客进站走行速度快、密度小，出站走行速度稍慢、密度大。

(3)每位旅客在通道中占有的前后距离长度。旅客在通道中占有前后之间距离长度不

同，进、出站也有差异，进站时分布不均匀，间距差别大，出站时分布较均匀，间距差别小。

旅客在天桥、地道的走行速度，在水平道与斜坡、斜梯道上都不同，计算时以速度最低的斜梯或斜坡为依据。

单股步行道的通行容量为

$$C_{步道}=U_{步道}\cdot y_{步}\cdot k_{步}$$

式中　$C_{步道}$——单股步道的实际通过容量，人/min；

$U_{步道}$——单股步行道理论通过能力，人/min；

$y_{步}$——步道实际利用率，通常与旅客行李、心理舒适空间及准备时间有关；

$k_{步}$——步道能力调整系数，可根据地区、季节等差异进行取值，一般为1左右。

单股步行道理论通过能力

$$U_{步道}=\frac{v}{l}+1$$

式中　$U_{步道}$——单股步行道每分钟的旅客通过能力，人/min；

v——旅客行走速度，m/min；

l——旅客前后距离，m；

根据对贵阳、成都、西安、南昌、长沙、北京等站的天桥、地道进行实地调查发现，进出站及地区间通道的旅客行走速度、单股步行道的宽度及每位旅客占用通道的前后间距差别不是很大，可以用一个数值范围及均值概括，参考数值见表3.4。

表3.4　参考数值表

类　别	进　站		出　站	
	可行范围	均值	可行范围	均值
人行速度/(m·min^{-1})	80～90	83	60～70	65
前后距离/m	1.5～3.0	2	1.0～2.5	1.5
一条步行道宽度/m	0.85～1.0	0.9	0.75～0.9	0.8
一条步行道能力/(人·min^{-1})	27～61	42	25～71	44

客运站的跨线设备(天桥、地道)的旅客通行容量需按进、出站分别计算。当进出站跨线设备不止一处时，进出站跨线设备总容量应为几座设备容量之和。跨线设备(天桥、地道)通行容量如下：

$$C_{跨线}=\sum\frac{B}{b}\cdot U_{步道}$$

式中　$C_{跨线}$——跨线设备每分钟现有通行容量，人/min；

B——跨线设备的宽度，m；

b——单股步行道的宽度，m。

根据计算公式及表3.4中的均值、上限值，可计算出不同宽度跨线设备的现有通行容量(见表3.5)。

表 3.5 跨线设备现有通行容量参考表

通道宽度/m		2.5	3	4	5	6	7	8	9	10	11	12
进站容量/(人·min^{-1})	均值	116	140	183	233	283	326	373	420	466	513	560
	上限	179	215	287	358	430	502	574	645	717	789	861
出站容量/(人·min^{-1})	均值	137	165	220	275	330	358	440	495	550	605	660
	上限	236	284	378	473	568	662	757	852	946	1 041	1 136

3. 进出站口通行服务容量

在旅客流线上，跨线设备与进出站口的旅客通行容量应协调一致，否则将造成流程不畅。

(1)进出站口通行容量

$$C_{进出}=U_{进出}\cdot y_{进出}\cdot k_{进出}$$

式中 $C_{进出}$——进出站口通过容量，人/min；

$U_{进出}$——进出站口理论通过能力，人/min；

$y_{进出}$——进出站口实际利用率，通常与旅客行李、运营组织形式等有关；

$k_{进出}$——进出站口调整系数，可根据地区、季节等差异进行取值，一般为 1 左右。

$$U_{进出}=m_{进出}\cdot n_{均}$$

式中 $m_{进出}$——同时开放的进、出站口数量，口；

$n_{均}$——每个进、出站口现有旅客通过人数，人/(min·口)。

(2)跨线设备(天桥、地道)与进出站口的容量协调计算

在通行能力相等时，$N_{进}=N_{跨}$ 或 $N_{出}=N_{跨}$，可导出：

$$B=m_{进出}\cdot n_{均}\cdot \frac{b}{n_{步}}$$

式中 $n_{步}$——单股步行道每分钟的旅客容量，人/min。

对于不同的进出站口数量 $m_{进出}$ 值，公式得出的通道宽度的最低的临界点数值关系见表 3.6。

表 3.6 进出站口与通道宽度关系

开放的进(出)站口数	3	4	5	6	7	8	9	10
进站通道宽度/m	2.25	3.00	3.75	4.50	5.25	6.00	6.75	7.50
出站通道宽度/m	2.02	2.69	3.37	4.04	4.71	5.39	6.06	6.73

由表 3.6 可知，旅客进站时，需开放的进站口数量取决于进站通道的宽度，通道不足时，以进站检票口为控制点，使客流不超过通道的通行容量。旅客出站时，需开放的出站口数量也取决于通道宽度。由于旅客下车后直接进入通道，若开口数量不足，就会产生客流积压，因此，旅客在出站时，通道成为控制点，要求开放出站口个数与之适应。

3.3 高速铁路客运通道服务容量计算

高速铁路客运通道服务容量是指在一定的运输组织模式和技术条件下，一定时间（天、小时、分钟等）内，某条高铁运输通道所能完成旅客位移服务的数量，主要包括高速铁路客运区段通过容量和车站通过容量。这一部分的容量计算是企业进行生产经营组织的必要条件。

3.3.1 高速铁路客运区段通过服务容量

高速铁路区段是实现旅客在高速铁路客站间位移的基础条件。高速铁路客运区段通过容量，是指在一定固定设备、动车组类型和行车组织模式条件下，按照动车组和乘务人员的现有数量，某条线路或客运区段在单位时间内，单方向（上行或下行）所能输送的最多旅客数量。通常以年为时间单位来计算，单位是万人次/年。区段通过容量着重于从活动设备和职工配备方面规定该铁路线能够通过的旅客数量，以列车载客容量为依托并受其限制，且同一区段不同方向的通过容量受客流条件、组织方式等影响，其大小也有所不同。

高速铁路客运区段通过容量计算公式如下：

$$P_{\text{区段}} = \sum_{t=1}^{365}\left(\sum_{j_{\text{高}}=1}^{m_{\text{高}}} C_{\text{载}}^{\text{高}} + \sum_{j_{\text{中}}=1}^{m_{\text{中}}} C_{\text{载}}^{\text{中}}\right) \times 10^{-4}$$

式中　$P_{\text{区段}}$——高铁客运区段通过容量，万人次/年；

$m_{\text{高}}$——高速列车日开行数量，列；

$m_{\text{中}}$——中速列车日开行数量，列；

$C_{\text{载}}^{\text{高}}$——高速列车载客容量，人/列；

$C_{\text{载}}^{\text{中}}$——中速列车载客容量，人/列。

随着都市圈的不断发展，城际短途客流占比日益增大，需要考虑短途客流需求特性，如公交化开行频率、客流时间段明显波动等。根据初步的调查分析，京津城际高峰时段（一般为 7:00—9:00、16:00—18:00）客流为日平均小时客流的 1.7 倍左右，为平峰时段客流的 2 倍以上。因此，计算城际铁路的区段通过容量时，除计算单方向年旅客输送量外，还应增加高峰小时通过容量，根据高峰小时旅客列车数量，结合区段旅客列车编组、客流波动等因素计算可输送的旅客最大人数。

列车载客容量是指一列车在一定时间内所能运输的最多旅客人数。其影响因素包括列车类型、列车编组构成、车厢定员、超员率等。铁路动车组运用维修规则要求 CRH2C 型和 CRH380A 型动车组、复兴号动车组不允许超员，其余动车组二等座超员率不得超过 15%，运行中人员过于集中时应进行疏散。为了提高旅客乘车舒适性体验和列车安全性，节假日等高峰时期要尤其注意超员情况。列车载客容量计算如下：

$$C_{\text{载}} = \sum_{i} n_i p_i (\mu_i + \lambda_i)$$

式中　$C_{\text{载}}$——列车载客容量，人/列；

i——列车不同席别车厢类型，包括商务座、一等座、二等座；

n_i——列车第 i 类车厢的数量，一般情况下，重联动车组列车的车厢数量按照单组的 2 倍计算；

p_i——列车第 i 类车厢标记定员，有餐车的以实际标定为准，人；

λ_i——列车第 i 类车厢超员率，上限应满足相关规定，与车型等有关，最多不得超过 15%，不参与席位复用计算；

μ_i——列车第 i 类席位复用率，与客流结构有关，主要受季节、区段、时段等多因素影响。

现阶段部分动车组车型编组定员情况见表 3.7。

表 3.7 部分动车组车型编组定员对照表

车型	运行速度	额定定员/人	车厢数量	车 厢 种 类
CRH1A	200 km/h	668	8	ZY、ZE、ZEC
CRH1B	200 km/h	1 355	16	ZE、ZY、CA
CRH1E	200 km/h	698	16	ZE、WR、CA
CRH2A	200 km/h	610	8	ZE、ZEC、ZY
CRH2B	200 km/h	1 270	16	ZY、ZE、CA
CRH2C	350 km/h	610	8	ZE、ZEC、ZY
CRH2E	200 km/h	670	16	ZE、WR、CA
CRH3C	350 km/h	556	8	ZE、ZEC、ZY
CRH380A	380 km/h	494	8	ZEG、ZE、ZY
CRH380AL	380 km/h	1 066	16	ZYG、ZY、SW、ZE、CA
CRH380BL	380 km/h	1 043	16	ZYG、ZY、SW、ZE、CA
CRH5A	200～250 km/h	622	8	ZE、ZEC、ZY
CR400	350 km/h	1 193	16	ZE、ZY、ZEC、ZYS、ZES

注：WR—软卧车；CA—餐车；SW—商务；ZY—一等座车；ZE—二等座车；ZEC—二等座车/餐车；ZYG—一等座车/观光车；ZEG—二等座车/观光车。

现阶段，我国运行的高速铁路列车为单层列车，日本新干线和 TGV 列车运行部分区段双层列车。目前，我国也正在研发双层动车组，在保持较高运行速度的同时增大载客量，从而提供更多运能。

此外，为提高旅客乘车体验，高速铁路列车服务内容趋向多元化，如提供高铁 Wi-Fi、高铁“外卖”、国铁商城、提供急救医疗物品等。完成个性化服务需要各种物料，在进行容量计算时，除了对旅客需求进行前期调查与预测外，还需要对餐食、零售货物等进行存货管理，建立类似企业资源计划(ERP)中的物料需求计划(MRP)模型等，对关于这些模型的详细讨论，建议阅读存货管理或生产管理领域相关书籍。

3.3.2 高速铁路客运车站通过服务容量

高速铁路客运车站通过容量，是指在车站现有设备条件下，在一定的车站作业组织模式

下，单位时间内能够接发的旅客数量，通常以年为时间单位来计算，单位是万人次/年。其计算公式为

$$P_{车站}=\sum_{t=1}^{365}(N\times C_{载})\times 10^{-4}$$

式中 $P_{车站}$——高速铁路客运车站通过容量，万人次/年；

N——高速铁路客运车站一昼夜接发列车数量，列/d；

$C_{载}$——列车载客容量，人/列，可分为中速和高速列车，计算方法见 3.3.1。

高速铁路客运车站一昼夜接发列车数量可参考车站通过能力的计算方法，主要有直接计算法、直接系数法、利用率法、图解计算法、计算机模拟法等。

1. 直接计算法

直接计算法是通过统计和概率论的方法得到每列车在车站的到发作业占用某项设备的平均时间，再通过公式计算得出设备的通过能力，直接计算法的一般计算公式为

$$N=(1\,440-t_{固})/t_{占}$$

式中 N——某高速铁路站一昼夜接发列车数量，列/d；

$t_{占}$——每列车到发作业占用某项设备的平均时间，min；

$t_{固}$——到发线固定作业时间，如维修作业时间，这部分时间需从到发线的可用时间中扣除，min。

2. 直接系数法

该方法首先确定非固定作业和固定作业占用各道岔组的时间 $t_{占}$ 和 $t_{固}$，然后确定咽喉道岔利用系数 $k_{咽}$，在此基础上，按最大负荷道岔组确定咽喉道岔通过能力（$N_{咽}$）：

$$N_{咽}=\sum_{i=1}^{n_{列}}\sum_{j=1}^{k_{进路}}\frac{T_{ij}}{k_{咽}}$$

式中 T_{ij}——从 j 进路经咽喉通过的第 i 列车所占用的时间，min；

$n_{列}$——列车数，列；

$k_{进路}$——车站进路数。

上述两种方法理论上较为成熟，但在操作上涉及诸多参数。例如，考虑咽喉区非敌对作业同时发生系数 ϕ_1，考虑在有三条及以上平行进路的咽喉区，同时进行互不干扰的作业时的修正系数 ϕ_2，考虑道岔在利用上的时间损失系数 $\alpha_{咽}$ 等，须根据咽喉区不同的设备和作业情况取经验值。对于具体车站可能与国内通用数值有较大差异，参数选用较困难。

3. 利用率法

这是我国广泛应用于到发线通过能力计算、咽喉通过能力计算等的一种计算方法，其一般公式是：

$$k_{利}=\frac{\sum_{i=1}^{n_{列}}t_{占i}}{1\,440-t_{固}}$$

式中 $k_{利}$——车站某项设备的利用率；

$t_{占i}$——第 i 列车占用设备的时间，min。

这种方法只能求出车站某项设备通过能力的概率平均值，数据无法完全反映客观情况，

尤其是在咽喉通过能力计算时，首先其选定的咽喉道岔很难达到合理标准，其次车站咽喉是固定设备，在一定条件下其设备能力是确定的，而利用率法计算的结果是不确定的。

4. 图解计算法

该法是根据车站相邻区段的列车运行图、车站技术设备的固定使用方案、车站技术作业过程和作业时间标准等有关资料，绘出车站一昼夜或繁忙时段车站作业图表，以求得车站各项设备的通过能力。

这种计算方法的优点是能把区间和车站各项技术设备作为一个统一的整体来求得车站的通过能力，较分析法更符合实际，但新建车站因缺少原始资料而不能采用。

5. 计算机模拟法

计算机模拟有很多种不同方法，比较常用的是以排队论为理论基础，以计算机模拟为基本手段，将列车各项作业过程作为一个相互关联的排队系统，模拟输出计算车站通过能力有关参数的回归方程，然后计算出车站能力。另一种是以网络优化技术为理论基础，辅以计算机可视化技术，在确定咽喉通过能力方面可以提供比较可靠的数据。

3.4 高速铁路客运服务人员配置

人力资源是服务系统最重要的资源，在服务容量中扮演的关键角色，要精准地安排这些员工，尽可能地使之与需求模式相匹配，以达到有效的服务容量要求。否则，只是人力资源的堆积，而非有效合理的资源配置将会使企业产生更大的内耗。理想状态下，人员的配置及调度应与其他资源管理整合在一起，本书将人力资源视为独立的领域，去分析客运服务人员的配置问题。服务人员包括完成票务、车站、列车、餐饮等各项人工服务所需要的具有专业素质的工作人员，还包括 3.2 中描述的各类辅助性服务人员，即在客运服务需求高峰期，为了提高常态下所具有的服务容量，运输企业增加一些服务人员参与到服务过程中，是一种简单、有效、灵活的服务容量提高途径。

客运企业的人力资源配置，就是通过考核、选拔、录用和培训，把符合企业发展需要的各类人才及时、合理地安排在所需岗位，使之与其他经济资源相结合，形成现实的经济运动，使得人尽其才，提高人力资源生产率，最大限度地为企业创造更多的经济效益与社会效益。本书仅对高速铁路车站人员配备及列车乘务设置进行简要介绍，更为专业的人力资源配置模型、乘务计划模型请查阅相关专业书籍。

3.4.1 高速铁路车站服务人员配备

高速铁路车站的主要任务是安全、有序、迅速地组织旅客上、下车；方便旅客办理相关旅行手续；为旅客提供舒适的候车环境；满足旅客多样化服务需求。高速铁路车站岗位设置和人员配备应满足完成日常旅客运输生产任务及突发应急处置需要。

1. 高速铁路车站生产岗位设置

高速铁路车站生产岗位主要有：

(1)客运岗位：主要负责旅客售票组织、乘降组织和旅客服务等工作。

(2)行车岗位：主要负责行车值守工作，发生应急情况时参与行车指挥。

(3)保洁服务岗位:主要负责车站日常保洁、列车上水吸污等工作。

(4)设备维护岗位:主要负责车站各项设备巡视、维护、保养等工作。

按照高速铁路车站规模、作业量及办理业务不同,岗位设置、人员配备也会作相应调整。

(1)大型高速铁路车站一般设置车间机构,包括客运车间、运转车间、保洁车间、设备车间等,其中保洁服务、列车上水吸污、设备维护也可以由自营专业公司负责或外包,服从车站管理,由车站进行考核。根据车间职责不同,主要设置岗位为车间(副)主任、值班站长、值班员及客运员、售票员、保洁员、行车值守人员等。

(2)对于被代管的中小型高速铁路车站不再设置车间机构,岗位设置一般为值班站长、值班员及客运员、售票员、保洁员、行车值守人员等,由所在车站站长直接管理。

(3)管辖中间站的大型高速铁路车站,其部分车间还可执行代管中间站生产工作的职责。例如,大型高速铁路车站的保洁车间可负责对代管中间站保洁工作及保洁人员的统一管理。

在岗位设置完成后,就要进行岗位人员配置。配置时应充分考虑岗位职责、作业量需求、结合职工专业能力、个人发展意愿进行评价分析后合理配置,以达到能力相符、简约高效、岗位成才的目的。

2. 班制及生产定员标准

高速铁路车站生产岗位班制设置根据车站营业时间、作业量不同,一般为两班、三班、四班和日勤制。生产岗位人员数量设置应全面考虑车站客流最高集结量时安检通道开设数量、售票窗口开启数量、列车到发密集时间接发车数量等因素,结合班制设置、客运企业生产定员标准来确定自然班组各岗位人员数量。

高速铁路生产定员标准是保证在相应的人力资源配置过程中实现各岗位人员配备数量满足需要的关键,是进行人力资源规划的主要依据,也即岗位需要多少人的问题。

生产定员标准制定的基本思路应该体现人员配备精干、高效的总体要求,坚持先进、科学、合理,体现高速铁路新线在人员配备上的引领性作用;合理安排劳动班制,动态调整劳动组织,提高作业效率;充分体现现代科技成果在提高用人效率方面的作用。

高铁运输企业应结合运输生产及基础设备设施实际,补充、调整、完善劳动定额项目,分系统逐项开展单项劳动写实查定,劳动组织及生产组织调查分析,充分考虑运输生产作业组织、规章规定等因素,建立涵盖运输、客运等系统单项及综合劳动定额标准。以劳动定额写实查定为基础,以劳动生产率水平为标尺,充分考虑行业各企业情况,修订各劳动定员标准。

劳动生产率是指劳动者在一定时期内创造的劳动成果与其相适应的劳动消耗量的比值。就铁路而言,劳产率则是总工作量与人员投入的比值,工作量一定,人员投入越少,劳产率越高。劳产率数值应在一定范围内合理变化,若劳产率过高或过低,都说明企业在人力资源管理方面存在问题。劳产率过高,则说明员工处于整体超劳状态,现有员工人数不足支撑企业的运转,企业应该加大人员投入;劳产率过低,说明单位冗员问题严重,应该进行减员增效。

3.4.2 高速铁路列车乘务人员配备

高速铁路列车乘务工作直接面对旅客,是提供各项列车服务的窗口,直接体现高速铁路企业的综合服务水平。随着科技的发展,越来越多的自助方式参与列车服务,客运企业应充分利用各种有效手段,在保证旅客服务质量的同时,减少乘务员的工作负担,降低运营成本、提高工作效率。

1. 高速铁路列车乘务岗位设置

动车组列车的运营方式与普速列车不同，其乘务组所涉及范围较为广泛。动车组列车乘务人员（“六乘”）安排如下。

(1)动车组司机，主要负责列车运行操作工作，实行单司机值乘制。

(2)客运列车员，主要负责列车上向旅客的各项业务及服务工作，如列车巡视、票务、乘降组织等。

(3)客车检车员（随车机械师），主要负责列车运行过程中机械设备维修、维护工作，每组1人。

(4)列车乘警，依照国家法律、法规和有关规定以及上级公安机关的部署、命令、预防、制止、查处旅客列车上发生的违法犯罪活动和治安灾害事故，维护旅客列车治安秩序，保护旅客生命财产安全。固定运行时间在5 h(含5 h)以内，不配乘警，超过5 h的每组配1人。

(5)餐饮员，负责列车内餐饮服务以及零售工作，与普通列车餐饮供应模式有所不同。

(6)保洁员，负责列车内卫生保洁工作。

2. 班制及生产定员标准

动车组司机、列车员、客车检车员（随车机械师）原则上采用轮乘制，根据交路设计，科学确定换乘方式。实行综合计算工时制度，月平均工作时间按国家规定的标准执行。当前我国铁路规定运行图中单趟运行4 h(含4 h)以内的，实行单班单司机值乘；运行图中单趟运行时间超过4 h的，实行双班单司机值乘。单班但司机值乘一次出乘时间（含出退勤，立折时间）不超过8 h；双班单司机值乘一次出乘时间不超过12 h。双班单司机在动车组上安排的随车便乘休息时间不计算为工作时间。

在实际运行阶段，高铁客运企业可在充分分析客流分布规律、时间特点，结合动车组开行方式、运行区段、淡旺季、旅客乘车习惯等实际情况，依据车票查验、列车安全及旅客服务等实际工作需要拟定乘务人员定员标准。对于运行时间较长的动车组可适当增加客运乘务人员。

对于保洁员及餐饮员岗位，因各铁路局集团公司经营模式（客运段自营、铁路多元经营、外包模式等）不同，人员来源也各有不同。一般情况下，短编组动车组配2名餐营、2名保洁；长编组动车组配3名餐营、4名保洁。根据客流、区间大小及实际经营情况，列车餐营及保洁人员可根据不同交路在上述人员基础上实行增减，或采用其他交路模式。

高铁客运企业新线开通前，列车担当单位应根据动车组列车岗位设置要求，按照动车组列车开行计划和使用的车底数确定岗位和人员数量，针对人员缺口汇报相关部门，由其确定内部调剂或招聘。除招聘部分乘务人员补充人员缺口外，列车长、列车值班员等骨干人员可从现有班组中选拔。客运段应提前谋划，一般为新线开通前一年，从现有班组中选拔一批预备列车长进行跟车实习作业，新线开通时就可独立上岗。

3. 乘务组数量计算

依据乘务交路，结合列车时刻表和出退乘时间标准确定线上工时和附加工时，求得班组实际月工时，然后依据国家标准对应的月工作小时数，即可计算需要的列车乘务组数。具体步骤及计算方法如下：

(1)依据乘务交路结合列车时刻表确定一日内全部车底运营时间之和，即线上工时（车底运营工时）T_y。

（2）附加工时 T_f。

$$T_f=T_c+T_t$$

式中 T_c——班组出乘时间，标准为 1 h；

T_t——班组退乘时间，标准为 0.33 h。

（3）班组实际月工时 T_{sy}。

$$T_{sy}=365\cdot(T_y+T_f\cdot N_{srj})/12$$

式中 N_{srj}——实际每日值乘班组数，由乘务交路计划确定。

（4）乘务员月工作小时 T_{by}。

依据国家标准，根据 8 h 工作双休日制度，全年 12 个月，全年日历日 365 d，全年周末休息日 104 d，一年中的节假日合计 11 d，乘务员月工作小时：

$$T_{by}=\frac{365-104-11}{12}\times 8=166.6(\text{h})$$

（5）需要的列车乘务组数 N_b。

$$N_b=T_{sy}/T_{by}$$

3.5 高速铁路客运服务容量协调与优化

在给定“固定的”或“结构性的”容量水平情况下，如何利用这些容量实现最大化地为旅客提供服务及最小化运营成本极为重要，也即需要容量协调与优化。高铁客运服务容量协调与优化的基本思想是改变、扩展和确定能力，以便与旅客需求相匹配。在需求高峰期，客运企业尽可能扩展能力；在需求低谷期，努力压缩能力以不浪费组织资源。

3.5.1 高速铁路客运服务容量协调与优化思路

1. 高铁客运服务容量协调

高铁客运服务容量大小是基于相应的服务资源规模与结构下，所能达到的最大数量、符合相关标准的服务接待能力。旅客进入客运服务系统，按照基本的服务流程及环节完成客运服务的生产与消费过程。虽然越来越多的高速铁路服务可以通过线上完成，但位移服务的实现，基本是在固定场所的线下生产与服务过程。旅客或货物在各服务流程中的传递与流转过程，需要关注到各环节服务容量的协调问题。从企业经营的角度出发，运输服务容量应该根据服务需求量的多少，合理调整运输服务容量方案，其基本方法是调整站车服务过程中硬件及人员配置数量和服务模式等，在符合相应服务标准的前提下，降低服务成本，提高经营效益，如铁路企业推广的“一日一图”的运输组织与服务方案。总体来讲，高铁客运服务容量的协调问题，包括如下内容：

（1）核心服务需求量与位移服务生产过程的服务容量协调。

（2）高速铁路网和干线上，车站（点）与区段（线）间客运服务容量的协调。

（3）车站内部服务过程（进站流线、出站流线）中各运输环节间服务容量的协调。

（4）高速铁路线上服务量（如网上订餐量）与线下服务容量的协调。

2. 高铁客运服务容量优化

高速铁路客运企业通过设备、人员、运输组织方式等调整优化服务容量。常见思路如下：

(1)调整优化服务设施设备

①增加服务设施设备

增加服务设施设备能够增加整个服务系统的服务容量，特别是当服务设备数量不足导致服务瓶颈时，增设服务设备更是提高服务容量的关键。如春运期间，高速铁路车站在特定区域开辟临时人工售票、取票专区，配备自动售票机、互联网自动取票机等办理购取票服务，有效缓解了购票取票的排队压力，大大增加了车站的票务服务容量。

②提高设施设备服务效率

采用新的技术设备和改进现有技术设备，可以在短时间内提高服务效率和劳动生产率，减轻劳动强度，从而增加服务容量。在供不应求情况下，提高服务设施设备效率十分重要。如高铁站采用的自助验证验票设备，集票、证、人核验于一体，旅客进站时只需要将身份证放在自助核验进站闸机的扫描区，不到 3 s，便可完成身份核验顺利进站。与之前的人工检验相比，减少了旅客进站实名制验证的时间，同时还具有性能稳定、识别准确率高、通行速度快等特点，有效增加了进站环节的服务容量。

③合理调整设施设备布局

高速铁路车站为旅客提供的服务设备主要包括票务服务设备、乘降引导服务设备、候车服务设备、信息服务设备，以及为特需旅客提供的服务设备等。各项设施设备的布局总体遵循紧凑、合理、避免流线干扰等原则。在现有不改变车站总体布局的基础上，对设施设备的设置进行调整，更能挖掘现有服务潜力，释放服务势能。如北京南站设有多处自动售取票设备，应对平日客流只开放 4 处自动售取票区域，在满足旅客购取票需求的同时，也减轻了车站设备消耗的成本，选择开放的售取票区域不同，直接影响车站的售取票服务容量。同时，通过对北京南站旅客取票过程的计算机仿真还发现，人工售票、自动售票处平均排队人数差异较大，不同窗口之间的最大平均排队人数之差接近 10 人，售票窗口使用极其不均衡，车站通过协调高架层和地下一层售票窗口、短途城际旅客及长途高速铁路旅客购票窗口分设等措施，有效改善了这一现状，使窗口售取票容量更均衡，可服务客流数量有效提高，有效增大了服务容量。

(2)增加人员调度弹性

服务容量与服务需求二者平衡程度可以通过员工工作量的波动来体现，这也决定了人员调度的重要性，需要人员配置与人员调度有一定程度的弹性。

①增加劳动力

许多服务组织在需求高峰期，员工被要求延长工作时间。据相关研究，高接触度服务，维持高于正常水平的工作强度会加重员工疲劳和体力透支等情况，最终会增加员工流失率。从长远发展考虑，企业可以增加服务人员储备。

②培养多面手员工

同一时刻，不同服务内容的需求量不同。将员工培训成多面手，使其掌握执行多项工作的技能并赋予他们响应的权利，就可以在出现服务瓶颈时对响应人员进行调整，从而提高需求高峰时的服务容量。如春运、暑运高峰期，通过加开列车、抽调其他人员补充乘务工作等扩张可用人力资源容量来应对服务容量需求波动。

③利用非全职员工

许多服务企业都在利用非全职员工来满足部分人力资源需求。据统计，服务业近 1/4 的员工是临时性（或非全职）的。非全职员工的利用可以显著地增加服务容量的灵活性并使服务管理者更好地控制服务容量。如春运等客运高峰期，可抽调相关职业院校对应专业学生承担部分工作。

④采用自动化设备

对于部分客运服务内容，旅客是有价值的人力资源，可充当企业员工角色完成部分服务内容。如现在高速铁路车站广泛使用的自动售取票机、自助检票机等自动化设备，提高了旅客的参与度，既能减少服务组织的人力投入，又能提高服务速度，从而增加服务容量。

(3)优化组织方式

为满足不断增长的运输需求，高速铁路客运企业不仅要强化固定设备，适时修建新线和对既有线进行技术改造，相应地添置动车组列车，组织人员培训，而且也要大力加强运输组织工作，充分挖掘现有潜力来提高整体的服务容量。

①根据客流变化及特点，合理配置运力

随着计算机技术在铁路的广泛运用，客流统计和预测方法的不断进步，可以实现客流预测和列车开行方案有机结合，并在开行方案的基础上，科学编制列车运行方案，以及动车组运用、乘务员作业、车站工作组织、列车运营调度方案等，以适应市场需求，提高服务容量，实现运输效益。

②改进售票方式，加强客运组织方式

以市场需求为导向，改进售票方式，加强售票组织，其中最有效的措施就是通过推进电子客票、互联网售票等工作，使旅客购票出行更为便捷。这种售票方式的改进，在提升旅客出行体验的同时，还减轻车站售票工作压力，减少了运营成本，降低了窗口人员工作量，使得车站可以在为旅客提供个性化、细微化服务投入更多精力。

③组织乘客有序乘降，调整车站功能区布局

随着社会节奏的快速发展，服务设备朝着越来越人性化、简易化方向发展，设备的安置变得更容易操作，车站功能区布局更具有可调整性，采用科学的客流组织措施，可以更好地匹配需求与服务容量。如高速铁路车站为响应旅客候车需求，在确保车站旅客安全的前提下，将车站设置的临时商业区改为旅客候车区域或前往候车区的通道，提高车站的进站、候车容量，实现旅客有序乘降。这里产生了“车站功能区置换”的概念，它是指车站各功能区的布局和能力是协调匹配的整体，但在客流需求出现井喷的情况下，对既有的布局通过互相置换的方式使各功能区达到相互平衡的状态。现阶段各高速铁路车站常见的做法是将站前广场纳入到整个旅客乘降组织中，封闭车站、严格控制入口，将其与站房、进出站通道、站台等设备综合考虑等，将候车室延伸到广场，利用棚栏和工作人员将客流分开，可暂时提高车站的部分服务容量。

3.5.2　高速铁路客运服务容量优化计算

高铁客运服务内容、环节、提供方式等多样，各服务部门的运作重点各不相同，服务环节容量优化考量侧重点不同，如有的服务环节追求减少旅客的平均等候时间，有的只求减少旅客过长等候的可能性，有的则重点关注服务等候区域的大小等。对不同类型的服务环节进行容量优化计算时，应根据其服务特点，采用不同的容量优化方法，选择不同理论模型。本书介绍几种常见的优化计算方法。

1. 以既定旅客平均等候时间为目标的容量计算

有些服务部门为保证服务质量，把减少平均等候时间作为容量优化的主要目的，为提高服务质量，服务企业常常会作出服务等候时间的承诺，这在强调速度的批量化服务中十分常见。这类服务需要利用排队理论模型进行容量优化。

如某高速铁路车站售票窗口非节假日中午时间段排队严重。为改善服务质量，车站负责人决定重新考察其服务容量的合理性。调查发现，中午前来窗口购票的旅客大约每小时30人，到达的概率符合泊松分布(随机的)。车站售票窗口中午时段开设3个，旅客必须选择其中任意一个窗口。假设旅客一旦进入排队后，不能更换排队窗口，也不能中途退出，每次服务需用时3 min。我们可把这种系统的特征归纳为：平行排列的相互独立的营业通道，单通道排队，不能中途退出或插队，旅客均匀地分布到各个服务点。如果车站要求旅客平均等候时间不超过5 min，需设置多个服务点(通道)才能保证旅客能够及时得到服务。

因为我们考虑的仅仅是实际在等候的旅客，所以可以参照排队论的标准M/M/1模型(无限排队单通道服务型)，具体公式如下：

$$W_h=\frac{1}{\mu_h-\lambda_h}$$

式中 W_h——平均等候时间；

μ_h——平均服务率，即每小时可以提供的服务次数；

λ_h——平均到达率，即每小时每条服务通道的旅客到达数。

由案例可知，$\lambda_h=30/3=10$(人/h)，每小时的服务次数 $\mu_h=60/3=20$(次)，那么 $W_h=\frac{1}{20-10}=0.1$(h)，即6 min。也就是说，开放三个窗口，旅客等候的平均时间为6 min，不符合新的服务要求。

如果增加一条服务通道，那么旅客等候时间又会是多少？

μ_h 不变，仍为20，$\lambda_h=30/4=7.5$，代入公式，可得 $W_h=\frac{1}{20-7.5}=0.08$(h)，即4.8 min，符合等候时间不超过5 min的要求。这说明，车站要达到旅客来站购票平均等候时间不超过5 min这一要求，必须增开一个售票窗口。

实际工作中情况往往更为复杂，车站通常布置有不只一处的售取票窗口，同时，工作人员的服务效率、旅客的行为偏好等都会对排队时间产生影响。需要在客流调查的基础上，采用仿真模型，对客运站的售取票等服务设备进行评估，提出更加合理的优化方案。

2. 以减小超时等候可能性为目标的容量计算

有些服务很难确定旅客等候的经济成本，所以常常会以百分之几的旅客等候时间不得超过多少时间这种形式对服务水平进行表述。这类服务标准实质上反映了服务迟延概率以及在这种概率分布下的服务容量要求。

以某高铁客运企业准备建立电话客服中心为例。为提升服务质量、减少旅客等候概率，中心需要设置足够的电话机位，以保证至少 90%的时间内旅客的电话能被立即接听，即等候服务的旅客数不超过总数的 10%。根据前期客流调查分析，预计每小时有 60 人拨打客服电话，根据客服中心操作流程可知，正常情况下，电话平均时长约为 3 min。旅客电话的到来概率分布符合泊松分布，可采用排队论中的标准 M/M/C 模型(多服务通道型)中的公式来计算不同的电话机位数量(即 $C_{电}$)对应的旅客等候的概率，公式如下：

$$P_0=\left[\frac{(C_{电}\ \rho_{电})^{C_{电}}}{C_{电}!}\frac{1}{1-\rho_{电}}+\sum_{n=0}^{C_{电}-1}\frac{(C_{电}\ \rho_{电})^n}{n!}\right]^{-1}$$

$$P_n=\begin{cases}\dfrac{1}{n!}\left(\dfrac{\lambda_{到}}{\mu_{服}}\right)^n\cdot P_0,n<C_{电}\\[2ex]\dfrac{1}{C_{电}!\ C_{电}^{n-C_{电}}}\left(\dfrac{\lambda_{到}}{\mu_{服}}\right)^n\cdot P_0,n\geqslant C_{电}\end{cases}$$

式中 $C_{电}$——服务通道数量，即电话机位数量；

$\lambda_{到}$——平均到达率，即每小时每条服务通道的旅客到达数；

$\mu_{服}$——平均服务率，即每小时可以提供的电话服务次数；

$\rho_{电}$——每条服务通道的单位时间内服务负荷，即 $\rho_{电}=\dfrac{\lambda_{到}}{C_{电}\ \mu_{服}}$。

当 $C_{电}=8$ 时，$P(n<C_{电})$大于 90%，符合不超过 10%的等候率。这说明该高铁客运企业客服中心应设置 8 个电话机位。

3. *以旅客等候成本与服务成本之和最小化为目标的容量计算*

在预期需求模式下应该提供多少容量是高铁客运企业在多余容量的运营成本和旅客的等待成本之间的权衡。最优服务容量在相当程度上取决于两条成本曲线的变化，即两种成本之和最小，这就需要通过建模来进行计算。这里我们只给出计算总成本的公式。

$$U_{总}=C_S n_S+C_W\lambda_W W_S$$

或

$$U_{总}=C_S n_S+C_W L_q$$

式中 $U_{总}$——总成本；

C_S——每小时每个服务人员或服务设备的成本；

n_S——服务人员或设备数量；

C_W——每小时旅客等候的成本；

λ_W——每小时服务系统中的旅客数量；

W_S——旅客在服务系统中的平均时间；

L_q——每小时平均排队人数。

举例说明：某高铁企业的工程部门准备临时租几个工作台，以便使部门所有技术人员都能够分析某部件结构设计问题。据估计，该部门平均每小时要用工作站处理 6 个结构问题，每次处理需要 20 min。每个工作台的租金为每小时 10 元。根据平均工资来看，每名技术人员处于闲置状态的成本为每小时 25 元。假定技术人员数量足够多，且使用这些工作台的概率分布符合泊松分布，使用时间符合指数分布，运用标准 M/M/C 模型来计算 L_q，即平均等候技术人员人数。由案例可知，$\lambda=6$，$\mu=60/20=3$，则，$\rho=\dfrac{\lambda}{\mu}=2$，通过查表或公式可计算出

不同数量 n_S 所对应的 L_q 及其对应的总成本，得到的结果见表 3.8。

表 3.8 各租选工作台方案的总成本

n_S/台	L_q/人	$C_S n_S$/元	$C_W L_q$/元	$U_{总}$/元
3	0.88	30	22	52
4	0.17	40	4.25	44.25
5	0.04	50	1	51
6	0.01	60	0.25	60.25

结果表明，若使工作台租金加上等待的技术人员工资这一总成本最小，应当租用 4 个工作台。在这里，等待成本被假设为时间的线性函数，但现实情况往往更为复杂。

不同的服务环节及旅客的异质性决定了等待成本的不同。如进站流线建立优化模型时，通过进站客流需求分析，服务属性涉及时间、舒适性、便捷性等，对应的等待成本为

$$W_{等}=V_{时}\times Q_{进}\times T_{时}$$

式中 $W_{等}$——进站旅客的等待成本，元；

$V_{时}$——旅客时间价值，元/h；

$Q_{进}$——进站旅客数量，人；

$T_{时}$——为舒适性、便捷性、安全性等因素的时间换算，与旅客走行距离、时间等因素有关。

其中，关于旅客时间价值的测算方法有很多，如生产法、收入法、支付意愿法等，本书以生产法来举例，确定旅客的时间价值。生产法的实质是用旅客一小时用于生产所带来的价值来衡量，具体计算方法为

$$V_{生产}=\frac{\text{GDP}}{T_{劳}\times P_{人}}$$

式中 $V_{生产}$——用生产法所计算的旅客时间价值，元/(人·h)；

GDP——地区国民生产总值，元；

$T_{劳}$——平均劳动时间，h；

$P_{人}$——区域人口，人。

以旅客进站为例，根据进站环节相关流程的标识、设备折旧及人工等成本，可得运营成本，建立总成本模型，根据模型可计算最低成本时的设备设置情况。

$$U_{本}=k_1 w_1+k_2 w_2$$

其中 $U_{本}$——进站服务总成本，元；

w_1——进站旅客的等待成本，元；

w_2——车站进站环节的运营成本，元；

k_1，k_2——等待成本及运营成本的权重系数。

4. 以减少由于等候区域不足而引起的销售损失为目标的容量计算

多数情况下，当服务容量不足时，旅客不能或不想等待。如当旅客看到快餐店前排长队时，就会去另外一家；再如一趟高铁列车的客票余量不足时，旅客就会选择其他车次，或改乘其他交通方式。这种因容量不足造成销售机会损失的代价是失去利润。此种情况可以应用

边际分析方法进行容量优化，即理论上只要增加一个容量单位的边际成本低于提高服务水平带来的边际收益，就应该增加容量。根据这个方法，最佳容量水平 C^* 是当需求 D 超出容量的概率等于以下公式时的水平：

$$P(D>C^*)=\frac{C_h}{C_l+C_h}$$

式中 C_h——拥有额外一个容量单位的成本；

C_l——缺乏一个容量单位的成本。

以某高速铁路车站决定在车站附近新建一个停车场为例。管理层了解到该地区正常的停车需求量是平均每小时 250 辆，标准差是 20。如果某时由于停车场已满，不得不把顾客拒之门外，则每个车位失去的毛利润为 30 元（C_l 为 30 元）。如果某时一个车位空闲，其成本包括建设成本的每日折旧及维护费用，这个成本估计为 7.5 元（即 C_h 为 7.5 元）。那么，在这个案例中，最佳容量水平就为 $P(D>C^*)=\frac{7.5}{30+7.5}=0.2$

也就是说，停车场的容量应该使“在特定时段的需求高于可用容量的可能性为 20%”。通过正态分布表，可知 z 值（z 为随机变量经过列维-林德伯格中心极限定理的变形后，在该标准正态分布下的新变量）的 20% 是 0.84。因此，超过平均数的额外车位数量应该是 0.84×20，为了使需求超过最佳容量水平的可能性为 20%，容量应该等于 267。

以上四种优化计算方法分别从平均等候时间、超时等候、等候及服务成本、服务损失方面直观地优化其服务容量。在大型高铁客运站，为满足旅客的多样化服务需求，提供了多元化商业服务，如餐饮、购物、休闲和娱乐等。这类商业服务会对车站通道产生一定程度的干扰，称之为干扰度，如影响旅客去往检票口的乘车流线、去往候车区的候车流线等。通过对通行干扰度的量化，可计算出商业服务设施对车站旅客通行容量的干扰，从而对车站的服务容量进行优化。

在旅客感知服务容量的影响方面，有许多类似等待时间、拥挤程度等主观因素，实际工作中，进行容量计算及优化时，不仅要运用前述多种理论方法，更要考虑旅客对服务质量的主观感知，注意平衡理论量化与旅客主观感知的影响。

4 高速铁路客运服务设计

高铁客运服务是铁路运输企业向社会提供的一种服务性产品，它既是满足社会需求的载体，也是运输企业生产经营的载体。服务设计是从用户角度出发解决服务功能和形式的问题，包含服务基调设计、服务包设计、服务流程设计、服务方案评价等。

4.1 高速铁路客运服务设计概述

随着经济和社会的快速发展，人类社会步入"体验经济"时代，门类齐全的服务成为高质量生活的标志。客运服务也一样，其经营模式越来越多样，质量要求越来越高，各种交通方式之间的竞争更加体现在服务品质和差异化方面。铁路要想在竞争中取得一席之地，就必须进行科学的服务设计，这也是铁路参与竞争的前提和赢得竞争的必要手段。

4.1.1 高速铁路客运服务设计概念

高铁客运服务设计是指在以市场需求为导向，以服务基调为指导，对高铁运输企业向旅客提供什么服务(包括服务内容和标准)、怎样提供服务(服务提供模式、流程等)的设计过程，包括广义和狭义两方面的含义。

从广义的角度看，高铁客运服务设计以社会需求为依据，首先对"位移"服务的质量和技术性能进行设计，解决所提供运输服务的类型、规模以及运输服务质量特性等问题，具体可以通过制定高速铁路旅客列车开行方案和运行方案实现；其次对运输服务过程中各环节的具体服务流程和服务方法等进行设计，解决怎样向旅客提供服务的问题，具体表现为对售票服务、站车服务内容、方式的设计等，同时包括运输过程中，向旅客提供的所有改善其服务体验的服务内容；最后对客运服务产品向社会的推广方案进行设计，包括客运服务的包装宣传策略、营销宣传策略、公共关系策划等内容，解决客运服务产品怎样更快更好地得到社会认可的问题。在高铁客运服务的整个设计过程中，服务基调的选择和设计是贯穿始终的。

从狭义的角度看，高铁客运服务设计是在运输企业服务基调的指导下，对各运输服务环节的具体服务流程、方法等的设计，强调旅客在高铁运输各环节的消费体验。

4.1.2 高速铁路客运服务设计影响因素和原则

1. 高铁客运服务设计影响因素

高铁客运服务设计受旅客、高铁运输企业及经营环境三方面因素的影响。

(1)与旅客自身特点相关的影响因素

高铁客运服务的对象是旅客，旅客按照自身的出行目的、消费水平和闲暇时间等选择适当的出行方式和对应的服务内容。因此,高铁客运服务的基调、内容、流程、方法等设计均受其影响。

①旅客消费心理

随着我国社会主要矛盾的变化,旅客在旅行过程中不再仅仅满足于基本的位移需求,而是集位移、购物、娱乐、休息和餐饮等于一体的综合旅行服务需求,更加重视旅途中的综合体验,即旅客选择运输服务时不仅要求满足位移服务的基本条件,而且会追求在完成位移过程中获得舒适、便捷、尊重等方面的体验。这些变化都会对服务内容、流程设计等产生一定的影响,并成为服务不断创新的源泉。因此,高铁客运服务设计应考虑旅客的消费心理,适时配备相应的服务设施设备,提供所需的服务,实现高铁客运企业和旅客的双赢。

②旅客时间观念

旅客的时间观念决定了“旅行时间长短”和“旅行时间段”等核心位移服务要求,同时也包括在此过程中对其他相关服务在便捷性、快速性上的表现。前者决定了旅客对交通方式、列车等级的选择和对交通换乘效率的关注等,后者决定了旅客对各种服务环节的时间要求。例如“夕发朝至”列车受到社会广泛欢迎,网络订餐越来越得到社会认可。因此,高铁客运服务设计应充分考虑旅客对时间的要求,尤其在服务流程设计、设施设备布局等方面,尽可能节约旅客的旅行时间。

(2)与高铁运输企业自身相关的影响因素

高铁客运服务设计是高铁运输企业的主动行为。企业依照自身的经营理念、技术经济特征和服务能力向旅客提供运输服务。因此高铁客运服务设计时必须考虑这三方面的因素,体现如下:

①企业经营理念

经营理念是企业经营的出发点,是企业行为的指导思想。高铁客运服务“以人为本”的服务理念、“以市场为导向”的经营理念主要体现在:一是尽最大努力为旅客提供方便,将站车最大、最好的公共空间提供给旅客;二是尽量缩短旅客的旅行时间,即缩短旅客在铁路运输系统各环节的消费时间;三是更加注重细节设计,向旅客提供更加人性化的服务,尽可能为旅客提供各种服务和便利。高铁客运服务产品设计时,也应该适应其运营理念的变化,在加强服务管理的同时,不断提高服务质量,改善旅客的服务体验。

②高速铁路技术经济特征

高速铁路、网购、支付宝、共享单车已经成为中国的“新四大发明”,其中作为高科技现代交通方式的高速铁路开始引领起一次划时代的交通革命。高速铁路的技术经济特征主要包括速度快、行车密度高、安全性好、土地利用率高、能耗低、环境污染小、列车运行正点率高、舒适性好、受气候影响小、经济效益和社会效益好等方面。高铁客运服务设计应该考虑这些技术经济特征的实现,不断优化服务设计。

③高铁运输企业的服务能力

高铁运输企业服务能力包括人力、物力、财力等三个方面。人力作为一种资源,是组成高铁运输企业服务能力最重要、最活跃的因素,包括员工规模和结构。优质的人力资源管理对提高服务质量、降低服务成本、增加服务效益等都起着积极的作用。物力主要包括提供高铁客运服务涉及的站车等各项设施设备。设施设备的种类、数量及布局很大程度上影响着服务质量。财力是组成高铁客运服务很重要的因素。高铁运输企业为了实现服务的不断创新,必须有相应的研发经费支持。财力是其他资源的基础,是组成高铁客运服务能力的必要条件。

(3)与高铁运输企业相关的环境因素

与高铁运输企业相关的环境因素包括经济、政治、文化、社会等宏观环境和行业竞争环境。

宏观环境决定高铁运输企业发展的大方向,是高铁运输企业能够长期生存的有力保障。我国经济的发展、人民生活水平的提高以及出行需求的增加,给铁路行业,尤其是高速铁路带来了很大的发展空间。例如,国家和地方政府对铁路尤其是高速铁路越来越重视,在不断加大铁路建设投资,加快铁路改革力度,加强铁路运输业发展的同时,给予许多政策上的支持;旅客运输需求的持续增强,不仅表现在运输需求规模上的快速增长,还表现在对运输服务质量要求的细分以及运输需求层次多样化的快速提升,为高速铁路发展带来机遇。

行业竞争环境也是影响高铁运输企业发展的重要因素。一方面各种运输方式之间展开了激烈的竞争,在不断强化自身优势和原有市场的基础上,积极地角逐新生的旅客运输市场。另一方面,各种运输方式之间的协作也在加强,通过多种运输方式之间的"无缝"衔接,实现旅客"零换乘",为旅客提供更加便利的服务,提高旅客的满意度。例如,在不通高速铁路的地区设置高速铁路无轨站,它是具有"购取车票、候车换乘、联程运输、高铁快运"等功能的铁路客运综合服务站点,通过开通与就近高速铁路车站的专线直达班车,让不通高速铁路的地区连通高速铁路网,实现人流、物流快捷位移。

2. 高铁客运服务设计原则

随着经济的发展和人民生活水平的提高,旅客需求向个性化方向发展,而铁路客运服务属于"批量定制"型的社会服务,难以完全满足每个旅客的个性化需求,因此高铁客运服务设计是在高铁运输企业经营理念、技术经济特征、经营规模基础上满足旅客的需求,需要遵循一定的设计原则,具体如下:

(1)符合性

符合性,即高铁运输企业首先应该考虑旅客需要什么,据此再考虑应该提供的服务及其在技术上、财力上的可行性,在此基础上形成各种各样的客运服务,体现高铁运输企业以市场为导向的经营理念。

(2)可行性

高铁客运服务设计必须本着"切合实际"的原则,结合高铁运输企业自身情况,分析自身结构、基础设施设备、技术、人员和财务状况等因素,不能一味地追求创新而脱离现状,成为纸上谈兵的设计。

(3)经济性

为实现不断提升企业竞争力、提高经济效益的经营目标,高铁客运服务设计必须考虑高铁运输企业的盈利性,并确保通过推出新的客运服务,改善企业的经营状况,并获得一定的经济效益和社会效益。

(4)先进性

高铁客运服务设计要考虑适应时代发展,保持理念与时代的一致性,还要考虑积极引入实用先进的科学技术,不断探索新的服务经营模式,使客运服务具有可扩充性,只有这样才能根据市场需求的变化不断调整客运服务。例如，在进行服务设计时充分考虑数字科技的发展和体验经济时代特点，提供线上线下服务，更好满足旅客多样化出行需求。

(5)节能环保性

高铁客运服务设计应尽可能采用环保、节能的设备和技术，在追求企业效益的同时，关注社会效益，体现铁路的公益性，塑造铁路良好的社会形象。

4.1.3 高速铁路客运服务设计内容

完整的高铁客运服务设计包括服务基调设计、服务方案设计、服务方案评价、最终服务方案的确定和输出四个环节，各环节环环相扣，层层递进，有效保证了最终服务方案的科学性、合理性和可操作性。

1. 服务基调设计

辞海中对"基调"的释义为主要的中心思想和观点。服务基调设计是站在高铁运输企业的角度，在准确把握旅客服务需求和高铁运输企业服务战略的基础上，确定服务产品(服务内容及流程)区别于其他相关服务的鲜明个性和特点，即用什么样的服务更好地满足目标旅客的需求。所以，服务基调的本质是服务的自身特点和定位，是高铁运输企业对旅客需求的具体化解读，包括旅客在接受服务的过程中，想要从快速、便捷、经济、舒适及尊重等方面获得的体验。

对于服务设计整体而言，基调确定了该项服务设计的关注重点和方向，既为后续的服务包、服务流程设计指明了方向，也为服务推广设计提供了依据。它体现了高铁客运服务功能与旅客个性化需求的契合程度，也揭示了该项客运服务区别于航空、公路、普铁等的差异性和优势。服务基调只有符合旅客需求，才具有竞争力，此时服务基调才能转化为竞争优势。服务基调的合理性决定了服务设计的科学性，服务基调设计的具体内容将在4.2节进行详细讨论。

2. 服务方案设计

高铁客运服务方案设计是对服务设计内容的规划和安排，包括服务包设计、服务流程设计和服务推广方案设计三方面基本内容。

(1)服务包设计

服务包是指高铁运输企业为实现旅客期望的"利益"和"效用"必须向旅客提供的各种服务内容或服务要素的组合。服务包设计的主要目的在于确定"向旅客提供什么"，也就是把服务基调"翻译"成满足旅客需要的服务产品，因此，服务包的设计就是一个将服务基调转化为具体服务内容的过程。反映在高铁客运服务方面，就是高铁运输企业要向旅客提供车票、列车、车站等各种要素的集合，通过各要素间的有序联动来完成服务过程。服务包设计相关内容将在4.3节进行详细讨论。

(2)服务流程设计

服务流程是指完成高铁客运服务必须依赖的服务提供系统和方法。服务流程设计就是要解决"怎样向旅客提供服务"的问题，也就是服务包的程序化展示。服务流程设计关系到整个服务生产系统的组成要素(服务设施、服务行为)、服务提供的方法(服务流程类型、流程技术)以及服务提供的地点(服务地点选择)和服务提供的数量(服务容量规划)等。

高铁客运服务的生产和消费是同步的，客运提供过程就是服务的组成部分，它们与服务内容一起组成一个完整的服务产品来满足旅客需求。如高铁客运站服务流程类型、服务地点选择、设施设备布局方式等，都是整个高铁客运服务设计的重要环节，缺一不可。服务流程设计的相关内容将在4.4节进行详细讨论。

(3)服务推广方案设计

高铁客运服务推广是为了鼓励旅客接受新服务项目并增加使用量而采取的措施。针对中国高速铁路的不同发展阶段，分别制定不同时期的推广计划，如初期的市场培育及服务推广计划，通过试乘体验、媒体广告、站车布置、公益活动等多种渠道和方式，吸引旅客，提升高速铁路列车上座率和客运服务满意度；在高速铁路成网运营后，制定市场拓展及服务改进计划，通过提供满足旅客多样化需求来提升旅客满意度和忠诚度。本书对服务推广方案不做进一步阐述。

3. 服务方案评价

经过上述环节形成的服务方案需要经过评价、测试、试运行等，满足预期，才会形成最终服务方案并输出投放市场。服务方案评价主要从运输组织需求、协调管理难度、技术设备成本、人力资源成本、服务效益等方面进行综合评价，评价该项运输服务与其服务基调是否吻合，服务项目的内容和服务标准是否与市场需求匹配，服务项目是否得到市场认可、是否能盈利等。服务方案评价相关内容将在4.5节进行详细讨论。

4. 最终服务方案的确定和输出

通过服务方案评价环节和修改，符合预设目标后，该方案被采纳，投放市场，面向旅客。高铁客运服务方案最终输出的是服务方案的整体。这个整体对外面向旅客，对内面向员工，尤其是一线员工。其中，面向旅客输出的是供旅客消费的各项服务内容，包括此项服务内容具体能提供哪些服务，以及服务的获取方式和服务的收费标准等。服务内容的表达应该简单、快捷、易理解。如高速铁路推出的刷脸进站、站内导航、问事机器人等服务，进一步实现了旅客的便捷出行，提高了旅客的出行效率。面向内部员工输出的主要是服务内容、服务流程和方法。具体来说就是员工必须明确服务方案包含哪些服务内容和怎样的标准，这些内容应该按照怎样的程序(顺序)提供给旅客，每一项服务内容按照怎样的方法提供。

总体来说，高铁客运服务设计是一个由抽象概念到具体设计方案的转化过程。最终形成的设计方案包括完整的服务基调、服务包和服务流程等部分。为达到这一目标，其设计步骤如图4.1所示。

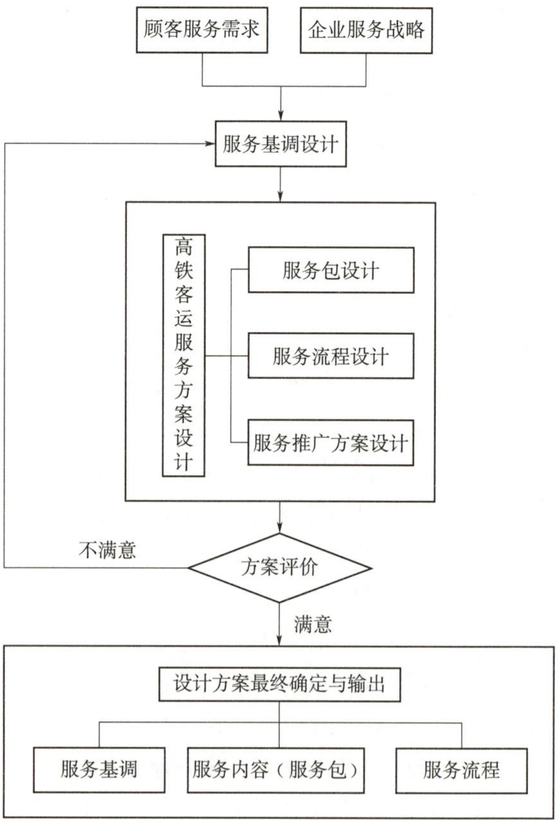

图4.1 高铁客运服务设计步骤

4.2 高速铁路客运服务基调设计

如前所述，高铁客运服务基调是服务的鲜明个性和特点，是站在高铁运输企业的角度对旅客所想满足的需求的具体化解读。高铁客运服务基调是针对企业一项具体的服务设计而言的，即该服务的突出特点是什么，以怎样的服务满足客运需求，如何与需求相适应。

4.2.1 高速铁路客运服务基调形成

高铁客运服务基调的最终形成需要经过两个阶段：服务基调的产生、服务基调的形成。

1. 服务基调的产生

服务基调的产生可来自多种渠道，包括高铁运输企业外部渠道，如旅客、竞争对手，还有高铁运输企业内部渠道，如员工、特别是一线服务者和销售人员。服务基调在产生阶段往往表现为一种"主意"或"想法"，即针对某一具体需求而衍生的服务思想和动机，值得管理者注意和重视。

(1)来自旅客方面的设计主意

这是非常重要的渠道。运输企业只有时刻关注市场变化，才能不断地发现旅客对客运服务的新期望和要求，把握新的市场机会，设计新的客运服务基调，打造新的客运服务产品。高铁运输企业可以通过正式程序来了解旅客需求，如旅客意见调查表、正式面谈等，也可以运用一些非正式和随机方法，如日常服务活动中与旅客的交谈等。

(2)来自竞争对手的设计信息

通过分析竞争对手产生新的服务设计思想或改进动机。高铁运输企业应关注主要竞争对手的服务理念、服务流程及销售方式等，并结合对市场需求的分析来决定相应的竞争战略和设计思路。如高铁运输企业可以针对航空推出的运输服务来提出自身服务改进思路并形成有更有竞争力的基调。

(3)来自员工的设计主意

一线员工和销售人员与旅客直接接触，最能感受到旅客需要什么、不需要什么，也最能发现服务提供过程中最难做的是什么、什么是问题的关键所在等。因此，他们所反映的信息往往是最具有说服力和可操作性的，能够帮助高铁运输企业设计更合适的服务产品和更有效的提供过程，以满足旅客的需要。

(4)来自产品研发、营销部门的设计提议

产品研发部门在制造业中较为普遍，在服务业中较为少见。产品研发、营销部门掌握着最真实、全面的市场需求及产品竞争力信息，承担了创新、优化客运服务的职责，是服务基调形成及检验的主要负责部门。具体方法可通过专家咨询、市场调查等进行需求调查，组织部分相关管理者和员工成立服务项目小组，实施服务产品设计。

2. 服务基调的形成

服务基调产生后，对于是推出新服务还是优化原有服务及优化程度等问题，需要从服务本身和服务环境等方面进行可行性分析，进而确定某项服务基调能否发展成服务产品，即回答"做与不做""做到什么程度"的问题。

(1)拟提供服务的市场现状分析和前景预测。首先调查分析拟设计服务的供需状况，研究确定目标市场，预测可能占有的市场份额等，如市场需求量不足以覆盖研发成本和产生相当的利润，则该服务基调被筛除。其次要看这项服务的推出是否与现有的市场营销政策相符。最后考察该服务基调与竞争对手的差异程度，过于雷同者则被剔除。例如从提出高速铁路“夕发朝至”服务产品——动车组卧铺的“想法”，到最终确定该项服务的基调并设计具体服务过程，需要在前期对其市场需求、成本、收益等方面进行营销考察。

(2)高铁运输企业现状和能力分析。从生产可行性的角度出发，考核运输企业现有的人、财、物等因素能力能否有效提供该项服务。如服务设施设备及相应技术水平能否达到该服务的生产要求，员工数量及能力能否满足该服务的提供要求及标准等。

(3)服务环境和风险分析。一方面拟提供服务需符合政治、法律、经济、技术、社会文化、自然环境等宏观政策要求；另一方面，该服务基调要满足财务运作可行性要求，以降低高铁运输企业的投资风险，确保服务产品的可持续收益。

初步的服务基调经过考察后，高铁运输企业就可将其列为“已形成的服务基调”，并据此开始制定服务设计方案。可以说，服务基调是服务设计的基础，服务基调的合理性，决定了服务设计的科学性，最终影响到服务提供过程和旅客满意度。

4.2.2 高速铁路客运服务基调设计思路和方法

1. 服务基调设计思路

服务基调的确定必须建立在对市场竞争形势和旅客需求特点进行科学分析的基础之上。根据目标市场的竞争形势和需求特点，采用“竞争优势因素—资格取得因素”理论来分析高铁运输企业的竞争优势，是确定经营管理重点和服务基调的前提。

“资格取得因素”是指高铁运输企业进入某一特定市场在服务提供上所必须具备的“资格”。只有具备这些资格要素，旅客才会考虑购买该项服务，否则，服务便不会列入旅客考虑的范围。如安全性是旅客在接受位移服务、享受餐饮服务时，高铁运输企业非常明显的一个资格取得因素，但仅仅依靠资格取得因素还不能为高铁运输企业赢得竞争。

“竞争优势因素”是直接吸引旅客购买服务的要素。它们是旅客对比各种服务并作出消费决策时考虑的主要衡量标准，也是高铁运输企业赢得竞争的主要原因。如高速铁路列车快速、舒适、免费通畅的 Wi-Fi 供应和乘务员的优质服务等都可能是其竞争优势因素。

“资格取得因素”和“竞争优势因素”对于高铁运输企业来说不是固定不变的，它们可能在某种条件下互相转化。当整个行业的水平提高，某些曾经的“竞争优势因素”为全行业普遍采用时，“竞争优势因素”就成了“资格取得因素”。如在其他运输方式或普速列车上还不具备优质的 Wi-Fi 服务时，高速铁路列车 Wi-Fi 服务凭借其免费、通畅的特点成为高速铁路列车的竞争优势因素，但当 Wi-Fi 服务成为其他运输方式或普速列车都具有的服务要素时，这也就成了一个“资格取得因素”。当某种特殊情况发生，客户对原来的“资格取得因素”的某一个或几个有特别的需求时，“资格取得因素”也可能成为“竞争优势因素”。如“7·23”事故后，旅客对高速铁路安全要求特别重视。“资格取得要素”和“竞争优势要素”的相互转化说明了这两种要素的确定不仅与旅客需求直接相关，而且受到服务行业整体竞争势态的影响。

旅客需求和行业竞争状态决定了高铁运输企业必须拥有的竞争优势。明确服务产品的基调，找到服务产品的竞争优势，可为高铁运输企业设计服务产品确立设计的基调和重点，为进一步的服务包设计和服务流程设计提供指导原则和方针。

2. 服务基调设计方法

服务质量是服务基调的重要组成，确定了服务质量的特点，也就确定了服务产品的主要基调。提供一种高品质服务，必须在设计阶段就要把客户的需求因素考虑进来，将客户的需求与服务设计相结合。服务基调的设计方法有很多，本书重点介绍质量功能配置法。

(1)质量功能配置的基本原理

质量功能配置(quality function deployment，QFD)，又称质量功能展开、质量功能部署等。该方法是一种采用矩阵图解的方式(质量屋)将旅客对服务的需求转化为设计要求、组成部分特征、技术要求、生产要求、成本要求等的多层次演绎分析方法。质量功能配置体现了以市场为导向，以旅客需求为产品研发、质量功能定位设计的唯一依据的指导思想。在服务研发设计的方法体系中，质量功能配置分析旅客需求，使服务的全部研发活动与旅客需求紧密联系，从而使所研发的设计在功能、质量上满足旅客需求，所以它是开展服务质量定位设计的先导步骤，是确定服务研发的关键环节，为服务质量功能优化设计的具体实施指明方向。

质量功能展开过程是通过一系列图表和矩阵来完成的，这些矩阵和图表像一个房屋，所以称其为“质量屋”，质量屋模型主体结构如图4.2所示。

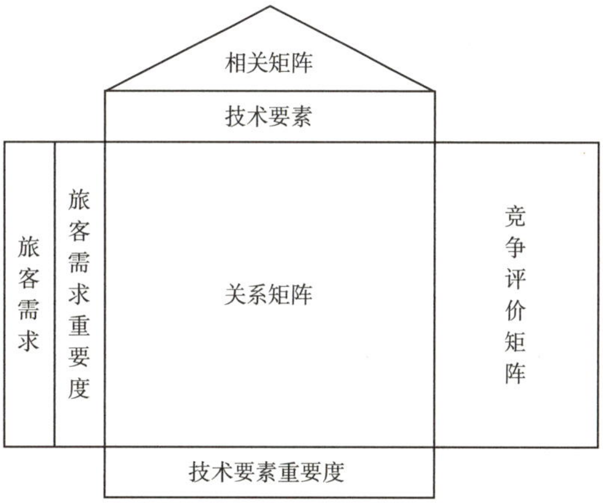

图4.2　质量屋模型主体结构

质量屋由以下几个部分构成：

①左墙——旅客需求及其重要度，是旅客对服务的期望及需求，旅客对其各项需求进行定量评分，以表明各项需求对其到底有多重要。

②天花板——技术要素，是从服务的角度满足旅客需求的手段，是将旅客需求转化为关于服务可执行的、可度量的技术要求或方法。

③房间——关系矩阵，描述旅客需求与技术要素之间的相关程度。

④屋顶——相关矩阵，描述各技术要素之间的相关程度。

⑤右墙——竞争评价矩阵，是站在旅客的角度，对高铁运输企业的服务和市场上其他竞争者的服务在满足旅客需求方面进行评估，表明服务的竞争情况。

⑥地下室——技术要素重要度，表示技术要素对旅客的重要程度，用来确定应优先配置或重点关注的项目。

(2)质量功能配置的步骤

在明确了质量屋的主体结构之后，还要明确质量屋的构成过程及其中的参数配置，具体内容方法如下：

①确定旅客需求。旅客需求是质量功能配置法最基本的输入。可以由市场研究人员选择目标旅客，通过发放调查问卷、访谈等方式，全面收集旅客对服务的种种需求，在结合高铁

运输企业服务战略，对旅客需求进行扫描、甄别的基础上，确定充分、合理、准确的旅客需求。在确定旅客需求时应避免主观想象，注意全面性和真实性。

②标定旅客需求重要度。旅客的需求具有主次轻重之分，因此应该确定其重要度以便进行排序，同时要注意目标旅客本身的权重区分。旅客需求重要度可以采用旅客赋值法，借助旅客满意度调查的方式，通过被调查旅客对需求的重要度打分进行赋值，数值越大，说明重要度越高；反之说明重要度低。这种赋值方法所得权重客观、简单，能比较客观地反映旅客对需求重要性的认识。

③确定技术要素。技术要素是旅客需求的映射变换结果，用来描述对应于市场旅客需求的服务特征，即有什么样的旅客需求就应该有什么样的技术要素来对应，这种对应是多相关性的。在确定技术要素时，要满足以下三个条件：

a. 针对性。即技术要素需要针对旅客需求。

b. 可测定性。为了便于对技术要素的控制，技术要素应该具有可测定性。

c. 宏观性。技术要素是为以后的服务设计提供指导和评价准则，而不是具体的服务方案设计，因此要从宏观角度以技术性能的形式确定技术要素。

④确定关系矩阵。关系矩阵描述了旅客需求和技术要素的相关程度，直观地说明了技术要素是否适当地覆盖了旅客需求。关系矩阵可以用符号表示，“●”“◎”“△”分别代表相关性强、相关性一般和相关性弱，相关性强可理解成为了满足某种旅客需求必须具备的技术要素，相关性一般可理解成为了满足某种旅客需求可以采用的技术要素，相关性弱则表明两者关联关系弱。如果关系矩阵符号大部分是相关性“弱”符号，则表示技术要素没有足够地满足旅客需求，应该对其进行修正。

⑤确定相关矩阵。相关矩阵描述了各技术要素之间的相关程度。可以定量地以分值来表示，分值越大，说明相关程度越高；反之说明相关程度低。若服务要素 i 与服务要素 j 之间存在一种正相关关系（或负相关关系），则提高服务要素 i 的水平，服务要素 j 必然提升（或下降）。

⑥确定竞争评价矩阵。竞争评价矩阵通过分析本服务和市场内其他服务的现状，确定对每项旅客需求是否要进行技术改进以及改进目标。评价矩阵共有六项指标，分别是服务水平、目标质量、改善比例、营销重点、绝对权重和相对权重。

a. 服务水平 L_i。通过与市场上其他服务进行比较，分析本服务满足旅客需求的程度，以 10 为满分。

b. 目标质量 D_i。通过对本服务现状的深入分析，在充分考虑和尊重旅客需求的前提下，制定的期望达到满足旅客需求的程度，以 10 为满分。

c. 改善比例 R_i。设定目标质量后，需要计算其改善比例，表示旅客需求的满足提高程度，其计算公式如下：

$$R_i = \frac{D_i}{L_i} \tag{4.1}$$

d. 营销重点 S_i。表示服务的改进对旅客满意度提升的影响，一般用（1.5，1.2，1.0）描述。

当 $S_i = 1.5$ 时，指服务的改进对旅客满意度提升影响显著；

当 $S_i=1.2$ 时，指服务的改进对旅客满意度的提升影响程度一般；

当 $S_i=1.0$ 时，指服务的改进对旅客满意度的提升影响较小。

一般营销重点除考虑旅客满意度提升程度、可操作性等因素外，还必须考虑其经济性等方面的问题。

e. 绝对权重 w_{ai}。绝对权重受旅客需求重要度、改善比例及营销重点的综合影响，是各项服务需求的绝对计分，为服务提供者提供了一个定量评价旅客关注点的等级或排序。其计算公式如下：

$$w_{ai}=K_i \cdot R_i \cdot S_i \tag{4.2}$$

f. 相对权重 w_i。相对权重是绝对权重的归一化处理的结果，其公式如下：

$$w_i=\frac{w_{ai}}{\sum w_{ai}}\times 100\% \tag{4.3}$$

⑦确定技术要素重要度。技术要素是描述各技术要素的重要程度，一般通过服务要素相对重要度 w_i 和关系矩阵 $\boldsymbol{R}=(r_{ij})_{m\times n}$ 计算所得，其公式如下：

$$H_{aj}=\sum_{i=1}^{m} w_i r_{ij}, j=1,2,\cdots,n \tag{4.4}$$

4.2.3 高速铁路客运服务基调设计案例

本书以高铁客运站服务基调设计为例，通过对高铁客运站质量屋的具体搭建及解读，确定高铁客运站的服务基调。

1. 高铁客运站质量屋搭建

(1)确定旅客需求

客运站的旅客需求主要体现在服务环节上，即旅客在客运站经历的服务流程，包括购取票、进站及安检、行李行包、候车、餐饮及商业、检票上车等。

①购取票——旅客在客运站办理购票、取票等业务。

②进站及安检——旅客通过各种运输方式到达客运站，经过实名制进站并进行安检。

③行李行包——当旅客有需要时，在客运站对行李进行寄存，或对行包进行托运。

④候车——旅客在候车室进行候车，接受需要的服务。

⑤餐饮及商业——旅客在车站用餐或购物。

⑥检票上车——旅客在检票处排队，由工作人员或自动检票机确定客票日期、车次、到站等内容是否正确，并经过通道走行上车。

(2)标定旅客需求重要度

采用旅客赋值法，通过发放旅客需求调查问卷的方式，让被调查旅客对旅客需求的重要度进行打分，用 10 分制表示，数值越大表示重要程度越高，以所有旅客的打分评分值作为最终的旅客需求重要度。

购取票、进站及安检、行李行包、候车、餐饮及商业、检票上车几个环节旅客需求的重要度分别为 8.15、6.75、7.00、8.55、5.55、8.60。

（3）确定技术要素

技术要素即客运站满足旅客需求的技术手段，由旅客需求推演而得，主要体现为客运站为旅客提供服务的形式，包括操作规范、引导和咨询、设施设备、人员服务、服务补救五个方面。

①操作规范——服务提供的标准和依据。

②引导和咨询——在旅客享有高铁运输企业提供的服务前，客运站主动提供的服务，有助于预见旅客行为，规范车站操作。一般除必要的人员引导外，设计合理、清晰、明显的标志是引导和咨询的重要手段。

③设施设备——旅客对硬件方面，如候车室座位、电子信息显示屏、无障碍服务设施等的需求。旅客有对客运站硬件设施的完善、便捷和易于操作等方面的需求。设备是客运站服务的基础，设施设备水平提升重点在于硬件设施的更新换代，通过资金投入，设施设备的质量水平容易有大幅度的提升。旅客在完善的服务设施的基础上能更好地感受客运站服务。

④人员服务——旅客对客运站工作人员服务的需求，如售票服务、厕所环境的保持、车站餐饮及商业等方面。旅客对客运站工作人员的服务态度、服务水平等方面也有着较高要求，需要进行工作技能、工作态度等方面的系统服务培训，实现服务人员水平的提升。

⑤服务补救——客运站服务出现失误时采取的补救措施。研究表明，当服务提供出现错误或偏差时，对旅客的抱怨和投诉做出相应补救可有效消除旅客的不满，并使其产生再次购买行为，提高旅客的忠诚度和高铁运输企业经济效益。

（4）确定关系矩阵

关系矩阵表示旅客需求和客运站技术要素之间的相关程度，用于描述各个技术要素对旅客需求的贡献程度或影响程度。本案例质量屋关系矩阵采用 $\boldsymbol{R}=(r_{ij})_{m\times n}$ 表示。r_{ij} 表示第 j 个技术要素对第 i 个服务要素的贡献或影响程度，即两者的相关关系。通过专家访谈以及相应的问卷调查，构造旅客需求与客运站技术要素之间的关系矩阵，以“●”“◎”“△”分别代表相关性强、相关性一般和相关性弱，并分别赋值为 1.5、1.2 和 1。

（5）确定相关矩阵

相关矩阵主要反映客运站某项技术要素对其他技术要素的影响程度。为简化质量屋模型，本案例对此不做考虑。

（6）确定竞争评价矩阵

①服务水平确定——采用旅客赋值法，通过发放旅客需求调查问卷的方式，让被调查旅客对各旅客需求的现有服务水平进行打分，用 10 分制表示，分数越高表示现有的服务水平越高。以所有旅客打分的平均值作为各旅客需求最终的服务水平。

②目标质量确定——采用旅客赋值法，通过发放旅客需求调查问卷的方式，让被调查旅客对各旅客需求的目标质量进行打分，用 10 分制表示，分数越高表示期望的目标质量越高。以所有旅客打分的平均值作为各旅客需求最终的目标质量。

③营销重点确定——通过发放旅客需求调查问卷的方式，让被调查旅客对各旅客需求的营销重点进行打分，根据前文将分数分为 1.5、1.2、1 三个等级，分别表示指服务的改进对旅客满意度提升影响显著、影响一般和影响力小，以所有旅客打分的平均值作为各旅客需求最终的营销重点。

④改善比例确定——通过前文提出的公式，计算改善比例。以确定购票的改善比例为例，其计算过程为

$$R_1=\frac{D_1}{L_1}=\frac{10}{8}=1.25$$

⑤绝对权重确定——通过前文提出的公式，计算绝对权重。以确定购票的绝对权重为例，其计算过程为

$$w_{ai}=K_1\cdot R_1\cdot S_1=8.15\times 1.25\times 1.5=15.28$$

⑥相对权重确定——通过前文提出的公式，计算相对权重。以确定购票的相对权重为例，其计算过程为

$$w_1=\frac{w_{ai}}{\sum w_{ai}}\times 100\%=\frac{15.28}{15.28+12.66+10.84+16.03+16.13+7.38}\times 100\%=19.51\%$$

(7)确定技术要素重要度

通过前文提出的公式计算技术要素重要度。以确定操作规范重要度为例，其计算过程为

$$H_{a1}=\sum_{i=1}^{6}w_i r_{i1}=19.51\%\times 1.2+16.16\%\times 1.2+13.84\%\times 1.2+20.47\%\times 1.2+9.42\%\times 1.2+20.59\%\times 1.2=1.20$$

根据上述指标确定和矩阵赋值，建立客运站服务质量屋，如图 4.3 所示。

服务环节	技术要素											
	重要度	操作规范	引导和咨询	设施设备	人员服务	服务补救	服务水平	目标质量	营销重点	改善比例	绝对权重/%	相对权重/%
		x_1	x_2	x_3	x_4	x_5						
购取票	8.15	◎	●	●	◎	◎	8	10	1.5	1.25	15.28	19.51
进站及安检	6.75	◎	◎	◎	●	◎	8	10	1.5	1.25	12.66	16.16
行李行包	7.00	◎	△	●	◎	●	7	9	1.2	1.29	10.84	13.84
候车	8.55	◎	◎	●	●	◎	8	10	1.5	1.25	16.03	20.47
餐饮商业	5.55	◎			◎	◎	6	8	1	1.33	7.38	9.42
检票上车	8.60	◎	◎	●	●	◎	8	10	1.5	1.25	16.13	20.59
技术要素重要度		1.20	1.12	1.31	1.35	1.24						

图 4.3 高铁客运站服务质量屋

2. 高铁客运站质量屋解读

对高铁客运站服务质量屋进行分析可知：

(1)从旅客需求的角度来看，旅客认为各旅客需求的重要度排序由高到低分别为：检票上车 8.6、候车 8.55、购取票 8.15、行李行包 7.00、进站及安检 6.75、餐饮商业 5.55，说明旅客在客运站接受服务时，更关注检票上车、候车和购取票三个环节。而在考虑营销重点、改善比例两个要素的基础上，旅客需求的相对权重由高到低变为：检票上车 20.59%、候车

20.47%、购取票19.51%、进站及安检16.16%、行李行包13.84%和餐饮商业9.42%，说明高铁运输企业在进行客运站服务设计时，应该重点关注检票上车、候车及购取票三个环节，这与旅客的意愿保持一致。客运站是旅客旅行中首先和最后接触的运输环节和场所，具有“通过式”特点，其服务应突出“便捷性”。旅客在检票上车时，希望客运站办理手续便捷快速；旅客在车站候车，希望有舒适的候车环境，满足其基本出行需求；同时需要关注的是，互联网票务服务的广泛应用和高速铁路运力资源的充沛，使得“一票难求”现象成为历史，越来越多的旅客选择随到随走。综上所述，客运站服务的设计和优化应尤其注重服务的舒适性、便捷性和方便性等因素。

(2)从技术要素的角度来看，在考虑旅客需求权重和旅客需求与技术要素相关关系的基础上，技术要素重要度的排序由高到低分别为：人员服务1.35、设施设备1.31、服务补救1.24、操作规范1.20、引导和咨询1.12，说明在技术要素方面，高铁运输企业应该重点关注人员服务、设施设备和服务补救。人员服务与旅客产生直接接触，设施设备是服务提供的基础，服务补救对旅客再次选择客运产品的忠诚度有重要影响，且人员服务、设施设备和服务补救这三方面服务形式均会与旅客产生直接接触，带给旅客关于客运服务的直观感受，因此应该是服务设计中的关注重点。而操作规范企业内部使用，旅客并不了解也不予关注；引导和咨询旅客体验较少，是客运站服务的辅助手段。综上，客运站应重点加大对人员服务、设施设备、服务补救等方面的重视程度，除提升服务人员技术素质和服务态度，加大先进设备投入等措施外，要对服务过程中出现的服务失误采取一定的补救措施。即从旅客关注的角度对服务进行优化，不断提高客运站旅客满意度水平。

确定了服务基调，就明确了旅客最为关注的服务内容，为服务要素(服务包)和服务流程设计规定了设计原则，明确了设计重点。根据本案例质量屋分析结果，高铁客运站服务方案应该从设施设备、人员服务和服务补救方面进行设计。从设施设备和人员服务两方面，对购票、进站及安检、行李行包、候车、餐饮商业、检票上车和其他环节设计详细的服务方案。而服务补救是当服务过程中某一环节出现失误时，针对旅客抱怨或投诉进行的补救处理，是在发生服务结束后的行为，因此要对整体服务后补救措施进行细分。

4.3 高速铁路客运服务包设计

服务包设计是服务设计的中心环节，明确了为实现旅客期望或需求，向旅客提供的各种服务要素以及服务要素的组合，其设计质量直接影响服务方案的效果和铁路运输企业的经营效益。

4.3.1 高速铁路客运服务包概念和构成

1. 服务包概念

高铁运输企业将向旅客提供的所有服务的相关要素捆绑在一起，形成一个服务要素的“包裹”提供给旅客，这就是服务包的由来。我们可以将高铁客运服务包定义为：能为旅客提供服务体验的，在一定设施环境中无形服务与有形物品的组合。服务包实质上是服务产品概念的发展，它秉承了服务产品关于“服务体验”的内容，并在此基础上阐明了组成服务的各种要素。相对于服务产品概念，服务包定义的提出对高铁运输企业进行服务设计具有更实际的意义。不同等级运输产品服务包内容存在差异，例如，与高速铁路列车一等座、二等座服务产品的“服务包”相比，高速铁路列车商务座服务产品的“服务包”意味着旅客能得到商务座席位的使用权、车站享受 VIP 候车服务、列车上免费餐饮等一系列服务内容。

2. 服务包构成模型

构成高铁客运服务包的要素较多且复杂，既有有形要素又有无形要素，既有旅行前服务要素又有旅行中和旅行后要素，还牵涉到前台要素和后台支持要素。因此，有必要从不同角度构建服务包模型。

(1)从服务要素的重要性角度，可分为核心服务和辅助服务，按此构建服务包模型 1 如图 4.4 所示。

①核心服务。

运输不是本源消费，而是衍生消费，其核心服务是实现旅客的位移。核心服务设计包括列车开行方案、列车运行方案、票务策略，这些要素体现了位移服务的时间性、舒适性、便捷性、经济性等特征。

②辅助服务。

辅助服务包是位移服务不能包揽或者为了实现体验增值，而向旅客提供的在高铁运输全过程中更加人性、细腻、高效的服务。辅助服务包括基本服务和延伸服务。基本服务是完成位移核心服务所必须具备的，而延伸服务是超出标准提供的。同一服务内容，如“餐饮服务”，可以是基本服务，也可以是延伸服务，与旅客购买服务产品的“核心服务”有关。

(2)从服务要素的形态角度，可分为有形要素和无形要素，按此构建服务包模型 2 如图 4.5 所示。

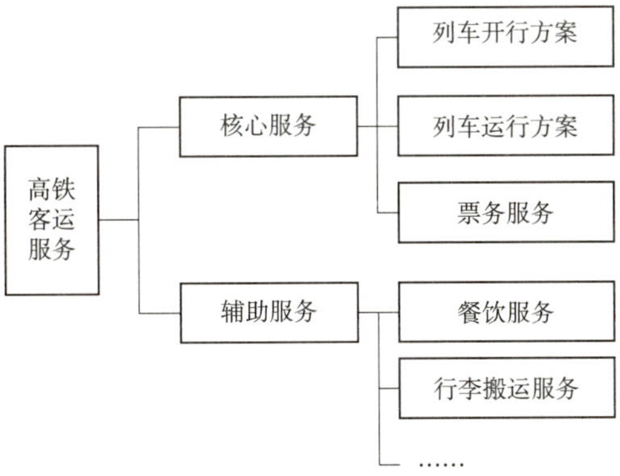

图 4.4 服务包模型 1

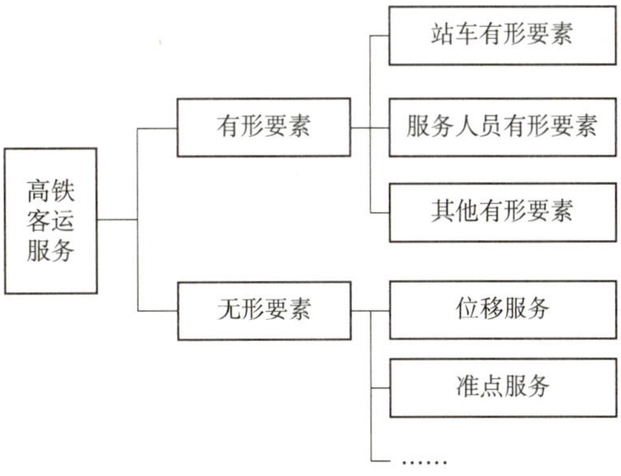

图 4.5 服务包模型 2

①有形要素。

有形要素指在服务提供过程中能够被旅客直接感知和提示服务信息的有形物。高铁运输企业借助于这些有形要素来推销无形服务的手段就是服务的有形要素设计。高铁客运服务有形要素包括站车有形物、服务人员的有形展示及其他有形物品等。

②无形要素。

无形要素指无法用实物形态展示的服务，是高铁运输企业通过服务人员或设施设备向旅客提供，并被旅客体验和消费的服务。无形要素必须通过有形要素才能实现和表现，旅客通过对有形要素的观察和体验来感受无形要素。

(3)从与旅客接触程度的角度，可分为前台服务和支持性服务，按此构建服务包模型 3 如图 4.6 所示。

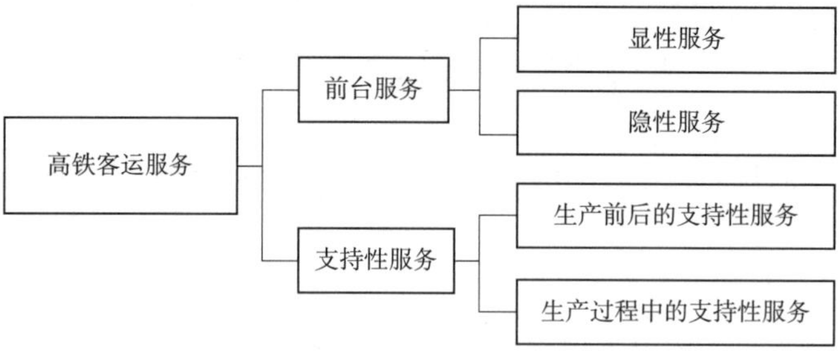

图 4.6 服务包模型 3

①前台服务。

前台服务一般是在一线服务人员与旅客的接触过程中完成的，包括显性服务和隐性服务两类。显性服务指旅客通过体验服务所能明显感受到的该服务所带来的利益，例如，旅客乘坐动车组列车实现了位移，旅客通过站车提供的信息服务获得了自己需要的信息。隐性服务指旅客在体验服务的过程中所能得到的隐含于服务当中的心理方面的满足和利益，如 VIP 旅客在贵宾室和软卧包厢内享受"高规格"服务后得到的人格地位上的满足，又如乘坐软卧的旅客感受到个人隐私得到保护的心理满足。

②支持性服务。

支持性服务指为提供前台服务，高铁运输企业所必须提供的支持性工作，也称"后台"工作。支持性服务包括生产前后的支持性服务和生产过程中的支持性服务。生产前后的支持性服务是在高铁客运站车向旅客提供服务前后企业提供的相关技术和管理性工作，如动车组入动车段整备。生产过程中的支持性服务是高铁客运站车向旅客提供服务过程中高铁运输企业向前台提供的支持性工作，如餐车厨师餐食准备、保洁人员清洁工作等。

(4)从生产环节的角度，可分为旅行前服务、旅行中服务和旅行后服务，按此构建服务包模型 4 如图 4.7 所示。

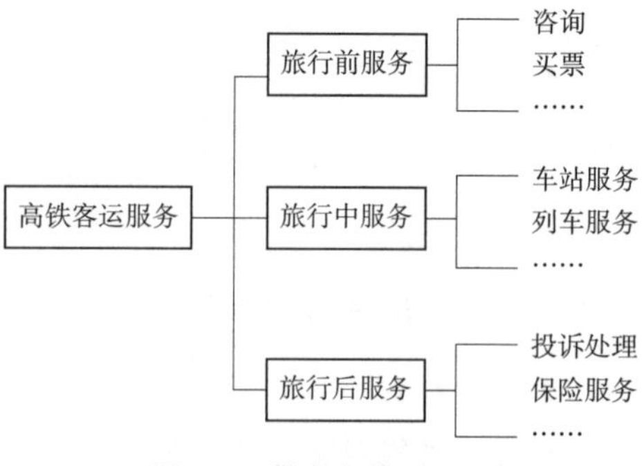

图 4.7 服务包模型 4

①旅行前服务。

旅行前服务指高铁运输企业在旅客旅行前提供的服务，包括信息咨询、票务、行包托运等。

②旅行中服务。

旅行中服务指高铁运输企业在旅客旅行过程中提供的服务，包括旅客在高铁客运站和高速铁路列车上获得的服务。

③旅行后服务。

旅行后服务指高铁运输企业在旅客旅行后提供的服务，主要包括服务失败后的投诉处理、补救等服务。

从生产环节建立高铁客运服务包模型充分体现了高铁客运服务的过程性，任何环节的服务质量都会影响到旅客对整个高铁客运服务的满意度，因此，高铁运输企业要注意各环节的服务质量以及环节间衔接的顺畅性。

从服务包模型可看出，高铁客运服务产品实质上是一种复合型产品，包括有形、无形成分，生理、心理要素。影响服务质量的不仅有客观要素，也有消费者的主观感受，这些方面都决定了高铁客运服务产品设计的复杂性和难度。

4.3.2 高速铁路客运服务包设计原则

从服务要素的重要性角度出发，高铁客运服务包是一个包含核心服务和辅助服务的集合，其中辅助服务又包含基本服务和延伸服务。

高铁客运服务包设计不仅要确定服务包各要素的内容和特点，还应注意各要素的组合结构和比例，遵循以下原则：

1. 以服务基调为设计依据

服务基调是在明确旅客需求和企业战略的基础上，把握服务设计的整体方向。因此，服务包设计要以服务基调为引领，根据旅客关注的需求及技术要素，确定服务内容和重点，实现旅客运输市场供需双方的良性互动，使最终输出的服务方案得到旅客认可，赢得市场和口碑。

2. 以核心服务为中心

高铁客运的核心服务是位移。核心服务的自身特征会在一定程度上影响其配套的辅助服务。因此，高铁客运服务包其他任何要素的设计都应该围绕如何更高质量地实现旅客“位移”这一核心服务展开。例如，对于长途高铁客运服务来说，餐饮服务是必须具备的辅助服务，而对于短途高铁客运服务来说，则非必须。

3. 增强服务有形要素的作用

在涉及有形物品较少的服务设计中，应适当增加有形要素展示比重，运用先进的技术设备向旅客提供服务，实现劳动密集型服务向技术密集型服务转变，如自助售票、验证验票、检票设备的投入使用，电子客票的全面推广等。

4. 强化感知体验的“心理”需要

在体验经济时代，提供更多的隐性服务是服务发展的方向。如高铁运输企业一线服务人员的热情用语、礼貌行为以及一些个性化服务，使得旅客感到服务是专为自己设置的，从而提高旅客满意度，培养旅客的忠诚度。

5. 明确前后台服务的关系

前后台服务要素的发展主要集中在两个方向：一是减少前台服务，增大后台服务规模，以谋求后台工作的规模化和标准化，实现低成本运作；二是后台服务“前台化”，以高透明度降低旅客的购买风险。

4.3.3 高速铁路客运核心服务包设计

核心服务包是高铁客运服务经营活动中，旅客与运输供应商之间最直接的权益表达。旅客按照自身需求选择和购买了核心服务包中所能获得的位移及相关基本服务的价值，并支付了相应的费用，其凭证即为旅客得到的与核心服务包内容及标准相符的服务消费权。高铁客运核心服务具有“生产与消费过程”同一性特点，作为服务供应商的高铁运输企业，必须按照各类型、各档次的核心服务包内容及标准，设计出明确的、可执行的核心服务包生产计划和方案，并依此为目标，配置相应的前后台服务人力、物力资源，为实现核心服务的生产、消费过程提供保障。

高铁客运核心服务包的设计是以前期的服务基调为基础，在充分考虑客运市场需求、铁路设备技术条件以及运输组织过程的条件下，对旅客位移相关特征要素的设计。在接受位移服务时，旅客会关注安全性、便捷性、快速性、准时性、舒适性、经济性等方面的内容。对于铁路运输企业，列车开行方案、运行方案直接影响企业核心服务的迅速、实效、便捷等特性，如列车的开行频率影响旅客获得服务的方便程度，列车停站次数、停站时间影响旅客旅行时间。高铁运输企业必须设计符合目标市场需求的列车开行和运行方案。除了列车开行方案、运行方案外，高铁客运核心服务的另一个重要内容就是票务服务方案，它可以弥补列车开行方案、运行方案无法满足旅客需求差异（如职业、年龄、出行目的等特征）的局限。如学生没有收入需要更多的优惠，老年人更喜欢比较方便的座席，团体旅客理应享受的一些优惠，这些差异难以通过列车时刻表来区分，只有通过设计丰富的票务服务进一步适应市场的多样性需求。

因此，高铁客运核心服务包的设计就是针对目标群体的位移服务要求，设计列车开行方案、列车运行方案和票务服务方案三项内容，其中前两项是最重要的部分，关系到旅客消费客运服务过程的关键体验因素，如安全、速度、便捷等。

1. 高速铁路旅客列车开行方案设计

（1）列车开行方案基本要素

旅客列车开行方案是确定旅客列车运行区段（含停靠车站）、列车种类及开行对数的技术性计划。旅客列车的始发站、终到站、经由线路构成旅客列车的运行区段，体现了核心服务（位移）的空间性；列车种类区别出列车不同的等级或性质，体现了核心服务的舒适性、快捷性；开行对数的多少表示行车量的大小，体现了核心服务（位移）的频率及容量。三项要素组成的旅客列车开行方案，体现了从客流到列车流的组织方案。

①列车运行区段

列车运行区段包括始发站、终到站、经由线路及停靠车站四个要素。在始发站与终到站之间有多条径路选择时，需要综合考虑各种因素，进行最佳径路选择，其后再合理确定径路上的停靠车站。以往，铁路运输能力属于社会紧缺资源，在能力限制条件下，并未对停靠车站进行深入考虑，一般只按照沿途客流结构确定；随着高速铁路的建设，铁路运输能力日益充裕，旅客列车数量大幅增加，在选择具体列车停站方案时，除了满足基本客流需求外，还需综合考虑具有相同径路列车之间停靠车站的匹配，合理优化列车开行方案，吸引更多的客流，以达到“引流上线”的目的。

②列车种类

根据不同的客流及其出行特点，高速铁路线上可开行不同种类的旅客列车。

按照速度标准和动车组设备类型可划分为时速 200～250 km 的"D"字头动车组列车和时速 300～350 km 的"G"字头高速列车；按照列车运行空间范围可分为本线列车和跨线列车，本线列车是指列车从始发站至终到站间始终运行在该高速铁路线路上的旅客列车，跨线列车指运行过程中有部分区段不在该高速铁路线路上运行的列车；按列车运行区段可分为直通列车和管内列车，直通列车指走行距离跨两个及以上铁路局集团公司的列车，管内列车指运行区段不超越本铁路局集团公司管辖范围的列车。不同类型列车的服务标准和运输组织条件有差异。其中服务标准是前台服务内容，旅客可以直接感知，运输组织条件则属于后台服务内容，旅客无法接触感知。

③列车开行对数

列车开行对数是指方向上或区段内为满足客流量需要而开行的旅客列车数量。旅客列车的开行对数，基本上取决于客流计划。旅客列车开行对数确定得是否合理，是衡量运行图编制质量的重要标志之一，它既要适应客流量的需要，又要使客运设备得到经济合理的利用。

在编制高铁旅客列车开行方案时，要符合"按流开车"原则，根据计划客流(旅客核心服务需求)的流量、流向、运程、旅行目的及客流性质等确定出开行的旅客列车种类、数量、起讫点、运行路径、停站等内容。同时还要考虑旅客多样化的出行需求，尽可能减少旅客的换乘次数和在途时间，合理安排列车服务频率，以满足旅客对安全、快捷、方便、舒适等的出行需求。除此之外，列车开行方案也要遵循经济效益原则，运输企业应该合理使用动车组，充分发挥运载工具的运输能力和铁路运输固定设备的利用率等，以达到用最小的成本取得最大的效益。

(2)列车开行方案设计原则

在确定运行区段及其起讫点和停靠车站时，要考虑以下几点：

①客流按高等级列车到低等级列车的顺序进行分配。

②长流上长车，短流上短车。

③每个方向尽可能开行一列站站停列车。

④选择相关技术条件的车站为列车起讫点。

⑤设计停站模式时，考虑直达、大站停、大站带小站停、站站停等模式组合。

⑥客流到发量大的车站一般停站次数多，但也不能降低高速铁路列车旅速。

⑦选择停站模式时，列车停站次数一样的情况下，则结合车站到发客流量。

(3)列车开行方案设计原理

列车开行方案设计可分为确定旅客列车运行区段、确定列车种类和对数两个阶段。

①确定旅客列车运行区段

在具体确定旅客列车的运行区段时，首先需对客流进行处理。由于全路客运站众多，不可能在所有站点之间开行旅客列车，因此必须按照客流和高速铁路线路实际情况进行客流的补流、合并和拆分，以符合旅客出行的实际情况并最大限度地减少列车开行成本。

旅客列车开行方案设计及相关运输资源的配置等是以铁路局集团公司为中心落实的，

所以直通旅客列车和管内旅客列车运行区段的确定方法有所不同。直通旅客列车的运行区段根据列车始发、终到站之间的直通客流确定，并在此基础上，先按贯穿整个方向各客流区段的最小客流密度区段安排开车，其目的是最大限度地以直达运输吸引直通客流。一般可以将一个铁路方向的两端站定为旅客列车的始发站和终到站，将客流密度变化幅度较大的车站定为旅客列车运行区段。管内旅客列车的运行区段由各铁路局集团公司根据管内客流区段密度的特点自行确定，具体操作参考直通旅客列车运行区段的确定方法，并报国铁集团批准和备案。

旅客列车运行区段的确定，除了客流条件外，还要考虑客运设备的配备条件。高速铁路线列车起讫点应具有动车组维修和整备能力，以保证动车组的技术状态；要使旅客列车配属站尽量集中，以利充分利用客车检修设备，并为客车车底的合理中转创造条件。

确定了运行区段的起讫点后，则需进一步对运行区段的运行径路和停靠车站进行确定。在确定运行径路时，要考虑铁路能力、固定设备的利用以及国家在政治、经济、文化及国防等方面的需要，使旅客列车能把首都与边疆、沿海与内地、城市与城市、城市与乡村紧密地连接起来，最大限度地发挥铁路大动脉的作用。由于列车停靠车站的设置会影响到沿途客流输送的效果，因此在确定运行区段后需对停靠车站进行合理筛选。停靠车站的设置一方面涉及不同等级列车在客流输送任务上的分工与协调，另一方面也需满足客流的到发和中转需求。

②确定列车种类和开行对数

从旅客对核心服务的需求、感知、评价的层面考虑，列车种类主要涵盖“D”字头动车组列车和“G”字头高速列车两种类型。

在确定旅客列车运行区段和列车种类后，根据各区段客流量及客流性质结构，结合主要站所在地的政治、经济、文化情况和车站技术设备条件，计算旅客列车开行对数。由于旅客列车的种类及运行距离不同，其所能吸引的客流量不同，要求的列车编组内容也不同，各种列车的定员也就不同，因此应分别确定各种旅客列车的开行对数，一般从高等级列车到低等级列车顺序计算。

各种旅客列车开行对数的计算通式如下：

$$N_i=\frac{K_iA}{a_{i均}} \quad (列)$$

式中 i——旅客列车种类，包括“D”字头、“G”字头列车；

K_i——第 i 种列车输送旅客数占总旅客数量的百分比；

$a_{i均}$——第 i 种列车平均定员；

N_i——第 i 种列车(或对)数；

A——两站间的计划客流密度。

计算确定列车种类及对数，也是对客流的列车承载分配过程，在具体确定各类列车开行区段及对数的过程中，需要循环实施客流在各类列车中的分配、检验、更新过程，直至将所有的客流分配到相应列车上，由此完成开行方案设计，并形成明确的服务体验水平，例如列车上座率、服务频率等。

(4)列车开行方案编制算例

以 A—G 方向为例来确定旅客列车开行方案。已知其最大客流方向的 OD 斜表见

表 4.1,区段客流密度如图 4.8 所示。为了简化问题,本案例采用高峰小时客流为基础数据。K_G,K_D 为 80%,20%,列车平均定员 a_G,a_D 为 1 100 人。其中,A 站、C 站、G 站设有动车段所。

表 4.1　A—G 方向客流 OD 表　　单位:人/h

O	D						合计
	B	C	D	E	F	G	
A	500	800	400	800	1 000	1 800	5 300
B	0	20	10	100	150	270	550
C		0	150	750	800	1 700	3 400
D			0	40	200	400	640
E				0	150	1 500	1 650
F					0	1 700	1 700
合计	500	820	560	1 690	2 300	7 370	13 240

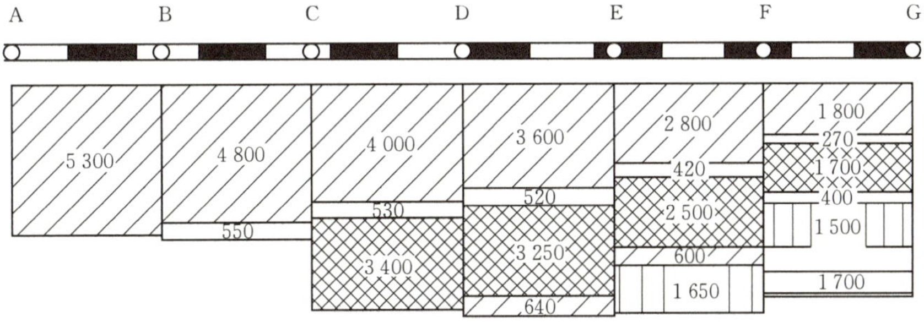

图 4.8　A—G 方向各区段客流密度图

本案例中,C—G 区段的客流较为突出,可将 A—U、C—U 区段定为列车的开行区段。又可依据 C 站、E 站和 F 站客流较大,设定几种可选的停站模式,如图 4.9 所示。由于 B—D 站的客流量很小,故“G”字头列车不提供 B—D 站的直达服务。

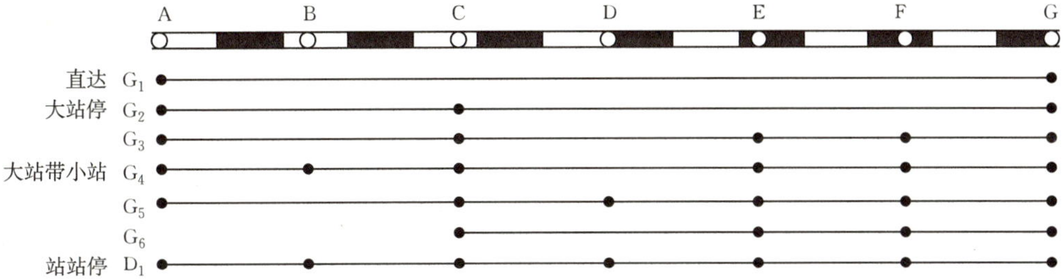

图 4.9　A—G 方向停站模式示意图

图 4.9 中的一条方案线可承担的客流 OD 取决于停站设置。为方便配流,根据编制原则,计算需由“G”字头列车承担的客流,即用表 4.1 中的数据乘以 K_G,并剔除 B—D 站的客流,结果见表 4.2。

表 4.2 A—G 方向由“G”字头列车承担的客流 OD 表　　单位：人/h

O	D						合计
	B	C	D	E	F	G	
A	400	640	320	640	800	1 440	4 240
B	0	16	0	80	120	216	432
C		0	120	600	640	1 360	2 720
D			0	32	160	320	512
E				0	120	1 200	1 320
F					0	1 360	1 360
合计	400	656	440	1 352	1 840	5 896	10 584

下面对开行方案的编制过程进行说明。

表 4.3 G_1 列车承担 OD 客流表　单位：人/h

客流区段	A—G
客流量	1 100

①根据编制原则，首先开行直达模式的 G_1 列车。G_1 列车仅能承担 A、G 站之间的直达客流，有 1 440 人。

$$\text{A—G 间}\quad N_{G_1}=\frac{1\,440}{1\,100}\approx 1.31\approx 1(\text{列})$$

②考虑开行大站停模式的 G_2 列车。G_2 列车仅能承担 A，C，G 站之间的客流，从表 4.3 中剔除 G_1 列车承担的客流后，这三个车站之间客流密度最小的区段为 A—C，有 340(A—G 站)+640(A—C 站)=980(人)。

$$\text{A—G 间}\quad N_{G_2}=\frac{340+640}{1\,100}\approx 0.89\approx 1(\text{列})$$

G_2 列车可以承担的客流见表 4.4，客流按表中从左到右的顺序进行分配。

表 4.4 G_2 列车承担 OD 客流表　单位：人/h

客流区段	A—G	C—G	A—C
客流量	340	760	640

③考虑开行大站停模式的 G_1 列车。从表 4.4 中剔除 G_1、G_2 列车承担的客流后，A、C、E、F、G 站之间客流密度最小的区段为 A—C，有 800(A—F 站)+640(A—E 站)=1 440(人)。

$$\text{A—G 间}\quad N_{G_3}=\frac{800+640}{1\,100}\approx 1.31\approx 1(\text{列})$$

G_3 列车可以承担的客流见表 4.5，客流按表中从左到右的顺序进行分配。

表 4.5 G_3 列车承担 OD 客流表　单位：人/h

客流区段	A—F	A—E	E—G	F—G
客流量	800	300	300	800

④从表 4.5 中剔除 G_1、G_2、G_3 列车承担的客流后，A—B 和 B—C 区段客流密度分别为 740 人和 772 人。可在 A—C 区段开行列车 $N_{G_4}=\frac{740}{1\,100}\approx 0.67\approx 1$(列)，依据线路客流当前

特点，可选择开行一列大站带小站模式的 G_4 列车。

G_4 列车可以承担的客流见表 4.6，客流按表中从左到右的顺序进行分配。

表 4.6 G_4 列车承担 OD 客流表 单位：人/h

客流区段	B—G	A—E	B—F	C—G	E—G	A—B	B—C	F—G
客流量	216	340	120	424	340	400	16	120

⑤从表 4.6 中剔除 G_1、G_2、G_3、G_4 列车承担的客流后，A—B 和 B—C 区段客流密度分别为 320 人和 400 人，而 C—G 区段内最小为 1 496 人(F—G 区段)，故考虑开行 G_6 列车。C、E、F、G 站之间区段客流密度最小为 1 496 人(F—G 区段)。

$$\text{C—G 间}\quad N_{G6}=\frac{1\ 496}{1\ 100}\approx 1.36\approx 2(\text{列})$$

G_6 列车承担客流见表 4.7，客流按表中从左到右的顺序进行分配。

表 4.7 G_6 列车承担 OD 客流表 单位：人/h

客流区段	C—G	C—F	C—E	E—G	E—F	F—G
客流量	176	640	600	560	120	440

⑥从表 4.7 中剔除 G_1、G_2、G_3、G_4、G_5、G_6 列车承担的客流后，A—G 方向区段客流密度见表 4.8。

表 4.8 A—G 方向区段客流密度图 单位：人/h

客流区段	A—B	B—C	C—D	D—E	E—F	F—G
客流量	320	400	520	592	480	320

从表 4.8 可知，目前的客流不适合再开行“G”字头列车，故将表 4.8 中的 OD 客流与“D”字头列车 OD 客流合并。转移的 OD 及其客流量见表 4.9。至此，不再开行“G”字头列车。

表 4.9 “G”字头列车向“D”字头列车转移 OD 客流表 单位：人/h

转移 OD	A—D	B—E	D—G	D—F	C—D	D—E
转移客流量	320	80	320	160	120	32

⑦考虑开行“D”字头列车。整理剩余的客流，A—G 方向区段客流密度见表 4.10。

表 4.10 A—G 方向区段客流密度表 单位：人/h

客流区段	A—B	B—C	C—D	D—E	E—F	F—G
客流量	1 380	1 478	2 114	2 194	2 074	1 794

根据表 4.10 中的客流特点，考虑开行站站停模式的 D_1 列车。A—G 区段客流密度最小为 1 380 人，最大为 2 194 人，为保证所有旅客有车可坐，A—G 间开行两列 D_1 列车。

$$\text{A—G 间}\quad N_{D1}=\frac{2\ 194}{1\ 100}\approx 1.99\approx 2(\text{列})$$

D_1 列车承担的客流见表 4.11，客流按表中从左到右的顺序进行分配。

表 4.11　D_1 列车需要承担 OD 客流表　　单位：人/h

客流区段	A—G	A—F	B—G	A—E	B—F	C—G	A—D	B—E	C—F	D—G	
客流量	360	200	54	160	30	340	400	100	160	400	
客流区段	A—C	B—D	C—E	D—F	E—G	A—B	B—C	C—D	D—E	E—F	F—G
客流量	160	10	150	200	300	100	4	150	40	30	340

至此，A—G 区段所有客流分配完毕，得到最终的列车开行方案如图 4.10 所示。其中"G"字头列车开行 6 列，"D"字头列车 2 列。

统计该列车开行方案的各项指标见表 4.12、表 4.13、表 4.14。

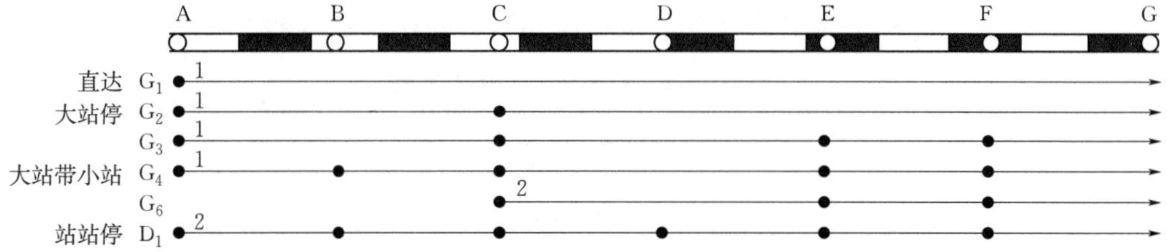

图 4.10　A—G 区段旅客列车开行方案示意图

表 4.12　A—G 区段客流密度及列车输送能力情况表

区　段	A—B	B—C	C—D	D—E	E—F	F—G
客流密度/人	5 300	5 350	7 930	8 010	7 970	7 370
客运能力/人	6 600	6 600	8 800	8 800	8 800	8 800
平均上座率/%	80.3	81.1	90.1	91.0	90.6	83.8

表 4.13　A—G 区段各列车上座率情况表　　单位：%

列车	频率	A—B	B—C	C—D	D—E	E—F	F—G	平均值
G_1	1	100.0	100.0	100.0	100.0	100.0	100.0	100.0
G_2	1	89.1	89.1	100.0	100.0	100.0	100.0	96.4
G_3	1	100.0	100.0	100.0	100.0	100.0	100.0	100.0
G_4	1	67.3	62.9	100.0	100.0	100.0	100.0	88.4
G_6	2	—	—	64.4	64.4	6.0	53.5	62.6
G_7	2	62.7	67.2	96.1	99.7	94.3	81.5	83.6

表 4.14　A—G 区段各 OD 间列车直达服务频率情况表　　单位：次

O	D					
	B	C	D	E	F	G
A	3	5	2	4	4	6
B	—	3	2	3	3	3

续上表

O	D					
	B	C	D	E	F	G
C	—	—	2	6	6	7
D	—	—	—	2	2	2
E	—	—	—	—	6	6
F	—	—	—	—	—	6

客流平峰时期根据实际客流需求，在高峰小时高速旅客列车开行方案基础上进行抽线，保持合理的设备利用率和服务频率，以有效利用运力资源，同时满足旅客多样化的出行需求。

2. 高速铁路旅客列车运行方案设计

旅客列车运行方案是实现位移核心服务提供的时间性特性，包括列车出发、到达、通过各站点的时刻以及途中时间等。列车运行方案(或计划)的设计是在列车运行图上铺画旅客列车运行线。列车运行图是用以表示列车在铁路区间运行及在车站到发或通过时刻的技术文件，规定了各次列车占用区间的顺序，列车在每个车站的到达、出发、通过时刻及在站停留时间、列车在各区间的运行速度及运行时分、机车交路等，是全路组织列车运行的基础。其基本原理是运用二维坐标，对列车运行时间、空间关系进行图解表示。列车运行图的编制工作是一项复杂而细致的系统工程，需要在国铁集团和各铁路局集团公司的统一领导下，在客运部门与车、机、工、电、辆各部门的密切配合下共同完成。

(1)列车运行方案编制要素

列车运行图编制要素包括列车运行相关的所有时间标准、客运列车开行方案和线路及车站等基础性信息。具体的列车运行图如图 4.11 所示。

①运行图有关技术标准

运行图有关技术标准包括区间运行时分、起停车附加时分，列车间隔时间标准，列车各种技术作业及时间标准，施工天窗及列车慢行附加时分，车站到发线及动车段(所)线路条件，动车组技术条件及作业时间标准等。高速列车起停车附加时分见表 4.15。

列车间隔时间具备相应的规章规定及技术标准，其包括列车在车站的间隔时间(简称车站间隔时间)和追踪列车间隔时间(简称追踪间隔时间)。车站间隔时间是车站办理两列车到达、出发或通过作业所需要的最小间隔时间，高速铁路动车组列车是 3 min，普速铁路四显示自动闭塞区段的动车组列车是 5 min。此外，关于客运站的停站时间标准，中间站是 1～2 min，省会站是 3～4 min。

表 4.15 高速列车起停车附加时分

列车速度	起车附加时分	停车附加时分
300 km/h	3 min	3 min
200 km/h	2 min	2 min

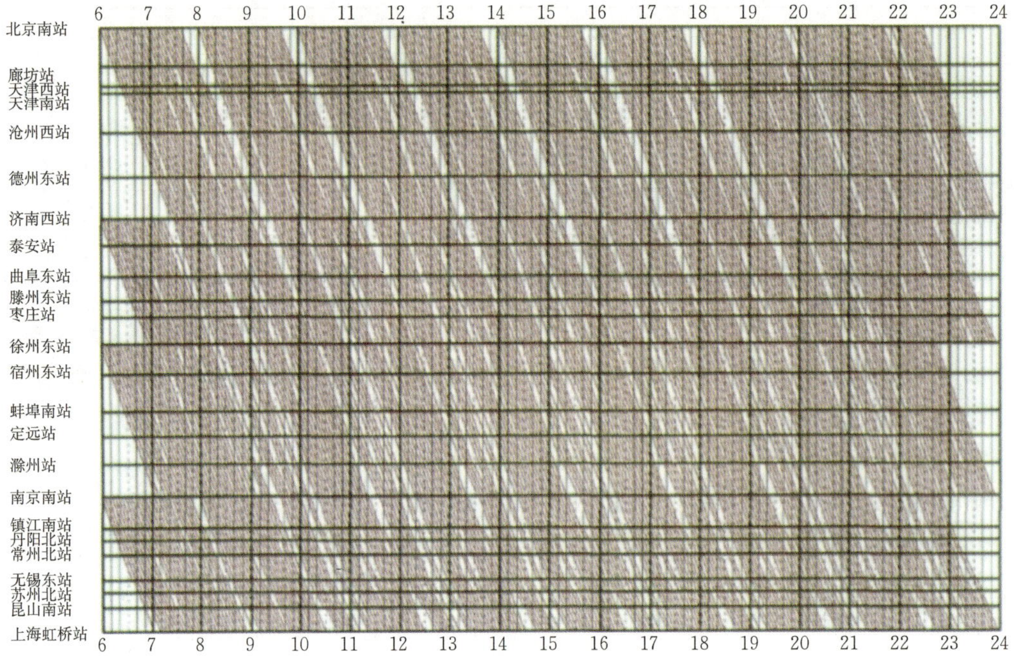

图 4.11 列车运行图示意图

②旅客列车开行方案

旅客列车开行方案的输出内容包括列车运行区段、列车种类及列车对数。在编制列车运行方案时，要在列车运行方案的基础上，考虑列车种类和列车运行参数。列车种类包括：各类列车种类名称、简称、列车等级以及各类列车的起始与终止车次编码等。列车运行参数包括：列车车次，列车始发、终到车站，编图范围内的列车起始、到达站名，列车运行径路，列车运行种类，列车停站及停车时间，列车长度及牵引重量。

③其他基础信息

高铁线路包括：线路名称、线路车站构成、线路车站中心里程和线路的区间。

高铁车站包括：车站名称，到发线编号、有效长度、使用分工及其站台配置情况，车站行车进路及敌对关系，车站性质，分界口特性，信号及位置。

线路区间包括：端点站名称、线路标志、里程长度、闭塞类型、行车性质和闭塞分区信号机位置。

(2)高速铁路运行图编制原则

①高速铁路列车运行图的编制原则上纳入全路编图工作，全路定期性的列车运行图编制工作，由国铁集团负责；局集团公司管内的列车运行图编制工作，由铁路局集团公司负责。

②严格遵守各项技术作业标准，保证高速铁路列车运行安全。

③适应高速铁路客流特点，最大限度满足旅客出行的需求，做好高速铁路列车运行线与客流的结合。

④做好高速铁路与既有线的衔接，最大限度地提高高速铁路及既有线的通过能力。

⑤高速列车运行与高速客运站的技术作业过程相结合，合理安排列车停站，以提高列车旅行速度。

⑥充分利用线路和车站的通过能力，合理安排高速铁路综合施工维修天窗。

⑦合理勾画动车组运用交路，最大限度地提高动车组的运用效率。

⑧均衡铺画的原则，处理好列车密度、列车种类、动车组交路等方面的关系，减少各种列车间的越行与避让，同时使列车运行图保持合理的弹性。

(3)高速铁路列车运行图编制顺序

合理确定高速铁路列车运行线的铺画顺序，可减少列车运行线间隔检查与调整次数，提高编图效率。高速铁路列车运行图一般按下列顺序进行编制。

①列车运行线按列车等级高低顺序铺画

列车按性质及运行距离长短划分等级，其等级决定列车运行线的铺画顺序。高速铁路列车运行线的铺画，应该考虑到不同速度等级列车混跑的运输组织模式、列车的有利到发时间、均衡性以及低等级跨线高速列车在既有线上时间的衔接等。综合各类列车性质，将列车等级划分为中、长途高等级高速列车，跨线低等级高速列车，短途高等级高速列车和短途低等级高速列车四类，其运行线的铺画顺序以此为准。

首先，中、长途高等级高速列车运行线所形成的基本框架对整个高速铁路列车运行图的布局以及能力利用起着决定性的影响，其分布应尽量做到均衡，为低等级高速列车运行线的铺画创造良好的条件。其次，跨线低等级高速列车运行线的铺画需符合全路跨线高速铁路列车方案的要求，并保证一定的旅行速度。第三，短途高等级高速列车运行线一般利用中、长途高等级高速列车运行线与跨线低等级高速列车运行线之间的空隙插入铺画，为了不影响已建立的整体框架，原则上不调整已铺运行线，只在特殊情况下，允许进行微量调整。最后，短途低等级高速列车运行线没有与全路跨线高速铁路列车方案的衔接问题，一般跨越区段较少，因此，始发、终到时刻的选择范围相对较大，一般利用列车运行线空隙插入的方法铺画。

②同等级列车按出发时刻先后顺序铺画

高速铁路列车运行线按等级由高至低顺序铺画，对于同等级列车，首先按出发时刻先后进行排序，然后顺序取出列车进行铺画。

③高等级及先铺画列车具有优先权

在高速铁路列车运行线铺画及间隔调整的过程中，当前铺画的列车与已铺画列车发生冲突时，先调整当前列车，然后再调整与其冲突的列车。这样可减少检查、调整次数，提高编图效率。

(4)规格化(周期性)旅客列车运行图

运输的方便、快捷、舒适以及运营的安全、正点、可靠是高速铁路吸引旅客的主要优势，要保证这个目标，除技术上须提供必要的保障外，运输计划编制是否科学合理也是极为重要的。高速铁路列车速度高、密度大，列车之间联系紧密，一旦出现干扰，列车调整困难，鉴于此，编制高速铁路列车运行图时，要在保证运输能力的基础上，合理安排各列车的到发时间。

规格化运行图是在运输能力合理负荷下，以一定时间间隔(单元时间)为单位，循环重复铺画的饱和运行图。所谓规格化是指单元时间内的列车开行及停站方案基本相同。例如，以小时为单元时间，则运行图上每小时内的列车种类、数量以及停站地点、时间基本相同。随着世界高速铁路的发展，规格化列车运行图的优势愈发凸显，极大地方便了旅客的出行，充分体现了高速铁路快捷、舒适、方便的特点，是各国高速铁路普遍采用的运行图模式。

①规格化旅客列车运行图特点

规格化运行图列车开行密度大，开行时刻、停站方案在各时段内相对固定，各单元时间内列车衔接方案相同，因此，规格化旅客列车运行图方便旅客记忆、运输组织规律、线路能力利用率高、运行图调整具备较大弹性、有利于运输能力的计算评价及与其他交通方式的衔接。但其也存在一些缺点：规格化运行的列车停站方案相对固定，导致客运产品相对单一化，部分旅客的出行要求难以满足，并且可能额外增加停站。除此之外，为实现规格化的运行线铺画，需要调整部分列车的起讫点，开行频率较低的列车也可能被取消，导致这部分旅客需要换乘。因此，应考虑客流的实际情况，选择合适的列车运行图模式与运行线铺画方法。

②规格化旅客列车运行图编制流程

规格化旅客列车运行图的特点在于，一个单元时间内列车的种类、开行数量、停站等要素均一致。因此，需要调整、合并部分列车的起讫点，并尽量实现运行线的饱和铺画。规格化旅客列车运行图的编制流程如下：

a. 调整开行方案：规格化列车运行图中列车开行的起讫点方案很少，必须首先对既有的列车方案进行合理调整、合并。

b. 确定单元时间内高峰小时列车开行方案：确定铺画单元时间（如 1 h）内的高峰小时列车开行频率、起讫点；根据客流和运输组织需要，确定单元时间内列车的相互关系，如停站、运行顺序、越行与待避等，尽可能实现开行列车对数的最大化。

c. 编制周期列车运行图：根据高峰小时列车开行方案，铺画周期列车运行图，其为饱和的运行图。

d. 编制全日列车运行图：根据日客流波动规律，确定全日各单元时间内的列车开行数量，并在周期列车运行图的基础上，取消部分运行线或者实施不同的编组方案（动车组重联或分解），微调部分运行线，将周期列车运行图扩展为全日列车运行图。

e. 编制周列车运行图：根据周客流波动规律，确定每日列车开行方案，形成周列车运行图。

f. 特殊时期列车运行图：根据对季节、特殊活动影响下的客流预测结果适当调整运行图，形成特殊时期列车运行图。

g. 统计分析。

③规格化旅客列车运行图的运用

我国高速铁路点多、线长、面广，开行的跨线列车较多，各线路的里程、运营条件、客流条件差别较大。一些长距离的高速铁路，如京广高铁，其运行时间较长，运行区间数多，并考虑部分跨线列车的开行（如经由武广段开往西安方向的列车），较难实施规格化的列车运行组织模式。然而，一些短距离的高速铁路，如广深城际等，运行的列车种类相对单一，客流以通勤、通学为主，对规格化的列车运行模式具备较好的适应性，因此借鉴了部分规格化运行图的理念，取得了良好的运营效果。

广深线于1987年建成通车，连接广州与深圳，运营里程约147 km，运营初期开行快速和普速两种等级的列车。2001年10月21日，随着我国铁路第四次大提速，时速180 km/h的国产“蓝箭”动车组在广深线投入使用。此后，广深线正式推行“公交化”旅客运输模式，实现高速列车与普速列车的运行线路分离。2007年4月18日我国铁路第六次大提速第一阶段起，时速达200 km/h的“和谐号”动车组正式上线运营，日均开行59对。2009年5月1日起，广深城际的动车组实现真正意义上的“公交化”运输模式，开行CRH1动车组100对，其中图定85对，备用线15对。

“公交化”的概念源于城市公共交通，是指在运输能力超大的通道内，以较大的行车密度、较小的单位运输能力、较少的候车时间，实现旅客便捷、快速出行的运输组织模式。归纳起来，即是采取“高速、高密、小编组”为主、灵活调整为辅的运输组织模式。该模式存在以下几个特征：

a. 客货分线。广深Ⅰ、Ⅱ线运行高速客车，Ⅲ、Ⅳ线运行货车和普速客车。

b. 高速度。广深动车组列车最高运行时速200 km，从广州东到深圳52 min就可直达，已经大大超过了广深高速公路所有大巴的速度，大幅增强了客运市场的核心竞争力。

c. 高密度。从6:00至23:00，平均每10 min就有一趟高速列车开行，最短列车追踪间隔仅5 min，最短折返时间间隔仅12 min。

d. 快速乘降。在广州东、深圳、樟木头、东莞、石龙站等动车组列车客运营业站，实现了“固定进路、固定股道、固定站台、固定停车位”，全部设置了动车组专用售票窗、候车区和乘降通道，实现了旅客快速乘降。

“公交化”的运输模式的停站方案相对单一，给广深城际高速列车的规格化运行提供了条件。表4.16为深圳北站2014年7月全日高速列车发车时刻，单元小时内的发车时刻相对固定，但并不是严格的规格化发车时刻。此外，单元小时内相对固定的发车时刻仅针对深圳北站和广州南站这两个大站。对于中间站的客流而言，其仍需看时刻表安排出行时间。

表4.16 2014年7月广深城际深圳北站全日高速列车发车时刻

时	7	8	9	10	11	12	13	14	15	16	17	18	19	20	21	22	23
时刻	0	6	25	0	0	5	0	0	0	7	5	17	7	6	6	20	0
	15	26	32	15	14	35	14	5	13	16	24	36	13	20	26	30	22
	25	45	40	30	28	50	20	31	31	24	36	50	26	40	35	40	—
	56	57	53	45	40	—	29	46	38	40	58	—	37	—	55	—	
	—	—	—	—	48		34	—	50	—	—		45		—		
					55		46						55				

3. 票务服务方案设计

票务服务是指高铁运输企业围绕“车票”而提供的所有服务。票务服务设计是核心服务设计的进一步延伸和丰富，通过对车票种类、销售方式、销售手段的设计，可以补充高铁客运位移服务“个性化”特征方面的不足。具体表现如下：

(1)丰富的车票种类可满足不同群体的需求

针对旅客职业、年龄、出行目的等差异，提供种类丰富的票制票种，进行票务服务特征设计，可在一定程度上满足不同类型群体对客运“位移”服务的个性化需求。如儿童免票、半价票，学生打折票，定期票，计次票等，都是针对不同目标群体旅客设计的。

(2)增加车票内涵延伸客运服务

随着旅客活动范围的扩大和“多式联运”的发展以及满足旅客多样化需求理念的深入，需要为旅客提供更多便捷的延伸服务，培育服务新业态。如融合线上线下客运资源，建立与各有关合作企业的会商模式，丰富“铁路客票＋”与“互联网＋”产品种类，创新“铁路＋文旅”等定制产品，不断提高高铁客运服务质量和旅客体验，提高铁路市场竞争力。

(3)灵活的车票销售渠道可实现高铁运输企业营销策略

随着信息技术的发展，票务服务线上模式逐渐成为主导，通过丰富车票的销售渠道，既满足旅客多样化票务服务需求，提高票务服务便捷性，也能扩展企业票务服务容量，降低人工成本，同时也进一步体现了高铁运输企业通过车票销售渠道管理，行使企业营销策略，实现运输企业的收益管理目标。如 2020 年底全面推行的电子客票，实现旅客持身份证可在全国 2 878 个高速铁路和普速铁路车站“一证通行”，惠及 99％以上铁路出行人群，同时还减少了运营成本、大幅降低了窗口人员工作量。

4.3.4 高速铁路客运辅助服务包设计

1. 高铁客运辅助服务包内容

旅客选择高速铁路作为出行方式时，高铁运输企业除了要为旅客提供核心服务外，还需要在旅客出行全过程中提供与核心服务相匹配的辅助服务。旅客出行需要的辅助服务项目见表 4.17。

表 4.17 旅客旅行需要的辅助服务项目

旅行环节	可能需要的服务
计划旅行	提供各种旅行相关信息等
订、购车票	提供多种便捷的订票和购票服务等
车站候车	提供舒适、安全的候车环境和各种旅客信息、餐饮、购物等商业服务以及行李寄存服务，行李的搬运等
上车	提供明确的引导服务及送站者方便的购置站台票等
途中	提供舒适、安全、方便的乘车环境和列车正晚点、气象、旅游等信息，以及娱乐、餐饮等服务
下车(含换乘)	提供正确的到站、停站、换乘车次、气象、旅游等信息，以及明确的引导服务等
出站	提供明确的引导服务和各种需求信息服务等

表 4.17 的辅助服务可以分为两类，一类是基本服务，这类服务是完成核心服务并达到

相应标准所必须具备的内容。如信息服务、理赔与失物招领、冷热水供应等，以免费提供为主。对于这些基本的辅助性服务，应有相应的服务提供标准，如失物的免费保存时间，冷热水保持 24 h 供应等。另一类是延伸服务，严格来讲这类服务是超标准(以旅客所购买的核心服务类型为基础)提供的，其目的是改善旅客服务体验，这类辅助服务依条件不同旅客可以是免费或者付费享受，如餐饮、约车等服务。

旅客所购买核心服务(列车等级或席位)不同，其辅助服务对应的基本服务和延伸服务存在不确定性，这与高铁运输企业的营销策略有关。如高铁列车上提供的快餐，可以设计成一、二等座为付费延伸服务，而对商务座为免费的基本服务。高铁运输企业可以根据自身实力和营销策略，为旅客提供更多样的免费、折扣、付费的辅助服务，以此在增加或改善辅助服务的同时，增强本企业客运服务的特色和竞争力。

2. 高铁客运辅助服务包设计要求

高铁客运辅助服务是核心服务必不可少的基本条件，也是核心服务的补充和丰富，要求与核心服务相匹配。为保证辅助服务的规范性和质量，在高铁客运辅助服务包设计时，必须注意几点：

(1)连贯性

旅客在不同运输阶段需要同种辅助服务的概率很大。如引导服务，旅客从到站—进站—检票—上车—中途换乘—下车出站，涉及多个环节、多个运输企业，几乎每个活动环节都需要铁路向旅客提供引导服务，这类服务设计时要求尽量连贯，避免时有时无。

(2)高效率

旅客对辅助服务需求量大，使用频率高，这就要求提高辅助服务效率，采用先进的信息技术和设备、培训高素质员工或部分服务“外包”。如车站的餐饮、保洁工作，承包给专业餐饮公司和保洁公司。而高铁运输企业把注意力放在制定标准和执行上，从而保证服务的高标准和高效率。

(3)标准化

基本服务必须注意各环节标准的一致性，这就要求其按照一定的标准进行设计，无论从服务提供的数量、质量方面都应有一定的标准，但并不是千篇一律，而是针对不同目标群体旅客设计不同服务标准，满足不同旅客的需求。

(4)多样化

由于延伸服务是为实现体验增值的，要以满足旅客多样化需求为目标，如可以为携带贵重物品旅客提供专门保管服务。高铁客运辅助服务包的延伸服务设计更能体现高铁运输企业满足旅客隐性、多样化需求的理念，也更能体现运输企业特色，具有广阔的发挥空间。

(5)动态调整

一方面，要根据旅客途中运行时间及时间段分布特点动态调整。如北京—天津城际列车仅半小时车程，餐饮服务可以设计为延伸服务而非基本服务；北京—上海高速铁路 4～6 h，不同车次时间段分布不同，餐饮服务可以设计为付费基本服务，亦可设计为延伸服务；北京—广州高速铁路 10 h，餐饮服务设计为付费基本服务。

另一方面，为改善“旅客体验”，提供超过服务标准的服务，实现服务“升级”。“升级”条件：一是旅客自愿付费，在条件允许时，高铁运输企业酌情提供；二是遇到突发情况时，可以酌情提供。如疫情期间，铁路首先推出"无条件免费退票"的超值服务；由于设备故障造成列车较长时间晚点，列车上提供"免费饮料或餐饮"。

总之，辅助服务包设计是高铁运输企业扩大经营的方向之一。针对不同消费群体，在开发核心服务包的同时，可以提供更多付费基本服务和延伸服务，如针对商务群体提供更多"付费"延伸服务，增加旅客体验的同时，增加高铁运输企业经营效益。

4.4 高速铁路客运服务流程设计

服务设计包经"从旅客服务需求和企业服务战略到服务基调"两个阶段，形成向社会提供各类"具体服务"内容的组合，每项服务都需要设计一个可执行的与其匹配的服务过程，即服务流程。所以说，服务流程设计就是对服务包所包含各要素提供顺序的设计过程，解决"怎样向旅客提供服务"的问题。

4.4.1 高速铁路客运服务流程概念和内容

1. 高铁客运服务流程概念

服务流程有狭义和广义之分。狭义的服务流程是指服务程序，即服务的先后顺序。广义的服务流程指服务企业向旅客提供服务的整个过程和完成这个过程所需要各种资源的组合方式，是服务设计方案的重要组成部分。它不仅仅包括前台服务活动的顺序安排，还应将后台的支持性活动考虑在内；不仅要将服务者、服务组织活动列入设计范畴，还要把旅客活动及旅客与服务者的相互影响作为重要组成部分，体现了高铁客运服务需求侧与供给侧全程互动的过程。可以说，广义的服务流程就是一个完整的服务生产与消费系统。

2. 高铁客运服务流程类型和特点

与服务类型划分相似，可根据服务差异化程度、服务对象、旅客与服务人员的接触程度、企业提供服务方式等划分服务流程。

(1)按服务差异化程度，可将服务流程分为标准化服务和个性化服务。

标准化服务是服务差异化程度较低的服务，服务内容简单、重复、技能要求低。由于工作的重复性强，较容易实现自动化，以机器代替人力劳动。个性化服务是服务差异化程度较高的服务，灵活性大，需要服务者对服务情景做出判断，对服务者的工作技能要求高。要求高铁运输服务企业给一线员工一定的授权，以便对旅客的需求做出快速反应。

(2)按服务对象，可将服务流程分为旅客和有形物品。

旅客是高铁客运服务最主要的对象，服务流程的顺序应符合旅客活动规律和心理接受程度等。虽然把有形物品作为流程"处理"的对象是制造业的特征，但从前面的服务包模型来看，高铁运输企业在为旅客提供服务时，还必须为旅客处理一些有形物品，如对旅客携带品的保管、寄存、运送，在旅客旅行过程中配套的餐饮、娱乐设施等。对于有形物品的"处理"同样是服务流程的一个重要方面，应当予以足够的重视。

(3)按服务接触程度，可将服务流程分为直接接触、间接接触和无接触三类。

旅客来到服务场所接受服务即为直接接触。如旅客在列车上接受乘务人员提供的各项服务、旅客到售票窗口购票等都属于直接接触类型的客运服务。直接接触又分为旅客自助式和旅客与服务者在服务现场全面接触两种。其中自助式服务是客运服务的发展趋势，旅客参与服务可大大降低服务的劳动成本。

旅客与高铁运输企业通过间接方式进行接触称为间接接触服务。如电话订票、12306网络订票，通过网络预订酒店、旅行社等，这些间接接触的方式不仅会增加客流，还会促进延伸服务的发展。

旅客无须参与客运服务业务性工作称为无接触服务流程。如客运服务部门制定的一些规章制度、行为规范等，这些内容多数是针对客运服务人员的。服务人员的服务技能、服务态度直接影响旅客对服务的感知质量，进而影响旅客的忠诚度。

(4)按服务实现主渠道，可将服务流程分为线上服务和线下服务。

线上服务是依托网络进行的服务行为。这类服务较为便捷和规范，旅客只需通过网络简单点选或查询就能获得服务。随着互联网、手机等普及，越来越多的服务可以通过线上实现，其内涵也不断拓展。如网络或App购票、订外卖、线上推广、在线选座、在线观影等。

线下服务是依托传统线下模式实现的服务行为。这类服务需求服务面更广，适用性更强，也可实现更深入的个性化或定制性服务需求。如售票大厅购票、行李托运、售货车购物、候车厅点餐等。

3. 高铁客运服务流程设计方法

高铁客运服务流程设计方法是对以下各类服务方法的选择分析过程。这些服务方法与服务流程密切相连，高铁运输企业应该根据服务环节、服务活动特点选择适当的服务方法，在为旅客提供满意服务的同时，降低服务成本，提高服务质量和经营效益。

服务流程设计方法通常有生产线方法、顾客合作法、顾客接触法三种。

(1)生产线方法

生产线方法就是将工业设计的理念引入服务设计中，其目标是设计一种可控的服务环境，以提供质量稳定的标准化产品。这种方法可以提高服务工作效率，适应于服务需求差异化程度较低的服务流程。虽然这类服务不能给顾客以过多的个性化照顾，但其规范统一的服务形象、稳定可靠的服务质量和低成本、高效率的服务提供，成为服务市场中一种特点鲜明的服务类型。许多实施成本领先战略的企业常采用这种方法设计服务流程。例如，高速铁路列车上提供的盒饭餐饮服务，其原料采购、烹饪、包装等过程，都按照标准化严格执行。员工在制作过程中基本不需要做出各种判断，只要按照既定的标准去执行即可。

生产线型服务流程设计有如下特征：

①低“自由度”的服务行为

生产线型流程服务组织的员工工作任务是明确而简单的，与工业流水线上的工人一样，只能按照标准进行服务操作，不能“自主”地决定服务行为。一贯的服务质量和标准化是这种流程的特点。

②严格细致的劳动分工

生产线型流程的服务任务被拆分成许多简单的任务单元，每个任务单元由少数几个人完成，相互之间紧密衔接、顺序接续。

③以技术(设备)代替人力

生产线型流程的劳动特点是标准化、重复性劳动被技术设备替代，这样不仅降低了劳动成本，而且还能保持较高的标准程度和一贯的服务质量。

④服务标准化

生产线型的服务流程形成了明确的劳动分工和有序的顾客消费线路，让服务成为简单明确的过程，服务质量更易于控制，同时服务组织也可以采用特许经营的方法进行扩张。

高铁客运服务过程的许多环节均采用生产线方法，可以大大提高服务效率，降低服务成本，减少客运服务过程差异化造成的质量不一致的现象。例如，高铁客运站进站安检、检票上车等服务环节采用生产线方式进行服务流程设计，提高服务的标准化程度和效率。

(2)顾客合作法

服务生产与消费同步的特性决定了大部分顾客在服务消费中扮演着主动“合作生产者”的角色。顾客参与服务的生产过程，客观上将部分服务工作转移到了顾客方面，而且这种转移还能增强服务的个性化程度。

鼓励顾客参与生产，符合服务组织采取的成本领先战略，也能满足喜好自助服务的顾客要求。

①顾客参与服务生产的益处

依据顾客参与生产的程度，服务流程可设计成从自助服务到完全依靠服务者的不同形式。顾客参与生产对于服务组织有如下益处：

a. 代替服务人员。随着科技进步和社会人工成本日益增加，越来越多企业选择顾客合作法提供服务，用顾客参与来代替服务劳动力。如高速铁路互联网售票、自助售票机、自助验证验票等。越来越多旅客习惯并享受自助服务带来的便捷和对服务过程的“控制感”，如互联网票务服务提供的线上购票、退票、选座等功能，极大地方便了旅客，节省了旅客的时间，且旅客自助服务一定程度上还能扩展服务容量。

b. 平衡服务需求。服务需求的波动性给企业的服务容量管理带来了难度，而顾客参与生产可以平衡服务需求。如企业可以为旅客提供预订服务，适当调整顾客消费的时间，减少顾客因服务高峰而增加的等候时间。当然，在服务高峰期以价格杠杆调节需求也是一种有效途径。

若服务高峰无法避免，则必须让顾客等候。顾客等候实质上也相当于增加了服务容量。为此，许多服务组织以较低的服务价格作为顾客等候的补偿。但由于不同顾客的时间观念的差异性，这种做法不一定能使所有的顾客满意。

②顾客选择自助式服务方式需考虑的因素

服务学者贝特逊进行了一次调查，要求顾客运用以下七条标准来考察并选择服务方式：a. 完成服务消费所需的时间；b. 顾客对各种服务情形的控制程度；c. 服务流程的效率；d. 服务中人际接触的多少；e. 服务中可能存在的风险大小；f. 完成服务享受所需付出的努力；g. 顾客在服务消费中对他人的依赖程度。

调查结果表明，喜欢自助式服务的顾客把第二条标准视为最重要的考虑因素。在顾客看来，自助式服务消费中顾客起到了主导作用，也就提高了服务的个性化程度。

结果还表明，当服务中可能存在的风险较小、完成服务所需付出的努力较少、顾客在服务消费中对他人的依赖程度较低的情况下，自助式服务流程的效率更高，更吸引顾客。

实质上，以上七条标准中的绝大部分可以成为服务组织在考虑是否采用自助式服务方式时参照的标准。

③自助式服务设计的要点

自助式服务设计的目的，一是减少服务中的人际接触；二是提高服务的个性化程度。自助式服务设计应具有以下特点：

a. 增加设施设备技术投入。尤其是通过一些新技术新设备的应用，利用信息技术开发网络服务平台等，拓展服务时空边界，代替人工投入实现顾客完成自助服务。

b. 简化服务操作。顾客不喜欢在自助服务时投入较多的精力从事复杂的服务操作，服务组织必须简化服务的操作流程。自助式服务设计要考虑顾客与服务设施设备的“人—机”关系。

c. 服务标志明显，服务信息传递通畅。顾客完成自我服务，需要足够的信息告知他们“下一步”怎么办，因此，需要增添服务流程的引导标志和设施设备等，并置于明显处。

d. 服务路线与界面设计应符合人们的自然消费习惯。服务路线与界面（如网站的网页）设计应尽量符合人们的消费常规，服务环节之间的连接应为“人之常情”的自然衔接，即顾客很“自然”地沿着服务路线（程序）继续下一环节的服务体验。

高铁客运服务系统中旅客通过服务信息平台、自助设备等进行自助式消费，参与服务生产过程，服务过程主要是旅客通过自己的劳动完成消费，基本不需要一线工作人员参与。如旅客可利用 12306 手机 App 购票、自助验证（验票机）进站候车、自助检票机检票上车，实现进站服务流程的全程自助化。

（3）顾客接触法

顾客接触法是介于生产线方法和顾客合作法之间的一种方法，它兼顾了鼓励顾客参与服务提供和组织有效后台生产两方面，符合大部分服务组织的产品特征，因而在服务业中得到较为广泛的应用。本书在 4.4.4 重点介绍。

4. 高铁客运服务流程设计内容和步骤

服务流程设计是对服务包中各项服务要素提供顺序的设计过程，是服务包设计的延续，其包括内容和设计步骤，如图 4.12 所示。

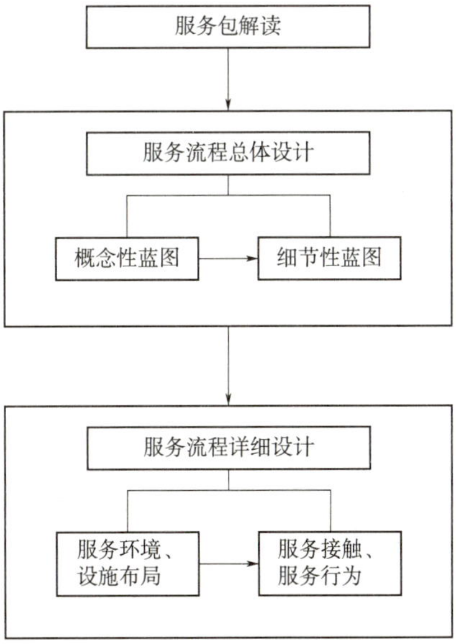

图 4.12 高铁客运服务流程设计内容和步骤

（1）服务包解读。即确定服务内容，既可以是为了实现旅客出行需求全环节服务内容作为一个整体的服务，也可以是某一环节的某一项服务。服务流程设计就是在明确服务包提供什么服务（整体服务或某一项服务）的基础上，进行服务流程总体设计和详细设计，最终解决“怎样向旅客提供服务”的问题。

（2）服务流程总体设计。即广义服务流程设计，在确定服务流程类型及服务流程基本方法的基础上，借助服务蓝图对服务提供（生产）系统进行总体描述和规划设计，服务蓝图的相关内容将在4.4.2进行介绍。

（3）服务流程详细设计。即狭义服务流程设计，包括具体服务活动各环节（时间、地点、设备、人力配置）的先后顺序和服务环节时间标准计算。

（4）服务接触和有形展示设计。包括服务接触设计及服务环境、设施布局、服务行为等服务的有形化设计。

4.4.2 高速铁路客运服务流程总体设计

1. 服务流程总体设计内容

虽然服务流程包括了服务提供过程的所有要素，但服务流程总体设计并非对各要素进行细节性设计，而是从整个服务提供系统的总体出发，确定服务提供的基本方式和服务生产特征，为进行各要素的具体的、细节性的设计规定基本方向和总体思路。所以，服务流程总体设计包括以下内容：

（1）确定提供服务的服务流程类型。按照旅客与服务企业的接触程度、服务企业提供服务的方式等，确定拟向目标旅客提供服务的服务流程类型。以旅客购票服务为例，有互联网、手机App、车站自动售票机、车站窗口等服务提供方式，互联网、手机App属于低接触度的线上服务，车站自动售票机属于中接触度的线下服务，车站窗口属于高接触度的线下服务，方式不同，服务流程不同，流程的基本方法各异。如旅客在高铁客运站自动售票机购票属于旅客来到服务地点但无须与服务者直接接触的自助式服务。

（2）选择服务流程的基本方法。根据服务流程的类型，明确服务提供的基本方法和服务生产特征。例如，根据旅客在自动购票机购票属于“与服务者不接触”的服务流程，则可明确此项服务提供的方法为旅客合作法，旅客自助完成服务过程。

（3）对服务提供（生产）系统进行总体描述和规划设计。对服务提供（生产）系统进行总体描述和规划设计也就是确定此项服务的服务蓝图，确定旅客、前台服务人员、后台服务人员以及职能部门与管理者的职责。例如，旅客到站在自动售票机购票这项服务，除部分旅客需要提供操作指导外，基本不需要前台服务人员，而后台服务人员则要保证售票机的正常运作，职能部门要确定自动售票机服务功能、故障修复、布局等，管理者则负责职能部门结合部的内容协调、是否增加相关人员与财务支持、优化自动售票机购票服务决策等。

2. 服务流程总体设计方法——服务蓝图

服务流程类型和服务流程的基本设计方法的确定，为服务流程设计工作指明了基本设计思路，这是流程设计的第一步。在此基础上，服务流程总体设计可以运用绘制服务蓝图的方法完成。

（1）服务蓝图的概念和作用

①服务蓝图的概念

服务蓝图是以简洁明确的方式将服务基调和设计思路转化为服务系统的图示方法。蓝图勾画出所有服务生产要素（人和物）的职责、前后台的操作流程和相互协作关系等，注重操作性。服务蓝图按其表明内容详细程度可分为概念性蓝图和细节性蓝图两种。前者是对服务系统的总体描述;后者是对服务系统的某一部分的详细描述,二者的设计原理和方法是相同的。

②服务蓝图的作用

一是概念性服务蓝图给管理者提供了一个服务系统(所有资源)的全景,便于管理者进行统筹规划(有形要素、无形要素等),促使管理者全面、深入、准确地了解所提供的服务,有针对性地设计服务过程,更好满足旅客需要。

二是服务蓝图能协助管理者和职能部门确定企业与旅客行为交互触点,发现可能出现服务失误的关键时刻、薄弱环节,进而促使高铁运输企业进行改善性服务设计,建立完善的服务操作程序,明确服务职责,有针对性地开展员工培训工作,最终达到改进服务质量、提高旅客满意度和企业效益的目的。

三是细节性服务蓝图可以协助企业职能部门了解本部门的工作流程,制定相应的管理方案。如人力资源部门可以利用服务蓝图确定职工招聘标准、人事制度等;培训部门可以利用服务蓝图制定培训相关制度、管理办法、培训方案等;营销管理部门也可以在服务蓝图上确定高铁运输企业与旅客的接触点和信息交流方式等。

四是细节性服务蓝图是“服务设计辅助决策系统”的基础,服务蓝图是对服务系统的基本分析,可以利用服务蓝图设计服务设计(或仿真)系统,如美国运通开发的帮助客户进行信贷决策的专家系统的设计就是从服务蓝图开始的。

(2)服务蓝图的构建

①服务蓝图构建步骤

服务对应的服务蓝图不具有唯一性,建立服务蓝图应该遵循以下步骤:

a. 明确服务蓝图对象。建立服务蓝图的服务内容,对将要绘制的服务蓝图过程的识别取决于建立蓝图的潜在目的。

b. 明确目标旅客。从旅客的角度用流程图的形式表示其体验服务的过程,然后用图形表达旅客的购买、消费和评价活动。

c. 明确前后台服务行为。首先画外部互动分界线和可视部分线,然后画具体的服务提供过程。如高速铁路购票服务,互联网模式的线上票务服务和车站窗口人工售票,服务提供方式不同,互动分界线、可视部分线和具体服务提供过程不同,旅客接触和可见不同,需要提前确定。

d. 明确高铁运输企业内部支持活动。画内部相互影响线和管理实施线,确定企业内部职能部门需要配合的工作和管理职能活动,并使内部支持活动对旅客和一线员工的影响变得清晰易见。

在建立服务蓝图时还应注意以下几个问题:

a. 建立服务蓝图不是几个人或某一职能部门的事,一般需要成立开发小组,吸收各方代表,尤其是一线服务人员的积极参与。

b. 对已经存在的服务,必须按照实际情况建立服务蓝图。

c. 对不同服务需要建立不同的服务蓝图。

d. 在进行服务蓝图设计时,可借助计算机图形技术。

②服务蓝图的构成

服务蓝图设计理念源自系统分析方法和工程设计。服务系统不仅仅是一个“流程”，它还是一种“结构”。流程是服务过程的展现，结构是实现或提供服务的层次性、阶段性的划分。服务蓝图用水平和垂直两个方向的设计将“流程”与“结构”结合起来。在服务蓝图上，方框“□”的内容表示“谁向谁做了什么”，称为行为框；菱形“◇”的内容说明了“在什么情况下”，称为决策框；箭头和连接框的线表明了“顺序”。

服务的“流程”在蓝图的水平方向上从左至右按时间先后顺序排列起来的行为框表示。

服务的“结构”在蓝图的垂直方向上表示出来。自上而下，出现三层结构，表示一般服务系统的组成：服务接触、后台支持性工作和管理活动。当然，也可以更详细地划分，这取决于蓝图的性质是细节性的还是概念性的。这里值得注意的是，蓝图的结构层次刚好是传统组织机构图的倒置，一线员工在上，而管理者在下。这体现出直接服务者在服务组织中的作用，或者说服务蓝图实质上是在倒置的组织机构图上加入行为框而成。

在服务接触层，有一条“互动分界线”将旅客的行为和一线服务员的服务行为联系起来。旅客行为在“互动分界线”上，员工行为在“互动分界线”下。二者的行为均从左至右依次进行。

一条“可视部分线”将服务系统的前台和后台分开。所谓“可视”，是相对旅客而言。旅客“可视”部分就是服务系统的前台，而在“可视部分线”之下，即旅客不可视的部分就是服务系统的后台。后台员工为前台员工提供支持性服务，如列车上餐车的厨师为前台服务人员提供有形饭菜。

“内部相互影响线”将服务系统的后台和服务系统内的其他支持性功能部门（即微观管理）分开。提供完善的服务，不仅需要前台服务者和后台服务者的努力，还需要服务系统内部其他职能部门的配合，如营销部门的广告支持、采购部门的物品供应、人事部门的业务培训、工程部门的设备维护等。

最后，“管理实施线”将管理职能活动与业务活动区分开来。在“管理实施线”下是管理者的管理职能活动（宏观管理），如计划活动、组织活动、控制活动、评估活动。当然，这条线只会出现在概念性服务蓝图中，而细节性服务蓝图则可省略宏观管理层。可以说服务蓝图构成简化图如图 4.13 所示。

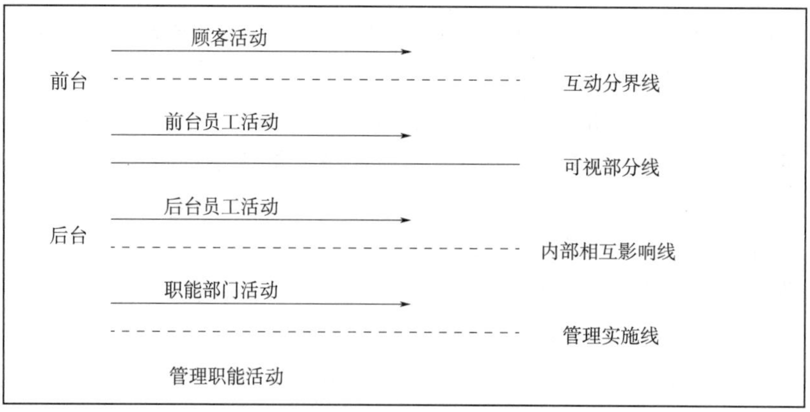

图 4.13　服务蓝图简化图

3. 高铁客运服务蓝图

服务蓝图设计的对象是“服务”，可以是核心服务，也可以是辅助服务；可以是有形服务，也可以是无形服务；可以是显性服务，也可以是隐性服务，但一定是以前台服务为中心的。高铁客运服务既可以是为了实现旅客出行需求而将全环节服务内容视为一个整体的服务；也可以是为实现旅客出行需求的而提供的某一环节的服务。也就是说高铁客运服务是可以不断分解、细化的过程，直到分解为可重复、可执行的一个个服务动作组成的具体服务活动由此可测定客运服务工作的时间标准。对于服务分解过程中每一层级的服务，都可以通过绘制概念性蓝图和细节性蓝图，完成对这一层的服务流程总体设计，并依此组织、配置相应服务资源。例如，若将运输全过程视为一项整体服务，并对其绘制概念性蓝图，那么可以有针对地对其中的票务服务、车站服务、列车服务、餐饮服务、订餐服务等绘制不同层次的细节性蓝图。若对订餐服务绘制概念性蓝图，又可以对手机App网络订餐、向列车员点餐、餐车点餐等不同形式的订餐服务绘制细节性蓝图。下面以高铁客运全环节整体服务及其中的高速铁路外卖服务为例分别绘制概念性蓝图和细节性蓝图。

(1)高铁客运整体服务的概念性蓝图

高铁客运服务蓝图生动详细地向服务组织展示了为实现旅客位移的整个环节的所有要素的组合，旅客与高铁运输企业是如何互动的，前台员工、后台员工提供哪些服务，职能部门提供哪些人员、设备、技术等支持，管理者如何进行总结评价决策等，也即参与客运服务的各个结构层面的人员是如何参与到服务提供的活动中来的。高铁客运整体服务对应的概念性如图4.14所示。

从左至右解读高铁客运服务蓝图，能从旅客角度理解服务过程。从上至下解读高铁客运服务蓝图，能了解服务系统的构成和前后台的相互联系。

(2)高铁客运外卖服务的细节性蓝图

对于同一服务环节的同一服务内容，由于服务目标旅客不同，采取不同的服务生产方式，涉及的服务要素、组合方式等也存在差异。如高铁列车订餐服务包括手机App网络订餐(高速铁路外卖)、向列车员点餐、餐车点餐等不同形式的订餐服务，其中2017年推出的互联网订餐服务(高速铁路外卖)与传统铁路餐饮服务在运营模式上有较大差异，本书特以“高铁外卖”服务为例绘制细节蓝图，如图4.15所示。

高速铁路外卖不再仅限于铁路部门自产餐食，为旅客提供了便利、精准的订餐服务，极大地丰富了可选菜单。“高铁外卖”服务蓝图可视线以下后台员工行为(如原料采购、食品加工、打包)由指定高速铁路车站合作店商完成，外卖从车站送到列车环节由专业送餐公司完成，乃至列车上的餐服人员、保洁人员亦是委托单位的，而铁路企业的职能部门和管理者更多的是对这些委托公司的资格准入、人员资质、设施设备、服务标准等方面提出要求，以及委托服务与铁路自身提供服务结合部的管控等方面制定相关管理办法，签订相关协议，做好服务监督检查总结反馈，提出服务改善决策等。可以说，“高铁外卖”服务模式的提出，是铁路企业改善经营理念，满足旅客多样化美好出行需求，建设开放、共享经济发展理念的有力体现，对其他高铁客运服务设计有借鉴意义。

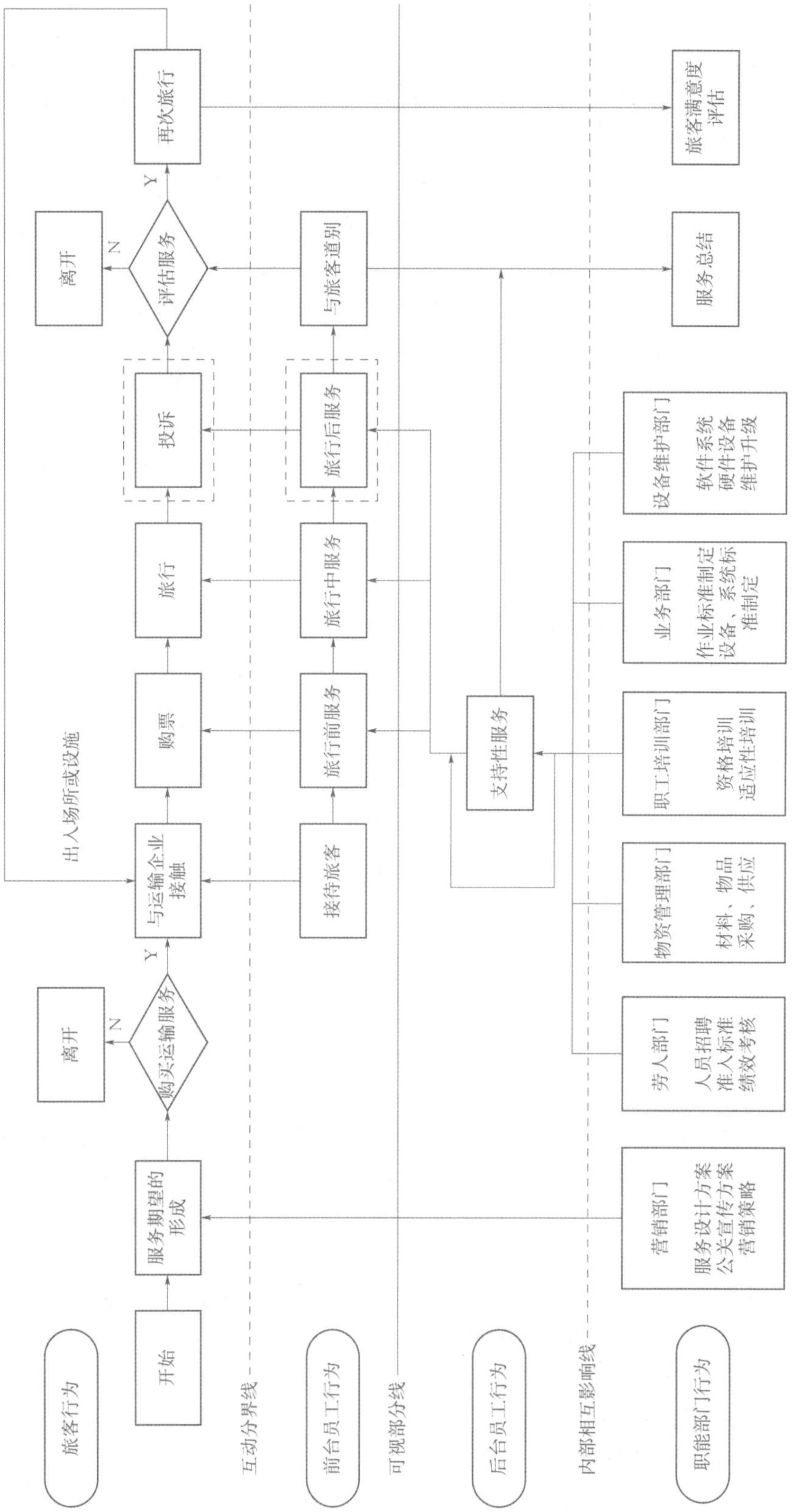

图4.14 高铁客运整体服务概念性蓝图

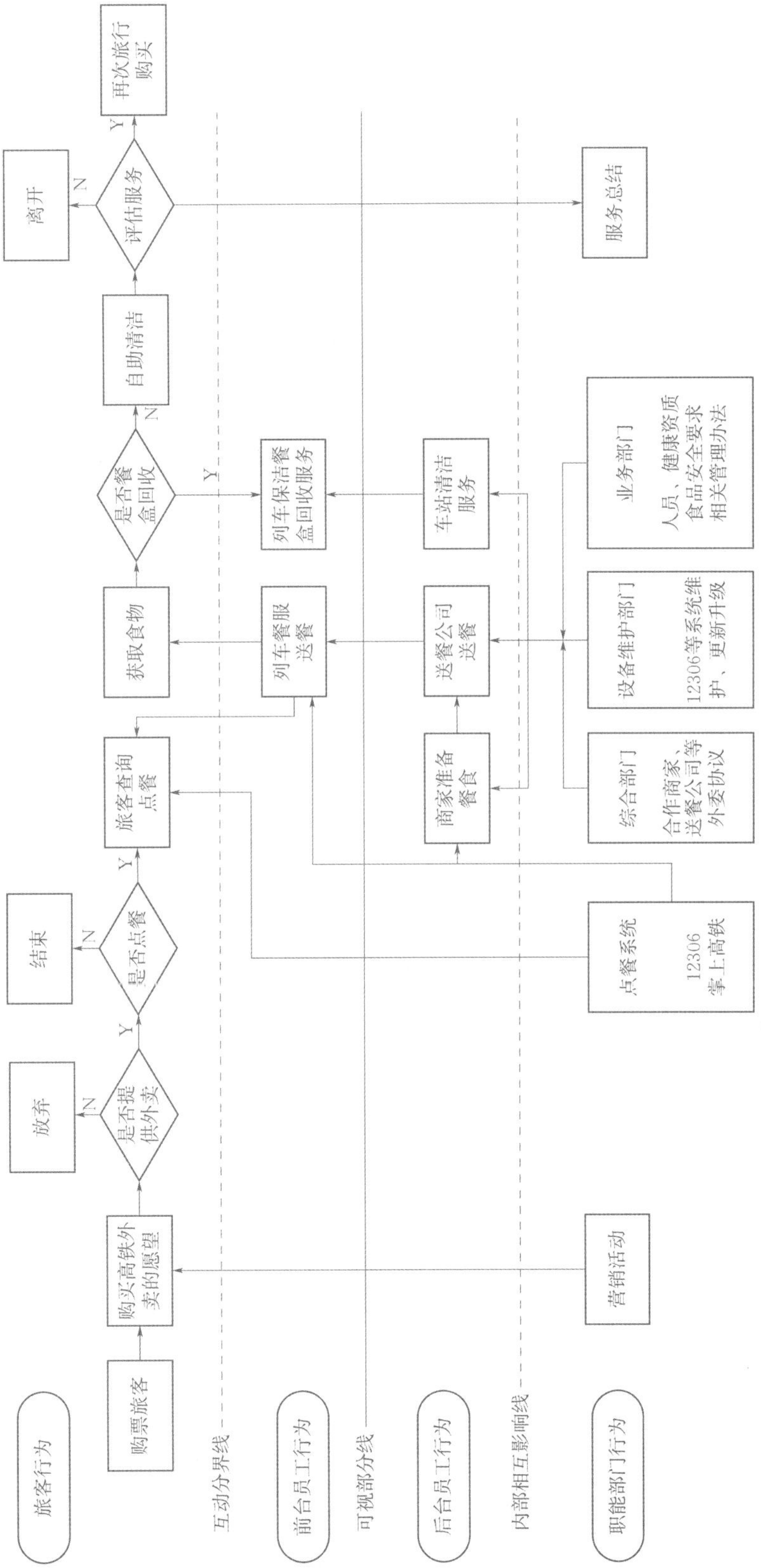

图4.15 高铁客运外卖服务细节性蓝图

4.4.3 高速铁路客运服务流程详细设计

1. 高铁客运服务流程详细设计概念及特点

高铁客运服务详细流程是高铁客运服务分解到不可再分解项的服务程序，即服务的先后顺序。服务流程详细设计即服务程序设计，它表明一项服务活动“先做什么，后做什么”，完成时限，需要多少设备、人员，如何布局等。高铁客运服务流程详细设计具有如下特点：

(1)服务流程详细设计是基于服务基调、服务包、服务总体设计选择出服务流程类型、明确服务流程设计方法的前提下，解决如何设计出可执行的服务过程的问题。

(2)服务流程详细设计涉及服务的提供时间、地点、设施、人力资源等因素。

(3)服务流程详细设计侧重前台服务人员(设备)和旅客之间产生的“服务性”互动行为，从而达到既符合旅客需要、体现对旅客人性化关怀，又能够关注到员工的需要及工作满意度，同时还能实现服务企业提高生产效率、降低服务成本等经营性目标。

(4)服务流程详细设计亦可用于后台服务人员的作业流程设计，突出各业务部门、各服务供应商之间的工作与服务的协调与衔接，实现以提高生产效率、降低服务成本、提高员工工作满意度为中心的服务行为的“经营性”和“工作性”目标。

(5)服务流程详细设计应充分考虑高铁客运服务“场所固定”的基本特点。在客站规划设计、列车设计生产阶段，客运服务的设施设备布局及旅客和行包流线即已确定，所以，在服务流程详细设计时要综合考虑人员(设备)效率和旅客便捷要求。

总之，在高铁客运服务蓝图的基础上，完成与其匹配的旅客(或物品)位移服务的生产及服务全过程及其各层次、各环节的服务流程的详细设计，直到对不可再分解项的服务程序(先后顺序)的设计。至此，服务流程的设计方案输出，可作为一线服务管理和服务人员的“工作性”流程及标准，也可形成向社会提供高铁客运“服务性”流程及标准。高铁客运服务流程详细设计内容如图 4.16 所示。

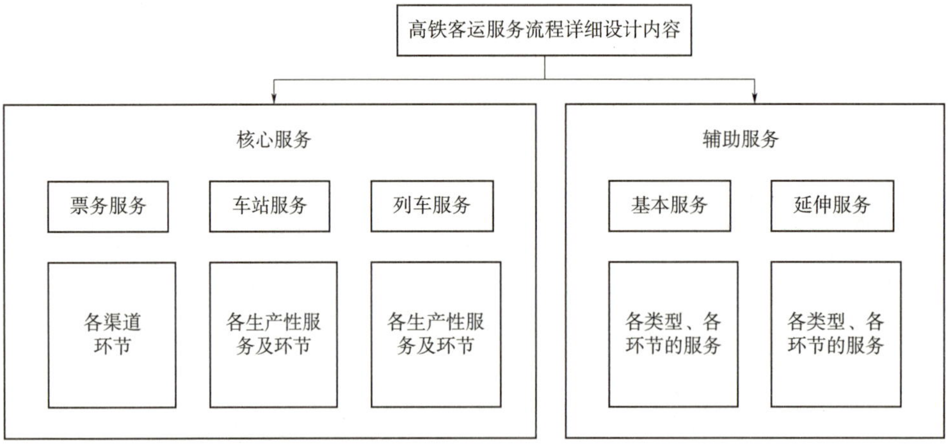

图 4.16 高铁客运服务流程详细设计内容

2. 高铁客运服务详细设计步骤及方法

高铁客运服务详细设计内容主要包括确定完成“整个服务”的周期时间、确定完成“整个服务”的各具体环节及其相互时间的衔接与配合关系，以及服务程序设计的优化(改善)等内容。高铁客运服务详细设计步骤如图 4.17 所示。

(1)具体服务的环节分解

任何“一项服务”都可以分解为 1～n 个服务环节或服务阶段。环节划分是将“服务过程”分解为不可再分解的“动作”，如售票服务中的“……印制票据、收付票款……”；阶段划分是将“服务过程”分解为若干服务阶段(还可以进一步分解)，如位移服务可分为票务、站车等服务阶段。

服务环节分解可以用服务流程图的方法来进行解读。服务流程图突出拟设计目标服务的服务内容和步骤的顺序性，影响服务设施设备布局和服务时间与服务效率，是操作性流程图，使得参与服务过程的员工、旅客以及管理者能够客观地认识服务过程，清楚自己在服务过程中的角色，使服务能够顺利完成。

服务环节的划分方式与其服务流程的类型、渠道等有关，具体可以从以下几方面描述。

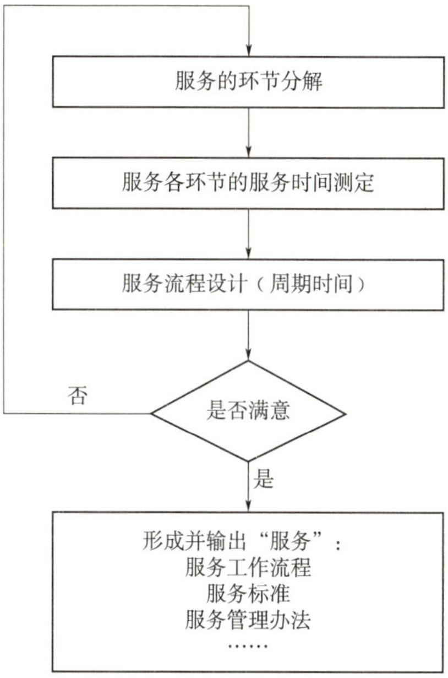

图 4.17　高铁客运服务详细设计步骤图

①按服务提供方式划分

按照服务提供方式可分为人工服务和设备服务。以高速铁路检票服务为例，高速铁路客运站的进站旅客检票方式包括两种，即自助检票闸机以及人工检票通道。从旅客接到开始检票提示后离开候车区向检票口移动并到达检票口算起，人工检票包括 4 个程序，自助闸机检票包括 5 个程序，具体服务环节分别如图 4.18 和图 4.19 所示。

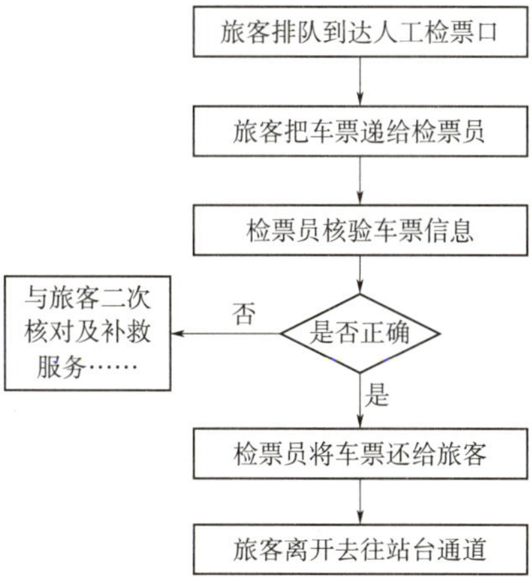

图 4.18　人工检票流程图

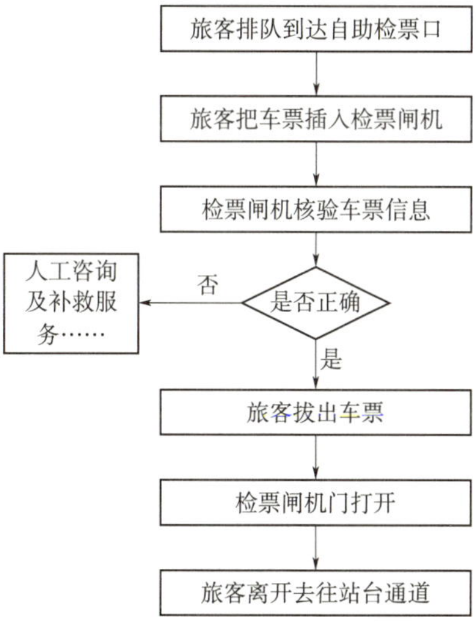

图 4.19　自助闸机检票流程图

②按服务对象划分

按照服务对象的多少可以分为单个服务对象和多个服务对象。上述检票服务属于单个服务对象类型，为携带行李的旅客提供的进站安检服务属于多个服务对象类型。高速铁路客运站安检包括“人身安检”和“行李安检”两部分,未携带行李的旅客无须经历放置行李过程。根据二者进行顺序不同可将安检流程分为以下两种:a. 先行李检查后人身检查:先将行李放置到安检仪传送带上,然后通过安检门后取行李,来到手检员处,进行人身安全检查后离开。b. 行李检查和人身检查同时进行:先将行李放置到安检仪传送带上,然后通过安检门,经过手检员人身安全检查,之后去安检仪尾部取行李离开。两种顺序方式的安检流程分别如图 4.20 和 4.21 所示。

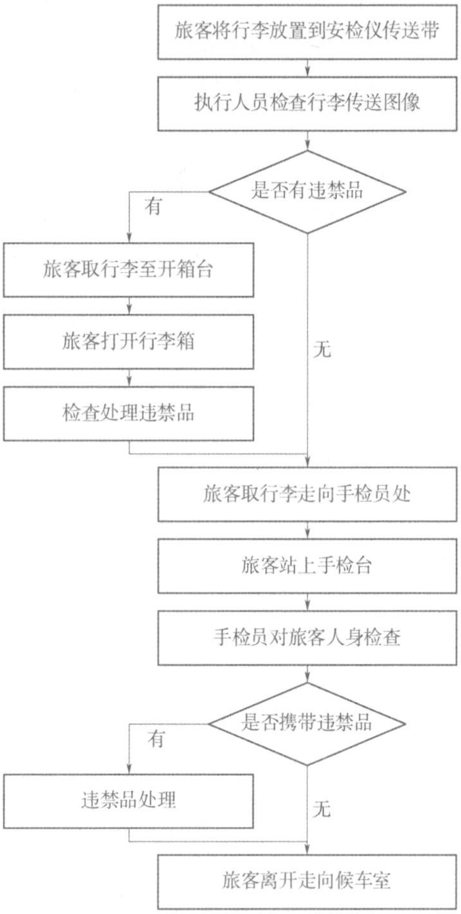

图 4.20 “先行李检查后人身检查”模式安检流程图

由图 4.20 和图 4.21 对比可知,“先行李检查后人身检查”模式的安检通道串联设置,所需通道较长,各安检通道可共用手检员,要求行李安检与人身安检能力相匹配;“行李检查和人身检查同时进行”模式的安检通道并行安排,所需通道较宽,手检员一一对应,一个通道 1～3 名手检员,要求行李安检与人身安检能力相匹配、行李运送时间与手检时间相匹配。高速铁路客运站根据设施设备布局和人员配置等情况选择安检流程。

(2)客运服务工作时间标准测定

具体服务工作时间标准是通过测定该项服务各环节时间标准的基础上得到的。各环节时间测定是确定服务工作时间标准的前提,对提高服务工作效率和服务程序设计有很大帮助。当前高铁客运服务仍以标准化和程序化程度较高的批量服务为主,所以可以采用“时间研究法”和“成果评估法”相结合的组合方法,来测定具体服务工作时间标准。

①时间研究法

时间研究法是工作测量方法的一种,可以帮助高铁运输企业制定工作标准,尤其是工作的时间标准(如管理中常用的“标准工时”)。时间研究主要是确定和测量单个重复性工作的组成部分,这种重复性工作又被称为工作周期。一般用秒表来测定工作时间,对组成一个工作周期的各个环节(i)都需进行时间测定,并记录在时间研究表上。在测量过程中,一般要连续观测多个工作周期(j)。其计算过程如下:

第一步,计算各服务环节的工作时间 OT_i。

$$OT_i = \frac{\sum_{j=1}^{m} T_{ij}}{m}$$

式中 i——服务的第 i 环节,$i=1,2,\cdots,n$,n 为具体服务的总环节数;

j——服务的第 j 个工作周期,$j=1,2,\cdots,m$,m 为具体服务的总工作周期数;

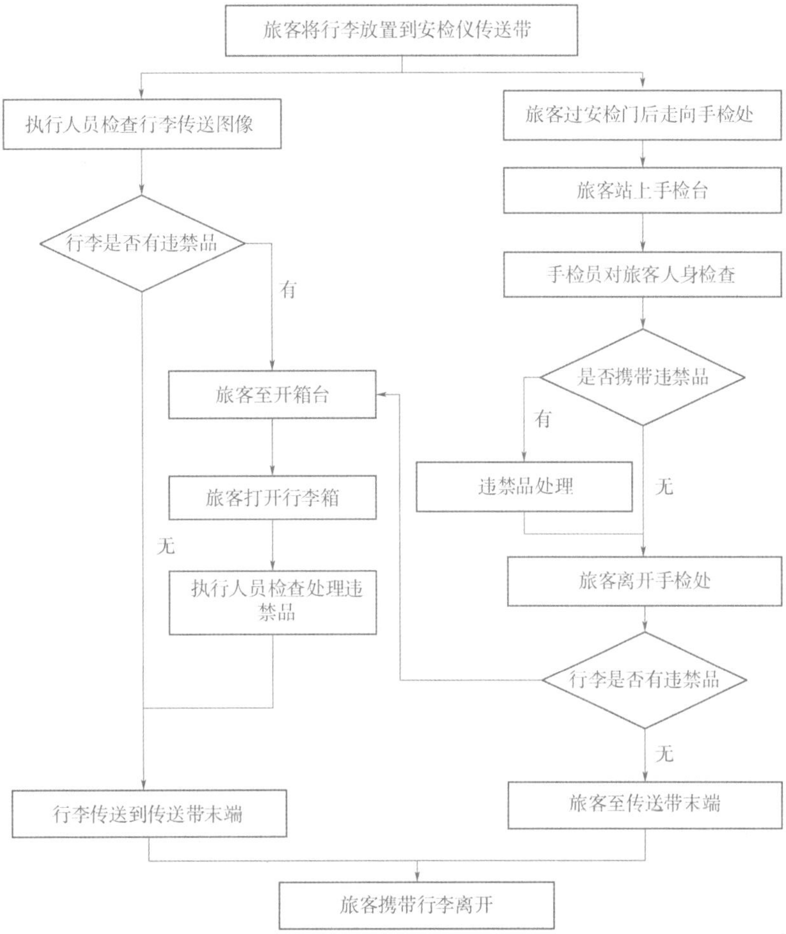

图 4.21 “行李检查和人身检查同时进行”模式安检流程图

T_{ij}——第 j 个工作周期中第 i 环节的工作时间，其中 $i=1,j=1$ 时，$T_{ij}=R_{ij}$；

R_{ij}——第 j 个工作周期中服务的第 i 环节完成后所记录的时刻；

OT_i——服务的第 i 环节的平均用时。

第二步，计算服务全过程总的平均用时(标准工时)$OT_{总}$。

$$OT_{总}=\sum_{i=1}^{n} OT_i$$

下面以“人工检票服务”为例，对时间研究法的具体操作过程加以说明。

检票员的工作周期包括接旅客车票、核验车票信息并检票钳加剪、还旅客车票三个工作环节。检测人员可以就着重复性的工作过程反复测试其各环节所需要的时间，并记录在实践研究测定表中，可以选择一位或若干位工作人员进行测定。本案例是同一位工作人员，重复 10 次的服务过程。具体测定和记录的方式为：从检票员开启人工通道并于人工通道前立岗开始计时，完成接第一位旅客车票时记录下第一个时刻(R_1)，检票员完成核验车票信息并检票钳加剪时记录下第二个时刻(R_2)，检票员完成还车票给旅客时记录下第三个时刻(R_3)，至此完成第一个工作周期，重复以上动作，不间断计时，直至完成所有工作周期。则第一周期第一个环节的耗时(T_1)即为第一个时刻,第二个环节的耗时(T_2)即为第二个时刻减去第一个时刻,以此类推,可得出各个工作周期各环节的耗时。具体测定结果见表4.18。

表4.18 时间研究测定表 单位:s

工作环节描述		工作周期										合计用时	平均用时
		1	2	3	4	5	6	7	8	9	10		
1. 接旅客车票	T_1	2	3	2	4	3	2	3	2	3	3	27	2.7
	R	2	17	33	49	64	80	96	109	125	141	—	—
2. 检验车票信息并检票钳加剪	T_2	9	10	9	9	11	10	9	10	11	9	97	9.7
	R	11	27	42	58	75	90	105	119	136	150	—	—
3. 还旅客车票	T_3	3	4	3	3	3	3	2	3	2	3	29	2.9
	R	14	31	45	61	78	93	107	122	138	153	—	—
服务过程	—	—	—	—	—	—	—	—	—	—	—	—	15.3

时间研究法测定服务环节工作用时标准,简单易行。通过增加测定样本数量,一定程度上可以提高"服务时间标准"的科学性。但这种方法对高铁客运服务过程中旅客与服务人员(和设备)的互动性考虑不够。

②成果评估法

成果评估法是工作时间测定人对测定后的数据进行一定程度的主观判断后做出修正的方法。时间研究法通过服务过程写实、观测、统计的方式,记录和确定了具体服务过程和环节的周期时间。但高铁客运服务过程基本是服务人员或旅客参与的过程,虽然环节、步骤等执行的是标准化流程,但参与服务过程的"人员"个性,服务人员业务的熟练程度、旅客出行经验的多寡都会一定程度上影响服务过程的时间与效率。"成果评估法"能够更好地弥补"时间研究法"的不足。

成果评估法在时间研究法的基础上,增加了"服务人员工作熟练程度 R_i"和"时间补差率 A"两个修正参数,作为对服务环节时间测定标准的修正,它更好地反映了客运服务过程的特点。

成果评估法修正服务环节时间标准的计算原理如下:

第一步,服务工作环节的正常用时(NT_i)计算。

考虑服务人员工作熟练度的差异性。具体计算公式为

$$\mathrm{NT}_i = R_i \cdot \mathrm{OT}_i$$

式中 NT_i——第 i 个工作环节的标准用时;

OT_i——已测定的第 i 个工作环节的平均用时;

R_i——对从事第 i 个工作环节的员工的熟练程度的打分:如0.95表示95%,即正常水平为被测定员工熟练程度的95%;1.10表示110%,即正常水平为被测定员工熟练程度的110%。

在上一例中第一个服务工作环节的正常用时为

$$\mathrm{NT}_i = 1.10 \times 2.7 = 2.970$$

依此类推可得出其他环节的正常用时,将所有环节的正常用时相加便可得到整个工作周期的正常用时。但这样得出的数据还不能用于管理实践。

第二步,服务工作环节的标准用时(ST_i)的计算。

考虑具体服务过程的波动性，受下列因素影响：

a. 服务容量的相对固定性和旅客客流波动性的客观条件，服务人员和设备忙闲不均，将导致在不同服务阶段出现排队等候的现象，进而使下一服务阶段出现闲置等。

b. 接受服务的旅客可能有所差异，有的旅客可能比较积极地参与，有的则不然。如有的旅客提前准备车票，有的旅客在检票人员提示后才查找车票，有的旅客对自助检票闸机不熟悉，花费较多时间。

c. 服务会因服务对象的不同呈现出细微差别。如针对老弱病残孕等重点旅客，或者旅客携带随身行李较多时，服务人员需分别做出处理，导致工作时间有所变化。

d. 服务人员因各种原因在工作中表现出不同程度的积极性而导致不同的工作效率。如人工检票服务的检票人员自身的业务素质、工作态度会影响服务效率，自动检票闸机设备“人—机”交互界面友好程度、灵敏度等影响检票效率。

这些差异是重复性服务工作的基本特征，这就需要考虑上述因素对服务时间的影响。这里我们引入“时间补差率”对数据进行再次修正，得出标准工作环节用时，运用公式如下：

$$\mathrm{ST}_i=\frac{\mathrm{NT}_i}{l-A}$$

式中 ST_i——第 i 个工作环节的标准用时；

A——时间补差率，以百分比表示。如 10%表示有 10%的时间用于补差。

第三步，服务过程（整个服务周期）工作时间标准（CT）计算。

如果将所有工作环节的标准用时加起来，就可以得出整个工作周期的标准用时，公式如下：

$$\mathrm{CT}=\sum_{i=1}^{n}\mathrm{ST}_i$$

式中 CT——标准工作周期用时。

在本例中，工作周期的正常用时为 15.23 s，考虑 10%时间补差，得出工作周期的标准用时为 16.92，即 15.23/(1－10%)＝16.92(s)。具体可见表 4.19。

表 4.19 成果评估法时间测定表 单位：s

工作环节描述		工作周期 j										合计用时	平均用时 OT_i	熟练程度评分 R_i	正常用时 ST_i
		1	2	3	4	5	6	7	8	9	10				
1. 接旅客车票	T_1	2	3	2	4	3	2	3	2	3	3	27	2.7	1.10	2.970
	R	2	17	33	49	64	80	96	109	125	141				
2. 检验车票信息并检票钳加剪	T_2	9	10	9	9	11	10	9	10	11	9	97	9.7	0.95	9.215
	R	11	27	42	58	75	90	105	119	136	150				
3. 还旅客车票	T_3	3	4	3	3	3	3	2	3	2	3	29	2.9	1.05	3.045
	R	14	31	45	61	78	93	107	122	138	153				
服务过程	—	—	—	—	—	—	—	—	—	—	—	—	—	—	16.92

(3)服务流程设计

高铁客运服务流程设计主要内容就是确定具体服务的各环节组合模式和服务周期时间标准的过程。

①服务环节组合模式

由前可知,高铁客运具体服务由若干个服务环节(服务阶段)组成,服务环节(服务阶段)之间的衔接顺序和配合关系即为组合模式。服务环节有细长型和短粗型两种基本组合模式。例如,高铁客运一项服务有 4 个环节,每个环节工作时间标准均为 5 min,则该服务的环节组合模式有如图 4.22 所示的五种模式,其中,①为细长型模式,②为短粗型模式。

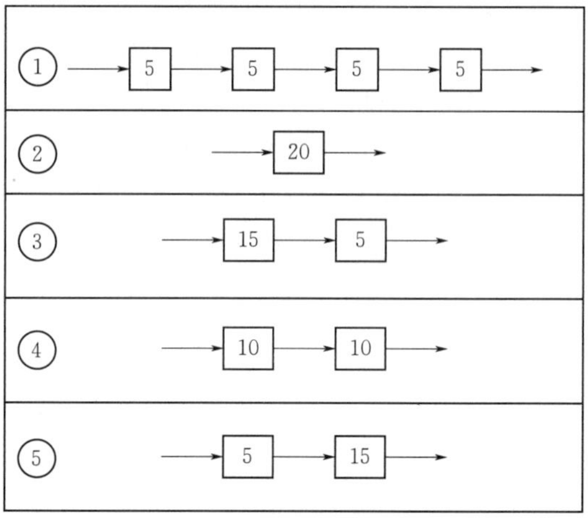

图 4.22 服务环节组合模式

图 4.22①所示的细长型服务环节组合模式是每个服务台的服务人员或设备只提供该项服务的一个环节服务内容,旅客在消费该服务时,需要自行前往不同区域分别接受所有环节服务,如网上购票+车站取票。这种服务模式对应的人员、设施设备要求细长型布局,易于对旅客进行引导和管理,且因为服务工作被划分为多个服务阶段,每个阶段只负责一小部分工作,使服务工作更加简单化(更适宜实现标准化),服务人员工作效率和设施设备利用率较高。

图 4.22②所示的短粗型服务环节组合模式是每个服务台可以向旅客提供该项服务的所有服务环节及内容,并向旅客提供服务结果,如车站窗口售票。这种服务模式对应的人员、设施设备要求短粗型(集中)布局,每个服务台都具有整套的服务设施和人员,承担所有服务内容,提高了服务的灵活性;且服务台可随时关闭或打开而不会影响其他服务台的正常运转,提高了服务生产量的伸缩性;此外每个服务台承担所有的服务提供,实质上起到了"工作丰富化"的作用,减少了工作的单调性。

服务模式的选择与服务的物理空间、技术条件、服务基调有关,对旅客服务体验影响极大。对旅客而言,图 4.22②粗短型组合模式是最人性化的,但对高铁运输企业而言,需要在图 4.22①和图 4.22②两种服务模式间进行抉择或将二者结合起来采用综合模式,例如可选择图 4.22③、图 4.22④、图 4.22⑤模式,以达到既满足旅客"人性化""多样化"需求,又能提高员工满意度,且能实现高铁运输企业经营目标。

②服务周期时间标准确定

高铁客运服务周期时间标准是指完成一个服务周期所需要的时间。服务周期时间标准的确定是在服务流程的各环节组合模式的基础上,首先运用"时间研究法+成果评估法"计算出各服务工作环节的标准用时(ST_i),再运用服务流程(作业)图表(该图表横向表示作业时间,纵向表示作业项目)来计算出具体服务的"服务周期时间标准",且存在两种计算情况。

第一种为整个服务过程中,当完成前一工作环节后,即可继续唯一性的下一工作环节。

那么,该服务的周期时间标准,即为各服务工作环节标准用时之和。例如,人工检票服务作业时间如图 4.23 所示。

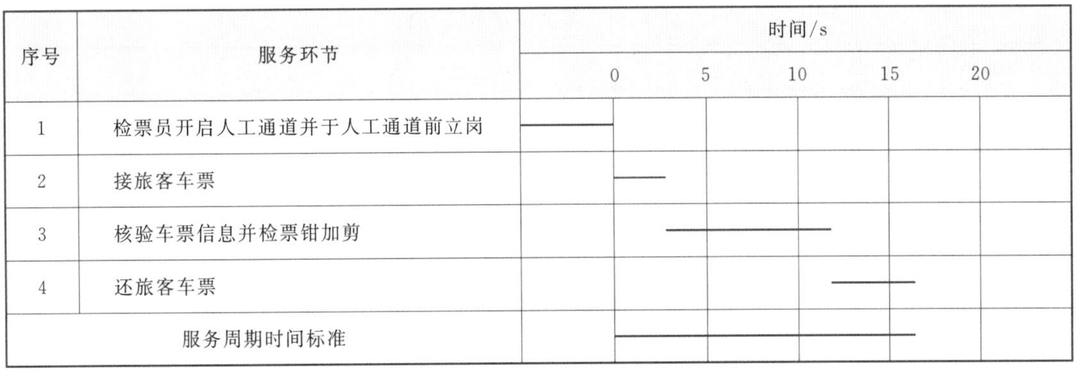

图 4.23 高速铁路人工检票服务作业图

第二种为整个服务过程中,当完成前一环节工作后,可能会有两个或两个以上的服务环节被选中(接续),即部分环节是"并联"的。那么,服务周期时间标准即各唯一性环节标准用时和各"并联"环节用时最长的环节的标准用时之和。例如"行李检查和人身检查同时进行"的安检模式中未携带违禁品的旅客安检服务,如图 4.24 所示。

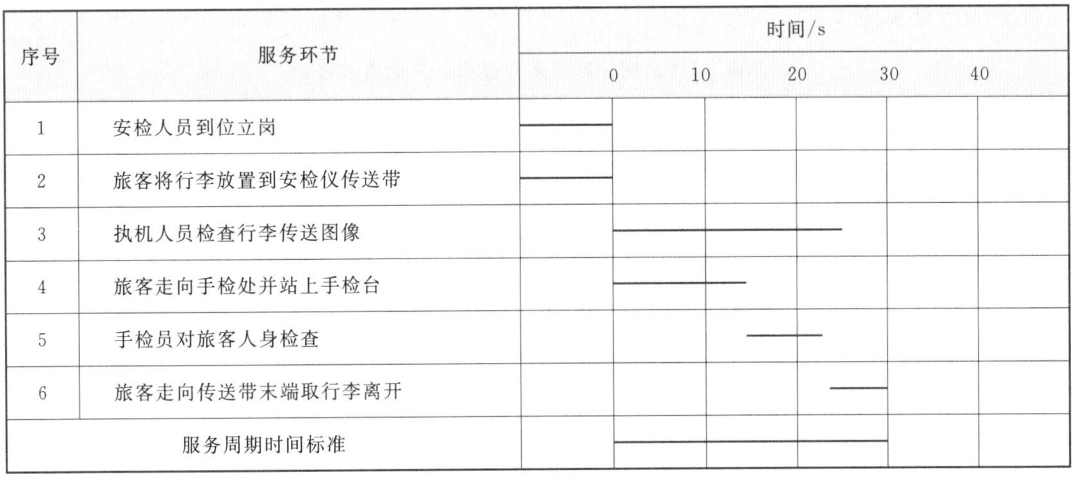

图 4.24 高速铁路旅客安检服务作业图

(4)流程详细设计优化调整

按照服务流程详细设计步骤,在新设计或既有服务流程中,为达到减员增效、布局调整或改善旅客服务体验等目标,以及判定各服务环节、各环节组合关系、服务周期时间标准是否最佳,均涉及服务流程详细设计优化调整。服务流程详细设计优化调整主要考虑两个因素,一是各服务环节的衔接关系;二是服务人员和设施设备的数量及布局。一般可采用流程表法进行设计优化。

流程表法是设计或描述服务先后顺序的方法,主要用于服务程序设计的改善。流程表法设计的重点在服务活动的程序安排和从事服务活动的时间、距离的考虑,关注的是某一具体服务行为的细节,特别是其技术性细节。

在流程表上，服务活动(包括旅客活动)被分为五种类型，分别以五种符号表示，见表 4.20。

表 4.20 服务流程表符号表

类型	符号	描 述
服务环节	○	服务活动，每个服务环节都是可能的服务失误点
旅客接触	▽	服务人员和旅客相互影响的情形，这也是能对旅客感受产生影响的机会
移动	→	旅客、服务人员或信息的流动
耽搁	D	可能导致服务等候的耽搁，在这里需要为旅客提供等候区域和设施
检查	□	旅客或服务人员检查服务质量的活动

铺画流程表，首先需确定服务活动的步骤和顺序。每个步骤都要归入上表的分类，并按顺序排列。然后把每个步骤的分类代号连接起来并注明每个步骤所需的时间和旅客或服务者移动的距离。

例如，假定一名旅客在武汉站乘坐 G70(广州南至北京西，北京局集团公司×客运段担当)到北京西站换乘去往呼和浩特，在北京西站候车室发现贵重物品遗失在列车上(物品在列车上未被他人错拿，且已被列车工作人员发现，并上交车队)，向车站提出求助。这一过程用流程表表述见表 4.21。

表 4.21 高速铁路旅客物品遗失求助流程表

服务环节○	移动→		时间 /min	距离 /m	耽搁 D	接触 ▽	检查 □
	旅客	服务相关人员					
旅客走向候车室客运人员			0.5	10	D		
旅客向候车室客运人员描述求助信息			2		D	▽	□
候车室客运员告知旅客向总服务台咨询			0.2		D	▽	
旅客根据指示走向车站总服务台			3	60	D		
旅客向总服务台客运人员描述求助信息			2		D	▽	□
总服务台客运人员向总值班室汇报			3		D		□
总值班室向车站业务科室汇报			3		D		□
业务科室向局集团公司客运部汇报			3		D		□
局集团公司客运部联系×客运段业务科室解决			3		D		□
×客运段业务科室联系对应车队			3		D		□
车队联系旅客反馈信息并沟通遗失物品提取方式			4		D	▽	□

注：流程表中有关时间和距离数据均为假定，其中有关时间数据可根据研究对象采用时间研究法测定，距离可根据车站站房实际情况测定。由流程表可知，在无任何等待的情况下，合计时间为 26.7 min，距离为 70 m。

针对具体流程表，一般可遵循如下优化原则，提高服务质量，改善旅客体验：

①广泛采用先进工作方法提高服务正确度和效率,如增加网络自助服务或电话求助等方式,减少信息传递失误,减少旅客等待时间,提高服务质量。

②缩短单项服务作业时间,如通过加强对服务或工作人员的日常培训,提高服务的熟练程度,缩短服务时间。

③最大限度地组织平行作业减少作业延续时间,需要根据具体作业流程而定。

④针对存在"D"的服务环节,要加强各环节的衔接,避免服务中断,压缩各种服务等待时间等几个方面进行优化。

⑤针对存在"▽"的服务环节,需要加强高铁客运服务人员服务行为有形展示设计,注重员工培训,做到微笑服务,可提高旅客满意度。

此外,可以通过设施设备、人力资源的配置调整和布局优化,实现服务流程再造,达到优化高铁客运服务流程的目的。

对于表 4.21 高速铁路旅客物品遗失求助流程,如采用向 12306 客户服务中心求助进行流程优化,则优化后的流程见表 4.22。

表 4.22 高铁旅客物品遗失 12306 电话求助流程表

服务环节○	移动→		时间 /min	距离 /m	耽搁 D	接触 ▽	检查 □
	旅客	服务相关人员					
旅客打 12306 电话			1		D		
旅客向客服代表描述求助信息			2		D	▽	
客服代表录入工单			2		D		□
客服代表将工单流转给专家席			1		D		
专家席提取工单并识别求助信息			2		D		
专家席将工单流转给×客运段业务科室			2		D		
×客运段业务科室联系对应车队			3		D		
车队联系旅客反馈信息并沟通遗失物品提取方式			3		D	▽	
车队将处理情况录入工单,其他人员可试试查看			2		D		□

由表 4.22 可知,由于采用电话方式求助,不受空间限制,旅客不需要移动,距离为 0,且由于减少了工作环节,压缩了服务时间,在无任何等待的情况下,对旅客而言实现整个求助过程的总时间为 16 min,对服务企业而言,增加了求助处理情况录入工单环节。

当然,采取何种优化方式,需要结合企业服务理念、经营策略、人力资源和设施设备配置等情况综合权衡考量。

(5)服务流程输出

详细服务流程侧重于服务人员以及服务设施设备和旅客之间发生的行为。经过服务流程详细设计和优化调整后,形成了服务工作流程、服务标准和服务管理办法等相关规范,具体内容见本书第 5 章高铁客运服务标准化部分。服务工作流程和服务标准是前台服务人员、后台服务人员以及相关服务设备的操作规范，高铁运输企业管理部门依据服务工作流程、服务标准和服务管理工作办法等进行服务任务分配、标准成本计算、服务过程检查、职工绩效考核和薪酬制度建立等。

总之，高铁客运服务流程设计决定了相关设施设备的配置与布局、服务人员的岗位及工作内容分工等，直接影响服务成本与效率、服务质量及旅客感知等问题，是一个复杂的设计过程。从服务流程的总体设计到服务流程的详细设计，都是一个逐步深入的探究过程，且设计方法及理论研究还需要不断探索完善。

4.4.4 高速铁路客运服务接触设计

服务管理者切斯认为，服务系统可以分为高顾客接触区与低顾客接触区两部分。低顾客接触区，即后台服务区的运作与制造业类似，自动化生产可以引入其中。高顾客接触区即前台服务区的运作，表现出服务业的独有特征：生产者与消费者直接发生接触，共同完成服务的提供与消费。高铁客运服务接触设计就是对服务包各要素与旅客接触程度的确定过程。

1. 旅客接触的特点

顾客接触的程度可以用顾客在服务现场的时间与总服务时间的对比来衡量。在高顾客接触的服务中，顾客决定了服务需求高峰的时间和服务的本质内容，服务质量的好坏取决于顾客的亲身体验。而在低顾客接触的服务中，顾客对服务提供没有直接的影响，服务提供和消费过程基本或部分分离。高、低顾客接触的设计要点见表 4.23。

表 4.23 高顾客接触与低顾客接触的设计要点

设计因素	高顾客接触	低顾客接触
服务地点	接近顾客	接近供应商、交通点或劳动力
设施布局	满足顾客的生理心理需要	方便生产、高效率
产品设计	服务环境和有些产品都会影响服务	顾客主要关心的是服务何时完成
流程设计	生产过程受顾客影响	顾客没有参与服务过程
生产时间安排	顾客影响必须考虑	顾客主要关心的是服务何时完成
生产计划	订单不能储存，生产调节难度大	订单可以储存，生产可以调节
员工技能	人际交往能力	技术能力
质量控制	质量标准受顾客主观影响，从而是变动的	质量标准是可量度的，因而是固定的
时间标准	服务时间取决于顾客，因为时间标准是松动的	时间标准严格
工资	不同的工作按工时计酬	计件工资
容量规划	按营业高峰需求量确定容量	服务容量可按平均水平规划
预测	短期的，以时间为导向	长期的，以产量为导向

高顾客接触会增加销售机会，即服务者直接向顾客推销更多的服务，但高顾客接触对生产效率的影响是负面的，即接触越多，生产效率越低，反之则高。选择服务流程时，应在这两者之间做出选择。当然，许多服务组织会选用多种服务流程来确保销售机会和生产效率的

同时提高。

高铁运输企业应该根据不同的服务流程和环节采取不同的方法，即使对于同一服务环节，旅客的需求不同，设计方法也不同。如同样是列车上的餐饮服务，对于低端旅客，可能只提供盒饭，并批量提供，这种情况可以采取生产线法；对于中高端旅客，可以到餐车点餐，服务人员则需要根据旅客的具体需求提供食物，这种情况便可以采取顾客接触法；如果是更高端的旅客，希望自己在列车上烹饪，享受其中的乐趣，这种情况即可以采取顾客合作法。

当然，高速铁路的所有服务几乎都可采用旅客参与方法，其中高度接触服务有售票服务、检票服务、餐饮服务以及在列车上为旅客面对面提供的服务。低度接触服务主要是列车信息服务等不与旅客面对面接触的服务。另外，随着信息技术的发展和在服务过程中的广泛应用，旅客在服务过程中的主动性大大增强。高速铁路采用计算机技术作为服务管理的主要设备，大大增强了旅客和员工参与的范围和程度。

2. 高铁客运服务接触方法及特点

高铁运输企业向社会提供的运输服务，尽管产品的类型、市场定位和质量特性越来越丰富，但基本还属于批量式生产，执行的是标准化和规范化的服务程序。随着先进设备的普及应用，自助化服务特点在不同服务环节和内容上有所增加。一线服务人员与旅客的互动式接触，不仅对服务过程的正常运行有影响，也成为形成旅客满意度和评价服务质量的重要因素，所以，本书对高铁客运服务接触方法做了进一步研究。

(1)高铁客运服务接触方法

①高铁客运服务接触的概念

服务提供者和旅客之间发生接触，由此决定旅客头脑中对服务质量优劣评价的交互作用称为服务接触，也称为关键时刻或真实瞬间。服务接触的过程即是服务提供和服务消费的过程。

从旅客的角度来看，当旅客与服务企业接触时，一项服务会给旅客带来最生动的印象。这种短暂的接触往往发生在旅客评估服务的一瞬间，同时也形成了对服务质量好坏的评价。高速铁路旅客所经历的一系列服务接触包括购票、行李检查、检票、旅行中的服务体验、出站到达目的地。旅客通过这一系列的服务接触，最终决定了高速铁路在旅客心目中信誉的好坏。

②高铁客运服务接触的分类

旅客与高速铁路相联系的任何时刻都可能发生服务接触。通常来说，服务接触可以分为远程接触、电话接触和面对面接触三大类。在与高速铁路打交道时，一位旅客可能经历一类或者是三类接触。

a. 远程接触

服务接触并一定不发生在人与人之间。例如，旅客通过网络购买车票或者是通过自动售票机购票。在这些远程接触中，虽然没有直接的人与人之间的接触，但每一次接触都是增强旅客对高铁客运服务质量体验感的机会。在远程接触中，有形服务及技术过程和系统的质量成为判断整体质量的主要标准。例如，旅客通过互联网订票、查询车次等都可以看成是远程接触。

b. 电话接触

在高铁客运服务中，旅客通过电话与高铁运输企业接触时，对其服务质量的判断会有所不同，其中有更为重大的潜在变量。例如，接电话的预期、员工的知识、处理旅客问题的速度和效率将会成为在这些接触中判断质量的重要标准。高铁客运服务的电话接触主要在基本咨询服务和常规调查的情况下采用。

c. 面对面接触

第三类接触形式是员工与旅客直接接触。在高铁运输服务中，面对面接触发生在旅客和售票人员、候车室服务人员、检票人员、站台服务人员、列车乘务员之间。在面对面接触中，决定和理解服务质量问题是最为复杂的。在评判服务质量的时候，语言和非语言的行为都很重要。在面对面接触中，旅客通过互动行为在为自身创造高质量的服务中扮演重要角色，由此服务接触更为复杂。

(2)高铁客运服务接触的特点

高铁客运服务接触的开始与结束存在于旅客与客运服务人员之间。这些服务接触具有以下特点：

①服务接触有明确的目的

不管起因于谁，所有的服务接触都有预先的目的。高铁客运服务的所有服务接触的最终目的都是为了旅客准时、安全、舒适地到达目的地。

②服务提供者不是利他的

对于服务提供者来说，服务接触是其日常工作的一部分。服务提供者的最基本目的是完成他为此才能得到报酬的职责。因此，对于他来说，服务接触只是一项工作，他有可能对每一个旅客都重复地、机械地完成分内工作。这也是激发服务人员提供优质服务的主要方面。

③不需要预先相识

在绝大多数情况下，旅客和服务人员互不相识。在服务接触时，即使没有互相介绍，在服务过程中双方也不会感到不舒服。

④服务接触的范围有限

虽然刚见面的问候、礼貌和一些简短的交谈都是某些服务接触的一部分，但花费在非服务任务上的时间通常是很短的。旅客与高铁客运服务提供者之间相互作用的范围，取决于服务内容的性质。

⑤与任务相关的信息交换占优势

大多数有服务人员在其中的服务接触，都需要进行信息交换。虽然有时也包括一些与任务无关的信息交换，但任务相关信息是不可缺少的并具有优先权。例如，高铁运输企业为旅客在旅行途中提供的服务，除了列车运行的出发、到达时间外，还可能介绍主要到达站的城市交通情况、气候情况等。

⑥旅客与服务提供者的角色有明确定义

在服务接触中，为了达到有效的和高效的服务结果，旅客与服务提供者都需要有明确的行为规则。有些规则可以从经验中得到，如服务人员的服务经验和技巧。另外一些需要服务人员引导旅客了解并完成服务。例如，在旅客购买车票服务中，旅客要告诉售票人员他要到达的目的地、出发的时间以及希望乘坐的列车等级等。而在进站上车的服务项目中，乘客要按服务人员的指示，在规定的站台上找到相应的车次和车厢。

充分理解服务接触这些特点，有助于高铁运输企业更好地设计和管理服务流程。

旅客对高铁客运服务感受的好与坏是在两者的接触过程中体现出来的，因此，大多数旅客不会在服务接触以外的时间去思考高铁客运服务。即使有，也是非常短暂的。因此，高铁运输企业只能利用很少的机会给旅客留下好印象。企业如果想让旅客满意，并下次再来，就不能不重视服务接触期间的宝贵时光。因此，把握服务接触的短暂时刻就变得非常重要。

旅客在与高速铁路任何一次接触中遇到问题，他不会去将问题从高铁客运服务的表现结果中分离出来，而是会得出"铁路服务很糟糕"这样的结论。因此，精心设计每一个服务接触的时刻、在服务过程中把握每一个服务接触时刻都是非常重要的。

3. 高铁客运服务接触要素及模型

(1)高铁客运服务的接触要素

前文所述的服务蓝图中有一条区分服务系统前后台的"可视部分线"，在这条线之上，服务者与顾客发生直接接触。这似乎说明服务接触的参与者只包括服务者和顾客两个角色。但我们再检查一下"可视部分线"之下时，则会发现服务者还需与服务组织的其他成员发生关系。不仅后台服务人员、职能部门工作人员，还有管理人员乃至整个服务组织都会与其有着直接或间接的关系。这说明服务接触过程牵涉到旅客、服务者和服务组织三个方面的要素。

①旅客

旅客是服务接触中最主要的要素。服务接触的终极目标是旅客满意，旅客对服务质量的评价、对服务的整体满意度、是否决定下次再来等问题，都取决于旅客在服务接触期间的感受。因此，完整的服务产品和服务传递系统的设计，必须考虑以一种最有效的方式来满足旅客的要求。旅客既希望得到礼貌待遇和受到尊敬，还希望得到和其他旅客相同的待遇和同等水平的服务。这是高铁客运服务接触最起码、最基本的要求。高铁运输企业完全做到这一点也是不易的，尤其是在"服务于人、作用于人"的服务接触中。主要原因是，旅客身处服务设施中(如候车室或列车上)，有足够的时间和机会观察服务提供情况并对服务质量做出评价。因此，旅客的舒适感、旅客的安全、旅客的整体愉悦应该是高铁运输企业的主要考虑因素。

在一项服务传递过程中，旅客一般可能会扮演以下三种角色之一：

a. 生产资源。旅客必须参与服务生产的过程之中，旅客也被看作是企业的"部分员工"，是增加铁路生产能力的人力资源。如果旅客真的被看成是部分员工，并依据使旅客对生产过程的贡献最大化来设计旅客的参与角色，可以有效地提供服务。

b. 质量和满意的贡献者。旅客在服务提供中扮演的另一个角色是其本身的满意度及其所接受服务的最终质量的贡献者。旅客或许不关心由于他们的参与提高了铁路的生产能力，但是，他们非常关心自己的需要是否得到了满足。有效的旅客参与会提高服务能力，同时也会提高满足自己需要的可能性。

c. 竞争者。旅客扮演的最后一个角色是潜在的竞争者。如果在某种情况下，旅客可以部分地或全部地进行自助服务，减少或不用服务人员提供的服务，此时，旅客就成为铁路的竞争者。例如，高铁客运服务中的餐饮服务可能会因为旅客自带食物而不需要其提供的服务。

一旦旅客的角色定义清楚，高铁运输企业就可以考虑促进这一角色。例如，旅客在某些层面成为企业的“兼职员工”，那么在服务的提供当中，鼓励旅客行为的战略在某种程度上就可以仿照对员工的做法。由此高铁运输企业可降低由于旅客参与，质量和时机无法预测而产生的内在不确定性，一般包括三项内容：

a. 吸引合适的旅客。企业在教育和使旅客适应其角色之前，首先必须根据服务的类型，确定吸引合适的旅客担任哪些角色，并应努力吸引那些和角色要求相适合的旅客。

b.“培训”旅客。为使旅客能有效地完成他们的角色，需要对旅客进行培训，让旅客理解其在服务传递过程中所扮演的角色，并满足其角色的行为要求。通过培训，使旅客认同高铁运输企业的价值观，培养特定情形下完成角色所必需的能力，理解对他们的期望和要求，获得与员工及其他旅客互动的技巧和知识。

c. 对旅客的贡献进行奖励。基于旅客在服务传递过程中的参与程度和付出的劳动给予适当的补偿。如果旅客因为有效地完成了自己的角色而得到回报，他们将更愿意有效地完成自己的角色或积极参与服务过程。回报的方式可以是提高对服务提供过程的控制、节约时间、节省金钱或增加身心益处等。

②服务人员

服务人员指直接与旅客打交道的一线员工。他们希望得到旅客和其他员工的礼貌对待，希望得到旅客和企业的好评，为了完成服务任务，他们必须拥有必要的知识和经过适当的培训。

此外，服务接触对于旅客来说可能是第一次，也可能是少数几次中的一次；而对于服务人员来说，服务是他们日常工作中千百次服务接触中的一次。常年完成同样的任务使得服务人员往往只重视服务接触的效率和有效性，千篇一律地对待旅客，难以考虑到有的旅客可能缺乏经验、有的旅客有焦虑心情、有的旅客担心服务情况、有的旅客有特殊要求等。服务人员能够根据旅客的具体情况采取适当的应对方法，是在服务接触中达到旅客满意的重要因素。很多情况下，除了服务技能、服务效率，旅客对服务人员所表现出来的诸如友善、温暖、关怀和富有情感等人际交往技能，也非常在意，甚至往往是这些因素决定了一次服务接触的成败。因此，管理者有责任对服务人员进行培训，帮助其培养这些技能，并具有一定的行为规范，使服务人员能够站在旅客的角度进行服务接触。

③服务组织(高铁运输企业)

由于高铁客运服务本身的无形性，企业一般通过有形的服务场景与旅客和员工接触，进而将无形的服务展示给旅客并影响旅客对服务的评价。关于高铁客运服务有形展示将在4.4.5中进行论述。从高铁客运服务策略的角度考虑，通过有形展示设计为旅客营造良好的服务场景和氛围。

服务场景的设计还可以理解为服务设计，这是包括设施设备等硬件环境、服务流程和规范环境及服务人员的服务共同营造的场景。由此必须分析影响其场景的因素以及如何处理这些影响。图4.25描述了高铁客运服务场景对旅客及员工的影响因素。

a. 对旅客行为的影响。人类活动会受有形环境的影响，具体有以下几种：

(a)对个人行为的影响。使得旅客远离或靠近，即被吸引还是被排斥。

(b)与员工的交往。某些因素(如接近状况、座位安排、空间大小等)可影响旅客与员工之间交流的可能性和交流程度。

b. 引起旅客的内在反应。员工或旅客会对周围有形环境在认识、情感和生理上产生很多反应,这些反应将会影响到环境中的行为。

(a)环境与认识。影响旅客对该场所及场所中员工的信任等。例如,一个干净整洁的候车室里的服务人员更容易得到旅客的信任。

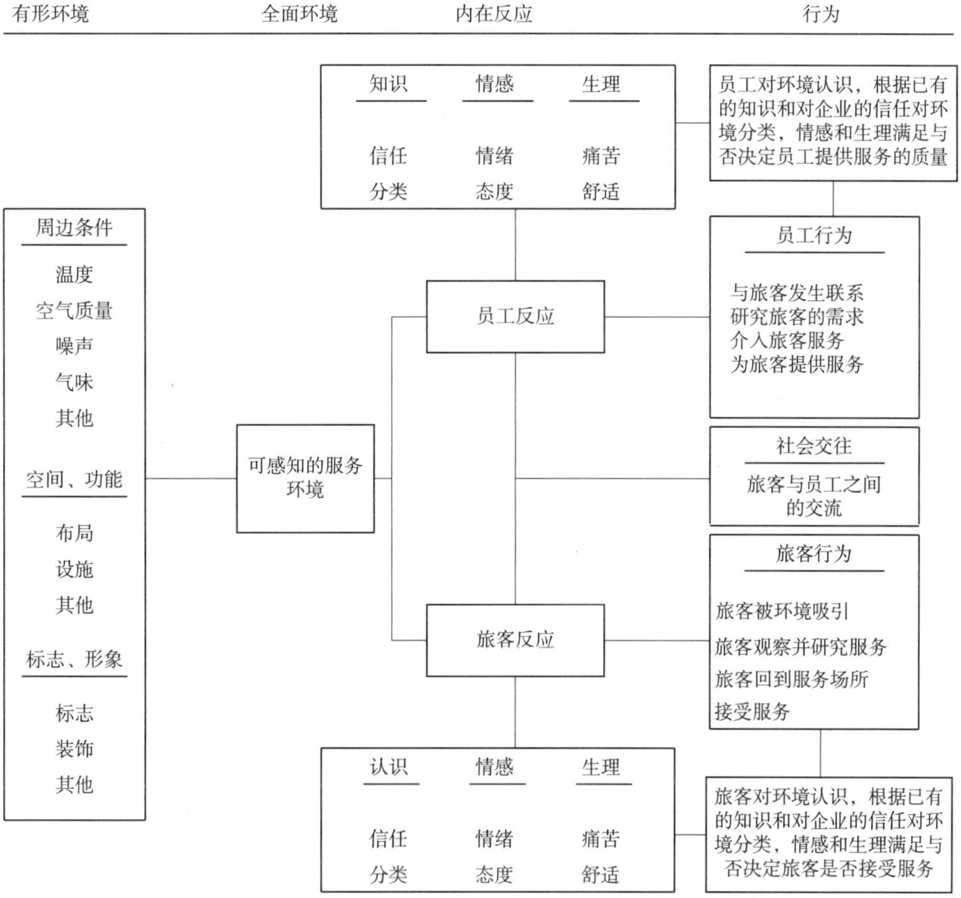

图 4.25 高铁运输组织中环境—旅客关系框架图

(b)环境与情感。会引起旅客情感的反应,比如高兴、愉悦、放松等,或是沮丧、消沉、紧张等。

(c)环境与生理。例如,候车室里噪声太大会使旅客感到不适,温度太高会使旅客大汗淋漓,空气污浊会使旅客呼吸困难。

高铁客运服务组织应该通过各部门各环节的努力和配合,为客运服务创造良好的服务环境。

(2)高铁客运服务接触要素的相互关系

高铁客运服务由旅客、服务人员以及服务组织三个接触要素组成,这三要素之间既相互依赖又相互制约,在服务接触的过程中,任何一方都试图主宰服务接触,如果不能和谐相处,都可能导致服务的失败。

①企业主导服务接触

企业经营一般考虑的问题是成本和效率，对服务采取严格的标准，这会对旅客和一线服务人员产生不同程度的消极影响。

首先，标准化、程序化的服务使旅客对服务产品的可选择范围缩小，更难以期望得到个性化或人性化的服务。

其次，一线服务人员也由于严格的服务标准而失去了在服务接触中为旅客提供更多个性化服务的自主权，他们经常只能"按规定"工作而失去了提供更符合旅客要求的服务机会。同时，这也大大降低了服务者对工作的满意度，挫伤了他们的工作积极性。

②服务人员主导服务接触

一般来说，一线服务人员总是希望能限制服务接触的范围来减轻他们在接待挑剔的旅客时所感到的压力。当一线服务人员拥有极大的自主权时，他们可能感到自己对旅客有相当的控制力。如果服务者具有特殊的专业知识和技能，旅客对其的依赖性就很大，旅客在服务接触中就处于弱势地位。服务组织在这种情况下也处于弱势地位。

③旅客主导服务接触

高度的标准化和高度的个性化服务都能给旅客带来主导服务接触的机会。在高度的标准化服务过程中，自助服务是旅客完全主宰服务接触的最好形式。当旅客对服务要求不高时，这种方法十分有效。在高度个性化的服务中，旅客的要求得到了最大限度的满足，但高铁运输企业要为此付出较大的成本。

总之，服务接触中的每一个关键时刻都涉及这三种主体中的两两交互作用，而这三个主体的利益和目标有可能是不一致的，每个要素为了自身的利益来控制服务接触的进程，这样就有可能发生冲突。如何才能避免这种冲突呢？这就需要一线服务人员良好的培训、顾客的角色和期望在服务提供过程中被准确地传达，服务组织在制定服务标准时加入相当的灵活性，在服务接触中三要素协同合作，实现三者的平衡，形成令旅客满意和为企业创造更大利益的"真实瞬间"。

4.4.5 高速铁路客运服务有形设计

高铁客运服务具有无形性，其服务展示形式受到一定程度的影响。但高铁客运站车、服务人员、有形物品等有形要素是以实物形式存在的，高铁运输企业通过加强对有形要素展示的设计来增强旅客体验。

高铁客运服务有形展示设计包括服务环境有形展示设计和服务人员服务行为有形展示设计。

1. 高铁客运服务环境有形展示设计

服务环境为服务组织提供有形服务，奠定了有形物质基础，构造良好的服务环境是服务组织提供优质服务的重要前提条件。高铁客运服务环境设计以设施布局设计为核心，对组成服务环境的所有区域和所有环境要素进行总体规划和设计。

(1)服务环境有形展示内容

①服务环境概念

服务环境是员工提供服务和旅客进行服务体验的物质环境，是服务的生产场地，同时也是旅客的消费场所。高铁客运服务旅客可视区是服务的前台环境，既是旅客消费区，又是服务提供区，包括外观、装修、风格、摆设在内的“可视环境”给旅客带来服务体验和心理感受，影响旅客对服务包中“显性服务”和“隐形服务”的最终评价；同时前台环境还是服务的“生产场所”，其功能性设计的合理性会对一线员工的工作效率、工作态度产生一定的影响。非旅客可视区是服务的后台环境，为纯粹的服务工作区，其设计的科学性会对后台工作人员的生产效率和工作心理产生相当的作用，进而关系到“支持性服务”的提供。

②服务环境设计内容

服务环境包括环境条件、设施布局与功能、标识和其他人造物三大环境要素，服务环境设计的主要内容就是这三大要素的设计。环境条件设计指服务环境的基本背景要素设计，如室温、照明、噪声、音乐、气味、色调等。设施布局与功能设计指对服务环境的各种设施设备按照一定的功能分布组成的一个服务提供场所的设计，对旅客和员工都有较大影响，是服务环境的核心，将重点论述。标识和其他人造物设计指对服务环境中用以传达服务信息的要素设计，如各种标志牌、指向牌、宣传标语、装饰画、服务器具等。如高速铁路候车室的“禁止吸烟”标记直接传达了一种引导旅客行为的服务信息。标识和其他人造物这一要素不单独讨论，而是与其他两项要素结合起来研究。

(2)服务环境条件设计

服务环境条件设计十分强调“人性化”。除美学方面的人性化设计外，以人体工程学理论为基础的人性化设计成为当前服务环境条件设计的主流。

①人性化服务环境设计含义

人性化服务环境设计，即高铁运输企业要以“人”的需求作为环境条件设计的依据。这里的“人”既包括来到服务场所的旅客，又包括在服务场所提供服务的服务人员和从事后台工作的工作人员。这里的“需求”既包括人的审美需求，又包括人的自然生理需求以及由此而产生的心理感受。

因此，人性化服务环境设计必须符合人性的三大要求：审美需求、自然生理需求和由此而产生的心理需求。如高速铁路候车室旅客座椅的设计，既要美观大方，又要舒适，使人们候车待检过程中不至于出现焦躁不安的情绪。传统的环境条件设计重点在于审美要求的满足，而人性化服务环境设计则更强调三者的结合，并把重点放在对后两者更精确的科学设计上。

②服务环境设计考虑因素

以人体工程学为设计原理的服务环境设计主要考虑三个方面的内容：

a. 服务设施与人体自然形态之间的合适性，即服务环境的设计，应充分考虑人的体形、身高、身体各部位的生理长度以及各运动器官的自然承载力，尽量使设施设备的形态、尺寸符合这些自然形态，为人体提供更充足的舒适感，以利于消费行为的持续和工作行为的有效进行。如中国标准动车组较和谐号动车组空间更大、座位间距更宽敞，旅客座椅的形状与人体自然生理曲线更吻合。

b. 服务设备与人体感觉器官的匹配性，即服务设备与感觉器官的“友善”，服务设备的设计要考虑到人体的正常工作范围和运动器官的舒适性。如自动售票机信息界面应符合人体感官的生理需求，基本颜色不能刺眼，提示性内容应在颜色上予以区别，设备操作按钮应按一定规律排列等。自助式服务设备的设计这一点尤为重要。

c. 服务的环境要素对旅客及服务人员行为的影响，如环境温度、照明、噪声等，这些要素对人体可能带来的影响以及在它们的影响下所造成的不同消费行为和工作行为。如高速铁路列车设有多种照明控制模式，可根据旅客需求提供不同的光线环境，空调系统充分考虑减小车外压力波的影响，通过隧道或交会时减小耳部不适感等，都能更好满足旅客生理心理需求，提高旅客体验感。

(3)服务设施设备布局设计

设施布局是服务环境的核心，它形成服务的功能性环境，对提高高铁客运服务效率和改善服务体验都起着至关重要的作用，设施布局设计成为服务环境设计的主体内容。

①设施布局设计类型

服务内容不同，采取的服务生产方式不同，对应的设施布局迥异。与生产方式相适应的设施布局包含固定位置型布局、流程型布局、单元型布局、产品型布局等四种。

a. 固定位置型布局。

当服务对象位置相对固定，不能轻易移动，只能将服务提供系统移至服务对象处时，一般采用固定位置型布局。固定位置型布局设计主要需解决如何合理安排使提供服务的所有组成要素(设施设备)都能有满足其生产需要的足够的空间场地，接收和储存各种所需材料和物品，在互不影响的情况下共同完成服务提供，最大限度地减少物品、材料与人员的移动等，如高速铁路线路的养护维修作业等。

b. 流程型布局。

为最大限度提高服务设施利用率，功能类似的服务设施会被置放在一起，形成不同的服务功能区。旅客根据各自需求选择不同的路线前往不同的服务功能区去接受服务，这就是流程型布局。如高速铁路候车室大厅有特产、服装、餐饮等店商，旅客可根据自身需求前往。流程型布局设计重点考虑设施布局能为不同的服务路线提供便利，避免服务路线间重复、交叉和拥挤，并尽可能减少相关成本。

c. 单元型布局。

单元型布局是在已存在的一个设施布局当中设立一个或几个独立单元，这个独立单元拥有能满足特定旅客所有需要的所有服务设施。这种布局实质上是为减少服务整体布局的复杂性而特设独立的服务部门。如高速铁路车站重点旅客候车室，车站售票大厅设置的自动售票机区域，站前广场开辟专门的自动售票区域，等等。

d. 产品型布局。

产品型布局又称为产品线型布局，指旅客或待处理的信息(物品)按一个预先确定好的程序被逐步“处理”，就像工业产品沿着生产线被逐步加工直至成品。这种服务设施布局在标准化程度极高的批量服务中最为常见。如高速铁路列车上的盒饭的生产过程即可采用产品型布局方式设计。

②设施布局设计考虑因素

a. 服务设施布局安全。如车站消防通道的宽度，消防标志的醒目度，高速铁路车站职工通道与旅客区域的明确划分等。

b. 服务路线长度。尽量缩短服务路线的长度，减小服务人员与旅客的移动距离，为二者提供工作上和消费上的方便。

c. 服务路线清晰。符合消费习惯和工作习惯，并设有明显指示标志，使旅客和服务人员都能感到方便自然。

d. 员工舒适。搭建良好的工作环境，有助于提高劳动生产率。

e. 管理合作。合理的设施与人员的位置以及良好的通信工具，使督导和交流易于进行。

f. 可进入性。所有的设施设备都有较好的可进入性，方便保养及维修。

g. 空间利用。兼顾节省成本和达到经营目标两方面，如高速铁路车站候车室、商品、餐饮经营、通道等空间分布，既要满足旅客候车需求，还要兼顾拓展经营渠道。

h. 长期发展所应有的灵活性。设施布局不仅要满足当前服务任务的需要，还需具有一定的灵活性(如预留扩展空间)以适应长远发展。

2. 高铁客运服务人员服务行为有形展示设计

服务行为是服务人员在服务提供过程中发生的行为。从旅客角度来看，服务行为是服务的组成部分，这些行为可以为旅客提供某种“利益”或“效用”，具有“服务性”，如服务人员的服务态度、语言、姿态、行动是服务行为“服务性”的组成要素。从服务人员和高铁运输企业的角度来讲，服务行为是完成服务生产的必须性工作，具有“工作性”，如工作效率、工作内容等。前台员工行为具有“服务性”和“工作性”双重属性，后台员工原则上不与旅客直接接触，无须具有“服务性”，只具备“工作性”即可。

(1)高铁客运服务行为的“服务性”设计

服务行为“服务性”设计应以旅客需求为中心，对服务行为的组成要素进行旅客需求导向性设计，以使服务接触成为令人难忘的“真实瞬间”。

服务行为的“服务性”设计主要针对服务过程中发生的服务行为，强调服务行为对旅客完成服务体验的影响，包含两方面的内容：一是服务行为总体格调的确定；二是服务行为细节设计。

①服务行为总体格调的确定

总体格调是该项服务行为所表现出来的总体特征，有两种基本类型：“规范化”服务行为和“个性化”服务行为。

“规范化”服务行为是高铁运输企业在符合国家、行业、团体、企业标准的基础上，结合服务对应岗位的特点，制定的满足旅客需求的共性行为规范。“个性化”服务行为则是在共性行为规范基础上，考虑旅客个性化需求而进行的标准行为的延伸、扩展和改动。

两种格调的行为对旅客的服务体验有着不同的影响。“规范化”服务行为是标准化程度较高的行为，具有较高的服务效率，能为旅客提供快速、简捷的服务，但只能满足旅客需求的共性，照顾不到旅客的个性需求。“个性化”服务行为则克服了前者的弱点，能展现出丰富的服务形式，满足旅客的个性化需要。但“个性化”服务效率较低，难以进行“大批量生产”。由于高速铁路成网运输，不同铁路局集团公司同一服务要在标准统一的基础上展示个性。

②服务行为细节设计

服务行为细节设计是对服务行为的主要构成要素的具体设计。这些构成要素包括服务语言、服务表情、姿态与动作。

服务语言是服务行为的“可听”部分，对服务语言进行设计要充分考虑语言对服务信息告知的明确程度和旅客心理感受影响，主要考虑使用何种语言(方言)、服务用语的规范性、服务用语的个性化、服务语言的推销功能等四个方面因素。

服务表情、姿态与动作是服务行为的“可视”部分，对旅客心理感受影响很大，有时又被称为“体语”。与语言相配合，恰当的表情能体现对旅客的尊重，甚至能代替服务用语。如微笑服务、目光接触等，都是员工岗前培训的重要内容。姿态与动作等形体语言会影响旅客心理感受，服务姿态与动作设计重点要关注采用站姿还是坐姿服务、服务动作的“职业化”程度等内容。

(2)高铁客运服务行为的“工作性”设计

高铁客运服务行为的“工作性”设计以提高服务效率、降低服务成本以及提高员工工作满意度为目的。

①服务行为“工作性”设计目标

服务行为“工作性”设计牵涉到高铁运输企业与员工关系的平衡，对员工工作积极性产生一定作用而最终影响前台服务质量。总体来说，服务行为“工作性”设计的目标如下：

a. 服务质量。员工提供高质量服务的能力会受到工作设计的影响，这包括通过工作设计本身或改进工作设计避免工作失误。

b. 服务速度。提高工作效率，在尽可能短的时间内完成服务。

c. 服务可靠性。确保服务能准确、及时地提供。

d. 服务灵活性。在服务容量、服务类型及服务提供方式上做到具有一定的灵活性。

e. 服务成本。降低服务成本的同时保证服务质量。

f. 员工的健康与安全。为员工创建安全的工作环境，配备相应的设施设备，保障其身心健康。

g. 职业生活质量。为员工提供职业发展规划，减轻工作压力，提高工作乐趣，造就良好的职业生活环境。

②服务行为“工作性”设计方法

服务行为的“工作性”设计方法有很多，可概括为劳动分工、科学管理、人体工程学、行为科学、员工授权等五个系列。

劳动分工指一项工作被拆分为许多部分，每一部分由单独的人去完成。劳动分工有许多优势，如员工很容易掌握工作技能和实现自动化，大大减少非生产性劳动。劳动分工也有局限性，如工作的单调性使员工产生心理和生理的疲劳，劳动分工这种生产方法灵活性不够，无法实现产品和服务的个性化。

科学管理的核心是工作分析，即对现存的工作进行系统性检查和记录，提出更加有效、简便的工作方法和建议以降低成本。这对高铁客运服务中需要采用标准化生产流程提供批量服务的环节和内容是十分有效的。

人体工程学是随着“以人为本”服务观念的深入人心和服务环境人性化设计理念提出的。相关内容已在本节服务环境条件设计进行了介绍，这里不做赘述。

行为科学认为科学管理和人体工程学的工作设计集中于考虑如何高效地完成工作，而忽视了工作对人个性需求的影响。行为科学的工作设计应达到两个重要目标：一是工作本身应从伦理上提供高质量的职业生活；二是工作本身就具有调动人积极性的特点，所以工作应设计成能提高工作成绩的工具。

员工授权即高铁运输企业将足够的自主处理权下放给员工，是当前比较流行的方法，也是非常切合服务业特点的方法。员工授权有其自身的优势，如能在服务一线对旅客需求或投诉做出快速反映，一线员工能更加热情地与旅客接触，促进“口碑效应”。但员工授权也会带来员工选拔和培训成本上升，一线员工可能做出错误决定而导致服务失败等问题。

五种方法重点围绕高铁运输企业控制的需要和激励员工参与工作的需要两个方面，各有侧重、相互补充，共同为服务行为“工作性”设计提供理论支持。图4.26说明了五种方法在两种需要中的选择侧重程度。劳动分工完全强调管理控制，科学管理也侧重这一方面，但它考虑了如何使工作最方便有效，已逐步引入人的因素。进入现代社会，更多需要把服务行为“工作性”设计重点转向如何激励员工参与管理和决策。人体工程学主要从生理角度考虑工作的方便性和舒适性，搭建良好的物理环境，而行为科学和员工授权则更多强调工作的心理因素和如何使工作本身变得更有意义，从而提高员工的成就感和工作满意度。

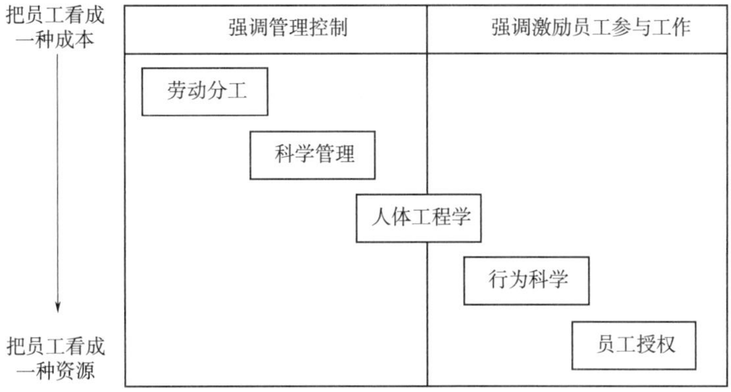

图4.26　服务行为“工作性”设计方法

高铁运输企业应该针对目标市场旅客，在服务行为设计时，考虑尊重员工、激发员工服务积极性的要求，在服务流程、方法、具体行为设计等过程中，将员工作为一种服务资源进行管理和经营。

4.5　高速铁路客运服务方案及评价

高铁客运服务设计的最后环节是经过对设计方案全面评价并认可前提下的方案输出。设计方案是服务提供过程中应该遵守的一系列工作流程、工作标准和规范，还有参与客运服务的前、后台管理与技术部门、经营企业服务资源的配置布局与管理等。所以，对设计方案进行评价并达到服务设计的预期目标，才能形成和输出最终的设计方案。运输企业依据最终的设计方案，组织各职能部门和参与该项服务提供的合作者等，开展该项服务提供所需各项资源的组配、各类人员的培训等工作，最终向旅客提供满意的、有针对性的服务。

4.5.1　高速铁路客运服务方案描述

高铁客运服务设计是一个由抽象概念到具体实施方案的转化过程。从服务设计的角度来看，实施方案具体包括服务基调、服务包、服务流程及服务推广内容；从高铁运输企业提供、经营服务的角度来看，实施方案最终形成该项服务的生产计划、劳动组织、资源配置、经营管理的系统性指导方针。其中生产计划是服务提供的基础，决定了企业提供服务的定产、定量、定时及定性功能，而劳动组织、资源配置、经营管理则明确了企业在提供服务过程中"人员""硬件""软件"安排，三者相互补充，相辅相成，共同保证企业服务提供的有序进行。高铁客运服务设计与服务提供关系如图 4.27 所示。

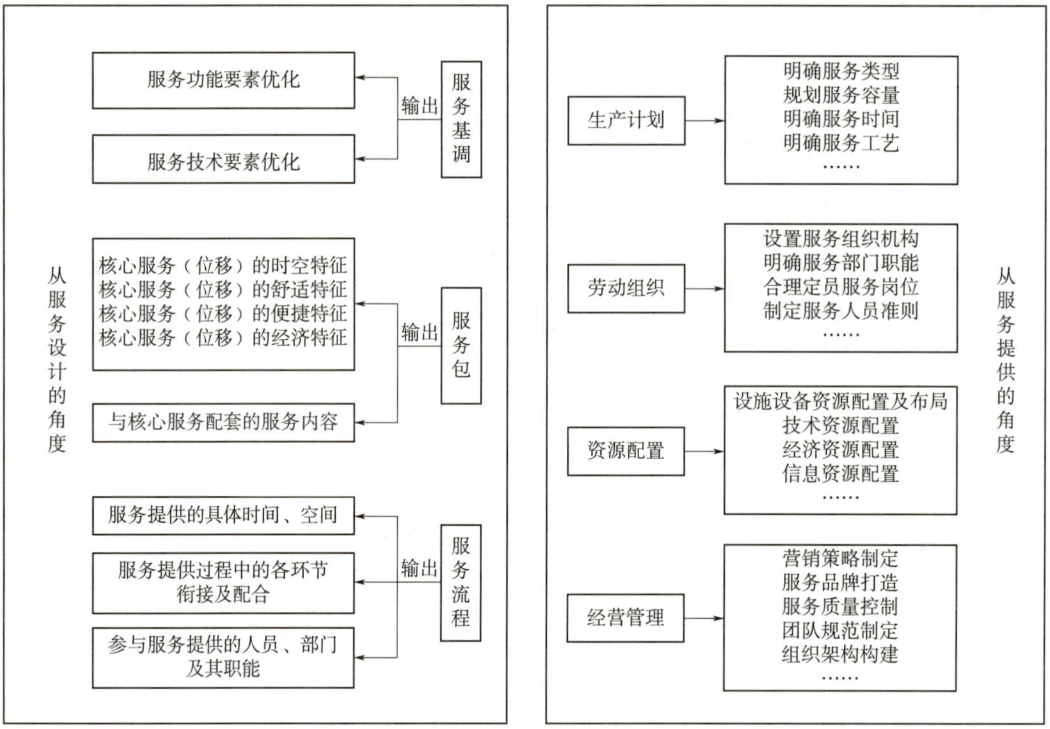

图 4.27 高铁客运服务设计与服务提供关系图

1. 服务基调

服务基调设计是站在高铁运输企业的角度，在准确把握旅客需求和企业服务战略的基础上，确定服务产品的整体规划。对于高铁客运服务来说，服务基调的确定涵盖前期市场调查、旅客需求甄别、技术要素确定、市场竞争分析等综合手段，其最终输出的是高铁客运服务的关注要素和设计重点，明确了服务的整体特点以及技术要素和功能要素的创新或优化方向。

从服务提供的角度来看，服务基调明确了生产计划中的服务类型，即高铁运输企业要提供什么样的服务。除此之外，服务基调还在经营管理阶段起着战略指导作用，主要涵盖了企业外部交易性战略和企业内部管理性战略两方面的内容。其中外部交易性战略是指企业针对旅客需求而定制的经营策略和方针，包括营销策略制定、品牌打造、旅客渠道建设等，其目的是增强企业的市场竞争力，例如，打造高速铁路旅游列车品牌、积极处理来自旅客的建议与投诉、组建寻访小组访问重点旅客。内部管理性战略是针对企业内部而提出的相应规划与准则，包括管理体制、组织架构、团队规范、激励制度等，其目的是提高团队的协作效率。

从服务体验的角度来看，高铁客运服务基调隐藏在高铁运输服务过程的方方面面，间接影响旅客在整体运输服务过程中的感知体验，从而影响其对所接受服务的评估评价及再次选择，因此确定合理的服务基调是做好服务设计的基础，也是实现服务提供的指导方针。

2. 服 务 包

服务包设计是服务设计的中心环节，此阶段的最终输出是在前期服务基调设计的基础上，针对设计重点，确定向旅客提供的各种服务要素以及服务要素的组合，主要表现为旅客位移的核心要素和与位移相匹配的辅助服务要素等。

从服务提供的角度来看，服务包设计在考虑企业自身的服务组织性质、资源扩展能力、服务长期战略、旅客体验效果及社会环境条件等因素的基础上，解决该项服务的技术质量特性及相关的设施设备、技术、经济等资源的定性配置，即资源的有无问题，其设计的好坏将直接影响到服务整体设计的效果和高铁运输企业的经营效益。企业资源的定性配置是高铁客运服务差异化的直接表现，不同类型的高铁客运服务其配置的资源也不同，比如针对高端旅客群体提供的客运服务，可以配置专用候车休息室、专属进站通道等设施设备；为休闲旅客群体提供的客运服务，可以配置餐饮预订、目的地接送预订等设备及技术资源等。

从服务体验的角度来看，高铁客运服务包设计明确了其在接受运输服务的过程中直接或间接感受到的各种要素，相对于服务基调而言，服务包对旅客的感知体验影响则更深刻更具体，且不同类型的旅客感知体验的侧重点不同，比如低收入旅客会更为关注票价，即核心服务的经济特性；商务旅客会关注换乘服务，即核心服务的便捷特性；高收入旅客会更为关注核心服务的舒适性及配套的辅助服务等，这些服务特性设计都来自需求的差异化及对服务基调的定位上。

3. 服务流程

服务流程设计是服务设计的重要组成部分，是从服务提供系统的总体出发，确定服务提供的基本方式和服务生产特征，此阶段确定了旅客、前台服务人员、后台服务人员以及各级职能管理部门、管理者的参与过程及职责内容，并在此基础上，确定了服务的提供时间、地点、设施、人力等详细因素，关注各具体环节及其相互时间的衔接与配合关系。

从服务提供的角度来看，服务流程明确了生产计划中服务容量、服务时间和服务工艺，即所提供的服务可以服务多少旅客、什么时候提供服务以及怎样提供服务。在资源配置方面，服务流程解决了各资源的定量配置及布局问题，比如高铁客运站安检设备、检票设备、列车上热水供应设备的数量及布局。在劳动组织方面，服务流程影响到组织机构设置、部门职能分工、服务岗位定员、服务规范制定等具体内容。高铁客运流程设计有助于高铁运输企业全面、深入、准确地了解所提供的服务、建立完善的服务操作程序、明确各参与部门的服务职责和角色作用、增强服务提供过程中的协调性，识别服务提供过程中的失败点和薄弱环节，改进服务质量，还有利于企业有效引导旅客参与服务过程并发挥积极作用，明确质量控制活动的重点，使服务提供过程更为合理。

从服务体验的角度来看，服务流程是旅客参与服务过程中与高铁运输企业的直接接触点，直接影响旅客参与、评价客运服务过程的感知体验，因此服务流程设计是服务设计整体过程的重中之重。

4.5.2 高速铁路客运服务方案评价指标

高铁客运服务方案的具体评价指标，需要视其评价目标及原则而定。但无论是针对企业效益或社会效益评价，其评价指标都要考虑服务设计匹配度、服务体验质量，除此之外，还要考虑该项服务的一次性投入成本和日常运营成本，运输服务提供过程中的组织管理、技术设备和人力资源的配置与协调难度等。

1. 服务匹配度

服务匹配度是指服务设计方案与设计过程中各环节及服务总体预期目标的匹配程度，包括该项服务与服务需求、服务战略的匹配度，如服务基调的匹配度、服务包的匹配度、服务流程的匹配度等。

2. 服务体验质量

高铁客运服务设计以旅客需求为导向，服务的本质是为解决旅客旅行中所遇各项问题而提供的不同解决方案，因此服务方案的评价首先应该考虑旅客的服务体验质量。服务体验质量是旅客在运输过程中建立起来的一种主观感受，包括可靠性、响应性、保证性、移情性和有形性，针对核心服务和辅助服务的体验质量指标需要视具体内容而定，如核心服务各环节的服务时间、旅客接受服务时间、排队等候时间、站车拥挤度等。

3. 运输组织的协调难度

运输组织方案、规则及调度指导等贯穿于高铁客运服务全过程，尤其是对核心服务感知体验影响巨大，如列车服务频率、列车等级与种类组配、列车速度、客流波动适应性、列车换乘衔接、列车正点率水平、站车工作组织水平等，另外，餐饮、约车等辅助服务也一定程度上受到列车运输组织的影响，如停站时分等。因此，对运输组织协调难度的评价是十分必要的。

4. 服务成本

高铁客运服务是铁路运输企业经营并提供给旅客的一种无形化产品，不仅包括完成旅客位移的核心服务，还包括提升旅客感知体验质量的辅助服务，因此其成本并不是单一的产品制造成本，而是复杂的、多方面的成本支出。硬件方面包括相关设施设备的一次性投入和运营成本，软件方面包括相关系统（如售票系统、监控系统、投诉系统）的建设及运营成本，人员方面包括服务人员的培训及管理成本等。

4.5.3 高速铁路客运服务方案评价方法

高速铁路作为国家的基础设施，同时承担着社会公益性职责和企业经营性职责。因此对服务方案的评价方法，可以从企业效益和社会效益两个角度进行。

1. 企业效益评价方法

企业效益是高铁运输企业通过商品和劳动的对外交换所取得的社会劳动节约，即以尽量少的劳动耗费取得尽量多的经营成果，或者以同等的劳动耗费取得更多的经营成果。从企业效益角度出发，可以考虑服务成本及收益，选择净现值法、净现值率法、内部收益率法等方法，定量计算所制定的高铁客运服务方案为高铁运输企业带来的经济效益。对于高铁运输企业服务设计中的某些特殊效益，包括满足旅客需求、让旅客满意、忠诚、重购和推荐他人购买等，由于无形效果不存在相应的市场和价格，一般很难赋予货币价值，因此在对高铁运输企业的服务设计进行评价时，需寻找其他方法来估算出无形效果的作用大小。

（1）净现值法

净现值指特定方案下，未来现金流入的现值与未来现金流出的现值之间的差额。在该方法下，未来现金流入和流出都要按照预定的贴现率折算为他们的现值。计算公式如下：

$$\mathrm{NPV}=\sum_{t=0}^{n}\left[\frac{b_i(t)-c_i(t)}{(1+r)^t}\right]-k_i$$

式中　NPV——项目 i 的净收益现值；

$b_i(t)$——第 t 年从项目 i 中获得的收益；

$c_i(t)$——第 t 年中项目 i 的成本；

r——折现率；

n——项目的存续时间；

k_i——项目 i 的初始成本。

如果 NPV≥0，说明这个设计方案现金流入大于流出，设计方案可行；如果 NPV<0，说明这个设计方案现金流入小于流出，设计方案不可取。

(2)净现值率法

净现值率是计算设计方案未来的现金流入的现值，与原投资额之间的比率。如果指数大于 1，说明收益超过成本，也就是实际收益率大于预定收益率。它是一个相对数指标，反映投资的效率；而净现值是绝对数指标，反映投资的效益。净现值和净现值率这两个指标之间的关系：净现值>0 时，净现值率>1；净现值=0 时，净现值率=1；净现值<0 时，净现值率<1。

(3)内部收益率法

内部收益率是考察项目盈利能力的主要动态评价指标。它是投资方案在建设和生产经营的年限内，各年净现金流量的现值累计等于 0 时的折现率。计算公式如下：

$$\sum_{t=1}^{n}(\mathrm{CI}-\mathrm{CO})_t(1+\mathrm{IRR})^{-t}=0$$

式中　IRR——内部收益率；

CI——现金流入量；

CO——现金流出量；

它是一项投资渴望达到的报酬率，该指标越大越好。一般情况下，内部收益率大于等于基准收益率时，该项目是可行的。

(4)结构方程模型法

对于高铁运输企业服务设计中产生的部分特殊效益，如旅客由于满意而带来的重新购买收益和推荐其他旅客购买等收益，想要精确计算是比较困难的，因此，对于这类收益，可以采用定性分析法来评价企业服务设计的收益对企业的贡献度。其中，结构方程模型因其强大的处理能力而被广泛运用于定性研究分析中。结构方程模型是根据理论文献或经验法则，构建具有因果关系的假设模型图，然后从假设的理论架构出发，通过采集变量数据，来验证这种设定的作用关系或模型假设的合理性和正确性。

2. 社会效益评价方法

社会效益是指最大限度地利用有限的资源满足社会上人们日益增长的物质文化需求。高铁客运服务的社会效益从宏观层面可以表现为促进 GDP 增长、优化产业结构、加快城市化进程、促进环境协调发展等；从中观层面可以表现为促进区域经济发展、发挥中心城市作用、促进各运输方式的协调发展、推动信息产业发展等；从微观层面可以表现为促进铁路经济效益提高、促进铁路科技创新和技术进步、提供多样化运输产品、提高旅客旅行舒适性等。

综上，高铁客运服务的社会效益涉及社会经济的诸多方面，因此其评价应采用由多个指标构成的评价指标体系来进行综合评价分析。根据确定指标权重的主、客观方法，可以将多指标综合评价分为主观法和客观法两大类。

（1）多指标综合评价的主观法

多指标综合评价的主观法是先根据经验按照指标的重要程度人为地给出权重，然后对指标进行综合评价。

①指数加权法。综合评价指标由多个单项指标加权平均得出。

②专家会议法。将接受咨询的专家分成若干小组，面对面地进行讨论和磋商，最后取得比较一致的意见，得出各指标的权重。

③德尔斐法。采用匿名方式，通过几轮函询，征求专家意见。评估领导小组对每一轮意见进行汇总整理，并将汇总意见发给每位专家作为下一轮意见的参考。如此多次反复，意见趋于一致，最后得出各指标的权重。

④层次分析法。层次分析法是一种定性与定量相结合的系统分析方法。首先把要解决的问题分层系列化，然后对各层次因素的相对重要性给予定量表示，再利用数学方法确定各层次相对重要性的权重，最后得出最底层相对于最高层的组合权重，并计算综合评价值。用层次分析法分析问题一般要经过以下几个步骤：a. 建立层次结构模型；b. 构造判断矩阵；c. 层次单排序；d. 一致性检验；e. 计算组合权重和综合评价值。

⑤模糊综合评判法。应用模糊数学原理对一些边界不清的因素定量化，进行综合评价。即将评价因素集合论域（U）上的一个模糊集合（A）经过模糊关系（R）变为评语集合论域（V）上的一个模糊集合（B）。

（2）多指标综合评价的客观法

在多指标综合评价的客观法中，权重根据各指标自身的作用和影响来确定，然后构造评价模型，进行综合评价。

①主成分分析法，是将多个变量化为少数综合变量的一种多元统计分析方法。其主要步骤为：a. 观测数据标准化；b. 计算样本相关矩阵；c. 求相关矩阵的特征根及相应的单位特征向量；d. 计算主成分向量；e. 计算主成分的贡献率及前 P 个主成分的累计贡献率；f. 取前 P 个主成分构成综合评价向量并测评综合评价值。

②因子分析法，是主成分分析法的自然延伸。当主成分难以给出有实际意义的解释时，将主成分作初始因子进行坐标旋转，从而得到理想的公共因子，实现对指标的综合。

③聚类分析法。在事先对样本类别不掌握任何信息的情况下对观测样本进行分类，从而对研究对象作出评价。实现聚类的步骤为：a. 对原始数据进行标准化处理，构造 n 个类，每类只有一个样本；b. 计算 n 个类（样本）两两间的距离（绝对距离、欧氏距离或切比雪夫距离）；c. 合并距离最小的两类成为一个新类；d. 计算新类与各类之间的聚类；e. 重复上述步骤直至所有样本合并为一个类；f. 画聚类图并按给定阈值确定分类数。

④数据包络法。以相对效率概念为基础，根据多指标投入和多指标产出对相同类型的部门进行相对有效性和效益评价。

⑤判别分析。用已知样本的 p 个指标构成判别函数，计算样本的综合值，比较其与各已知类别的接近程度，确定样本的归属。

⑥灰色关联度评价法。以各因素的样本数据为依据,用灰色关联度来描述因素间关系的强弱、大小和次序,经过确定分析序列、对序列变量进行无量纲化处理、求差序列、计算关联系数和关联度等步骤,依关联度排序并进行综合评价分析。

此外,随着信息技术和计算机技术的发展,利用计算机仿真技术对高铁客运服务系统仿真,构建一个实际系统的模型,对服务系统、服务设计各环节、各服务内容、服务各环节进行实验并进行输出评价,对提高客运服务方案质量、改善旅客服务感知体验等具有显著的意义。

4.5.4 高速铁路客运服务方案仿真评价案例

计算机仿真(computer simulation)是应用电子计算机对系统的结构、功能和行为以及参与系统控制的人的思维过程和行为进行动态性比较逼真的模仿。它是一种描述性技术,也是一种定量分析方法。数学模型的评价方法,其构建与求解具有较大的难度限制,往往只能对所设计的客运服务系统进行定性分析或简单的定量分析,而无法进行系统深入的定量分析。而系统仿真是对真实系统的抽象再现,具备了可以进行深入定量分析的优势。

应用仿真技术对高铁客运服务系统设计及参数进行广泛测试,可以通过旅客排队时间、环境拥挤度等指标,了解旅客在客运服务过程中的体验质量及客运服务系统中的薄弱环节,优化客运服务方案设计。客运服务是一个复杂系统,各环节存在大量的设计参数或运行参数,这些参数不仅对其所在环节本身产生影响,也会对整个客运服务系统产生影响,其相互关系十分复杂。建立仿真模型将这些参数作为系统的输入值,可以利用模型的运行结果,分析在不同参数的多种组合下客运服务系统的运行状况,从而为客运服务管理者提供更加科学的决策依据。了解并掌握高铁客运服务系统各环节及仿真技术因素对仿真过程及仿真结果的影响因素,能使计算机仿真技术更准确、更规范地服务于高铁客运服务系统。

1. 高铁客运服务系统组成要素

从服务过程互动性角度,高铁客运服务系统的基本构成要素包括直接参与服务过程的人员、硬件/软件、服务环境、各类支撑资源等。其中,人员包括提供者、服务需求者。从计算机仿真角度,高铁客运服务系统主要由以下九大要素组成:

①旅客(passenger):出行服务需求的提出者、服务的接收者。

②目标(goals):出行服务被设计或运行的主要目的。

③输入(input):将要被提供服务的旅客。

④输出(output):已经被提供服务的旅客。

⑤过程(process):提供服务的全过程。

⑥人力使能者(human enabler):高速铁路服务人员。

⑦物理使能者(physical enabler):向服务过程提供资源的实体(运输设备)。

⑧信息使能者(informatics enabler):向服务过程提供知识的实体。

⑨环境(environment):各类约束或标准,以使服务达到特定标准。

2. 高铁客运服务仿真影响因素

高铁客运服务系统要为旅客提供出行前(如旅程规划、票务服务)、出行中(如车站、列车)和出行后(如投诉处理、网约车)等各项服务,其内容涉及旅客旅行中的业务服务、生活服务、信息服务等。任何一个环节都可能存在客运服务仿真需求,而服务过程中不同的服务模式决定了仿真技术的选择及仿真模型的构建。

(1)旅客心理和行为特征

客运服务的动过程、状态等与旅客自身的属性、出行特征、心理状态、行为方式等密切相关。了解旅客出行心理和行为特征对选取客运服务仿真模型、设置仿真参数、优化仿真过程具有重要作用。

①旅客心理影响

旅客心理包括旅客共性心理和个性心理。旅客共性心理指所有旅客在经过各服务环节、遇到各种情况具有的相同心理活动。共性心理主要表现为对交通工具的安全、经济、迅速、方便、舒适程度、服务质量等方面进行比较从而选定交通工具。旅客个性心理指对于每一个旅客而言,由于自身条件、旅行条件、个人性格、爱好、观念的不同,必然会产生不同的心理需求,即旅客个性心理需要,包括逆向、掩饰、侥幸、恐惧、忧郁、急切等。

由于客运服务系统是一个整体,处于该系统的个体之间相互影响并通过群体行为得以外显,因此会产生群体心理。群体心理指所有个体成员在群体中相互作用、相互影响而形成的群体意识、群体情感、群体价值观、群体道德规范等。群体对个体行为的影响包括从众行为、社会服从、社会助长、社会干扰、社会懈怠、旁观者效应等。

②旅客行为影响

旅客出行选择行为具有动态性和复杂性。旅客在高速铁路客运服务系统中的出行选择行为,是由旅客的移动、等待、排队、接受服务等微观行为通过复杂的服务机制组合形成的,体现了旅客在服务系统中行为的动态变化,主要包括节点选择行为、排队行为、导向标识交互行为以及结伴行为。

在对客运服务环节进行仿真前,应首先对该特定环节下的旅客行为进行调查研究,不同服务环节下旅客表现出的不同行为模式对于仿真模型的选择具有决定性作用。此外,对于旅客行为研究的深度也决定了仿真模型与现实客运服务的接近程度,对旅客行为模式研究的越深入透彻,客运服务仿真模型越精确,才能更加稳定可靠地利用仿真结果为决策者提供有效的决策依据。

(2)硬件设施配置及布局

旅客心理及行为受到客运服务系统内硬件配置及布局的影响。例如,好的导向标识系统能够让旅客快速寻找到自己所要到达的目的地的路径,表现出来效果为该系统内的旅客走行顺畅,不会产生或较少产生拥挤及碰撞事件,在发生紧急情况进行人群疏散时也能迅速准确地完成疏散任务;反之,若导向标识系统设计不合理,则会让旅客出现徘徊不前、扎堆分析指示标识、走行路径迂回往复等现象,相应地,旅客出现拥挤或碰撞的概率增大,紧急情况下人群疏散时容易造成混乱拥堵的现象。因此,客运服务系统内硬件设施的配置对于客运服务仿真具有重要的影响意义,包括设备设施摆放位置、数量配置及设备设施相互之间协调性等各个方面。

(3)仿真技术因素

仿真主要是通过计算机实现的,一般的计算机模拟仿真模型都是数学模型,因此,技术因素主要是指计算机学科及数学学科的发展对仿真的影响。在利用计算机仿真现实问题时,一个比较常见的矛盾是被仿真的系统多具有连续性,但是数字计算机计算出的数值是离散的,用离散描述连续,必然会存在误差,通过仿真过程中主要参数的设置可以有效地控制误差范围,包括仿真时间、仿真步长模式、变步长模式的仿真精度控制及解法器等。

3. 高铁客运服务仿真步骤

高铁客运服务仿真步骤主要包括"建模—实验—分析"这三个基本部分,即仿真不是单纯的对模型的实验,而是包括从建模到实验到分析的全过程。因此,进行一次完整的计算机仿真应经过以下步骤:

(1)明确仿真对象(系统)

要明确以什么样的精密度来校正对象的哪一部分和仿真什么样的行为,并根据仿真的目的确定所研究系统的边界及约束条件,以及系统的规模及变量个数等。

(2)建立数学模型(或流程图)

建立什么样的数学模型与建模的目的有密切的关系。如果仅仅要求了解系统的外部行为,则要设法建立一个描述系统的外部行为的外部模型;如果不仅要了解系统的外部行为,还要求了解系统内部的活动规律,就要设法建立一个描述系统输入集合、状态集合及输出集合之间关系的模型,称为内部模型或状态模型。

(3)模型变换

模型变换,即把数学模型变成计算机可以接受的形式,称为仿真模型。

(4)设计仿真实验

利用数学公式、逻辑公式或算法等来表示实际系统的内部状态和输入输出间的关系。

(5)仿真实验

把模型装入计算机,便可以利用计算机对模型进行各种规定的实验,并测定其输出。

(6)实验结果的评价和分析

首先要确定评价标准,然后反复进行仿真,对诸次仿真的数据进行分析、整理,从代替方案中选出最优系统或找出系统运用的最优值,列出仿真报告并输出。

4. 高铁客运服务仿真案例分析

本案例以北京西站为例,基于 AnyLogic 软件(界面如图 4.28 所示)对车站站台进行行人微观客流仿真分析,从而更加直观地了解站台客流分布、发现客流拥挤区域和冲突点。

AnyLogic 软件是一个专业虚拟原型环境,用于设计包括连续、离散和混合行为的复杂系统。AnyLogic 主要包含企业库和行人库两个模块,铁路客流仿真主要使用行人库模块。行人库能够在具体的"物理空间"对行人流进行建模,其核心算法为底层的社会力模型算法,能够精确模拟人的心理对行为的影响,同时社会力模型的连续空间模型性质可以真实地反映行人的走行轨迹。

AnyLogic 基本操作界面(如图 4.29 所示)主要包括工程视图、图形编辑框、问题视图、属性视图和面板视图五个部分。其中,工程视图可以在工作区内打开 AnyLogic 模型,并可通过工作区实现快速导航;图形编辑框可使用户图像化地编辑活动对象类的图标;问题视图显示在模型开发和编译过程中出现的任何问题;属性视图显示并可修改选中对象的属性;面板视图以面板形式分组列出了模型用到的各类元素,如需要向模型中添加元素,则只需将元素从面板中拖入图形编辑器即可。应用 AnyLogic 仿真软件中的行人库对北京西客站第 8 站台进行建模及客流仿真,主要包括以下四个步骤。

图 4.28 AnyLogic 软件界面

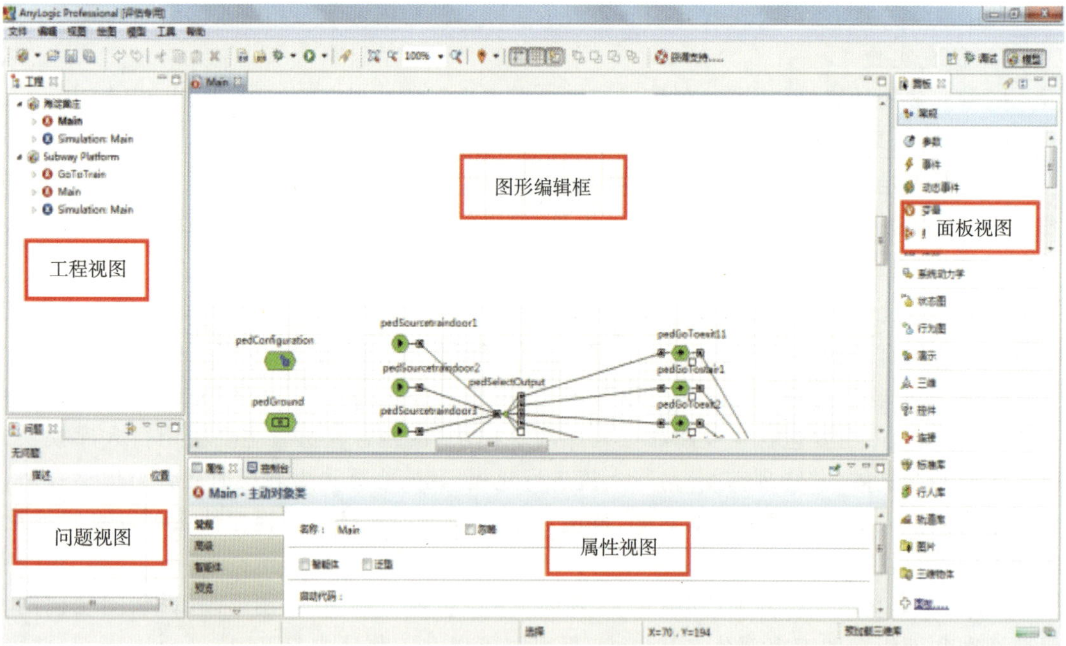

图 4.29 AnyLogic 基本操作界面

(1)仿真技术路线

①模型设计:环境建立、行为流程图创建。

②参数的设定:人流密度设定、行人速度设定、行人类别区分。

③仿真设置和运行:对已经建立好的模型进行仿真设置和运行。

④仿真结束:输出仿真结果。

(2)仿真环境设置

以现场调研和测量得到的数据为基础,绘制北京西站第 8 站台的平面图(如图 4.30 所示),并在图中标出主要的客流来源与消失点,即列车车门、进出站台通道、上下站台楼梯与自动扶梯。

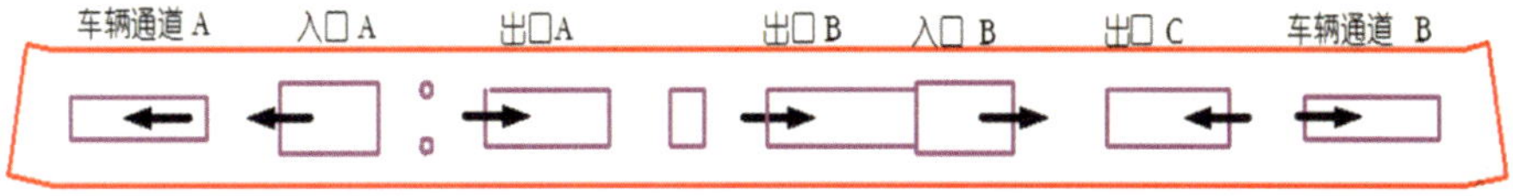

图 4.30　AnyLogic 仿真环境设置

(3)仿真流程设计

①根据站台总体流线建立站台客流的仿真流程图(如图 4.31 所示),包括选择模块、进站口电梯数据源、人流控制模块、消除模块。

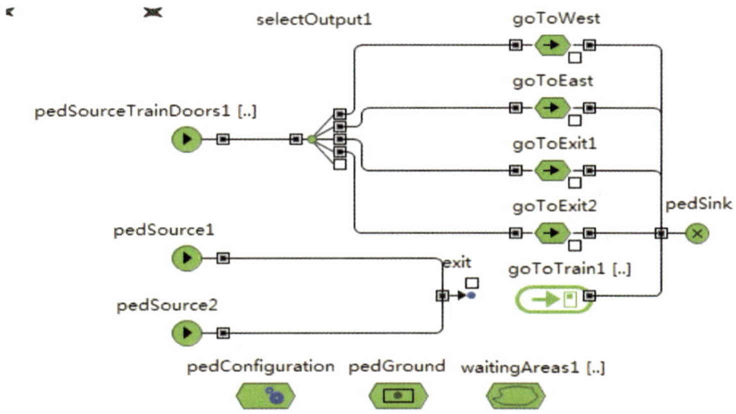

图 4.31　站台客流的仿真流程图

②建立列车进站的仿真流程图(如图 4.32 所示),包括启动铁路站场流程图对象、控制列车移动、实现旅客上下车、将列车从轨道上移除、终点。

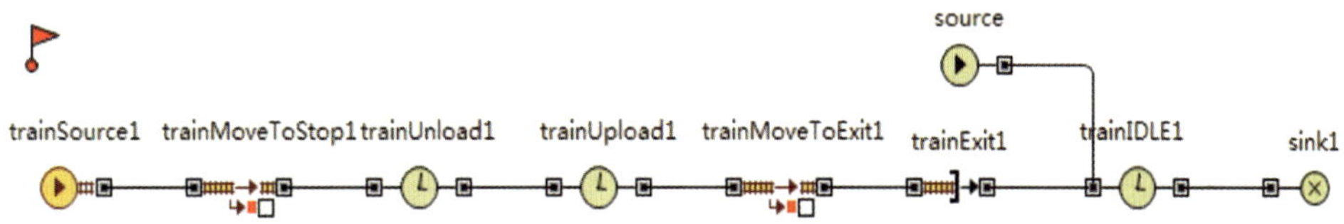

图 4.32　列车进站仿真流程图

③建立乘客的上车仿真流程图(如图 4.33 所示)。

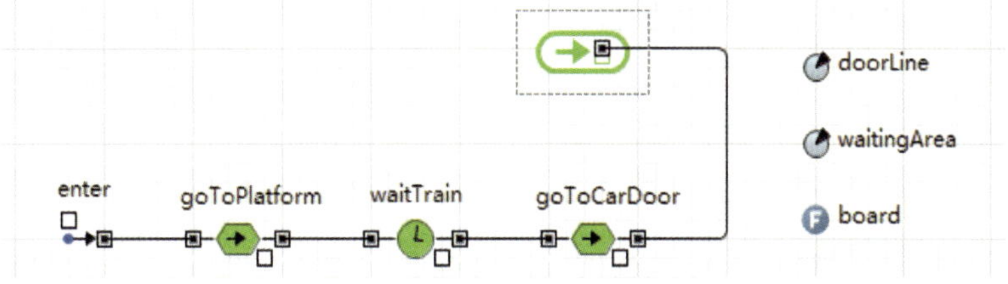

图 4.33　乘客上车仿真流程图

④在仿真之前需进行仿真时间设置(如图 4.34 所示)和仿真速率设置。此次仿真模拟的是北京西站第 8 站台情况,根据列车到发时间选取 15:00～16:00 这一时间段,故仿真时间设置为 60 min,此外还可以设置仿真场景的日期。为了使仿真和实际情况更加契合,将模型时间与实际时间单位之间的对应关系设置为 1。

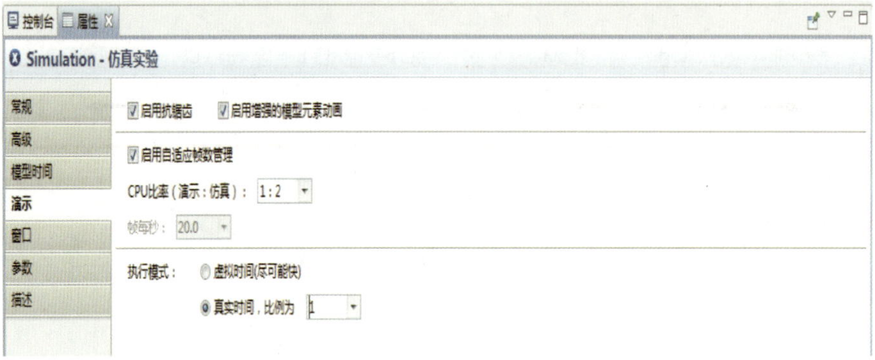

图 4.34　仿真时间设置界面

⑤点击“run”按钮,进入 simulation 界面,然后点击 simulation 界面里的“Run the model”按钮,开始进行站台客流仿真并得到相应的仿真结果(如图 4.35 所示)。

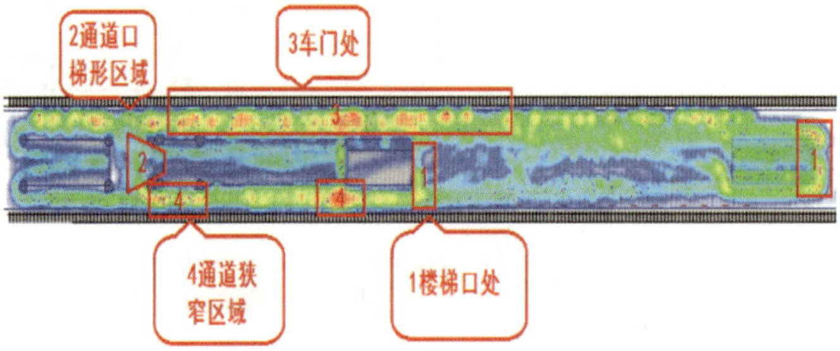

图 4.35　第 8 站台客流仿真结果

(4)仿真结果分析

在仿真结果(如图 4.36、图 4.37、图 4.38、图 4.39 所示)中,客流密度通过不同的颜色被标注出来,颜色越接近蓝色,客流密度越低;越接近红色,客流密度越高。

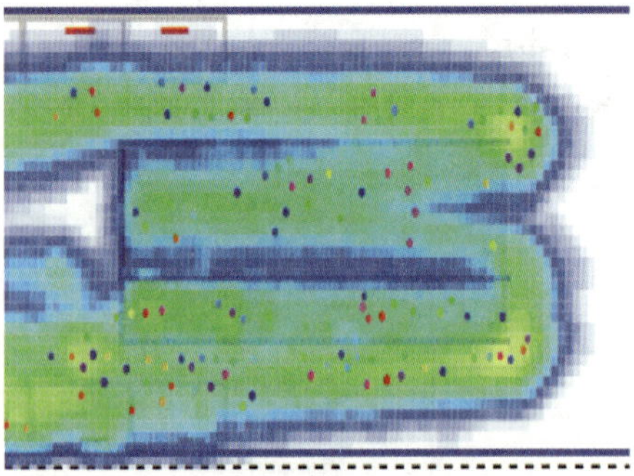

图 4.36　楼梯与自动扶梯口处客流仿真

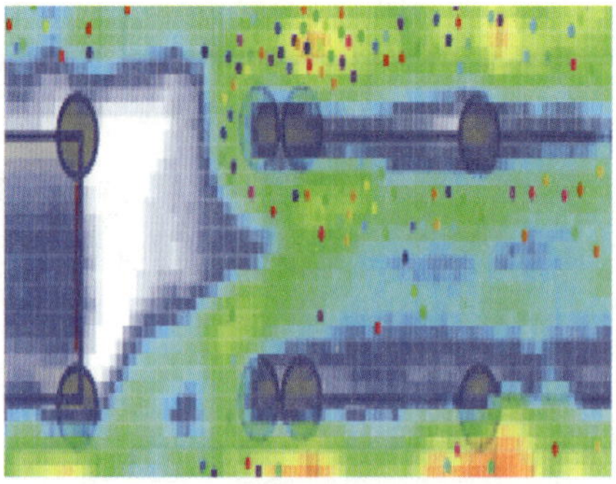

图 4.37　通道口梯形区域客流仿真

由图 4.36、图 4.37 可以看出,大量的出站客流在通道入口处形成了一个梯形区域,在该区域的客流密度明显高于周边区域,是控制站台拥挤踩踏事故的核心区域。同时,该区域的客流密度是由外至内逐渐增大的，往往在客流较大时会产生拥堵，是站台客流疏散的瓶颈环节。从客运服务角度，应在通道入口处加强疏导力度，可采取张贴醒目警示语、播放录音提醒、设置蛇形流线、增加工作人员疏解等措施来提升客运服务水平，规避风险。

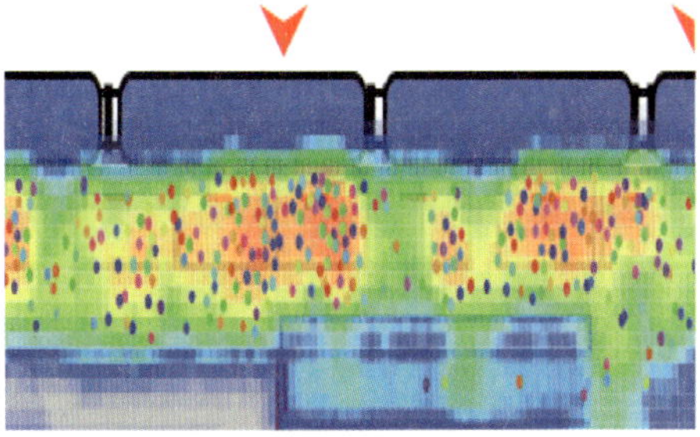

图 4.38 车门处客流仿真

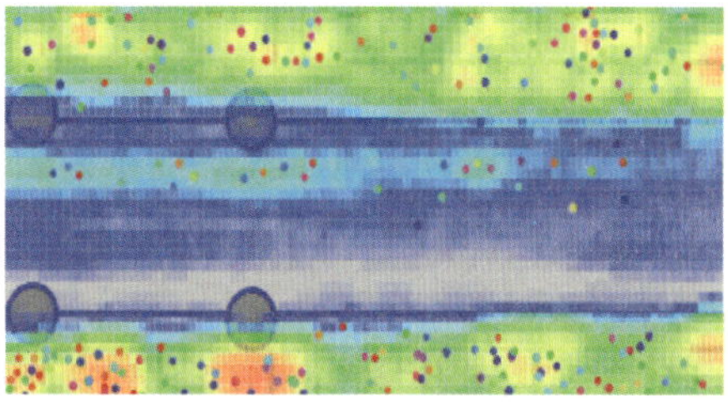

图 4.39 通道狭窄的区域客流仿真

由图 4.38 可以看出，乘客进入站台后，会在车门处等待上车，此时站台上的乘客会越来越多，在高峰期会造成不同程度的拥堵。列车到达后，下车客流与上车客流也会造成不同程度的冲突，加剧拥堵的程度。为了提升旅客服务体验，可在站台规划独立的走行区域及车门外等待区域，避免站台上走行旅客与等待旅客流线冲突；同时，车门外等待区域宜设置在车门两侧，避免正对列车车门，以减少等待上车的旅客与下车旅客的正面冲突。

此外，由图 4.39 可以看出，北京西站站台面积较小，加之站台上设有大量的柱子、楼梯与自动扶梯，导致站台上产生了一些较为狭窄的走行通道，当客流量较大时，这些区域会产生客流的拥堵，容易导致拥挤踩踏事故的发生。这些狭长的通道一般是系统的瓶颈所在，在客运服务中需要重点监督与管理，尤其应避免等待排队上车的旅客占用通道造成通道截断。建议在通道狭长地段，旅客车门外等待区域沿列车方向规划，从而保持通畅的走行通道；同时可播放录音提醒旅客快速通过该区域。

由以上分析可以看出，仿真结果通常能帮助决策者找到客运服务方案的瓶颈所在以及各瓶颈处分别具有的共性或特性问题，进而可以预先地、高效地、有针对性性地制定优化方案。

5 高速铁路客运服务质量标准

高铁客运服务质量标准，是指在为旅客提供客运服务的范围内，对服务质量明确提出的应该达到，且能运用一定方法进行检验的，并能重复使用的规范、指导性文件或特殊性文件，它是服务设计的输出结果，也是高铁运输企业向旅客提供服务并评价服务质量的依据。高铁客运服务质量标准化是制定标准、贯彻标准、修订标准的过程，是不断循环螺旋式上升的过程。

5.1 高速铁路客运服务质量标准概述

高铁客运服务以满足旅客需要为基础，但由于其自身的经济技术特征和生产、消费特点，使其从内容到形式很难充分考虑到每个旅客个体的需求特点，而只能根据市场细分和服务群体的需求，对关键但又无法监控的、带有重复性的服务行为实行标准化管理。

5.1.1 高速铁路客运服务质量标准概念及类型

1. 高铁客运服务质量标准概念

标准是为在一定的范围内获得最佳秩序，对活动和结果规定共同的和重复使用的规则、指导原则或特殊性的文件。标准应以科学、技术和经验的综合成果为基础，并以促进最大社会效益为目的。

标准是根据当时的科学技术所达到的实际水平来制定的，既不能滞后，也不能超前。滞后了，不能满足使用要求；超前了，标准的规定难以实现，等于没有标准。为了验证标准的规定能否满足要求以及在现有条件下能否达到，在制定标准时要做一系列试验。正是标准产生的这一基础，决定了标准具有科学性、时效性、统一性和强制性等特性。

高铁客运服务质量标准是指客运服务应达到的水平和水准，涉及从服务设计到服务提供、服务控制过程中，为旅客提供服务的设备、服务生产过程中的规章规范和服务人员的行为规范等方面。高铁客运服务质量标准以“标准”为依据，明确为旅客提供服务质量的目标。

2. 高铁客运服务质量标准类型

为了不同的目的，可以从层级、性质、对象等不同角度对标准进行分类。

(1)按标准的内容分

高铁客运服务质量受三大类要素影响：人员、硬件和软件。这三者相辅相成，缺一不可，共同构成了图 5.1 所示的三角关系，即“服务金三角”。其中，硬件和软件要素是比较确定和稳定的，人员要素复杂且易变，同时也是影响服务质量的关键要素。

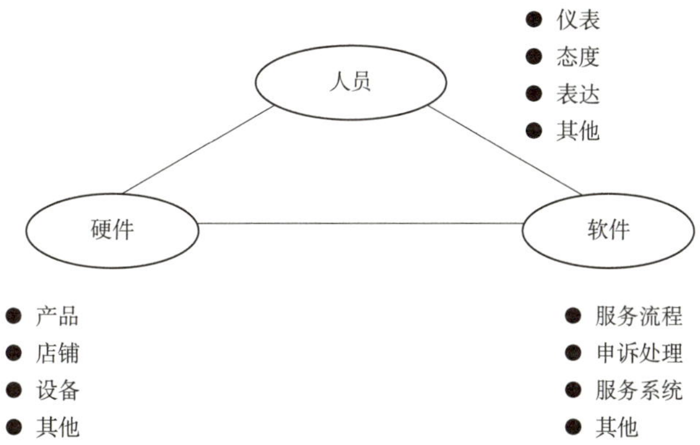

图 5.1 服务要素金三角

①硬件标准

硬件标准是针对为旅客提供服务的物理环境所作的规定。如客运服务设施设备质量和数量标准，室内环境的色彩与照明、气味、温度、湿度、空气的清新度等标准，车厢、车体等设施设备的颜色、车站的通道设计、候车厅的座位安排、自动售票机、行李推车、自助查询机等设备的位置选择标准等。

②软件标准

软件标准是针对客运服务提供的程序和系统所规定的标准，包含为旅客提供的服务内容、服务流程和服务方法等，以及对服务质量管理所作的规定。可以说，软件标准是对服务技术标准、作业标准和管理标准的规范化管理，并用书面文件的形式予以颁布。

③人员标准

人员标准是针对提供客运服务的工作人员提出的标准，包含对服务人员学历、专业、气质及与旅客接触时的态度、行为、语言等规定和要求。由于一线服务人员与旅客直接接触，对其服务标准的规定更严格，如高铁客运企业对客运人员的综合素质、个人形象、言谈举止都有明确的标准规范。

(2)按标准的性质分

按照我国现在通行的分类法，即按照标准的性质，高铁客运服务质量标准可分为技术标准、管理标准和工作标准。

①技术标准

技术标准是针对客运服务过程中重复性的技术事项，在一定范围内所作的统一规定。它是根据生产技术活动的经验和总结，作为技术上共同遵守的规则而制定的各项标准，如外购商品的质量标准、列车设施设备质量标准、列车餐饮质量标准等。

②管理标准

管理标准是管理部门为行使管理职能而制定的具有特定管理功能的标准，它是高铁客运服务管理工作的业务内容、职责范围、程序和方法的统一规定，如客运部门管理范围、后勤管理、服务投诉处理等。

③工作标准

工作标准就其属性来说是管理标准的一种类型，是为实现客运服务过程，提高工作效率和工作质量，对客运服务中各岗位工作制定的标准。工作标准对每项具体工作、每个工作岗位作出规定，包括工作范围、岗位职责、工作程序及质量要求等，如验证验票、检票、广播等服务标准。

高铁客运服务质量的技术标准、管理标准和工作标准之间是相互联系、相互作用的。技术标准是通过贯彻、实施作业标准和管理标准来保证其标准的实现，而工作标准又是管理标准制定、实施的主要依据和基础。

(3)按标准的层级划分

按标准的层级划分，主要有国际标准、区域标准、国家标准、行业标准、地方标准、企业标准等。各层级标准存在一定的内在联系，高铁客运企业通过协调、衔接各层级标准，可以构建形成科学的有机整体，即标准体系，从而指导企业标准化工作，提高标准化工作的科学性、全面性、系统性和预见性。我国铁路客运不同层级的标准内容详见5.3.3。

5.1.2 高速铁路客运服务质量标准化内容

标准化是对重复性事物和概念做出规定，并将其贯彻实施的过程，这些重复性实践和概念成为标准的依据主体，标准化必须围绕着这些依存主体(标准化对象)来开展活动。而且，标准化对象都是存在于一定的系统中，与系统内各组成要素及系统外某些相关要素之间相互联系、相互影响、相互制约。在标准化工作中，人们不断探索，总结出标准化基本原理，包括统一原理、简化原理、协调原理和最优化原理等。

高铁客运服务质量标准化即对客运服务质量进行标准化管理，指为在一定范围内为使客运服务获得最佳秩序，质量达到最佳效果，对实际的或潜在的问题制定通用性规定的活动。这种标准化管理方法的核心是通过建立一整套质量控制体系，以服务工作中重复性作业方法为对象，以现行的规章制度为依据，在服务工作实践的基础上，制定并实施服务标准。其基本思想是统筹人、物、环境诸因素，优化服务与管理方法，从而满足客运工作中心目标——安全运输和优质服务，加强以过程控制为重点的全面质量管理与控制，将他控、互控和自控结合起来，将预先控制、现场控制和事后控制结合起来，实现质量管理的制度化、科学化。

推行高铁客运服务质量标准化，其根本目的就是实现质量管理制度化、科学化，确保安全运输，提高服务质量，为旅客提供可以考量的服务指标。高铁客运服务质量标准化，对外可以起到明确客运服务的质量特性、质量标准及无形质量有形化的作用，对内可成为客运设施设备配置标准、客运服务工作标准、管理和控制标准。高铁客运服务质量标准化有以下几方面内容：

1. 标准化对象——高铁客运服务质量

高铁客运服务质量标准化是针对客运服务过程中的环节、内容、质量的标准。例如，高速铁路站车保洁、餐饮、投诉处理等服务过程都是可以进行标准化的实体。标准化对象也可以是针对影响高铁客运服务质量的软件、硬件、人员要素为对象的标准。例如，服务设施设备数量质量、服务流程、一线服务人员仪容仪表等标准。找出客运服务在不同时间和空间共同的和重复发生的事件或概念的最佳状态，制定标准，加以统一，就可以使它们得到优化或达到节省劳动力、提高工作效率的目的。

2. 标准化领域——高铁客运服务及其相关领域

高铁客运服务标准化可以存在于客运服务的各个领域，其活动领域不仅包括服务活动中一线员工的服务工作标准，还扩展到服务管理、技术支持以及后台服务工作目标和前期规划设计等领域。如为保证达到安全、准确的服务标准，必须有相应的安全设施设备，以及在日常管理和生产工作中有准确的服务基调和与此适应的运输调度、运输调整方案的制定与执行等。可以说，服务质量标准贯穿于客运服务全过程，涉及旅客运输各环节、各部门、各领域。

3. 标准化内容——制定、发布和实施标准

标准化包括高铁客运服务质量达到标准化状态的全部活动及其过程，即制定标准、贯彻标准进而修订标准的过程。标准化的目的和作用，需要通过制定和贯彻具体的标准来体现的。

4. 标准化本质——统一

标准化是在混乱中建立秩序，形成统一。高铁客运服务质量标准化就是用确定的标准将高速铁路提供的各项客运服务统一起来。所以，标准化也是一种状态，即统一的状态、一致的状态、均衡有序的状态。

5. 标准化目的——获得最佳服务秩序及质量

高铁客运服务质量标准化的目的在于一定范围内客运服务获得最佳秩序，客运服务质量达到最佳效果，以期获得最佳的社会和经济效益。有序化和最佳的社会与企业的综合效益是高铁客运服务质量标准化的出发点，也是衡量标准化活动的根本依据。

5.1.3 高速铁路客运服务质量标准化管理

标准化是进行质量管理的依据和基础。高铁客运企业用一系列标准来控制和指导客运服务规划、设计、提供和改进的全过程，这是质量管理的基本内容，也是高铁客运服务设计中可操作性和可实现性服务的展现形式。通过实施技术标准，将质量管理目标具体化和定量化，使高铁客运企业内部各部门在技术上做到统一协调。通过执行管理标准、工作标准，促使职工在各自工作岗位上高质量地完成工作，从而有效地保证提高客运服务质量。由此可见，开展质量管理离不开标准化，并且是以标准化为基础的。

高铁客运服务质量标准化不是孤立事物，而是一个循环的活动过程，主要包括市场分析、服务设计、标准制修订、标准认证以及标准贯彻实施等，如图 5.2 所示。制定出一套科学的具有可操作性的服务标准，需要通过系统研究，通过对标准贯彻与执行效果进行检测，对标准进行反复测定和修正而实现。标准化就是根据客观情况的变化，不断促进这一循环过程的发展，以改进服务质量，使其更加符合旅客需求。

(1)市场分析是高铁客运服务质量标准的源泉，其将一定消费群体的需求特征作为运输企业服务产品的质量特征，反映到运输服务的各项内容和工作中去。

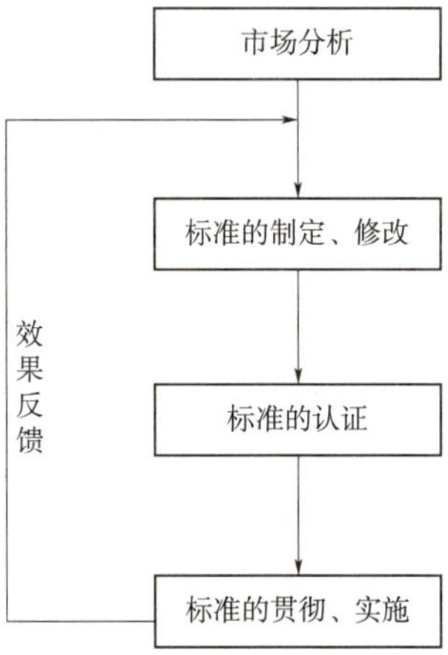

图 5.2 高铁客运服务质量标准化管理过程

(2)标准制修订是将客运服务设计理念、不同服务内容进行具有可操作性和衡量性的展现。不同类型客运服务的服务标准具体到各服务环节上是有差异的,包括技术、管理和工作各领域,以及软、硬件和人员的配备和执行上。可见,从运输企业的角度,标准的高低表现出运输投入的多与少。原则上讲,越多越高标准的服务,其投入(研发到生产全过程)越大,单位服务收入越多,尤其是"人无我有"的服务,可以得到更高经济回报。但从旅客角度,高标准服务应该是更贴近旅客需求的服务。因此,客运服务标准制修订是铁路运输企业主观经营理念向需求客观特性逐渐蔓延的过程。

(3)标准认证是将高铁客运服务标准体系纳入国际、国家或行业标准的过程。标准认证有利于国家、社会对高铁客运企业标准执行过程的监督,有利于宣传高铁客运服务质量标准,让高铁客运服务质量和优势具体化、形象化,也有利于经营者的选择和鉴别,塑造高速铁路品牌良好的服务形象。

(4)标准贯彻、实施是高铁客运服务标准化管理的最关键环节,也是最困难的环节。高铁客运服务过程中,如何严格、准确地按照标准实施服务过程是十分困难的事,这就需要一方面依据服务标准实施细则严格执行,另一方面重视"接触时刻"的管理和服务补救。

此外,标准作为一项技术政策,由于人的主观性,客观存在的不确定性等,因此风险始终存在。例如,国家标准作为一种公共资源,必须具有公正、公平等属性,那些未经协调或协调不充分、带有倾向性的标准,会产生负面效果,损害标准的公信力,降低全社会的标准化意识;标准中参数和参数值,诸如尺寸公差、极限值、容许量等,倘若制定和实施时有所疏忽,就可能产生各种负面作用,面临极大风险。可以说,标准化是一把"双刃剑",在充分发挥标准化积极作用的同时,亦必须清醒地认识到标准化存在的风险,可能带来的负面影响,这就要求每一项标准的决策都要严肃谨慎,时刻提防这把"双刃剑"的杀伤作用,把风险发生的概率降至最低限度。

综上所述,高铁客运服务质量标准化管理的内容和过程反映了高铁客运企业以市场为导向的经营理念,表明标准的源泉来自市场,即标准必须是与时俱进的,能够反映市场需求和企业自身理念、经济、技术等方面特点。高铁客运企业对服务质量标准化管理的目的是通过服务质量标准的制定、执行与改进,规范服务过程,提高铁客运服务的社会认知度和旅客忠诚度。

5.2 高速铁路客运服务质量标准制定

高铁客运服务质量标准的制定是高铁客运服务质量标准化管理的第一步,是高铁客运服务基调的直接体现和对服务产品特性的形象化描述。只有认真制定和贯彻管理标准和工作标准,才能有效地保证服务质量标准的执行,从而推动高铁客运服务质量管理工作的开展,并最终提供优质服务。

5.2.1 高速铁路客运服务质量标准制定依据和原则

1. 高铁客运服务质量标准制定的依据

高铁客运服务以满足旅客需求为中心,以"为旅客提供满意服务"作为制定服务标准的基础。制定优质的客运服务质量标准需要有一定的理论依据，主要包括高铁客运服务需求、高铁客运服务基调、高铁客运企业的技术和生产特征以及企业所处的市场环境等。

(1)高铁客运服务需求

客运服务以满足旅客需求为出发点，不同市场细分旅客出行目的、消费水平以及闲暇时间不同，对运输企业提供服务的需求就有差异，企业针对旅客而制定的服务质量标准也就不同。因此，高铁客运服务质量标准应根据各类产品的市场定位，从旅客需求出发，提出并规范其服务标准。

(2)高铁客运服务基调

服务基调是服务企业提供给旅客能满足其某种或某几种需要的“功能”和“效用”。运输企业的服务基调决定了其客运市场定位和吸引的客流群体，旅客的需求特征和层次也将随之确定。如与既有线客运服务标准内容相比，高速铁路硬件设施配备标准、管理规范及人员素质等各方面有更高的要求。但这并不能表明高速铁路比普速铁路客运服务“高级”，而是体现了铁路客运服务中高速与既有线的差异化定位，即在满足市场不同需求的同时，实现铁路内部的最佳经营效果。

(3)经营市场环境

企业经营市场环境包括政治、经济、文化、社会、生态文明等宏观环境及行业竞争环境。铁路运输企业客运服务质量标准需要随着企业宏观环境的变化而修改。如中国特色社会主义进入新时代，社会主要矛盾已转化为人民日益增长的美好生活需要与不平衡不充分的发展之间的矛盾，这就要求运输企业紧扣人民群众美好生活需要，提供高质高效服务，实现从“走得了”向“走得好”的转变，对应制定更为严格、质量更高的服务质量标准。除此之外，旅客在评价高铁客运服务质量时会把它与其他运输方式以及同一运输方式的其他产品相比，因此运输企业在制定服务质量标准时，要考虑其他运输方式的服务质量标准。

(4)服务企业技术和生产特征

服务企业的技术和生产特征也是影响其服务质量标准制定的一个重要方面。旅客需求、客运服务基调以及企业经营市场环境是决定运输企业服务质量标准制定的主观因素，是旅客、社会等外界对企业的一种要求，而服务企业的技术和生产特征是质量标准的客观依据，是企业自身能力的一种表现。高速铁路向旅客提供安全、迅速、正点、经济、舒适、便捷、文明的优质服务需要有与之匹配的技术装备作技术保障，如高速铁路动车组列车、高速铁路信号与控制系统、高速铁路综合调度系统、高速铁路行车安全监控系统等。

2. 高铁客运服务质量标准制定的原则

旅客在体验客运服务时，会根据客运服务的品牌形象调整他们的期望。例如，旅客对高铁客运服务的期望会比普铁要高，如果高速铁路提供的只是还不错的服务，在旅客看来就是还不够好。高速铁路应该提供优质服务，制定较高的客运服务质量标准，以满足旅客的高期望。目标管理界著名的 SMART 原则同样适用于制定优质高铁客运服务质量标准。“SMART”是指服务标准的明确性、可衡量性、可实现性、与顾客的需求相吻合、及时性。

(1)明确性

明确性指服务标准必须明确。如果规定“高速列车开车后，列车开始广播发放配餐”，就不够明确。明确的标准应该是"开车 20 min 后列车开始广播发放配餐"。

(2)可衡量性

服务标准用定量来表示。如高铁客运咨询或问询服务人员在接受问询时,应答、回复、处理率应达到 100%,这就是一个"明确的可衡量的标准"。

(3)可实现性

服务标准要合适,使员工感到有信心实现这些标准。建立高铁客运服务质量标准不只意味着确立目标,同样重要的是设计一个可能实现的工作过程,并使之能不断地进行下去。例如,具体服务工作时间标准可以通过"时间研究法"和"成果评估法"相结合的组合方法在测定该项服务各环节时间标准的基础上得到,详见本书 4.4.3 内容。

(4)与旅客的需求相吻合

高铁客运服务质量标准的"尺寸"和范围应该以旅客的需求为中心,这是高铁客运服务质量标准中最重要的特点。运输企业应该充分研究旅客心理,制定出既符合自身技术经济特性,又能体现自身优势和旅客认知、认可的标准体系。例如高速铁路动车组免费 Wi-Fi、充电插座等服务内容和标准,满足旅客出行需求,夕发朝至列车提供充分体现安静、舒适、休息环境的服务标准。

(5)及时性

及时性指为旅客提供服务的反应速度要快。优质服务不仅包括服务过程的快速,也包括服务响应的快速,对多数旅客来说,意味着向乘务员提出服务请求后,问题就可以解决,但如果他的服务请求没能按照他所期望的速度解决,旅客对客运服务质量的印象仍会大打折扣。

另外,高铁客运服务质量标准涉及旅客运输全过程,既包括运输前的准备过程(咨询、购票等),又包括旅客运输过程中的各环节(站车服务),同时还有运输过程的后续服务(投诉处理等)。从旅客直接接触的角度,既包括一线员工的直接接触,又包括运输过程中的技术支持(运输调度、组织)以及运输服务的管理和控制等部门,涉及技术性标准、管理性标准和工作性标准。可见,从标准的功能和服务对象上来讲,有面向社会的外向性标准,又有面向内部管理和控制的内向性标准,从其标准的特征、内容和执行上应有一定的差异,在其制定原则上也应有所取舍。

对于面向社会的外向性服务标准,应与旅客的需求相吻合,并且能及时实现。在制定外向性服务标准时,及时提供服务不应对旅客做出明确的,如几分钟之类的承诺,但应该向员工明确要求,这样就可以有缓冲时间,如果将服务标准细化到具体分钟,一旦未能在规定时间提供服务,则将大大降低旅客的满意度。如 2015 年《铁路旅客运输服务质量规范》"餐饮经营"明确规定高速铁路列车 15 元盒饭不断供,实际上冷链盒饭保质期为 24～72 h,加热 2 h 后便不建议食用,退损率极高,大大增加了企业成本,同时,低价餐饮极易卖断货,旅客买不到时对企业提出质疑,表示不满。2017 年,高速铁路 15 元盒饭由不断供改为售完即止,供应数量以列车线路和类型车次的具体情况为准,同年延伸高速铁路餐饮服务,提供"高铁外卖",形成了公平开放的高速铁路餐饮市场,既为铁路赚了口碑,更丰富了旅客出行体验。

对于面向内部管理和执行的内向性标准,突出其可衡量性,针对满足旅客需求并且能及时实现的外向性标准，分解成更细的环节，并制订可操作和执行的标准。如对于“及时”向旅客提供服务的内向性标准，可以细化成 5 min 内、3 min 内，增加服务过程的可控性和服务标准的可衡量性。

5.2.2 高速铁路客运服务质量标准制定步骤

第 4 章高铁客运服务设计已明确，高铁客运服务质量标准是高铁客运服务详细流程设计的输出结果，也是详细流程设计的延伸，其制定过程包括五个步骤。

步骤一：服务过程分解

按照高铁客运服务分解过程图的思路，可将高铁客运服务过程分解成不可再分解的动作，高铁客运服务质量标准制定的基础为对不可再分解的动作规范，基于此找出服务细节关键因素。

步骤二：找出服务细节的关键因素

找出每个细节的关键因素就需要对每个服务细节做影响性分析，即从旅客角度出发，鉴别需给予关注的问题点，对影响旅客服务体验的关键因素予以描述，从而帮助高铁客运企业强化旅客记忆，给旅客提供更优质的服务。

以旅客人工验票为例，其细节的关键因素见表 5.1。

表 5.1 车站人工验票过程细节的关键因素

旅客期望的标准	服务的关键因素
验票时有礼貌	语言文明、行为规范
口齿清楚，诚恳热情和善解人意	嗓音悦耳，语音语调适中
验票时间不能太长	快速、便捷、业务熟练
着工作制服	仪表仪容规范

以旅客通过电话与客服人员沟通为例，其细节的关键因素见表 5.2。

表 5.2 旅客通过电话与客服人员沟通的关键因素

旅客期望的标准	服务的关键因素
沟通时客服人员有礼貌、态度良好	语言文明、用语规范
客服人员准确理解自己的问题并能清晰回答	有专业的倾听、表达能力，语音语调适中
客服人员有能力解决自己的问题	业务熟练、有协作能力

步骤三：把关键因素转化为服务标准

在细节中发生的一些细微的事情可能都会影响某一个关键因素，如高速列车上的窗帘有灰尘、饮水机烧水太慢、音乐声音太大等。所以，应该把影响旅客服务体验的关键因素标准化、具体化。

某铁路局集团公司人工验票的服务标准见表 5.3。

表 5.3　车站人工验票的服务标准

仪表仪容标准	文明服务标准
仪容整洁，上岗着装统一规范，干净平整。如面部、双手保持清洁，指甲修剪整齐，长度不超过指尖 2 mm，身体外露部位无文身。 头发干净整齐、颜色自然，不理奇异发型、不剃光头。如男性两侧鬓角不得超过耳垂底部，后部不长于衬衣领，不遮盖眉毛、耳朵，不烫发，不留胡须；女性发不过肩，刘海长不遮眉，短发不短于 7 cm。 按岗位换装统一，衣扣拉链整齐。如着裙装时，丝袜统一，无破损。不穿尖头鞋、拖鞋、露趾鞋，鞋的颜色为深色系，鞋跟高度不超过 3.5 cm，跟径不小于 3.5 cm。 佩戴职务标志，胸章牌（长方形职务标志）戴于左胸口袋上方正中，下边沿距口袋 1 cm 处（无口袋的戴于相应位置），包含单位、姓名、职务、工号等内容。可不戴制帽	表情自然，态度和蔼，用语文明，举止得体，庄重大方。杜绝“生、冷、硬、顶”服务态度。 使用普通话，表达准确，口齿清晰。使用“请、您好、谢谢、对不起、再见”等文明用语。对旅客称呼恰当，如“旅客们”“各位旅客”“旅客朋友”等。 旅客问讯时，目视旅客，有问必答，回答准确，解释耐心。 坐立、行走姿态端正，步伐适中，轻重适宜。 立岗姿势规范，精神饱满。如站立时，挺胸收腹，两肩平衡，身体自然挺直，双臂自然下垂，手指并拢于裤线上，脚跟靠拢，脚尖略向外呈“V”字形。 不高声喧哗、嬉笑打闹、勾肩搭背，不在旅客面前吃食物、吸烟、剔牙齿和出现其他不文明、不礼貌的动作，不对旅客评头论足

铁路客服人员在与客户进行电话沟通时，遵守的服务标准见表 5.4。

表 5.4　铁路客服人员电话沟通服务技能标准

序号	项目	标准内容	
		服务标准	服务禁忌
1	发音	普通话规范、标准、无口音、吐字清晰、准确	忌发音不标准，有口音，吐字不清晰
2	语速	语速应适中、舒适、平稳，保持在每分钟 120 个字左右，如遇老年人、听力略有障碍或对方环境嘈杂的客户，还可适当减缓语速	忌语速过快、过慢
3	音量	声音音量应适中，且持久，平稳，不因情绪波动或疲惫有所变化	忌音量过大、过小
4	语气语调	语气应和蔼、亲切、真诚、谦恭有礼、语调柔和、悦耳、动听	忌生硬、烦躁、嗲声嗲气、低沉、懒散
5	用语规范	应使用“您好、请、先生、小姐、女士、谢谢、对不起、不客气、好、您稍后、您稍等、再见”等规范用语	忌使用“我不知道；说什么，听不见；我忙着呢”等生硬、不当用用词和命令语
6	服务态度	应在第一时间问候客户，“您好，××号为您服务，请问有什么可以帮您？”通话完毕后应晚于客户挂机；在需要客户等待的时候应征求客户同意，并告之等待原因与时限，等待结束后应向客户表示感谢；应在得到客户同意时结束通话，感谢客户来电，并表示对他提出的问题与建议会认真对待	不要无故中断与客户通话，不要与客户发生争执
7	倾听能力	应耐心、全面倾听客户提供的各种信息或建议，能迅速准确理解客户的需求	做到客户讲话时不打断客户，不插话

续上表

序号	项目	标准内容	
		服务标准	服务禁忌
8	表达能力	回答时应该逻辑清晰、简明扼要	忌有口头禅，表达啰唆、重复
9	沟通技巧	掌握话语主动权，使谈话内容始终围绕在问题的解决与建议上，经常使用“是”“好的”等话语表示对客户的关注；通过提问了解更多有用的信息；对客户提供的信息，做适当的总结与重复，给客户以反馈	忌跑题、忌不能及时应答、忌不擅用一般疑问句及时了解有价值的信息、忌不及时总结归纳，给予客户积极反馈
10	业务知识	熟悉相关业务知识，客服操作系统知识，业务处理流程和服务标准等；解答客户问题应答流利、准确、完整、顺畅	忌业务不熟、解答失误或不完整、不顺畅
11	首问负责	能执行首问负责制，尽量一次性解决客户问题	不推诿扯皮、搪塞客户
12	协作能力	能与其他座席有效协作，能协调相关部门和单位及时妥善解决客户问题	

步骤四：根据旅客的需求对标准重新评估和修改

这是最重要的一个步骤，标准制定出来后是否合适，按照这个标准是否能达到提供优质服务的初衷，最有发言权的当属旅客。所以，要根据旅客的需求对标准评估和修改，提供让旅客满意的“标准”，不要让“死规定”束缚了优质服务。

步骤五：确立旅客服务质量标准的体系框架

由前四步可确定具体一项服务的标准，运用层次分析法对整个高铁客运服务对应环节关键因素进行逻辑递延分级，使标准总体框架清晰、逻辑关系明确、指标分布层次合理。基本思路是：首先，把需要解决的问题进行分层，将其系列化，即根据问题的性质和需要达到的目标，将问题分解为不同的组成因素，按照因素之间的相互影响和隶属关系将其分层聚类组合，形成一个递阶的、有序的层次结构模型。根据层次分析法，将“车站旅客服务质量标准”和“列车旅客服务质量标准”作为一级指标，再层层往下延伸，分解为二、三、四、五级指标，按照图 5.3 所示的框架，逐步细化，最终确立旅客服务质量标准体系。

总之，高铁客运服务是高铁客运企业经营产品的“载体”，标准的合理制定是提供优质服务的基础和前提，影响着旅客的期望和企业管理的工作方向。科学、符合实际的标准是标准实现的前提，也是高铁客运企业科学化管理水平的体现。

5.2.3 高速铁路客运服务质量标准制定应注意的问题

对于运输服务企业而言，在标准化管理的同时要体现个性化的人文关怀，在追求个性化的同时也必须保持一致性。高铁客运服务应当保证旅客在每次旅途中都能享受到标准一致的卓越服务。在制定客运服务质量标准时，应该考虑标准的考核对象特点，注意以下几个方面的问题：

1. 标准要高低适度

标准并不是越严越好，切合实际、对现实有指导意义的标准才是最好的。高铁客运服务质量标准越高意味着服务提供方要投入更多成本，服务质量标准的高低程度应该与高铁客运服务特性、产品定位以及高铁客运组织的综合实力有关。与高速铁路特点和综合实力脱节的“高标准”不仅是没有实际意义的“虚标准”，而且会成为影响形象的“枷锁”，是非常危险的做法。例如，候车室里不会有旅客要求地面没有一根头发。所以，只要是符合旅客的期望、切合实际的可操作的标准就是好的标准。

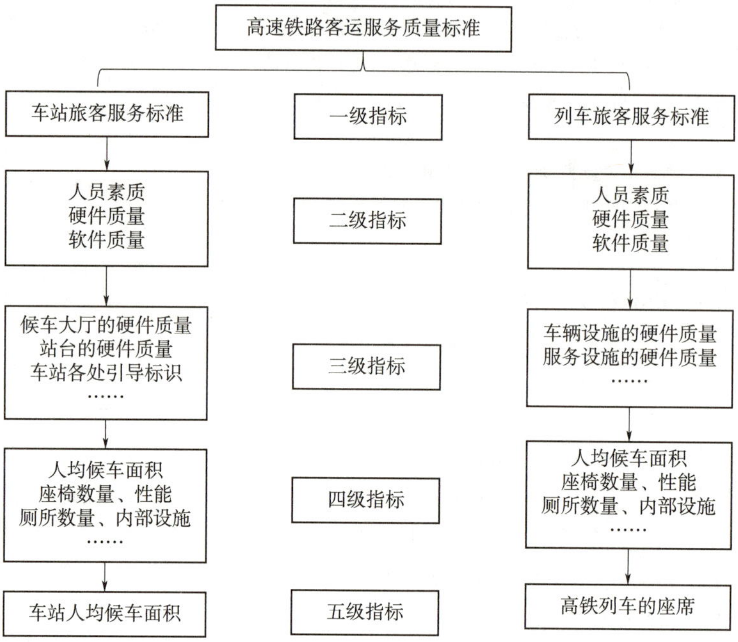

图 5.3 高铁客运服务质量标准总体框架

2. 标准要符合“行规”

对于高铁客运服务而言，制定的服务标准必须明确自身定位，能够发挥自身优势，体现自身特色，而非照搬照抄其他运输方式的标准。高速、安全、正点、便捷、舒适是广大旅客对高铁客运服务质量最起码的要求，同时，也是高铁客运企业本身在质量管理中的一个重要环节。“高速”“安全”不仅依赖于高速铁路路网建设、技术装备的卓越品质，还需要高水平的运营维护和突发应急处理能力等；而“正点”则更依赖于一整套复杂的信息收集、分析、传导和调度指挥等的支持。高速铁路应根据这些自身优势、特点等条件来制定客运服务质量标准。

3. 标准要透明公开

高铁客运服务质量标准一方面可以作为高铁客运组织以及员工努力工作的方向，另一方面可以接受旅客和社会监督，所以应该对外向性和内向性标准加以区分。对外向性标准应该广泛宣传，提高社会和旅客参与度，实施有效监督，并促使员工树立标准化服务基调，积极执行标准化服务程序，向旅客提供标准化服务。

4. 标准要有可操作性

高铁客运服务质量标准并不是越细致越好，关键是要以旅客为中心，在满足旅客需求的同时，要有可操作性。一方面有利于内部的规范服务和考核，另一方面便于旅客的衡量和社会的监督。

5. 标准要体现人性化

高铁客运服务质量标准不应该成为“生硬”服务的理由。符合规定但不符合情理的标准，与提供人性化服务相违背，高铁客运服务质量标准要力求“人性化”和“规范化”的统一。

6. 标准要有针对性

高铁客运服务对象涉及社会大众和企业内部管理者。前者对客运服务质量的感知受外向性标准的影响，即对该项服务的基调、服务包等具体内容的描述，旅客依此选择和评价服务质量，政府、媒体和大众依此评价和监管服务质量及企业经营行为。后者对所提供服务的运输资源配置管理起指导性的作用，其服务提供标准是企业在服务设计、服务提供时，为达到运输服务的内向标准，即所需要的各项服务质量要素的配置标准，如服务容量和服务定员等。内向标准包括技术性、管理性、工作性标准，既可以作为服务要素的配置依据，也可以作为内部管理、业绩考核所应达到的标准等。高铁客运服务质量标准应根据其服务对象有针对地制定，不仅便于铁路运输企业的内部管理，更为旅客提供感知体验较好的客运服务产品。

5.3　高速铁路客运服务质量认证与实施

服务质量标准既属于行业、企业，也属于社会。企业标准只有纳入行业、国家标准体系中，才能体现企业服务特性，成为竞争优势。高铁客运服务要想提高竞争力、增加市场份额，就必须增加其服务质量的筹码，通过客运服务质量认证，并保持其有效性。

5.3.1　高速铁路客运服务质量认证

1. 高铁客运服务质量认证概念

认证是第三方依据程序对产品、过程或服务符合规定的要求给予书面的保证(合格证书)。习惯上把认证所包含的产品质量认证和质量管理体系认证通称为“质量认证”。产品质量认证是依据产品标准和相应技术要求，经认证机构确定并通过颁发认证证书和认证标志来证明某一产品符合相应标准和相应技术要求的活动。也就是说，产品质量认证的对象包括客运服务过程这一特定产品。质量管理体系是指在质量方面指挥和控制组织的管理体系，其致力于建立质量方针和质量目标，并为实现质量方针和质量目标确定相关的过程、活动和资源。建立该体系的目的是，在质量方面帮助组织提供持续满足要求的产品，以满足顾客和其他相关方的需求。因此，质量管理体系认证的对象是企业质量管理体系，也可以说是企业质量保证能力。

高铁客运服务质量认证，既对客运服务实现的全过程进行评定，又对与客运服务有关的供应方的质量管理体系进行评定，评定内容包括高铁客运服务质量管理体系对其服务过程、设备、技术支持、检验方法等能否进行恰当的控制，能否使高铁客运服务质量始终符合规范的能力。高铁客运服务质量管理体系认证，是指由公正的第三方体系认证机构，依据正式发布的质量管理体系标准，对高铁客运服务质量管理体系实施评定，并颁发质量管理体系认证证书和发布注册名录，向公众证明高铁客运服务质量管理体系符合某一质量体系标准，有能力按规定的质量要求提供产品和服务。

高铁客运服务质量认证和高铁客运服务质量管理体系认证的共同点是都要求对高铁客运服务组织的服务质量管理体系进行审核。基于这个共同点，如果高铁客运服务获得了质量管理体系认证，也可以申请该体系范围内的客运服务的质量认证。

不论是产品质量认证，还是质量管理体系认证，都是第三方从事的活动，以确保认证的公正性。实施质量认证的机构一般包括认证管理机构、认证检验机构、认证审核机构。在我国，由国家市场监督管理总局管理的中国国家认证认可监督管理委员会，履行国务院赋予的行政管理职能，统一管理、监督和综合协调全国认证认可工作。

2. ISO 9001 的质量管理原则

随着高铁客运服务体系和体系中要素的变化，尤其是优质服务目标的确立，必须建立与其相适应的管理体系进行服务质量控制。ISO 9001 是世界范围内被最广泛采用的质量管理体系标准，是由国际标准化组织（International Organization for Standardization，ISO）质量管理和质量保证技术委员会（ISO/TC 176）制定的一类标准的统称。

ISO 9001 是一种服务质量过程控制的手段，是全面质量管理的基础。ISO9001：2015 是继 2000 版、2008 版之后的升级版，标准本身体现了持续改进、与时俱进的思想，其核心的"质量管理原则"在高铁客运中的具体体现如下：

（1）以顾客为关注焦点

质量管理的主要关注点是满足顾客要求并且努力超越顾客期望。面对期望值不断上升的旅客，高铁客运企业需确定以旅客为中心的文化，将旅客的高期望作为质量改进创新的源泉，通过广泛的旅客反馈机制搜集创新点子。同时，善于捕捉微弱信号，严肃对待旅客对乘务、车站等一线工作人员的书面、甚至是口头评价，并将评价报告到相关部门。

（2）领导作用

统一的宗旨和方向，以及全员参与，能够使组织将战略、方针、过程和资源保持一致，以实现其目标。高铁客运企业领导者需要确立本组织统一的宗旨及方向，并创造、保持能使员工充分参与实现组织目标的内部环境。

（3）全员参与

各级人员都是组织之本，只有充分发挥全员才敢，才能为组织带来收益。高铁客运企业的质量管理是通过组织内部各级人员参与客运服务活动和过程加以实施的，员工是服务质量管理最活跃的因素，始终处于主导地位。企业必须发动全体员工参与质量管理体系的各项活动，才能持续地提高各项活动的有效性和效率，达到预期目标。

（4）过程方法

高铁客运服务由一系列的服务环节（子环节）串（并）联而成，各环节之间相互联系、相互影响，通常一个过程的输出将直接成为下一个过程的输入，系统识别和管理组织所应用的过程，特别是这些过程之间的相互作用，称之为"过程方法"。当活动被作为相互关联的功能连贯过程系统进行管理时，可以更高效地达到预期目的。

（5）持续改进

持续改进服务业绩应当是高铁客运服务企业的一个永恒的目标。持续改进是构筑在质量和质量管理永无止境基础上的，目的是增加旅客和其他相关方满意的机会。因此，企业应该不断改进客运服务质量、各服务过程和体系的有效性、效率及整体业绩。

(6)循证决策

基于数据和信息的分析和评价的决策更有可能产生期望的结果。对数据和信息的分析是有效决策的基础,也是高铁客运企业确定竞争地位和持续发展方向的依据,因此,为了防止决策失误,企业必须以事实为依据,并通过周密分析,做出准确决策。

(7)关系管理

为了持续成功,组织需要管理与所有相关方的关系,尽可能地发挥其在组织绩效方面的作用时。如把向高速铁路站车提供商品的商家当作供方,其生产体系可视作高铁客运服务的延伸部分,双方共同策划、相互帮助、开诚布公、共同发展,形成一种与供方互利关系,增强双方创造价值的能力。这种经营原则,能够促进供应链协调,提高供方自我改进能力,以及为建立互利、和谐的供需关系提供双赢机会。

综上所述,高铁客运服务全面质量管理七项基本原则可以统一、概括地描述为:高铁客运服务组织的最高管理者应充分发挥"领导作用",采用"过程方法",建立和运行一个"以旅客为关注焦点""全员参与"的高铁客运服务质量管理体系,注重以数据分析等"循证决策",使体系得以"持续改进",在满足旅客要求的前提下,使供方受益,并建立起"关系管理",以期在供方—组织—旅客这条供应链上的良性运作,实现"多赢"的共同愿望。

3. ISO/TS 22163:2017 标准与 IRIS(铁路认证)

国际标准化组织于 2012 年成立了专门面向铁路应用的技术委员会——国际标准化组织"铁路应用"技术委员会(简称 ISO/TC 269),负责开展除铁路电气设备与系统之外的铁路领域各系统、产品和服务的标准化工作。2017 年 5 月发布实施了 ISO/TS 22163:2017《铁路应用-质量管理体系-铁路组织的业务管理体系要求:ISO 9001:2015 在铁路行业应用的特殊要求》。

该技术规范基于欧洲铁路工业协会(UNIFE)的 IRIS(international railway industry standard)标准第三部分制订,主要针对铁路产品制造及服务企业的质量管理体系要求。当前以技术规范(technical specification,TS)的形式发布实施(而非正式的 ISO 标准),通过 ISO/TC 269"铁路质量管理体系"正式工作组(working group 5,WG05)对该技术规范的 CD 稿(委员会草案稿)进行修订,拟于 2021 年转化为正式的 ISO 标准。2019 年 6 月,中国铁道科学研究院集团有限公司作为 ISO/TC 269 国内技术对口单位,对外正式发布了 ISO/TS 22163 中文版。

IRIS 标准基于国际质量标准 ISO 9001,由 UNIFE 于 2006 年首次发布,是 ISO 9001 的拓展。它专门用来评估铁路行业管理体系。IRIS 自 2007 年进入中国以来,已有 600 多家企业通过认证。2017 年,ISO 正式发布 ISO/TS 22163:2017 的同时,UNIFE 也发布了新的 IRIS 认证规范,两份文件于 2017 年 6 月 1 日同时正式生效。ISO/TS 22163 和 IRIS 认证规范取代了原有 IRIS 标准。

4. ISO 9001 在高铁客运服务质量管理的适宜性

(1)ISO 原则的适宜性

ISO 9001 国际质量管理体系的七大原则,与适需服务模式是密切的。比如 ISO"以顾客为关注焦点"的原则就是提供优质服务的核心思想;"持续改进"的原则也是"P—D—C—A"全面质量管理的思想,是如何提供更为优质服务的适宜程序;"强调过程"的原则是解决行为差距的有效方法等，两者非常吻合。

(2)过程控制的适宜性

优质服务的核心问题是使旅客满意，ISO 9001 体系正是在“以顾客为关注焦点”原则的指导下，对服务工作的全过程进行管理和监控的。它对产品实行明确的质量标准和严格控制的要求，对服务效果有完善的检测、分析和改进程序，适合于高铁客运服务体系的运作。

(3)国际化标准的适宜性

为了给国内外旅客提供优质服务，高速铁路作为旅客运输的重要交通工具，必然需要与国际级标准接轨，ISO 系列标准是国际标准，非常适宜于高铁客运服务体系的发展。

(4)市场认可度的适宜性

随着 ISO 质量体系的逐步推广，它的市场认可度也在逐步提高，旅客对取得认证的企业和组织有一种自然的信赖和安全感，所以这也是取得旅客满意度的一个有效载体。

此外，高铁客运服务质量管理体系认证并不是对高铁客运服务标准的直接控制，而是针对运输企业进行服务质量管理、控制能力的一种综合评价，是对高铁客运企业综合竞争能力和形象的一种认可，所以，在制定高铁客运服务标准，对高铁客运服务进行标准化管理之际，更能凸显争取认证的重要性。

5.3.2 高速铁路客运服务质量标准实施

高铁客运服务质量标准实施即是对其质量形成各环节的控制过程，控制依据为对应的标准。由于高铁客运服务生产和消费的同步性，涉及车机工电辆等各生产部门和咨询、购票、站车服务等各环节，所以高铁客运服务质量标准的实施是服务质量标准化管理最关键、最复杂的环节，也是最难把控的环节。实施过程包括建立客运服务质量管理体系及管理体系的执行两个阶段，及对标准的修订过程。

1. 高铁客运服务质量标准实施原则

贯彻实施标准的原则可归纳为三个方面：

(1)树立全局观

标准涉及企业、顾客、社会、政府等各方利益，任何部门实施标准时，都要坚持“局部利益服从整体利益”的原则。高铁客运服务标准的实施能促使高铁客运服务企业提供优质服务，提高旅客满意度，吸引更多旅客选择高速铁路交通方式，进而促进高速铁路的建设发展。而高速铁路的发展对政治、经济、文化、社会、生态文明等产生很多正向效应，获得更大的经济社会效益。从这一层面来看，高速铁路优质服务质量标准应该得到贯彻执行。

(2)长远考虑

实施标准常常会遇到眼前利益同长远利益相矛盾的情况。如某项标准实施后短期不见效益，但服务质量会大大提高并吸引更多顾客体验该服务，从长远看能产生巨大的经济效益，这时，就应该从长远考虑，积极实施新标准。

(3)区别对待

实施标准是一项复杂的系统工程，标准是企业工作要求的底线。例如，若特等站所执行的标准与等级较低车站执行的标准一致，则存在该标准满足了等级较低的车站的工作要求而不适应于特等站工作要求情况。因此执行标准要富有弹性，在坚持原则统一的前提下，采取区别对待的方针。

2. 建立高铁客运服务全面质量管理体系

高铁客运服务质量管理体系即指挥和控制服务质量的组织体系，包括建立服务质量方针和质量目标，并为其实现而持续运行的一组相互关联或相互作用的要素，这些要素包含管理职责、资源管理、服务实现过程及测量、分析和改进等。质量管理体系的内容应以满足质量方针和质量目标的需要为准，既让企业内部确认服务质量已达到要求，又让旅客认可高速铁路所提供的客运服务符合要求。本部分内容将在第 7 章进行详细论述。

3. 高铁客运服务质量管理体系的执行

高铁客运服务质量管理体系的执行就是运输企业依据质量管理基本原则，运用服务质量管理手段，控制服务质量形成全过程，完成运输任务和实现运输目标的过程。服务质量管理体系的正常运作、客运服务质量标准的顺利实现，不仅标志着高铁客运企业质量管理水平，而且对企业形象和市场竞争力有重要影响。本部分内容将在第 7 章进行详细论述。

4. 高铁运输企业标准制修订程序

根据铁路运输管理特点，各铁路局集团公司标准管理工作的主要任务是贯彻执行国家标准、铁道行业标准、地方标准、团体标准和国铁集团技术标准、标准性技术文件；组织制定、发布、贯彻实施企业标准；对各级标准的实施情况进行监督检查。按照标准的全生命周期管理要求，企业标准制修订程序分为编制计划、起草、征求意见、审查、报批、批准、复审、废止 8 个阶段。

(1)编制计划

企业可以结合现有标准、实际需求等情况，计划本企业标准制修订工作。例如，为提高运输服务质量，促进技术进步，保证运输安全，制定严于标准上级的；在上级标准要求基础上补充、提高的；企业内共同使用、重复使用、切实可行的有效规章制度、管理办法和作业方法等。

(2)起草阶段

企业标准编写方法和格式应按照 GB/T 1.1—2009《标准化工作导则 第 1 部分：标准的结构和编写》等有关规定执行。标准起草过程中，应做好调研和广泛征求涉及专业、基层站段意见。在起草标准的征求意见稿的同时，需要编写该标准的编制说明。标准编制说明应当包括以下内容：任务来源、编制目的、编制依据等背景情况和主要起草过程；需研究解决的主要问题；与有关的现行法律、法规和强制性(国家、行业、地方)标准的关系；重大分歧意见的处理结果及理由；是否涉及技术秘密和商业秘密；参考标准和资料等其他需要说明的情况。

(3)征求意见阶段

征求意见单位应覆盖涉及的部门和单位。提出部门对反馈的意见进行分析研究，决定取舍后形成标准送审稿。

(4)审查阶段

由企业先对标准送审稿材料的完整性、格式规范性进行初审，然后组织专家对标准送审稿、编制说明等资料进行审查。专家组成员应当具有广泛代表性、独立性和专业性，标准起草人员不能担任审查专家。审查结果应形成标准审查意见。

(5)报批阶段

相关起草部门应根据审查修改意见进行修改后，向企业主管部门提交标准报批稿，标准报批稿要明确替代的标准和废止的相关文件。

(6)批准阶段

企业主管部门对报送的标准报批稿等资料审核后,统一编号,统一批准发布。标准发布时,同时明确替代的标准和废止的相关文件。企业标准的编号应符合《企业标准化管理办法》规定,具体编号方法如图 5.4 所示。

(7)复审阶段

企业标准实施中,应根据铁路技术发展、修程修制改革、生产力布局调整、运输生产运营需要,适时对标准的适用性进行定期复审,复审结果按继续有效、修订和废止分别处理。

(8)废止阶段

被明确废止的企业标准不再执行。

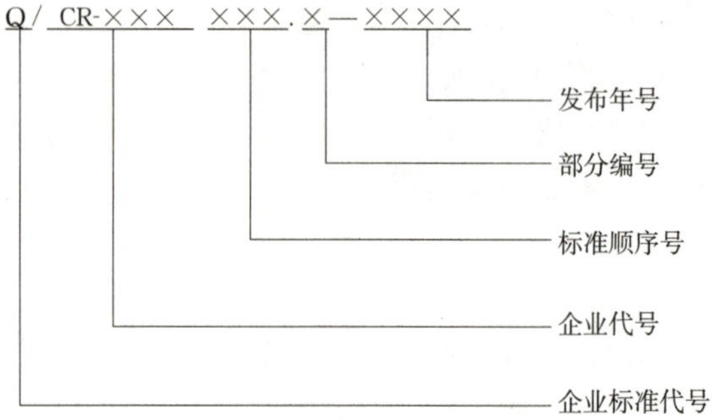

图 5.4 企业标准编号方法

5.3.3 高速铁路客运服务质量标准现状

根据《中华人民共和国标准化法》(2017 修订)(以下简称《标准化法》)规定,我国标准分为国家标准、行业标准、地方标准和企业标准四级。我国铁路现行的标准按等级分,主要包括以下内容。

1. 国家标准

国家标准是指国家标准机构通过并公开发布的标准。我国的国家标准是指对在全国范围需要统一的技术要求,由国务院标准化行政主管部门制定并在全国范围内实施的标准,是四级标准中最基本的一级,也是我国标准体系中的主体,一般为基础性、统一性较强的标准。国家标准的编号由国家标准代号、标准发布顺序号和发布年号组成。《国家标准管理办法》规定国家标准代号由大写的汉语拼音字母构成。国家标准分为强制性标准、推荐性标准,强制性国家标准的代号为"GB",推荐性国家标准的代号为"GB/T"。我国铁路现行的部分国家标准见表 5.5。

表 5.5 我国铁路现行国家标准(部分)

序号	标 准 号	标 准 名 称	类别	发布日期	实施日期
1	GB/T 25341.1—2019	铁路旅客运输服务质量 第 1 部分:总则	推荐性	2019/12/10	2020/7/1
2	GB/T 25341.2—2019	铁路旅客运输服务质量 第 2 部分:服务过程	推荐性	2019/12/10	2020/7/1
3	GB/T 13317—2010	铁路旅客运输词汇	推荐性	2010/11/10	2011/3/1
4	GB/T 15566.3—2007	公共信息导向系统 设置原则与要求 第 3 部分:铁路旅客车站	推荐性	2007/11/14	2008/4/1
5	GB/T 25341.2—2010	铁路旅客运输服务质量 第 2 部分:列车	推荐性	2010/11/10	2011/3/1
6	GB/T 25341.1—2010	铁路旅客运输服务质量 第 1 部分:车站	推荐性	2010/11/10	2011/3/1

2. 行业标准

行业标准是指全国性的各行业范围内统一的标准,是专业性较强的标准。我国《标准化法》规定对没有推荐性国家标准、需要在全国某个行业范围内统一的技术要求，可以制定行业标准。行业标准由国务院有关行政主管部门制定，报国务院标准化行政主管部门备案。行业标准的编号由行业标准代号、标准顺序号及年号组成。《行业标准管理办法》的规定行业标准由行业标准归口部门统一管理。行业标准的归口部门及其所管理的行业标准范围，由国务院有关行政主管部门提出申请报告，国务院标准化行政主管部门审查确定，并公布该行业的行业标准代号。行业标准分为强制性标准和推荐性标准。我国铁路现行的部分行业标准见表5.6。

表5.6 我国铁路现行行业标准(部分)

序号	标准号	标准名称	类别	发布日期	实施日期
1	TB 10100—2018	铁路旅客车站设计规范	强制性	2018/06/11	2018/09/01
2	TB 10074—2016	铁路客运服务信息系统设计规范	强制性	2016/08/04	2016/11/15
3	TB 10028—2016	铁路动车组设备设计规范	强制性	2016/07/14	2016/10/01
4	TB 10621—2014	高速铁路设计规范	强制性	2014/12/01	2015/02/01
5	TB 10623—2014	城际铁路设计规范	强制性	2014/12/29	2015/03/01
6	TB 10427—2011	铁路旅客车站客运服务信息系统工程施工质量验收标准	强制性	2011/07/23	2011/07/23
7	TB/T 3413—2015	铁道客车及动车组用安全玻璃	推荐性	2015/08/07	2016/03/01
8	TB/T 3414—2015	动车组应急照明	推荐性	2015/08/07	2016/03/01
9	TB/T 3417—2015	铁道客车及动车组翻板、脚蹬及扶手	推荐性	2015/08/07	2016/03/01
10	TB/T 1932—2014	旅客列车卫生及检测技术规定	推荐性	2014/10/30	2015/05/01
11	TB/T 10429—2014	绿色铁路客站评价标准	推荐性	2014/05/07	2014/08/01
12	TB/T 3337—2013	铁道客车及动车组整体卫生间	推荐性	2013/03/13	2013/09/01
13	TB/T 3008—2002	铁路食品运输承运站场及车辆卫生标准	推荐性	2002/02/09	2002/07/01

注：TB代表铁路行业

3. 地方标准

地方标准是指在国家某个地区通过并公开发布的标准。我国《标准化法》规定，为满足地方自然条件、风俗习惯等特殊技术要求，可以制定地方标准。地方标准由省、自治区、直辖市人民政府标准化行政主管部门制定并报国务院标准化行政主管部门备案，由国务院标准化行政主管部门通报国务院有关行政主管部门。地方标准编号由地方标准代号、标准顺序号和发布年号组成。《地方标准管理办法》规定地方标准代号由汉语拼音字母“DB”加上省、自治区、直辖市行政区划代码前两位数字再加上斜线，组成强制性地方标准代号；再加“T”组成推荐性地方标准代号。

4. 企业标准

企业标准是指由企业制定并由企业法人代表或其授权人批准、发布的产品标准和为企业内需要协调统一的技术要求和管理、工作要求所制定的标准。企业标准是企业范围内需要统一的技术要求，是企业根据市场竞争和自身的技术能力以及生产实际制定的，具有一定的专有性和保密性，通常在制定该标准的企业内应用，不宜公开使用。企业标注编号由企业标准代号、标准顺序号和发布年号组成。《企业标准化管理办法》规定企业标准代号由汉语拼音字母“Q”加斜线再加企业代号组成。企业代号可用汉语拼音字母或用阿拉伯数字或两者兼用，具体办法由当地行政主管部门规定。

国铁集团部分技术标准见表5.7。

表5.7 国铁集团技术标准(部分)

序号	标准号	标准名称
1	Q/CR 9524—2018	高速铁路客服工程细部设计和工艺质量标准
2	Q/CR 9140—2018	铁路客运服务信息系统设计规范
3	Q/CR 577.1—2017	铁路旅客列车服务标识　第1部分:总则
4	Q/CR 577.3—2017	铁路旅客列车服务标识　第3部分:CRH 380A

注:CR代表中国国家铁路集团有限公司

5.4 高速铁路客运服务质量标准化经济评价

高铁客运服务质量标准化是服务供应商完成服务设计和服务提供的基础。高铁客运服务质量标准化对供需双方都有一定的益处。对旅客来说，可以降低其在服务选择、服务认知上的成本；对服务企业来说，可以更好地实现服务批量化，并大幅度降低服务推广成本、服务管理和生产成本。具体可归纳为技术效果、社会效果、经济效果。其中，经济效果是服务可持续化的重要保障，也是衡量标准化活动成果的核心内容。

5.4.1 高速铁路客运服务质量标准化的经济效果

高铁客运服务质量标准化的产物就是形成一套科学、系统、可行，并可指导企业不断提高服务质量、丰富客运服务内容、促进服务领域拓展，为旅客提供越来越便捷、舒适、文明且安全可靠的运输服务体验的标准体系。质量标准体系的构建和标准的编制、发布及实施是一个动态的、不断循环提升的优化过程，即在服务标准发布和实施后，需要持续监测服务标准的科学有效性，运用各种服务质量的测评结果，从企业服务经营战略和服务需求出发，形成进一步优化的服务基调(创新服务)、服务包、服务流程等系列服务规范、服务标准等文件，作为向社会提供运输服务的宗旨和纲领。企业在不断推进服务质量标准化优化，提升服务基调及质量标准的过程中，不仅强化了运输服务的特色，增强了旅客运输服务体验需求与服务消费过程感知的匹配度和市场竞争力，而且对优化服务提供的人、财、物的有机配置与协调，降低服务管理和生产成本，提高经营效益等都有明显的益处。一般情况下，标准越高的服务产品，其服务质量越好，但服务成本也更高。在实际编制、发布和实施标准时，需要衡量标准化活动的投入与产出关系，具体可以通过标准化的经济效果来体现，也可以视具体情况与服务设计工作同步进行。

高铁客运服务质量标准化的经济效果是指通过制定、贯彻实施高铁客运服务质量标准等一系列标准化活动所取得的有用效果和完成该项标准化活动所发生的劳动耗费的比较。

可见,标准化经济效果的相关要素包括“标准化的有用效果”和“标准化的劳动耗费”。

1. 标准化的有用效果

制定和实现标准要求能够给服务经营者带来的有益结果,称为标准化的有用效果(或标准化的节约)。对于铁路运输企业来说,这种有用效果表现为:生产率提高、服务人员劳动强度减轻、客运服务环境改善等方面。

标准化的有用效果是逐步在其实施过程中以不同形式表现出来。有些是标准实施近期即可体现(如客运服务产品的销售数量和收入等),有些需较长期才可突显,有些是可通过统计指标定量描述,有些却难以通过数量的方式直观表达(如环境质量、服务秩序的改善所带来的旅客感知与体验)。即使在可用数量表示的有用效果中,也并不是都能用货币来表示的。这就要求在进行标准化有用效果分析时,应注意:凡是能用货币表示的指标,应尽量采用货币指标,以便进行标准化前后的对比。同时,也需要考虑哪些不能用货币和数量表示的指标,以便对有用效果做出全面评价。

2. 标准化的劳动耗费

制定和实现标准要求支出的标准制定、基建和运营投资的总金额(包括活劳动和物化劳动的总支出)称为标准化的劳动耗费或标准化投资,也就是制定标准的费用与贯彻实施标准费用的总和。

(1)标准制定投资

为制定标准所投入的活劳动(如制定标准人员的工资)及物化劳动(如为验证标准是否恰当,所做试验的原材料费)消耗称之为标准制定投资,包括调查研究、试验验证、征求意见、标准审查、报批等各环节所需要的费用。

(2)标准化的基建投资

为实现标准要求所支出的基建费用,如客运服务设备、建设等作为固定资产部分的一次性投资,称为标准化的基建投资。

(3)标准化的运营投资

为实现标准对运营的直接投资和间接投资,称为标准化的运营投资。其中,直接投资是指与实现标准直接有关的投资,如客运服务产品生产及运营人员的工资、客运服务设备的维修保养费等;间接投资是指为实现标准增加的与运营生产间接有关的费用,如运营管理费等。

5.4.2 高速铁路客运服务质量标准化经济评价指标

为了准确评价高铁客运服务质量标准化的经济效果,需要建立一套标准化的经济效果评价指标体系。本书从有用效果和劳动耗费的相关性构建标准化的指标体系,具体包括标准化的经济效益、标准化经济效果系数、标准化投资收益率及标准化投资回收期。

1. 标准化的经济效益

标准化的经济效益包括标准化年经济效益和标准化总经济效益两项指标。

(1)标准化年经济效益 X_n

标准化年经济效益,即达到标准要求获得的年有用效果与年劳动耗费之差。计算公式为

$$X_n = J - \left(\frac{1}{T}K_j + K_u + \frac{1}{\beta}K_z\right)$$

式中 J——在投资回收期内每年的节约额，元；

T——基建折旧期，年；

K_j——标准化的基建投资，元；

K_u——标准化的年运营投资，元；

K_z——标准制定投资，元；

β——制定标准的年限，年。

(2)标准化总经济效益 X_Σ

标准化总经济效益，即在标准有效期内达到的标准要求获得的全部有用效果与劳动耗费之差。计算公式为

$$X_\Sigma = \sum_{i=1}^{t} J_i - \left(K_j + \sum_{i=1}^{t} K_u i + K_z\right)$$

式中 t——标准有效期，年。若计算 1 年的经济效果，则 $t=1$；若计算 3 年，则经济效果为 $t=3$ 的有用效果之和。

2. 标准化经济效果系数(E)

标准化经济效果系数是指某项标准化措施在标准有效期内获得的总节约与总投资之比，表示每一元钱的投资在标准有效期内可获得的节约。计算公式为

$$E = \frac{\sum_{i=1}^{t} J_i}{K}$$

式中 K——标准化总投资额。

3. 标准化投资收益率(R_K)

标准化投资收益率是指贯彻某项标准所获得的年节约与所需投资之比，它表示每花一元钱标准化投资，每年所能带来的节约。计算公式为

$$R_K = \frac{J}{K}$$

4. 标准化投资回收期(T_k)

标准化投资回收期是指用贯彻某项标准所获得的节约去偿还标准化投资所需要的时间，也称返本期。计算公式为

$$T_k = \frac{k}{J}$$

如果有两个以上方案进行比较时，则采用追加投资回收期进行环比分析，计算公式为

$$T_K = \frac{K_2 - K_1}{C_1 - C_2}$$

式中 K_1, K_2——分别为方案 1、方案 2 的标准化投资，元；

C_1, C_2——分别为方案 1、方案 2 的生产成本，元；

T_K——追加的投资回收期。

6 高速铁路客运服务质量测评

服务质量测评是高铁客运服务质量“全过程”管理的关键一环，它既是高铁客运服务需求研究、服务设计、标准制定以及服务提供等环节实施好坏的评价，也是服务业绩改进的基础，用以反馈到后续服务质量控制中。掌握高铁客运服务质量测评的基本理论和测评方法对实施高铁客运服务质量控制具有重要意义。

6.1 高速铁路客运服务质量测评概述

6.1.1 高速铁路客运服务质量测评概念及作用

1. 高铁客运服务质量测评概念

服务质量测评是指用定性或定量的方法，了解客户对服务的期望，并将其与已提供的服务水平进行比较，找出其中的差距，为进一步提高服务质量奠定基础。服务质量测评的最终目的是在追求客户满意和客户忠诚的同时降低和抵御风险，压缩资源成本，减少差错和缺陷。由于不同企业性质、规模、结构等存在差异，构成企业的资源、岗位设置、作业流程、绩效管理等各种要素，都会影响服务质量及其评估结果，需要采用服务质量测评体系。

2. 高铁客运服务质量测评作用

作为典型的服务类企业，高铁运输企业面向的旅客群体数量庞大，且不同旅客群体有着差异化的服务需求，需要加强高铁客运服务质量评价，以便更好实施高速铁路服务质量控制，提供令旅客满意的服务。同时随着人民生活水平的不断提高，旅客出行不仅仅只是简单的位移需要，更加注重高层次的出行过程服务需求，定期开展有效的服务质量测评工作有助于高铁运输企业及时把握旅客出行需求，优化升级既有出行服务，提升旅客出行的体验感。

世界各国不同程度开展铁路客运服务质量测评工作。如法国国铁根据旅客与铁路发生服务接触的旅行前服务、旅行中服务、旅行后服务三个阶段的不同需求，确定服务质量评价指标，引导旅客给出中肯评价，据此衡量客运服务质量，找出服务质量中的薄弱环节，有针对性地进行改进。日本新干线对旅客需求细节进行深入研究，如列车到发时间、换乘接续、停站时分及可能出现的各种个性化需求，基本上能够及时作出响应，建立了一套比较固定的指标体系。

我国铁路通过几十年的努力，在客运服务质量管理方面积累了一定的经验，取得了一定的成绩，尤其是 2013 年“政企分开”后，国家铁路局作为铁路行业政府监管部门，在监督铁路运输服务质量方面做了更多工作。但当前仍存在客运服务质量测评机制有待健全，政府监管部门、运输企业两类测评主体未建立协调机制，高铁客运服务质量专项测评尚未开展，测评体系中的指标选择难以量化，缺乏客观性等问题。高速铁路联系千家万户、服务亿万群众，直接连着社会生产和社会需求两端。新时代社会主要矛盾的新变化在铁路有着充分体现，即由原来运能紧张、供给不足与不适应社会经济发展的矛盾转化为人民日益增长的美好生活对铁路需要和不平衡不充分的铁路发展之间的矛盾。因此，高铁客运服务质量管理一定要围绕旅客对铁路的需求展开，站在旅客需求的角度对服务质量进行测评，加以改进提高客运服务质量，从而提升旅客的获得感、幸福感、安全感。

6.1.2 高速铁路客运服务质量测评类型及特点

高铁客运服务质量测评可按测评主体、测评客体、测评目标进行分类。不同测评主体、客体、目标的组合形成了不同类型的服务质量测评体系，由此得出的测评结果也有差异。

1. 按测评主体的分类及对应特点

服务质量测评主体是指测评活动的发起者、组织者或实施者，高速铁路服务质量测评的主体可以是政府部门(或相关机构)、高铁运输企业、社会媒体、社会公众、旅客等。

(1)政府部门(或者相关机构)测评

与高铁客运服务政府部门测评主要包括铁路行业监管部门、国家铁路局、服务于国家或地区市场监督管理部门的相关机构(消费者协会)等。此类测评都是站在国家、行业、地区市场的角度，对高铁客运服务过程及结果质量进行监督与评价。

当前，国家铁路局作为高铁客运服务质量监管最主要的机构，依据国家赋予的主要职能，监管铁路客运服务质量。其通常组织内部人员成立督查组对高铁运输企业进行服务质量测评或委托第三方开展高铁客运服务质量测评。

(2)高铁运输企业测评

高铁运输企业测评是指企业站在服务提供者的角度为改进服务或实现服务质量控制等开展的测评。高铁客运服务质量测评属于企业内部管理性测评，主要依据服务标准，对提供的服务进行定期或不定期地检查来实现测评。这种检查可以在服务提供的全过程，但是由于其测评的依据是企业制定的服务质量标准，标准本身就可能存在偏差，所以它更适用于对服务质量标准执行环节的测评，提出的改进意见更多是针对服务提供阶段的。也就是说，以高铁运输企业为主体的客运服务质量测评适合服务提供过程的质量测评，可实现对服务标准执行的控制。

(3)社会公众测评

社会公众对高铁客运服务质量测评属于行业或企业外部测评，对高铁运输企业起舆论监督作用。此类测评以社会大众或媒体组织对高铁客运服务发表评价为主，对客运服务的市场口碑有着深入影响。其通常是根据旅客投诉、媒体曝光，或者收到对企业的表扬信后对企业某一方面作出评价，这种评价使企业处于被动局面，但仍然是企业需要重视的方面，如果处理不好可能造成严重后果，对企业形象造成致命打击。

(4)旅客测评

旅客对高铁客运服务质量测评也属于行业或企业外部管理性测评，是企业组织旅客对服务质量的测评，此类测评一般是通过获取旅客对整个服务过程和结果的感知与期望的服务进行比较来实现测评。企业通过组织旅客对服务质量进行测评，寻找服务存在的问题，提出改进意见，并反馈到企业服务质量管理其他环节，实现对服务质量全过程的管理和企业发展的目标。

2. 按测评客体的分类及对应特点

测评客体是指测评活动的具体对象，高铁客运服务质量测评客体主要指客运服务提供方的各类服务构成要素，具体可以从服务提供方、服务内容、服务生产环节等角度，按照测评主体的目标确定，如对铁路局集团公司整体、站车（分等级、区域等）、服务内容（核心、辅助服务）、服务生产环节（票务、安检等）的客运服务质量测评。

由于高铁客运服务具有涉及面广、内容复杂、作业环节多等特点，因此测评客体在测评对象选择范围上更具多样性。从宏观的角度上来讲，测评对象的选取强调全面性，如全路范围的高铁客运服务质量测评、客运服务全过程的质量测评等；从微观的角度上，测评对象的选取侧重于具体化，如针对某区域的高铁运输服务质量专题测评、客运票务环节质量测评等。

虽然测评客体在测评对象选取上有一定的差异性，但测评内容都是构成高铁客运服务质量的内容要素，无论是对服务整体过程还是具体环节的测评，都会落实到对服务人员、硬件、软件三方面要素进行评价。

（1）人员测评

人员测评是指对服务过程中人员要素开展的测评。由于人员是服务过程最活跃的因素，且具有高度的主观性和机动性，对人员服务质量测评侧重于以定性手段为主，如调查服务人员的服务态度、业务能力等反映人员的个人素质，服务与应变能力；服务人员的机动性表现在根据服务需求的波动，及时调配人员提升服务系统的服务容量。

（2）硬件测评

硬件指服务过程中的有形设备，对应于高铁运输系统中的车站、列车等旅客可直接接触的设备。硬件测评是指对高铁客运服务过程中有形设备开展的测评，侧重于对硬件设施设备功能完整性、稳定性、便捷性、有形性等方面的测评，具体表现在对硬件设施设备的技术质量（客观指标）及功能质量（主观感知）的评价，如调查自助售（取）票机的服务容量、反应速度、界面的友好程度、空间布局的合理程度、硬件环境的达标性等。

（3）软件测评

软件指服务发生的程序性和系统性，包含为旅客提供的服务内容、服务流程和服务方法等，以及对服务质量管理所作的规定。软件测评是对服务过程中无形要素开展的测评，其内容主要侧重于对服务内容的丰富性、完整性、公平性，服务流程的接续性、可操作性，管理规范的合法性、合理性等方面的测评。软件测评表现在对参与服务过程人员实际感知体验的综合评价，如票务服务内容的完整性、服务人员工作强度的合法性、管理制度规范的合理性、服务场所环境卫生质量等。

3. 按测评目标的分类及对应特点

按测评目标，高铁客运服务质量测评主要可分为服务评级类和服务改进类测评。

(1)服务评级类测评

服务评级指由政府监管部门、行业、企业内部、社会公众等对企业所提供的服务与行业标准对比分析,进而对服务定级的过程。高铁客运服务质量评级类测评即以服务评级为目的,用于衡量高铁客运服务质量的高低水平。此类测评是对高铁客运服务的全面评价,具有综合性的特点,通常由高铁运输企业或监管部门组织开展测评,或委托第三方机构进行测评,测评结果代表一段时期的高铁客运服务质量水平。

(2)服务改进类测评

不同于服务评级类测评,服务改进类质量测评以找出服务过程中存在的问题,形成改进意见进而提升服务质量为目的,是针对具体服务环节的测评。一般由高铁运输企业组织开展,通过收集旅客对具体服务环节的体验感知反馈,找出服务中的薄弱环节,形成改进意见,作为企业后续服务改进的依据。

6.1.3 高速铁路客运服务质量测评原则及流程

1. 高铁客运服务质量测评原则

对高铁客运服务质量进行测评必须遵循以下原则:

(1)全面性

高铁客运服务质量测评体系要能全面、系统地评价整个高铁客运服务部门的工作质量,要对影响服务质量的各个指标因子进行层层析取,对选取的各个指标因子进行综合评价。

(2)一致与简明科学性

高铁客运服务质量测评体系必须能够明确地反映目标与指标间一致的关系,选取的指标应能够代表所要评估的目标。同时测评体系的内容与方法的选取,应建立在科学研究的基础上,能够通过科学方法客观地反映高铁客运服务质量的实际情况。

(3)针对性

根据测评的目的,确定所需测评的高铁客运服务关键点,针对影响高铁客运服务质量的主要因素进一步选取指标因子,从而确定具有代表服务关键点的单项指标或综合指标,以确定合理的测评体系。

(4)独立性

选取的指标均应反映各自所代表的服务特性或服务点,与其他指标不应重复,不能被其他指标代替,由此构建的高铁客运服务质量测评体系才能够全方位覆盖客运服务。

(5)稳定可比性

高铁客运服务质量测评体系选用的指标要有稳定的数据来源,且指标口径(时间、单位、含义等)一致,才能保证测评结果的真实性、客观性和合理性。

(6)可操作性

测评体系的构建要考虑其可执行性,不宜太繁杂,在具体实施过程中简便操作、简单明了,容易被现场客运部门接受,同时从旅客的角度易于评定和监督。

(7)定性和定量分析结合

以定量分析为基础,定性分析和定量分析结合的方式,根据实际情况结合专家的经验综合考虑定量和定性因素。

2. 高铁客运服务质量测评流程

高铁客运服务质量测评一般需要经过测评前准备、测评调查、测评结果分析、测评结果呈报、服务业绩改进等环节，具体流程如图 6.1 所示。

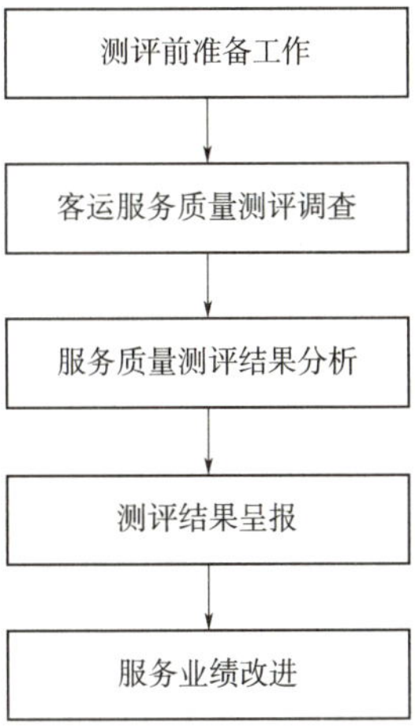

图 6.1　高铁客运服务质量测评流程图

(1)高铁客运服务质量测评前准备

测评前准备工作就是制定测评工作方案，确定测评目标、类型、方法、调查手段、调查时机等内容。

①确定测评目标。明确通过测评要达到的效果，是找出服务薄弱环节以便改进，与竞争对手做比较，还是理清旅客对服务质量的感知与期望的差异。将具体的目标清晰地写下来，这些目标应该是可以测量的、有时限要求的。

②选定测评类型。依据测评目标选定评测类型，即明确测评主体和客体对象，厘清测评是面向社会大众还是企业内部，以及测评对象的范围。以社会大众为主体的高铁客运服务质量测评要确保是能够代表不同旅客的随机样本，除现有旅客外，还要将那些流失的旅客和潜在的旅客考虑进来。以企业内部为主体的高铁客运服务质量测评，通常一个部门的员工就可以看作一个测评群体，可以对所有员工进行完全性测评，也可以选出其中有代表性的部分员工进行抽样测评。

③选择测评方法。依据确定的测评类型，选择能够科学准确达到测评目标的测评方法。测评方法主要分为两类，一类是以定性分析为主的关键事件法，一类是以定量为主的基于服务属性的测评方法。要确保获取最有效的测评结果，需考虑所测评服务环节的特点，以人员为主的服务环节，如窗口售票、列车服务等，采取以定性分析为主的关键事件测评方法更能反映人员的真实服务情况；以软硬件设备为主的服务环节，如 12306 网站、自动售(取)机服务等，采取以服务属性为评价指标的定量分析方法更为适宜。

④确定调查手段。基于选定的测评方法特点，选择最佳的调查手段并确定收集反馈信息的样本容量。选定测评调查手段首先要考虑哪种手段对于被调查者来说最为合适，最容易接受；其次要考虑几种方式或手段的结合。例如，可预先组织部分被调查者进行一次座谈，及时反馈意见，根据意见设计问卷，并发调查问卷开展正式测评，此举有利于将测评调查结果量化，便于结果的统计和分析。

⑤确定调查时机。尽量避开被调查对象繁忙或者不愿意被人打扰的时候。例如，在车站进行问卷调查时，要避免在旅客进站时调查；在使用电话调查时，要尽量避开被调查者休息时间等。

(2)高铁客运服务质量测评调查

依据选定的测评手段开展高铁客运服务质量测评调查，主要有观察法、抽样问卷调查法、访谈法。

①观察法

观察法是以管理者的角度对高铁客运服务质量进行调查的方式。在调查过程中，调查人员与被调查人员不进行正面接触，处于旁观者的位置。应用观察法对高铁客运服务质量调查时要经过确定观察对象、准备观察仪器、设计观察记录表格并进行观察记录等环节。

②抽样问卷调查法

抽样问卷调查法要经过确定样本容量、选择抽样方式(随机抽样、分层随机抽样、非随机抽样等)、设计调查问卷(闭锁式、评估式、排序问题、开放式等)、确定调查方式(填写纸质或电子问卷、试卷电话调查、发送信函、电子邮件等)并进行调查。

③访谈法

访谈法是调查人员与被调查者面对面交流的调查方式。访谈法主要有客户焦点小组、一对一深入谈话、客户在线论坛、基于 Web 的焦点小组等形式。

(3)高铁客运服务质量测评结果分析

高铁客运服务质量测评结果分析包括测评调查结果处理和测评结果分析两步。

①测评调查结果处理

高铁客运服务质量调查结束后,收回的部分调查可能会因故被视为无效,需要剔除,不计入调查结果,以免造成调查结果的错误。

调查结果可以分为两类:一类以数字形式表现,或者可以通过统计将同一类的信息以数字的形式表现;另一种以文字形式表现,这些信息一般是被调查者对高铁客运服务的意见建议,难以用数字的形式表现,需要定性分析。

②测评结果分析

测评结果有定性和定量两种分析方法,定性分析方法主要是针对观察、访谈等手段取得的调查结果的分析,而定量分析方法(调查报告)主要是针对调查问卷等手段取得的调查结果的分析。在进行测评结果分析前,要先制定合理的评分标准,对于高铁客运服务来说这个标准就是高铁客运服务质量标准。

(4)测评结果呈报和服务业绩改进

测评结果需要呈报给相关部门。为达到更好效果,应注意呈报方法和形式,具体应注意以下几点:必要时使用图表;调查报告简单易懂;运用颜色使数据更生动有趣和加强记忆效果;必要时将数字转换成指标,能在一个发展变化的基础上跟踪调查结果;准备一份总结呈报结论的文稿;如果听众希望了解细节信息,准备与测评开展的调查相关的图表资料;条件允许情况下召开测评结果呈报会和行动方案讨论会,通报测评结果及要采取的改进措施。

将高铁客运服务质量测评结果上报给相关部门后,相关部门就需要深入分析问题根源,采取措施进行服务业绩改进。

6.1.4　高速铁路客运服务质量测评基本理论

1. 服务质量测评发展历程

从 20 世纪 80 年代至今,服务质量测评的发展经历了三个阶段:第一阶段,开发理解服务质量基础模型(静止模型),目的在于说明什么是服务质量,质量感知是在什么情况下形成的;第二阶段,在静止模型的基础上开发服务质量的衡量模型;第三阶段,开发服务质量的能动模型和精炼衡量方法。服务质量测评经历的三个阶段及其代表模型见表 6.1。

表 6.1 服务质量测评发展阶段

发展阶段	主要任务	代表模型	代表人物及发表时间
第一阶段（始于 1980 年）	开发理解服务质量的基础模型（静止模型）	可感知服务质量模型	格鲁诺斯(Gronroos)1982 年、1984 年和 1992 年
		交互质量	列迪宁(Lehtinen)1982 年
		差距分析模型	帕拉休拉曼(Parasuraman)，赞瑟姆和贝利(Zeithaml & Berry)1990 年
		4Q 模型	谷木买森和格鲁诺斯(Gummesson & Gronroos)1987 年，谷木买森(Gummesson)1992 年
第二阶段（始于 1986 年）	开发衡量模型	SERVQUAL	帕拉休拉曼(Parasuraman)1986 年，赞瑟姆和贝利(Zeithaml & Berry)1991 年
		林德奎斯特索引	林德奎斯特(Lindqvist)1987 年
		基于 SERVQUAL 的一系列研究和相关的衡量模型	莱唯司和克雷恩(Lewis & Klein)1987 年，林德奎斯特(Lindqvist)1987 年
第三阶段（始于 1992 年）	开发服务质量的能动模型和精炼衡量方法	创始于一系列的研究和报告	鲍尔敦和卓尔(Bolton & Drew)1991 年，理建德尔和思川第威克(Liljiander & Strandvik)1992 年，安德森(Aandersson)1992 年，格鲁诺斯(Gronroos)1992 年，谷木买森(Gummesson)1992 年

可感知服务质量模型和其他静止的服务质量模型对于服务质量测评是非常基础和重要的。这些模型是服务质量研究的第一阶段成果，在这一阶段最重要的任务是使人们理解服务质量是什么，在顾客感知服务质量和服务提供者管理服务质量时，哪些变量和内容是重要的。以 SERVQUAL 模型为代表的服务质量衡量模型都是建立在静止的可感知服务质量模型基础上。其中 SERVQUAL 模型用系统的方法衡量服务质量，它在 20 世纪 80 年代末和 90 年代初更有效地深入研究服务质量。但随着服务质量测评模型的进一步深入研究发现，由于服务的过程性，当模型需要描述相互作用时，模型中必然要包含能动的特征，而在静止模型的基础上开发衡量模型具有一定的局限性。

于是对服务质量模型的研究又回到了建立能动型的可感知服务质量模型。这种模型可以帮助人们更好地理解期望和经历的能动作用及质量的构成过程。在这样的模型中，人们必须认识到服务的本质。例如，服务包括顾客与服务生产或者至少与服务生产的一部分发生相互作用以及所发生的运送过程等。而顾客在接受服务过程中的期望是不断变化的，进而感受的质量也是不断变化的。所以，可感知服务质量和在质量感知中的变化都应当以连续作用于整个服务过程为前提来衡量。但是，当前还未开发出得到广泛认可的能动服务质量模型，现有的服务质量衡量模型还都是基于静止的服务质量模型基础之上的。

2. 服务质量测评基础模型

服务质量测评建立在对服务质量认识的基础上。1982 年，芬兰的格鲁诺斯(Gronroos)首次提出了顾客感知服务质量的概念，顾客对感知的服务质量评价包括多个维度，服务质量维度不同形成了不同的服务质量模型，主要包括可感知服务质量模型、差距分析模型、交互质量模型及 4Q 产品/服务质量模型。

(1)可感知服务质量模型

格鲁诺斯指出服务质量包括技术质量和功能质量两个维度，另外还包括对顾客服务质量起过滤器作用的企业形象质量。技术质量指服务过程的产出，即顾客从服务中得到的东西。功能质量指顾客是如何得到服务的，具体表现为在服务接触过程中，服务人员的工作方式、工作效率、工作态度等给顾客带来的利益和享受。技术质量和功能质量构成了顾客感知服务质量的基本内容。企业形象质量指企业在社会公众心目中的总体印象，它不仅影响顾客的服务期望，也影响顾客的服务感知。形象质量是顾客感知服务质量的"过滤器"，而顾客感知的服务质量反过来又决定着企业的形象质量。在服务质量差异评价结构的基础上，结合服务质量维度，格鲁诺斯提出了顾客感知服务质量的理论模型(如图 6.2 所示)，这一模型成为后来众多学者研究的理论基础。

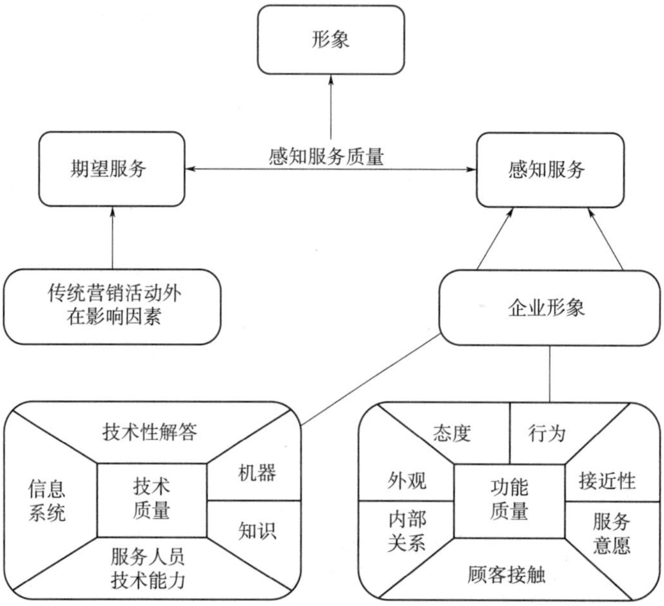

图 6.2 可感知服务质量模型

(2)差距分析模型

格鲁诺斯提出的服务质量差异评价模型(如图 6.3 所示)，认为服务质量是一个存在于消费者头脑中的主观范畴，它取决于消费者的服务期望(接受服务前对服务的期望)同其服务感知(接受服务时实际感知到的服务水平)二者的比较，即服务质量(SQ)＝服务感知(P)－服务期望(E)。如果服务感知远远大于服务期望，服务质量就是优异的；如果服务感知大于服务期望，则服务质量是良好的；如果两者相等，则服务质量是可接受的；如果服务感知小于服务期望，服务质量就是差的。这个模型得到了绝大多数学者的赞同，奠定了服务质量研究的基础。随后，学者们对该模型经过多次改进，1985 年，帕拉休拉曼、赞瑟姆和贝利建立了服务质量差距分析模型，如图 6.4 所示。

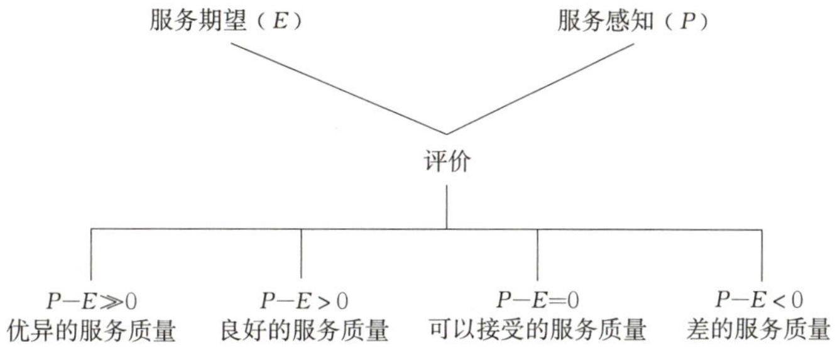

图 6.3 服务质量差异评价模型

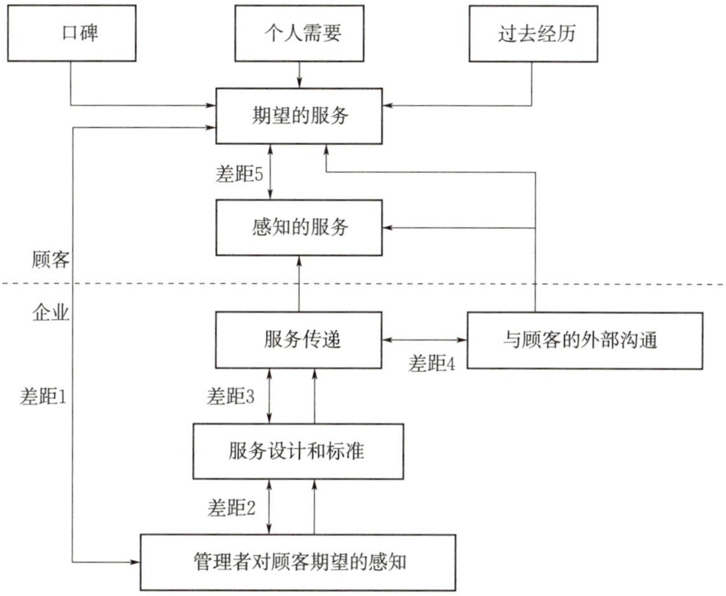

图 6.4 服务质量差距分析模型

服务质量差距分析模型主要说明了服务质量是如何形成的、顾客“感知的服务”是服务提供者一系列内部决策和活动的产物、当分析改进服务质量时需要考虑哪些步骤、服务质量产生问题的可能根源等方面的问题。其中最重要的是该模型显示出服务质量形成过程的五项质量差距，这些质量差距是由质量管理过程中的偏差造成的。最终的差距，即期望服务与所经历服务之间的差距是服务过程中各阶段的差距共同作用的结果。以高铁客运服务服务质量为例，这五项差距分别是：

①差距 1：管理者认识的差距，指旅客对高铁客运服务质量的期望与管理人员对旅客期望的理解存在差异。服务提供者未能准确收集信息、精确理解旅客期望，信息传递失真或缺乏需求分析等都可能产生这一差距。

②差距 2：质量标准的差距，指管理人员确定的高铁客运服务质量标准与管理人员对旅客期望的理解存在着差异。服务设计和管理存在缺陷就可能产生这个差距。

③差距 3：服务交易差距，指管理人员确定的高铁客运服务质量标准与服务人员实际提供的服务存在差异。这一差距主要体现在员工的行为与服务质量标准之间不符。高铁客运服务质量标准制定不合理或服务操作工作管理不善都可能产生这一差距。

④差距 4:营销沟通的差距,指服务人员实际提供的服务与高铁运输企业作出的服务承诺存在差异。缺乏对企业内部能力的准确度量和夸大宣传都可能产生这一差距。

⑤差距 5:感知服务质量差距,指当旅客消费结束后,将期望质量与实际感受质量进行比较而产生的差距,这一差距将最终决定旅客感知质量。旅客体验到的服务质量低于其期望的服务质量、服务失败或者服务提供者口碑较差都可能产生这一差距。

差距分析是一种直接有效的工具,是制定战略定位以及保证期望质量和实际质量一致的基础,它可以发现服务提供者与顾客双方对服务观念的差异,有助于企业管理者发现引发服务质量问题的根源,并寻找消除差距的措施。

(3)交互质量模型

1982 年,列迪宁(Lehtinen)将服务质量分为实体质量、交互质量和总体质量。实体质量包括产品本身的质量和整个服务过程中物质支持的质量。其中,有形产品指在服务过程中消费的物质资料;物质支持指保证服务实现或更加便利实现需要的物质条件,具体指服务环境和服务手段等。交互质量指顾客与企业员工服务接触过程的质量,也就是"真实瞬间"质量,包括三个方面:一是服务人员的态度、语言、外表等与顾客接触的一切方面;二是企业与顾客的接触形式,可以分为自助服务和人工服务;三是具体服务对顾客需求的满足程度。总体质量指顾客根据以往经验或企业在消费者心中的印象而对这个企业做出的综合评价。

(4)4Q 产品/服务质量模型

1987 年,谷木买森(Gummesson)在综合顾客感知服务质量模型和有形产品质量概念的基础上,得出 4Q 产品/服务质量模型,将产品/服务质量划分为设计质量、生产质量、过程质量和产出质量四个方面。这个模型研究的出发点是服务和有形产品都是服务不可分割的组成部分,所以该模型包含产品和服务的所有因素,目的是忽略服务和有形产品的差异,在抽象的情况下探讨如何提高服务质量。

6.2 高速铁路客运服务质量测评方法

采用有效实用的测评方法对服务质量进行准确可靠评价,才能为高铁运输企业进行有效决策、绩效监控、合理资源配置以及改善服务质量提供有价值的信息。服务质量测评方法从本质上可以分为基于事件和基于属性两类,前者利用顾客在服务接触过程中经历的事件对服务质量进行评价,属于定性研究方法;后者利用各种属性变量对服务质量进行评价,属于定量研究方法。

6.2.1 关键事件技术测评

1. 关键事件技术简介

关键事件技术(critical incident technique,CIT)是通过记录服务过程中成功或失败的事件和行为,来发现质量问题或质量优势,从而对服务质量现状作出评价,并采取措施,提高顾客感知质量和满意的一种分析方法。关键事件技术的一项事件或关键事件的成立要符合以下四个标准:①要涉及员工顾客的互动;②从顾客的观点来看,是要很满意或很不满意的;③是一个独立的事件;④受访者要呈现充分详细的内容,以进行推论或行为预测。

2. 关键事件技术基本程序

关键事件技术的基本思路是:①询问顾客(旅客、员工)对客运服务质量的看法和态度,分析哪些服务环节(包括服务结果)与服务标准不一致,是良好还是不好,这些经常与服务标准产生偏差的服务环节或过程就是所谓的关键事件;将事件进行服务环节分解,与服务标准和流程对比是良好还是不好;②请"被测评者"具体说明,为什么将这些环节列入关键事件范畴;③研究人员要对顾客对关键事件的描述进行分析。对评价良好的服务环节找出原因并将其标准化;对评价差的服务环节找出原因并提出改进意见,以指导以后的服务过程。

综上,关键事件技术的基本程序为:

(1)设计开放式表格,收集员工或顾客在近期内经历的具体服务事件,内容包括事件发生的原因、造成这种局面的特定环境等,并要求顾客做出满意或不满意的结论,并提出质量改进建议。

(2)对调查表进行分类。分类可以依照比特纳(Bitner,Booms & Tetreault,1991 年)等人创建的分类系统来进行。

(3)对分类后的调查表进行分析,从而得出结论和改进策略。

3. 关键事件技术测评方法的实施

"角色理论"和"归因理论"为 CIT 法的理论建设指明方向。"角色理论"表明,在客运服务过程中,旅客和服务人员对服务接触和质量(成与败)的评价是基于自身角度和职责上的,其感受评价结果应该具有相似性(比特纳的实验结果)。"归因理论"是由维纳提出,后由比特纳实验验证。即当消费者的期望质量与感知质量不一致时,应该进一步探索其原因及心理反应。

关键事件技术在服务质量测评方面的应用是从知名的"比特纳实验"开始。比特纳实验对服务质量评价的基本前提有两个:一是针对相对规范化的服务接触(具有明确的标准),二是顾客是成熟顾客,对自身角色有明确的认知。

"比特纳实验"研究采访了 58 家酒店、152 家餐馆和 4 家航空公司的工作人员,让他们每个人回忆导致顾客满意或不满意的服务情况,来描述一个事件,该事件要求涉及工作人员与顾客的互动过程,从顾客的角度判定是非常满意还是不满意,是一项独立的事件,需尽可能叙述详细事件本身。被询问者被问了如下问题:①事件的发生时间;②导致这一情景发生的特定环境;③被询问者或同事所说的和所做的;④从客户的角度讲,什么结果导致互动过程是令人满意或不满意的;⑤被询问者及其同事当时应该怎么说或怎么做。

同时,以问卷和访谈的形式于 180 个旅馆、356 个餐厅、163 个航空公司收集影响顾客满意的关键事件 699 个,其中满意的 347 个,不满意的 352 个。

通过对员工调查收集到的 744 件案例以及调查顾客收集到的 699 个关键事件进行分析,基于顾客的视角将服务接触事件分为 4 组 16 类引起满意和不满意事件如下:

(1)员工对服务传递系统失误的反应(对得不到服务、对不合理的慢速服务、对其他核心服务失败)。

(2)员工对顾客个别需求的反应(对"特殊需要"客户、对客户偏好、对客户自己的失误、对其他有潜在损害性事件)。

(3)员工自发的或未经要求的行为(对客户的关注、在特定文化准则下的工作人员行为、不利环境下的表现)。

(4)问题顾客行为(醉酒、口头和身体攻击、违反企业政策或法律、客户不合作)。

在员工实验中,774 个事件中 668 可归于前三类,剩下的近 11%则被归于第四类。在顾客实验中,699 个事件均归为前三类,没有事件归为第四类。

比特纳实验量表设计及评价结果见表 6.2。

表 6.2 比特纳实验量表

分组		满意		不满意		合计	
		数目	%	数目	%	数目	%
组 1	员工对服务传递失败的反映						
	员工数据	109	27.5	195	51.5	304	39.3
	顾客数据	81	23.3	151	42.9	232	33.2
组 2	员工对顾客要求的反映						
	员工数据	196	49.4	62	16.4	258	33.3
	顾客数据	114	32.9	55	15.6	169	24.2
组 3	自发、未经要求的员工行为						
	员工数据	89	22.4	37	9.8	126	16.3
	顾客数据	152	43.8	146	41.5	298	42.6
组 4	“问题顾客”行为						
	员工数据	3	0.8	83	22.0	86	11.1
	顾客数据	0	0	0	0	0	0
汇总	员工数据	397	51.3	377	48.7	774	100.0
	顾客数据	347	49.6	352	50.4	699	100.0

由上表可知,对于不满意事件分类中,员工和顾客对第 1、2 组的观点所持比例较为相似,很好地验证了“角色理论”的结论;但在第 3 组观点中,员工的比例远小于顾客,且对于问题顾客行为的表述上,员工的比例远大于顾客,因此可根据“归因理论”提出的观点进一步挖掘信息。

6.2.2 SERVQUAL 测评

1. SERVQUAL 模型简介

SERVQUAL 是 Service Quality 的缩写,该方法使用的基础模型是格鲁诺斯(Gronroos)提出的可感知服务质量模型和服务质量差异评价模型(如图 6.2 和 6.3 所示)。SERVQUAL 评价方法完全建立在顾客感知基础上,即以顾客的主观认识来衡量服务质量,首先度量顾客对服务的期望,然后度量顾客对服务的感知,根据顾客对服务的感知与期望的差异比较,得出企业的服务质量,将其作为判断服务质量水平的依据,即服务质量(SQ)=服务感知(P)-服务期望(E)。当 $P>E$ 时,顾客对服务的感知超过了对服务的期望,顾客能够感受到高质量的服务;当 $P=E$ 时,顾客对服务的感知等于对服务的期望,顾客感到服务质量尚可;当$P<$

E 时，顾客对服务的感知低于对服务的期望，顾客感受到低质量的服务。

2. SERVQUAL 量表

SERVQUAL 将服务质量分为有形性、可靠性、响应性、保证性、移情性五个层面。每个层面又被细分为若干问题，通过调查问卷的方式，让用户对每个问题的期望值、实际感受值及最低可接受值进行评分，并由其确立相关的 22 个具体因素来说明它。然后通过问卷调查、顾客打分和综合计算得出服务质量的分数。

SERVQUAL 量表包括期望量表和感知量表两部分，量表内容均设置为相同的项目，其中期望量表记录了顾客对特定服务行业优秀公司的期望，感知量表度量顾客对这一行业特定公司(即被评价公司)的感受。把这两部分中得到的结果进行比较就得到五个维度的每一个"差距分值"，Servqual 分数=实际感受分数－期望分数。差距越小，服务质量评价越高。消费者的感受离期望的距离越大，服务质量的评价越低。表 6.3 为服务行业 SERVQUAL 量表一般设计的项目内容。

表 6.3　SERVQUAL 量表

要　素	组 成 项 目
有形性	1. 有现代化的服务设施 2. 服务设施具有吸引力 3. 员工有整洁的服装和外表 4. 公司的设施与他们所提供的服务相匹配
可靠性	5. 公司向顾客承诺的事情都能及时地完成 6. 顾客遇到困难时，能表现出关心并提供帮助 6. 公司是可靠的 8. 能准时地提供所承诺的服务 9. 正确记录相关的服务
响应性	10. 不能指望他们告诉顾客提供服务的准确时间※ 11. 期望他们提供及时的服务是不现实的※ 12. 员工并不总是愿意帮助顾客※ 13. 员工因为太忙以至于无法立即提供服务，满足顾客的需求※
保证性	14. 员工是值得信赖的 15. 在从事交易时顾客会感到放心 16. 员工是有礼貌的 17. 员工可从公司得到适当的支持，以提供更好的服务
移情性	18. 公司不会针对不同的顾客提供个别的服务※ 19. 员工不会给予顾客个别的关怀※ 20. 不能期望员工了解顾客的需求※ 21. 公司没有优先考虑顾客的利益※ 22. 公司提供的服务时间不能符合所有顾客的需求※

注：1. 问卷采用 7 分制，7 表示完全同意，1 表示完全不同意。中间分数表示不同的程度。问卷中的问题随机排列。

2. ※表示对这些问题的评分是反向的，在数据分析前应转为正向得分。

3. SERVQUAL 测评计算过程

利用 SERVQUAL 方法计算相关指标，需要在完成顾客问卷调查的基础上，录入并整理相关数据，最后依照下列方法，计算该项服务质量的 SERVQUAL 分数。

(1)服务质量的 SERVQAL 测评总得分(顾客打分)

$$SQ_{总} = \sum_{j=1}^{5} \sum_{i=1}^{n} (P_{ij} - E_{ij})$$

式中　$SQ_{总}$——该项服务的服务质量总得分；

P_{ij}，E_{ij}——顾客 i 对第 j 指标的感知和期望打分；

n——收回的有效样本量。

(2)模型改进后的 SERVQAL 测评总得分

模型改进主要考虑了不同指标(五个要素)的权重，那么 SERVQAL 测评总得分：

$$SQ_{总} = \sum_{j=1}^{5} \omega_j \sum_{i=1}^{n} (P_{ij} - E_{ij})$$

式中　ω_j——第 j 个指标的权重。

(3)服务质量 SERVQUAL 测评得分

以顾客的 SERVQUAL 平均得分为该项服务感知质量的最终得分：

$$SQ = \frac{1}{n} \sum SQ_{总}$$

6.2.3　价值曲线测评

1. 价值曲线测评简介

价值曲线测评是通过评价选定企业相对于整个行业顾客感知服务质量关键性要素的业绩表现，来评价顾客总体感知服务质量的方法。对于高铁客运服务来讲，运用价值曲线测评就是选定高铁客运服务企业相对于整个客运服务行业旅客感知服务质量关键性要素的业绩表现来评价旅客总体感知服务质量。这种方法不仅要求顾客做出评价，还要求企业内部一线服务人员和管理人员做出评价，最终目标是找出能促使顾客感知服务质量产生质的飞跃的关键要素。

2. 价值曲线测评基本程序

高铁运输企业应用价值曲线来评价服务质量一般需要经历以下步骤：

(1)确定旅客感知服务质量的关键要素

旅客感知高铁客运服务质量的关键要素一般包括价格、安全性、正点率、车厢设备的舒适程度、列车员服务态度、餐饮等。

(2)设计调查问卷进行市场调研，让旅客给各要素打分

将每个关键要素列于调查问卷中，并划分成 0～10 分 11 个分数等级，让旅客根据自己的期望和要求给各要素打分，目的是找出大多数旅客普遍认为的重要因素、不重要因素及高铁运输企业提供的多余因素。此外，问卷要设计开放性问题，如您认为还应当提供哪些重要的服务项目、您认为应当去掉哪些冗余的服务项目。

(3)各项分数加总，画价值曲线

将各项目分数进行加总，画出价值曲线，如图 6.5 所示。

(4)评价价值曲线,提高旅客感知的服务质量

通过分析和评价价值曲线,找出三个分数最高的要素和三个分数最低的要素,说明在旅客感知的服务质量中,它们分别是最重要的三个要素和最不重要的三个要素,这样,高铁运输企业可以通过淘汰某些要素、创建某些要素以及将某些要素减少或者提升到行业更高水平的组合应用,实现价值曲线的突破,从而提供更加符合旅客期望和要求的服务。

(5)对价值曲线的监控

由于市场竞争的存在,价值曲线的关键要素不是固定不变的。为了使高铁运输企业在激烈的竞争中取得并保持优势,就要动态地应用价值曲线测评,也就是对价值曲线进行监控。

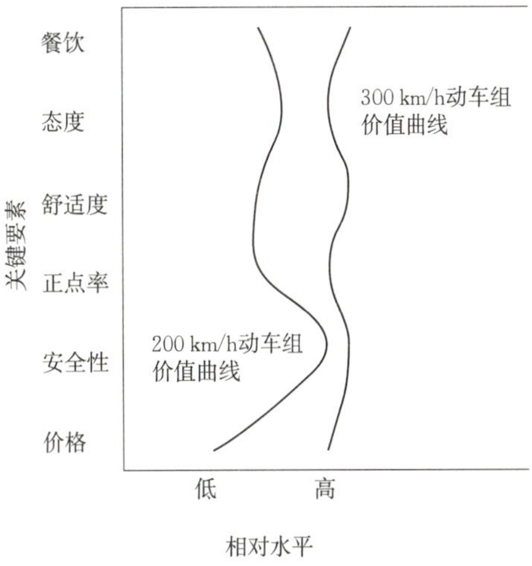

图 6.5　价值曲线示意图

6.2.4　顾客满意度测评

1. 顾客满意度测评简介

顾客满意度测评以顾客为评价主体,通过顾客对服务质量的感知对服务质量进行评价,是一种站在顾客角度实施评价的测评方法,也是当前评价服务质量应用比较广泛的方法之一。顾客满意度可以归纳为特定交易型满意、累积型满意、认知评价满意、情感性满意等几类。由于高铁客运服务具有跨度大、持续时间长、涉及环节多等特点,且不同旅客对服务的感知层次存在较大差异,因此旅客在服务过程中所表现出的服务满意度可以是上述类型中的任意一种。总体来说,高铁客运服务旅客满意度是指旅客通过对客运服务的全面感知结果与其期望或需求相比较后,形成的愉悦或者失望的感觉状态。

2. 顾客满意度测评模型

顾客满意度测评模型一般是构建顾客满意度结构模型和顾客满意度测量模型,通常运用结构方程模型进行求解。

(1)顾客满意度结构模型

顾客满意度结构模型描述的是各个结构变量之间的相互影响关系,当两个结构变量之间是一条单向箭头,则代表箭头的变量受箭尾变量的影响;若是一条双箭头线,则代表两个变量相互影响。自 20 世纪 80 年代以来,许多国家相继推出了顾客满意度结构模型,且都可以分为顾客满意度形成的原因、顾客满意度、顾客满意度的结果等三个部分,各国的模型结构只是结合实际情况在变量选择和变量间的关系略有不同。中国顾客满意度结构模型如图 6.6 所示。

(2)顾客满意度测量模型

顾客满意度结构模型中的变量一般都无法直接进行测量,需要建立顾客满意度测量模型。顾客满意度测量模型是描述结构变量与测量指标之间的对应关系,将无法直接观测的结构变量用多个可测量的指标进行表示,如选取感知质量、预期质量、顾客满意度三个结构质量以及各自对应的测量指标,构建顾客满意度测量模型,如图 6.7 所示。

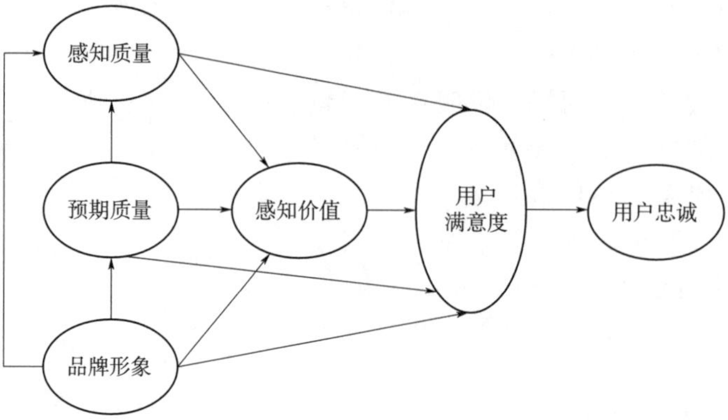

图 6.6 中国顾客满意度结构模型

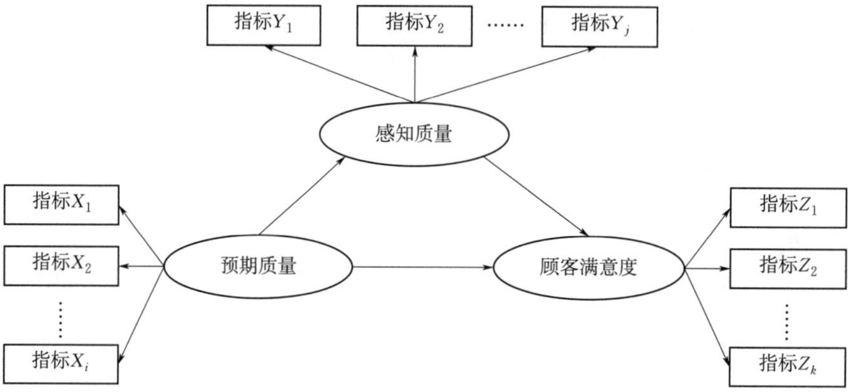

图 6.7 顾客满意度测量模型

(3)结构方程模型

对于顾客满意度测评模型中各结构变量之间、结构变量与测量指标之间的相互关系的界定,通常使用结构方程模型来完成。结构方程模型是一种须在经验法则或理论引导下,通过量表收集到的观测变量数据来对潜变量进行标定,间接反映潜变量间的相互关系,进而验证模型中相互作用关系合理性的方法。

结构模型中不能直接度量的变量称为潜变量,对应于结构模型中的结构变量。而潜变量分为外生潜变量和内生潜变量,外生潜变量指只影响其他变量而不受任何变量影响的变量,内生潜变量指在模型中受其他变量影响的变量。

测量模型中的测量指标称为观测变量,可直接通过测量得来。

结构模型与测量模型的一般结构方程模型表示如下:

①结构模型:表示潜变量间的因果关系,其表现形式如下:

$$\eta=B\eta+\Gamma\xi+\zeta$$

式中 ξ,η——外生、内生潜变量;

ζ——方程残差;

B,Γ——路径系数,若路径系数显著,表明结构变量间的影响作用关系是显著的。

②测量模型:表示潜变量和观测变量之间的关系,其表现形式如下:

$$X=\Lambda_x\zeta+\delta$$

$$Y=\Lambda_y\eta+\varepsilon$$

式中 X,Y——外生、内生潜变量对应的观测变量组合；

Λ_x,Λ_y——因素负荷量，外生、内生潜变量与观测变量之间的关系；

δ,ε——测量误差，外生、内生观测变量对潜变量未能解释的部分。

潜变量和观测变量间的具体结构方程表示需根据所建立的顾客满意度测评指标体系确定。

3. 顾客满意度测评程序

(1)确定顾客满意度结构与测量模型

根据顾客在购买及消费服务过程中满意度形成的因果关系，确定顾客满意度测评结构模型。测评结构模型可以在对国内外顾客满意度模型进行分析的基础上设定。

(2)建立顾客满意度测评指标体系

建立顾客满意度测评指标体系是顾客满意度测评的核心部分，在很大程度上决定了测评结果的有效性、可靠性。影响顾客满意度的因素很多，其中很多因素又无法直接测量，所以需要逐级展开，直到形成一系列可以直接测评的指标，这些逐级展开的可以直接测评的指标就构成了顾客满意度测评指标体系。

(3)确定测评指标权重

每项测评指标对顾客满意指数影响程度不同，所以需要给各项指标赋以权重。权重的确定与分配是测评指标体系设计非常关键的步骤，对能否客观真实地反映顾客满意度起着至关重要的作用。

(4)测评指标量化

指标量化是测评的基础，由于指标构成的多样性，对指标量化也有多种方法。对指标体系中可以直接查得的数据，可以采用直接赋值法；对一些相对程度指标，可采用利用已有公式或建立新公式先计算后赋值的间接赋值法。但由于顾客满意度测评了解的是用户对产品、服务或企业的看法、偏好和态度，所以在顾客满意度评价中这两种方法的应用受到限制，这时一般采取专家定性对比分析，即根据某个指标的分布情况，规定若干个等级（如A、B、C、D四等）以及相应的得分值，然后根据样本中该指标的实际数值，确定落在哪一个等级，对照后得到指标的评分值。这种方法比较简单，容易理解和操作，而且可以将量纲不同、单位不一致、对总目标作用大小不一、不能直接相加的指标值过渡到可直接相加汇总的指标值。

(5)确定被测评对象

确定要调查的顾客群体，以便有针对性地设计问卷。

(6)问卷设计及调查

设计调查问卷，将已建立的顾客满意度测评指标体系的最后一级指标展开成为问卷上的问题。问卷设计是整个测评工作的关键环节，很大程度上决定了测评结果的准确性和有效性。问卷设计结束之后，就按照抽样方法，进行问卷调查。

(7)生成调查结果

收集调查问卷后统计每个问题的每项回答结果，最后汇总出最后一级指标的评分值，进而计算出顾客满意度。

6.2.5 体验式调查测评

1. 体验式调查测评简介

体验式调查是一种通过消费者的直接体验，对调查对象提供的服务进行匿名评价的调查方式。体验式调查理论以神秘顾客调查理论为基础，是当前评价服务质量的一种应用较为广泛的测评方法。高铁客运服务体验式调查测评，一般由第三方调查单位组织实施，结合高铁运输服务环节、运输生产过程等实际情况，经过系统的选拔和培训，由高速铁路服务体验者以普通乘客的身份实际体验高铁客运服务，对高铁客运服务质量进行客观、真实评价，并找出服务中存在的不足及其产生的原因，为高铁客运服务质量监管、控制、提升等，提供技术性支持。

2. 体验式调查测评特点及应用

体验式调查在具体操作过程上参考了神秘顾客调查方法，在调查目的、过程组织、人员选拔与培训等多方面有相似之处，但体验式调查与神秘顾客调查仍存在一些差别，主要体现在：

(1)体验式调研的出发点是“监管和控制”高铁客运服务质量，属于市场监管部门的监管行为而非企业内部的“管理”行为，调查结果与对被调查对象的奖惩无直接联系，所获得的信息更为客观、真实。

(2)体验式调查所覆盖客运服务的范围更广泛。出于“服务监管”目的，体验式调查是对广大旅客所有与出行有关的所有服务内容的整体性调查，而不是仅仅局限于神秘顾客的正常消费行为，“覆盖面”更广，应该涉及不同服务的所有提供方式及渠道等，所获得的结果也更全面，更有参考价值。

(3)基于调查的整体性要求，体验式调研过程及评价指标由本领域专家进行设计，涵盖整个服务过程上的所有内容，体验者也相应由本领域专业人员组成，对行业服务标准等更为熟悉，可以从更理性角度对各服务内容进行评价，而非普通顾客的感性化的直接感受，“专业性”更强。

(4)基于调查的专业性特点，体验式调研对各服务内容的评价可以从舒适性、文明性等符合服务业一般规律的服务特性出发，多维度、多层次地挖掘有用的信息，对企业的具体经营行为的改进更有帮助，也可以对服务质量评价结果的形成原因等因素进行进一步的深入分析。

3. 体验式调查测评内容及基本程序

体验式调查是站在市场界面非常灵活的、适宜于服务产品的质量调查方式，一般需要经历以下步骤：

(1)准备阶段：围绕调研主题设计体验式调查量表、评价指标、测评模型和计算方法等；设计调查实施方案(调查时间、调查区域、样本要求和调查交路等)；选拔和培训体验者，制定具体量表填写要求、任务、体验报告撰写要求等。体验式调查对“体验者”的专业素质有一定要求，即对所体验的服务应有基本的专业常识，对相关的服务规范和标准有所了解，在服务体验实施过程中能够客观、全面、公正地感知、记录、描述服务体验过程，并写出服务体验报告。借鉴服务管理理论，将铁路客运服务质量感知特性划分为可得性、便捷性、舒适性、规范性和文明性五项内容，这对高铁客运服务体验式调查量表、评价指标、测评模型和计算方法等有直接影响。

（2）实施阶段：以体验式调查为主线、以问卷调查为辅助，对其体验的服务可以适当运用录音、照片等影像资料及通过对现场旅客访谈的方式表述服务的真实过程与质量。高铁客运服务体验内容包含高铁客运服务全过程，包括：旅客乘车前的服务（票务服务）、乘车过程中的站车服务（基本服务、商业服务、人性化服务和新政服务）和投诉处理服务（服务过程中和服务完成后）。

（3）数据整理阶段：在认真调查、研究、分析的基础上对数据进行整理、录入及分析得出调查结论，并提出改进措施。

4. 体验式调查测评指标与计算

体验者对铁路客运服务质量的感知与评价可以按照调查量表从其“可得性、便捷性、舒适性、规范性、文明性”五个维度描述。在进行具体数据处理和挖掘中，按照量表中各项问题特点（含主观性、客观性）给予相应的赋值规则，并对其进一步挖掘处理，得到能够综合反映体验者对客运服务质量感知与评价的指标值。综合起来，服务质量体验感知与评价涉及三项指标：

（1）服务质量感知体验值 R

这是服务体验感知与评价的基础数据，也是从体验量表转化为数据表的过程，由此可以从全国总体、分区域、分车站、分列车等角度统计计算所有样本的评价值（均值）。服务质量感知特性值 R 的计算公式如下：

$$R_{i,j}=\sum r_{i,j,k}/m \quad k=1,2,3,\cdots,m$$

式中 $R_{i,j}$——第 i 服务环节（或内容）在第 j 服务质量感知特性的体验值；

$r_{i,j,k}$——第 k 体验者对第 i 服务环节（或内容）在第 j 服务质量感知特性的体验值，$k=1,2,3,\cdots,m$；

m——体验者样本数量。

（2）服务质量感知特性评价 Q

该项指标是从五项服务质量感知特性的角度评价各服务环节的综合性指标 Q，其计算公如下：

$$Q_j=\sum R_{i,j}/n \quad i=1,2,3\cdots,n;j=1,2,\cdots,5$$

式中 Q_j——具体服务环节中对第 j 服务质量感知特性的评价值，$j=1,2,\cdots,5$；

n——具体服务环节中所包含的服务内容数量，$i=1,2,3,\cdots,n$。

（3）服务质量感知认可度 P

服务质量“感知认可度”是来自于服务品牌营销管理理论的概念，也是客运服务质量体验调查与评价中最重要的指标。其基本含义是体验者对客运服务质量从五项感知特性角度的综合评价，这项指标的高低一方面反映旅客对铁路客运服务质量的实际体验与感知，更重要的表明旅客对铁路客运服务的“认可与忠诚”。系统分析该项指标，站在企业和旅客的“市场界面”，实际感知客运服务过程，客观评价服务质量具有实际意义。计算思路，以各服务环节、各项服务内容、各项服务体验质量指标，分整体、区域、车站、产品等为计算主体，服务感

知认可度 P 的计算公式如下：

$$P_i = \sum K_j \cdot R_{i,j} \quad i=1,2,3,\cdots,n$$

式中 P_i——第 i 服务环节或内容的服务质量感知认可度；

K_j——第 j 项感知特性的权重。

另外，对于服务质量体验感知评价域赋值及感知特性权重，可采用如下方法。在具体操作过程中可以按照问题及评价目标适当修正。

(1)服务质量体验感知评价域赋值

根据服务质量感知评价理论及五级评价的特点，对各项指标的评价定义为“很好、好、一般、差、很差”，其对应关系见表 6.4。

表 6.4 服务质量体验感知评价对应关系

感知体验值 R	[100,90]	(90,75]	(75,60]	(60,30]	(30,0]
感知体验评价	很好	好	一般	差	很差

(2)服务质量感知特性权重

服务质量感知特性赋值可采用专家打分法获得。需要说明的是，由于各项服务内容所涉及的服务质量感知特性有差异，如购票服务环节涉及可得性、便捷性、舒适性、规范性和文明性五项。取票和退票服务涉及便捷性、舒适性、规范性和文明性四项，车站安检服务只涉及便捷性、规范性和文明性三项。那么对不同服务内容的服务质量感知特性权重确定的基本原则为：$\sum K_n = 1$，对于缺省的服务质量感知特性的权重之和按照比例分配给其他特性(剩余)权重。

6.3 高速铁路客运服务质量测评案例

6.3.1 SERVQUAL 测评案例

为了解我国高铁客运票务服务的旅客感知体验现状，某高铁运输企业基于 SERVQUAL 测评方法，构建测评指标体系，以问卷调查的方式开展了面向旅客的高铁客运票务服务感知质量测评工作。测评过程如下：

1. 设计测评量表

测评选取可靠性、响应性、保证性、移情性、有形性五个质量要素来开展测评。各质量要素含义如下：

(1)可靠性，指企业执行所承诺服务的能力，重点要求站车避免出现服务差错，如降低售票差错、行李差错、运输服务差错(旅客上错列车)等措施。实际评价过程中，可靠性更多是旅客对铁路运输服务的综合评价，包括高铁运输企业提供运输服务前的基础工作。

(2)响应性，指帮助旅客及提供便捷服务的自发性，包括满足旅客要求的能力，迅速解决服务失败的能力等。响应性包括两个方面含义，一是高铁运输企业主动为旅客提供更好的服务，满足旅客的基本需求；二是高铁运输企业在旅客享受运输服务的过程中出现的临时性问题给予帮助。

(3)保证性，指员工的知识和谦恭态度以及使旅客信任的能力，包括工作人员的业务素质、服务态度和专业程度能否使旅客信任及设施设备基础功能的完整性能否保证旅客完成当次出行。对铁路来说重点是安全性，包括良好的安全记录、胜任的一线服务人员、与旅客有效的沟通等。

(4)移情性，是给予旅客关心和个性化的服务，包括理解旅客的特殊需要。具体体现在高铁运输企业及工作人员给予的特殊服务和人文关怀使旅客在出行过程中得到情感上的满足。

(5)有形性，包括有形的设施设备、人员和网络服务的直观表达等，如高速铁路客运站的服务设施、各类柜台、人员着装、线上售票界面等。

在明确每一质量要素具体含义后，结合票务服务环节的特点，针对每个质量要素选取具体的测评指标，见表 6.5。

表 6.5 高铁客运票务服务感知质量 SERVQUAL 指标量表

质量要素	指　标
可靠性	1. 铁路票价的稳定性 X_1 2. 票务信息的透明性 X_2
响应性	3. 线上购票操作的方便性 X_3 4. 自动售取票机操作的方便性 X_4 5. 选座功能及操作的方便性 X_5 6. 支付方式的丰富、方便性 X_6 7. 取票的方便程度 X_7 8. 退票的方便程度 X_8 9. 改签的方便程度 X_9 10. 补票的方便程度 X_{10}
保证性	11. 售票信息的全面、准确性 X_{11} 12. 线上购票个人信息的安全性 X_{12} 13. 工作人员的服务态度及技能 X_{13} 14. 自动售取票机功能的全面性 X_{14} 15. 柜台购票时的准确率 X_{15} 16. 电子客票出行的综合感受 X_{16}
移情性	17. 网约车、酒店、休息厅接送等服务 X_{17} 18. 常旅客积分兑换服务 X_{18} 19. 重点旅客窗口服务 X_{19}
有形性	20. 售票信息的清晰程度 X_{20} 21. 线上购票界面的满意程度 X_{21} 22. 工作人员的着装规范及整洁程度 X_{22} 23. 自动售取票机界面的友好程度 X_{23} 24. 选座界面的直观简洁程度 X_{24} 25. 支付界面的直观简洁程度 X_{25} 26. 票务服务的整体环境 X_{26}

2. 开展线上问卷调查

线上问卷调查的内容包括高铁客运票务服务感知质量的5个要素与之相关的26个关键点，每个关键点按期望值和体验值分两次请旅客打分。旅客按照自身情况对每个问题打分，不同于规范的SERVQUAL量表，为了便于旅客更为直观评价，本次评价结果量表设计为“很好、好、一般、差、很差”，对应SERVQUAL量表“5、4、3、2、1”，评价逐次递减。问卷调查量表设计见表6.6。

表6.6 高铁客运票务服务感知质量调查量表

调查项目	评价等级				
1. 铁路票价的稳定性	很好	好	一般	差	很差
2. 票务信息的透明性	很好	好	一般	差	很差
3. 线上购票操作的方便性	很好	好	一般	差	很差
4. 自动售取票机操作的方便性	很好	好	一般	差	很差
5. 选座功能及操作的方便性	很好	好	一般	差	很差
6. 支付方式的丰富、方便	很好	好	一般	差	很差
7. 取票的方便程度	很好	好	一般	差	很差
8. 退票的方便程度	很好	好	一般	差	很差
9. 改签的方便程度	很好	好	一般	差	很差
10. 补票的方便程度	很好	好	一般	差	很差
11. 售票信息的全面性、准确性	很好	好	一般	差	很差
12. 线上购票个人信息的安全性	很好	好	一般	差	很差
13. 工作人员的服务态度及技能	很好	好	一般	差	很差
14. 自动售取票机功能的全面性	很好	好	一般	差	很差
15. 柜台购票时的准确率	很好	好	一般	差	很差
16. 电子客票出行的综合感受	很好	好	一般	差	很差
17. 网约车、酒店、休息厅接送等服务	很好	好	一般	差	很差
18. 常旅客积分兑换服务	很好	好	一般	差	很差
19. 重点旅客窗口服务	很好	好	一般	差	很差
20. 售票信息的清晰程度	很好	好	一般	差	很差
21. 线上购票界面的满意程度	很好	好	一般	差	很差
22. 工作人员的着装规范及整洁程度	很好	好	一般	差	很差
23. 自动售取票机界面的友好程度	很好	好	一般	差	很差
24. 选座界面的直观简洁程度	很好	好	一般	差	很差
25. 支付界面的直观简洁程度	很好	好	一般	差	很差
26. 票务服务的整体环境	很好	好	一般	差	很差

3. 计算 SERVQUAL 分数

首先，通过旅客调查及行业内专家意见，综合确定上述高铁客运票务服务质量五个要素的各自权重，即可靠性 $\omega_1=0.35$，响应性 $\omega_2=0.25$，保证性 $\omega_3=0.15$，移情性 $\omega_4=0.15$，有形性 $\omega_5=0.1$。根据公式 $SQ=\sum_{j=1}^{5}\omega_j\sum_{i=1}^{n}(P_i-E_i)$，计算旅客对该客运服务质量感知的总评分值，然后将它除以回答问卷的旅客数目，就得到单个旅客对高铁客运票务服务的 SERVQUAL 分数。本次调查一共回收有效问卷 500 份，计算结果见表 6.7。

表 6.7　某次高铁客运票务服务质量 SERVQUAL 计算结果

质量要素 ω_j	项目指标(X_i)	期望值 $\sum_{i=1}^{500}E_i$	体验值 $\sum_{i=1}^{500}P_i$	$\sum_{i=1}^{500}(P_i-E_i)$	$\omega_j\sum_{i=1}^{n}(P_i-E_i)$
可靠性(0.35)	1. 铁路票价的稳定性 X_1	2 065	2 160	95	73.5
	2. 票务信息的透明性 X_2	2 010	2 125	115	
	合计	—	—	210	—
响应性(0.25)	3. 线上购票操作的方便性 X_3	2 130	2 280	150	−10
	4. 自动售取票机操作的方便性 X_4	1 920	1 985	65	
	5. 选座功能及操作的方便性 X_5	2 065	1 885	−180	
	6. 支付方式的丰富、方便性 X_6	2 060	2 130	70	
	7. 取票的方便程度 X_7	1 905	2 105	200	
	8. 退票的方便程度 X_8	2 200	2 115	85	
	9. 改签的方便程度 X_9	2 335	2 060	−275	
	10. 补票的方便程度 X_{10}	2 100	2 115	15	
	合计	—	—	−40	—
保证性(0.15)	11. 售票信息的全面、准确性 X_{11}	1 660	1 800	140	34.5
	12. 线上购票个人信息的安全性 X_{12}	2 100	2 160	60	
	13. 工作人员的服务态度及技能 X_{13}	1 625	1 685	60	
	14. 自动售取票机功能的全面性 X_{14}	2 100	2 150	50	
	15. 柜台购票时的准确率 X_{15}	2 315	2 355	40	
	16. 电子客票出行的综合感受 X_{16}	2 280	2 160	−120	
	合计	—	—	230	—
移情性(0.15)	17. 网约车、酒店、休息厅接送等服务 X_{17}	2 160	2 105	−55	94.5
	18. 常旅客积分兑换服务 X_{18}	1 655	2 080	425	
	19. 重点旅客窗口服务 X_{19}	2 065	2 325	260	
	合计	—	—	630	—

续上表

质量要素 ω_j	项目指标(X_i)	期望值 $\sum_{i=1}^{500} E_i$	体验值 $\sum_{i=1}^{500} P_i$	$\sum_{i=1}^{500}(P_i - E_i)$	$\omega_j \sum_{i=1}^{n}(P_i - E_i)$
有形性(0.1)	20. 售票信息的清晰程度 X_{20}	1 660	1 800	40	63.5
	21. 线上购票界面的满意程度 X_{21}	1 860	2 135	275	
	22. 工作人员的着装规范及整洁程度 X_{22}	1 930	1 960	30	
	23. 自动售取票机界面的友好程度 X_{23}	2 255	2 060	−195	
	24. 选座界面的直观简洁程度 X_{24}	2 065	1 960	−105	
	25. 支付界面的直观简洁程度 X_{25}	1 560	2 015	455	
	26. 票务服务的整体环境 X_{26}	2 065	2 100	35	
	合计	—	—	635	—

最终求得该次高铁客运服务质量测评的整体服务质量为 0.512。

4. 结果分析

从计算结果可以得出以下结论：

(1)除了响应性要素的感知质量为负数外，其余服务质量要素的感知质量都为正数。总体而言，本次测评的感知质量分数为正数，这说明该高铁运输企业提供的票务服务基本上达到了旅客的期望。

(2)在本次测评中，从绝对值看，旅客对可靠性和移情性的感知质量较高，实际感受远高于期望质量。从可靠性来讲，旅客对铁路票价稳定性、票务信息的透明度感知体验较高。从移情性来讲，旅客对于常旅客积分兑换服务、重点旅客窗口服务的感知体验较高。

(3)旅客对响应性的质量感知最低，其中对在线选座、退改签服务的实际感知要明显低于期望，这说明该高铁运输企业在这几项服务中有待进一步提升。

6.3.2 满意度测评案例

某铁路局集团公司为了解管内旅客列车服务满意度情况，以顾客满意度测评方法为基础，构建了铁路旅客列车服务满意度测评结构与测量模型，采取问卷调查的方式获取评测指标，对其管辖内的列车进行旅客满意度抽样调查，具体测评过程如下：

1. 构建旅客列车满意度结构模型

根据旅客在购买及消费铁路客运服务过程中满意度形成的因果关系，确定本次列车服务满意度测评结构模型的变量为旅客满意、服务质量、实物质量和抱怨处理，四个结构变量并非独立存在，相互之间存在着一定的因果关系和相关关系，其中抱怨处理、服务质量仅对旅客满意有着一定的影响，而实物质量既对旅客满意有直接影响，又对服务质量有一定影响，结构模型如图 6.8 所示。

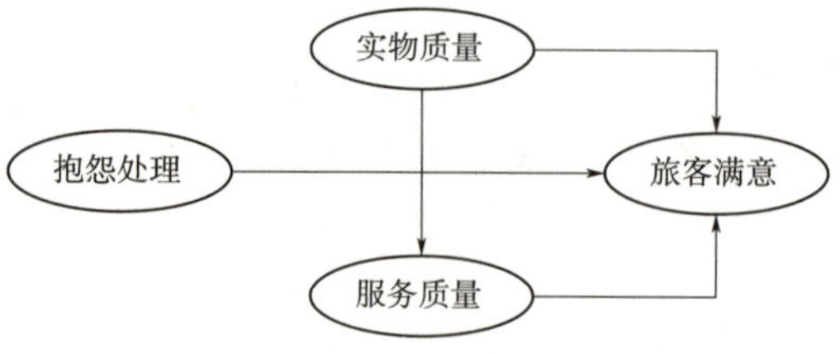

图 6.8 旅客列车满意度结构模型

其中，各结构变量具体代表含义如下：

(1)旅客满意，即旅客满意度，是旅客在接受服务时，对列车提供的各项服务的综合性评价，与旅客的期望和感知有关。

(2)服务质量，即旅客在接受服务时对列车提供的、以工作人员的服务为主的服务质量的感受。

(3)实物质量，即旅客在接受服务时对列车提供的、以硬件设施设备为主的实物质量的感受。

(4)抱怨处理，即旅客在接受服务时(或之后)对列车提供的、针对旅客抱怨或投诉的处理和服务的感受。

2. 构建旅客列车满意度测量模型

在建立旅客满意度测评指标体系之前，首先要确定旅客满意度测量模型，以便更好把握结构变量与测量指标之间的对应关系。根据各个结构变量的具体含义，确定各结构变量的测量指标，构建旅客满意度测量模型，如图 6.9 所示。

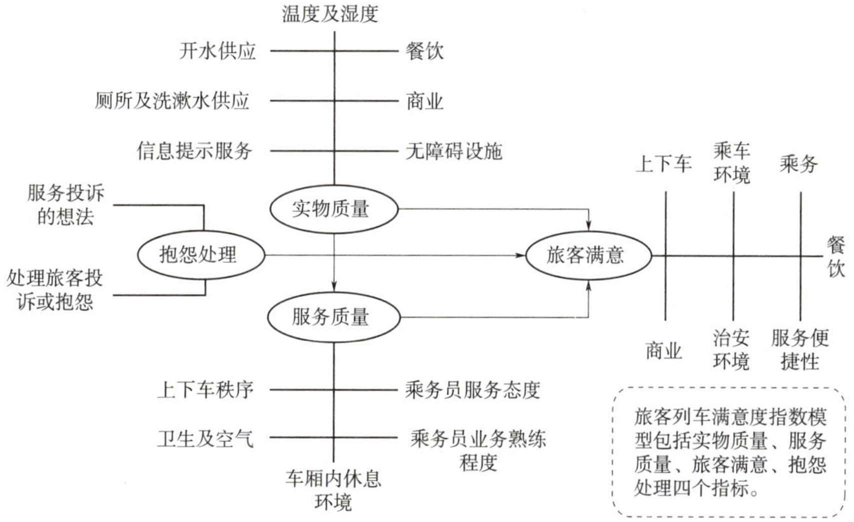

图 6.9 旅客列车满意度测量模型

3. 构建旅客满意度测评指标体系及结构方程

(1)构建测评指标体系

根据所建立的旅客满意度测量模型，结合列车运输服务环节特点，梳理出列车服务各结构变量与各测量指标之间的对应关系见表 6.8。

表 6.8 列车服务结构变量与测量指标之间的对应关系

实物质量	温度及湿度 x_1
	开水供应 x_2
	厕所及洗漱水供应 x_3
	信息提示服务 x_4
	餐饮 x_5
	商业 x_6
	无障碍设施 x_7

续上表

服务质量	上下车服务	上下车秩序 y_{11}
	乘车环境	卫生及空气 y_{21}
		车厢内休息环境 y_{31}
	乘车服务	乘务员服务态度 y_{41}
		乘务员业务熟练程度 y_{51}
旅客满意		上下车 y_{12}
		乘车环境 y_{22}
		乘务 y_{32}
		餐饮 y_{42}
		商业 y_{52}
		治安环境 y_{62}
		服务便捷性 y_{72}
		列车整体服务 y_{82}
抱怨处理		服务投诉的想法 x_8
		处理旅客投诉或抱怨 x_9

(2)构建结构方程模型

在旅客满意度测评中,通常使用结构方程模型来描述结构变量与测量指标之间的影响关系。基于列车服务结构变量与测量指标之间的对应关系,确定本次旅客满意度测评的结构方程模型为

$$\begin{bmatrix}\eta_1\\\eta_2\end{bmatrix}=\begin{bmatrix}0&0\\\beta_{21}&0\end{bmatrix}\begin{bmatrix}\eta_1\\\eta_2\end{bmatrix}+\begin{bmatrix}\gamma_{11}&0\\\gamma_{21}&\gamma_{22}\end{bmatrix}\begin{bmatrix}\varepsilon_1\\\varepsilon_2\end{bmatrix}+\begin{bmatrix}\zeta_1\\\zeta_2\end{bmatrix}$$

式中,η_1 代表服务质量,η_2 代表旅客满意,ε_1 代表实物质量,ε_2 代表抱怨处理,而 β_{21},γ_{11},γ_{21},γ_{22} 为模型中各因素之间的路径系数,ζ_1,ζ_2 为残差项。

列车服务调查项目与主要结构变量的关系为

$$\begin{bmatrix}x_1\\x_2\\\vdots\\x_7\\x_8\\x_9\end{bmatrix}=\begin{bmatrix}\lambda_1&0\\\lambda_2&0\\\vdots&\vdots\\\lambda_7&0\\0&\lambda_8\\0&\lambda_9\end{bmatrix}\begin{bmatrix}\varepsilon_1\\\varepsilon_2\end{bmatrix}+\begin{bmatrix}\delta_1\\\delta_2\\\vdots\\\delta_7\\\delta_8\\\delta_9\end{bmatrix}$$

式中,x_1,…,x_7 为实物质量 ε_1 的 7 个显变量,x_8,x_9 为抱怨处理 ε_2 的 2 个显变量,分别对应于表 6.8 中实物质量与抱怨处理中的具体影响因素,而 λ_1,…,λ_7 为 ε_1 与对应显变量的相关系数,λ_8,λ_9 为 ε_2 与对应显变量的相关系数。

$$\begin{bmatrix} y_{11} \\ y_{21} \\ \vdots \\ y_{51} \\ y_{12} \\ y_{22} \\ \vdots \\ y_{82} \end{bmatrix} = \begin{bmatrix} \lambda_{11} & 0 \\ \lambda_{21} & 0 \\ \vdots & \vdots \\ \lambda_{51} & 0 \\ 0 & \lambda_{12} \\ 0 & \lambda_{22} \\ \vdots & \vdots \\ 0 & \lambda_{82} \end{bmatrix} \begin{bmatrix} \eta_1 \\ \eta_2 \end{bmatrix} + \begin{bmatrix} \varepsilon_{11} \\ \varepsilon_{21} \\ \vdots \\ \varepsilon_{51} \\ \varepsilon_{12} \\ \varepsilon_{22} \\ \vdots \\ \varepsilon_{82} \end{bmatrix}$$

式中，y_{11}，…，y_{51}为服务质量 η_1 的 5 个显变量，y_{12}，…，y_{82}为旅客满意 η_2 的 8 个显变量，λ_{ij}为 η_j 与 y_{ij}之间的相关系数。

4. 设计测评量表

测评量表是旅客满意度测评的重要内容，量表的设计要考虑各结构变量与各测量指标之间的对应关系。结合表 6.8 关系示意，将列车运输服务过程分为 22 个服务测评关键点，针对具体关键点分别设计相关的问题，最终设计的列车旅客满意度调查量表见表 6.9。

表 6.9　列车旅客满意度调查量表

一、您对该列车上下车服务各方面的评价？	
1. 上下车列车秩序评价	□很满意　□满意　□一般　□不满意　□很不满意
2. 上下车服务整体评价	□很满意　□满意　□一般　□不满意　□很不满意
二、您对该列车乘车环境各方面的评价？	
1. 列车上卫生、空气状况评价	□很满意　□满意　□一般　□不满意　□很不满意
2. 列车上温度、湿度状况评价	□很满意　□满意　□一般　□不满意　□很不满意
3. 车厢内安静程度和休息条件评价	□很满意　□满意　□一般　□不满意　□很不满意
4. 乘车环境整体评价	□很满意　□满意　□一般　□不满意　□很不满意
三、您对该列车乘车服务各方面的评价？	
1. 乘务员服务态度评价	□很满意　□满意　□一般　□不满意　□很不满意
2. 乘务员业务熟练程度评价	□很满意　□满意　□一般　□不满意　□很不满意
3. 列车上开水供应评价	□很满意　□满意　□一般　□不满意　□很不满意　□未体验过
4. 厕所和洗漱用水供应评价	□很满意　□满意　□一般　□不满意　□很不满意　□未体验过
5. 列车上各类服务提示评价	□很满意　□满意　□一般　□不满意　□很不满意
6. 乘车服务整体评价	□很满意　□满意　□一般　□不满意　□很不满意
四、您对该列车餐饮及商业各方面的评价？	
1. 餐饮服务评价	□很满意　□满意　□一般　□不满意　□很不满意　□未体验过
2. 商业服务（刊物、零售等）整体评价	□很满意　□满意　□一般　□不满意　□很不满意　□未体验过

续上表

五、您对该列车服务整体各方面的评价？	
1. 治安环境状况评价	□很满意 □满意 □一般 □不满意 □很不满意
2. 无障碍服务设施评价	□很满意 □满意 □一般 □不满意 □很不满意
3. 各项服务便捷性评价	□很满意 □满意 □一般 □不满意 □很不满意
4. 列车整体服务评价	□很满意 □满意 □一般 □不满意 □很不满意
六、您对该列车投诉处理方面的评价？	
1. 您对该车服务投诉的想法是否强烈？	□没感觉 □不强烈 □一般 □强烈 □很强烈
2. 您对该车处理旅客投诉和抱怨的评价	□很满意 □满意 □一般 □不满意 □很不满意

5. 旅客满意度调查数据处理

(1)数据处理基本规则

旅客满意度问卷调查等级为5级量表，分别为很满意、满意、一般、不满意、很不满意。满意度最高得分为100分，其具体评价标准见表6.10。

表6.10 旅客满意度调查评价标准

指标得分	$90<X\leqslant100$	$70<X\leqslant90$	$50<X\leqslant70$	$30<X\leqslant50$	$X\leqslant30$
评价等级	很满意	满意	一般	不满意	很不满意

对于具体结构变量的分析说明，采用路径系数及相关系数的概念。路径系数是满意度测评模型中描述各结构变量间的关联影响因子，路径系数为正，表明箭尾质量指标对箭头质量指标有正向影响，反之有负向影响。路径系数越大表明该两项指标间影响程度越大，具体对应关系见表6.11。

表6.11 路径系数对应关系表

路径系数	$X\geqslant1$	$0.6\leqslant X<1$	$0.2\leqslant X<0.6$	$0\leqslant X<0.2$
关联度	重大影响	较大影响	一定影响	影响较小

相关系数是满意度测评模型中各服务环节与旅客满意、各调查项目与相关结构变量间的相关性指标，相关系数越接近1说明二者的相关性越大，即该服务环节(调查项目)质量评价提升对整体满意度改进贡献越大，也是改进对满意度提升最敏感的内容，需重点关注。那么划分各调查项目对质量指标、各服务环节对旅客满意的相关程度标准见表6.12。

表6.12 相关系数对应关系表

相关系数	$0.75\leqslant X\leqslant1$	$0.5\leqslant X<0.75$	$0\leqslant X<0.5$
评价等级	影响较大	影响一般	影响较小

(2)数据处理过程

基于本次旅客满意度调查的数据结果，通过运用提出的结构变量与测量指标的结构方程对相关指标进行计算，借助相关软件对各结构变量之间的路径系数，以及对具体测量指标与结构变量之间的相关系数进行标定，计算得出旅客满意度指数，并进一步计算按一定要求确定的分类指数，由此得出铁路列车运输服务旅客满意度测评结果。

6. 旅客满意度测评结果分析

(1)总体结果分析

列车服务旅客满意度得分为72.27分，实物质量为71.29分，服务质量为73.52分，抱怨处理为74.53分，评价水平为满意；但各项结构变量的评价值均处于满意的下限区域，说明各方面都有待维持并继续加强。

如图6.10所示，从各项结构变量的关联性(路径系数)来看，实物质量对旅客满意有重大影响(路径系数大于1)，实物质量对服务质量的影响程度接近1，说明提升实物质量对提高旅客满意与服务质量作用巨大；由此实物质量对服务质量与旅客满意之间的路径系数造成干扰，出现负影响(路径系数为负)，说明旅客将对实物质量抱怨的负面情绪转嫁给服务质量并造成满意度的进一步恶化，说明改善列车整体硬件水平对提高列车满意度有很好的积极作用。

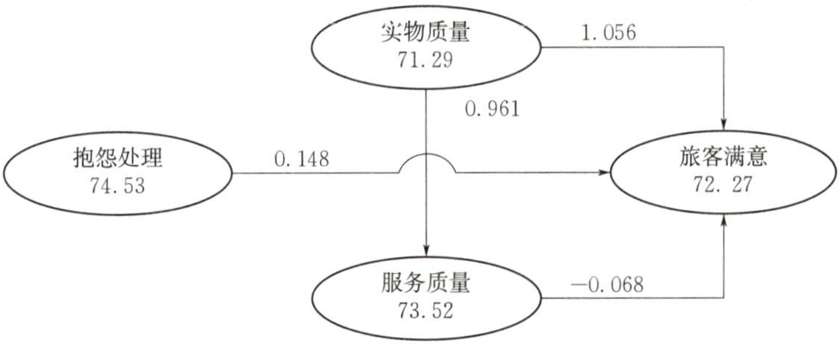

图6.10　测评质量指标结果图

(2)服务关键点结果分析

如表6.13所示，从满意度调查项目来看，商业服务、餐饮服务、服务便捷性、乘车环境四个环节得分较低，需加以改进，且这四个环节中，服务便捷性的相关系数最大，应重点关注。

从实物质量调查项目来看，信息提示服务、厕所及洗漱水供应、商业服务和餐饮服务四个环节得分较低，需加以改进，其中信息提示服务环节相关系数最大，应重点关注。

从服务质量调查项目来看，卫生及空气、车厢内休息环境两个环节得分较低，需加以改进。乘务员业务熟练程度和服务态度得分最高，且与服务质量的相关系数最大，说明旅客十分看重服务人员的工作水平和态度。

表6.13　测评服务关键点结果统计表

质量因素	质量因素分值	环节及调查项目	分值	相关系数
满意度	72.27	治安环境	77.24	0.729
		乘务	75.85	0.805
		上下车	74.27	0.706
		乘车环境	73.85	0.766

续上表

质量因素	质量因素分值	环节及调查项目	分值	相关系数
满意度	72.27	服务便捷性	72.78	0.783
		商业	64.74	0.577
		餐饮	60.46	0.548
实物质量	71.29	开水供应	77.46	0.605
		温度及湿度	74.90	0.715
		无障碍设施	73.99	0.761
		信息提示服务	73.63	0.765
		厕所及洗漱水供应	71.57	0.694
		商业	64.74	0.596
		餐饮	60.46	0.570
服务质量	73.52	乘务员业务熟练程度	77.54	0.779
		乘务员服务态度	77.14	0.797
		上下车秩序	72.54	0.659
		卫生及空气	72.43	0.761
		车厢内休息环境	68.91	0.716

7 高速铁路客运服务质量控制

高铁客运服务质量最终表现为旅客的感知质量，相对而言，影响旅客对服务产品质量感知的因素复杂广泛。旅客感知质量的形成主要来自企业服务推广和营销宣传，同时与旅客自身知识、见识、服务期许及运输市场环境等有关。旅客的感知质量直接影响到旅客对高铁运输企业形象的认知，进而影响旅客满意度和忠诚度，并决定企业的市场竞争力。因此，控制高铁客运服务质量不仅对运输企业经营十分重要，而且对运输市场的规范和健康发展也有现实意义。

7.1 高速铁路客运服务质量控制概述

服务质量控制是服务质量管理的重要一环，了解质量控制概念、控制主体、控制原理等对具体实施高铁客运服务质量控制具有指导意义。

7.1.1 高速铁路客运服务质量控制概念

控制指对系统进行调节以克服系统的不确定性，使之达到所需要状态的活动和过程。服务质量控制是对服务质量标准具体实施过程采取的管理活动，用以保证提供的服务来满足旅客的要求。服务企业为了克服高铁客运服务质量体系的不稳定性，达到预期的质量目标，必须实施服务质量控制。

高铁客运服务质量控制是指高铁客运服务质量控制主体为了把高速铁路客运服务质量各项指标控制在旅客可接受的范围之内，使高速铁路客运服务系统处于稳定、良好的运行状态而采取的一系列技术和管理活动。服务质量控制是企业的主动行为，以服务质量标准为控制依据。由于客运服务的过程性，其质量控制必须是对服务过程进行的有效管理与控制，只有这样才能保证提供的服务较好地满足旅客需求。

7.1.2 高速铁路客运服务质量控制主体及特点

高铁客运服务质量实施控制的主体，分为企业内部和外部两类。前者是高铁客运服务供应商，是直接从事质量控制职能的活动者，其控制范围涉及服务的设计、提供、分析优化等质量形成的全过程；后者是指对服务质量形成条件、过程或效果的监控者，主要包括政府监管部门、社会大众、媒体等。

1. 企业内部主体

高铁客运服务质量企业内部主体是指铁路运输服务供应商，即参与客运服务提供具体内容的所有供应商，包括铁路运输企业、其他服务供应商等。

(1)铁路运输企业(承运人)

铁路运输企业是运输服务供应商的核心，所经营的服务为旅客“位移”的核心服务的全过程,也是与旅客形成合同关系的承运人,包括国铁集团、合资铁路公司、地方铁路公司等。其中,国铁集团由中央管理,是依据《中华人民共和国公司法》设立的以铁路客货运输为主业,实行多元化经营的国有独资公司,承担国家规定的铁路运输经营、建设和安全等职责,负责铁路运输统一调度指挥,统筹安排路网性运力资源配置,承担国家规定的公益性运输任务,负责铁路行业运输收入清算和收入进款管理。

随着我国铁路投融资改革,合资铁路公司得到大力发展。例如京津城际铁路有限责任公司、大西铁路客运专线有限公司、郑西铁路客运专线有限公司等。铁道部于 2011 年出台的《关于新建合资铁路委托运输管理的指导意见》指出 2003 年以后建设的合资铁路实施委托铁路局运输管理(委托运输管理)。委托运输管理的主要内容包括运输组织管理、运输设施管理、运输移动设备管理、运输安全管理、运输收入管理、铁路用地管理等。近几年,逐渐引入民营资本,合资铁路公司显现多元化发展,如杭绍台城际铁路是我国首条民营资本控股的高铁 PPP 项目。

地方铁路公司是由地方人民政府管理的铁路公司,例如广东地方铁路有限责任公司、山西地方铁路集团有限公司等。地方铁路公司经营管理基本为自营,但与国铁接轨运输。

(2)其他服务供应商

其他服务供应商主要涉及在旅客运输过程中为高速铁路旅客提供非运输产品的企业,包括餐饮、保洁、客票代售、设施设备供应等企业。2018 年 6 月,吉利控股集团、腾讯与中国铁路总公司出资,成立国铁吉讯公司共同经营铁路网络增值服务。2019 年 1 月,由国铁吉讯开发的掌上高铁 App 上线,从购票功能、行程服务、高铁 Wi-Fi、极速出行、高铁餐饮、高铁影院等功能,逐步串联起高速铁路行程始末,保障便携出行的一站式服务。

2. 企业外部主体

外部主体通过相关法律法规或社会舆论等对服务提供商的经营行为、客户的消费行为等实施监管、评价、询证等,达到控制服务质量和规范服务消费市场的目的。

(1)相关政府部门

政府部门是对铁路旅客运输行业、市场经营活动行使监督管理职责的部门的统称,其基本职责是维护市场秩序、督促经营者和供应商合法经营和保护消费者。从所承载的责任来看,具体包括交通运输部、国家发展和改革委员会等政府部门。同时我国铁路改革方案明确国家铁路局依法对铁路行业实施全面监管。

①交通运输部

《国务院机构改革和职能转变方案》指出:将原铁道部拟订铁路发展规划和政策的行政职责划入交通运输部。交通部统筹规划铁路、公路、水路、民航发展,加快推进综合交通运输体系建设。从这个意义上看,交通部应从综合交通层面实施对综合交通网络规划、衔接,联合运输互联互通等的规范及监管责任,即对高铁客运服务的基础高速铁路线路起统筹规划、规范作用。

国家铁路局作为铁路行业建设、运营的安全及质量监管的唯一综合性的专业性政府监管部门,负责拟订铁路技术标准,监督管理铁路安全生产、运输服务质量和铁路工程质量。从其监管内容上看,国家铁路局从工程建设到运输经营过程的安全及服务质量均负有具体的规范指导和考核监管责任,是高铁客运服务质量控制最重要的监管、评价、询证主体。

②国家发展和改革委员会

国家发展和改革委负责制定并监管铁路运输价格。根据《铁路法》，铁路旅客票价率、行李运价率实行政府指导价或者政府定价，竞争性领域实行市场调节价。高铁客运服务中涉及的收费项目和收费标准，必须经国家发展和改革委审核后再行公告。

另外，其他政府机关按照各自职责分工共同参与对铁路行业监管。例如，目前，我国铁路旅客运输过程的安保由国家公安机关负责，这是贯穿铁路旅客运输日常工作和执行环节的工作。《铁路法》明确指出，铁路公安机关和地方公安机关分工负责共同维护铁路治安秩序。高铁客运车站和列车内的治安秩序，由铁路公安机关负责维护。高速铁路沿线的治安秩序，由地方公安机关和铁路公安机关共同负责维护，以地方公安机关为主。财政部代表国务院履行对国铁集团的出资人职责。高铁客运服务的基础高速铁路线路建设部分出资由财政部负责拨付，故对资金使用情况负监管责任。

(2)社会组织、公众、媒体

社会组织是公共关系的主体，它是人们为了有效地达到特定目标按照一定的宗旨、制度、系统建立起来的共同活动集体，一般挂靠在政府部门，如我国各级消费者协会目前大多挂靠在同级工商行政管理部门，其主要通过调查的方式来监督高铁客运服务质量。

社会公众主要包括旅客或其他个人，其主要通过网络留言、来信、来电、来访以及在旅客意见簿上留言等发表对高铁客运服务质量的评价。

社会媒体主要包括电视、广播、报纸、杂志等，对铁路运输企业服务起舆论监督的作用。其通常是根据发生的质量问题采访、旅客投诉、媒体曝光等方式来对企业服务进行评价，督促政府对企业实行一定的处罚或提示，提醒旅客合法保护自己权益的同时，也提醒企业寻找高铁客运服务存在的质量问题，以便提出改进措施，从而实现质量控制。

7.1.3 高速铁路客运服务质量控制基本原理

高铁客运服务质量可以反映旅客对服务过程和结果的主观感知评价。受旅客自身、高铁运输企业、社会环境等诸多因素影响，各项因素相互影响，且在不同程度上作用于运输服务的不同环节，这是一个极其复杂的过程。高铁客运服务质量控制就是发现和利用这个复杂过程的内在规律，通过对质量形成各阶段影响因素的控制来缩小服务质量差距，进而把服务质量控制在旅客可接受范围内。

高铁客运服务质量控制主要针对旅客对不同服务的容忍区域和服务提供过程的质量波动，以缩小旅客服务感知与期望的差距。

1. 旅客容忍区域

旅客容忍区域指旅客在消费高铁客运服务过程中所能接受和认可的期望质量范围。旅客对高铁客运服务质量的期望存在一个理想标准和一个可接受标准，从而可将旅客的服务期望划分为理想服务质量和适当服务质量两个层次。其中，理想服务质量代表旅客对高铁客运服务的最佳预期；适当服务质量代表旅客对高铁客运服务质量的最低容许水平。这两个层次的服务期望之间构成一个区域——容忍区域，如图 7.1 所示。如果旅客实际感知的服务质量落在这一区域内，他们会接受这一服务，哪怕实际服务质量接近于适当服务质量，也只会有少许的怨言，并不会对高铁运输企业造成不良影响；与此同时，如果实际服务质量接近于理想服务质量预期，旅客也不会表现出更显著的满意。

容忍区域受多种因素影响，不同的旅客、不同的服务项目，容忍区域是不同的。即使是同一旅客，其所能接受的容忍区域也会随时间、环境发生变化。从高铁客运服务的不同类型可以简单描述容忍区域的变化。一般而言，与技术质量相关的服务内容，如列车运行的平稳度及安全性等，旅客容忍区域相对较窄；与功能质量相关的服务内容，如客运站设施及餐饮服务等，旅客容忍区域相对较宽。而对任何旅客，一旦出现服务失误或者服务接触失败，旅客容忍区域就会缩小，甚至消失。

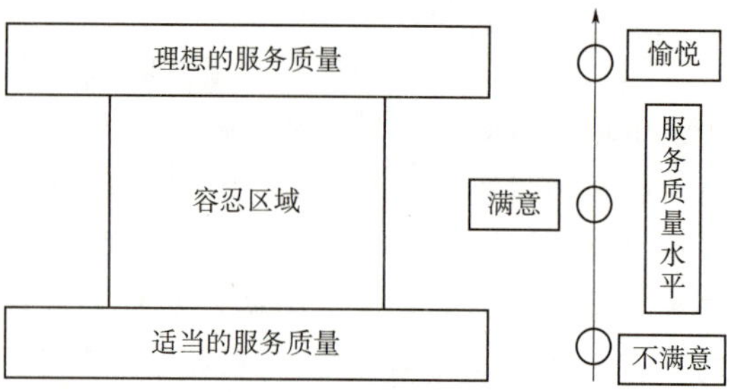

图 7.1　服务质量容忍区域示意图

容忍区域度量的对象是有思想、有感情的人，需要通过观察、调查、换位等方法，了解和掌握旅客对高铁客运服务作出的各种反应，综合分析得出旅客对客运服务的容忍区域。

(1)观察法

观察法，即在自然条件下，对表现心理现象的外部活动进行有系统、有计划的观察，从中发现心理现象产生和发展的规律性。观察法的采用情况如下：

①对所研究的对象无法加以控制。

②在控制条件下，可能影响某种行为的出现。

③由于社会道德的要求，不能对某种现象进行控制。

高铁运输企业可以对与旅客当面接触的工作人员进行培训，让员工记录旅客对服务存在问题反映强烈的情况，从而得出旅客对客运服务的容忍区域。

(2)调查法

调查法，即对所研究对象通过收集有关资料，间接了解被观察者心理活动的方法。调查法有很多种，如谈话、问卷、测验、活动、产品分析等。在进行研究时通常根据对象和任务的不同，以某种方法为主，辅之以其他方法，以便更准确、客观地反映旅客行为和心理活动规律等。

(3)换位法

按照人的心理活动相通的思想进行换位思考(如果我是旅客，我希望获得什么样的服务呢？自己所能接受的服务底线又是什么？)，研究旅客心理，得到比较符合实际情况的结果。

2. 服务质量波动

任何一个过程生产出来的大量产品(有形和无形)，其质量特性总存在一定差异，这种客观差异称为质量波动性。高铁客运服务作为一种特殊的服务产品，它的质量受多方面因素影响。这些因素不可能固定不变，因此不可避免地会产生服务质量波动。高铁客运服务质量控制的任务，就是要把高铁客运服务质量特性值控制在规定波动范围内，使客运服务处于受控状态。质量波动范围要合理：范围定得太大，服务质量得不到保证；范围定得太小，会增加服务质量控制的难度及费用。一般情况下，质量波动范围应该控制在旅客容忍区域范围内。

从引起质量波动的原因和性质来看，高铁客运服务质量波动分为正常波动和异常波动。

(1)正常波动

正常波动又称随机波动，是由高铁客运服务过程中大量的、微小的不可控的随机性因素或偶然性因素引起的。随机性因素对过程质量的影响比较小，在现有条件下无法消除，或者即使可以消除也因代价太大而不值得去做。服务过程只存在随机因素影响的状态称为处于稳定状态或统计控制状态。客运服务质量控制的任务是使正常波动维持在适度范围内。

(2)异常波动

异常波动又称系统性波动，是由服务过程中少量的、但影响较显著的可控因素引起的。这种波动不具有随机性，如设备故障、服务标准和服务流程设计不科学、服务人员违规操作等。系统性波动对客运服务质量的影响十分显著，甚至是破坏性的。系统性波动虽然常由突发性因素引起，但在现有高速铁路生产技术条件下一般易于识别和消除。服务过程中存在系统性因素影响的状态称为非稳定状态或非统计控制状态。高铁客运服务质量控制的任务是及时发现异常波动，查明原因，采取有效措施消除系统性波动，使高铁客运服务过程重回受控状态。

正常波动和异常波动是相对而言的。对微小的、不可控的随机性因素缺少有效控制，会累积或诱发系统性因素，导致异常波动，使服务过程失控。同时，现代技术和管理进步使原来难以识别和消除的正常波动变得可以识别并消除，原来的正常波动可转化为异常波动。如与普速铁路比较，高速铁路引入了许多先进技术检测系统，为旅客的乘坐环境提供了更高的舒适和安全保障，并能及时发现列车存在的故障，使一些因素由不可控转化为可控。高铁客运服务质量控制主要是消除服务质量的异常性波动。

3. 服务质量控制基本原理

如前所述，高铁客运服务质量控制根本上就是准确度量旅客容忍域，并控制高铁客运服务质量落在容忍域的过程，是针对客运服务过程，以设计的服务质量标准为参照的管理活动。因此，客运服务质量控制的原理是：首先制定客运服务标准，保证在服务过程中各项活动按照标准进行。为保证客运服务标准所要求的服务水平在旅客的容忍区域内，先要对旅客容忍区域加以度量，并与所提供的高速铁路客运服务产品实际质量相比较，这是客运服务提供者发现服务质量问题并且进行控制的有效手段。同时，这样的做法也使得铁路服务提供者能够及时采取补救措施，解决旅客面临的服务质量问题，制定更加合理的质量标准，获得旅客信任和满意。

一般意义上讲，客运服务产品应该落在大多数旅客群体中或者所选目标市场成员的容忍区域之内才是成功的。首先，如果客运服务产品质量低于可接受服务质量水平，客运服务提供者应该立即采取措施保证旅客接受的总服务质量感知水平不至于降低。其次，如果客运服务产品质量高于旅客理想的服务质量水平，客运服务提供者则应该在保证旅客享受理想期望的同时，提高客运服务产品的价格，以获得相应的高额利润和长远竞争优势。

由此可见，高铁客运服务质量控制既是对客运服务标准形成过程的控制，又是对客运服务实施(或传递)过程的控制，还是对旅客感知和期望形成过程的控制，最终保证客运服务质量水平在旅客的容忍区域内。

7.2 高速铁路客运服务质量企业内部控制

高铁运输企业作为高铁客运服务的设计者、提供者以及管理者等，以企业为主体的内部控制是高铁客运服务质量控制最有力的方式。

7.2.1 高速铁路客运服务企业内部控制特点

服务质量形成于市场开发、服务设计、服务提供、服务业绩分析和改进四个环节，依据其形成的时序性，实施高铁客运服务质量预防性、过程性、结果性三方面控制，对保证服务稳定性，提高旅客感知质量和实现企业经营目标有很重要作用和意义。高铁客运服务质量企业内部控制如图 7.2 所示。

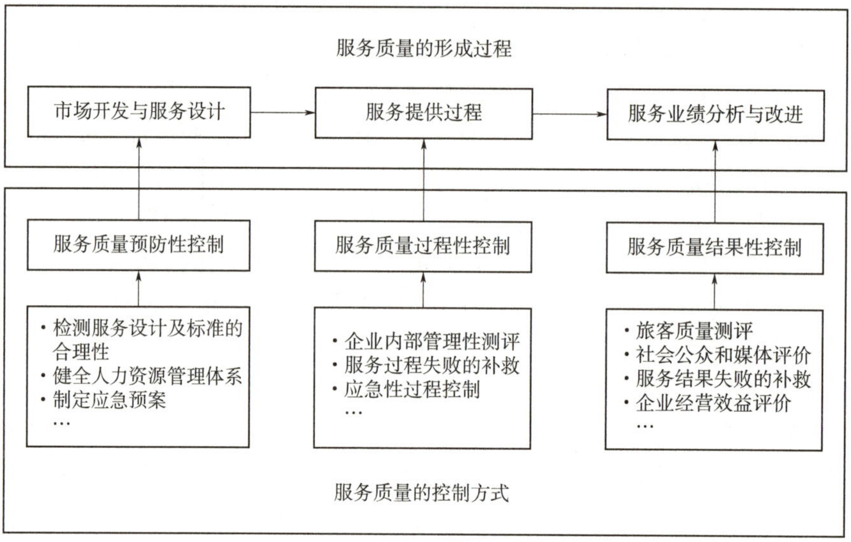

图 7.2 高铁客运服务企业内部控制示意图

1. 市场开发与服务设计阶段

高铁客运服务市场开发过程是从服务企业与旅客的接触开始的。高铁运输企业在准确把握旅客服务需求和企业服务战略的基础上，在给定企业服务容量条件下，结合企业自身特点和服务定位，明确目标市场，进行服务基调设计，提出完整的服务提要，即该项服务的关注重点和方向，提供给旅客能满足其某种或某几种需要的“功能”和“效用”。服务提要是服务设计的纲领，也是运输企业经营理念和服务策略的直接体现。

高铁客运服务设计是依据服务提要内容进行具体服务方案的设计。通过服务内容(包)设计、服务流程设计解决“向旅客提供什么”“怎样向旅客提供”的问题，从服务设计角度输出服务基调、服务包、服务流程，从高铁运输企业角度输出可供执行的服务质量标准，即相关规范，包括服务规范、服务提供规范和服务质量控制规范三类。其中，服务规范主要规定了客运服务应达到的水准和要求，主要面向旅客、一线服务人员；服务提供规范规定了在客运服务提供过程中应达到的水准和要求，依据服务规范制定，明确每项服务怎样做才能保证服务规范的实现，要实现服务过程程序化和服务方法规范化，主要针对前、后台服务人员。服务质量控制规范规定了怎样去控制服务的全过程，主要针对后台管理人员。

市场开发与服务设计阶段的服务质量控制强调对服务前期设计过程的控制，主要集中在对服务设计及标准的合理性、人力资源管理体系及制定应急预案等方面的控制。

2. 服务提供阶段

高铁客运服务提供过程是与旅客直接接触的过程，涉及客运系统前端后端、人员硬件软件等，高铁运输企业根据服务设计阶段输出的服务方案和相关规范向旅客提供服务。服务提供过程中(结束后)，还应进行实时监控、对标检查或服务评价等，考察和评价高铁客运服务提供和标准实施的质量。

服务提供阶段的服务质量控制强调对服务过程的控制，主要可从企业内部管理性测评、服务过程失败的补救及应急性过程控制等方面来实现质量控制。

3. 服务业绩分析与改进阶段

在对服务结果做出评价的基础上，对服务业绩进行分析和改进，并将分析和改进结果、建议要求反馈到市场开发、服务设计和服务提供等环节，形成服务质量信息的闭环，使服务质量的形成和实现过程成为一个不断循环上升的过程。

服务业绩分析与改进阶段的服务质量控制强调对服务结果的控制，主要可从旅客质量测评、社会公众和媒体评价、服务结果失败补救及企业经营效益评价等方面来实现质量控制。

7.2.2　高速铁路客运服务企业内部预防性控制

高铁客运服务预防性控制是指在服务生产和消费前，按照服务品牌定位，为了保证服务质量而做的工作。

1. 准确把握市场定位

市场开发是服务开展的前端工作，在此阶段质量控制的重点是准确把握市场定位与旅客需求，尽可能地在源头上缩小旅客期望与感知的差距，并形成完整的服务提要，即将旅客的需求转化为高铁客运服务组织可以接受并有能力实现的服务内容与服务要求。

服务提要是高速铁路客运服务市场开发过程中的核心内容。高铁运输企业经过市场研究和分析，在考虑自身能力和责任后，形成提供某一项服务的决定，就应写出其服务提要，以此来体现该项服务。服务提要的内容至少应包括：市场研究和分析的结果，已经批准的组织义务，旅客需要的规定和铁路客运服务组织具有的满足需要的能力。服务提要既是市场开发过程的结果，同时又明确了对服务的正式要求，作为一组要求和细则构成服务设计的基础和依据。因此，服务提要的质量对服务及其全过程具有广泛而深刻的影响。

2. 合理设计服务及标准

高铁客运服务设计是服务质量体系的重要组成部分，通过合理设计服务及标准来预防质量问题是最重要的质量控制战略。设计高铁客运服务的过程就是把客运服务提要的内容转化为客运服务规范、服务提供规范及质量控制规范的过程，三个规范是服务提供过程的基础，在设计过程中相互依赖和相互影响。

(1)服务规范

高铁客运服务规范是阐明高铁客运服务要求的文件，应包括对所提供服务完整而精确的阐述等特性，包括：

①清晰描述高铁客运服务的特性。例如，旅客等待时间、提供时间；乘车安全性、乘车环境舒适性、可靠性；服务人员的应变能力、礼貌程度，所提供服务的方便性、舒适性、准确性、经济性、及时性等。

②规定旅客服务特性的验收标准，以便进行有效的质量控制。客运服务特性的验收以满足旅客核心需求和辅助需求的程度为标准。设计服务规范之前要确定旅客需求。服务规

范明确了提供服务的程度和范围，具体设计方法见第 4 章服务包设计内容。

(2)服务提供规范

高铁客运服务提供规范包括描述服务提供过程涉及的客运服务提供的程序和内容，是针对服务企业内部各方面和环节提出的具有可操作性和可衡量的工作内容、工作标准和工作要求，是实现服务规范的基础和保障。具体包括：

①阐述高铁客运服务提供特性。客运服务提供规范是面向企业内部的、具有可操作性的为完成各项服务内容制定操作方法、流程和要求，对服务提供特性要用定量或定性指标来表示。

②规定每一项服务提供特性的验收标准，这样利于进行有效的质量控制。

③详述设备、设施的类型和数量。由于服务可能与有形产品的制造和供应结合在一起，如餐饮食品、报纸杂志等，所以服务提供规范必须对服务提供过程所要求的各种设备和有形服务的类型和数量作出规定。

④阐述服务人员的数量和技能标准。在提供客运服务的过程中，服务人员的行为直接影响服务质量。所以，服务组织的人力资源必须满足服务规范的要求。服务提供规范具体设计方法见第 4 章服务流程设计内容。

(3)质量控制规范

质量控制规范是服务过程质量控制的依据，其目的是有效地控制每一个服务过程，以确保服务始终满足服务规范和旅客需要。高铁客运服务质量控制规范的内容包括对服务设施设备、服务人员、环境等客运服务资源的控制。

高铁客运服务具有生产和消费同步性，在客运服务全过程中，需要将各个服务环节和程序连接起来。连接各个服务程序和环节的部分称为客运服务结合部。客运服务结合部往往是最容易出现服务质量问题的点，也是客运服务设计时质量控制规范应涉及的关键内容。根据影响高铁客运服务质量的因素，客运服务结合部可以分为基础设备结合部、环境结合部和人员结合部。

①基础设备结合部。基础设施结合部主要是指与客运服务有关的各业务部门之间的连接部分，其工作标准、内容都会影响到服务规范的内容和标准。高速铁路旅客列车在整个运用过程中要经过动车段(所)库内检修、始发终到、途中运行等多个环节和不同工种人员作业，为保证运行过程的安全、平稳和舒适等，需要建立包含设备运用和管理各个部门和方面的联动机制，有效地对高铁客运服务基础设备进行控制，并建立设备管理子系统，重点解决设备管理结合部存在的问题。

②环境结合部。环境结合部是指客运服务过程中各种服务环境之间的连接部分，是服务质量控制的关键点。旅客在整个出行过程中要不断地更换服务环境，同时不同环境的服务质量受到其他环境(或场所)服务标准的影响，在不同地点直接或间接地为旅客提供各项服务。在实际工作中，由于配合不协调，会影响旅客感知质量，需要给予充分重视，进而消除客运服务质量控制的空白点。

③人员结合部。旅客从购票、候车、上车、旅途中、下车出站的过程中，要经过若干个运输作业程序，要和多个单位、多个部门的人员接触，任何人员发生问题都会影响服务质量。特别是人员职责的交界点——人员结合部，更是造成服务失控的高发点。在服务设计过程中必须重点考虑人员结合部可能存在的问题，并制定相应服务类别和服务人员的相关职责，

制定相应的管理程序、服务标准和考核办法，用以解决人员结合部存在的问题。

在高铁客运服务设计的每一阶段结束时，应按服务提要对设计结果做出正式的评审，以保证服务规范和服务提供规范满足旅客要求，质量控制规范足以提供有关服务提供质量的准确信息。除此之外，还要在客运服务实施前和实施后对规范进行确认，确保服务持续地满足旅客的需要和符合服务规范，并在服务准备和控制中识别改进的可能性。

3. 健全人力资源管理体系

服务人员是高铁客运服务过程中与旅客接触度最高、最活跃的因素，对服务人员服务质量的控制是预防性控制的重点。高铁运输企业应当注重对服务人员的管理，健全人力资源管理体系，提高人员的服务能力，具体包括高铁客运服务人员招聘、培训、激励、满意度测评等内容。

(1)人员招聘

招聘是服务人员质量控制的入门关卡，如果招聘的人员不具备从事相关工作的基本能力，则其在后续工作中很难提供合格的服务，高铁运输企业要严把资格准入关，制定相关岗位准入标准，并依据执行。

(2)人员培训

培训对贯彻实施优质服务标准的重要性不言而喻。服务卓越的企业坚持绝大多数员工——从一线服务人员到高层管理人员都必须受过相关培训，让企业自上至下掌握提供优质服务的技巧，了解优质服务的标准，从而保证标准的有效贯彻和执行。高铁运输企业要加强对高铁客运人员的资格性培训和适应性培训力度，实施全员学习和掌握高速铁路服务标准和服务技巧。

(3)人员激励

要想发挥员工积极性，按照标准提供服务，除对服务人员的监督检查外，很重要的一点就是员工激励。高速运输企业可以在授权一线员工和员工激励方面采取更加灵活积极的措施，促进员工变被动为主动向旅客提供优质服务。

(4)人员满意度测评

适时进行员工满意度测评，努力提高员工满意度是实现企业持续改进旅客感知服务质量和满意度的必要条件。高铁运输企业应加强对提供高铁客运服务的员工的满意度测评，对影响员工满意度的主要方面即工作本身、工作回报、工作条件、工作群体和企业本身存在的问题进行分析，及时改进，不断提高员工满意度，激发员工工作热情。同时各级管理人员应该实现“管理员工”向“服务员工”思想的转变，树立“一切为旅客、为内部员工服务”的理念，这样员工才能更积极地向旅客提供服务，形成良性循环。

4. 制定应急预案

完善的应急预案体系是高铁客运服务顺利进行的有力保障。应急预案属于服务设计中的部分内容，指对可预见性的突发事件，可能导致运输服务工作无法顺利进行，制定的针对性应急管理、指挥、救援计划等。应急预防性控制要求制定出合理、全面、可行的应急预案，为应急性过程控制夯实基础。

7.2.3 高速铁路客运服务企业内部过程性控制

高铁客运服务过程性控制是指在服务进行的过程中，为保证其服务质量而开展的工作。

服务生产和消费的同步性决定了客运服务过程控制的重要性，同时也是控制难点。

1. 常规性过程控制

常规性过程控制是指在服务过程中企业内部开展的管理性评价，主要依据相关规范，明确员工、班组、各级管理人员责任，采取现场检查、实时监控等手段，对客运服务的内容、程序、方法、过程进行随机或定期检查，发现问题予以记录，并督促责任部门分析原因，制定解决措施，直至问题获得解决，是对客运前台服务、后台技术支持性服务包含的硬件、软件、人员是否达标的监督检查。

(1)事先控制

在服务准备阶段，高铁运输企业应该根据相关规范制定服务提供过程中各方职责，对服务提供过程明确要求：

①提供给旅客的服务应遵守已经制定的服务提供规范。

②对提供的服务是否符合服务规范进行监督。

③当提供的服务出现问题和偏差时，对服务提供过程进行分析和必要的调整。

明确每名参与者在服务提供过程中的具体任务、权利，按照标准来评价工作人员的工作质量和工作满意度，进而确定奖惩，以便做到"事事有人管，人人有专责，办事有标准，工作能检验"。

(2)过程控制

高铁客运服务提供过程的质量控制重点以现场控制为主。在服务提供过程中实时监测，及时发现不合格问题，防止不合格问题的扩大与蔓延。

①服务班组自我控制。即按照高铁客运服务标准，采取客运服务班组成员的自控、互控、他控的形式，召开班前会、总结会等，保证本班作业和服务质量。

②企业内部开展管理性质量测评。制订一套服务全过程的规范、程序和组织措施来控制服务需求质量和服务工作质量，保证直接服务和间接服务工作的正常进行。建立高铁客运服务质量监督监察机制，组建多层面的服务质量监督检查队伍，加强检查监督，及时发现和补救服务过程中的漏洞。

③加强技防、物防控制手段。加大设施设备服务方式的研发投入力度，提供更标准规范服务的同时，充分发挥信息技术、大数据等作用，建立服务实时监控平台，实现管理全天候、无死角。

(3)信息传递和反馈

服务质量信息是进行质量管理的依据，也是企业上级管理部门以及企业自身对服务质量评价的重要依据，还是企业管理者做出服务改进决策的依据。因此，客运部门内部应该加强服务质量信息管理，及时予以传递和反馈，保障客运服务质量的同时为企业做出决策提供依据。

2. 补救性过程控制

补救性过程控制是指按照相关标准对服务过程中产生的服务失败及时进行补救，来消除旅客对服务的不满意结果。高铁客运服务补救性过程控制要求在服务过程中发生服务失败后，及时进行服务补救，尽可能用最小的代价挽回旅客。过程性的服务补救已经成为旅客服务主环节中不可分割的组成部分，旅客的情绪问题可及时得到较好的解决。

在高铁客运服务过程中，服务失败是由旅客感知判断的，由于旅客期望的差异性，即使服务严格按照标准执行，旅客也可能认为服务失败，这就要求服务标准具有一定的弹性，服务人员在其授权范围内尽可能满足旅客需求。如果旅客需求不在服务人员授权范围内，则立即向上级请示，以最快速度解决，改变旅客印象。当然，若服务失败是由于未按照标准执行造成的，就应立即向旅客解释，提供标准化服务，以得到旅客谅解，并对相关责任人进行考核。

3. 应急性过程控制

应急性过程控制指对日常客运服务过程中出现的不可控突发情形及时启动事先制定的应急预案，来保障客运服务质量。

在日常运输过程中，由于突发事件扰乱运输服务秩序，给运输服务工作带来一定困难。对旅客而言，不管何种因素导致的运输服务无法正常进行都会归结到高铁运输企业方的过错，如果不及时处理，就会导致旅客抱怨投诉等现象的发生。对于此类在服务过程中突发因素的控制，需要在发生突发事件后及时启动应急预案，来保证服务工作的顺利完成。

客运服务质量过程控制每一类都包括客运服务质量记录与测量，不合格服务识别与纠正三个环节，其流程如图 7.3 所示。

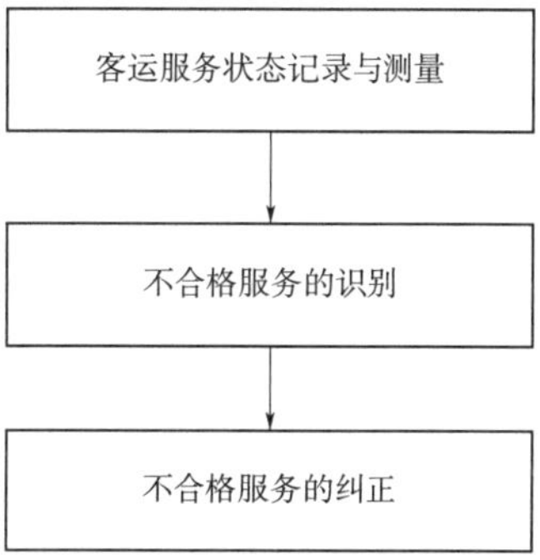

图 7.3 高铁客运服务质量过程控制环节

第一步，客运服务状态记录与测量。在高铁客运服务提供过程中记录一个个服务状态，并对服务提供过程进行评价和测量。相关工作包括：①依据质量控制规范的要求，对关键过程特性进行定量或定性测量，并对测量的结果进行验证，确保服务过程满足旅客要求。②把高铁客运服务人员的自检作为过程测量的组成部分。管理者一方面要强调自上而下有组织的过程控制与监督，另一方面必须重视参与服务提供过程的所有人员所做的自我测量与控制。③客运服务完成后的最终评定，通过这种评定，高速铁路客运服务组织可以对服务提供质量进行总体分析，发现服务质量趋势，找出质量控制规律。

第二步，识别不合格服务。要识别高铁客运服务过程中的不合格服务，将服务问题揭示出来，就必须建立一个有效的系统来监测旅客的抱怨，进行旅客研究、监测及记录服务过程的工作状况。①监测旅客抱怨。完整了解旅客抱怨，不仅包括直接投诉和抱怨的旅客，还包括经历了不合格服务但又不进行抱怨的旅客。②进行旅客研究。其目的是识别不合格服务，研究的方式可以是定性的，也可以是定量的。③监测服务过程。对服务可能存在缺陷和失败点进行重点监测，形成文件记录，并对过去的不合格服务进行系统追踪和分析。一旦找出潜在缺陷，就要对出现不合格的环节进行细致观察，并制定应对不合格服务的计划，以便问题发生时，能进行有效的处理。

第三步，纠正不合格服务。在分析不合格服务原因的基础上，采取措施记录、分析和纠正不合格服务。纠正措施通常分两步：首先，立即采取积极的措施以满足旅客的需要，如向旅客致歉、适当赔偿等；其次，针对不合格服务原因分析的结果，确定采取必要的、长期的纠正措施，防止问题的再次发生。

7.2.4 高速铁路客运服务企业内部结果性控制

高铁客运服务结果性控制是指在服务完成后，为保证服务质量和企业可持续发展而开展的工作。高铁客运服务质量“全过程”闭环管理理论决定了高铁客运服务结果控制的重要性。

1. 改进性服务结果控制

改进性结果控制主要指在服务流程结束后，开展面向旅客的服务质量测评，收集政府机构、社会公众和媒体等对服务的评价反馈，统计、分析相关信息，提出服务质量结果的改进措施，反馈到下一轮的服务设计、标准制定、服务提供环节中，最终形成循环上升的服务质量管理闭环，实现企业的可持续发展。改进性结果控制主要体现在两方面，一是开展有效的旅客质量测评，二是注重社会公众和媒体评价。

(1)旅客质量测评

旅客参与高铁客运服务提供的全过程，了解其对服务结果满意程度有助于企业更好地提升服务质量。旅客质量测评是服务结果控制的主要手段，因此高铁运输企业应重视以旅客为主体的客运服务质量测评。测评开展流程及方法可详见本书第 6 章内容。

(2)社会公众和媒体评价

通常情况下，服务企业会制定标准，并按标准实施以保证服务质量，但也存在降低服务质量的情况，如春运期间的列车高超员率发生。此外也存在旅客即使认为服务质量差但怕麻烦未投诉的情况，实际上这对保证服务质量很不利。因此，除了旅客质量测评外，关注社会公众和媒体评价也是企业控制服务质量结果很重要的方面。

社会公众主要包括旅客或其他个人，其通过来信、来电、来访或在旅客意见簿上留言评价等提出高铁客运服务存在的问题；社会媒体主要包括电视、广播、报纸、杂志等，这些社会媒体通过对发生的服务质量问题采访、纪实等报道评价。这些都是对服务结果的反馈，要求企业积极应对，对于不合格服务及时改进，并有效且直观地给出满意的处理结果，提升企业的形象。

在服务质量测评基础上，遵循“改进对旅客和高铁运输企业都有收益、改进高铁客运服务尽可能降低成本、兼顾短期和长期改进需要”的原则，提出服务改进方案。此外，通过服务质量测评结果分析，可能很多方面需要改进，但由于企业资源限制，不可能一次性将所有方面都加以改进，需要确定优先改进方案。一般情况下可采用差距分析法、四方矩阵图法和多轮投票法选定优先改进方案。

①差距分析法，主要是找出服务最薄弱的环节，将薄弱环节确定为优先改进方案。如某铁路局集团公司客运服务质量通过差距分析法得到表 7.1 的结果，可看出，车站其他辅助设施、列车准点率是最薄弱的环节，需要优先改进。

表 7.1 旅客期望值和感知水平的差距

服务内容	期望值(1～10)	感知值(1～10)	差值	服务内容	期望值(1～10)	感知值(1～10)	差值
进站的速度	6	6	0	列车员对待旅客的态度	7	10	+3
车站其他辅助设施	6	5	−1	列车准点	9	7	−2
车内秩序	7	9	+2	餐饮服务	7	7	0
售票状况	6	6	0	候车环境	7	9	+2

②四方矩阵图法，是比较简单的确定旅客和企业优先改进方案的方法。选择两个标准分别代表 x 轴和 y 轴，例如“对旅客的重要性”和“实施的容易程度”，然后根据这两个标准对每一个改进建议进行评分，确定改进方案。如某高速铁路车站客运服务质量的改进项点包

括保持客运站的卫生及候车环境的舒适、客运站服务人员的态度要和蔼、尽快解决旅客要求的答复、广播服务、商品的价格、各种指示性的标志等。优先解决顺序可以根据四方矩阵图来确定，如图 7.4 所示。

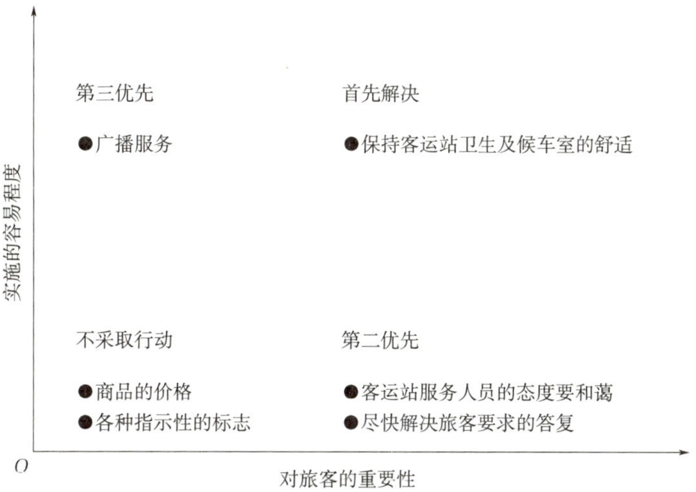

图 7.4 四方决策模型

③多轮投票，是一种达成一致意见的方法和技术，它可以使小组选择所有成员都能接受的意见。使用这种方法要求列出所有意见，然后给每位投票者 10 分，投在他们希望采纳的意见上。如果他们非常赞成某一意见，可以将 10 分都投在这个意见上，或者可将 10 分分配到不同的意见上，只要几个分数相加为 10 即可。在一个活动挂图上记下投票结果，然后对票数最高的几个意见展开讨论，直到小组每位成员同意去掉其他的意见而只保留一个意见。多轮投票不一定要采取匿名投票或多数投票，但其结果一定是所有人都不反对的意见，它可以用来缩减一长串的意见或建议，并能达成对一项行动计划的一致意见。

2. 补救性服务结果控制

补救性服务结果控制主要指在服务流程结束后，对服务失败产生旅客抱怨或投诉的结果进行补救性处理，通过采取有效的补救手段来挽回旅客，重新建立顾客满意和忠诚。在服务失败结果发生后，就需要采取有效的补救措施。与补救性过程控制不同，补救性结果控制是在主服务完成后设置的专门用于服务补救的单独服务环节，由于没有在过程中及时对服务失败进行处理，旅客抱怨不断传递，旅客即使在服务流程结束后最终得到了完全合理的赔偿，也不能完全弥补在服务过程中的负面体验。

3. 企业经营效益评价

经营效益评价是企业对其一定时期内经营业绩和资产状况展开分析的行为。经营效益综合评价可以帮助企业正确处理运营成本和效益的关系。对于高铁运输企业而言，全面准确的经营效益评价有利于企业审视所提供的运输服务，对其中不合时宜、低需求、高投入或低收益的服务，分析其形成的原因，提出进一步提高经济效益、服务优化迭代的建议或措施，以达到控制服务成本、提高效益的目的，促进企业更好地发展。同时经营效益评价可作为考核企业管理水平、确定企业升级的依据，也可作为企业间进行整体经济效益对比的依据。

7.3 高速铁路客运服务质量企业外部监管

服务质量监管就是为了维护行业市场秩序，在符合国家法律法规的条件下，保护市场各方（企业与企业、企业与消费者）利益关系的平衡，监管部门督促企业建立有关产品和服务的性能指标及其质量标准体系，并在实践中持续实施所采取的一系列针对市场各方行为的限制性措施。高铁客运服务质量外部监管主要包括相关政府部门及社会组织、社会公众、媒体等，国家铁路局是对我国铁路运输业实施监管的主要部门。

7.3.1 高速铁路客运服务质量监管类型及模式

1. 高铁客运服务质量监管类型

从不同角度出发，高铁客运服务质量监管可分为不同类型。

（1）不同时序的监管类型

从监管时序角度，高铁客运服务质量监管可分为初始监管、准入监管、持续监管、退出监管。

①初始监管，是对客运服务相关企业法律基础、监管模式选择、监管机制设立等内容进行监管。在监管实施之初，监管机构还应在法律法规、相关政策的指导下，协作制定出适宜的服务质量监管制度、规范和标准。

②准入监管，是监管主体（机构）建立客运产品和服务的申报审定制度。政府（或监管机构）通过发放许可证或认可的形式在一定时期内准许企业生产此类产品或服务，以防止不合格的服务进入市场，如制定铁路运输企业准入许可实施细则等。

③持续监管，主要是针对客运产品或服务的提供全过程实施状态的监管活动。这是客运服务质量监管中范围最广、难度最大、因素最为复杂的监管过程。在监管职能实施中，信息公开机制、消费者参与机制、检查与抽查机制、惩罚与补偿机制、争议解决机制以及不同监管部门的分工协作机制等都发挥了重要作用。

④退出监管，是对严重违规企业的退出资格进行审定，迫使其退出市场。审视企业提供服务与约定标准是否达标，对于严重违反行业规范规定的企业，应当及时迫使其退出行业市场。

（2）不同主体的监管类型

从监管主体角度，高铁客运服务质量监管可以分为政府监管和社会监管。

①政府监管，即行政性监管，是由政府机构或其他授权机构依据法律授权，通过制定规章、设定许可、监督检查、行政处罚和行政裁决等行政手段，对社会经济个体的行为实施直接控制。国家铁路局是铁路运输行业的最主要监管机构，对铁路运输市场及服务质量监管是其主要职能之一。

②社会监督，指由国家机关以外的社会组织和公民对各种法律活动的合法性进行的不具有直接法律效力的监督。常见的社会监督有公民监督、舆论监督和新闻媒体监督。如中国消费者协会对铁路旅客运输服务质量也进行着常规性以及重点时期的服务质量调查。

政府监管和社会监管虽然在监管性质、范围、内容、处罚方式等存在差异，但两者都是为了确保国家有关行业市场的法律法规、规章和政策的贯彻执行，维护行业市场的公平原则，保护消费者的合法权益。

2. 高铁客运服务质量监管模式

监管主体不同,各国(或行业)实施监管的模式有所不同,主要有政府主导型、自律主导型、政府与自律并重型三种监管模式。

(1)政府主导型监管模式

此种模式下,主要依靠政府部门对行业活动进行监管,这种模式不仅维护了行业监管的权威性和强制性,也更有力地维护行业市场秩序,避免出现过度竞争的混乱局面,但监管的直接成本较高。如奥地利成立了专门的铁路运输市场监管公司负责铁路运输市场的监管,奥地利联邦政府拥有公司100%的股权,由奥地利科学和交通部负责公司的管理。在公司内部,还设立了奥地利铁路监管委员会。

(2)自律主导型监管模式

此种模式下,以行业自律为主,政府监管为辅,通过自律组织实现对行业的自我管理、自我约束,政府部门基本不参与行业监管,注重发挥市场参与者的自我管理作用。如法国铁路监管局在2009年根据《促进铁路公共服务和市场竞争、保护用户权益法》成立的独立监管机构,其目的是维护竞争的、良好的铁路运输市场秩序,保障乘客和相关企业的利益。铁路监管局在管理委员会指导下开展工作,即通过发布一系列的管理指导意见保障监管的顺利实施。

(3)政府与自律并重型监管模式

此种模式下,由独立于政府和自律组织但受政府监督和管理的监管机构依照一定的授权对行业活动进行监管,或由政府监管机构和自律组织分权行使监管职能。如英国铁路行业监管体系,既有政府监管部门(如运输部、苏格兰运输部)负责宏观法律法规和政策方面的指导,也有独立于行业主管部门的监管机构(如铁路和公路办公室)负责英国铁路的经济监管和安全监管,此外还有交通运输使用者委员会等第三方机构对铁路运输服务质量和安全进行评估和审查,定期组织乘客满意度调查,及时发现和解决铁路运输服务质量存在的问题。

总之,监管类型和监管模式多种多样且各具特色,对其的选择取决于不同国家的政治、经济、社会和文化情况、行业的发展情况、行业特征、机构特点和监管目标等因素。

7.3.2 我国高速铁路客运服务质量监管历程

高铁客运服务过程是一个开放式的多环节、多部门、多模式的服务过程,需要多个服务主体的参与和配合,由此形成复杂而多组合的权责关系。随着我国铁路类型及服务方式的多元化发展,参与高铁客运服务的主体越来越多。各方主体承担的运输服务内容、地位及形式不同,其权责及相互关系有很大差异。高铁客运服务质量监管的核心理念是维护市场秩序,监管各方主体的权责利的平等。高铁客运服务质量监管是铁路运输服务质量监管的重要内容。自新中国成立以来,我国铁路行业监管历经“政企合一”和“政企分开”两个阶段。

(1)“政企分开”前铁路行业监管

自新中国成立至2013年,我国铁路基本为政企合一的经营管理模式,铁道部作为政府和铁路运输企业的最高管理部门，行使着政府与企业管理的职能。在这一时期，铁道部十分重视铁路运输服务质量的提高和监管工作，明确了相关业务部门的职责及功能，制定了铁路运输服务质量标准并监督实施。

铁道部内设机构中与运输服务质量监督有关的部门包括政策法规司、科学技术司和运输局。政策法规司主要负责组织拟订铁路综合性行业法规，管理铁路法规；科学技术司指导铁路质量管理工作并从宏观层面略有涉及服务质量监管内容；运输局（运输指挥中心）既是服务质量管理政策、法规、标准的制定者，也是监督各铁路局、站段提供运输服务的执行者。

铁道部及各级运输部门先后在运输服务质量监督管理方面采取过许多行之有效的措施，对提高我国铁路运输服务质量起到了一定的促进作用。其中，在客运服务质量监督管理方面，结合铁路发展与改革，在管理政策与法规、服务质量测评方法、技术及相关评价与奖惩方面做了许多工作。具体包括：

①发布旅客运输服务质量监管办法及标准

2002 年铁道部发布了《铁路旅客运输服务质量监督监察办法》《铁路旅客运输服务质量标准》等，并制定了《铁路旅客运输服务质量网络监督监察工作规定（试行）》，由此正式建立了全路旅客运输服务质量网络监督监察机制，在全路设立了客运服务质量监督监察网点，形成了覆盖全国的监督检查网络。

②加强铁路客运服务质量综合测评研究与实践

2002 年和 2005 年，铁道部委托第三方开展了铁路用户满意度测评，采取在旅客中发放问卷，收集评价信息，通过模型计算等方法，对站车现状进行测评，定量监管一些影响客运服务质量的过程或结果。同时，深入研究了铁路客运服务质量综合评价体系，并于 2006 年底运用该评价体系对部分客运站车进行用户满意度测评。2013 年由铁道部经济规划研究院、中国铁道科学研究院和中国铁路客户服务中心联合研究，对铁路运输企业基于旅客满意度、旅客投诉、媒体曝光和内部检查等四个方面的旅客运输服务质量信息进行了综合评价。

③加强旅客投诉处理管理

2011 年铁道部成立中国铁路客户服务中心，旨在加强旅客投诉处理工作，规范业务流程，积极妥善处理旅客投诉。中国铁路客户服务中心通过自助语音、人工在线和网站“www.12306.cn”的客户信箱等方式，受理旅客投诉、咨询和建议，并于 2012 年 5 月起在 12306 网站发布“铁路旅客服务质量调查问卷”，问卷中的问题涉及旅客出行的各个环节，包括购票、候车、检票上车、乘车、出站以及价格等。

另外，各铁路局根据自身实际情况通过开展社会评价活动、设立站段服务质量监督机构、聘用客运监察等手段对旅客服务质量进行监督监察。

(2)“政企分开”后铁路行业监管

2013 年，我国铁路管理体制实现政企分开改革，撤销铁道部，组建国家铁路局和中国铁路总公司（2019 年，中国铁路总公司改制成立国铁集团）。原铁道部铁路发展规划和政策的行政职责划入交通运输部，由交通运输部统筹规划铁路、公路、水路、民航发展，加快推进综合交通运输体系建设；国家铁路局承担原铁道部的其他行政职责，包括拟订铁路技术标准，监督管理铁路安全生产、运输服务质量和铁路工程质量等。中国铁路总公司承担原铁道部的企业职能，负责铁路运输统一调度指挥，经营铁路客货运输业务，承担专运、特运任务，负责铁路建设，承担铁路安全生产主体责任等。改制后，国铁集团以铁路客货运输为主业，实行多元化经营。负责铁路运输统一调度指挥，统筹安排路网性运力资源配置，承担国家规定的公益性运输任务，负责铁路行业运输收入清算和收入进款管理。自觉接受行政监管和公众监督，负责国家铁路新线投产运营的安全评估，保证运输安全，提升服务质量，提高经济效益，增强市场竞争能力。坚持高质量发展，确保国有资产保值增值，推动国有资本做强做优做大。

政企分开后，中国铁路已经初步建立了以安全运输为核心的政府监督管理、企业自主经营、社会广泛参与的行业新格局。根据《国务院机构改革和职能转变方案》要求，原由铁道部承担的铁路运输安全监管责任，改由国家铁路局及其下设的 7 个地区铁路监督管理局承担。也即在政府监管层面，形成了以交通运输部、国家铁路局及其地区监督管理局等为主，国家发改委、财政部、国资委、国家环保局等多部门机构为辅的共同监管格局。其中，国家铁路局及其地区监督管理局是铁路行业的专业监管机构。

7.3.3 我国高速铁路客运服务质量监管体系

监管体系是指按市场经济的要求和国家经济管理的目标所设置的市场监管机构体系、组织制度、监管制度的总称，铁路运输服务质量监管体系包括铁路运输服务质量监管机构及职能划分、运行机制，监管制度、监管手段和实施方式等内容。服务质量监管体系是在相关的社会宏观法律背景和行业经营管理体制下构建的，它的形成与本国法律的规定和历史文化传统有着密切的关系。

1. 高铁客运服务质量监管机构及职能

监管机构是监管体系的主要方面，是监管的主体。监管机构的设置根据选择的监管模式而定，主要包括行业主管部门、监管部门以及行业自律组织（行业协会）等。行业主管部门主要负责制定法律、法规、政策和标准；监管部门则贯彻执行法律、法规并具体实施服务质量监管；行业协会参与组织制定行规、行约，建立行业自律机制，反映行业的建议和诉求。在机构设置的过程中，要特别注意监管机构的层级关系以及职能划分，合理组织结构体系及职能配置，多部门联动协作。

目前我国铁路行业监管体系中，国家铁路局是铁路行业监管的主要部门，属于铁路运输服务的专业监管机构，内设 6 个部门、下辖 6 个事业单位以及在北京等 8 个地区设立的专门监管机构。国家发展和改革委、财政部、国资委、交通运输部、国家环保局等构成我国铁路行业的其他行政监管机构，其对铁路运输服务监管主要起补充作用。我国铁路运输服务监管体系如图 7.5 所示。

（1）国家铁路局内设机构

国家铁路局是国家行政机关，是铁路行业的政府监管机构，是铁路行业监管的主要部门。其主要职责包括：

①起草铁路监督管理的法律法规、规章草案，参与研究铁路发展规划、政策和体制改革工作，组织拟订铁路技术标准并监督实施。

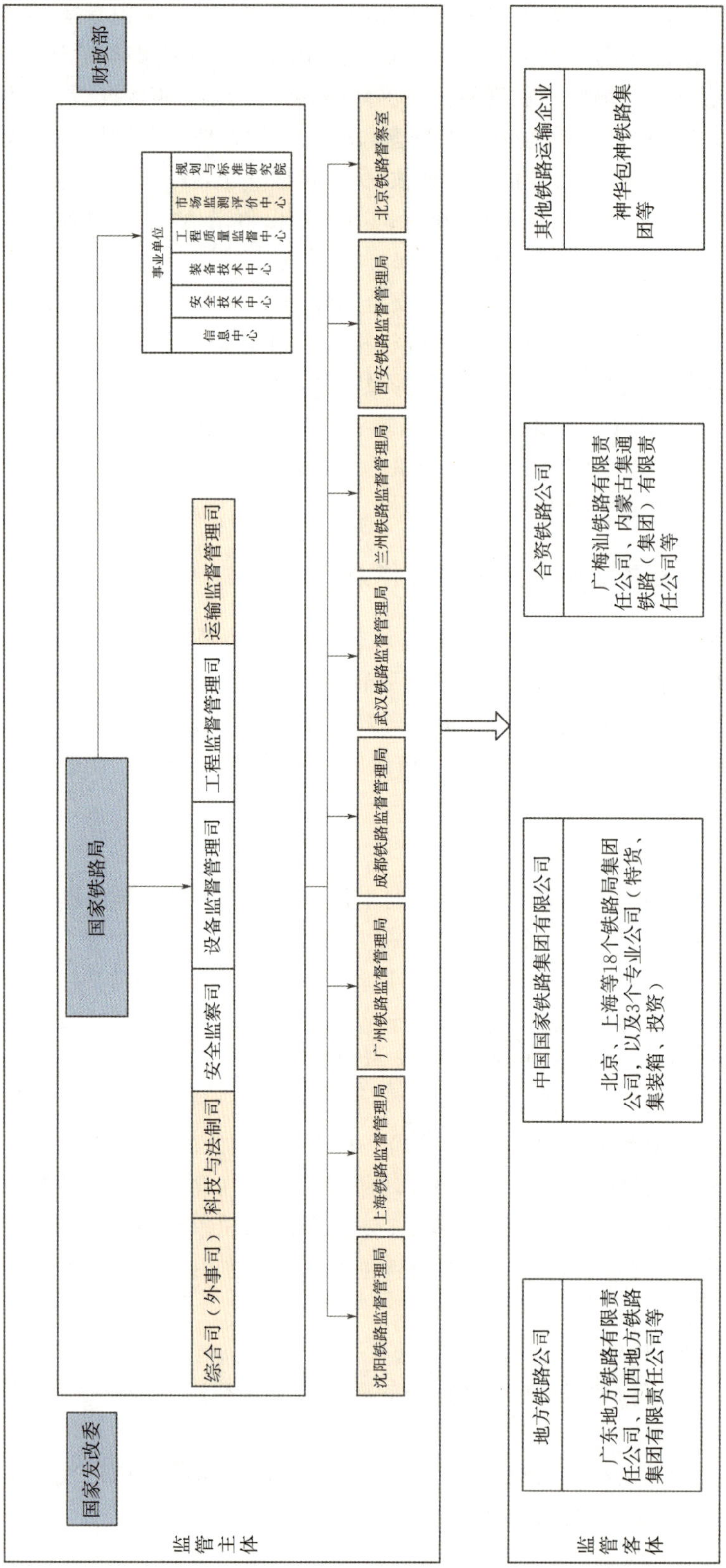

图7.5 我国铁路运输服务监管体系结构图

注：1.铁路的国家出资及监管主体为财政部。
2.铁路运输价格监管主体为国家发改委。

②负责铁路安全生产监督管理,制定铁路运输安全、工程质量安全和设备质量安全监督管理办法并组织实施,组织实施依法设定的行政许可;组织或参与铁路生产安全事故调查处理。

③负责拟订规范铁路运输和工程建设市场秩序政策措施并组织实施,监督铁路运输服务质量和铁路企业承担国家规定的公益性运输任务情况。

④负责组织监测分析铁路运行情况,开展铁路行业统计工作。

⑤负责开展铁路的政府间有关交流合作与合作。

⑥承办国务院及交通运输部交办的其他事项。

根据上述职责,国家铁路局的6个部门中涉及服务质量监管的主要机构及其职能见表7.2。

表7.2 国家铁路局内设机构中涉及服务质量监管的主要机构及其职能

部 门	主 要 职 责
综合司 (外事司)	承担局机关日常运转、政务公开、新闻发布、财务和资产管理等工作;组织监测分析铁路运行情况,组织开展铁路行业统计工作;承担国际、港澳台地区交流合作事务及外事工作
科技与法制司	组织拟订铁路技术标准,承担铁路技术监督工作,推动铁路科技创新;组织起草铁路监督管理的法律法规、规章草案,参与研究铁路发展规划、政策和体制改革工作,承担行政复议、行政应诉工作
运输监督管理司	组织监督铁路运输安全、铁路运输服务质量、铁路企业承担国家规定的公益性运输任务情况,严格按照法律法规规定的条件和程序办理铁路运输有关行政许可并承担相应责任,组织拟订规范铁路运输市场秩序政策措施并监督实施

注:表中加下划线部分是相关机构在服务质量监管中的相应职责。

由表7.2可见,国家铁路局内部设置了与运输服务质量监管有关的三个部门,即政策法规标准制度部门、监督管理实施部门和统计公布部门。其他部门主要承担运输服务后台质量,如工程建设、移动装备、行车安全等的监管。

(2)事业单位

国家铁路局下辖的6个事业单位中涉及服务质量监管的单位主要有信息中心、市场监测评价中心和规划与标准研究院,其主要职责及组织机构见表7.3。

表7.3 国家铁路局涉及服务质量监管职责的事业单位概况

部门	主 要 职 责	组织机构
信息中心	1. 负责国家铁路局信息化规划、建设和管理工作。 2. 负责国家铁路局政府网站和行政办公网的建设、运营和日常维护管理。 3. 负责计算机网络系统和信息安全防护等工作。 4. 负责监测和处理相关舆情信息。 5. 负责视频会议系统、应急管理平台的技术支持和日常技术维护工作。 6. 承担新闻发布的协调、保障和服务工作。 7. 承担国家铁路局重大政务活动、重大事件的宣传报道,以及中央主要新闻媒体和重点网络媒体的沟通联络工作。 8. 承担国家铁路局大事记及局志的编写修撰工作。 9. 指导各地区铁路监督管理局信息化推进工作。 10. 承办国家铁路局其他委托事项	内设机构:综合处(人事处、党群工作处)、技术处、应用开发处、网站管理处、新闻信息采编处、宣传处

续上表

部门	主要职责	组织机构
市场监测评价中心	1. 承担规范铁路运输市场秩序政策研究工作，提出监督管理的相关建议。 2. 承担铁路运输市场监测评价体系研究工作。监测分析市场运行情况，编制铁路运输行业监测评价报告。 3. 承担铁路运输服务质量标准和监管研究工作。监测铁路客货运输服务质量，编制铁路运输服务质量监测评价报告。 4. 承担铁路公益性运输研究工作，提出铁路公益性运输政策建议。监测铁路公益性运输完成情况。 5. 承担铁路国际运输研究，提出有关法规和标准建议。 6. 承担铁路运输相关行政许可技术支持工作。 7. 承担铁路运输法规和技术咨询服务工作。 8. 承担铁路运输市场和运输服务质量方面投诉受理相关工作。 9. 承担铁路行业统计、报表制发和有关审核分析及铁路行业统计普查和专项检查工作。 10. 承办国家铁路局其他委托事项	内设机构：综合处（人事处、党群工作处）、铁路运输市场研究所、铁路运输服务质量研究所、铁路运输市场投诉受理中心、国际运输研究所、统计处（国家铁路局统计中心）
规划与标准研究院	1. 承担全国及区域性铁路线网、枢纽、主要技术装备及铁路客货运量等专业规划研究及执行情况评估等有关工作。 2. 承担铁路装备产品、工程建设、工程造价等技术标准研究、制订及标准国际化等具体业务管理工作。 3. 承担铁路改革与发展、产业经济等基础性研究工作。 4. 承担铁路法律、法规、政策等基础性研究工作。 5. 承担铁路建设项目决策咨询、设计评审等有关工作。 6. 开展铁路行业技术开发、转让、咨询、服务。 7. 承担铁路科技项目、成果和技术监督等相关业务管理工作。 8. 承办国家铁路局其他委托事项	内设机构：综合处（人事处、党群工作处）、技术管理处、规划研究所、技术标准所、工程定额所、运输经济研究所、政策法规研究所、工程设计评审中心

注：表中加下划线部分是各事业单位在服务质量监管中的相应职责及有关的内部机构。

(3)地区监管机构

国家铁路局在北京等8个地区设立了专门的监管机构，包括国家铁路局安全监察司内设机关——北京铁路督察室以及沈阳、上海、广州、成都、武汉、西安、兰州等7个铁路监督管理局，负责管界内的相关铁路监督管理工作。

地区监管机构的主要职责是：

①监督管理铁路运输安全、铁路工程质量安全、铁路运输设备产品质量安全。

②监督相关铁路法律法规、规章制度和标准规范执行情况，负责铁路行政执法监察工作，受理相关投诉举报，组织查处违法违规行为。

③依法组织或参与铁路交通事故和铁路建设工程质量安全事故调查处理，负责事故统计、报告、通报、分析等工作。

④研究分析铁路安全形势、存在问题，提出改进安全工作的措施要求并监督实施。

⑤监督规范铁路运输和工程建设市场秩序的政策措施实施情况，监督检查铁路行政许可产品和许可企业，监督铁路运输服务质量和铁路企业承担国家规定的公益性运输任务情

况，监督铁路运输设备和工程建设招标投标工作。

⑥负责与地方政府及相关执法部门的工作联系，指导协调地方铁路相关部门工作，建立相关信息通报和监管协调机制。协调组织开展铁路沿线安全综合治理和相关铁路突发事件应急工作。

⑦完成国家铁路局及其他领导机关交办事项。

2. 高铁客运服务质量监管制度

高铁客运服务质量监管的基础在于法律法规、标准规范等，监管制度作为监管实施的依据和手段，规范与制度相辅相成，规范是制度的基础，制度是规范实施的保障。

(1)高铁客运服务质量监管规范

目前，我国高铁客运服务市场监管法律体系见表7.4，部分服务质量标准规范见第5章表5.5和表5.6。

表7.4 我国高铁运输市场监管法律体系

类 型	具 体 内 容
法律	《中华人民共和国铁路法》《中华人民共和国安全生产法》《中华人民共和国消费者权益保护法》《中华人民共和国统计法》《中华人民共和国合同法》《中华人民共和国侵权责任法》《中华人民共和国反不正当竞争法》《中华人民共和国反垄断法》《中华人民共和国价格法》等
行政法规	《铁路安全管理条例》《铁路交通事故应急救援和调查处理条例》《中华人民共和国价格管理条例》等
部门规章	《高速铁路安全防护管理办法》《铁路运输企业准入许可办法》《铁路旅客运输规程》《铁路旅客运输管理规则》《铁路旅客车票实名制管理办法》《铁路旅客运输安全检查管理办法》《铁路运输服务质量监督管理办法》等
规范性文件	《铁路运输企业准入许可实施细则》《铁路客运站车厕所服务质量监督管理办法》《铁路运输服务质量投诉处理办法》《铁路运输服务质量监督信息公开办法》等

目前，我国铁路运输市场监管法律体系中专门针对高铁客运服务质量监管的甚少，大多为针对包括高速铁路在内的整个铁路运输服务。

《铁路运输企业准入许可办法》和《铁路运输企业准入许可实施细则》从铁路运输企业准入的角度对服务质量进行“初步把关”；《铁路旅客运输规程》和《铁路旅客运输管理规则》是铁路运输市场监管的重要规章，涉及高铁运输服务质量的方方面面。

监管法律体系中的一些规章和规范性文件针对旅客运输服务的不同方面进行监管，例如与实名制相关的《铁路旅客车票实名制管理办法》、对站车厕所服务质量标准制定及监督考察的《铁路客运站车厕所服务质量监督管理办法》、规定旅客安全检查和携带物品等的《铁路旅客运输安全检查管理办法》以及明确旅客投诉受理处置的《铁路运输服务质量投诉处理办法》等。

(2)高铁客运服务质量监管制度与实践

监管制度是监管实施的依据和手段。服务质量监管职能的实施，需要一系列与监管目标相适应的监管制度和机制的建设，具体包括信息公开机制、消费者参与机制、检查与抽查机制、惩罚与补偿机制、争议解决机制、不同监管部门的分工协作机制等。

目前，我国铁路运输服务质量监管规范及制度如图 7.6 所示。

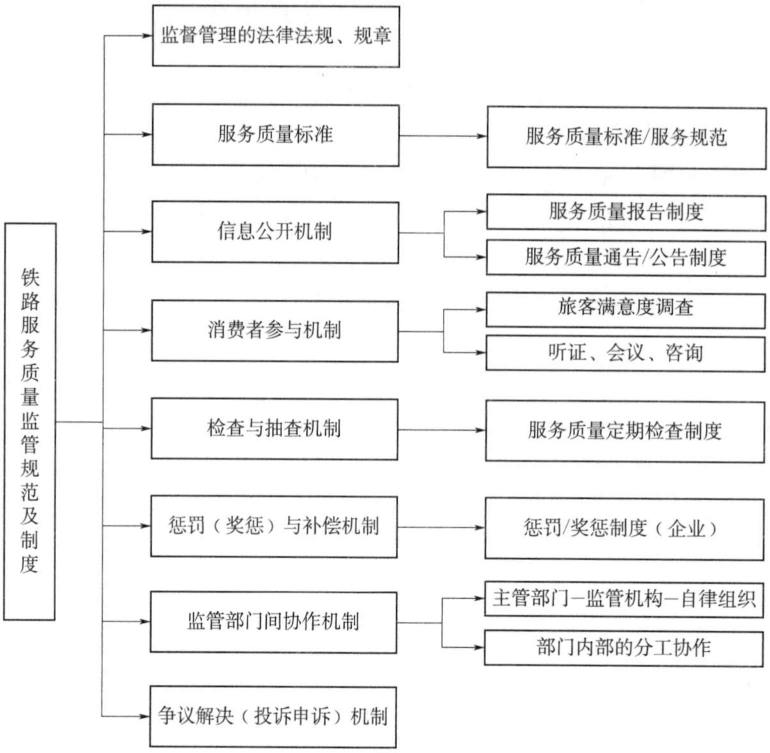

图 7.6　铁路运输服务质量监管规范及制度

国家铁路局作为铁路行业的专业监管机构，其在运输服务质量监管实践中主要包括以下方面：

①检查与抽查机制

国家铁路局通过客运服务质量专项监督检查和日常站车检查等方式进行检查监督。

列出年度专项检查计划，针对运输高峰期（如春运、暑运、黄金周等）、重大活动（如金砖国家领导人会晤、上海合作组织青岛峰会、“一带一路”高峰论坛、达沃斯论坛、两会等特殊时期）等时期制定旅客运输服务质量监督检查方案，对检查中出现的问题向责任单位下达整改通知书，待得到整改反馈结果后，进行销号。

制定计划，局机关、地区监管局相关人员每月定期添乘旅客列车对服务质量等进行检查。市场监测评价中心人员定期对客运站车进行检查，监测铁路客运服务质量。2019 年，国家铁路局行政执法人员根据有关文件要求，每月坚持进站上车，采取与旅客“一对一”“面对面”开展铁路客运服务质量问卷调查工作，共投入调查人员 3 026 人次，完成调查问卷 113 161 份。

另外，委托第三方机构开展服务质量体验式调查。站在铁路运输行业监管的角度，通过邀请有铁路运输基本知识的体验者，对铁路客运服务从“购票、进站、安检、候车、乘降、乘车、出站”全流程角度进行体验式调查亲身体验春运期间客运站车的服务质量，并从客运服务的“可得性、便捷性、舒适性、规范性、文明性”几个维度，对客运服务质量进行更加客观、全面、专业性的评价。通过系统性数据挖掘,得出面向社会发布、企业整改、行业监管等多层次、多角度的评价结果。

②消费者参与机制

消费者参与机制的实践主要通过客运服务质量问卷调查和客运服务质量专项调查等进行。

客运服务质量问卷调查从设计问卷,到发放给旅客填写,最后回收问卷并进行录入分析,并将结果反馈给相关部门。客运服务质量专项调查包括高速铁路列车服务质量调查、客运站车旅客引导系统专项评估调研、铁路旅客售票调研、铁路行李包裹快件运输调研、代购网站有偿抢票问题调研和网上订餐专项调查等。这些实践充分考虑旅客作为消费者参与服务质量监管的权力。2020 年国家铁路局在做好常态化疫情防控工作的同时,印制了粘贴式和摆放式两种形式的二维码,积极组织开展铁路客运服务质量网络问卷调查,进一步扩大铁路客运服务质量调查覆盖范围,为更好督促铁路运输企业提升客运服务质量发挥积极作用。

③争议解决(投诉申诉)机制

国家铁路局每月会对旅客的投诉进行处理,将收到的旅客投诉进行登记、分类,并将投诉转发给各单位,对反馈的处理结果进行登记。2020 年,国家铁路局处理运输类投诉建议 2 万余件,涉及旅客运输方面的主要包括客运安全、站车服务、票务、12306、列车正晚点、列车开行、行包运输等问题。

7.4 高速铁路客运服务补救

尽管高铁客运服务质量各类控制主体都会不断加强对服务全过程的控制,但由于服务人员、旅客的个性特征,以及不可预见因素影响,不可避免存在旅客感知服务质量低于可接受服务的情况,即发生服务失败,这就需要高铁运输企业及时采取措施进行服务补救,它是保证服务质量的最后屏障。

7.4.1 高速铁路客运服务补救概念及类型

1. 服务补救概念

高铁客运服务补救是针对高铁客运服务失败采取的行动。它是在发现服务失败、分析失败原因基础上,对服务失败进行评估并采取恰当的管理措施予以解决的行为。服务补救是高铁运输企业服务质量控制的重要内容之一,是为了帮助企业有效地管理服务失败和旅客抱怨,也是为了重新赢得因为服务失败而失去旅客好感所做的努力,有效的服务补救可以提高旅客满意度及旅客忠诚度。

服务补救以旅客为导向,关注外部效率,着眼于与旅客建立长期关系,而不是短期成本节约。因此,服务补救具有以下几个鲜明的特征:

(1)服务补救强调实时性。即服务补救最好是失败发生的当场就得以解决,否则补救费用急剧增加,效果不会尽如人意。

(2)服务补救强调主动性。即要求企业及时发现失败并主动处理问题,是最具前瞻性的服务措施,且这种模式更易挽回旅客,提高其满意度和忠诚度。

(3)服务补救要求全员介入。即要求现场发现、现场处理,所有一线员工都由企业授权负责处理旅客抱怨,避免浪费时间等待专门人员处理而使补救效果大打折扣。

基于上述特征,高铁客运服务补救应关注几项重点:充分认识发现服务失误是企业的职责;积极鼓励投诉;方便的意见处理程序和方式;保持畅通的信息沟通;积极、主动、合理地解决服务失误;关注服务失误对旅客的精神造成的伤害;建立有效的服务补救系统。

2. 服务补救类型

高铁客运服务补救可分为管理性、防御性、进攻性三种类型。

(1)管理性服务补救

管理性服务补救是在服务失误发生、服务流程结束后,由专业部门处理旅客抱怨。服务补救被作为一个单独的服务片段,列在了主服务片段之后。这种方式的服务补救与传统抱怨处理基本相同,是服务失误的被动解决方式。即使旅客最终得到了完全合理的赔偿,但其感知质量的负面影响仍难以消除。

(2)防御性服务补救

防御性服务补救是在服务流程设计中,服务补救仍然是一个独立的情景,但是这个片段被纳入为整个服务的一个组成部分。出现服务失误后,不等整个服务流程结束,也不需要旅客到规定部门提出意见,问题就可以都得解决。这是一种主动的服务补救方式,但它要求旅客自己来解决问题,正式的补救措施只能影响到以后的服务,同样没有充分地考虑旅客的情绪和成本。

(3)进攻性服务补救

这是一种超前的服务失误解决方式,即出现服务失误后立即加以解决。服务补救已经成为客运服务过程中一个不可分割的组成部分。按照这种补救方式,旅客的情绪问题可以得到较好解决。旅客会为服务提供者的补救行为感到惊喜,旅客感知服务质量可能比未遭遇服务失误还要高。

对于高铁客运服务来说,不同种类的服务失误需要采取不同的补救处理方式,如对于本企业的核心服务应该采取进攻性、至少防御性的服务补救策略,而对于跟本企业关系不大的服务或一些辅助服务可适当采取管理性服务补救策略。

7.4.2 高速铁路客运服务补救模型及策略

高铁客运服务补救的前提是要对旅客反馈的信息及时处理并制定对应的补救策略。

1. 服务补救信息处理模型

高铁客运服务一切投诉信息源自旅客,通过一线服务人员、相关投诉设备、机构向更高管理部门逐级传递下去,并由各级投诉处理人员提出解决方案,直至旅客满意为止,信息传递结束。

图 7.7 是旅客投诉信息处理模型。由图可以看出如果信息传递顺畅、准确,则可促进投诉处理系统提出正确的投诉处理方案,并及时解决问题。若信息传递不畅或失真,则会阻碍投诉处理过程,影响解决旅客问题的速度,降低旅客的满意度。高铁运输企业应该建立准确迅速的服务投诉和补救信息传递系统,提高服务补救效率和效果。

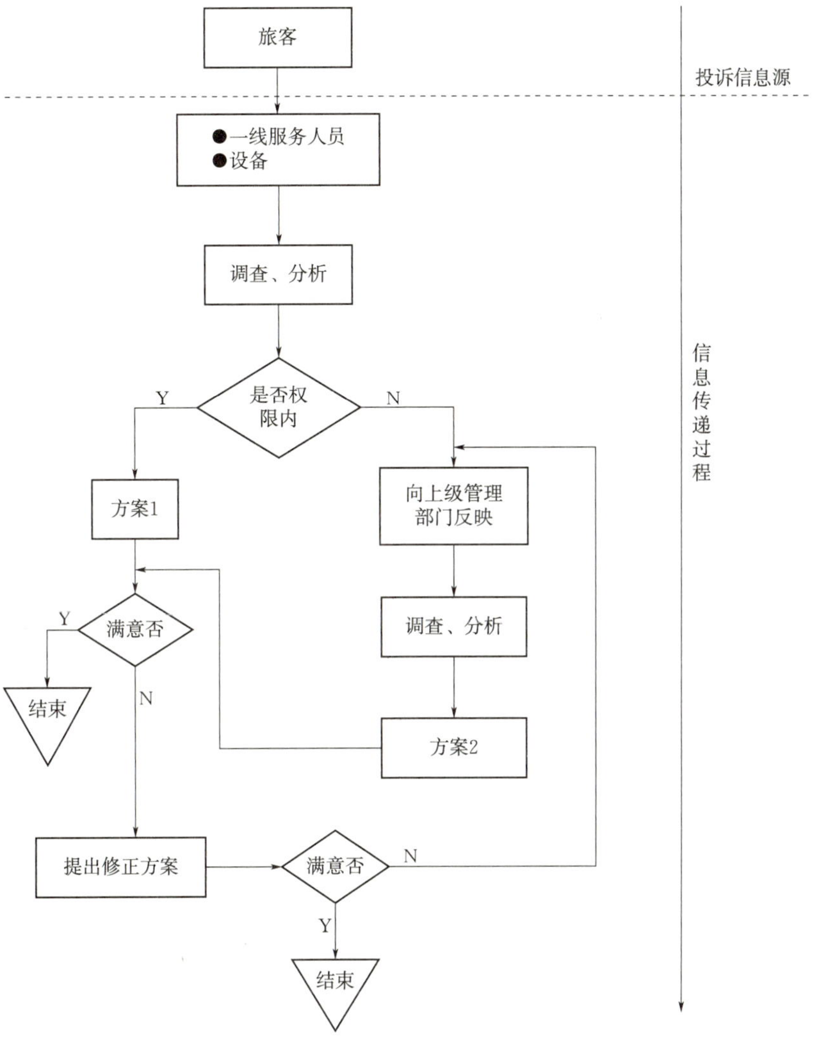

图 7.7　旅客投诉信息处理模型

2. 服务补救策略

投诉处理、服务补救过程直接影响企业成本和旅客满意度，最终影响到旅客对服务质量的感知与评价，所以企业在设计服务产品时应该考虑并制定服务补救策略，具体需要考虑以下几个方面：

(1)衡量成本

留住现有旅客与争取新旅客的成本与收益差异较大，吸收新旅客要比留住老旅客的成本高。现有旅客疑问较少、对企业的服务流程和工作人员熟悉，更容易接受企业的服务方式，购买其服务，现有旅客是企业利润的重要源泉。

(2)未雨绸缪

任何一次服务都是由一系列关键事件组成的，这些事件反映了旅客与高铁运输企业在客运系统中的相互作用点。具有有效补救服务体系的企业首先会确定哪些相互作用点最容易产生服务失败。高铁客运服务中一线服务人员是最容易产生服务失败的环节，高铁运输企业应采取措施提高一线服务人员工作的积极性，并通过服务补救技巧培训，降低服务失败的概率。

(3)快速反应

一旦发生服务失败，企业就应快速做出反应，这样的补救工作才有可能取得成功。研究表明，如果投诉得到迅速处理，企业会留住95%原来不满意的旅客，反之则仅能留住64%的不满意旅客。企业对投诉反映速度越快，其给旅客传达的信息越好，旅客的忠诚度就越高。

(4)制定补救方案

并非所有的补救方案都对旅客有同样的吸引力，旅客一般基于其所感受的公平性来评价服务补救方案。旅客感受的公平性包括分配性公平、程序性公平和互动性公平三类。分配性公平重点在于企业补救行为的具体结果是否抵消了服务失败的成本，如补偿、修正或完全更换、重做以及道歉等；程序性公平用于剖析为取得最后结果所用的过程，如对同样的补救服务，“迅速”执行比“拖拖拉拉”更有可能得到旅客更高的有效性评价；互动性公平指服务补救过程实施的方式和补救结果的表现形式，如工作人员所表现出来的恭敬和礼貌、同情心、解决问题过程中的努力程度以及企业是否愿意解释出现服务失败的原因等。

(5)服务人员培训与授权

高铁客运服务补救过程最关键的是一线服务人员对服务失败的识别与分析及补救时机的掌握和补救技巧的发挥，这一方面依赖于对一线服务人员的专业化培训，同时还需要管理层给予一线服务人员一定的授权，保证在需要其快速作出反应的场合采取及时、恰当的补救措施。

7.4.3 高速铁路客运服务补救步骤及评价

1. 服务补救步骤

高铁运输企业进行服务补救需要经过五个步骤，具体如下：

(1)道歉

企业必须承认服务失误。道歉是必要的，但在很多情况下仅仅道歉是远远不够的，还必须对旅客的损失做出恰当赔偿。

(2)紧急修复

采取快速行动，纠正错误。这将使旅客达成企业对旅客抱怨很重视的积极认知。

(3)移情

对旅客表示真诚的理解和同情。企业要站在旅客的角度，理解由于未满足旅客需求而对旅客造成的影响。旅客在遇到服务失误后，通常会产生焦虑和挫折感，企业应当予以特别关注。

(4)象征性赔偿

以一种有形化的方式来对旅客进行赔偿。确定旅客的接受底线，向旅客表明企业愿意为其服务失误提供价值合适的补偿。

(5)跟踪

企业通过跟踪测量旅客不满的缓解程度，了解上述几个步骤的有效程度。

在有些情况下，旅客只是对高铁客运服务的某些方面感到失望，高铁运输企业只需运用前两个步骤，即可做到有效的服务补救。但对于结果较为严重的服务失误，高铁运输企业就需要按照顺序采取以上五个步骤。

2. 服务补救评价

根据旅客对服务补救结果的感受，将服务失败处理和补救的评价分为好与差两种情况。

(1)企业原因导致服务失败和补救

高铁客运服务过程中，由于企业原因导致服务失败，旅客对企业服务补救方案评价“好”的具体反应是：

①承认问题，旅客需要知道其投诉已被听取。

②向旅客传达他们的意见很受重视的信号。

③当服务失败明显是企业的过错时，在合适的情况下向旅客道歉(真诚的道歉常常是服务补救的一种有效方式)。

④解释原因，包括向旅客通报出现问题的原因、过程及处理结果。

⑤提出补偿，补偿通常是旅客最希望得到的反应，但企业在考虑补偿方案时很容易忘记与服务失败相关的隐含成本，如旅客消耗的时间和挫折感。

旅客认为高铁运输企业处理服务失败“差”的反应是：企业未认识到问题的严重性；未重视旅客意见；未能向旅客解释原因；让旅客自己去解决问题；做出许诺却不履行等。

(2)旅客原因导致服务失败和补救

高铁客运服务过程中，由于旅客原因，如旅行时间安排不合理(自己误车)等造成的服务失败，高铁运输企业也应该本着帮助旅客解决问题的态度，提供相关补救服务，赢得旅客的赞赏。从旅客的角度来看，协助旅客纠正他们所犯的错误特别令其难忘。

在旅客出错时“好”的反应是：

①承认旅客的问题，倾听并关注旅客的需要，向旅客传达“企业关心旅客，希望旅客好，而不只是追究是谁的错”的信息。

②负起责任，提前预测旅客可能出的差错如丢失乘车凭证和遗落个人物品，并提供解决方案。

③协助解决问题的同时又不使旅客感到尴尬，在解决问题时，避免说一些无礼的话。

在旅客出错时“差”的反应：服务人员嘲笑，使旅客难堪，或者推卸责任而不愿意帮助旅客解决问题。

8　高速铁路客运服务产品设计与运营

快速拓展的高速铁路网规模，支撑着铁路客流的快速增长，同时旅客出行在运距、运时、消费水平，尤其在服务体验内容和质量上的个性化需求等日益复杂和多面，紧贴客运市场需求和定位构建客运服务产品体系，是提升高速铁路客运市场竞争力和运输经济效益的重要保障。

8.1　高速铁路客运服务产品概述

8.1.1　高速铁路客运服务产品

1. 高铁客运服务需求特点

客流是高速铁路产品设计、资源配置、运输组织及营销的基础。客流特性及结构决定了高速铁路网的规划、能力配置、产品设计及相关辅助服务配套方案。与普速线相比，高速铁路的客流结构具有旅客层次多、短途旅客占比大、跨线客流多等特点，对高铁客运组织提出了更高的要求。

(1)旅客层次结构复杂

普速线列车服务条件相对有限，能力相对紧张，其旅客需求更多地被限制在基本运输服务的层次上，诸多更高端的服务需求被抑制，因此体现出来的旅客的需求层次较少、结构相对简单。

高速铁路的综合运输服务能力大大提升，包括运输产品的规模服务能力和技术服务能力。在社会经济持续发展的背景下，客运服务需求的变化，不仅来自由于能力紧张条件下，长期被压抑的服务需求释放，而且来自更多高端层次、更广泛领域的运输服务需求的激发。相关客流调查结果显示，高速铁路客流中高收入旅客以及公务/商务旅客占比相对较高，这些旅客对于列车的快捷性、准时性、舒适性等方面及乘车环境、网络接入、娱乐条件等均有较高要求。同时，该部分旅客需求的多样化十分明显，不同群体关心的重点有明显不同。

同时，随着高速铁路网络的不断延伸以及人们出行理念的变化，越来越多旅客被高速铁路快速、准时特性所吸引，逐步转移到高速铁路上来，以致高速铁路旅客层次结构更加复杂多样，增加了高速铁路列车产品设计的复杂度。

(2)短途客流比例大

除层次多样化外，短途旅客占比大也是高速铁路客流的显著特点。目前我国铁路短途客流占比较大，其中 500 km 以下客流量占总客流量的 78.2%、周转量占总周转量的 42.6%，图 8.1、图 8.2 为平均运距别的高铁客流量及周转量结构。

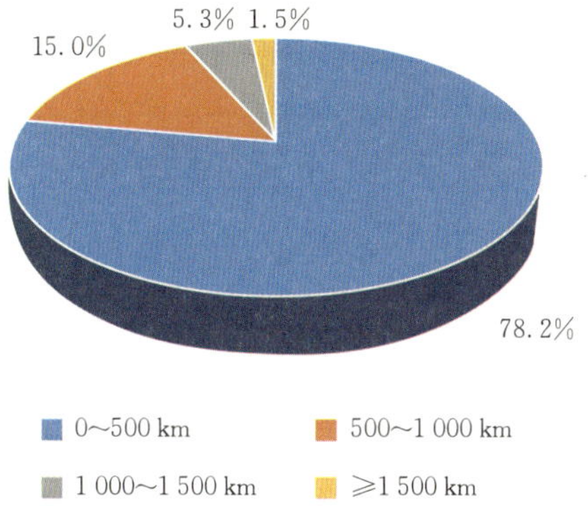

图 8.1 客流量结构图

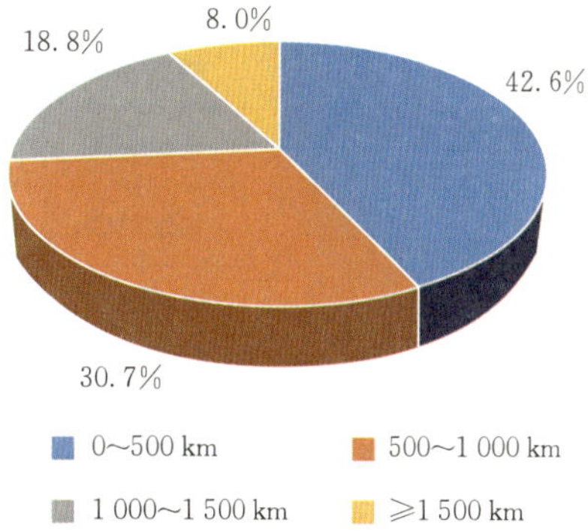

图 8.2 周转量结构图

实际上，国外高速铁路的旅客平均旅行距离规律亦如此，如德国高速铁路旅客平均旅行距离约为 280 km，虽然其国土面积、路网结构及规模等与我国均有较大差异，但总体上世界范围内中短途旅客对高速铁路的需求更加旺盛。

此外，从旅行时间上来看，在途旅行时间 1 h 内的旅客约占 40%，而 2 h 以内约占 65%，也说明高速铁路能更好适应短途旅客的出行需求。

虽然总体上短距离客流比例较大，但由于各种客流相互重叠，交织在一起，如何确定合适的列车开行距离，高质量协调优化客流输送效率与运输组织，成为客运产品设计需要重点考虑的问题。

(3)跨线客流比例大

我国的高速铁路呈网状分布，规模大，网络复杂程度明显高于其他国家，而且我国经济发展较快，地区间政治、经济、文化交流频繁，大中城市间中长途客流需求也十分旺盛。因此，我国高速铁路网中存在大量的跨线客流。这些客流的组织涉及不同线路乃至全路网的组织协调问题，在运输组织中，既要考虑到运输的便捷性、快速性需求，又要兼顾运输的效率和能力利用，对列车开行提出了更高要求。

2. 高铁客运服务产品类型

(1)高铁客运服务产品组合及要素

高铁客运服务包括核心服务和辅助服务，核心服务是旅客的位移服务，辅助服务可分为基本服务和延伸服务。高铁客运产品具备“位移”和“服务”的双重属性。高铁客运服务产品层次及要素见表 8.1。

表 8.1 高铁客运服务产品层次及要素

组合产品	产品层次	产品要素	具体
客运产品	核心产品	列车种类	①普通动车组列车(D)，速度在 200～250km/h 之间；②高速动车组列车(G/C)，速度在 300～350km/h 之间；③各地市域列车(S)
		停站方案	一站直达、大站停、择站停(除了大站，也选择在其他站停车)、站站停
		开行对数	每日 X 对

续上表

组合产品	产品层次	产品要素	具　体
客运产品	核心产品	席位等级	商务座、特等座、一等座、二等座等
		到发时刻	上午、中午、下午、晚上发车或到达
		换乘接续	直达车、换乘车
		……	……
		客票种类	①全价票：是当前我国铁路通常采用的票种；②优惠票：针对儿童、学生、伤残军人及团体旅客有一定的价格优惠，或者月票、折扣票等
		定价策略	①递远递减策略：现行铁路车票价格制定的一般策略；②收益管理策略：针对购票时间先后，不同服务（退票、改签）限制，不同旅客类型的定价策略，是民航及国外铁路常用的策略
		……	……
	辅助产品	基本服务	准确的信息导向安全的候车环境、冷热水供应等
		延伸服务	餐饮服务、网约车、列车 Wi-Fi 等

(2)高铁客运核心服务产品分类

高铁客运核心服务产品有多种划分维度，包括按照列车和席位等级、产品性质、列车运行区段、品牌系列、谱系化等。

①按列车和席位等级分类

按列车等级划分，高铁客运产品类型包括：动车组(D)、城际动车组(C)、高速动车组(G)和市域列车(S)。按席位等级分为二等座、一等座、特等座、商务座、动卧等。其中，高速动车组列车是运营速度在250～350 km/h的列车，高速列车主体车型，适用于高速铁路主要长大干线远距离运输；城际动车组列车是融合高速列车和地铁列车特性设计的列车，运营速度在200～250 km/h，适合城市间快捷运输；卧铺动车组列车是针对长途列车和夕发朝至旅客需求特点设计的动车组，车厢内有豪华、舒适等不同等级卧铺席位，适用于长途运输；市域动车组列车是结合地铁列车特性设计的快轨列车，能够快速起停，运营速度为100～160 km/h，适合市郊铁路或城镇带之间的运营。

②按列车品牌划分

按列车品牌划分，主要包括"和谐号""复兴号"动车组为载体的客运服务品牌(如图8.3所示)。其中，"和谐号"动车组是所有引进国外技术、联合设计生产的CRH动车组，包括在大西高铁、南广高铁、贵广高铁的"D"字头动车组，京广、哈大、沪昆、京沪等高速铁路的"G"字头动车组，京津城际等城际铁路开行"C"字头动车组等；"复兴号"动车组是中国标准动车组的中文命名，具有完全自主知识产权、达到世界先进水平的动车组列车，是当前世界上运营时速最高的高铁列车。通过实施"和谐号""复兴号"客运服务品牌，能满足旅客在旅行过程中理性和情感需要的价值。

图 8.3　“和谐号”和“复兴号”动车组列车

③按列车的运行区段及产品组织方式

按列车的运行区段，可分为本线列车和跨线列车。本线列车指列车的始发、终到及全程运行线路均在同一高速铁路本线上；跨线列车指途径本线运行，但并非在本线车站始发终到，需要在多条高速线路上才能完成全程运行的列车。

按产品组织方式，可分为夕发朝至动卧、夜间动车组、一站直达车、旅游列车、城际列车、市郊列车、通勤列车等。

8.1.2　高速铁路客运服务产品发展趋势

随着高速铁路持续快速发展，铁路客运供给能力不断提高，铁路客运供需关系已经由供不应求的运能紧张阶段，逐渐发展到能力总体适应、局部阶段性紧张的新阶段，且随着人民生活水平不断提高，旅客对出行品质有着更高要求和期待，铁路运输企业必须与时俱进，积极识变求变，进一步强化市场意识，持续深化供给侧结构性改革，加强需求侧管理，加快高铁客运产品从主要满足基本出行需求向满足多层次、多样化、个性化的出行需求转变。

1. 客运产品结构谱系化层次化发展

客运产品谱系化是针对不同层次的需求分层设计、逐层细化的高铁客运服务核心产品的分类体系，靠近底层的产品主要满足共性需求，越向上层，产品的个性化越强，市场细分粒度越细。随着我国经济社会快速发展和高速铁路建设不断推进，充分发挥高速铁路成网优势，站在全局的高度，审视客运产品供给结构与路网结构、市场需求的整体匹配性，持续优化产品结构，是高铁客运产品适应市场化需求的必然选择。根据客流需求，区分不同区域发展水平和不同线路、不同区段的特征条件，实行差异化产品设计方案优化，推动形成“高普互补、产品谱系、结构合理、供给充分”的客运产品基本格局。打满用足高速铁路通道能力，优化高速铁路产品；实施东部高速铁路网列车开行结构优化，释放通道整体能力；实施中转产品优化，合理确定高速铁路开行距离，培育路网性中转(节点)站，实现运行时刻有序衔接；实施产品等级优化，构建高速铁路直达车、大站车、交错停站车等层次分明结构清晰的谱系化差异化产品体系，不断优化客运产品格局。

2. 客运产品种类多样化差异化发展

庞大密集的高速铁路网为丰富客运产品种类提供了前提条件和支撑。近年来，我国高速铁路旅客列车开行对数越来越多，开行种类也越来越丰富，以应对客流量的增长和复杂的客流结构需要。当前，高速铁路列车产品主要按G、D两种速度，分干线、城际两种类型，体现在停站结构上有所区别，但大部分列车产品在装备设施、客流组织、服务水平、票价方面并无太大区别。而不同类型旅客群体在经济性、快捷性、方便性、舒适性等方面需求有着不同程度的差异，必然要求提供多样化客运产品种类匹配旅客需求。在开展“静音车厢”试点的基础上，试行软卧车厢“女性包房”等其他功能性车厢。积极拓展差异化的票种票制，在京沪、成渝高铁定期票、计次票试点基础上，积极探索家庭套票、旅游套票等新票制，进一步增强客流吸引力。建立差异化的客户关系，针对常旅客、团体旅客、大客户等不同客户群体需求，提供高质量的差异化服务产品。打造“铁路＋文旅”等定制产品，发展高铁＋航空、高铁＋共享汽车等联程联运服务等。

3. 客运产品内容人性化品质化发展

人性化是客运产品发展必然趋势，也是“以人为本”的体现，且随着社会主要矛盾变化，满足人民美好出行需求，要求提供更高品质的服务产品。如创新便民利民服务举措，积极拓展个性化、差异化服务手段，推行站车、窗口、岗位形象建设，改进动车组广播和视频服务，提升列车餐饮服务品质，探索人工智能客服应用，推进智能高速铁路服务标准化常态化；提升商务旅客服务品质，进一步为商务座旅客服务提质。依托铁路12306客服中心，开展全渠道特殊重点旅客预约服务，对行动不便需要照顾的重点旅客提供从到站、上车、乘车、下车、出站全流程重点服务；持续推进旅行交互体验创新，探索刷脸进出站、无感支付、无感安检、智能引导等便捷畅通服务等，全面提升高铁客运服务品质。

4. 客运产品模式多元化市场化发展

客运产品市场化多元化是铁路运输企业改革发展、提质增效的必然选择。当前，在全路客运产品核心业务上，各铁路局集团公司紧密关联，而在客运产品延伸业务上，则以块为主、条块分割。发挥12306等网络平台作用，以核心业务为纽带、建立新型经营关系，构建“平台＋多元”融合一体的经营新形态，推动全路资源整合，实现平台带动存量业务，放大整体效应。建立出行延伸业务统一开发的协调机制，加快12306平台＋餐饮、酒店租车、VIP、接送等与旅客出行相关业务的开发，形成全路统一的经营服务网络是客运产品适应多元化市场的发展策略。拓展新的经营领域，探索“线上＋线下”产业培育经营新生态，积极推动12306平台向互联网电子商务平台转型发展。线上围绕“客票＋、积分＋、支付＋、数据＋”等挖掘流量经济价值，建立与各有关合作企业的会商模式，丰富“铁路客票＋”与“互联网＋”产品种类，逐步将12306打造成一体化出行服务平台。线下孵化客运服务相关产业和实体，努力形成线上线下良性互动发展局面。

5. 客运产品营销智慧化信息化发展

创新是引领发展的第一动力。充分发挥科技创新、智慧引领作用，推动大数据、互联网、人工智能、区块链、超级计算等新技术与高速铁路客运产品的深度融合。最大化用好数据资源，基于大数据技术构建客户行为特征分类模型，结合旅客画像，探索在12306客户端根据旅客出行偏好进行个性化展示，实现引导性消费。深入挖掘电子客票全链条数据，打造经营管理、产品运营、互联网平台等多业务融合发展的综合服务平台，为旅客服务智慧化、业务管理数字化、收益经营智能化、综合出行一体化提供有力支撑。拓展支付方式与智能应用，面向旅客提供全过程、智慧化出行服务，提升便捷性，改善服务体验。

8.2 高速铁路客运服务经营模式

中国高速铁路网规模和技术水平的快速发展，不仅解决了中国人民出行难问题，改变了人们的时空观，更提升了旅客旅行感知与体验质量，而且高速铁路运输企业在经营模式、核心服务运输组织及管理模式和辅助服务经营模式上，突破了传统，探索和创造出新的模式，带来了高速铁路运营效率、服务质量、经营效益和管理水平等方面的提升，形成了中国高速铁路经营模式。

8.2.1 高速铁路经营模式类型

统一调度指挥是中国铁路运输生产的突出特点，其优点是能够优化资源配置，保障安全生产，提升铁路运输生产的整体质量和效率。随着我国高铁事业的发展，高速铁路建设资金庞大，需要融合引入地方资本、民营资本，促进其发展壮大。与此同时，其他资本的引入，带来了高速铁路由单一经营模式（自主投资建设、自主运营）向多种经营模式的转变，包括委托经营、担当列车与非担当列车经营等，推进了高速铁路经营的市场化进程。

1. 高速铁路经营模式类型

（1）高速铁路运营发展历程

由于中国铁路运营管理长期处于政企合一的状况，在高速铁路运营中也得到了充分的体现。我国高速铁路建设的初期构想是建、管、运一体公司化独立运作，即由各客专公司负责各客运专线（高速铁路）的建设、管理、运营工作。但随着实践的深入，原铁道部为加强新建合资铁路运输管理，优化资源配置，提高运输效率，确保运输安全，促进合资铁路发展，将新建合资铁路委托铁路局运输管理，委托内容主要包括运输组织管理、运输设施管理、运输移动设备管理、运输安全管理、铁路用地管理等五个方面。为指导各铁路局和客专公司对委托运输管理模式的运作，铁道部在2008年、2009年下发了《关于新建合资铁路委托运输管理的指导意见》（铁政法〔2008〕232号）和《关于委托运输管理的合资铁路有关铁路用地管理问题的通知》（铁运〔2009〕17号），根据执行情况并在广泛征求各方面意见基础上，于2011年又下发了《关于新建合资铁路委托运输管理的指导意见》（铁政法〔2011〕149号）及《铁路委托运输管理协议（示范文本）》、《铁路委托运输管理专项管理细则（示范文本）》。委托运输管理方式便于全路统一调度和利用资源，充分利用铁路局既有的管理经验和人才，弥补高速铁路跨越式发展带来的各客专公司运营管理经验、人员等方面的缺陷，发挥全路一盘棋的作用。

在实际运营管理中，委托运输管理的弊端逐渐显现，即铁路局只是收取固定委托运输管理费，高速铁路经营的业绩好坏和铁路局没有直接的利益关系，缺乏激励性，不利于发挥铁路局的主观能动性。同时，随着京沪高铁公司实施股份制改造，我国高速运输企业经营模式更加多元化。

(2)我国股份制高速铁路公司主要的经营模式

基于普速铁路网和高速铁路网投资建设、运营及管理的差异性，我国的高速铁路公司的经营模式主要分为担当模式与非担当模式两种。与运输学界以往提出的"网运一体""网运分离"两种经营模式类似。

担当模式类似于"基础设施＋客运公司"，即"网运一体"经营模式；非担当模式与"基础设施公司"相近，即高速铁路路网公司的经营范畴。担当模式属于高风险高回报，公司承担营收风险；非担当模式属于低风险稳健回报，公司不承担营收风险。

在担当模式下，公司为乘坐担当列车的旅客提供运输服务并获得票价款；公司向铁路局租借动车组，并由铁路局提供司机和乘务员，公司向铁路局支付动车组使用费及动车组列车服务费。在非担当模式下，其他企业担当的列车在公司所辖高速铁路线路运行时，公司向其提供线路和接触网使用等服务并收取费用。

由于多方资本的注入，我国高速铁路公司基本是由合资企业股份制铁路公司经营主要采用担当和非担当列车两种运营模式，并以此划分基础设施与客运的边界。因高速铁路运输管理难度大并且有极高的安全性要求，铁路局集团公司统筹运营更具有管理优势，因此中国的高速铁路公司委托铁路局集团公司代理运营情况较多。但因各高速铁路公司的建设和运营条件有差异，其经营模式也存在差异性。我国当前除了京沪高铁等少数特例外，大多数高速铁路公司采用非担当模式。在这种情况下，高铁公司基本上是基础设施的投融资公司，不参与旅客运输运营，与高速公路类似。本节以京沪高铁公司为代表介绍我国股份制高铁公司目前主要的经营模式。

2. 京沪高铁公司主要经营模式

京沪高铁公司的主营业务为高速铁路旅客运输。京沪高铁(如图 8.4 所示)于 2008 年开工建设，在 2011 年建成通车，是世界上一次建成里程最长、技术标准最高的高速铁路。京沪高速铁路股份有限公司，是在原铁道部和北京、天津、河北、山东、安徽、江苏、上海等省份的协调推进下，由中国铁路建设投资公司(现中国铁路投资有限公司)、平安资产管理有限责任公司、全国社会保障基金理事会、上海申铁投资有限公司、江苏交通控股有限公司、北京市基础设施投资有限公司、天津城市基础设施建设投资集团有限公司、南京铁路建设投资有限责任公司、山东省高速公路集团有限公司、河北建投交通投资有限责任公司、安徽省投资集团有限责任公司共同发起，于 2007 年在京成立，负责京沪高铁的建设与运营。

为保障运输安全、提高运输质量和效率，京沪高铁公司将运输组织、设备管理、安全生产、铁路用地等委托沿线的北京局、济南局、上海局管理，将牵引供电和电力设施维护委托中铁电气化局管理。

(1)京沪高铁经营模式

京沪高铁本线列车使用担当模式，跨线列车采用非担当模式。本线列车指的是列车的始发、终到站均在京沪高速铁路本线，即列车运行区段在京沪高铁线路上完成；跨线列车指部分区段在本线运行，即列车运行的始发或终到站最多只有一方在本线上。据《京沪高铁列车担当协议》，京沪高铁本线上开行的动车组列车由京沪高铁公司担当；跨线开行的动车组列车由其他铁路运输企业担当。

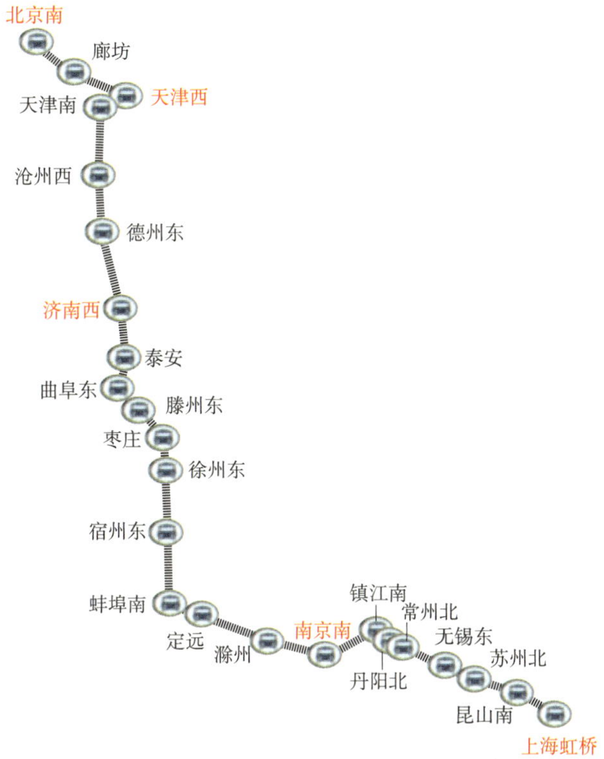

图 8.4 京沪高铁线路示意图

(2)京沪高铁经营效益分析

以 2016 年至 2019 年数据,京沪高铁每列本线车的回报约为跨线车的 2.6 倍,这与二者的单公里回报率以及运距差异相关。可见,京沪高铁本线车的边际回报高于跨线车。

从关联交易成本比例的角度分析,根据 2019 年的样本数据,京沪高铁的营业成本主要包括:委托运输管理费(21%)、动车组使用费(30%)、折旧支出(19%)、能源(19%)、高速铁路运输能力保障费(8%),其中,属于关联交易定价的主要项目包括委托运输管理费、动车组使用费、高速铁路运输能力保障费,三者合计占总成本的 59%。委托运输管理费属于公司与铁路局集团公司协商定价,动车组使用费和高铁运输能力保障费属于国铁集团制定的全路统一的清算定价。

铁路特殊的协作运营方式,在成本核算方面,需要更多地考虑高速铁路公司与铁路局集团公司的总成本,关联交易定价则是其中的成本切分方法。

委托运输成本主要是相关人员费用。铁路局集团公司为高速铁路提供代运营服务,提供司机及乘务人员。

京沪高铁折旧主要来自线路、房屋及建筑物、供电和信号设备和动车组使用费(相当于长期的融资租赁)。动车组使用费本质上等于动车组折旧、修理费用、资金成本与税金之和。在 2016—2018 年间,动车组使用费计入委托运输管理服务费,根据实际支出情况与铁路局集团公司协商定价。自 2019 年起,动车组使用费纳入国铁集团清算目录,由国铁集团统一定价。

从获利因素的角度分析，高速铁路公司拥有三个利润要素：旅客运输、线路资源、车站资源。在担当模式下，高速铁路公司自身拥有全部三个获利因素；在非担当模式下，高速铁路主要依赖线路和车站资源获利。担当模式通常比非担当模式享有更高的经营利润。除运营模式外，收入增长的驱动力在于客运需求。担当模式的收入与列车开行数量和客座率挂钩，非担当模式的收入仅与列车开行数量有关。线路瓶颈决定运输和线路的天花板，车站则持续受益于路网贯通。

8.2.2 高速铁路客运核心服务经营模式

随着高速铁路路网规模的扩大、城市间及市郊市域列车的发展、城市内地铁轻轨的建设完善，多种交通方式配合衔接愈加密切，旅客出行更加便捷。推动国铁、地铁、市域三铁融合、协同运营是适应当前高速铁路客流结构，满足快速增长的客运需求的发展方向。

高速铁路客运核心服务是指旅客的空间位移，高速铁路运输企业核心产品对外表现形式是列车时刻表，对内是列车开行方案和运行方案。列车开行方案、运行方案直接影响企业核心服务的迅速、实效、便捷等特性，如列车的开行频率影响旅客获得服务的方便程度，列车停站次数、停站时间影响旅客旅行时间。高速铁路运输企业必须设计符合目标市场需求的列车开行和运行方案。除了列车开行方案、运行方案外，高速铁路客运核心服务的另一个重要内容就是票务服务方案，一定程度上它可以弥补列车开行方案、运行方案无法满足旅客(如职业、年龄、出行目的等)特征需求差异的局限。

为提高客运市场竞争力，科学设计高速铁路客运产品，基于高速铁路路网特点和铁路经营需要，我国高速铁路客运产品设计由国铁集团牵头统筹，由各铁路局集团公司具体负责方案设计和兑现。

首先，国家高速铁路网的核心服务主要采用自营模式。高速铁路客运产品的设计和兑现由国铁集团客运部牵头，各铁路局集体公司客运部具体负责；高速铁路车站的售票服务、候车服务、乘降组织等各项生产性服务环节均由车站主体负责；高速铁路列车上的乘务服务工作均由客运段主体负责。自营模式有利于规范管理，确保服务品质稳定可靠。

其次，合资公司核心服务运营模式采用担当和非担当两种方式，其中高速铁路客运产品的设计研发，委托给国铁集团和各局集团公司承担。

8.2.3 高速铁路客运辅助服务经营模式

辅助服务是旅客旅行过程中，铁路企业向其提供的除位移服务之外的其他服务，包括基本服务和延伸服务。基本服务是完成位移核心服务所必须具备的，而延伸服务是超出标准提供的。辅助服务所包含的内容较多，并且根据旅客的需求不断拓展。作为高速铁路客运产品的组成部分，辅助服务的内容和质量很大程度上决定了旅客的出行体验，影响到旅客对于客运产品的整体评价。高速铁路客运辅助服务需要兼顾经济效益和社会效益，在服务提供模式上既要兼顾服务品质，同时还要考虑投入产出比，体现科学性和经济性。

1. 辅助服务经营模式类型

当前高铁客运辅助服务经营模式主要分为自营模式和外包经营两种，在智能信息平台应用方面主要是 B2B 和 B2C 两种模式。

(1)自营模式和外包经营

①自营模式

以铁路方为经营主体,进行自主生产或采购,完成产品展示、仓储配送、站车销售以及相关服务等环节的经营模式。

②外包经营

以外部企业为经营主体,通过招商的形式,引进外部企业开展相关经营,铁路方负责建立标准和机制,并落实监督管理责任的经营模式。

(2)B2B 和 B2C 服务平台

①B2C,是 Business-to-Customer 的缩写,中文简称为"商对客",是电子商务的一种模式,也是直接面向消费者销售产品和服务商业零售模式。

高速铁路客运辅助服务中 B2C 模式的应用主要体现在开展互联网销售,推动"互联网+铁路餐饮",运用 12306 网、手机 App 等网络信息平台,开展网上展示、预定业务,做好线上下单,线下配送等环节的衔接,拓展餐饮渠道等。

②B2B,是 Business-to-Business 的缩写,指企业与企业之间通过专用网络或 Internet,进行数据信息的交换、传递,开展交易活动的商业模式。它将企业内部网和企业的产品及服务,通过 B2B 网站或移动客户端与客户紧密结合起来,通过网络的快速反应,为客户提供更好的服务,从而促进企业的业务发展。

当前,高速铁路客运辅助服务中 B2B 模式的应用主要体现在企业间的信息共享,如运用 12306 网、站车 Wi-Fi 等信息资源,研发、运用站车商务业务系统,集成旅客需求、服务项目、业务流程、产品价格等信息,实现管理部门、客运站段、服务企业之间的信息共享和线上业务与线下实体的协同运转等。

2. 中国高速铁路客运辅助服务经营特点

我国高速铁路客运辅助经营是在国铁集团的统一领导下,以各铁路局集团公司作为经营主体,同时招商引进外部企业共同参与,开展各项经营活动。

(1)国铁集团。负责统一规划铁路站车商务业务发展,指定铁路餐饮业务管理办法和标准,统一设计品牌标志,推进全路品牌建设;组织研发、完善信息网络平台站车商务功能、订餐功能,促进线上、线下业务的融合和发展;组织开展信息归集和分析评价,明确禁止性事项,协调解决业务开展中的重大事项。

(2)铁路局集团公司。铁路局集团公司是站车商务业务和铁路餐饮业务的经营主体,负责整合既有资源,统筹推进线上、线下业务;落实国铁集团有关标准和要求,细化作业流程和服务标准,开展铁路餐饮线上、线下业务;建立监督考核机制,明确服务质量标准,落实食品安全卫生责任,指导所属单位开展业务。

3. 中国高速铁路客运辅助服务经营模式

按照经营内容,中国高速铁路客运辅助服务主要分为客站商业经营和站车餐饮经营两大类别。

(1)客站商业模式

客站商业包括自营和外包两种经营模式。

①自营模式

高速铁路车站商业自营模式下主营内容包括推广综合体验店模式、拓展旅客定制服务、开展导航问询服务、行李搬运存储等，具体见表 8.2。

表 8.2 客站商业自营类型及内容

经营模式	经营大类	内容细分
客站商业自营模式	综合体验店模式	在高速铁路客站建设的全路统一标准的实体店，开展铁路自营餐食、土特产品、旅行用品等销售，提供铁路旅游产品、旅行服务等自营产品咨询、展示、体验和业务办理等，如图 8.5、图 8.6、图 8.7 所示
	旅客定制服务	开发代客订票、送票上门、专车接送、停车服务、行李短途搬运、专人引导、专区候车、订餐服务、专用进出站通道及列车商务宾客服务等全程化定制产品，如图 8.8 所示
	导航问询服务	信息服务，开展站内导航产品和位置定位服务，方便旅客信息查询。提供 12306 综合问询服务，如图 8.9 所示
	行李搬运存储	行李搬运，为旅客提供站内小红帽搬运行李、存储等服务，如图 8.10 所示

图 8.5 虚拟现实体验馆图

图 8.6 旅友书屋

图 8.7 特产超市

图 8.8 上铁旅行管家图

图 8.9　站内 12306 服务问询台

图 8.10　行李寄存服务

②外包模式

客站的物业经营，通过对客站配套商业设施进行公开招商，为旅客提供超市、便利店、名品店、书刊店等零售服务，餐厅、咖啡店、茶吧等餐饮服务，银行(含 ATM 机)、邮局、电信服务(如图 8.11 所示)、旅游咨询等商旅服务，行李寄存、停车场等便利服务以及视频影视、福利彩票等休闲服务均为外包经营模式。

(2)餐饮经营模式

站车餐饮经营包括自营和外包两种经营模式。

①自营模式

设配餐基地的铁路局集团公司，餐饮生产加工、仓储配送、站车销售由铁路企业自营，12306 网络配餐中心如图 8.12 所示。

图 8.11　站内电信服务

图 8.12　12306 网络配餐中心

②外包模式

未设配餐基地的铁路局集团公司，按照国铁集团和铁路局集团公司确定的餐饮标准和品牌，依法规范定制采购、生产加工、仓储配送和列车销售经营工作，严格外包企业的准入管理，确保铁路餐饮产品经营的安全可控。

各铁路局集团公司可以结合实际，自主选择生产销售方式，如规模化经营，加强铁路局集团公司间的餐饮经营合作，推行属地化配餐；加快铁路特色餐饮食品研发，打造全路性品牌，推进铁路特色食品生产的标准化、规模化；建设铁路特色主题餐厅，体现铁路文化，推进连锁经营等。

4. 信息化在辅助服务经营模式中的应用

(1)B2C 应用模式

①互联网订餐

国铁集团为了提高铁路餐饮服务质量,充分引入市场竞争,推出的动车组列车互联网订餐服务,旅客所乘列车餐车餐食及沿途供餐站的知名品牌餐食均可预订。全国铁路互联网订餐和特产预订站达 38 个,具体见表 8.3。

表 8.3 互联网订餐配餐中心车站

局集团公司名	车　站	局集团公司名	车　站
上海局集团公司(4+2)	南京南站	武汉局集团公司(2)	武汉站
	南京站(第二批)		汉口站
	上海虹桥站	太原局集团公司(1)	太原南站
	杭州东站	北京局集团公司(2+1)	石家庄站
	温州南站(第二批)		天津站(第二批)
	合肥南站		天津西站
济南局集团公司(1+3)	济南西站	沈阳局集团公司(3+1)	长春站
	济南站(第二批)		长春西站
	青岛站(第二批)		沈阳北站
	青岛北站(第二批)		沈阳站(第二批)
广州局集团公司(2+1)	广州南站	西安局集团公司(1)	西安北站
	长沙南站	成都局集团公司(3+1)	成都东站
	深圳北站(第二批)		重庆北站
郑州局集团公司(1)	郑州东站		重庆西站(第二批)
南昌局集团公司(4)	南昌西站		贵阳北站
	福州站	南宁局集团公司(1)	南宁东站
	福州南站	兰州局集团公司(1)	兰州西站
	厦门北站	昆明局集团公司(0+1)	昆明南站(第二批)
乌鲁木齐局集团公司(0+1)	乌鲁木齐站(第二批)	青藏集团公司(1)	西宁站

②网约车服务

在旅客便利化出行方面,应用 B2C 商务模式,推出网约车服务,助力解决旅客出行“最后一公里”的难题。

2021 年 1 月 2 日,合肥高铁南站“网约车上车点”正式投入使用,“出行难”及司乘两端“见面难”问题得到有效缓解,切实为旅客做好出站口到家门口的延伸服务。合肥南站网约车上客进出流线如图 8.13 所示。

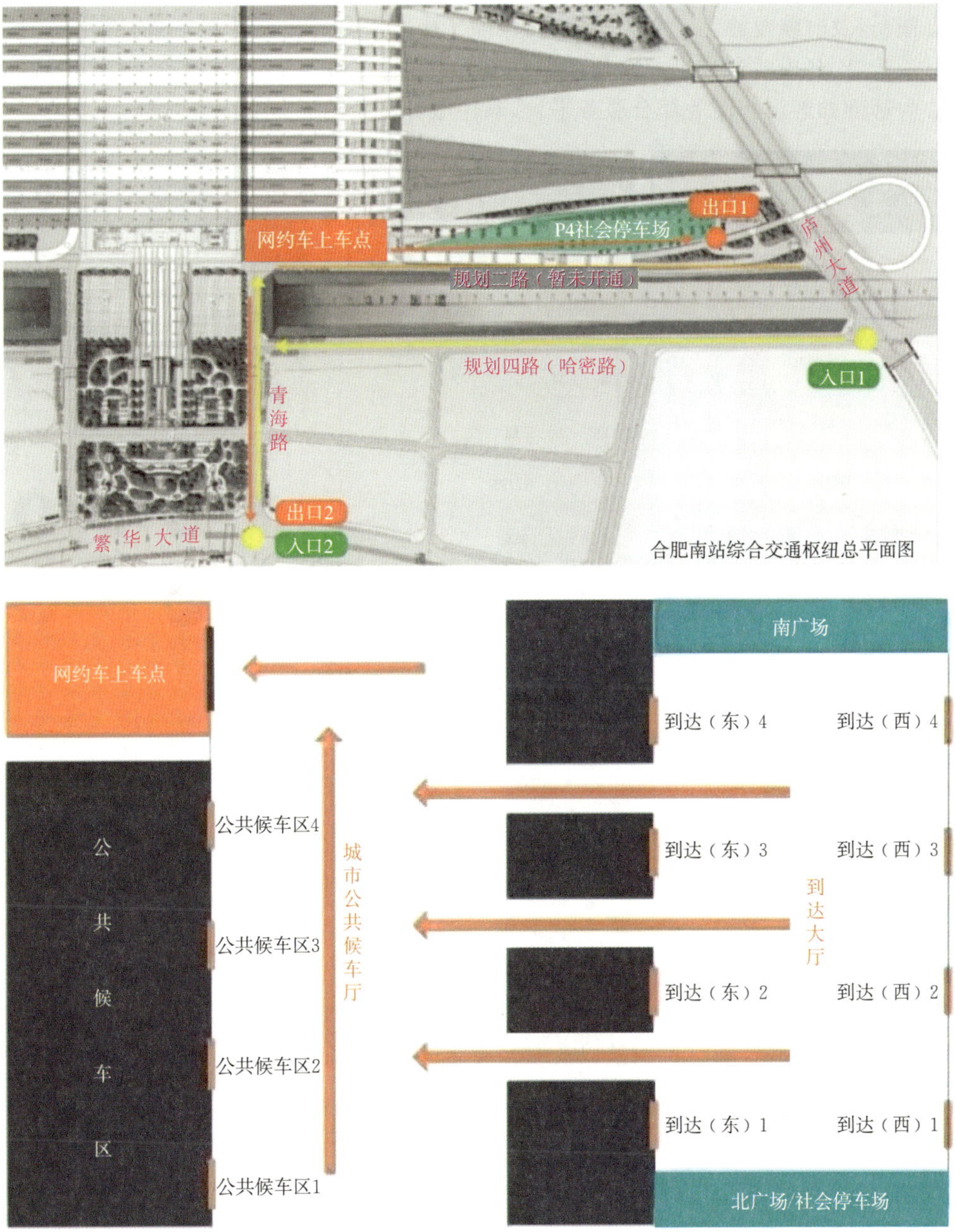

图 8.13　合肥南站网约车上客进出流线

(2)B2B 模式应用

以“列车多功能作业系统”为示例进行介绍。“基于多模通信的列车多功能作业管理系统”(以下简称“列车多功能作业系统”)(如图 8.14 所示)是上海局集团公司客运部组织研发的信息系统,旨在建立列车设备设施使用、管理和维护的统一平台。围绕一趟车底交路,客运段和动车段、车辆段利用此系统可及时将服务过程中遇到的硬件故障汇总提交。在车底入库后，各负责部门根据提交的信息准确定位故障单元，完成检修。系统打通了业务部门间的信息壁垒，及时恢复旅客正常出行体验，保障了旅客服务的完整性。

下一步，B2B 模式的推进方向是加强客运组织与商务业务的协调联动，构建以 12306 客服中心为基础的客运与商务综合服务平台，确保服务链条的完整和无缝对接。

图 8.14　列车多功能作业系统

8.3　高速铁路客运服务产品设计

高铁客运服务产品设计是一项系统工程，其中核心服务产品不仅涉及资源优化配置利用，也涉及产品定位问题，更涉及铁路行车组织中运输方案的技术实现问题等，对于辅助性服务产品设计更加需要对服务需求差异化分析、运输资源的条件约束和服务模式选择等。随着经济社会发展和产业结构调整以及综合交通运输体系的完善，客运需求呈现多样化，人们对出行各环节的便捷性、接续顺畅性、过程舒适性、出行正点率、付费性价比，以及服务过程感知体验质量的要求进一步提高。在高速铁路逐渐成网条件下，从经营效益和社会效益的角度出发，以满足旅客方便、安全、快捷、舒适、文明的出行要求为目的来设计高速铁路客运产品，是适应市场化竞争的必然选择。

8.3.1　高速铁路客运服务产品设计思路

高速铁路客流具有区域交换不均衡、需求层次多、客流波动大等特点，高速铁路客运产品设计实质上是高速铁路运输能力供给与客流需求相匹配的过程。它是以“车—流”匹配效益最优为目标，以铁路运输点、线资源为约束，经过全面的技术经济比较，用一定品类的列车对巨量复杂需求进行运输资源、服务水平、客流组织、行车组织等内容的分类匹配和系统优化工作，形成在主要参数、形式、结构等合理分布的差异化客运产品体系，达到铁路客流分类与产品分类的高效匹配，以获得铁路企业总体经济效益与社会效益最佳。

1. 高速铁路客运产品设计策略

随着高速铁路的快速发展，高速铁路客运产品设计已从以往运能紧张下的“供给驱动”，转变为以“需求驱动”为主体。产品设计策略主要体现在以下方面：

(1)树立以需求为核心的产品设计理念。在“需求驱动”前提下，产品的“设计—营销—调整”要以满足旅客需求为首要目标，形成整体、连续的过程，使产品设计围绕旅客需求形成反馈闭环，保证产品不断地贴近需求。

(2)针对不同层次产品合理设计多级细分市场。在“需求驱动”的总体要求下，为实现产品的针对性，除考虑不同层次的需求外，还要考虑细分的合理性。特别是在对高层次需求的市场细分中，必须合理控制细分市场的数量规模，找到一个合理的平衡点。

(3)正确平衡产品的公益性与盈利性。高速铁路客运产品的公益性表现在满足社会公众的基本出行需求方面，目标市场为价格敏感型的普通旅客；盈利性则表现在满足旅客出行的高层次需求方面，目标市场重点在于质量敏感型的中高端旅客。在设计高速铁路客运产品时，首先是深入分析旅客特性，将市场细分为不同类型。针对公益性较强的细分市场，设计重点在于满足基本的出行需求，弱化其服务等高层次需求的设计；针对盈利性较强的细分市场，则需要在满足基本需求的基础上，有针对性地设计不同的服务及其组合产品。

(4)建立以核心产品为中心的设计步骤。核心服务产品设计完成了对客流的细分工作，以此为中心设计客运服务包，即选择与核心服务相匹配的系列辅助性服务，例如，高速列车上，商务座席的服务包，包含免费餐饮、简单生活用品(拖鞋)、刊物、更多人性化的问候和关怀等辅助性服务。

2. 高速铁路客运产品设计思路

高铁客运产品设计就是要通过大量的客流调查、严谨的数据分析以及科学的运量预测，得出相应的分时段、分方向的客流计划，在此基础上，遵循“按流开车”的基本原则，确定旅客列车开行方案，并根据列车开行方案编制列车运行图，尽可能优化列车运行方案，以缩短旅客在途时间、减少途中换乘次数，确保列车运行计划与客流计划相匹配，并预留一定的储备能力使运行图具有一定的弹性，以适应市场变化与列车运行调整。同时，通过列车运行交路的长短结合，经济合理地使用动车组车底，并合理利用高速铁路的车站通过能力和线路通过能力(简称点线通过能力)，以充分发挥并均衡使用运输设备的效能。

高速铁路客运产品设计的实质是高速铁路供给与需求逐层逐步精确匹配的过程，具体表现为不同层次产品的设计与组合，针对核心产品层，研究列车编组结构、运行区段、停站方案、开行对数、发车间隔等；针对形式产品层，给出基于车票种类、价格等要素的差别产品设计方案，针对附加产品层，设计不同的延伸服务；在此基础上，对不同层次产品的不同要素进行组合，得出组合产品的设计方法。高速铁路产品设计基本思路如图 8.15 所示。

从横向看，在每个产品层次，产品各要素取不同的属性值可以形成不同的产品方案；从纵向看，将核心产品、形式产品以及附加产品三个层次进行组合，即进一步形成多样化的组合产品。

识别旅客多样化、差异化的出行需求，针对性地设计不同的客运产品，以核心产品为中心，通过提供丰富多彩的辅助性延伸服务，提升旅客运输服务的体验质量，对于增强铁路的竞争力，提高旅客满意度和忠诚度，实现经济效益和社会效益的双赢，具有重要的现实意义。

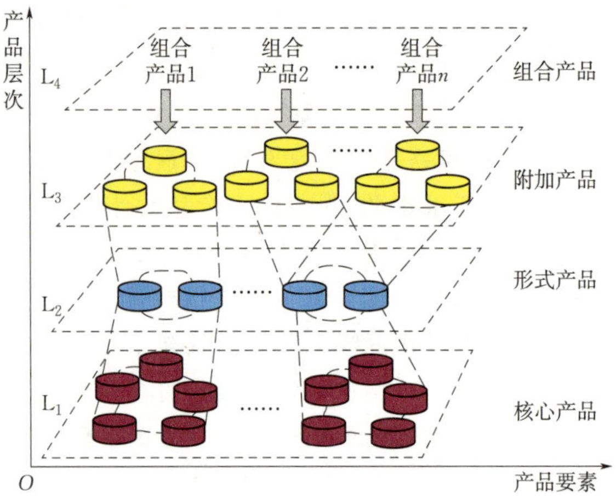

图 8.15 高速铁路客运产品设计基本思路

8.3.2 高速铁路客运服务产品设计流程

高速铁路客运产品设计是以市场需求为中心、以运输市场为导向、以运力资源为约束，采用市场营销的方法，对各个层次产品要素进行设计，逐步实现供给与需求匹配的过程，分为市场分析、产品营销、评价和反馈三个阶段实施，共同构成客运产品设计与营销的闭环系统。具体设计流程如图 8.16 所示。

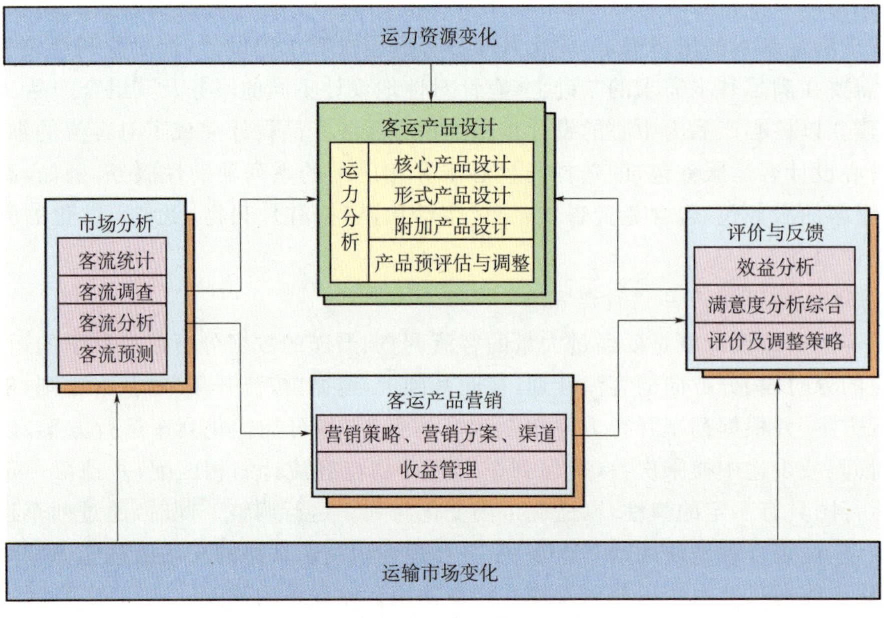

图 8.16 高速铁路客运产品设计流程

1. 市场分析

（1）客流分析与统计。通过分析统计客流流量、流向、流时、流程，以及客流群体构成、出行特征、区段客流等特点，来确定产品种类、产品价格、销售渠道等。尤其合理安排列车开行种类、开行数量、动车组交路等，关系到客流转变为列流的过程，意义重大。

（2）客运需求预测。客运需求预测是合理设计客运产品、有效制定产品销售策略的基本保障。在以历史售票数据和客流调查数据为基础进行需求预测时，需要通过数据挖掘技术，充分研究真实的市场需求。

（3）客运市场细分。客运市场细分是设计有针对性客运产品的前提条件，可以为编制列车开行方案、优化经营决策等提供重要依据。需借助客流调查、客流统计、客流分析等手段，系统地收集、记录、整理不同细分市场旅客需求的特点，掌握客运市场规律，有针对性地设计符合各细分市场的客运产品。

2. 核心服务产品设计

核心服务产品设计包括对列车开行方案和运行图优化编制，主要是针对旅客最基本的位移需求进行设计。这个环节主要考虑旅客对列车的运行区段、列车等级、停站方案、开行对数以及开行时段等基本需求。需要根据不同细分市场上的客流量情况，针对不同细分市场设计出满足旅客基本需求、共性较强的方案，作为整个产品设计的基础。

3. 辅助服务产品设计

根据核心服务特点，如速度、开行时段、运行时间、产品类型及等级，以服务战略（或定位）为指导，选择配置相应的辅助服务产品等，如餐饮服务的提供与否等。

4. 客运产品营销

借鉴航空及欧美等铁路客票营销经验，利用收益管理及客户关系管理等方法对客运产品进行个性化营销，如采用价格折扣调控策略、席位控制和票额分配等策略，对现有运力资源进行合理分配。

5. 产品评价与调整

产品实施后根据产品的效益和旅客满意度等评价指标，制定产品调整策略或者新产品开发，对产品进行不断地调整和优化，以进一步适应变化的客运市场需求。例如，当某种产品的上座率等相关指标达到一定阈值时，就应进行有预见性地调整。以沪宁高速铁路为例，初期安排直达列车较少，通过增加中间停靠站的方式吸引客流，当客流逐步上升特别是直达客流上升后，逐步增加直达车数量，并均衡安排中间停站数量等。

8.3.3 高速铁路客运核心产品设计

1. 核心产品设计流程

客运产品设计的核心是旅客列车开行方案，制定依据是客运能力与客流量相适应。在普速铁路时代，运能比较稀缺，总体上处于供不应求状态，旅客列车保持较高的客座率，且运营成本相对较低，开行方案设计的重要性存在一定忽视。与普速铁路不同，高速铁路列车开行的对数多、运能大，客流淡季易产生虚縻，且运营成本高，对经济效益影响大。当前，应用大数据技术和信息化手段，对客流进行科学的预测，通过对高铁动车组列车客流与运能匹配、开行方案优化设计和运行图综合评价的研究与应用，从旅行时间、到达时间、服务频率等旅客需求的角度设计开行方案，提高高速铁路运营效益十分必要。

高速铁路列车开行方案的优化编制流程如图 8.17 所示。

其编制步骤如下：

第一步，准备过程。客流增长和变化规律，选择适当的预测方法，对未来各 OD 点间客流进行合理的判断，实现按流开车。

第二步，方案编制。根据预测客流量，结合 OD 点间社会政治、经济情况确定列车起讫点，然后根据客流实际情况，进行客流调查，结合客流周期波动、列车编组及定员、列车种类、车站及区间能力等因素，以旅客乘车方便度最大化兼顾铁路运营效益等为目标，利用组合优化方法，求解列车开行数量、停站方案等开行方案内容，然后再根据实际情况对开行方案进行调整与优化，实现资源配置最优化与运输效益最大化的目标。

第三步，具体实施。根据列车开行方案编制列车运行图。

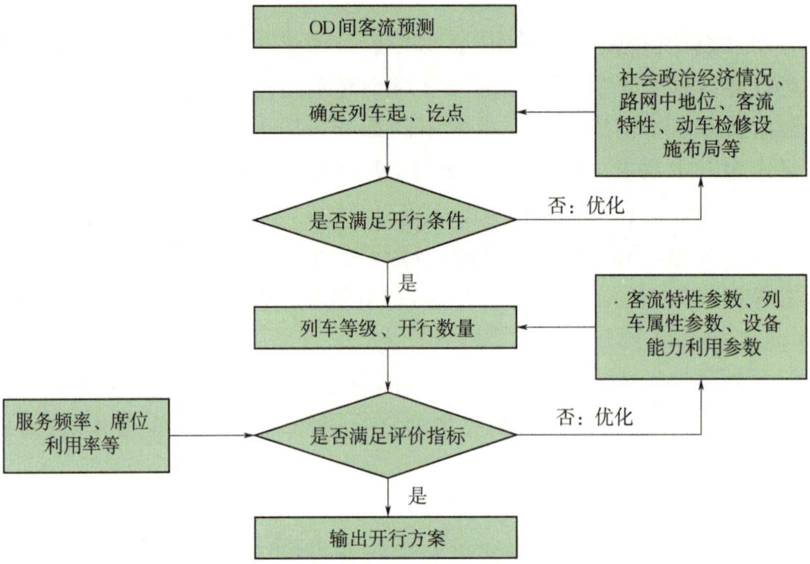

图 8.17　高速铁路开行方案优化编制流程

2. 核心产品设计案例

本书以上海局集团公司为例，介绍谱系化和空铁联程运输产品设计。

(1)客运产品谱系化设计

客运产品谱系化是针对不同层次的需求分层设计、逐层细化的高铁客运服务核心产品的分类体系。靠近底层的产品主要满足共性需求，越向上层，产品的个性化越强，市场细分粒度越细。客运产品谱系化属于宏观战略层的设计内容，决定了整个产品的设计方向，是整个产品设计的基础。客运产品谱系化，有利于旅客辨识、记忆和准确选择列车，实现多元出行需求下的渠化客流组织与服务，简化铁路运行图管理，为不同列车产品差别定价提供条件，提高铁路的市场竞争力。

旅客列车产品谱系化根据旅客需求的发展演变，每个谱系下的列车产品调整与新增时，将遵循该谱系列车产品属性组合规则，即继承该谱系列车产品的属性特征。在具体设计谱系化列车产品时，着重从形式产品层面和附加产品层出发，即不同谱系下的列车产品，根据其服务目标旅客的特点，首先对形式产品层的属性要素进行分类、组合，再对附加层次，即列车产品的服务内容等进行设计。对旅客列车分类并形成谱系，对于旅客出行选择、客流组织与服务、铁路内部组织管理、产品销售与定价、市场竞争都将有重要的作用。以沪宁城际铁路谱系化设计为例介绍。

①列车谱系设计理念

a. 列车周期与非周期化开行

当前，沪宁城际铁路与干线高速铁路列车的开行方式类似，列车按非周期模式开行。由于沪宁城际铁路线路里程短，客流量较大，比较适宜按周期模式开行列车；采用周期性列车开行模式，能够保证列车开行规律，便于旅客记忆和铁路运输组织与管理。针对周期模式，沪宁本线区段列车均采用周期性开行方式，为了维持周期性列车结构，减小跨线列车对本线列车的干扰，跨线列车可利用本线区段的方案线。

b. 基于车站节点分级设计列车谱系

同样地，沪宁城际列车谱系设计基于车站节点分级，从而形成停站等级和次数差别化的列车产品。沪宁城际铁路上的车站也按三级节点划分(大站为一级节点，中等车站为二级节点，小站为三级节点)。

②列车谱系划分原则

沪宁城际铁路由于里程较短且明确定位为城际线路，本线区段列车在全路网列车谱系架构中，属于高速铁路谱中的“城际子谱”。基于旅速、节点等级维度，沪宁城际列车停站方式采取以下三种：仅停大站、停靠大中站、停靠大中小站，记为大站车、中站车和小站车，分别属于快车、次快车和中速车。基于一日内的列车开行时间维度，沪宁城际列车可划分为整点标杆车、早晚通勤车、其他时段车等。

无论采用周期还是非周期模式，沪宁城际铁路本线区段列车都可按大站车、中站车、小站车划分为三个谱系；根据列车开行时间属性(如整点、时间间隔是否规律、特定时间等)再划分“子系”列车。车站节点分级见表8.4。

表8.4 车站节点分级

车站等级	包含车站	数量	沪宁线上客流占比
大站	南京南、南京、常州、无锡、苏州、上海、上海虹桥	7	82.32%
中站	镇江、丹阳、无锡新区、苏州园区、昆山南、惠山	6	14.12%
小站	上海西、南翔北、安亭北、花桥、阳澄湖、苏州新区、戚墅堰、宝华山、仙林	9	3.56%

a. 列车等级划分

根据列车服务的车站等级对列车等级进行划分，即上述不同列车停站方式下的列车。其中，一层级列车指仅停靠大站，服务一级节点之间的大客流；二层级列车指停靠大中站，服务二级节点之间、一级与二级节点之间的客流；三层级列车指小站停或者站站停，服务三级节点到其他级节点、三级节点之间的客流。

b. 客流等级划分

根据车站节点分级的情况，对OD客流进行相应的等级划分。其中，一层级客流指大站与大站之间的客流；二层级客流指大站与中站、中站与中站之间的客流；三层级客流指大站与小站、中站与小站、小站与小站之间的客流。

③列车谱系设计结果

基于谱系化列车设计理念，应用谱系化列车生成方法，以下行方向(南京—上海方向)为例，得出沪宁城际铁路本线区段三个系层级的列车谱系。周期模式下谱系化列车的运行区段、停站结构如图8.18所示。

以下行方向为例，非周期模式下谱系化列车的运行区段、停站结构如图8.19所示：

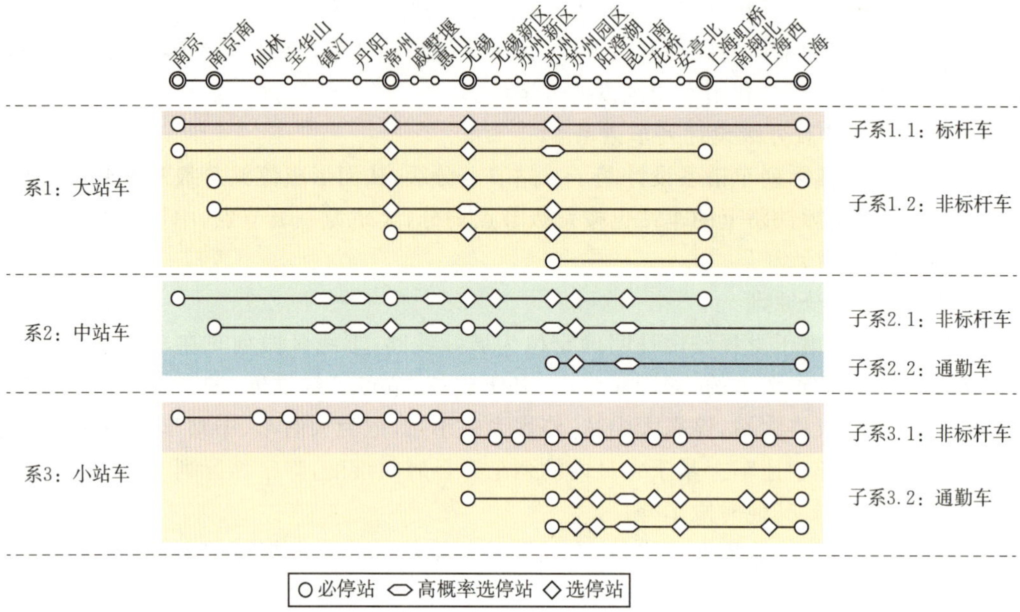

图 8.18　沪宁城际铁路周期模式下谱系化列车开行区段及停站方式

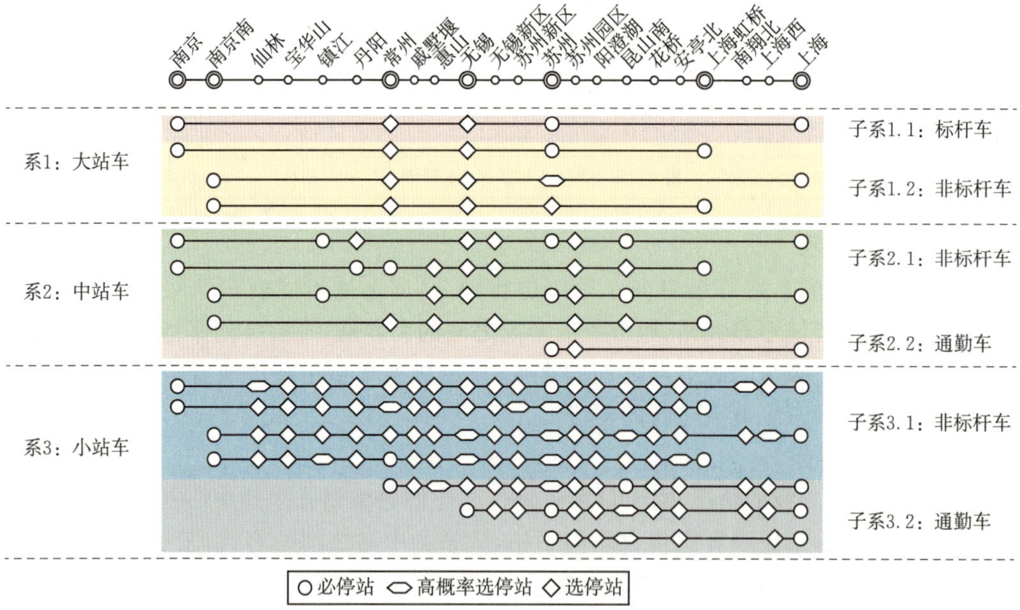

图 8.19　沪宁城际铁路非周期模式下谱系化列车开行区段及停站方式

④基于列车谱系的开行方案优化

结合实际方案特点，得出的列车谱系扩展生成列车开行方案时，遵循以下原则：a. 尽可能用对应层级的列车满足对应层级的客流需求；b. 保证每小时整点一趟大站车（第一层级“标杆车”）；c. 保证早晚通勤列车的开行；d. 跨线列车利用本线区段的第一、第二层级列车方案线；e. 周期列车开行方案的平峰、次高峰时段方案基于高峰时段方案调整列车编组、开行频率及起讫点。

优化列车开行方案时，可以设置不同的参数及其组合，包括：a. 单趟列车停站次数上限（可分不同层级列车定制）及组合；b. 客流与列车之间的层级匹配度（如 100%匹配，或允许列车对部分客流降级匹配，视运行图铺画时的能力利用而定）；c. 指定开行的列车，如整点大站标杆列车、通勤列车；d. 枢纽内的车站分工等。

根据上述参数组合，扩展生成列车开行方案。利用列车开行方案优化生成系统，首先基于谱系列车扩展生成备选列车集合，其次优化生成列车开行方案。

⑤沪宁城际列车谱系评价

将得到的优化列车开行方案与既有实际方案进行对比，分析各方案在列车谱系化程度、OD 服务频率大小、直达性等方面的差异。

统计实际方案与优化方案中不同等级列车在各等级车站的平均停站次数，分别见表 8.5 和表 8.6。

表 8.5 既有实际方案列车平均停站次数

既　　有	大站平均停站次数	中站平均停站次数	小站平均停站次数
一层级列车	2.71	0	0
二层级列车	2.71	**2.60**	0
三层级列车	2.55	2.24	**1.18**

表 8.6 优化方案列车平均停站次数

优化的周期方案	大站平均停站次数	中站平均停站次数	小站平均停站次数
一层级列车	1.76	0	0
二层级列车	1.89	**4.49**	0
三层级列车	1	2.76	**4.18**
优化的非周期方案	大站平均停站次数	中站平均停站次数	小站平均停站次数
一层级列车	1.75	0	0
二层级列车	1.65	**3.57**	0
三层级列车	1.72	1.28	**3.44**

通过比较可以发现：

既有实际方案中，除大站列车，其他层级列车的谱系化特征不明显，所有列车均以停靠大站为主，小站停靠比例较低，带小站停的列车平均小站停次数仅为 1.18。

优化的周期方案和非周期方案中的列车严格划分谱系，第二层级列车提高中站停靠比例，为中站提供更多的列车服务；第三层级列车提高小站停靠比例，非周期方案实现了所有客流 OD 之间的直达；优化方案更加突出不同层级列车的服务对象不同。

综上，基于谱系列车扩展优化生成的列车开行方案，相比既有实际方案体现两方面优势：

一方面，列车具有明确的谱系区分，谱系化规律加强。不同系列的列车有清晰的服务客流定位，这对下一步针对各谱系列车相应设计列车装备、服务内容和灵活票制票价等，并做出列车产品品牌命名和创新车次编号规律，创造了良好条件。

另一方面，结合周期列车开行模式优化的列车开行方案，使 OD 节点服务频率时间分布规律，保证小站之间实现直达＋快速中转。因此，各级节点旅客的出行效率都将得到提高，有利于沪宁城际铁路吸引更多客流、获得更大收益。因此，建议沪宁城际铁路可考虑采用周期特征的列车开行模式。

通过谱系化列车产品的整体组合设计，可明确沪宁城际本线区段列车的高利润区间应该定位在大站列车，配置以高等级设施装备、拓展服务内容、完备客流组织，逐步培育精英品牌。针对优质列车产品（特别是标杆列车）执行较高的票价，增加运营收入；针对具有公益服务特征的"大中小站"（特别是通勤）列车，保证基本服务质量的同时，适当研究政府补贴机制。

综上，基于列车产品库和产品特征参数，在列车配置和装备上进行特征性区分；对各谱系列车设计规律化、可辨识度高、便于记忆、有寓意的命名和车次编号，研制能展现"谱系化"特征的列车时刻表样式，并注重展开后续的市场宣传和营销等工作，对提升市场效益，扩大产品影响力有重要意义。

(2)客运产品全程化设计

全程化客运产品是指在旅客出行过程中不同交通方式之间的接续和配合，共同接力完成一次完整出行。全程化更多强调的是全过程、整体的概念，涵盖产品设计、生产、应用、评价等全过程。随着综合枢纽建设明显加快，各种运输方式衔接效率显著提升，加之人们对更高质量运输服务的追求，使得各种运输方式之间的协作既有强烈的需求也有可行的条件，各种运输方式紧密协作、充分发挥各自的技术经济优势，为旅客提供"更快速、更便捷、更顺畅、更舒适、更可靠、更经济"的客运产品成为旅客运输的必然趋势。以上海局集团公司空铁联运产品为例进行介绍。

①空铁联运概况

中国铁路上海局集团公司自 2012 年 5 月起，和东方航空公司、上海虹桥火车站、上铁国际旅游公司等单位，对长三角地区开展高铁航空客运合作项目的可行性进行专项调研和分析，最终确定了在国家现行政策允许、技术支持等条件下可运行的联运组织模式，并通过两年多的摸索实践和优化完善，形成常态化模式运营（如图 8.20 所示）。长三角地区已实现了温岭、台州、宁波、绍兴北、杭州、义乌、桐乡、嘉兴南、上海虹桥、昆山南、苏州、无锡、常州、丹阳、镇江、南京、合肥南 17 个铁路车站，128 趟列车与东方航空公司，中国国际航空公司，春秋航空公司所属的国内、国际 500 余个航班的双向联运服务。

创建空铁联运管理体系就是从铁路局集团公司与航空公司建立战略合作联盟入手，创建空铁联运组织模式，建立空铁联运信息服务管理平台，开发国内首个空铁联运虚拟班次产品，建立空铁联运营销机制，建立空铁联运管理体系标准，规范空铁联运应急处置机制，强化空铁联运保障管理，实现了高铁航空高效客运联程运输和多方共赢目标，提高了联运综合效益和效率。

②联运产品优化调整

通过收集旅客历史出行数据，包括流量、流向，旅客偏好，如对时间、票价等因素的敏感度，出行频率等，对联运旅客购票特征进行分析总结，结合现有铁路、航空运力配置情况制定符合大多数旅客出行习惯的联运产品，吸引更多的旅客选择空铁联运产品。自上海局集团公司与航空公司开展客运联运业务以来，先后已对空铁联运产品进行了20余次的优化，不断拓展联运站点范围、加密优化联运列车。联运产品优化方案主要决定因素如图8.21所示。

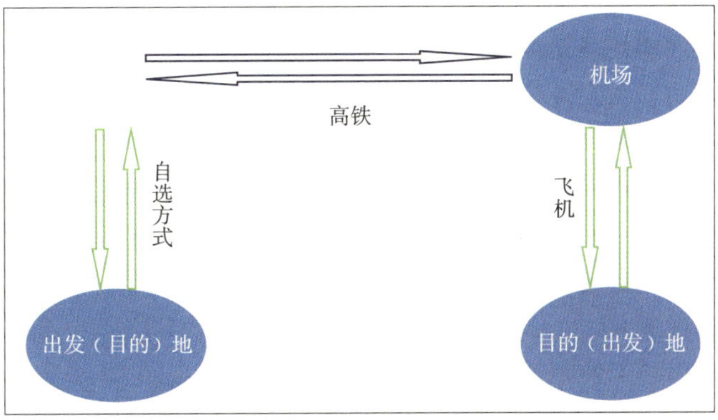

图8.20 空铁联运运营模式

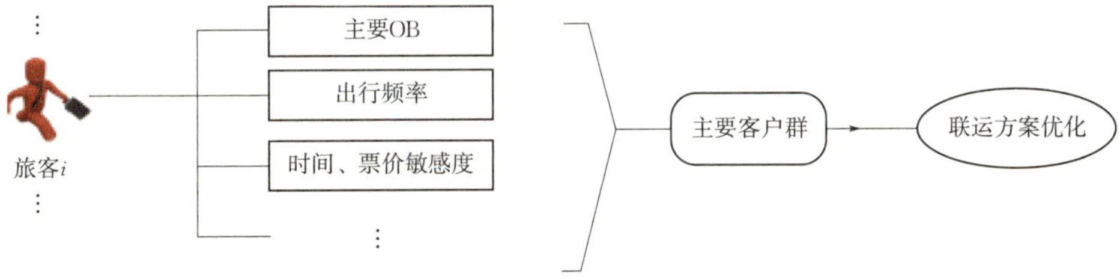

图8.21 联运产品优化方案主要决定因素

上海局集团公司与合作的航空公司推广应用的高铁航空客运联程运输管理，优化了铁路和航空部门运输组织方式、营销模式、客运服务流程等，基本实现旅客一次出行、一个订座、一个运价、一次购买、全程无缝旅行的目标。

8.3.4 高速铁路客运辅助产品设计

高速铁路客运辅助产品设计是指满足旅客一次完整的出行，在提供核心位移服务之外的其他服务和保障。旅客出行需求由低至高划分为三个层次。第一层次是基本需求，主要体现为对位移的需求，是最基本的出行需求；第二层次是差异化、多样化的需求，在基本需求基础上，出于价格、舒适、安全等因素的考虑，根据不同侧重点而选择产品的需求；第三层次是品质需求，体现了旅客对于服务的环节、种类、质量等方面的需求。高速铁路客运辅助产品设计是对旅客第二层次和第三层次需求的满足和回应。

1. 辅助产品设计流程

(1)形式层产品设计。针对不同细分市场的特点，运用差别定价技术，形成能够满足不同市场需求的客票体系（如折扣票、月票、季票等不同形式的车票），以及定价策略（针对退票、改签等不同服务限制，不同用户类型以及不同订票时间的定价），作为直接面向旅客销售的产品形式。这个环节主要考虑成本及旅客差异化特点，给出满足丰富的车票类型和合理价格。

(2)附加层产品设计。结合旅客差异化需求及各类客运产品的市场定位，设计完整的服务体系，包括服务集合、服务范围、服务流程、服务标准及监督与质量控制机制，主要解决旅客出行全过程中，不同环节可提供服务的种类和级别，各种服务标准、流程及所需条件；不同类型和级别的车站、列车可以完成的服务和需要的软硬件及人员配置；不同产品应包括的标准服务，如果需要提供额外服务时，使用不同产品旅客的额外服务费用如何计算。

(3)产品组合设计。在上述各层次产品设计的基础上，面向各细分市场的旅客需求，形成将不同产品要素进行组合的差异化组合产品，如针对不同群体的列车开行方案、车票票价和种类、服务以及产品销售策略等不同组合。这个环节主要针对旅客对价格和服务的敏感性进行区分，对价格敏感的旅客主要满足基本需求，实行优惠策略；对服务敏感的旅客可以通过 VIP、增值服务等方案进行。

2. 辅助产品设计案例

(1)打通重点旅客线上线下服务

上海局集团公司充分发挥重点旅客服务网络优势，打通站与车的界限，落实预约服务和闭环交接，实现重点旅客服务“全流程”追踪。全面推广线上重点旅客服务、行李搬运、接送站、遗失物品查找、辅助器械等网上预约服务，同步推进线下服务中心建设，坚持传统服务与智能服务并行，保障老年及脱网人群线下服务，实现线上、线下服务“无缝衔接”。开发应用“重点旅客接送站服务管理系统”，做好重点旅客接送站的服务规范实施工作，如图 8.22 所示。

(2)落实重点服务，建设推广“四区一室”

深化落实国铁集团“强基达标、提质增效”工作主题，创新服务内容，提升服务品质，上海局集团公司根据“特大型、大型、中型、小型”车站建设标准，全面打造规范化、标准化、精品化的车站“四区一室”，即重点旅客候车区、军人候车区、儿童候车娱乐区、商务座旅客候车区、母婴室。

(3)推行“上铁旅行管家”高速铁路商旅服务

为利用铁路既有优势资源，全面提升铁路客运服务形象，提高商务座旅客出行体验满意度，上海局集团公司自 2017 年起率先在全路推出“上铁旅行管家”高速铁路商旅服务。2020 年以来，以徐州东站、南京南站、上海虹桥站作为提质工作试点车站，为商务座旅客提供从迎接进站、取票、行李搬运、旅游产品查询及预订、专区候车和送站上车等全程服务，并制定了相对应的“五统一”(统一品牌、统一资源、统一经营、统一标准、统一平台)经营管理模式，开设了专用通道和候车专区，免费提供自助式茶水、饮料、小食品以及可供阅读的报纸杂志，提升服务品质，改善服务体验。

(4)推行“静音车厢”自主选择服务

为进一步提升铁路旅客旅行服务体验，倡导和共建文明、温馨、安静的列车旅行环境，同时为旅客出行提供更多选择，更好满足旅客对美好旅行生活的需求。国铁集团自 2020 年 12 月 23 日起，在京沪高速铁路 G1、G2 等共 12 趟“复兴号”列车 3 号车厢(二等座车)以及成渝高速铁路部分“复兴号”列车试点设立“静音车厢”及计次季票等新型票制产品系列服务新举措，同步实施灵活折扣、有升有降的市场化票价机制，为旅客出行提供更多选择，确保旅客能够享受到安静乘车环境。

另外,高速铁路客运核心产品和辅助产品设计后,要对方案进行评价及改进。具体评价指标见表8.7。

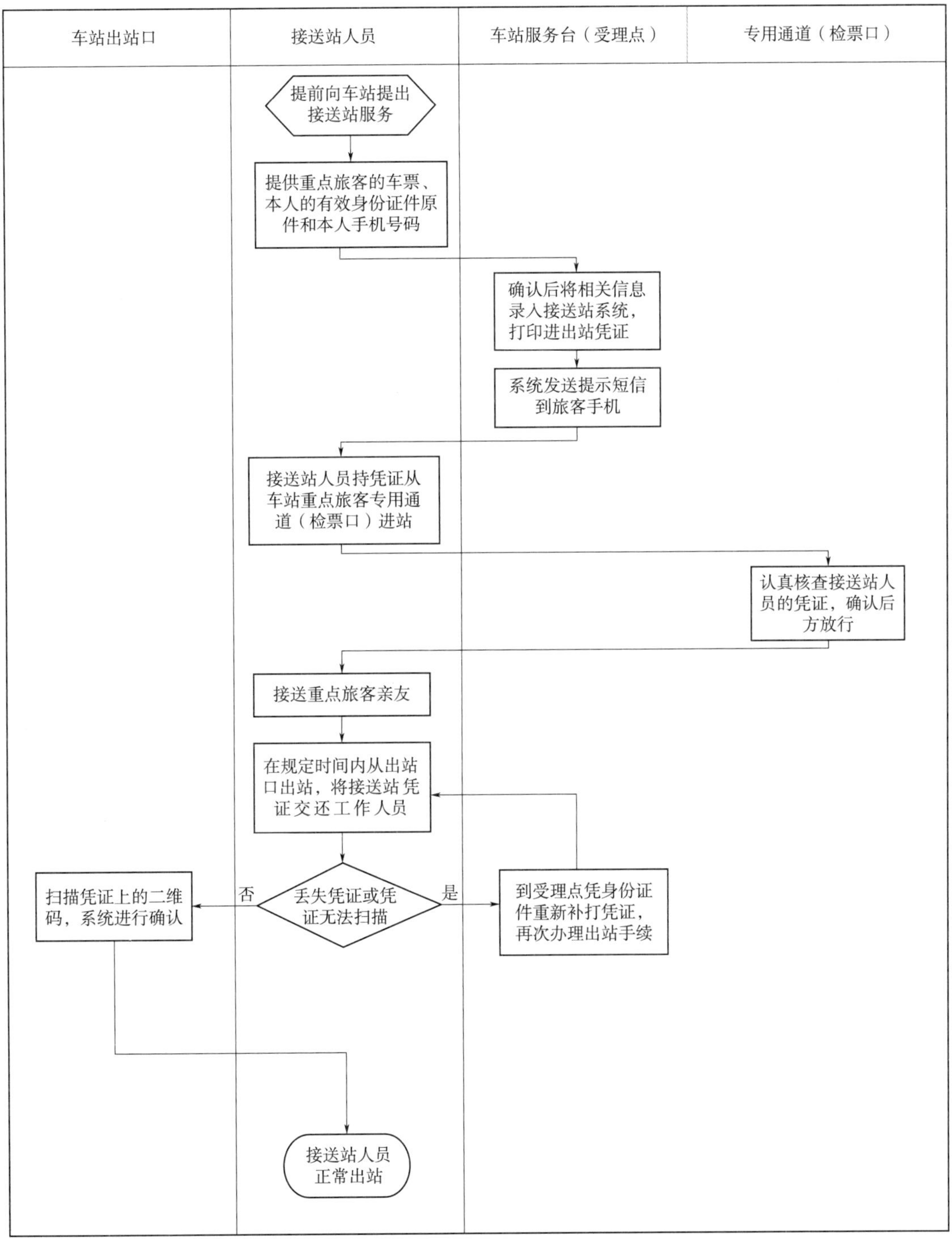

图8.22 重点旅客接送站服务流程

表 8.7 高速铁路列车产品评价指标体系

类别	子类别	方案指标	类别	子类别	方案指标
技术评价	运营速度	平均技术速度	市场评价	客流指标	旅客运送人数
		平均旅行速度			旅客平均运程
		速度系数			旅客周转量
	输送能力	开行对数		满意度	旅客需求满意度
		列车定员		通达性	OD 直接通达率
		列车席位公里		服务评价	车站服务频率
	车底运用	车底需要数			OD 服务频率
		平均走行距离		效益评价	列车运营总成本
	其他	方案相对稳定性			列车运营总输入
		分区段客座利用率		其他	……

8.4 高速铁路客运服务产品运营

8.4.1 高速铁路客运服务品牌与推广

服务品牌是一种通过提供差异化、个性化、标准化的行为过程提升顾客满意度的行为标识。这种个性化的行为标识，是市场认可的、社会认可的，在消费者中享有一定的知名度、美誉度、忠诚度。铁路运输企业以旅客需求为出发点，设计、优化、完善高铁客运服务，实施高铁客运服务品牌战略，是提高自身的核心竞争力的必然选择。随着我国高速铁路"引进、消化、吸收、再创新"发展战略的持续推进，尤其是具有完全自主知识产权的"复兴号"动车组(也叫中国标准动车组)上线运营，将我国高速铁路的服务水平推向了新的高度，并且将"复兴号"品牌战略作为持续提升中国铁路运输服务和经营管理水平的排头兵。以此为引领，国铁集团，自上而下掀起"打造服务品牌，提高服务质量"的热潮，初步形成了一批具有时代特色的和铁路特点的服务子品牌。

1. 中国高速铁路服务品牌——"复兴号"

(1)"复兴号"品牌战略背景及意义

"复兴号"是中国标准动车组的中文命名，英文代号 CR(China Railway 的缩写，即中国铁路)，是我国具有完全自主知识产权、达到世界先进水平的动车组列车，分为 400 km/h、300 km/h、200 km/h 三个速度等级，已经形成时速 160 km 至 350 km 的全系列动车组。2017 年 6 月 26 日，"复兴号"动车组首次亮相京沪高铁双向首发，中国铁路技术装备由此跃入全新的中国标准动车组时代，成为代表中国智造的"国家名片"。图 8.23 为"复兴号"logo 设计样式与印制位置。

由路徽及CR组合，logo组合纵横比：长289；高95/55

图 8.23　“复兴号”logo 设计样式与印制位置

“复兴号”中国标准动车组正式投用以来，展现出良好的安全可靠性、技术先进性和乘坐舒适性，旅客乘坐体验反映良好，社会各界高度评价。习近平总书记在 2018 年新年贺词中专门讲到“复兴号奔驰在祖国广袤的大地上”；在两院院士大会上指出“复兴号高速列车迈出从追赶到领跑的关键一步”。实施“复兴号”品牌战略，是国铁集团党组贯彻落实习近平总书记关于铁路工作重要指示批示精神的重大举措，是聚焦交通强国、铁路先行和深化强基达标、提质增效的重要载体，是全面推行客运提质计划、进一步增强人民群众获得感和幸福感的具体行动。

2019 年，国铁集团深化铁路运输供给侧结构性改革，深入实施货运增量行动、客运提质计划、“复兴号”品牌战略三大举措，持续提升铁路运输服务和经营管理水平。深入实施复兴号品牌战略，持续扩大复兴号开行规模和覆盖范围，充分发挥复兴号的品牌优势，让更多的“复兴号”动车组奔驰在祖国广袤大地上。

(2)“复兴号”品牌战略目标及工作内容

①品牌战略发展目标

按照国铁集团党组安排部署，将“复兴号”打造成为中国高铁的标志性品牌、“交通强国、铁路先行”的示范性工程，进而支撑和引领“三个世界领先、三个进一步提升”铁路现代化目标全面实现。“复兴号奔驰在祖国广袤的大地上”，为世界高铁建设运营树立新标杆。

a. 建成品类齐全、结构合理、涵盖不同速度等级、适应多元化运输需求和不同运营环境的“复兴号”系列产品体系，铁路局集团公司“复兴号”系列产品保有量达到 30％以上，开行范围覆盖 80％以上的大城市。

b. 建成以核心技术自主化、配套技术产业化、基础理论系列化、技术标准体系化为主要标志的中国高速动车组技术体系，“复兴号”安全性、舒适性、经济性、智能化、节能环保等技术指标世界领先。

c. 建成安全可靠、方便快捷、优质高效的“复兴号”运营管理体系，商业运营速度保持世界领先，运营安全持续稳定，产品供给充足有效，经营管理集约高效，服务品质全面升级，“复兴号”旅行生活更加温馨美好。

②品牌战略工作内容

a. 稳步扩大开行范围

首先，扩大通达地区。随着高速铁路新线建设、普速客车换型升级等，逐步增加时速 250 km、160 km“复兴号”动车组(投产)列车的开行，不断扩大“复兴号”动车组的服务范围，并增加配属“复兴号”高寒动车组实现通达哈尔滨、长春等。

其次，加密开行对数。在扩大通达地区的同时，根据“复兴号”350 km/h 动车组下线安排，进一步增加京沪高铁、京津城际开行密度。按照国铁集团统一安排部署，科学严谨、有序务实推进其他线路标准线建设，在具备条件的高速铁路上逐步扩大 350 km/h“复兴号”动车组列车开行。

最后，推动“复兴号”走出去。加强“复兴号”知识产权运营管理和海外布局，积极推进“复兴号”走出去，扩大国际影响力。

b. 强化动车质量管控

动车组的制造、运营质量对客运服务及“复兴号”品牌战略的实施起着决定性作用。需要质量管控的内容包括：(a)稳定源头设备质量。全面、深入分析“复兴号”源头质量问题，系统制定整治方案，加强造修质量评价，强化质量问题依法追责。(b)优化检修布局安排。按照国铁集团统一部署，科学合理开展“复兴号”动车组检修布局，同步对动车所设备设施进行针对性优化补强。探索动车组高级修体制机制改革，研究与中车企业合作模式，释放检修能力，提升检修效率效益。(c)提高检修维护质量。做好新造动车组上线前的整修、精调，加强日常检修作业及质量卡控，严格落实出库联检制度，确保“复兴号”出库上线质量。(d)创新配件供应管理。推动铁路局集团公司与中车所属造修企业共建、共享动车组物料供应商平台，进一步降低采购和运维成本。(e)加强监造验收把关。加强对“复兴号”造修企业质量保证能力的评价，完善相关办法，对质量管控不力的企业采取预警、暂停产品接收等处置措施，充分保障动车组质量。(f)加强动车组运用检修作业一体化管理。加强各部门作业的协调组织，保证作业质量，提高作业效率。

c. 全面强化安全保障

动车组安全运营是保障质量的重点举措。(a)加强安全信息管理。建立“复兴号”动车组安全信息管理制度，规范信息收集、上报、统计、分析、考核等工作。(b)提升“复兴号”开行径路工电设备质量。推进高速铁路“强基达标、提质增效”工程和高速铁路标准线建设，全面提升工电设备质量。(c)有效管控外部风险。深入分析“复兴号”动车组运行径路沿线环境风险，提升对风、雨、雪、地震等自然灾害及异物侵限的预警预防能力。(d)提高应急处置能力。融合工务、电务、供电和机务、车辆应急指导资源，提升联合指挥、联合处置能力。针对外部环境、气候、场景变化以及长大隧道、长大坡道等情况，制定有效应对措施，修订完善应急预案。(e)强化旅客运输安全。强化“复兴号”安全保障措施，列车要按标准配备业务素质强的乘警值乘。

d. 持续提升服务质量

旅客的服务体验质量是品牌的核心内容，提升服务质量包括：(a)优化供给质量。国铁集团科学安排“复兴号”开行，不断强化高速铁路客运主力军作用，让更多旅客享受到“复兴号”的优质服务。(b)创新客运服务。不断优化和完善 12306 和手机 App 等客运服务平台功能，进一步提升用户体验。以常旅客计划为载体，推行差异化、个性化服务，打造“铁路畅行”服务品牌。(c)构建双网生活。推进“高铁网＋互联网”双网融合发展，进一步做好大站智能导航、自助实名制核验、互联网订餐及特产预订等服务。不断完善和拓展动车组 Wi-Fi 平台功能，面向旅客提供音视频、阅读、游戏、购物、商务、旅游等全场景、全行程服务，丰富旅行生活，改善出行体验。(d)加强经营开发。整合列车经营资源，规范列车经营服务标准，推动列车商业规模化经营。(e)强化服务保障。建立健全“复兴号”服务质量保障常态化机制，落实人力、物力、财力投入。(f)做强品牌服务。扩大“复兴号”品牌效应，打造“复兴号”服务品牌，从品牌建设、品牌标准、品牌理念、品牌服务等各方面，努力打造有特色、有亲和力、有示范效应的“复兴号”品服务牌。

e. 加强品牌宣传

扩大“复兴号”动车组品牌的社会影响力，以“复兴号”动车组扩大开行范围、时速350 km长编组动车组、智能动车组、时速 250 km“复兴号”动车组投用，时速 350 km“复兴号”动车组上线运营重要周年等节点为契机，及时宣传报道“复兴号”品牌战略实施的新进展、新成效，形成良好声势。结合境外铁路合作项目进展情况，做好“复兴号”动车组“走出去”宣传，扩大国际影响力。大力宣传“复兴号”研制过程中的科技领军人物、运营服务过程中的服务明星，讲好“复兴号”人物故事，展示他们的感人事迹和精神风貌。

另外，“复兴号”品牌战略实施，还需要有具有战斗力的科研、建造团队。可以依托“百千万人才”工程，在“复兴号”动车组研发、运营领域，培养造就一批具有较高学术技术造诣，成绩显著，起骨干或核心作用的专业领军人物和技术带头人，打造高层次专家队伍。围绕“复兴号”运营，广泛开展职业技能竞赛、岗位练兵、技术比武和主题劳动竞赛活动，实施在岗技能人员脱产轮训三年工程和铁路工匠引领工程，培育一支素质过硬的技术技能人才队伍，为实施“复兴号”品牌战略提供人才支撑。

(3)“复兴号”服务品牌建设与延伸

①“复兴号”服务品牌

动车组列车的开行是实现旅客位移服务的过程，也是位移服务的生产和消费过程，所以“复兴号”品牌战略的内涵，应该是以“复兴号”动车组为载体的客运服务品牌。客运服务品牌是能满足旅客理性和情感需要的价值，品牌的创建应该注重开发其个性价值。主要特征包括：

a. 个性化。服务品牌必须能提供优质的个性化服务内容，传达个性化的品牌理念。

b. 标准化。服务品牌应有标准化的服务规范，可以达到稳定的服务质量水平。

c. 顾客体验。服务品牌是在消费者长期的服务体验和企业与消费者的反复沟通中树立的，客运服务品牌建设的核心在于旅客的服务体验，如感官体验、参与体验、情感体验等。

②“复兴号”服务品牌建设管理

理论上讲，服务品牌建设管理的内容包括：服务品牌合理命名、专业服务运营机构、专业服务形象体系、专业服务渠道体系、建立快速反应机制、科学运作服务品牌传播等。从“复兴号”品牌战略目标和工作内容上看，基本包括了品牌建设的各方面。但在此需要强调的是打造“复兴号”品牌，不仅仅是动车组的研发、制造、运营维护及相关人员素质及技术水平的提升，还需要重视“复兴号”动车组列车的客运服务标准、流程及一线服务人员的业务素质及综合能力的提高。

服务质量是服务品牌的核心，影响服务质量的因素包括服务场所或服务界面的硬件设施、软件规范和人员行为。尽管动车组设计、设备配置、车内环境越来越人性化，但人员在客运服务中一定是最活跃的要素，也更能提升旅客在体验客运服务中的响应性、移情性评价，这是给予旅客更多心理、精神上的关怀，也是更能提升旅客对客运服务品牌的认知度和认可度。

中国标准动车组“复兴号”的名字极具中国特色，寄托着铁路人对中华民族伟大复兴的追求和期盼，所以“复兴号”是铁路服务品牌之经典。其文化内涵是，我国在决胜全面建成小康社会、实现中华民族伟大复兴中国梦的重要历史节点，将具有“中国名片”之称的中国标准动车组命名为“复兴号”，能够真实记载中国高速铁路技术装备走向世界先进行列的发展历程，深情寄托着中国铁路人对中华民族伟大复兴的追求和期盼。

③“复兴号”服务品牌延伸

“复兴号”服务品牌是在建设、维护、提升、拓展中不断成长壮大的，“复兴号”品牌应该做到不仅是中国人民出行服务的优秀代表，还应该成为中国铁路走出去的“名片”。所以“复兴号”品牌化战略的持续推进，必将在铁路客运核心服务上不断推出创新产品，而且也会在产品领域拓展上有更加丰富、辉煌的发展空间。“复兴号”服务品牌系列如图 8.24 所示。

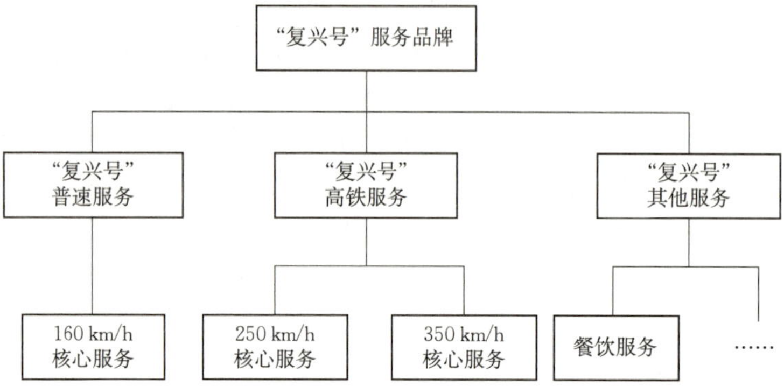

图 8.24 “复兴号”服务品牌系列

2. 南京客运段“紫金号”服务品牌

上海局集团公司南京客运段高速铁路车队担当沪宁、京沪、宁杭、杭甬、沪汉蓉、长沙、深圳、厦门等高速铁路线路所有高速列车的乘务工作，在东部铁路率先实现现代化新形势下，车队结合所处的区位优势、地域文化和自身特点，以“传播精神文明，争创服务精品，全面展示南京新形象”作为品牌打造的目标，通过改进服务方式、丰富服务内涵、创新服务手段，构建起较为完善的高速铁路“和谐之旅，瞬间感动”品牌服务体系，增强员工的品牌争优意识，夯实高速铁路服务工作基础，提高服务质量，赢得社会各界和旅客的广泛赞誉。

(1)“紫金号”服务品牌名称及内涵

品牌名称为“和谐之旅，瞬间感动”，“和谐之旅”表达了铁路运输服务的追求，高度契合社会主义核心价值观，体现品牌强烈的行业特征；“瞬间感动”是指服务人员在与顾客接触过程中的首个“十五秒”内，给旅客留下最美的印象。“紫金号”服务品牌导入国际服务界最新服务理念，在高速铁路服务的最短时间内，为旅客提供高品质的列车服务，打造和彰显高速铁路服务的品牌魅力。

“紫金号”服务品牌的建设分为三个阶段。一是品牌的孵化期，将服务品牌创建纳入文明创建总体规划；二是品牌的成长期，强化品牌理念，构建服务体系；三是品牌的成熟期，按照《南京市品牌管理办法》《南京市服务品牌建设评价准则》的要求，健全制度，进行品牌全面推广。

(2)“紫金号”服务品牌构成要素

①理念识别系统

a. 品牌核心理念。主要是“四个第一面”，包括：“第一面亲和力”，展现的是形象之美，体现的是亲切、友善、诚恳；“第一面气质谈吐”，展现的是内涵之深，体现的是自信、稳重、得体；

“第一面应变能力”，展现的是智慧之道，体现的是沉稳、变通、积累；“第一面心理素质”，展现的是状态之佳，体现的是自制、豁达、韧性。

b. 品牌服务宗旨。让旅客安全出行、方便出行，温馨出行。

c. 品牌服务目标。十五秒，努力让旅客瞬间感动。

②行为识别系统

a. 制度规范：一是制定实施《列车瞬间感动服务实施方案》，其中特别对团体旅客、老年旅客、孕(产)妇旅客、儿童旅客及残疾旅客等五类重点旅客接待服务标准进行了细化，使列车服务更温馨、更细腻、更具爱心；二是制定以旅客反映、应急处理、作用发挥为主要考核内容的《高铁乘务员星级评定办法》《乘务员竞争上岗办法》《差点班组公示制度》《列车长考核办法》，根据积分情况，实施“积分考核、尾数淘汰、培训提高、竞争上岗”的环流机制；三是建立乘务员和谐服务档案，及时记录个人服务行为，为评比提供原始资料和依据，并以此提高了高速铁路列车的服务满意度。

b. 品牌建设配套机制：一是坚持聘请社会知名人士为质量监督员，用好旅客留言簿，加强对信息的收集、处理，定期召开旅客座谈会，向旅客公布服务标准和投诉电话，主动接受监督，及时了解列车和谐环境建设中的旅客意见和建议，不断改进工作，创新服务方法，提高列车的社会形象。二是与铁路文化研究中心、南京铁道职业技术学院结对共建，在车队成立“服务文化研究基地”，进一步加强高速铁路服务文化建设，促进了高速铁路服务质量的不断提高。

③视觉识别系统

a. 品牌标识(logo)(如图 8.25 所示)

图 8.25　品牌标识

品牌标识与高速铁路整体标识一以贯之，其结构、字体、色彩、组合方式体现了一致性的原则。

品牌标识的总体布局动静结合，简洁大方，直观地显现了高速铁路列车的流线造型，传达了品牌的中、英文内容，和谐号高铁的英文缩写以及所属单位的名称。其中，整体的蓝色色调以及简洁的现代感设计，体现了高速铁路环保、高速的特点，以及服务不断创新、与速度同行的时代化的特征。

b. 标识运用

宣传类：包括展板、公示牌、服务卡片、毛巾套等。

环境类：包括车队名称牌、形象墙、腰线等。

办公类：包括信封、笔记本、纸杯等。

(3)“紫金号”服务品牌创建具体举措

①推出“高铁五多服务法”，即多备一招精心想，根据每趟客流的情况变化提前准备服务预案；多走一步留心看，注意观察旅客的服务需求；多问一句细心访，主动倾听旅客的乘车意见；多看一眼耐心讲，及时发现、劝阻旅客的不当行为；多助一把热心帮，倾力帮助旅客遇到的困难。

②推行导医、导游服务。收集整理了南京、上海、杭州等城市的交通、旅游、购物、餐饮、住宿、学校、医疗等各方面信息资料，分类做成地图册，注明所在区及等候通往各处所的公交车、地铁所在位置。还为旅客建立宾馆、医院、学校、订购机票等常用电话号码簿，想旅客所想，急旅客所急，帮旅客所需，最大限度地为旅客提供延伸服务。

③实行“满意一百”问询服务。要求每一名乘务员用真诚、热情的服务态度和细致、娴熟的服务技能，做到业务技能考不倒、服务本领问不倒、延伸服务难不倒，百问不厌。

④开设延伸接力服务。与铁路南京“158”雷锋服务站等全国数十家火车站联网，为重点旅客提供对接延伸服务。

⑤提供列车“百宝箱”。各趟高速铁路配备装有万能充电器、雨衣、婴儿奶瓶、针线包、扑克、象棋、儿童画册等的“百宝箱”，无偿提供旅客使用。

⑥建立微信服务平台。开通“南客沪宁城际高铁”和“南客宁杭高铁”微信服务平台，定时推送高速铁路乘车注意事项、正晚点提醒、列车沿线天气预报等，同时接受旅客求助。

(4)“紫金号”服务品牌创建成效

通过开展高速铁路服务品牌创建活动，增强了职工的争先意识，夯实了高速铁路列车各项基础工作，提高了服务质量。

①品牌效应逐步显现。沪宁城际铁路开行至今以优异的服务得到了广大旅客的认可，成为众多旅客往返南京与上海间的首选交通工具。随着宁杭、杭甬、宁安、连镇等高速铁路开通，在给市民出行带来更多方便的同时，也将对长三角旅游格局带来重大改变，成为拉动南京旅游经济总量的新的经济增长点，高速铁路的服务品牌效应愈加显现。

②社会效益收获颇丰。2018 年在上海市用户评价中心第三方满意度测评中，南京客运段高铁客运服务质量满意度为 85.78，同比上升了 2.02，在上海局集团公司所属的 4 各客运段中排名第一。截至 2020 年底，南京客运段被中央及省市媒体报道 270 余篇，以优质的服务和良好的形象赢得社会各界和旅客的广泛赞誉。

③获得多项荣誉称号。南京客运段 G106、G204、G1113 次动车组列车连续多年获国铁集团“红旗列车”称号。2017 年，高一车队荣获“全国三八红旗集团”荣誉称号、高二车队荣获“全国工人先锋号”荣誉称号，并被评为江苏省“学雷锋活动示范点”。2018 年，高一车队沪宁直达班组荣获“全路青年文明号”，高二车队荣获“全国青年文明号”，一批先进集体和个人获得上级表彰。

3. 其他服务品牌简介

(1)青岛客运段“海之情”

“海之情”(如图 8.26 所示)是青岛客运段于 1999 年 6 月向国家工商总局商标局申请、2000 年 9 月成功注册的“全国首件旅客列车服务商标”，是拥有注册商标的“中国第一个旅客列车服务品牌”，被媒体誉为“结束了中国铁路客运史上只有品种，没有品牌的历史”，2017 年荣获中国驰名商标。“海之情”标识，以飘扬

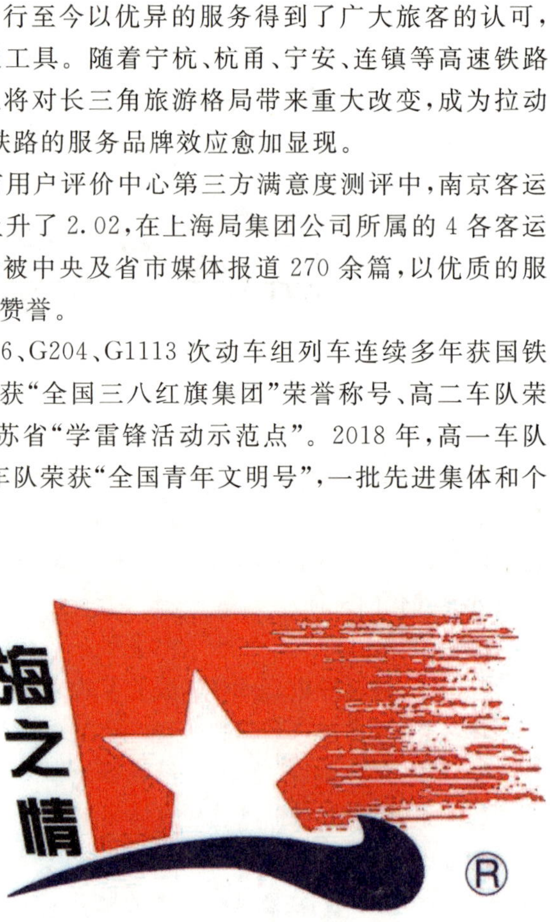

图 8.26　青岛客运段“海之情”

的红旗、奔驰的列车和大海浪花为设计主体，象征着红旗列车飞速前进；红旗，体现了英雄的红旗列车的热情和家的温暖，又体现了红旗列车一代接着一代，始终不渝的奉献精神；五星既代表了星级服务，又是全路的明星列车；大海象征着流动的家、流动的爱和青岛人开朗、宽广的胸怀。

(2)"天府号"市郊动车组

"天府号"(如图 8.27 所示)是指在成灌城际铁路上运行的 4 编组、时速为 200 km 的新型公交化动车组(CRH6A－A)，具有高密度、大运量、快起快停、快速乘降、适合"公交化"开行等特点。为真正地实现公交化运营，该车允许大约 20%左右的超员，而通常情况下，动车组若发生超员则会触发警报。该线公交化运营后，不再需要对号入座。2017 年 7 月，成灌线经停犀浦站，在全国率先实现了铁路与地铁间安检互认、同台换乘，乘客换乘仅需 2 min，换乘时间节省 80%，全线客流同比增长 60%。

图 8.27 "天府号"

除此之外，还有很多其他服务品牌。

8.4.2 高速铁路客运服务人员培训管理

高速铁路客运人员包括前台与旅客交互的服务人员，也包括后台提供支持工作的人员。高速铁路成网运营和技术装备水平的快速提升，对高速铁路站车等岗位服务人员职业素养和技能水平的要求也越来越高。高铁运输企业按照"分级管理、分工负责"的原则，搭建了"国铁集团、各铁路局集团公司、客运站段"三级培训管理体系，分层分级分岗位分阶段实施高速铁路岗位人员培训，培养高素质的高速铁路岗位人员队伍，为高速铁路安全运营和优质服务提供坚实的技能人才保障。

1. 培训管理制度建设

国铁集团、各铁路局集团公司、客运站段针对高速铁路岗位人员管理，均制定了相应的培训管理办法，强化高速铁路客运专业基础和人才队伍建设。如国铁集团、北京局集团公司专门针对高速铁路岗位人员培训建立的部分制度见表 8.8。

此外，还有大量高速铁路和普速铁路通用的职工教育培训管理制度办法，共同支撑高速铁路技能人才队伍建设管理。

表 8.8　高速铁路岗位人员培训制度目录(部分)

序号	层　面	制　度　名　称
1	国铁集团	高速铁路主要行车工种岗位准入管理办法
2		关于印发高速铁路基础设施维护岗位培训规范的通知
3		高速铁路岗位培训合格证书管理办法
4		关于强化高速铁路人才岗位准入和培训工作的意见
5	×局集团公司	高速铁路运营人员培训管理办法
6		高速铁路客运人员准入和人才储备办法
7		“铁路(高速铁路)岗位培训合格证书”管理实施细则

2. 培训流程

根据国铁集团《高速铁路主要行车工种岗位准入制度管理办法》和各铁路局集团公司有关规定，上岗人员必须依据高速铁路岗位标准和培训规范，组织岗位准入选拔和培训考核，合格后方可上岗。同时，为持续提升高速铁路岗位人员的技能水平和业务素质，建立了“四新”知识、岗位安全、实作技能等适应性培训和随机抽考、岗位星级、技术比武等考评机制。

(1)岗位准入条件

铁路运输企业均有高速铁路运营人员岗位准入相关规定，按照此规定选拔人员且培训合格后，才具备准入资格。当前国铁集团规定的高速铁路主要行车工种岗位包括9个工种、17个岗位，并由国铁集团编制相应岗位标准和培训规范，施行分级管理、分工负责。此外，各铁路局集团公司补充编制其他高速铁路岗位的准入标准，并制定培训实施细则或管理办法。如×局集团公司纳入岗前资格性培训及岗位适应性培训范围的高速铁路岗位见表8.9。

表 8.9　北京局集团公司纳入岗前资格性培训及岗位适应性培训范围的高速铁路岗位

序号	系统	工　种	岗　位	服务特点
1	车务	高速铁路车务人员	车务应急值守人员、客运值班员、客运员等	前台服务
		动车组客运乘务人员	动车组列车长、列车员等	
2	机务	动车组司机	动车组司机、动车组地勤司机等	后台服务
3	车辆	动车组机械师	随车机械师、地勤机械师等	前台服务
		动车组高级修及其他	动车组机械件修理人员、动车组电气件修理人员、动车组探伤人员等	后台服务
4	工务	铁路线路工、桥隧工	高速铁路线路维修、高速铁路桥隧维修等	
		轨道车司机	高速铁路轨道车司机、高速铁路接触网作业车司机等	
		大型线路机械司机	铁路大型线路机械司机岗位	
5	供电	接触网工、电力线路工	高速铁路接触网维修、高速铁路电力线路维修、高速铁路变配电设备检修等	
6	电务	信号工	高速铁路现场信号设备维修、控制中心信号设备维修、动车组列控车载信号设备维修等	
7	通信	铁路通信工	高速铁路通信综合维修、通信网管、动车组车载通信设备维修等	

(2)资格性准入培训

高速铁路人员岗前资格性培训是指按照岗位准入管理规定,对符合高速铁路岗位基本素质要求人员取得上岗资格而组织开展的业务培训,包括安全知识、专业理论培训与实作技能培训。安全知识、专业理论培训采取集中脱产形式,实作技能培训采取集中脱产、入厂实习、导师带徒和模拟演练等多种方式。高速铁路人员完成岗前资格性培训所有科目后,应按照规定分“安全知识、理论知识和实作技能”三项进行考核。考核合格后方可持证上岗,对安全关键项点内容未掌握人员应进行补培补考,直至全部掌握。

①培训规范和教材

国铁集团、各铁路局集团公司分级分工编制岗位标准(包括基本素质要求、基本技能要求、工作质量要求、培训考核要求)、《高速铁路岗位培训规范》《高速铁路岗位人员培训大纲》《高速铁路岗位人员培训教学指导书》等,进一步规范高速铁路岗位人员的资格性培训组织实施,保证岗前资格性培训质量。客运岗位培训规范如图 8.28 所示。

图 8.28 客运岗位培训规范

②培训组织实施

按照岗位性质、培训类型的不同,分国铁集团、铁路局集团公司、站段三个层次组织岗前资格性培训。以北京局集团公司为例,动车组司机、动车组机械师、动车组高级修人员专业理论知识送国铁集团培训;集团公司负责轨道车司机、铁路线路工、桥隧工、轨道车司机、接触网工、电力线路工、信号工、铁路通信工专业理论知识培训,组织相关培训承办单位实施,指导相关运营单位实施实作技能培训;运输站段负责组织实施主要行车工种岗位人员安全、实作培训,负责组织实施集团公司其他高速铁路岗位人员的安全、理论、实作培训。

(3)适应性培训

高速铁路人员岗位适应性培训是指为巩固、提高在岗人员作业技能而组织开展的业务培训。要求按照岗位标准、培训规范、培训大纲、培训指导书等,从在岗人员作业项目及岗位能力分析入手,按照“缺什么,补什么”的原则,结合高速铁路新技术、新设备、新工艺、新规章的特点，以应知应会、故障处理和应急处置为主，不断优化培训内容，在培训大纲编制、培训内容设置、培训教材选编等方面，应用模块化的教学方法组织培训，提高培训针对性和有效性。

3. 多样化培训考核

国铁集团、各铁路局集团公司为了增强培训效果，充分利用信息技术、互联网、仿真平台、实训基地、考核激励等内容、方式方法创新，开展多样化培训考核。其中典型做法如下：

(1)建立抽考机制。如上海局集团公司制定《上海铁路局专业处室定期抽考管理办法》，指导各专业部门结合本系统特点，颁布各自抽考机制，每季度随机抽选运输站段相关岗位人员，统一组织实施抽考，并对抽考情况进行分析和通报，将抽考结果作为评定站段培训质量的重要依据，纳入集团公司对站段的安全质量、班组管理等考核项目。同时，职工培训部会同集团公司各专业部门，每季度对各系统的抽考成绩、抽考组织等情况进行深入分析，对典型问题进行行文通报。各站段建立健全月度抽考制度，规范考务组织，严肃考场纪律，保证了抽考结果能客观地反映职工业务素质的真实情况，把抽考结果纳入岗位星级管理和标准化创建考评。

(2)星级员工评定。针对职工岗位性质特点，综合考量技术素质、按标作业、工作业绩等因素，在各运输站段深入推进岗位星级评定，并将岗位星级评定结果与职工的工资待遇、与职工职业生涯发展、与标准化班组创建相挂钩、相结合。在推行岗位星级评定机制过程中，注重动态管理，周期内，职工参加技能竞赛、业务抽考取得较好名次，安全生产中有立功表现等，给予升星奖励；对参加业务技能考试成绩不合格，违章违纪行为多发的个人，及时给予降星处理，最大程度发挥岗位星级评定对职工学业务练技能，“遵章守纪、按标作业”的促进作用，充分调动了职工学技练功的主动性、积极性。

(3)实训基地建设。国铁集团先后建立了高速铁路技术培训中心、铁路继续教育高新技术基地、高速铁路事故救援培训中心、高速铁路职业技能训练段等，满足不同专业、不同岗位的人员培训需求。2014 年建立的武汉高速铁路职业技能训练段(如图 8.29 所示)，是我国首个专业高速铁路人才训练基地。

图 8.29 武汉高速铁路职业技能训练段

2021 年 2 月 5 日，全路规模最大的客运培训基地——上海局集团公司客运培训基地(如图 8.30 所示)正式投入运营。该培训基地推行专业主导下的培训项目制管理，聚焦专业管理重点和职工素质短板，在增强培训针对性、有效性上下功夫，积极为企业高质量发展提供专业化人才保障。在创新培训教育模式方面，科学合理开发设计教材课程，设计实景练习，仿真软件模拟实操方法，按照“教学大纲＋培训教材＋课程开发”模式，采用“1＋7”大纲模式，其中“1”为通用部分，“7”为 17 个客运工种集合而成的 7 个矩阵，包括售票组织、安检查危、乘降组织、行包组织、乘务组织（动车）、乘务组织（普速）和餐售保洁，全面规范客运职工培训内容。在创新教材形式方面，兼顾可读性和趣味性，将传统的配图用年轻人喜欢的漫画形式进行升级和替代，并插入二维码，扫码即可使教材变为“口袋书”，随时随地进行学习。在教学方法上，采取小班化教学、翻转课堂、沉浸式教学等全新方式，增强客运培训的针对性实效性。同时，设置了动车组实训室、红十字实训室、保洁实训区等，为培训工作提供现场实景培训场所，增强培训效果。

图 8.30　上海局集团公司客运培训基地

8.4.3　高速铁路客运服务产品质量管理

科学有效的管理和约束机制是提升服务产品质量的前提和保证。高铁客运服务产品质量的提升主要来自两个方面：一是内部的管理促进，如客运监察、客运站段服务质量的考核评价等内部管理机制的完善和规范运作；二是外部的监督约束，如旅客投诉、媒体反映、舆情监督等。以下主要介绍高铁客运服务产品内部管理。

1. 责任层级划分

我国高速铁路客运产品设计、运营管理都是在国铁集团的整体领导下进行的，各铁路局集团公司重点负责运输、服务市场研究及服务产品定位分析，在此基础上，设计符合国铁集团整体原则和地方特色的核心服务产品及提升旅客感知质量的辅助服务。服务质量内部管理与控制重点是铁路局集团公司层面，具体内容如下：

(1)各铁路局集团公司客运部是高铁客运服务产品管理的主管部门，负责制定高铁客运服务产品管理的相关规章制度和办法，指导站段加强客运服务产品管理工作，组织开展对站段客运服务产品管理工作的检查和考核，开展客运服务产品管理工作调研，提出提升客运服务产品管理工作的建议和设想，受理旅客对高铁客运服务产品质量的投诉和建议，负责对客运服务产品质量问题的调查和处理。

(2)各客运站段及与旅客运输服务质量直接相关的单位是客运服务产品管理工作的责任主体,负责细化本单位客运服务产品质量管理制度和奖惩办法,组织本单位各部门、岗位落实客运服务产品质量管理相关措施和要求,加强对本单位客运服务产品质量工作的检查,根据铁路局集团公司要求开展客运服务产品质量问题的调查、处理、上报,组织对客运服务产品质量工作的调研,提出改进客运服务产品质量工作的建议和意见。

(3)各客运站段的营销(乘务)科负责本单位客运服务产品质量的日常分析与管理工作。主要通过铁路客流、服务评价等大数据,实时掌握客运市场及高速铁路核心、辅助产品的经营现状,为及时发现问题,调整运输和服务方案提供依据。

2. 基本原则和基本制度

客运服务产品质量控制与管理是涉及前后台服务和技术各部门的工作,牵一发而动全身,所以对服务质量的管理应该坚持以下原则,建设行之有效的制度。

(1)基本原则

①系统主抓原则。坚持客运系统专业主导、主管,其他专业系统(部门)和公安部门积极参与各负其责。

②问题导向原则。坚持"标本兼治、奖惩并举"的根本方向,切实维护旅客和职工的合法权益,维护铁路企业的社会形象和声誉。

③强基达标原则。坚持不懈抓基础,完善制度、规范运作,努力实现客运服务产品质量管理水平的稳步提升。

(2)基本制度

①预警制度。预警分为提示预警和结果预警两类。每年春运、黄金周、暑运等服务质量工作敏感阶段,铁路局集团公司客运部提前下发提示预警,站段组织进行专题研究,制定有效预防或改进措施。对发生服务质量问题的单位,由铁路局集团公司客运部予以结果预警。

②分析制度。建立站段层面的高铁客运服务质量问题分析制度,服务质量不良反映由车间(中间站)、车队组织分析;服务质量一般以上的问题由站段组织分析,并视情况由分管领导参加。分析主要围绕现场执标、专业管理、过程控制和干部履职等方面进行深入剖析,并形成分析记录。

③例会制度。通报检查发现的客运服务质量问题,跟踪客运服务质量重点工作落实情况,协调解决现场工作中存在的问题,细化布置加强当前客运服务质量工作的措施和要求。

④问题通报排序制度。铁路局集团公司客运部每月对全局发生的客运服务质量问题、旅客投诉、来信来访等情况进行通报,并对各单位服务质量工作进行排序。被铁路局集团公司通报的各责任单位组织对问题分析和整改。

⑤综合评价考核制度。铁路局集团公司客运部每月对相关单位的客运服务质量工作进行综合评价,作为工效挂钩考核的重要依据。站段对各车间、车队的客运服务质量工作进行综合评价。

⑥回访制度。铁路局集团公司客服中心每日随机抽取一定数量的旅客,进行服务工作的电话回访。

⑦问题攻关制度。铁路局集团公司客运部定期组织站段上报有关影响客运服务质量工作的难点、热点,组织专题性研究攻关,及时修订、完善相关制度办法,有力推动客运服务质

量工作的提升。

⑧培训制度。站段结合职工日常培训工作，将服务质量标准、服务工作意识、现场服务技能等列入日常适应性培训计划，通过系统、规范、持续的培训，提升干部职工的服务意识、服务技能和业务技能。

3. 监督检查

高铁客运服务产品质量管理，不仅是企业的职责，更是维系客运服务供应商与消费者之间合法权责的问题，所以，在设计和执行严格的内部服务产品质量管理制度以外，还需要构建企业“外部”的质量监督机制，通过国铁集团、各铁路局集团公司之间对客运服务产品质量进行相互监督式“纠错”检查，实现高铁客运服务产品质量的稳定性，这也是维系客运服务品牌化发展的重要手段。

(1)监督机制

①客运服务监督监察工作实行国铁集团和铁路集团公司二级监察制度，相关客运监察负责对管辖范围内的站车旅客运输服务工作开展监督检查，监督监察记录见表8.10。

表8.10 客运服务质量监督监察记录

客运服务质量监督监察记录 编号No

时间：______年______月______日至______年______月______日

地点：______站(车次) 区间：______站至______站

被检查单位：________________________

主要内容：..

被检查单位负责人：______________签字(盖章)

客运监察：______________、______________、______________签字(盖章)

注：本记录一式两份，一份交被检查单位。一份自存。

②铁路局集团公司采取阶段性专题检查、日常检查等方式，实施对站段客运服务工作的检查监督。

③站段结合客运站区网格化管理和干部跟班写实等制度要求，加强对现场作业的日常检查，有效控制现场岗位作业规范达标。

④站段建立客运服务自我监督机制，通过对问题的自查自纠，提早发现存在的问题，并

做好对问题的整改。

(2)监察检查内容

①监督检查相关单位在旅客运输过程中执行国家法律法规和国铁集团、铁路集团公司有关规章、制度、标准等情况。

②监督检查站车客运服务设备设施、备品的质量和使用情况。

③监督检查站车客运工作人员作业标准、作业纪律、质量规范的执行情况。

④监督检查站车秩序、售票组织、候车乘降、服务引导、环境卫生、饮食供应、行包运输、多元经营、结合部管理等情况。

⑤监督检查相关单位对旅客投诉等客运服务产品质量问题的处理。

⑥监督检查站车客运工作人员对规章、安全等各类应知应会及基础业务的掌握情况。

另外,国铁集团和各铁路局集团公司对高铁客运服务产品质量进行第三方旅客满意度测评,并结合旅客运输服务的实际和变化,合理调整测评项目和测评单位,对各单位客运服务质量工作进行综合评价,促进服务质量不断提升。

8.5 高速铁路客运服务投诉处理

随着市场的发展,旅客维权心理意识和人性化服务的要求增强,高铁客运服务管理工作已不仅仅停留在开发几个特色服务上,而更重要的是突出做好完善现行内部制度管理和服务规范上,强调在制度和法律允许范畴下,处理高速铁路运输企业与旅客的关系。其中,旅客投诉处理工作愈来愈成为高速铁路运输企业服务管理的重要环节。

8.5.1 高速铁路客运服务投诉类型

高铁客运服务投诉可按投诉内容、投诉定性和投诉影响(严重程度)来划分。

1. 按照投诉内容分类

按照旅客投诉内容分类情况见表8.11。

表8.11 旅客投诉类型及内容

序号	类　型	内　容
1	客运服务	候乘组织、文明服务、制度落实、业务差错、安全检查、设备设施、旅客伤害、运输组织、重点旅客服务、环境卫生、站车秩序等
2	售票服务	售补票差错、售补票态度、制度落实、营业时间、售票组织、售票设备、违规收费、违章违纪、代售点服务等
3	公安服务	安全检查、公安制证、服务态度、制度落实、在岗履职等
4	餐饮服务	餐饮质量、饮食卫生、服务态度、虚假宣传、餐饮收费等
5	售货服务	商品质量、虚假宣传、收费标准等
6	保洁服务	服务态度、卫生清扫、制度落实、违章违纪等
7	延伸服务	行李搬运、小件寄存、收费标准、强制消费、服务态度、错误引导等
8	电子支付	互联网购票、车站POS机及微信、支付宝购票、TVM购取票等

2. 按投诉定性分类

根据旅客投诉的事实内容，将旅客投诉定义为有责投诉和无责投诉。

有责投诉是指因站车在安全管理、设备设施、环境卫生等方面问题给旅客造成损失，站车工作人员违反业务规定造成旅客损失，站车工作人员与旅客发生肢体冲突、口角或辱骂旅客等，从而导致旅客投诉的行为。

无责投诉是指因旅客违反铁路规定或不接受铁路相关规定，片面歪曲、夸大事实而对铁路现场工作人员的投诉。无直接证据证明站车现场工作人员在处理旅客违章时，存在与旅客发生肢体冲突、口角或辱骂旅客情节的，原则上应视为无责投诉。

3. 按投诉影响(严重程度)分类

根据投诉的处理难度及造成的负面影响，可具体分为不良反映、一般投诉、重大投诉和疑难投诉四种。

不良反映指投诉受理人员在权限范围内能够直接解决的；一般投诉指不能直接与投诉人协商处理，需经授权或需转交其他相关职能部门进一步调查、研究、处理的投诉；重大投诉指投诉人反映的问题涉及铁路形象和声誉，有可能引起媒体报道，有较严重的负面影响，或投诉人反映的问题涉及面较广、有引发群体投诉隐患的投诉；疑难投诉指投诉人反映的问题，投诉处理人员及本级相关协调部门无法直接处理，或旅客与铁路企业多次协调仍不能达成一致意见，需要上报上级机构审批的投诉。

8.5.2 高速铁路客运服务投诉渠道

高铁客运服务旅客投诉受理渠道主要包括电话、互联网、信件等，以及社会监督机构、上级单位和政府部门等转来的投诉。

1. 12306 客户服务中心

主要通过 12306 网站首页“客户信箱”有关客运的邮箱 kyfw@12306.cn 投诉，或拨打 12306 客服热线，根据电话语音提示进行投诉。

2. 各铁路局集团公司路风监察办公室

各铁路局集团公司路风监察部门受理旅客对铁路路风问题方面的投诉，可以查找各铁路局集团公司电话进行投诉。

3. 国家铁路局局长信箱

通过国家铁路局网站(http://www.nra.gov.cn/)首页的局长信箱或投诉举报栏进行投诉反馈，如图 8.31 所示。

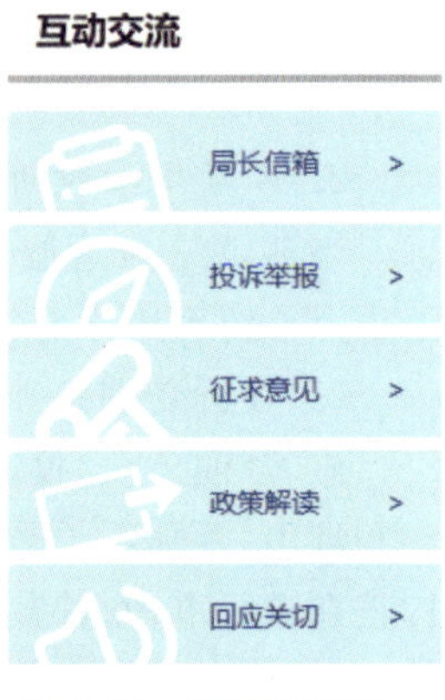

图 8.31 国家铁路局网站首页投诉界面

4. 全国消费者协会投诉

主要有拨打 12315 热线、网上直接投诉、直接向消费者权益保护委员会投诉三种方式。

8.5.3 高速铁路客运服务投诉处理流程

1. 投诉处理部门及主要职责

投诉处理涉及部门主要包括国铁集团客运部、国铁集团客户服务中心(以下简称客服中心)、国铁集团所属各旅客运输相关单位、国铁集团相关部门及铁路公安局等,各部门的主要职责见表8.12。

表8.12 投诉处理部门及主要职责

部门	主要职责
国铁集团客运部	1. 落实旅客投诉处理管理制度,制定铁路局集团公司旅客投诉处理管理办法。 2. 指导铁路局集团公司客服中心做好旅客投诉受理工作。 3. 检查、监督客运站段旅客投诉处理工作。 4. 组织开展旅客投诉调查处理、责任认定和职工申诉调查、定性。 5. 建立与相关部门沟通机制,协调旅客运输服务相关业务主管部门做好旅客投诉处理工作。 6. 调查答复上级单位、社会监督机构、政府部门等转集团公司的投诉问题
客服中心	1. 负责受理电话、互联网、信件投诉,以及社会监督机构、上级单位和政府部门转来的投诉。 2. 组织客运站段及旅客运输服务相关单位做好调查处理并反馈结果。 3. 汇总、分析铁路局集团公司管辖范围内的旅客投诉情况,提出改进意见和建议。 4. 定期与基层单位开展客服业务及人员培训交流、征求意见,编制、汇总典型投诉案例,并组织开展客服人员业务培训。 5. 受理职工对旅客投诉处理的申诉
国铁集团所属各旅客运输相关单位	1. 落实国铁集团、各铁路局集团公司关于旅客投诉处理管理制度,结合本单位实际,制定旅客投诉处理处置流程及工作标准。 2. 调查、处理上级单位、社会监督机构、政府部门等转来的涉及铁路运输的旅客投诉,确保投诉接受渠道畅通,按要求提报调查材料及结果。 3. 调查、处理本单位直接受理的旅客投诉。 4. 汇总、分析本单位旅客投诉情况,有针对性地制定整改措施,改进服务质量和管理水平。 5. 参加上级单位组织有关培训和业务交流;对本单位相关岗位职工加强培训,提高业务水平。 6. 协调、处理所属区域负有监管责任的外包、租赁等业务涉及的投诉问题。 7. 对旅客投诉职工申诉进行调查
国铁集团相关部门及铁路公安局	集团公司运输、车辆、机务、工务、供电、价格、经开、房产、劳卫、安监、宣传、政法办(综治办)等部门负责旅客投诉的协调处理,指导、监督相关单位做好旅客投诉处理工作;信息部门按职责做好系统网络保障;铁路公安局按规定做好旅客站车等相关投诉问题的调查处理工作

2. 客服中心投诉处理原则及时限要求

当前,12306客服中心是旅客投诉渠道中最重要的,也是投诉受理数量最大的,因此,以下重点介绍客服中心投诉处理原则和流程。

(1)投诉受理条件及投诉要件

旅客(或公众)投诉运输企业服务质量等问题,要有明确的被投诉对象和具体的投诉事实和理由,否则不予受理。投诉不予受理的情况包括:①无具体的投诉事实;②法院、仲裁机构正在进行审理、仲裁,或者判决、仲裁已经发生法律效力的,其他有关行政机关正在处理的;③纠纷双方曾达成协议并已履行,无新的投诉事由的;④不符合国家法律、法规、规章有关规定及客服中心投诉管理办法所述条件进行投诉的。对于不予受理的投诉,有确切联系方式和投诉人姓名的,应及时告知投诉人,同时向投诉人说明理由。

另外，旅客（或公众）向铁路部门投诉，其投诉信息必须包括内容：①投诉人的姓名或单位名称、联系人及联系方式；②被投诉单位名称或当事人姓名、工作牌号、基本特征；③投诉事实的具体情况（包括时间、地点、理由、经过）；④投诉请求；⑤有关证据。

（2）投诉处理原则

铁路运输企业，针对旅客投诉内容和诉求，实施投诉处理应遵循以下原则：

①快速处理，即及时受理客户投诉，并在第一时间进行处理。

②合规处理，即投诉处理要符合有关政策和规章制度以及相关法律规定，坚持实事求是，公平合理，满足客户正当需求。

③专人负责，即设立专门的投诉处理岗位，配备专门的投诉处理人员。

④部门协作、责任明确，即根据投诉涉及问题性质和种类，及时流转相关职能部门调查、处理，涉及客服中心的投诉，应积极处理，对责任人予以考核。

⑤属地处理，即遇非本局集团公司的投诉时，应流转由所辖客服中心负责客户投诉问题流转及处理。

⑥客户利益与铁路利益兼顾，即处理客户投诉要兼顾客户利益与铁路利益。

（3）投诉处理时限要求

对投诉的处理过程及结果回复的时间标准，是旅客对客运服务感知“响应性”、体验与评价的重要表达。我国铁路投诉处理时限要求包括：

①普通客服代表应对旅客投诉内容进行鉴别，属不良反映的必须在第一时间处理。

②由涉事单位处理的一般工单，要求在 3 个工作日内将处理情况反馈客服中心。上级催办的紧急投诉，客服中心可提出具体时限要求。

③对于重大、疑难投诉，应在 10 个工作日内处理完毕并回复客户。

④遇特殊情况，在规定时限内处理不完的，客服中心要向责任单位催要处置信息及原因。

3. 客户服务中心投诉处理流程

（1）参与投诉处理的人员及机构

①客户，即为发起投诉行为的旅客。

②客服代表，指与客户直接对接的工作人员，主要负责问候客户、安抚客户情绪、记录投诉信息等，是客户发起投诉行为后的第一接触人。

③分析投诉事件的客服专家，主要负责审核“投诉工单”，判断投诉事件是否属实，若不属实则直接联系联系客户，回复结果，若属实则提出处理意见并转至相关单位，根据相关单位的反馈结果回访客户。

④投诉事件中应承担责任的相关单位，主要负责联系客户了解投诉情况，将投诉结果告知投诉客户，并以书面形式反馈客服中心。

（2）投诉处理流程（如图 8.32 所示）和各机构、人员的基本工作内容

①记录与确认

a. 客服代表在电话受理过程中，要对客户投诉事由进行复述确认，流转至投诉处理岗位人员录入工单并流转处理。

b. 对符合受理条件的电子邮件投诉，应在 2 个工作日内向客户发送回复确认，或以电话方式告知客户。

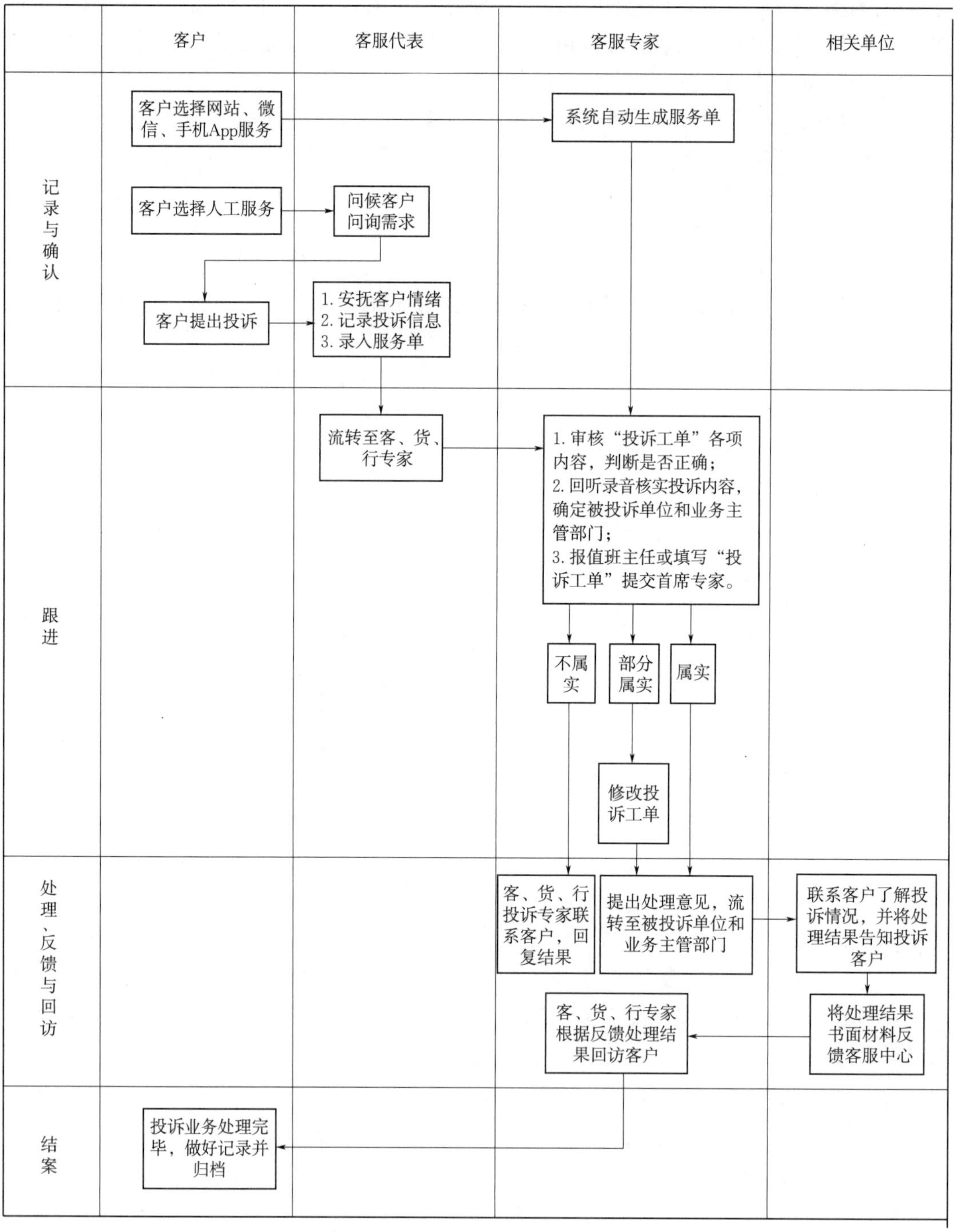
客户
客服代表
客服专家
相关单位
记录与确认
客户选择网站、微信、手机App服务
系统自动生成服务单
客户选择人工服务
问候客户问询需求
客户提出投诉
1. 安抚客户情绪
2. 记录投诉信息
3. 录入服务单
跟进
流转至客、货、行专家
1. 审核“投诉工单”各项内容，判断是否正确；
2. 回听录音核实投诉内容，确定被投诉单位和业务主管部门；
3. 报值班主任或填写“投诉工单”提交首席专家。
不属实
部分属实
属实
修改投诉工单
处理、反馈与回访
客、货、行投诉专家联系客户，回复结果
提出处理意见，流转至被投诉单位和业务主管部门
联系客户了解投诉情况，并将处理结果告知投诉客户
客、货、行专家根据反馈处理结果回访客户
将处理结果书面材料反馈客服中心
结案
投诉业务处理完毕，做好记录并归档

图 8.32　投诉处理流程

c. 对于接上级部门转办投诉的，由客服中心投诉处理岗位人员在 2 个工作日之内向客户确认已经受理其投诉，必要时将与客户沟通的内容记入投诉工单。

d. 对于一次受理涉及多方面投诉，涉及多个部门的，应在“投诉工单”(见表 8.13)中详细描述客户投诉涉及的所有问题。

e. 对于客户重复投诉，即对于同一有效投诉。在处理时限后，客户对处理结果不满意，客户再次提出投诉，要对责任单位进行催办，并与首次记录的服务单进行关联。

表 8.13 铁路客户服务中心涉诉受理工单

<table>
<tr><td colspan="2">受理单号</td><td colspan="2"></td><td colspan="2">受理时间</td><td></td></tr>
<tr><td colspan="2">投诉人</td><td colspan="2"></td><td colspan="2">来电号码/E-mail</td><td></td></tr>
<tr><td colspan="2">投诉方式</td><td colspan="5">电话/电子邮件/网站/App/微信/信函/社会监督机构/上级单位/政府部门/其他</td></tr>
<tr><td colspan="2">涉诉部门
（单位）</td><td colspan="5"></td></tr>
<tr><td colspan="2">涉诉对象</td><td colspan="5"></td></tr>
<tr><td colspan="2">事件类别</td><td colspan="5"></td></tr>
<tr><td colspan="2">内容摘要</td><td colspan="5"></td></tr>
<tr><td rowspan="2">责任
单位</td><td>主送</td><td colspan="5"></td></tr>
<tr><td>抄送</td><td colspan="5"></td></tr>
<tr><td colspan="2" rowspan="2">批转意见</td><td colspan="5"></td></tr>
<tr><td colspan="5">受理单位公章
年 月 日</td></tr>
<tr><td colspan="2">涉诉单位
处理结果</td><td colspan="5">一、事情经过
二、调查核实
三、原因分析
四、处理结果
1. 对旅客的回复意见：
2. 对责任人的考核：
五、整改措施</td></tr>
<tr><td colspan="2">回复时间</td><td></td><td>回复方式</td><td></td><td>回复人</td><td></td></tr>
<tr><td colspan="2">回访时间</td><td></td><td>回访方式</td><td></td><td>回访人</td><td></td></tr>
<tr><td colspan="2">回访情况</td><td colspan="5"></td></tr>
</table>

f. 对于升级投诉，即对于同一有效投诉在处理结束后，客户对处理结果不满意，再次向上一级部门投诉或投诉至媒体、外部监管机构应作为升级投诉，重新登记投诉受理记录表进

行流转。

②跟进

a. 对于无法直接为投诉人解决问题的一般性投诉，投诉受理人员将“投诉工单”提交投诉涉事单位。如主要处理单位认为该投诉案件不属于其职责，客服中心投诉处理人员应再次进行分派。

b. 对于提交流转的“投诉工单”，处理时限或超过处理时限仍未有任何反馈的，投诉处理人员应向主要处理部门以电话或工单形式进行催办。

③处理、反馈与回访

a. 对于权限范围内的一般性投诉，在收到责任单位做出与客户之间最终处理情况和回复客户的反馈信息后，客服中心投诉受理人员要向客户反馈、回访、确认。

b. 重大、疑难投诉须提请铁路局集团公司相关业务处室汇报解决，必要时可报国铁集团请求支持。

c. 责任单位调查核实处理完毕后，客服中心应以日报形式将处理结果予以反馈。

④结案

有效投诉和无效投诉的结案条件不同。其中，有效投诉是指旅客对铁路客运服务过程中进行的投诉，经调查确实属于铁路责任的投诉案件。投诉事项有下列情形之一的，可以结案：a. 经过客服人员安抚解释，客户理解；b. 对责任清晰且确属铁路责任的，站段（公司）与客户之间达成一致意见，投诉得到相应解决；c. 客户不同意投诉处理结果或对投诉处理不服的，经铁路局集团公司或上级相关业务处室认定处理结果确实依法合规的；d. 处理过程中客户提出自愿放弃投诉，责任单位反馈处理情况的可作为有效投诉进行结案，标注“撤诉”字样，特殊情况报客服中心上级部门批准；e. 客服中心调查或回访过程中，连续或不同日期拨打客户电话 3 次未接听。

无效投诉是所描述的投诉定义范围以外以及已提交人民法院或仲裁机构的投诉，或经调查不属于铁路责任的投诉。有下列情形的可以结案：a. 经调查核实，客户投诉不成立，可进行结案，客服人员做好相关解释工作；b. 对于铁路责任的其他原因投诉，或已经人民法院判决或已经仲裁的投诉，或投诉受理、处理过程中，客户就投诉事项向人民法院提起诉讼或申请仲裁，或铁路部门已将案件移交司法机关进行处理，可进行结案；c. 经调查，属客户对铁路有关规定不理解或因客户操作不当而出现的投诉，要将有关规定和流程向客户做出解释和说明；d. 客户要求超出铁路权限，或明显违反相关规定及政策，应予以解释；e. 对铁路有关规定的误解或有记忆、心理、精神障碍客户的投诉，应做出解释和说明，尽力化解矛盾。

9 高速铁路客运票务服务

票务服务是高速铁路客运的核心服务内容，也是对高速铁路位移服务产品进一步分解（席位位移分解成旅客位移）实现市场交易的环节，包括前台与旅客的交互服务和后台票务管理两个方面的工作。具体通过对票种票制、售票组织、销售渠道等设计，弥补高铁客运服务列车开行方案、运行方案无法满足旅客需求差异的局限，向旅客提供更加多样化、多层次、个性化的客运服务。

9.1 高速铁路客运票务服务概述

9.1.1 高速铁路客运票务服务内容

高速铁路客运位移服务具有“生产与消费过程”同一性特点，一般要求旅客提前支付相应费用，换取的消费凭证——“客票”（当前包括电子客票和纸质车票）即为旅客得到的与核心服务包内容及标准相符的服务消费权。高铁运输企业围绕“客票”，提供前台和后台两方面的票务服务内容。

1. 高铁客运票务前台服务

高铁客运票务前台服务是指高铁运输企业在票务层面与旅客的交互服务，包括向旅客提供的信息查询、售票、取票、退改签、补票、打印“行程信息提示”凭条和报销凭证等服务内容。

(1)信息查询。查询可供选择发到站、车次、时间、余票、票价等信息。

(2)售票。包括互联网、电话、车站售票窗口、代售点、自动售票机等多种方式。当前互联网购票的比例最大且逐年递增，选择在窗口购票的旅客主要是老年旅客或脱网人群。

(3)取票。取票包括站内人工窗口和自动取票机两种方式。全路实施电子客票后，取票业务已大幅减少，取而代之的是换取报销凭证。当前仍有部分未实行电子客票的车站（如孟洞河站）、列车种类（如公益性慢火车）、票种（如通票、团体票）尚保留换取纸质车票的服务。

(4)改签。改签包括互联网改签、站内人工窗口改签两种方式，且服务对应方式的改签时限要求不同。

(5)退票。退票包括站内人工窗口和网络退票两种方式。当前车票预售时间较长和互联网订票量比例的增加，网络退票需求占比较大。

(6)补票。只有人工补票方式，服务环节较多，服务时间较长。

(7)站内人工窗口和自动取票机两种方式。有此需要旅客可在规定期限内凭有效证件自行前往打印。

此外，随着12306网站及手机App功能、架构和用户界面不断优化，拓展预约预订、无票候补等功能，促进了票务服务创新发展，提升了用户体验和黏性。

与高铁客运站车服务是"位移"的生产性环节不同，票务服务一般要求旅客提前支付费用，这一前置性导致旅客在购买时可以采取互联网、手机 App 等线上方式，也可以采取车站窗口、代售点等线下方式，即票务服务与站车服务时间、空间的分离；同时，高铁运输企业为了满足旅客特殊需求，可以在车站、列车办理补票、客票升级等服务，即票务服务与站车服务时间、空间的重叠。票务服务的这一特性也决定了票务服务后台管理的重要性。

2. 高铁客运票务后台服务

高铁客运票务后台服务是高铁运输企业为了更好向旅客提供前台票务服务，而在后台所做的支持性服务，包括票务相关管理规范的制定、相关系统平台及设施设备的维护、管理体系建设及人员培训等内容。

(1)票额管理

票额管理是运输企业在市场需求及服务战略等要求的基础上，通过合理、有效的组织方式，将不同类型和档次的"席位位移"裂解成以"旅客位移"为中心的客票，并进行组织销售的过程。在客票的销售期间，客票管理部门要根据市场需求的变化情况，实时对票额进行动态调整。

(2)客票营销组织策略

客票营销组织策略是运输企业通过售票行为的组织，将列车席位在合适的时间以合适的产品形式售给合适的旅客。客票营销组织策略是票额调整的主要手段，包括短途套用、限售区段调整、票额共用、席位复用等。这些组织手段一般不单独使用，而是在车票预售期间的不同时间段内组织使用，从而充分利用高速铁路运能，提高客运收益。

(3)客票预售期管理

客票预售期管理是运输企业指对列车票额发售时间的管理，可以从车次、席别、票种、车站、业务种类、渠道等多方面灵活设定预售期，从而实现票额持续稳定的发售。

9.1.2 高速铁路客运票务服务发展

随着人们生活水平不断提高，旅客对出行品质有着更高要求和期待，客运服务从主要满足基本出行需求向满足多层次、多样化、个性化的出行需求加快转变。高速铁路持续快速发展，成为铁路客运主力军。票务服务作为高铁客运服务的核心服务，为了满足客运供需变化新形势新要求，要求提供不断适应旅客需求的高速铁路票务服务。

1. 票价定价机制市场化、灵活化

票价是票务服务最为重要的衡量因素，在运输行业竞争中占主导地位。较低的价格是吸引旅客强有力的手段，也是衡量票务服务水平高低的价值手段，直接影响旅客的感知价值和对票务服务的期望，但持续的低价竞争会使铁路部门亏损，严重阻碍铁路发展，因此，如何综合考虑价格竞争和提高服务质量，是铁路运输企业客运市场化经营的关注重点和难点。与普速铁路不同，高速铁路初步形成了票价差异化定价体系，且经历了票价明确实施阶段和企业自主定价阶段。

(1)票价明确实施阶段(2007—2015 年)

2007 年铁道部发布了《关于确定 CRH1、CRH2 和 CRH5 型动车组座车等级为软座车的通知》，要求动车组定价依据《国家计委关于高等级软座快速列车票价问题的复函》(计价管〔1997〕1068 号)执行;2008 年 7 月,国家发展和改革委员会和铁道部联合发布了《关于京津城际轨道交通运价有关问题的通知》,明确自开通运营起,新开行时速 300～350 km 的动车组列车实行试行运价;2009 年 9 月,国家发展和改革委员会联合铁道部下发了《关于武广、郑西铁路客运专线高速动车组列车运价有关问题的通知》,武广、郑西高速铁路上运行的时速 300～350 km 的高速铁路动车组列车实行试行运价。

(2)企业自主定价阶段(2015 年之后)

2015 年末,国家发展和改革委员会发布了《国家发展改革委关于改革完善高铁动车组旅客票价政策的通知》(发改价格〔2015〕3070 号),就改革完善高速铁路动车组旅客票价政策,同步加强价格行为监管做出相关规定:对在中央管理企业全资及控股铁路上开行的设计时速 200 km 以上的高速铁路动车组列车一等座、二等座旅客票价,由铁路运输企业依据价格法律法规自主制定;商务座、特等座、动卧等票价,以及社会资本投资控股新建高速铁路旅客票价继续实行市场调节,由铁路运输企业根据市场供求和竞争状况等因素自主制定。铁路运输企业制定高速铁路动车组一等座、二等座旅客票价时,应当制定无折扣的公布票价,同时,可根据运输市场竞争状况、服务设施条件差异、客流分布变化规律、旅客承受能力和需求特点等实行一定折扣,确定实际执行票价。公布票价和实际执行票价要按照明码标价制度规定,及时通过网络和售票窗口等渠道告知旅客。这意味着自 2016 年 1 月 1 日起,中国高速铁路运价由政府定价向政府指导价、市场定价转变。

国铁集团充分运用国家赋予的高速铁路自主定价政策,坚持“依法合规、统筹兼顾、有升有降、优质优价”原则,根据客流变化规律、市场竞争状况和旅客接受程度,统筹社会效益和经济效益,充分发挥铁路局集团公司市场主体作用,积极稳妥推进高速铁路动车组列车票价市场化改革,建立了高速铁路票价市场化动态调整机制,初步形成了高速铁路票价差异化定价体系。自 2017 年初海南环岛高速铁路实施“两调两优”以来,陆续对 17 条高速铁路干线、42 条管内城际线路以及 2018 年底以来新开通高速铁路线路票价实施了市场化改革,差异化票价线路占全部高速铁路线路的 55%。实施高速铁路票价差异化,改变了过去同一列车票价常年固定不变、同一线路不同列车实行统一价格水平的定价方式,为旅客出行提供了多种选择得到了社会接受和认可,有效提升了运力资源利用效率和经营效益。例如,2020 年 10 月 23 日起,京沪高速铁路实行浮动票价机制,以现行执行票价为基准价实行上下浮动。将京沪高速铁路时速 300～350 km 动车组列车二等座公布票价进行优化调整,同时将商务座、特等座、一等座与二等座的比价关系分别按照 3.5 倍、1.8 倍和 1.6 倍执行,将北京南站—上海虹桥站全程列车二等座最高执行票价调整为 598 元,最低执行票价调整为 498 元,全程列车商务座最高执行票价调整为 1 998 元,最低执行票价为1 748元。京沪高速铁路股份有限公司根据客流情况,灵活调整执行票价。

2. 票务服务技术手段信息化、智能化

我国铁路客运票务服务经历了从定额手工售票向联网售票,从区域级联网向全国联网,从人工服务向为旅客提供全过程、智慧化出行服务发展,创新票制和延伸服务,拓展支付方式与智能应用,实现“出行即服务”。

1996 年 6 月,铁道部决定开发建设“中国铁路客票发售和预订系统”,成立了全路客票发售和预订系统领导小组和工作组,组织实施客票系统的开发、研究及应用。通过分步实施,

到 2000 年 10 月基本建设完成客票发售和预订系统，实现全国铁路主要快车营业站计算机联网售票。系统采用集中与分布相结合的客户机/服务器体系结构，由铁道部客票中心、地区客票中心、车站售票系统三级联网构成。根据地域、管理范围、运量需求、铁路数据网节点布局等条件，全路共建立 25 个地区中心数据库，实现 1 700 多个快车停靠站客票联网发售与预订。但客票联网发售与预定仅可通过铁路系统内部网络完成，局限性较大，旅客个人对余票情况不能掌握。

2010 年 1 月 30 日（2010 年春运首日），中国铁路客户服务中心（12306. cn）开通并进行了试运行。用户可通过互联网在 12306 网站查询列车时刻、票价、余票、代售点、正晚点等信息。2011 年 12 月 23 日，实现所有车次的网络售票。旅客自主度大幅提升，每天 06：00—23：00 可在 12306 网站办理购票，23：00—06：00 维护期间如需办理购票、改签或退票，可到铁路车站窗口办理。但当时并不支持手机下单，旅客购票需要借助联网电脑实现，便携性还有待加强。

2013 年 12 月 8 日，铁路部门官方手机购票客户端——“铁路 12306”App 上线试运行，向广大旅客提供列车信息查询、购票等服务。安卓手机用户可直接从铁路客户服务中心网站下载，苹果手机用户可从苹果应用商店“App Store”下载。随着智能手机的普及，“铁路 12306”成为交通类最受欢迎的 App。

2020 年，国铁集团发布了《关于加快 5G 技术铁路应用发展的实施意见》，明确指出要充分利用 5G 公网资源协调推进铁路应用，助力铁路数字化转型升级，赋能中国铁路智能化、智慧化发展，为推动新时代铁路高质量发展提供有力支撑。到 2020 年底，广深港高速铁路广州至深圳段、鲁南高速铁路日照至曲阜段、京张高速铁路全线实现了 5G 网络覆盖，京雄城际沿线的 5G 网络正处于建设阶段。此外，国铁吉讯动车组 Wi-Fi 系统实现了 5G 转 Wi-Fi，大大提升了 Wi-Fi 服务质量和高速铁路旅客出行服务体验。同时，通过掌上高铁 App 及动车组 PIS 系统，基于铁路沿线 5G 信号，在高速铁路车厢内实现了电视直播，并率先在京张高速铁路开展了中央一套和中央五套电视直播服务试点，为 2022 年北京冬奥赛事车厢内直播奠定了坚实基础。

随着 5G 等高新技术的发展，高速铁路客运票务服务不断向智能化方向发展。旅客借助“互联网＋”、智能终端，享受一体化、定制化的高速铁路票务服务，实现高速铁路票务服务与其他运输服务较高程度的网联化、智能化和协同化，不断推动运输服务的“无处不在、实时响应、无缝衔接、全程服务”。车站、列车服务人员则在自助售票、验证验票、检票等智能服务的基础上，形成智慧车站与列车智能化服务系统，为旅客出行前、进站、候车、乘车、换乘、出站等各环节提供全方位的智能服务，实现综合智能发展。

3. 服务渠道更加丰富多元化

高速铁路票务服务提供方式是具体实现票务服务功能的渠道，通过不同服务提供方式组合的服务容量来满足旅客对各服务内容的需求。不同提供方式的服务流程不同，其硬件、软件、人员的资源配置不同，旅客的体验也不同。伴随科技进步及智能化、信息化的发展，铁路客运票务服务突破了物理空间限制，建立了人工、自助、互联网等多种售票平台。

2010 年 1 月，中国铁路客户服务中心服务平台的建设，将票务服务从线下的物理空间拓展到线上的网络空间，其服务内容不仅覆盖到常规客运服务的各环节，突破了铁路只能提供

"固定场所"服务的限制,而且拓展了旅客购票前的"信息查询"和旅行过程中的"列车动态"信息等。2013 年 12 月,官方手机购票客户端"铁路 12306"App 正式上线运行,服务渠道不再受时空限制,旅客享受更多铁路"移动式"服务,如旅客在家中、公交车上等场所,均可预订和购买高速铁路车票,办理运输过程中的各项服务预订手续等,进一步增强票务服务便捷性,提升了客运服务的体验质量。

当前,高速铁路售票渠道包括车站窗口、代售点窗口、电话订票、互联网售票、手机 App 售票、自动售票机、中铁银通卡,每种渠道便利性不同,各有优势和局限性。高速铁路持续快速发展,逐渐成网,高速铁路能力在日常情况下能够满足旅客需求,实现了从"一票难求"到"随到随走"。世界上规模最大的 12306 铁路互联网售票系统,售票能力达日售 2 000 万张,由于其节约了窗口排队时间和满足了旅客购票的灵活性,已经成为高速铁路的主流售票渠道。同时,保留并完善传统售取票方式,保证老年人和脱网人群的出行需要。

4. 服务内容多样化、人性化

随着互联网经济的快速发展和计算技术、大数据、人工智能等的普遍应用,为适应旅客移动互联网时代"指尖消费"需求,围绕旅客出行畅通、便捷、舒适等需求,在票务服务更加人性化的同时,不断延伸服务内容,推动"互联网+"与综合运输服务融合发展,大力提升旅客全流程服务体验。

在票务服务内容更加人性化方面,不断优化 12306 网站和手机 App 功能。例如,2017 年 10 月推出的"接续换乘"方案推荐及动车组列车"自主选座"两项便民服务新举措,进一步改善旅客出行体验;2017 年 12 月推出"铁路畅行"常旅客会员服务,购买火车票的积分可兑换车票;2019 年推出候补购票服务,旅客通过 12306 网站和 App 购票时,如遇所需车次、席别无票,可自愿按日期、车次、席别、预付款提交购票需求,售票系统自动排队候补,当对应的车次、席别有退票时,系统自动兑现车票,并将购票结果通知购票人。再如,推出老人儿童智能配票新服务,优化务工团体票办理方式,简化学生、伤残军人证件核验手续,旅客体验得到显著提升。

此外,在票务服务基础上,服务内容也不断延伸拓展。例如,2015 年 11 月 1 日起,乘客在购买车票的同时,还可一同购买铁路旅客人身意外伤害保险(即铁路乘意险)业务服务,保费 3 元,最高保障 30 万元意外身故、伤残和 3 万元意外医疗保险金,乘客可自愿投保;12306 网络购票平台在不断完善优化购票和出行提示功能基础上,平台内容不断丰富,例如,高速铁路网上订餐——G、D 字头的动车组列车,可提前 2 h 在平台上订餐,在途经当地车站后就可享受"送餐上车"的服务,不仅可订高速铁路自营的"盒饭",还能预订社会品牌餐食,满足了大家对旅途饮食的多元化需求。

5. 票制票种无纸化差异化

伴随科技进步及智能化、信息化的发展,铁路客运票务服务建立人工、自助、互联网等多种售票平台,客票票制也向车票"无纸化"发展。在客票系统建设的大力推动下,铁路车票"无纸化"的应用与推广成果显著。

2018 年完成了电子客票的方案研究、应用软件开发、相关设备研发以及规章制度和技术标准制订、完善和发布,并于海南环岛高速铁路完成试点;2019 年电子客票开始在全国推广,2020 年 4 月实现内地高速铁路和城际铁路电子客票全覆盖,截至 2021 年 1 月,电子客票已在全国2 878个高速铁路和普速铁路车站实施,标志着我国铁路票务服务进入了数字化时代。电子客票是继硬板票、条形码软纸票(红票)、磁介质票(蓝票)之后的铁路第四代客票,实现了旅客手中无票、票证合一,持有效身份证件"一证通行"。实施电子客票,首先让旅客购票出行更加便捷,不用担心车票丢失,彻底消除了假票问题;其次大大简化了旅客票务服务流程,退改签无须再到车站办理;电子客票在提升旅客出行体验的同时,还减少了运营成本、大幅降低了窗口人员工作量。

此外,电子客票为票务服务创新提供了基础平台,积极探索差异化票种票制,更好满足不同旅客群体差异化购票需求。例如,2020年国铁集团推出了定期票、计次票等新型票制产品,印发了《铁路定期票、计次票管理办法》,并在京沪、成渝高速铁路开展了试点。票制票种的新突破,受到社会广泛关注和积极回应,旅客便捷程度大大提高。

9.2 高速铁路客运票务服务管理

票务服务管理是铁路运输企业在票务层面提供的后台支持性服务,在高速铁路运输企业制定好核心服务产品方案(列车开行方案和运行方案)的基础上,以其所形成的不同等级和类型的席位公里数量,本着适应客流波动、降低运营成本,提高席位利用率、经营效益和服务质量的基本原则,在精细化管理和收益化管理思想指导下,对核心服务资源实施合理配置,并形成科学有效、市场化动态调整、差异化的票务服务方案。

9.2.1 高速铁路客运票务服务管理构架

按照统一管理、逐级负责的原则,高速铁路客运票务服务业务的管理层由国铁集团、各铁路局集团公司、车站(车务段)三级组成。

国铁集团是高速铁路售票组织业务的最高管理层级,负责全路售票组织和管理工作。根据旅客运输组织原则和客运营销战略,制定和修订全路售票组织管理办法及售票业务作业标准,对全路售票组织工作进行指导、监督、检查和考核。根据旅客市场需求和客流变化特点,研究铁路售票销售策略及市场开发,对售票延伸服务进行整体规划,负责多种形式售票的规范和管理;负责制定有针对性的售票组织和票额动态调整方案,实现效益最大化;负责客票系统路网基础信息维护的管理,确定全路旅客列车的数据维护单位、席位管理单位及数据物理存放位置,并进行开展相关业务的审批;负责全路售票信息的统计分析,建立营销分析台账;负责定期组织开展全路售票相关业务培训和售票专用汉卡的审批和管理。

铁路局集团公司受各客运专线公司委托,开展铁路客运业务运营管理工作。铁路局集团公司负责制订本局集团公司售票组织管理办法和售票作业标准,制定客票销售延伸服务以及多种形式售票方案,负责本局集团公司售票组织管理工作,净化售票环境,规范售票秩序,维护售票公正,对站、车售票组织工作进行指导、检查和考核。根据客流变化,组织相关单位通过席位复用、票额共用、票额调整等售票组织方式和手段,实现运能重复利用。负责客票系统权限范围内客运业务基础数据的维护与管理,确保其准确性和完整性;负责监控席位的生成、压票、转票和订票情况,确保数据上传完整、及时、准确;负责本局集团公司售票信息的统计分析、客票代售点管理、售票组织业务培训和售票专用汉卡的管理。

车站(车务段)是旅客出行的一线服务单位,是直接面对旅客的服务窗口,负责贯彻票务服务各项管理办法,制订各项实施细则和岗位作业标准。根据相关规定,做好本单位售票相关业务、客票销售延伸服务的日常管理,严格售票纪律,维护售票秩序,方便旅客购票。负责对售票情况进行统计分析,及时向铁路局集团公司提报售票组织、能力调整建议,并按规定向相关部门提供统计报表;负责本单位售票业务相关数据维护,核对并执行文电命令,并及时予以公告;负责完成车站与列车相关信息的传递、定期组织本单位售票相关人员的业务培训和售票专用汉卡的日常管理。

9.2.2 高速铁路客运票额管理

高速铁路客运票额管理是票务服务管理的后台组织工作,运输企业按照市场需求及营销、经营管理与服务战略等要求,合理实现将不同类型和档次的"席位位移"裂解成以"旅客位移"为中心的客票。票额管理是通过对可发售票额的合理、有效组织,将列车票额这一客运产品在合适的时间以合适的组织方式销售给合适的旅客,在保证社会效益前提下获取最大的经济效益,是铁路挖潜提效的有效手段。

1. 票额分配概念

票额是基于旅客列车能力(席位)的,列车能力即列车席位的数量,也叫列车定员。票额分配计划是旅客运输能力的运用计划,是旅客运输计划的重要组成部分,其实质是保障运能与客流的合理匹配。只有合理地分配票额,才能全面安排售票、行包运输、服务和列车的乘务、餐茶供应等工作,实现科学、有序地组织旅客运输,提高旅客列车票额的使用效率。

票额分配是在编制新列车运行图后或客票销售过程中,根据旅客列车输送能力(分车次、分席别、分区段的席位能力)和历史客流统计资料与售票实际情况,按局别,分车次、分席别、分区段的各次列车的席位能力针对车票各项要素制订的计划。具体包括车票的乘车站、终到站和运行区段等。

按照票额分配计划制定时机的先后关系,可以分为票额分配基本计划、票额分配执行计划和票额分配调整计划三类。其中,基本计划是在旅客列车开行方案、运行图编制完成以后,依据客流月的日均 OD 客流确定,在一定时期内是涉及运行图中所有列车的稳定计划。执行计划是在客票销售期之前综合考虑历史同期客票销售规律等因素对预售期内 OD 客流进行短期预测,之后再对票额进行预分并作为票额分配的执行计划,执行计划实际只涉及一天的所有列车,即对进入预售期第一天的票额实施分配;调整计划涉及的范围最广,包括在预售期内的各次有剩余票额的列车。系统会每天按照售票情况重新预分票额,实现票额的动态分配。调整计划是在客票销售期内,按照客票销售的具体情况,随时对票额计划进行调整,其目的是提高列车的客座利用率。

2. 票额分配的依据和原则

在满足列车定员及超员率规定前提下(如时速 300 km 及以上的高速铁路动车组和直通动车组列车不得超员;铁路局集团公司管内短途一等座车不得超员,二等座车最高超员率为 15%),依据历史客流数据和客票销售的实时数据,组织票额分配计划的编制。其中历史客流数据指由铁路局集团公司统计部门进行统计整理的席位汇总历史数据和存根汇总历史数据,包含以下四方面:①指定月份的管内、直通客流图及主要站间旅客交流表等资料;②列车的旅客密度表、分席别的实际人数，各次列车超员和虚靡的分析；③主要客运站分车次、分席别票额与发售情况对比，分区段的上车人数和分车次的下车人数；④历年票额分配计划及其兑现情况统计分析报告。实时客运营销数据是指由客运营销辅助决策系统根据近期客票销售的实时情况统计整理的客运相关实时统计数据，具体包括旅客列车发送量统计表、客票预售统计表、旅客列车密度表及列车编组、定员及分车厢、分席别的列车客流密度表等。

从合理运用铁路客运输送能力，提高铁路运输质量、效率和效益的角度出发，票额分配应树立全局观念，正确处理全局和局部的关系，遵循“充分利用运能、长短途合理分工、保证重点、统筹安排”的原则。针对不同列车、席别进行票额分配时，须遵循的原则不同，动车组列车票额分配原则是，因动车组列车停站次数较少或无停站，票额分配时应尽量满足始发站的票额需求，并只在办理客运业务的停靠站预留少量票额，原则上不允许列车超员或控制一定的超员率。

3. 票额管理流程及内容

票额管理关系到旅客运输资源的充分利用、客运收益的提高，同时也影响着铁路运输企业满足社会需求、发挥社会效益的能力。

(1)票额管理的流程

票额管理的流程以票额分配及管理为中心，将可用的席位能力按照票额管理权限以票额分配计划的形式层层分配到各车站，车站根据分配的票额组织售票。在客票销售期间，客票管理部门应根据市场需求变化对票额动态调整。票额管理流程如图 9.1 所示。

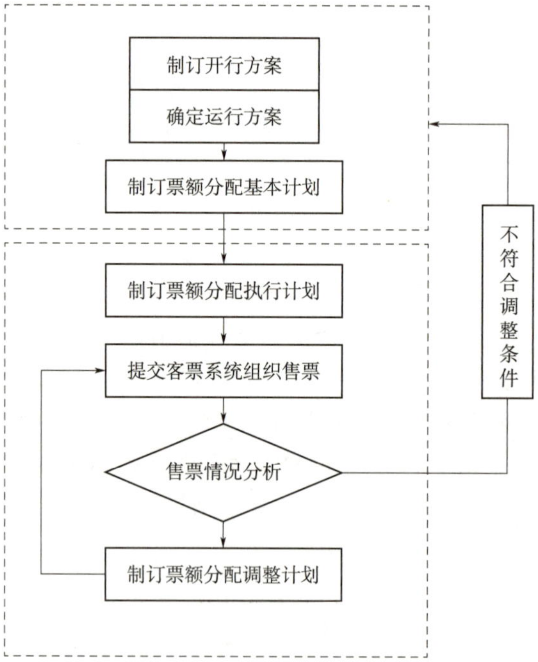

图 9.1 票额管理流程图

首先，在制定开行方案和运行方案后，按照票额分配的原则和方法即可制定出相应的票额分配基本计划。

其次，在近期客流和往年同期客流统计分析的基础上，进行短期铁路客流预测，并按照客流方向、OD 和席别等系统分析客流结构和特点，进而给出不同区段、不同席别的客流预测结果。

第三，在短期客流预测的基础上，按照票额分配的规定和方法，以票额分配的基本计划为基础，在客票预售期前制订票额分配的执行计划，并将该分配计划提交客票系统，生成相应的席位。

第四，在客票预售期内对售票情况进行监控和评估，并在需求出现大幅度变化情况下，对票额进行动态调整。即根据已售信息对预售期内剩余时间的潜在购票客流进行预测，对剩余票额按照新预测的客流进行重新分配，形成票额分配的调整计划，并提交客票系统对剩余席位进行调整。

(2)票额管理的内容

我国铁路列车票额组织管理工作可以分为三个阶段：列车运行图编制阶段、车票预售期前、预售期内，在各阶段中票额组织管理工作的内容及成果见表 9.1。

表 9.1 票额组织管理阶段工作内容

<table>
<tr><td>阶段</td><td>运行图编制阶段</td><td>预售期前</td><td>预售期内</td></tr>
<tr><td>工作</td><td>票额分配</td><td>票额预分</td><td>票额调整</td></tr>
<tr><td rowspan="7">内容</td><td>票额归属车站</td><td>各车站票额</td><td>票额共用</td></tr>
<tr><td rowspan="6">票额用途</td><td rowspan="2">短途套用</td><td>席位复用</td></tr>
<tr><td>限售区段调整</td></tr>
<tr><td rowspan="3">限售区段设置</td><td>转换用途</td></tr>
<tr><td>调度命令调整</td></tr>
<tr><td>票额再预分</td></tr>
<tr><td>成果</td><td>票额分配基本计划</td><td>票额分配执行计划</td><td>票额分配调整计划</td></tr>
</table>

①列车运行图编制阶段

票额管理在列车运行图编制阶段的主要任务是确定票额分配的基本计划。

票额分配基本计划规定了票额的归属车站。票额分配基本计划是在列车开行方案和运行图编制时，对历史统计客流数据对沿途车站的上车人数(即票额需求数量)进行预测，进而得到具体运行区段内各类旅客列车的开行对数、停站时刻及编组内容等。以此为依据便可计算列车定员、列车停站方案、票额用途规定等，将列车票额分席别按需求比例分配给各对应的经由停站，由此获得的票额分配基本计划。

票额分配基本计划随运行图的调整而调整，其他时间一般不做变动，是某趟车次长期有效的票额分配计划，实现对席位库的长期管理。票额分配计划在一段时间内需要进行调整时，可以编制在这段时间内的票额分配临时计划。临时计划是在突发情况(如列车编组临时更改、列车交路短暂变更等情况)下根据上述资料数据临时编制并短暂使用的票额分配计划，有起始和截止时间限制，只在该时间段内有效，是某趟列车短时间内的票额分配计划。

②车票预售期前

票额分配基本计划一定时期内相对固定，难以应对因客票需求波动造成的供需匹配问题，在客票销售过程中需要引入票额预分，解决客流波动幅度较大情况下的票额分配销售的优化问题。

票额预分是指在旅客列车票额总量一定的情况下，首先根据OD客流历史数据、近期客流变化及实时客票预售情况对每趟列车OD客流进行短期预测，并将客流预测的结果用于对列车席位进行区段性分解，再次产生各车站的票额方案以及相应的限售方案和短途套用方案，从而形成票额分配的执行计划，是在进入客票预售期前（或预售期中）采用的一种票额再分配方式，是对票额分配基本计划的补充。

票额预分将旅客列车票额的静态分配变成了适应动态客流需求的动态分配，有助于推进票额管理自动化和智能化。一方面，它能提高列车的票额利用率，实现效益最大化；另一方面满足了沿途各车站的需求，达到吸引客流的效果。

③预售期内

在车票的预售期内，首先以票额分配的执行计划组织售票，为进一步提高旅客列车上座率、实现票额有效利用和效益最大化，铁路局集团公司对票额进行实时监控，并根据当前客票的发售情况对票额分配计划进行调整，使票额分配更好地适应客流市场的变化。

票额调整是在客票预售期内，根据当前的客票销售情况和客流变化趋势，提前进行的短期票额调整，以适应市场需求，提高席位的使用效率和客运收益。票额调整手段有的是需人工手动操作，有的是系统自动完成。这种与实际客票销售更加贴切的票额分配计划称为票额分配调整计划。

9.2.3 高速铁路客票营销组织策略

高速铁路客票营销组织策略主要通过售票行为的组织，将列车席位在合适的时间以合适的产品形式售给合适的旅客。客票营销组织策略是票额调整的主要手段，包括短途套用、限售区段调整、票额共用、席位复用等。

1. 短途套用

短途套用是指票额分配的执行计划中，针对分配至非始发站的票额，增加始发站至票额分配站的等量短途车票。短途套用是票额预分在计划层面上的互补，它们共同保证每个区段的运输能力都达到列车定员，票额预分方案确定后，短途套用方案也随之确定，形成两部分独立执行的票额（子）计划。

2. 限售区段调整

（1）限售区段定义

为保证旅客列车效益最大，将限定一部分票额发售至某一停站及其以远，将该停站称为限售站。只有当旅客购买需求为本次列车限售站以远的到站时，车票才能售出。限售站至终点站的整个区段为限售区段，如图9.2所示。

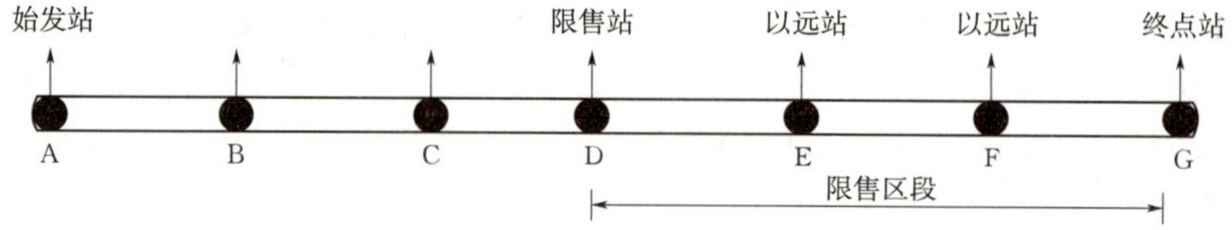

图9.2 限售区段示意图

限售区段的设置是通过更改席位的属性,控制票额发售的区间,从而确保席位以长途形式发售,避免长票短卖、长途需求无法满足的现象。此外,限售区段的设置也可协调列车在不同区段及同方向列车间的客流分配,从而提高票额利用率和方便旅客运输组织。限售区段并不是一成不变的,铁路部门会根据售票情况与客流情况做相应的调整甚至取消。取消限售区段后,即可发售限售站以近的客票。

这种控制手段保障了长途旅客的需求,如果控制得当,可以实现旅客均衡运输同时提升客运收入;但如果控制不当,放开控制的时间过晚,则可能出现已经没有长途旅客购票需求,而短途旅客需求又得不到满足的现象,导致席位虚靡。

(2)限售区段调整策略

限售区段控制要考虑以下两个方面:

①限售区段的设置。旅客列车票额分配时会确定限售站,限售站设置的原则是保障长途旅客的需求,避免长途列车运送短途旅客。确定限售站的方法为:

a. 以"长途车运送长途流、短途车运送短途流"为原则,同方向旅客列车均衡设置。

b. 以"保障独门车站旅客运输"为原则。当旅客列车运行方向存在"独门车站"时,限售站应设置在"独门车站"以近。

c. 根据淡旺季客流情况设置。旺季时,为实现均衡运输,需按照"长途车运送长途流、短途车运送短途流"进行限售区段的控制;淡季时,根据客流和旅客列车能力的使用情况调整限售站的设置。

②限售站的调整。客流存在出行特点的不确定性和购票时间的不确定性,车票限售站要随着客流和时间变化进行调整。调整限售站的方法为:

a. 分析旅客列车的客座率,确定放开限售的策略。客座率越高、需求越充足的列车,限售站放开时间应越晚,甚至到开车前才放开限售,以保障长途旅客需求能得到满足;客座率越低的列车,限售站放开时间应越早,以短途旅客的需求来补充列车整体客座率和收入。

b. 分析旅客的购票行为,确定取消限售的时间。取消限售站控制的时间应随不同的列车有所不同,一般情况下,对于旅客习惯提前购票的列车,取消限售站控制时间应提前;对于旅客喜好即时购票的列车,取消限售站控制时间应相对滞后。

3. 席位复用

(1)席位复用定义

席位复用是指对客票系统席位售出后,如果席位没有充分利用,则在剩余区段再次生成新的席位,使列车能力再次利用。席位复用按裂解车站可分为以下定上和指定站复用。以下定上席位复用是指席位的售到站就是裂解席位的乘车站,是最常用的一种复用方式;指定站席位复用是指设定旅客列车的某几个站为复用车站,无论车票售出的是哪个到站,列车席位的乘车站为售出到站(含本身)前方指定的复用站,适用于列车沿途站客流上下不均衡或列车停站时间不合适的旅客列车。席位复用按区段性质可分为向前复用和向后复用。向前复用是指当票额被共用后,裂解出原乘车站到共用车站的席位;向后复用则是指席位按乘车站被售出到前方某一到站后,裂解出售到站到原票额终到站的席位。

(2)席位复用控制

席位复用是席位剩余区段能尽快售出的有效处理方式,是挖潜提效最为有效的措施。

为使票额每一区段能力充分使用，需对席位复用进行科学地控制，控制处理措施包含以下几个方面：

①复用裂解时间。一般情况下，复用票的裂解时间越及时越好，需定为车票已制票后。

②复用裂解站设置。需考虑列车在复用站的停站时间、复用站的超员控制等因素。

③复用有席位控制。具体复用策略可由以下因素确定：全程对号列车，不能超员的列车，必须复用为有座席；非全程对号列车，能超员的列车，会出现始发站持无座票旅客座了中途站持有座票乘车旅客的座位，所以当为高等级、车上纠纷少且易于处理的列车，可以复用为有座，当为低等级、车上纠纷多且难以处理，只能复用为无座。

④复用短途席位合并。当席位复用后，会存在原票售出裂解区段票售出、原票售出裂解区段票未售出、原票退回裂解区段票售出、原票退回裂解区段票未售出等情况，为保证长途旅客需求，当车票办理退签时，需要查看该车厢席位号的各区段票是否已经售出，如果存在未售出的连续区段，应将“短票”合并为“长票”。

4. 票额共用

(1)票额共用定义

票额共用是指分配给某一停站的票额在一定条件下允许被同一列车径路上前方若干停站共用，将旅客列车票额的静态分配变成适应动态客流需求的动态分配的一种手段。这种售票组织策略突破了车站乘车人数受到该站的票额限制，其目的是实现票额共享，对减少列车席位虚靡、提高运输能力利用率、满足旅客出行需求具有重要意义。

(2)票额共用策略

由于旅客购票行为存在不确定性，客票销售又要在保障旅客列车长途效益的情况下，争取获得较高的短途效益，需要综合考虑各影响因素制定科学合理的票额共用策略，具体如下：

①列车客座率，是列车完成的总旅客人公里(售出)与列车客座公里之比。一般情况下，列车客座率较高的列车，其始发站的票额利用情况较好，对于这种列车，不宜将始发站有席位票较早地放开给沿途站共用，沿途站通过发布无席位，作为客流补充；对于客座率较低的列车，应及时将始发站的票额开放给列车前方站共用，从而提高列车全程客座率和收入。

②共用时间 T_{AB}，是指旅客列车距 A 站开车多长时间内，A 站的票额可以供 B 站共用。票额利用率低的车站，可以设置距开车前较长时间，允许其票额被前方站共用，使列车前方站的客票在车票预售期初期就能有票可卖；票额利用率较高的车站，需设置距开车前较短时间，甚至可以设置列车从本站开出后，票额才可供列车前方车站共用。这样既保证了票额分配站的客流需求，同时能在一定程度上缓解旅客列车前方站的客流需求。

③共用数量 M_{AB}，是指对于同一趟旅客列车，A 站可被 B 站共用的票额数量。考虑不同地区不同旅客有不同的购票习惯，为保证票额分配站的旅客购票需求能得到满足，需对票额共用数量进行一定条件下的控制，且当共用数量不足时，能自动调整共用数量。

通过各种售票组织策略的协调配合，形成一套完整有效的售票组织体系，有效提高票额利用率，从而提高列车全程客座率，实现整体利益最大化。

9.2.4 高速铁路客票预售期管理

高速铁路客票预售期管理是指对列车票额的发售时间进行管理，可以从车次、席别、票种、车站、业务种类、渠道等多方面制定预售期，进行预售期灵活设定，从而实现票额持续稳定的发售。

1. 客票预售期概念

客票预售期是指列车票额允许发售的时间范围，在定义的时间范围内，票额按照提前制定的规则被售出。预售期包含有效的起止售票日期、乘车日期、车次、预售天数、预售时间点、乘车站等特征要素。其中，起止售票日期是指可以预售的开始和截止日期，预售期可以设定在某个乘车日期之前执行 A 天预售期，之后执行 B 天预售期。

2. 客票预售方式

当前的客票预售方式有很多种，每种有不同特点和意义，见表 9.2。

表 9.2　客票预售方式分类表

预售方式	特　点	意　义
分车次预售	可设定具体车次的预售期； 可设定一组列车的预售期，如 D 字头、G 字头、G1 开头的列车等	通过对个别车次或一组车次的预售期个性化定义，可实现对不同线路上的列车票额分时间段发售
分席别预售	按照不同的席别设定预售期	可实现对不同席别的票额分时间段发售
分票种预售	按照不同的票种设定预售期	可实现对不同票种的票额分时间段发售
分业务预售	按照“学生团体”“农民工团体”等不同的业务设定预售期	学生团体、农民工团体一般都具有组织性、计划性，而且发生在特定的时间段，一般与普通旅客客流分开组织
分车站预售	按照不同的乘车站设定不同的预售时间	在节假日客流高峰时分车站预售可均衡系统资源，减少对售票系统的压力，如 A 站上午 9:00 起发售预售期的车票；B 站上午 10:00 起发售预售期的车票
分渠道预售	按照不同的售票方式设定预售期，包括窗口售票、自助售票、电话订票、互联网购票等方式	如通过将电话订票和互联网购票的预售期提前的方式引导旅客多方式购票，以分散窗口客流，达到错峰发售的目的

这些预售方式可结合设定，实现对业务的灵活控制，并可以缓解售票压力，保证售票系统的稳定与安全运行。

当前，互联网、电话订票的起售时间放票时间点为 21 个，即 8:00 至 18:00 期间，每个整点和半点均有新票起售，同时 C、D、G 字头列车不单独起售，起售时间与车站保持一致。具体方案可在 12306 网站查询。

另外，国铁集团根据情况会调整预售期并公告。如 2021 年 1 月 13 日，国铁集团为配合各地政府落实疫情防控常态化措施，避免重复购票退票给旅客带来不便，发布了《关于铁路部门调整预售期及退票费率规则的公告》，明确自发售 2021 年 2 月 12 日车票起，铁路车票预售期调整为 15 天，即 1 月 29 日起售 2021 年 2 月 12 日车票。1 月 14 日至 1 月 28 日，只发售 2 月 11 日及以前的车票。

9.3　高速铁路客运票务服务流程

随着信息技术的发展，票务前台服务由原来企业提供专业设备向现在旅客使用自身设备转变，通过企业与旅客间的信息交互推动着高速铁路客运前台票务服务高度融合，信息查询、购票、退票等前台服务逐渐不受时空限制，在提高票务服务容量的同时，也提升了旅客体验水平。下面介绍互联网、电话、车站及代售点、自主等票务服务提供方式的前台服务内容及流程。

9.3.1 互联网票务服务

www.12306.cn 网站（如图 9.3 所示）或“铁路 12306”手机 App（如图 9.4 所示）提供信息查询、网络购票、网络改签、候补购票、变更到站、网络退票等服务。此外，铁路部门向携程、掌上高铁 App 等平台提供数据接口，用户亦可通过此类平台购票。

图 9.3 12306 官网主页面

1. 查　询

用户可进行旅客列车时刻表、余票、票价、正晚点、规章制度等客运信息查询。

2. 购　票

①信息查询：注册用户填写具体的日期、时间段、上车站、下车站、车次（可选）、席别（可选）、票种（可选）和张数（可选）等信息，系统自动搜索车次信息并进行余票数量查询，最后将满足条件且不在开车前 30 min 之内发车的车次显示给用户，供用户购票选择。

②预订车票：互联网售票全部实行实名制购票，用户选定车次确定购票时，需正确填写乘车人信息。系统提供快捷增加常用联系人功能，缩短用户购票时间。当乘车人信息填写完成后系统自动向客票系统发起购票申请，席位占用成功后得到车票信息，包括日期、车次、车厢、席位号和票价。在互联网上可购买成人票、儿童票、学生票和残疾军人票。

③取消车票：用户预订车票成功后，如果不满意所预订的车票，可以主动取消该席位，但在一天内，系统最多只允许取

图 9.4 “铁路 12306”手机 App 主页面

消三次。

④支付:用户预订车票成功后,可通过连接铁路电子支付平台进行支付,支付成功的订单,生成实名制电子客票。

⑤候补购票:旅客如遇所需车次、席别无票时,可按日期、车次、席别提交购票需求,并在预付票款后,系统自动安排网上排队候补。当对应的车次、席别产生可供发售的车票时,系统自动兑现车票。兑现成功或自动终止时,将按用户选择的通知方式进行告知"候补订单"兑现状态。兑现时,按旅客所候补列车的席位予以分配。

此外,针对务工团体、学生团体提供专门申请办理方式和流程,最大限度满足团体旅客出行需求。

3. 退 改 签

①退票:旅客因故需要取消旅行计划时,可在开车前通过互联网上办理退票,也可到车站指定窗口办理退票手续,应退票款按规定退回购票时所使用的在线支付工具账户,退票费报销凭证可以到车站退票窗口领取。已打印报销凭证的铁路电子客票办理退票手续时,须收回报销凭证。开车后不能办理退票。

②改签:对于互联网上成功购买的电子客票,旅客因故需要改签车票时,尚未换取报销凭证的,可以在互联网上办理改签,也可到车站指定窗口办理改签手续。已打印报销凭证的,可到车站指定窗口办理改签手续;或通过互联网先行办理退票,再在规定时间内到车站指定窗口办理退款手续。车票改签、变更到站均只能办理一次。改签、变更到站后,如有应退票款,将在规定时间内退还至购票时使用的在线支付工具账户。

4. 订单查询

系统提供根据查询日期类型(按订票日期查询、按乘车日期查询)、查询日期、订单号(可选)、车次(可选)、旅客姓名(可选),查询满足条件的订单信息。当前系统只保留查询乘车日期为当前日期前 30 d 以内的历史订单数据。

5. 行程信息提示

旅客通过 12306.com 网站购买铁路电子客票后,可通过网站自行打印或下载"行程信息提示"凭条。

6. 会员积分

2017 年 12 月 16 日,铁路推出"铁路畅行"常旅客会员服务系统,旅客购票累积积分,用积分可换车票和享受其他的权益。

会员通过 12306 网站或手机 App 或车站设立的会员服务窗口办理积分兑换车票;会员可为本人或指定的受让人兑换车票;会员在车站设立的会员服务窗口为本人兑换车票时,持身份证件原件、消费密码办理;为受让人兑换车票时,还需要提供受让人有效身份证件原件或复印件。

此外,12306 互联网票务服务系统逐步由当前单一售票业务向经营管理、产品运营、互联网平台等多业务融合发展转变,融合线上线下客运资源,丰富"铁路客票+"与"互联网+"产品种类,创新"铁路+文旅"等定制产品,发展高铁+航空、高铁+共享汽车等联程联运服务,将 12306 打造成一体化出行服务平台。

9.3.2 电话票务服务

电话订票是指旅客通过拨打铁路电话订票系统的自动语音电话服务号码(区号+95105105),在话路接通后的自动语音引导下,输入乘车需求的日期、车次、乘车站、到站、席别、票种、张数、身份证件等信息,来预订车票。电话订票提供订票、取消订单、信息查询等服务。

1. 信息查询

旅客可通过"信息查询"功能查询余票、票价、列车时刻、正晚点信息、列车担当企业、代售点、区号、订单信息等内容。

2. 订　　票

(1)订票须知:订票须知是电话订票系统发布铁路局集团公司公告的窗口,主要包含客运规章、临时公告、预售期、各站放票时间点、返票期限等需要告知旅客的内容。

(2)订票流程:旅客可根据语音提示来选择相应的服务。订票成功后,输入乘车人有效身份证件号码。当前受理中华人民共和国居民身份证、港澳居民来往内地通行证、台湾居民来往大陆通行证和按规定可使用的有效护照四种证件预订。电话订票的实名制验证与窗口售票保持一致,即同一乘车人在同一乘车日期同一车次只能预订一张车票。

3. 取消订单

旅客可选择"取消订单"功能,根据订单号及订票证件号码取消订单。

4. 支付票款

旅客订票后在规定时间内,可以凭订单号、乘车人有效身份证件原件到任意车站或代售点窗口支付。当日 12:00 前预订的,订单保留至次日 12:00;当日 12:00 后预订的,订单保留至次日 24:00。

9.3.3 车站窗口及代售点票务服务

车站售票大厅或售票处(如图 9.5 所示)设有人工售票窗口(如图 9.6 所示),可提供售票、退改签、余票查询、换取报销凭证(纸质车票)、打印"行程信息提示"凭条、电话订票支付票款、进/出站补票、挂失补退票、大屏余票显示等服务。代售点窗口(如图 9.7 所示)是车站的扩展窗口,可办理车站售票窗口业务中的部分服务。

图 9.5　车站售票处

图 9.6　人工售票窗口

1. 售票查询

按照乘车日期、发到站、车次等查询车次余票；车次未知时，可根据乘车日期、发站、到站查询出发点合适、余票充裕的车次。

2. 车票发售

在车站或代售点售票窗口获取满足条件的未售席位信息后，旅客提供有效身份证件，支付票款。窗口可以发售全票、儿童票、学生票、残疾军人票、通票、联程票、往返票、团体票等不同类型的车票。旅客可以在全国各站的任意售票窗口购买预售期内的车票。代售点窗口对发售的车票或打印报销凭证按张收取5元手续费。

图9.7 火车票代售点

3. 窗口签证

(1)始发签证：旅客可以在全国各站办理始发签证业务。已打印报销凭证的铁路电子客票应到车站指定窗口办理改签，旅客须交回报销凭证。

(2)批量始发签证：旅客持同一笔电子支付的多张车票，在原车票的日期、车次、发站、到站、席别、票种都相同时，可以在车站窗口办理批量始发签证。旅客持现金购买的多张车票，在原车票的日期、车次、发站、到站、席别都相同时，可以在车站窗口办理批量始发签证。

(3)旅客持纸质通票在中转站办理中转签证手续，按照原票信息及中转日期、车次，全站发售签证车票。电子支付的车票如果是低票价改签高价票，需要先扣新票款，再退原票款；如果是高票价改签低票价，直接退票价的差价；如是等价改签，则不需要处理票款。其中退款时均退还至原支付时所使用的电子支付工具账户上。

(4)变更到站签证：旅客购票后，可根据行程变化，重新选择目的地，在车票预售期内变更到站及乘车日期、车次、席位。在原车票开车前48 h以上，任意选择有余票的列车。办理"变更到站"不收取手续费，但"变更到站"只办理一次。已经办理"变更到站"的车票，不再办理改签。对已改签车票、团体票及通票暂不提供此项服务。

代售点不能办理窗口签证业务。

4. 窗口退票

在车站窗口可以办理退票业务，应退票款按照购买车票的支付方式进行退款，退票成功后会按证件号码恢复旅客的购票资格。代售点不能办理窗口退票业务。

(1)退票：未检票使用的车票，均可在开车前或车站指定窗口办理退票手续。使用现金方式购买或已打印报销凭证的铁路电子客票，可到车站指定窗口办理退票手续；或通过12306.cn网站先行办理人脸核验后办理退票，自网上办理退票成功之日起180 d(含当日)，凭乘车人身份证原件到铁路车站窗口办理退款手续。已打印报销凭证的铁路电子客票办理退票手续时，旅客须交回报销凭证。

(2)批量退票：同一笔电子支付的多张车票可以进行批量退票，在确认最后一张退完后，将打印POS凭条。

(3)退差价：退差价是指对票面票价进行部分退票，如某节车厢空调不能正常使用。

5. 出站补票

旅客旅程结束后所持车票与乘车条件不符时，在到站需办理补差价手续。

6. 打印“行程信息提示”凭条

旅客可以在车站指定窗口打印“行程信息提示”凭条。

7. 换取报销凭证

旅客如需报销凭证，应在开车前或乘车日期之日起 30 d 内，凭购票时使用的有效身份证件原件，到车站售票窗口、自动售/取票机换取报销凭证；超过 30 d 时通过铁路 12306 客服办理。办理铁路电子客票改签后，可重新打印报销凭证。旅客在互联网办理退票后，可以在规定时限范围内到车站退票窗口领取退票(费)报销凭证。

8. 挂失补办及旅客证件丢失补票后退票

电子客票全面实施后，“挂失补”业务已被旅客证件丢失补票业务替代，但鉴于公益性“慢火车”尚未实施电子客票，其营业站仍存有实名制纸质车票挂失补办服务。

旅客丢失纸质车票且办理了挂失补办手续的，须在到站后 24 h 内办理退票手续。车站售票厅办理时，凭“挂失补车票”和购票时使用的有效身份证件原件(如开具纸质客运记录、还应携带纸质客运记录)退回“挂失补车票”票款，不收退票费，并收回“挂失补车票”(开具纸质客运记录的应一并收回)。

持电子客票的旅客在列车上丢失证件且办理了补票手续的，应在乘车日期之日起 30 d 内，凭该有效身份证件发证机构办理的身份证明和后补车票(如开具纸质客运记录，还应携带纸质客运记录)，到列车的经停站退票窗口办理退票手续。

9. 大屏余票

在车站大屏上(如图 9.8 所示)，除了显示公告外，还会有专门的大屏显示预售期内各车次不同发到站、不同席别的剩余票额数量，并定时刷新数据，为旅客进行旅程规划提供了方便。

图 9.8 车站票务信息显示屏

9.3.4 自助票务服务

旅客不需要与工作人员接触，通过自助设备完成购买车票、打印“行程信息提示”凭条、换取报销凭证等服务。

1. 自动售票机

主要服务内容如下：

(1)查询。旅客可以在自动售票机上查询全路各车站间车次信息，也可以刷身份证、港澳通行证及护照，查询先期在网上预订的车票信息。

(2)选票。旅客需要正确选择发站、到站、乘车日期、车次、席别、票种、购票张数等信息。

(3)支付。可以使用现金或售票机上标识的银行所发行的银行卡，以及带银联标识的其他银行借记卡和预付卡(不含信用卡)及第三方支付方式支付票款。

(4)制票。旅客选择所购车票并付款后，自动打印"行程信息提示"凭条和报销凭证。当前系统可以购买直达票、异地票，只发售全价票和儿童票。暂不提供废票、退票、签证、学生票、残疾军人票等业务。

自动售票机(如图 9.9 所示)一般设置在售票大厅或换乘大厅中。

2. 自动取票机

旅客可在自动取票机(如图 9.10 所示)查询购票信息，打印"行程信息提示"凭条和报销凭证。自动取票机一般设置在售票大厅或换乘大厅，有些自动取票机兼具自动售票功能。

3. 配合预付卡使用的自动充值机和自助报销凭证打印机

为方便频繁乘坐高铁出行的差旅群体，部分铁路局集团公司或铁路线路推出了类似公交一卡通的预付卡，如中铁银通卡。持卡乘客可利用自动充值机为预付卡充值，通过自助发票打印机打印报销凭证。自动充值机和自助报销凭证打印机(如图 9.11 所示)一般设置在售票大厅。

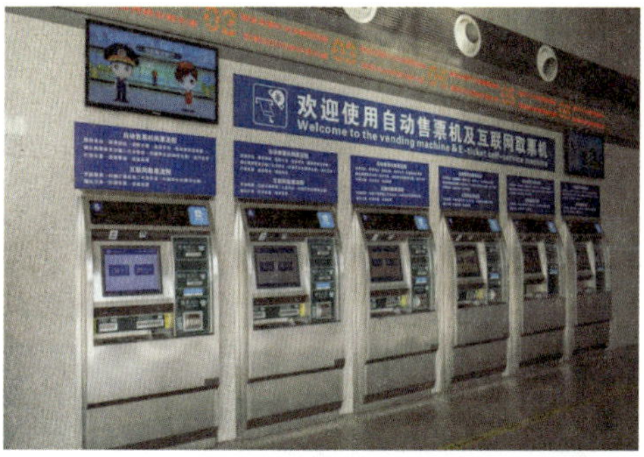

图 9.9　自动售票机

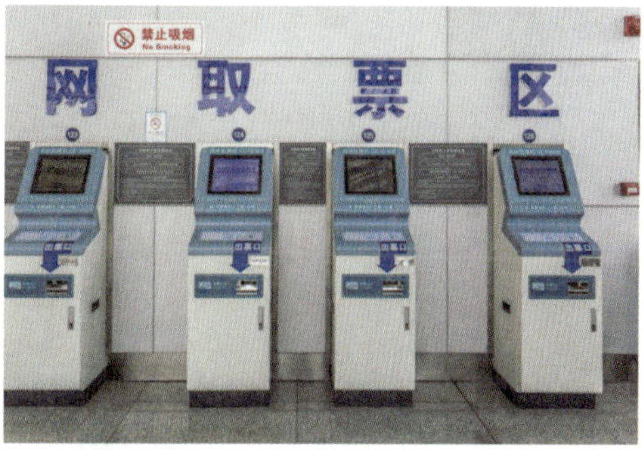

图 9.10　自动取票机

图 9.11　自助报销凭证打印机

9.4 高速铁路电子客票服务

电子客票是铁路大力推进客运科技创新结出的硕果，是继互联网售票之后铁路客运的又一基础性、革命性创新举措。实施电子客票，继互联网售票使旅客排队购票成为历史之后，又将纸质车票退出历史舞台，使铁路票务信息化进入了一个新的阶段达到了一个新的高度，困扰旅客退改签不便的难题得到了根本性解决，且这种无接触式票务服务在疫情期间也发挥了很大作用。当前，我国高速铁路和普速铁路全面推行电子客票，引致票务服务发生革命性变化，旅客持有效身份证件可在全国 2878 个高速铁路和普速铁路车站“一证通行”，惠及 99%以上铁路出行人群，极大改善了旅客购票和出行体验。下面针对电子客票对高速铁路票务服务带来的变化进行介绍。

9.4.1 电子客票功能和票制产品特点

1. 客票功能变化

铁路电子客票是以电子数据形式体现的铁路旅客运输合同，它把纸质车票承载的旅客运输合同凭证、乘车凭证、报销凭证功能分离，实现了运输合同凭证电子化、乘车凭证无纸化、报销凭证按需提供。电子客票实施后，铁路运输企业不再向购票旅客出具纸质车票，但为满足旅客对报销凭证的需求，铁路为旅客提供一种新式的纸质版报销凭证（如图 9.12 所示），报销凭证服务是按需提供的（旅客主动提出时才予以提供），且报销凭证不能作为乘车凭证使用。

图 9.12 报销凭证样式

2. 开发票制产品

实施电子客票，为开展票务服务创新搭建了基础平台，可以办成许多以前想办而办不了的事，为探索票种票制突破提供了可能，如积极探索差异化票种票制，更好满足不同旅客群体差异化购票需求。可以研究建立大客户销售平台，采取“一企一策”的方式，扩大商旅市场份额；针对高速铁路、城际铁路等旅客群体推行套票、计次车票、月票、年票等客票服务产品；

探索空铁、公铁联程客票，以及铁路售检票与地方交通卡实现互通互联。

2020 年国铁集团推出了定期票、计次票等新型票制产品（如图 9.13 所示），印发了《铁路定期票、计次票管理办法》，并在京沪、成渝高速铁路开展了试点。这种票制票种的新突破，受到社会广泛关注和积极回应，旅客便捷程度大大提高。

例如，成都局集团公司按照定期票、计次票实施办法，开通了成渝高速铁路 30 日定期票、成渝高铁 20 次计次票。产品规则比较见表 9.3。

图 9.13 定期票、计次票产品

9.4.2 电子票务服务及设备变化

1. 票务服务变化

(1)售票服务

旅客可通过施行电子客票的车站人工售票窗口、自动售票机、代售点和 12306 网站（含手机 App）等多种方式购买电子客票，但电话订票方式暂时不提供电子客票的售票服务。在 12306 网站（含手机 App）注册用户且通过 12306 手机 App 成功完成人脸身份核验，购买电子客票后，12306 手机 App 上会生成动态二维码（如图 9.14 所示），此二维码可用作进、出站检票凭证。

(2)支付服务

借助实施电子客票的设备、软件升级改造机遇，为适应日益深化的多元化支付需求，铁路推行票款多元支付服务：在互联网购票可使用银行网银（工商银行、农业银行、中国银行、招商银行、建设银行、邮储银行）、银联网银、银联快捷支付、支付宝、微信等在线支付工具支付票款；在售票窗口可使用现金、微信、支付宝、POS 机收单行的银行卡或带有银联标识的各种银行卡支付票款。随着微信、支付宝等移动支付方式的推广普及，铁路支持上述两种支付方式可为旅客带来极大的便利。

(3)购票信息服务

为方便旅客获知已购车票信息，车站售票窗口、自动售票机向旅客发售铁路电子客票时，提供“行程信息提示”凭条（如图 9.15 所示），旅客提供购票人或乘车旅客的手机号码后还可接收列车运行变更信息。旅客通过 12306 网站（含手机 App）购买铁路电子客票后，可通过网站自行打印或下载“行程信息提示”凭条，也可在车站指定窗口打印。“行程信息提示”凭条仅具备旅客购票信息的提示作用，不可作为乘车凭证使用。

车站候车区内自动取票机增加电子客票购票信息查询功能。旅客也可通过 12306 手机客户端查看自己的电子客票订单信息。

表 9.3 成渝高速铁路 30 日定期票、20 次计次票产品规则比较

类型		成渝高铁 30 日定期票产品：用户购买后，可通过席位预约和直接刷证两种使用方式，在 30 d 有效期内，最多乘坐 60 次在成渝高速铁路线路开行的、购买产品时指定发到站和指定席别的列车	成渝高铁 20 次计次票产品：用户购买后，可通过席位预约和直接刷证两种使用方式，在 90 d有效期内，乘坐 20 次在成渝高铁线路开行的、购买产品时指定发到站和指定席别的列车
产品概况	席位预约方式乘车	购买产品后，可以在 12306 网站、“铁路 12306”手机 App、自动售票机提前预约产品所对应发到站及席别的席位。预约席位后，乘车人持购买产品时所使用的有效身份证件原件或“铁路 12306”手机 App 相应的产品检票二维码进站检票乘车	
	直接刷证或扫码方式乘车	购买产品后，当列车有产品所对应发到站及席别剩余席位时，乘车人可持购买产品时所使用的有效身份证件原件或“铁路 12306”手机 App 相应的产品检票二维码，直接进站刷证检票获取席位乘车	
	产品启用	购买产品后需在 30 d 内(含当天)启用乘车，30 d 内未乘车的产品自动失效并全额退款	
	有效期计算	有效期从首次乘车之日起计算	
	适用列车	成渝高速铁路线路上开行的所有列车，具体见 12306 网站和“铁路 12306”手机 App 可预约车次	
	指定发到站	本产品限定为成渝高速铁路线路内下列车站作为出发站或到达站的往返固定组合：成都东(成都南)、简阳南、资阳北、资中北、内江北、隆昌北、荣昌北、大足南、永川东、璧山、沙坪坝(重庆北、重庆西)。产品可同时在以上括号内的非成渝高速铁路线路车站使用，与对应的成渝高速铁路车站互为同城车站。产品仅支持有运输能力的站间组合	
	指定席别	商务座、一等座、二等座	
	产品定价	不区分不同车次票价差异，定价按所有车次同席别实际执行票价统算，并实行相应折扣优惠，具体以发售价格为准	
	适用群体	适合商务差旅、通勤人士，为全价成人票。适用铁路畅行会员，会员购买和使用产品后可累积乘车积分	
	适用日期	暂无限制使用日期	
购买规则	购买渠道	12306 网站和“铁路 12306”手机 App	
	购买人条件	本产品实名购买使用，仅向已通过身份信息和手机号码核验的 12306 注册用户开放，注册用户可为本人和本人账户下已通过身份信息及手机号码核验的乘车人购买	
	购买数量	同一乘车人最多只能同时购买两个相同发到站产品，但可以同时购买多个不同发到站产品	
	产品退款	产品一经启用乘车，票款不予退还。产品未启用乘车的，由购买人通过原购买渠道申请退款，退款在 15 个工作日内通过原支付方式全额退还	

续上表

<table>
<tr><td colspan="2">类　型</td><td>成渝高铁 30 日定期票产品：用户购买后，可通过席位预约和直接刷证两种使用方式，在 30 d 有效期内，最多乘坐 60 次在成渝高速铁路线路开行的、购买产品时指定发到站和指定席别的列车</td><td>成渝高铁 20 次计次票产品：用户购买后，可通过席位预约和直接刷证两种使用方式，在 90 d有效期内，乘坐 20 次在成渝高铁线路开行的、购买产品时指定发到站和指定席别的列车</td></tr>
<tr><td rowspan="6">使用规则</td><td>使用条件规定</td><td colspan="2">产品仅限乘车人本人使用，不能转让或共用。产品仅限在购买时指定的发到站使用，预约或乘坐购买时指定的席别，并且不得在中途站上下车或越站使用，不得跨席别使用。同一乘车人仅限启用一个相同发到站的产品，但可启用多个不同发到站的产品</td></tr>
<tr><td>席位预约规定</td><td>购买人和乘车人（12306 用户）通过 12306 网站、铁路 12306 手机 App 或车站预约席位；也可持购买产品时所使用的乘车人有效身份证件原件在自动售票机预约席位。
●每个产品最多可预约 10 个待使用席位。
●尚未启用乘车的产品仅可预约购买后 30 d内的席位。
●行程变更时应于开车前取消所预约的席位，不收取费用；未取消预约视为一次乘车。
●开车前 48 h 内预约席位取消次数累计超过 5 次的，或预约席位后未乘车次数累计超过 5 次的，可预约的待使用席位数量调整为 1 个。
●预约席位及变更的信息通过短信推送至乘车人预留手机号</td><td>购买人和乘车人（12306 用户）通过 12306 网站、铁路 12306 手机 App 或车站预约席位；也可持购买产品时所使用的乘车人有效身份证件原件在自动售票机预约席位。
◆每个产品最多可预约 4 个待使用席位。
◆尚未启用乘车的产品仅可预约购买后 30 d 内的席位。
◆行程变更时应于开车前取消所预约的席位，不收取费用；未取消预约的视为一次乘车。
◆开车前 48 h 内预约席位取消次数累计超过 5 次的，可预约的待使用席位数量调整为 1 个。
●预约席位及变更的信息均通过短信推送至乘车人预留手机号</td></tr>
<tr><td>直接刷证或扫码乘车规定</td><td colspan="2">仅限乘坐停靠购买产品时指定发到站的列车。凭购买产品时的有效身份证件原件或“铁路 12306”手机 App 相应的产品检票二维码，于列车检票时在检票闸机或人工检票口获取产品指定席别席位后方可乘车。
获取的席位信息通过短信推送至乘车人预留手机号。
如乘车人已购买所乘车次的单程电子客票，优先使用单程电子客票。
乘车人如持有多个适用于所检车次的产品，需到人工检票口选择相应产品检票进站</td></tr>
<tr><td>乘车规定</td><td colspan="2">须按照预约席位或检票时获取的席位乘车并配合列车工作人员查验车票</td></tr>
<tr><td>出站规定</td><td colspan="2">须持购买产品时所使用的有效身份证件原件或对应产品检票二维码通过检票闸机或人工检票口检票出站</td></tr>
</table>

(4)变更服务

旅客使用电子支付方式通过各正规渠道购买的铁路电子客票，均可通过 12306 网站（含手机 App）或车站指定窗口办理改签、退票手续。自 2020 年 2 月 28 日起，对于已领取报销凭证的电子客票或使用现金购买的电子客票，可先行在网上办理退票，再于 180 d 内到任一车站完成退款等相关手续。

图 9.14 动态二维码样式

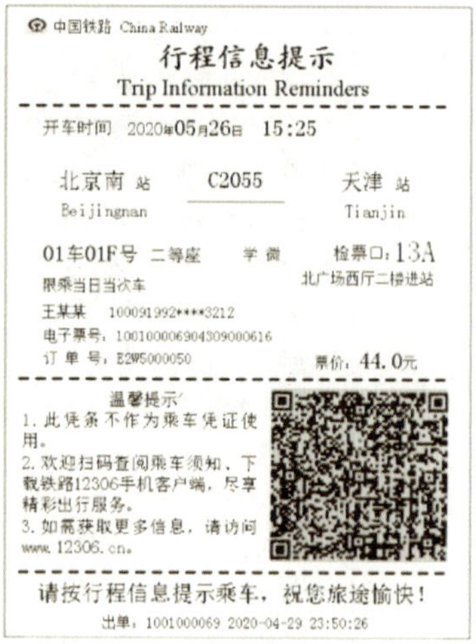

图 9.15 “行程信息提示”凭条样式

2. 票务服务设备变化

(1)人工售票窗口设备：为了使人工售票窗口具备“行程信息提示”凭条打印功能，人工售票窗口配置“行程信息提示”凭条打印设备和凭条打印纸，并配置新版 PSAM 卡(终端安全控制模块)。同时为方便旅客提供手机号码信息，配置旅客输入手机号码和信息确认装置。“行程信息提示”凭条打印设备如图 9.16 所示。

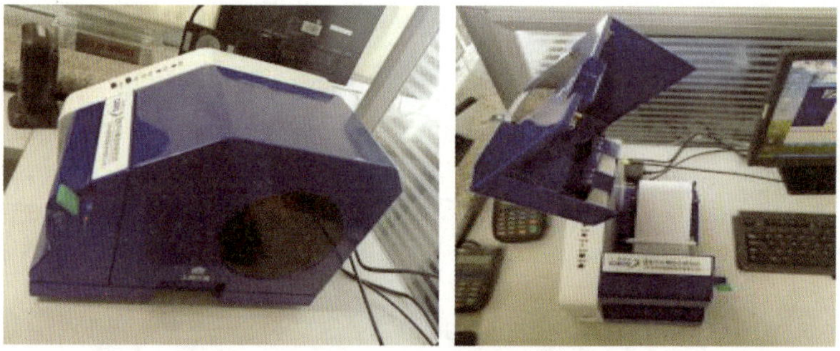

图 9.16 “行程信息提示”凭条打印设备

(2)自助购/取票查询设备：硬件上新增“行程信息提示”凭条打印模块，软件上增加电子客票购票信息查询功能，并配置新版 PSAM 卡。部分自助取票机新增电子客票报销凭证打印功能，分布于候车区、出站口。

10 高速铁路客运车站服务

高速铁路客运车站是旅客进入客运服务系统，实际消费和体验位移服务过程的必经场所。高速铁路车站服务作为高铁客运的核心服务内容，是“位移”的生产性环节，包括前台与旅客的交互服务和后台车站服务管理两个方面的工作。具体通过服务流程、流线组织、设备设施布局维护、人员培训等，向旅客提供便捷、舒适、人性、智能的客运服务。

10.1 高速铁路车站服务概述

10.1.1 高速铁路车站服务内容

高速铁路车站是高速铁路运输的基层生产单位，它是旅客运输的始发、中转和终到作业的地点，选择铁路出行的旅客首先接触到的是车站，是旅客感知和体验服务的必经场所。高铁运输企业围绕旅客“位移”，提供前台和后台两方面的车站服务内容。

1. 高速铁路车站前台服务

高速铁路客运车站前台服务是指高铁运输企业在车站层面与旅客的交互服务。由于高速铁路是一种大运量的运输通道，高密度、高频率开行，为充分发挥其效能，与传统车站相比，高速铁路车站更加强调“通过”功能，让旅客能够“快速”完成和通过这一环节，需要向旅客提供进出站、候车、乘降、信息引导、问讯等基本的“同质化”服务内容。同时针对重点旅客和商务、VIP旅客等提供人性化、个性化、差异化服务。

(1)进出站服务。主要包括引导标识、验证验票、安检、咨询等服务内容。

(2)候车服务。高速铁路车站候车层设计为综合大厅，除配有与候车面积相适应的座椅、卫生间、饮水处等基本设施，提供基本候车、休息服务外，提供售票、寄存、邮电、银行、商务中心、商业、报刊等满足旅客商务活动或休闲购物等需求的服务内容，为旅客创造温馨舒适的候车环境。

(3)旅客乘降服务。主要包括引导标识、检票、站台候车、上下车、换乘等服务内容。

(4)信息引导服务。贯穿车站服务全过程的服务内容，包括列车基本情况、列车运行动态等客运业务类信息，车站公告通知、引导揭示信息、铁路常识、法律法规、旅行常识、旅行安全等通告和旅行常识类信息，以及旅游、住宿、城市交通、气象、新闻等社会服务类信息。信息服务可以通过引导系统、人工问询接待等方式提供。

此外，随着“以人为本”服务理念的深入人心和现代化设备、技术手段等的大量运用，高速铁路车站向旅客提供更加多元的服务内容和服务形式。如更加智能化的硬件设备、一体化的信息系统、人性化的贴心服务，成为展示高铁运输企业服务质量、树立铁路信誉的窗口。

2. 高速铁路车站后台服务

高速铁路客运车站后台服务是高铁运输企业为了更好向旅客提供前台车站服务，而在后台所做的支持性工作，包括车站相关管理规范的制定、相关系统平台及设施设备的建设维护、管理体系建设及人员培训等内容。

(1)服务硬件管理

硬件环境是旅客感受车站前台服务的重要支撑。高速铁路车站设计以方便旅客使用为前提，在流线设计、空间设计到细节设计上要体现系统性、功能性、先进性、经济性、文化性，尽力为旅客提供快捷便利的换乘方式、方便舒适的乘车环境和人性化的优质服务。且随着科技不断发展，高速铁路车站大量采用先进的自动化设施设备、导向标识和大型 LED 显示屏，车站要根据需求，适时调节设备配备，建立设备管理体系，确保向旅客提供系统完善、功能先进、运营良好的设施设备。

(2)服务软件和人员管理

服务软件和人员是更能体现车站前台服务差异化、人性化的基础和前提。通过对各岗位涉及的服务项目、服务内容、服务方式及涉及的有关规章制度进行分析，制定服务标准，提供规范化服务。制定完备的应急方案和演练制度，适时地向旅客讲解有关应急知识。加强对服务人员的培训，使其具备良好的服务意识、素质和技巧，在服务过程中妥善处理各种问题。建立和完善用人机制，实行竞争上岗，采取有效的激励机制，加强监督和考核，制定相应的奖惩措施。

(3)服务综合控制

服务综合控制是车站前台服务智能、一体、便捷等的必然要求，其依托旅客服务与生产管控平台，建立客运综合指挥中心，聚焦旅客服务、设备管理、客运作业与应急处置的集中指挥与有机联动，使其成为纵向指挥与横向协调顺畅的客运日常生产组织与应急指挥中枢机构，有利于有效提高作业效率和保障运营安全，实时掌握车站运营情况，优化处置流程，全面提升车站统筹管理水平。

10.1.2 高速铁路车站服务发展

随着高速铁路的快速发展，高速铁路客运车站正发生深刻的变革，从运送旅客的功能性“容器”逐渐转变为具有城市发展触媒、城市空间节点作用的鲜活有机整体。高速铁路客运车站服务以更现代化的方式展现了交通运输行业的效率和动感，以更开放的积极姿态融于城市的公共生活中。新观念、新技术在高速铁路客运车站中的应用，使车站服务与以往相比在形式和内容上发生了深刻的变化。

1. 服务内容由单一向综合多元发展

传统车站服务将满足旅客基本出行需求作为主要目标，主要围绕车站站房设计流线，提供基本的售检票、候车、乘降、进出站等服务。随着城市经济文化的发展，现代的高速铁路车站在整合城市资源方面的优势逐渐凸显，传统客站由于封闭的空间、枯燥乏味的等候过程和以候车为核心的单一服务已经无法适应当代旅客的需求。

如今的高速铁路车站服务，已逐步建立了多元化经营的开发运营管理机制，实施多元化经营战略，全方位拓展市场，以满足旅客多层次需求为目标，为旅客提供核心服务及丰富多样的辅助服务，集合了多种城市功能，在满足旅客基本出行需求的基础上，涵盖了购物、餐饮、广告、休闲等多个领域。

例如，我国特大型铁路枢纽杭州东站，站房规模约 14 万 m^2，其出站层在与轨道交通连接的通廊中部设置了零售、自动售货机等点位，在高架层进站口之间区域布置了 VIP 候车、便利店、特色产品零售等，在候车区域通道中间设置了展台，满足进出站旅客的多样化需求。同时，该车站立足吸引城市客流，满足目的性消费需求，设置客服夹层，以 4 个餐饮区为主，辅以便利店、潮流服饰、产品特卖、休闲吧等，如图 10.1 所示。

图 10.1 杭州东站出发夹层

2. 服务范围由平面向立体融合发展

传统车站服务受铁路规范和管理体制所限，大部分以铁路候车、乘降服务为核心。在倡导综合立体的今天，高速铁路客运车站与城市、城际交通相结合，实现了城市综合交通的高效融合。

现代的高速铁路车站服务的范围也向多层次立体化发展，通过大力推动多式联运、线下线上协同拓展，通过加强高速铁路与城市轨道交通、公路、民航等多种交通方式的有机衔接、优势互补，推动构建以铁路为骨干、与其他交通方式高效协作的综合交通运输体系。

通过构建立体化的交通体系，推出了公铁联运、空铁联运、市内交通零换乘等多项新型服务，方便了旅客的出行。

例如，上海虹桥综合交通枢纽是国内首个集航空、铁路、公路长途客运、地铁、城市公交等多种交通方式为一体的大型、综合化、立体式的客运枢纽，每日集散客流量 48 万人次之多。车站设立“综合服务中心”(如图 10.2 所示)，提供包括站内办理航班值机，接驳大巴、地铁、出租车等服务。通过车站和机场互设服务柜台(如图 10.3 所示)，增设空铁中转引导标识，空铁联运旅客还可以在机场优先值机，乘客步行 10 min 即可实现转乘，有效提高了虹桥综合交通枢纽的运输服务效率。

图 10.2　上海虹桥站综合服务中心

图 10.3　上海虹桥站空铁联运取票窗口

2016 年 12 月 19 日，全国首个高速铁路“无轨站”在广西凌云县正式启用，凌云县成为全国首个没有高速铁路线路经过却成功融入高速铁路路网的城市。高速铁路无轨站指的是在没有高速铁路线路经过的城市开设的具有“购票、取票、候车”功能的专门站点，通过开通专线大巴等方式与就近高速铁路火车站无缝相连(如图 10.4 所示)，将客流引入高速铁路，属于公铁联运范围。依托高速铁路无轨站，凌云县在无须增加任何交通投入的情况，实现了与南昆高速铁路、全国高速铁路路网连通。

图 10.4　凌云县高速铁路无轨站

3. 服务形式由单调向智能多样发展

传统车站受设备、技术、人员等因素影响，提供的服务形式较为单调，即主要以人工服务手段为主。随着科技的发展，以及运输企业和旅客对美好出行的不断追求，现代的高速铁路客运车站，作为与旅客接触度较高的“服务窗口”，各客运企业已陆续优化服务组织形式，提供了人文化、细微化、个性化、智能化等多种服务形式。

现代高速铁路车站大规模设立了刷脸进站验票闸机，打造问询、引导、巡更等多种功能的机器人，提供综合查询机、智能语音精灵、共享充电宝等设备，实现面向旅客服务流程的自主化。部分车站打造站车一体化服务平台，推出多种车站服务相关的 App 或小程序，如站内 VR 引导、路径规划、服务预约等，为旅客提供候车、乘车、消费等便捷服务，提高了车站的商业价值和服务能力，如长沙南站和上海站分别设立的"湘情长南快乐相伴"微信小程序（如图 10.5 所示）和"铁路上海站心尚服务"微信小程序（如图 10.6 所示）等。

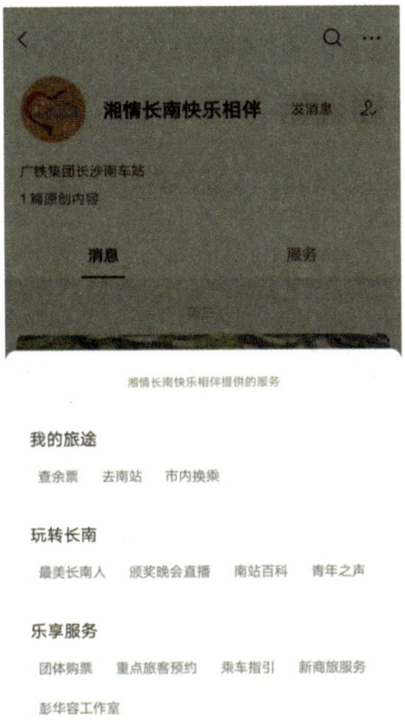

图 10.5　长沙南站微信小程序

图 10.6　上海站微信小程序

2020 年开通运营的雄安站，采用了多项智能设计理念，成为高速铁路智慧车站的范例。利用云计算、物联网、大数据、人工智能等技术，雄安站实现了旅客服务、调度指挥、机电控制等一体化。雄安站的"智能大脑"管理系统，可通过大数据、云计算、人工智能物联网技术，将各种业务与技术深度融合，让数据与服务器资源共享，形成统一的指挥平台，可以对全站监控设备、电表、水表、扶梯、直梯等进行作业全过程监控，一旦设备发生故障，可以实现及时抢修，为旅客提供更便捷的服务。雄安站配备综合服务管理系统，由交通运行监测协调平台、广播系统、智能综合显示系统、自助求助及查询系统、门禁及巡更系统、智能运维管理系统、站内导航系统组成，可为旅客提供全面、及时、准确的信息服务。雄安站还设有智能停车场(CEC)，采用无线地磁车位检测器精准定位停车，具备基本的截流（非清洁能源车辆）、停车、换乘功能。

随着社会经济的发展，旅客出行服务的智能化、个性化需求将更加明确和迫切。为旅客提供多样的服务设备设施及足够的自动交互功能，最大限度地实现旅客便捷舒适的旅行体验，提高运输生产精准化、资源管理集约化等服务管理水平，是高速铁路车站发展的必然趋势。

10.2　高速铁路车站前台服务

按照旅客在高速铁路车站进行集散活动的流动过程和流动线路的方向不同，高速铁路车站服务可以分为进站服务、出站服务和换乘服务。不同服务对应的服务流程和具体服务内容不同，下面介绍进站、出站、换乘等车站服务的前台服务流程和服务内容。

10.2.1　高速铁路车站进站服务

高速铁路车站旅客进站在流程上与普速铁路基本相同。由于铁路实名制的实行，进站流线中增加了“身份证查验”环节，流程有所变化，即身份证先验形式和身份证后验形式。高速铁路车站旅客进站流程如图 10.7 所示。

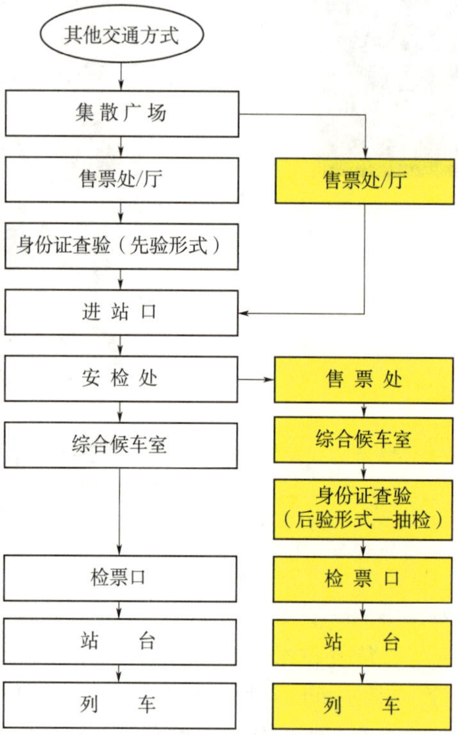

图 10.7　高速铁路车站旅客进站流程

旅客乘其他交通工具到达车站站前广场；通过车站提示标志引导旅客到售票处购票，安装了自动售票机的车站，向旅客提供自助售票服务，对于售票处设置在站内的车站，则是先进站再买票，已提前购得车票的旅客则不需进行此流程；通过车站提示标志引导旅客至进站口；身份证查验工作，当身份证查验为全检时，在进站口查验，当抽检时，在检票口查验；利用三品检查仪对旅客及其行李进行安全检查；疏导客流进入车站；通过提示设备，引导旅客至相应候车厅（区）候车；开车前一定时间通过电子显示屏、广播等途径告知旅客到检票口排队，通过人工检票通道或自动检票机进行检票；组织客流通过地道、天桥等跨线设备至相应站台，旅客根据广播、指示标志等提示上车。

1. 安检服务

安检是确保旅客运输安全的重要防线。各客运企业持续推进安检信息化建设，不断完善安检设备联网与值机智能辅助识别等功能，根据客流状况适时调整安检通道、设备和人员，为旅客提供文明和谐的检查环境。

高铁客运车站的安全检查主要包括人检和物检。其中，人检主要是针对人员进行安全检查，既要维护旅客的个人隐私，也要保护广大群众的生命安全。人员安检设备主要包括金属安检门和手持安检仪。物检主要是针对旅客随行物品进行检查，妥善处置禁止携带物品和限制携带物品。物品安检设备主要是安检机、液体探测仪、爆炸物探测仪。爆炸物探测仪是只针对爆炸物的检查，液体探测仪则是对易燃液体、易炸液体和液体毒品的检查。

2. 验证验票服务

车站按规定通过人工验证验票窗口或智能验票系统(俗称“票证人自助核验闸机系统”或“人脸识别验证检票机”)，对旅客进行实名制查验。核对确认旅客“票、证、人”一致后，工作人员加盖验票章或闸机自动打开，放行旅客进站。针对无法出示有效身份证件原件的旅客，车站应引导旅客到车站铁路公安制证口办理临时身份证明后，方可进站乘车。越来越多的智能化、信息化手段，如人脸识别安检门等，可以辅助这项服务，简化查验流程，便捷旅客出行。图 10.8 为车站进站口人脸识别验证验票机。

图 10.8　车站人脸识别验证验票机

3. 候车服务

高速铁路车站候车区域的设计思想与传统铁路有较大差别。传统车站候车室强调等候，并设计成多个相互隔离的候车区域。高速铁路车站强调通过功能，等候空间成为辅助功能，高架候车层设置为集多种功能于一体的综合大厅，如图 10.9 所示。休息区域设有一定数量的软席座位，保证旅客候车需要，在此基础上，完善服务细节，提供信息服务、餐饮购物服务、寄存服务、休闲娱乐服务等，为旅客创造温馨舒适便捷的候车环境。

图 10.9　高速铁路车站候车综合大厅

（1）综合信息服务

旅客候车时的信息需求主要包括对出行车次及运行状态相关信息和工作学习、娱乐社交信息站内导航等方面的需求。

①出行车次及运行状态相关信息

以往旅客获知列车信息的方式主要靠车站广播员人工口头告知，现在旅客不仅可以通过车站自动广播获知列车信息，还可以通过电子显示屏滚动显示的内容了解列车运行状态，这得益于旅客服务信息系统和客票系统的引入。旅客信息服务系统由集成管理平台、导向系统、广播系统、视频监控系统、闸机检票系统、时钟系统、旅客查询系统等组成，以信息的自动采集为基础，为旅客提供导向服务、广播服务、闸机检票服务和查询服务，实现高速铁路列车信息自动广播、导向、揭示等功能。图 10.10 和图 10.11 分别为杭州东站壁挂信息显示屏和自助咨询服务机。

图 10.10 杭州东站壁挂显示屏

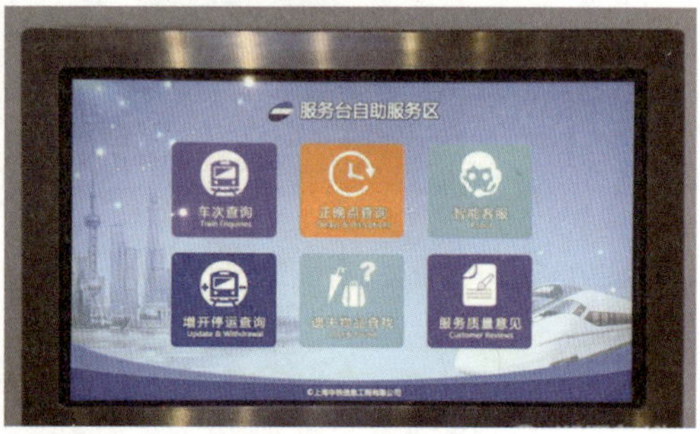

图 10.11 杭州东站服务台自助服务机

②导向标识

传统的导向服务主要依托站内的导向设备，指引旅客安全顺畅地完成进站、购票、候车、乘车、出站和换乘等所有站内活动。现代的高速铁路车站，应用越来越多的信息化、智能化手段，为旅客提供更优质的导向服务。如上海虹桥站内设置多处指路机，方便旅客及时查询周边信息，如图 10.12 所示。北京北站设置了多种智能机器人，不仅可以实现站内导航，还可以为旅客运输行李，只需扫描二维码或者进行人脸识别，机器人就会在站内跟随旅客行走，就像随行小秘书，如图 10.13 所示。

图 10.12 上海虹桥站指路机

图 10.13 北京北站内导航智能机器人

③工作学习、娱乐社交信息

高速铁路客运站候车区域设有充电装置用于满足旅客对电子设备的充电需求；候车区域设有报纸贩卖机、触控一体机，满足旅客对新闻、资讯信息等的需求。如广州南站在三楼候车室 A1 区域以“两两相阅，美美与共”为主题设置读书角，如图 10.14 所示，免费为旅客提供读书服务，丰富旅客出行体验。

图 10.14 广州南站读书角

随着网络基础设施的逐渐完善以及移动互联网的普及，越来越多的科技服务陆续应用在高速铁路客运车站，除传统的电视、广播外，很多高速铁路车站的免费 Wi-Fi 已经投入使用或正在建设中，而且信号强度还在不断改进，实现了免费 Wi-Fi 网络全覆盖，满足旅客对工作、学习、咨询信息等需求。

④其他信息服务

如杭州东站旅客可以通过智慧厕所显示屏（如图 10.15 所示）查看卫生间使用情况，在单一候车室内厕位满员的情况下，能快速地将有需求的旅客引导至同楼层有空余厕位的候车室卫生间使旅客可以根据显示屏掌握排队时间，从容安排自己的候车时间。

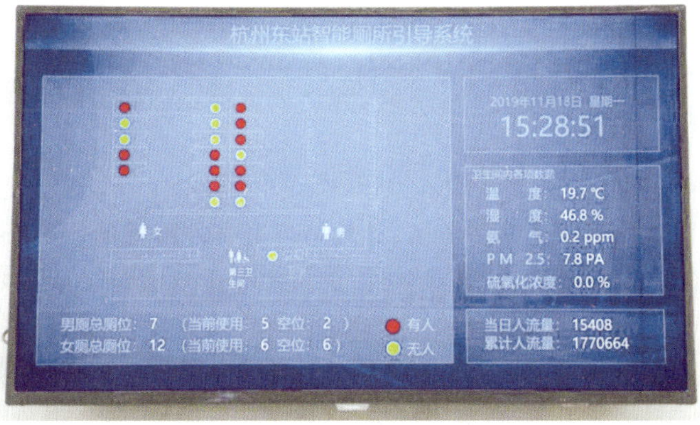

图 10.15 杭州东站智慧厕所显示屏

(2)联程办理服务

各高速铁路企业大力推动多式联运线下线上协同拓展，进一步方便旅客出行。如郑州东站候车室内设有自动打印登机牌一体机终端(如图 10.16 所示)，旅客在高速铁路车站就可打印登机牌，方便航空乘机的接续。

图 10.16 郑州东站登机牌自动打印终端

(3)商业服务

①餐饮零售

各高速铁路车站为了方便旅客出行，通常适当引入商业开发，设置了必备型商业、特色型商业和服务型商业三大主题商业模式。其中，必备型以统一化、连锁化的书店、便利店以及自助型商业设施为主；服务型商业以人性化的自动寄存柜、自动取款机等服务为主；特色型商业以个性化、风格化、本土化的特产专卖及餐饮服务为主。

如上海局集团公司引入“旅途易购”(如图 10.17 所示)，打造“高铁新零售”客站商业形态，将原先纯粹销售功能的门店逐步升级为全程自助选购支付、24 h 营业的新型智慧型门店，并陆续推出多种类型自助服务，在 55 个车站投放 586 台“旅途易购”自动售货机、自助咖啡机、自助照相亭等设备。南京南站站内设有智能取餐柜(如图 10.18 所示)，旅客通过“旅途易购高铁”微信小程序可以订餐，有鸭血粉丝汤、虾仁汤包、宫保鸡丁饭、虾仁蛋仔面等可供选择，选好菜品，选择车站检票口、餐食数量等，支付完毕后，即可前往指定取餐柜取餐。

②寄存、快运办理

北京南站、天津西站等高速铁路车站，针对站内有寄件需求的旅客，通过设置站内便民服务点，提供高速铁路“顺手寄”“顺手取”等经营服务内容，如图 10.19 所示。北京、上海、郑州等高速铁路车站广泛投入使用自助行李存包柜(如图 10.20 所示)，旅客只需通过手机轻触屏幕界面点击“我要寄存”，选择大件行李或小件行李，即可存放行李；领取行李时，再次扫描二维码，柜门便会自动弹出，轻松取出行李，方便了旅客出行，改善了站内候车秩序。

图 10.17 上海局集团公司“旅途易购”新零售

图 10.18 南京南站智能取餐柜

图 10.19 高速铁路车站“顺手寄”“顺手取”

图 10.20 自助行李存包柜

4. 检票服务

随着电子客票的推广，现各高速铁路车站已基本实现旅客自助检票乘车，旅客刷身份证或手机二维码通过自动检票通道设置的自动检票机上车或出站，提高了服务效率。自动检票通道中，按旅客流动方向分为进站检票机、出站检票机。各高速铁路车站在使用自动检票闸机的同时，保留了部分人工通道，主要服务于持红色软纸车票和自动检票机无法识别车票信息的旅客。图 10.21 为检票口检票设备和检票条屏。

图 10.21　高速铁路车站检票口检票设备和检票条屏

5. 站台候车及上下车服务

站台候车主要依靠设备，而工作人员一般只进行安全、信息提示，如不同线路的列车分别采用不同的颜色标进行区分，以鲜艳的颜色标出候车安全线，站台地面上设置排队标志（如图 10.22 所示）等，引导乘客排队上车。站台安全防护是车站服务安全管理的重要环节，如北京南站在站台安装了站台安全门（如图 10.23 所示），防止旅客侵入安全线，保障旅客乘降安全有序。

图 10.22　高铁站台地标

图 10.23　北京南站站台安全门

10.2.2 高速铁路车站出站服务

高速铁路车站出站服务流程与普速铁路车站出站服务流程的最大区别是，高速铁路出站服务流程的组织通常通过集散大厅(一般为地下)，将各站台的客流聚集汇总，然后分散组织到地铁、公交、出租车、私家车等交通方式上去。高速铁路车站旅客出站流程如图 10.24 所示。

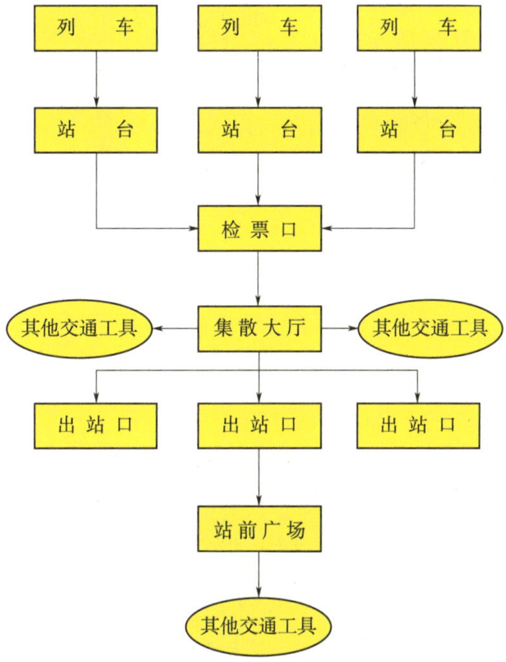

图 10.24 高速铁路车站旅客出站流程

提示下车的旅客通过地道、天桥等跨线设备离开站台到集散大厅，至各出站口出站；出站通道尽头设置检票口，对旅客车票进行查验；疏导旅客离开车站，并向旅客提供换乘出租车、公交、地铁等交通方式的信息。

1. 检票服务

与进站检票服务一样，出站检票也可以通过自助检票通道或人工检票通道完成，不再赘述。

2. 导向服务

高速铁路客运车站往往兼具衔接城市内外多种交通方式的枢纽功能，有些高速铁路车站可以实现铁路、地铁、公交、出租车等多种交通方式的换乘，为帮助旅客做出快速准确地寻路选择，车站提供导向设备或人工指引。图 10.25 为旅客出站换乘导向标识，图 10.26 为霸州北站内设置的信息显示屏，不仅提供了途经本站列车的到发站时间，还提供了上下行停站时间，为旅客选择出行或接续换乘提供了参考。

3. 与其他运输方式的接驳服务

通过加强高速铁路车站与其他多种交通方式的有机衔接、优势互补，努力推动构建与其他交通方式高效协作的综合交通运输体系，进一步提升旅客出站效率，为旅客提供便捷服务。如有条件的高速铁路车站协调地铁运营公司，提供“安检互认”服务，旅客免除二次安检，实现高速铁路到地铁的“无缝换乘”，极大地方便了旅客。

图 10.25　旅客出站换乘导向标识

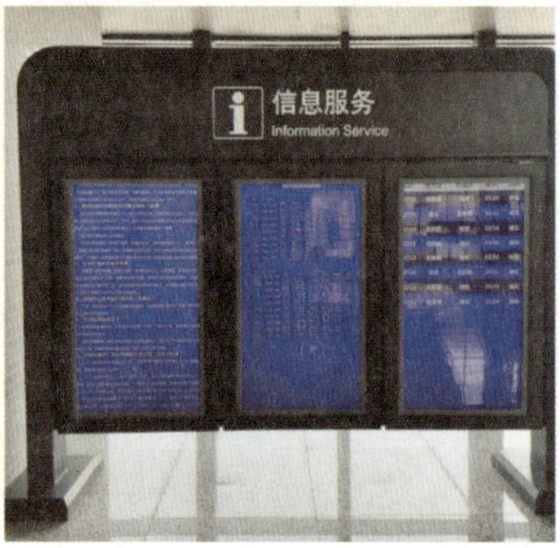

图 10.26　霸州北站信息屏

杭州东站枢纽建成出租车通道智能调度平台(如图 10.27 所示)，乘客和司机进站前可通过出租车通道智能调度微信小程序，提前预知各通道的等候人数和等候时长等信息。另外，部分高速铁路出站口距离公交场站有一段距离，为方便携带大件行李的旅客、重点旅客以及外地旅客的出行，提供免费公交接驳服务，实现“零距离换乘”。

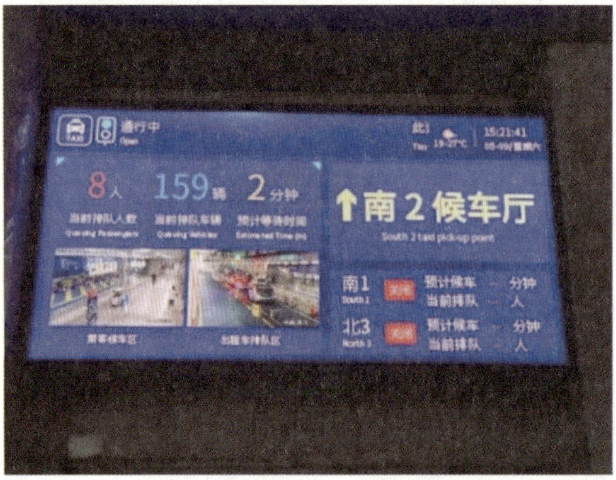

图 10.27　杭州东站出租车通道智能调度平台

10.2.3　高速铁路车站换乘服务

根据换乘的形式，高速铁路换乘通常有同站换乘和异站换乘。异站换乘与出站流线组织一样；同站换乘分为出站换乘和站内换乘。两种换乘流线有所不同，这与普速铁路有较大区别。

1. 同站换乘形式

(1)出站换乘

出站换乘是当前我国高速铁路车站最广泛的一种换乘组织形式，接续时间长的中转换乘旅客需要按照“先出站再进站”的流程来完成中转过程。这种组织相当于将换乘旅客的流线分为出站和进站流线分别组织，无须专门组织。

(2)站内换乘

对接续时间短的中转换乘旅客,车站可专门组织换乘,即站内换乘。这种换乘方式是旅客由站台通过楼梯或反向电梯到达候车厅,再由候车厅通到另一个站台。这种形式组织方便,但需要车站空间布局和设备相配合,通过设置"便捷换乘"醒目标识(如图 10.28 所示),引导旅客便捷换乘。部分高速铁路车站在站台设置专用换乘电梯(如图 10.29 所示),旅客不用出站,只需在下车的站台乘换乘电梯,即可直升至候车厅,通过人工验票或者双向闸机进行自主验票,找到换乘车次的检票口检票进站,完成换乘。

图 10.28 便捷换乘标识

图 10.29 站台换乘电梯

2. 换乘流程

中转换乘流程如图 10.30 所示。

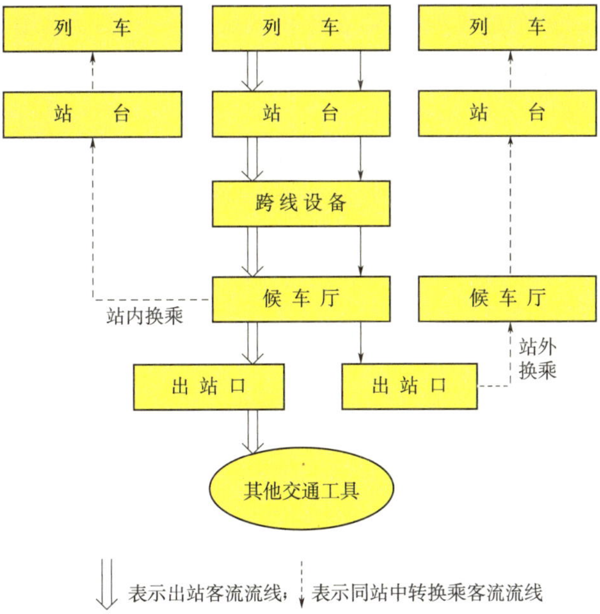

图 10.30 高铁车站中转换乘流程

(1)提示下车的旅客通过地道、天桥等跨线设备离开站台。

(2)接续时间短的旅客按照车站的安排有特定流线进行站内换乘;接续时间长的旅客由出站口出站再进站候车。

(3)乘其他交通方式的旅客根据出站口导向标识换乘地铁、公交、出租车等交通方式离开高速铁路车站。

10.2.4　高速铁路车站重点旅客服务案例

高速铁路车站在提供基本的进站、出站、换乘等"同质化"服务内容基础上,还需针对重点旅客和商务、VIP 旅客等提供人性化、个性化、差异化服务。尤其向重点旅客提供人性化的贴心服务,是铁路贯彻落实"以人为本"服务理念和"人民铁路为人民"宗旨的重要内容。

1. 高速铁路车站重点旅客服务预约

铁路重点旅客是指老、幼、病、残、孕等旅客。铁路旅客运输服务质量规范对客运服务人员提出要求,应做到"全面服务,重点照顾",无需求无干扰,方便旅客自助服务,尤其针对重点旅客,应当重点关注,优先照顾。高铁客运服务中的重点旅客分为两类,即一般重点旅客和特殊重点旅客。前者是指有同行人陪同的老、幼、病、残、孕旅客,或无须工作人员全程护送,只需车站提供优先服务的旅客;后者是指依靠辅助器具才能行动等需特殊照顾的重点旅客,如盲人和靠担架、轮椅行动的旅客,需要工作人员特殊照顾或全程护送的旅客。高铁运输企业针对重点旅客的不同需求和特点,不断创新服务新举措,提供更加全程的人性化服务,体现"温馨出行"的服务承诺。

(1)重点旅客服务预约内容

为做好重点旅客服务,推出重点旅客预约服务,一是可以受理依靠轮椅、担架等辅助器具旅行的老年、伤病、残疾等已购车票旅客服务需求,为特殊重点旅客提供优先进站、协助乘降、便利出站等服务;二是针对视障旅客,在提供残疾人证、导盲犬工作证、动物健康免疫证明等证件后,导盲犬可以陪同乘车。

(2)重点旅客服务预约方法

重点旅客服务预约的主要方法有:通过铁路 12306 手机 App、12306 官网、铁路 12306 微信公众号预约或拨打 12306 客服电话及联系车站客运人员。

图 10.31 为 12306 手机 App 重点旅客预约界面。

图 10.31 界面中的温馨提示如下:

①中国铁路客户服务中心网站(www.12306.cn)注册用户可为本人及乘车人办理网上重点旅客预约服务。非注册用户可先行注册后办理或通过 12306 铁路客服电话办理。

②重点旅客预约服务仅受理依靠轮椅、担架等辅助器具旅行的老年、伤病、残疾等已购车票旅客服务需求。铁路站车提供优先进站、协助乘降、便利出站等服务,不办理代购车票等其他业务。

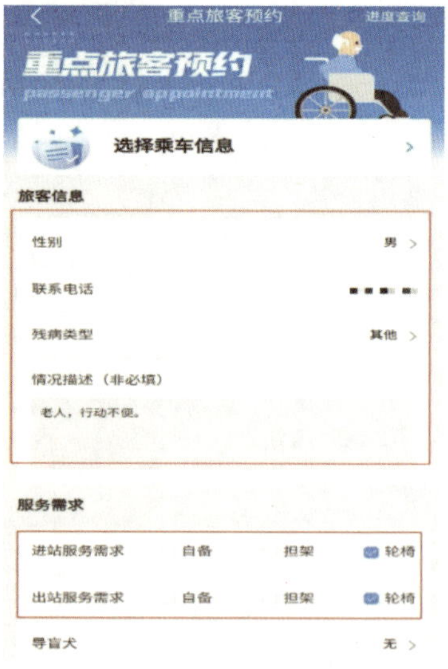

图 10.31　12306 手机 App 重点旅客预约登记

③乘车前 12～72 h 的重点旅客预约服务可在网上办理。

④预约服务提交完成后，工作人员将不晚于乘车前 2 h 与您联系，因特殊情况未接到工作人员电话时，请拨打 12306 铁路客服电话进行确认。

⑤旅客身份信息与车票身份信息不一致、不符合重点旅客预约服务条件的，铁路部门有权拒绝受理。

⑥已提交预约服务的旅客，办理车票改签、变更到站、退票或取消服务时，须及时通过 12306 铁路客服电话变更或取消服务。

2. 高速铁路车站重点旅客服务流程

(1)接送站服务

重点旅客享有优先进站、优先检票上车的权利。车站有服务于重点旅客的通道，客流较大、通道较多的客运车站设有重点旅客、常旅客高星级、军人、员工等专用通道，并提供优先进站服务，改善重点旅客出行体验。

“长三角”地区多个高速铁路车站推广应用“重点旅客接送站服务管理系统”，重点旅客的亲友在车站服务台办理电子站台票后，便可上站台接送乘车人。“重点旅客接送站服务管理系统”安装在客运站进站口外服务台、候车室服务台、出站口等处，接送重点旅客的亲友凭相关证明办理手续，软件系统根据乘车人姓名、车次、座位号等信息自动生成一张电子站台票，并由工作人员打印交予接送站人员。出站时，车站工作人员扫描电子站台票上的二维码确认后，接送站人员便可离开车站。电子站台票的使用一方面改善了重点旅客出行体验，另一方面也规范了重点旅客接送站服务管理。同时，该软件后台对未按规定正常出站的接送站人员具有记忆功能，失信人员将无法再次办理接送站服务。

此外，高铁车站为需要由亲属照顾的重点旅客增设“爱心送站卡”服务，针对不方便独自进站的老年旅客和特殊重点旅客，送站人员凭借有效身份证明可以到服务台处免费换取爱心送站卡，帮助其进站乘车。图 10.32 为车站工作人员帮助行动不便旅客进站乘车。

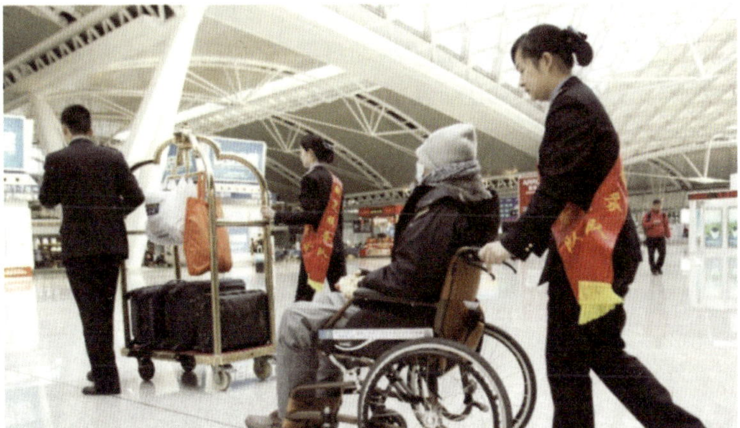

图 10.32　重点旅客送站服务

(2)候车服务

高速铁路车站设置专门的重点旅客候车区域,重点旅客均可在专属区域候车,优先检票乘车。如北京南站的润秋爱心服务区(如图 10.33 所示),改变以往利用封闭区域划分各场所功能的做法,打造军人和重点旅客一体化候车区,扩建爱心服务区、母婴哺乳室和儿童娱乐区,建设医疗服务点,构建全过程立体化爱心服务体系,提供咨询、引导、帮扶等“爱心一条龙”服务。

图 10.33 北京南站重点旅客候车区

柳州站设置了母婴候车区(如图 10.34 所示),内有 2 间哺乳室,是专为哺乳妈妈设计的休息区;杭州东站在候车区不同角落设置了移动母婴室(如图 10.35 所示),每个母婴室面积约 4 m^2,底部安装滑轮可随时移动,有哺乳需要的旅客只需用手机扫描门上二维码,即可进入室内使用。

图 10.34 柳州站母婴候车区

图 10.35 杭州东站移动母婴室

杭州东站的候车室内放置了“未来健康屋”(如图 10.36 所示),在屋内有超声波身高体重测量仪、超声骨密度仪、体脂仪、血氧仪和血压脉搏检测装置等医疗仪器设施。旅客可以通过手机扫描二维码进入屋内,免费测量身高、体重、血压、骨密度等。同时旅客也可以与AI(人工智能)江医生语音对话,获得所需医疗服务的语音提示帮助。除此之外,健康屋的外面还挂有“AED 自动体外除颤器”,工作人员可以利用该仪器对发生心搏骤停的旅客给予电击除颤,提升患者院前急救的抢救成功率。

图 10.36 杭州东站未来健康屋

10.3 高速铁路车站后台服务

车站服务管理是高铁运输企业在车站层面提供的后台支持性服务。旅客在车站中消费客运产品、体验客运服务,所以,高速铁路车站服务管理工作是客运工作的重点。高速铁路车站的服务管理涉及客运组织模式、人员安排,设施设备布局等方面,主要受车站客流、平面布局、设施设备能力、服务频率及其他因素影响。高速铁路车站服务管理需要充分考虑客流在车站集散和办理旅行手续的特点,并根据春暑运、疫情等不同时期的客流特点,做出相应的调整变化,对各项工作内容实现精细化管理。

10.3.1 高速铁路车站服务管理原则

1. 安全性原则

高速铁路客运车站服务管理工作,必须坚持“安全第一,预防为主”的方针,坚守安全底线,全面加强安全基础管理。车站须建立有效的安全、消防组织机构、建立健全各项客运安全管理制度,对安全关键点有联防措施,非正常情况有应急处理预案。加强安检查危,重视安检外围区域的引导,强化站台盯控,做好站台安全宣传引导,密切注意旅客乘降动态,加强规范车站商业经营行为,确保车站商业和广告经营的安全生产和食品卫生等。

2. 一体化原则

高速铁路车站服务应通过现代通信技术和车站信息管理系统，将日常工作环环相扣，互相关联，使各项工作有效地结合起来，形成有机整体。根据客票的发售情况、动车组的开行时刻等，灵活运用车站引导系统，及时提供集散信息，调整软席等候车区域面积。将车站入口、站前广场、进出站通道、站台等设备进行综合考虑，利用栅栏和工作人员将各种客流分开，减少交叉干扰。同时，根据城市规模和综合枢纽站内各种交通方式的引入条件等，制定与地铁、公交、出租车等各种交通方式的衔接、疏解方案，消减车站客流压力，保证高速铁路客运车站运转的高效、畅通。另外，车站工作人员也需树立车站工作为一体化的理念，建立定期的沟通交流机制，及时发现不足并改进。

3. 智能化原则

随着车站的智能化水平的不断提升，高速铁路客运车站服务可以通过运用各种信息管理系统软件硬件设施，适应大流量、高密度、客流快速集散的需要。通过对自动售检票系统、引导服务系统、车站信息管理系统信息监控系统、对外信息发布系统等精心设计和组织，建立有以科技改变高速铁路客运服务水平的理念，强化各种智能设备的控制能力，实现系统之间的无缝衔接，发挥车站系统的整体效益，不断推动高速铁路车站服务管理的质量提升。

4. 人性化原则

体现人性化的工作方式是高速铁路客运车站服务管理需要遵循的原则之一。通过改善候车环境，补强重点旅客候车区、儿童候车娱乐区、军人候车区和哺乳室等服务专区设施，关爱老人、小孩等重点旅客，优化咨询引导服务，保障急客快速便捷服务等，全面推开差异化、个性化服务，提升旅客满意度。

10.3.2 高速铁路车站服务人员培训

高速铁路车站后台“软件”服务包括后台生产岗位、管理机构、管理制度、规章办法、标准规范、计划方案、流程措施等，并通过服务前台的设施设备、人员、相关系统等完成与旅客的交互。其中车站服务人员直接服务于旅客，是最活跃、最不稳定的因素，需要加强对服务人员的培训管理，提高服务人员的服务意识、素质和技巧，它是车站服务管理的重要环节，对企业的发展具有深远影响。

1. 培训组织体系

高速铁路客运车站依据铁路局集团公司《高速铁路运营人员培训管理办法》等文件规定，按照车站、车间、班组三级实施客运服务人员培训管理。

职工教育科是车站高速铁路人员培训工作的管理组织实施部门，负责制定客运值班员（值班站长）、客运员（售票）等高速铁路人员实施性培训方案，在铁路局集团公司业务部门组织指导下，落实有关高速铁路人员岗前资格性和岗位适应性培训计划，依据《高速铁路岗位培训规范》和《岗位培训教学指导书》等实施培训；建立健全高速铁路人员培训基础资料，做好统计数据汇总及分析工作。其他业务科室配合授课、教材题库编制等。车间负责职工专业新知识、业务新技能及相关学科知识的教育，进一步提高其工作水平、业务能力及应急处理能力。班组各班组长根据车间编制的教学计划合理安排本班组职工的培训，保证职工参加教培的学时达标，掌握新技能、新业务。

2. 车站客运岗位人员准入条件

以北京局集团公司为例，按照《高速铁路客运人员准入和人才储备办法》规定，确定高速铁路车站客运岗位人员准入条件，见表10.1。

表10.1 北京局集团公司高速铁路车站客运岗位人员准入条件

<table>
<tr><th>岗位名称</th><th>文化素质</th><th>专业要求</th><th>工作经历</th><th>身体要求</th><th>职业道德</th></tr>
<tr><td>客运值班员</td><td rowspan="2">大专及以上文化程度，掌握基本服务英语和手语，具备良好的沟通能力和服务技巧，具备妥善处理突发事件的能力</td><td rowspan="2">客运专业毕业或经专业培训合格，能够熟练使用客服设备设施</td><td>从事铁路客运员、铁路售票员工作不少于3年，或从事客运计划员工作不少于1年</td><td rowspan="2">体态匀称、五官端正，动作灵活、协调性好，听力及辨色力正常、双眼矫正视力不低于5.0，无职业禁忌证，身体健康，能胜任本岗位工作</td><td rowspan="2">遵章守纪、爱岗敬业、服从指挥、团结协作</td></tr>
<tr><td>客运值班员（值班站长）</td><td>从事客运值班员、售票值班员工作不少于2年</td></tr>
<tr><td>客运员</td><td rowspan="2">大专及以上文化程度，掌握基本服务英语和手语，具备良好的沟通能力和服务技巧</td><td rowspan="2">客运专业毕业或经专业培训合格，能够熟练使用客服设备设施</td><td>见习、转岗培训期满，经考试合格</td><td rowspan="2">体态匀称、五官端正，动作灵活、协调性好，听力及辨色力正常、双眼矫正视力不低于5.0，无职业禁忌证，身体健康，能胜任本岗位工作</td><td rowspan="2">遵章守纪、爱岗敬业、服从指挥、团结协作</td></tr>
<tr><td>客运员（售票员）</td><td>从事客运工作不少于2年</td></tr>
</table>

3. 岗位培训流程

高速铁路客运值班员、客运员上岗前须经岗前资格性培训合格后方可上岗，上岗后须按规定参加岗位适应性培训，不断提高岗位作业技能。

(1)岗位资格性培训

岗位资格性培训包括安全规章、专业理论培训与实作技能培训。安全规章、专业理论培训采取集中脱产形式，实作技能培训采取集中脱产、现场实习、跟班作业、导师带徒、模拟演练等多种方式。完成理论与实作培训科目后，还须经过必要的跟班学习方可独立顶岗。具体在铁路局集团公司客运部和职培部指导下，由车站组织实施。以高速铁路客运值班员岗位资格性培训为例，车站按照铁路局集团公司《高速铁路客运值班员培训教学指导书》规定的内容，编制教学教案，具体组织培训，确保客运值班员在知识和操作技能方面达到高速铁路客运值班员岗位要求。高速铁路客运值班员教学计划见表10.2。

表10.2 高速铁路客运值班员教学计划表

序　号	理论教学内容	学　时
1	高速铁路概论	2
2	高速铁路客运运营管理	4
3	安全与应急处置	6

续上表

序　号	理论教学内容	学　时
4	客运营业规章及各种售票方式有关规章	8
5	客票系统与售票组织	4
6	旅客投诉心理与相关法律法规	4
7	旅客意外伤害处理与相关法律法规	4
8	高速铁路调度指挥与客服综控	4
9	班组管理	6
理论教学学时小计		42
序　号	实作教学内容	学　时
1	客运值班员作业流程与作业标准	20
2	正确使用车站安全设施	10
3	识别各种乘车票证，办理补票、变更等业务	16
4	按照各种安全应急预案要求组织处理现场非正常情况	20
5	车站设备设施	6
6	服务礼仪	6
7	专业形象、服务技巧、VIP与重点旅客服务	6
实作教学学时小计		84
理论与实作合计		126

(2)岗位适应性培训

岗位适应性培训由车站组织实施，采取脱产培训与日常技术业务学习相结合的方式进行。现任客运值班站长、客运值班员每年参加不少于15天的脱产适应性培训。客运员参加车间及以上组织的岗位应知应会适应性培训(如图10.37所示)每年累计不少于30个学时。此外，每年组织客运人员安全规章和事故案例教育，劳动安全脱产培训不少于8个学时，考试不合格者不准上岗，不断强化在岗人员的安全责任意识。车站、车间、班组通过定期开展的岗位练兵、技能竞赛及应急演练等，不断提高在岗人员的岗位技能与应急处置能力。

(3)持证上岗

车站客运人员必须按照岗位的职业资格要求，取得本职业相应等级的“职业资格证书”和“铁路岗位培训合格证书”(含CRH证书)方可上岗。目前已全面实施电子岗位培训合格证书，并要求及时登记资格性培训和部分适应性培训结果。班组备有电子岗位培训合格证书二维码，可进行扫码查证。

图 10.37 车间防洪应急演练培训

4. 培训基础建设

为了提高培训质量，增强培训效果，高速铁路客运车站从培训场地、设施设备、网络平台建设、培训教材、培训师资等方面加强基础建设。下面举例介绍。

(1)岗位作业指导书

对车站每一客运岗位制定对应的作业指导书，包括岗位职责、任职退出条件、岗位关联、一班作业标准、作业内容及质量标准、安全风险控制关键点及控制措施、安全应急处置等内容，并随规章等变化及时修订。北京南站客运部分岗位作业指导书如图 10.38 所示。

图 10.38 北京南站客运部分岗位作业指导书

(2)培训信息化建设

随着信息技术和互联网的发展，车站创新培训模式，利用铁路局集团公司职工培训平台或车站搭建的培训平台，开展职工在线培训和考试，丰富培训内容，解决"工学矛盾"。例如，广州南站开发了职工培训管理系统（如图 10.39 所示）和培训考试手机 App（如图 10.40 所示）。

图 10.39　广州南站职工培训管理系统

图 10.40　广州南站职工培训手机 App

(3)培训音视频记录

为规范车站职工培训的监督管理，做好痕迹管理，明确了职工培训音视频记录要求，对职工日常学习、培训、演练、考试进行录制。全过程录制学习演练过程，内容覆盖整个学习演练场景和参与人员，画面必须有录制日期、时间及设备编号等信息，录制的视频应能听清授课内容，看清演练人员及演练场景。音视频记录与职教基础台账、培训班教学履历书、车间教育活动记录本、岗位练兵或演练写实资料内容保持一致。

10.3.3 高速铁路车站服务设备维护

客运站设备由站房、站场、站前广场三部分组成。其中，为旅客提供进出站、候车、乘降引导、换乘、信息等的服务设备在车站开通运营后一定时间内相对固定，建立完善的设备管理体系，加强设备维护，确保设备运营正常是高铁车站服务管理的重点。

1. 成立管理部门、明确管理职责

高速铁路车站成立设备专业管理的职能科室或车间，对站区内所有客运设备进行统筹管理。其主要管理职责为：根据车站客运量的增长和科学技术的发展，积极研究车站设备发展的近期及长远规划，向上级提报车站年度及中长期设备购置、更改、大修、新建项目和投资计划建议方案，更新改造、充实和完善车站服务设备；积极参与新建和改建客运设备设计方案的论证及设备更改、大修、新建客运设备项目审查设计，配合施工部门组织施工建设，做好设备验收；明确客运设备使用、维护及资产归属单位，执行直接管理或监管职责；掌握车站客运设备配置、运用、管理情况，建立客运设备设施资料、台账，做好车站客运设备履历簿的编写工作；负责制定客运设备、设施使用管理制度，并监督落实；督促和协助施工单位按时、按质、按量完成客运设施设备的建设工作，监督维护部门按时、按质、按量完成客运设施设备维护、维修、更换等工作；负责客运设备、设施使用状态的信息反馈；协调相关部门及时解决客运设备、设施存在的问题等。

2. 建立设备管理台账

建立客运设备设施统计管理台账，按照分类对所有客运设备设施的项目、数量列表统计汇总，每年进行一次全面统计修订；建立健全车站客运设备履历簿，按规定填写，做到数字真实、计算准确，每年进行统计、修订并保管；附有车站全面性图纸和有关设备图纸；客运设备设施统计管理台账和履历簿逐步实现电子化、网络化管理，如上海虹桥站应用设备智能化管理系统对设备进行统计、监控、管理，如图 10.41 所示。

3. 完善设备各项管理制度

对自管设备建立设备修、管、用办法；对监管设备与维保单位签订相关协议，明确使用单位、维保单位关于设备管理、维修、保养等方面管理职责和管理制度。对设备的日常使用、管理、维护、保养、维修等责任落实到具体单位、部门、工作人员或技术人员。车站作为设备使用单位与设备厂家明确培训制度，做好设备使用和运营维护人员相关培训，确保相关人员对设备达到熟悉性能，操作正确，处置有效。建立与设备厂家、维保单位联络反应机制，规定设备发生故障后维修反应时间限制，避免因设备维修不及时影响车站正常旅客运输组织工作和车站服务质量。

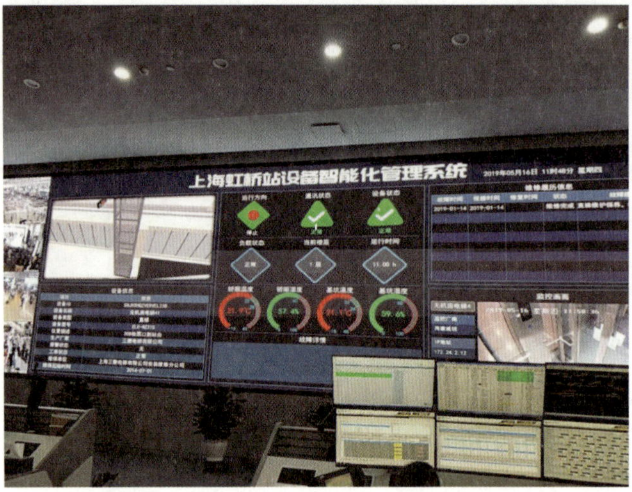

图 10.41　上海虹桥站设备智能化管理系统

4. 做好设备日常运营维护

车站设备管理部门组织人员对各项客运设备进行日常巡检、监护、检查，如图 10.42、图 10.43 所示，发现异状或故障时，及时反馈有关单位迅速修复或更换；对车站设备使用和管理人员工作情况进行抽查，加强考核，确保按规定使用设备、爱护设备，有效落实各项管理制度；对设备厂商及维保单位定期通报设备维护、保养、维修情况，并将情况及时向铁路局集团公司有关部门反馈；定期组织设备全面大检查，特别是在节假日运输开始前，充分做好设备检查工作，排除故障和隐患，确保设备运营良好，使用正常。

图 10.42　自动检票机维护调试

图 10.43　自助售票机维护调试

10.3.4　高速铁路车站服务综合控制

为有效提升高铁客运车站管理水平，推进客运服务智能化发展，为旅客提供高品质的车站服务，高铁运输企业利用信息化技术，集约化客运站生产资源，持续推进客运站综合指挥中心建设，对车站服务进行综合控制。

1. 综合指挥中心建设基本原则

综合指挥中心的建设目标是，构建客运站向上通达调度指挥和业务主管部门，横向协调相关专业系统和公交、地铁、市政服务部门，向下指挥运输生产组织的信息传输、协调沟通、生产监控的中枢机构，全面指导车站旅客服务和客运生产，建立“集中化指挥、一体化管理、集约化运营、智能化作业”的客运站段综合指挥体系。其建设的基本原则如下：

(1)整合资源，形成合力

以专业管理需求为导向，充分利用信息化手段，统筹客运生产及管理资源，形成客运作业合力，实现客运站管理指挥扁平化、生产作业一体化。提升客运站的管控能力，保障客运生产指挥高效可靠。

(2)网络融合，数据共享

部署管控平台，统一业务网络。提高网络风险可控性，打破业务系统间的数据壁垒，实现客运资源的共享和大数据应用，有机整合旅客服务与客运生产业务，提升旅客服务体验和客运管理水平。

(3)统一平台，个性发展

管控平台由国铁集团客运部统一，组织研发，铁路局集团公司根据需求，基于管控平台开展个性化研发，实现客运站业务“统一+个性”的协同发展，满足不同层级、不同用户的需要。

2. 综合指挥中心工作功能

高速铁路车站综合指挥中心是依托旅客服务与生产管控平台(以下简称管控平台)，融合业务网络，整合既有旅客服务、客运管理系统功能，新增客运设备管理、应急指挥业务应用，集成和整合客票、调度命令、列车运行信息、车辆、12306 客服、机电设备监控、综合视频等相关客运业务数据，重构客运生产流程，实现旅客服务与客运生产的有机整合。其主要包括如下功能。

(1)客运生产流程管控

统筹做好车站客运生产指挥、计划安排，动态掌握日常生产情况，接收、核对、分解、传达调度，命令并跟踪签收情况，传达、上报各类生产信息，生成相关生产报表，协调运输生产中需解决、配合的问题，做好决策辅助。

(2)旅客综合服务

按照车站功能布局和列车运行状况，实现车站客运广播、综合显示、视频监控、时钟、求助、查询等业务融合、信息共享、联合操控和集中管控，为旅客提供全方位信息服务，流转和跟踪旅客投诉、表扬、遗失物品查找、重点旅客预约等信息及处置情况，整理分析相关客服信息，为改进服务质量提供相关信息辅助。

(3)作业监控分析

动态管理采集的音视频信息，对发现的问题进行整理分析，实时监视管辖范围内客运站、动车所、客技站等场所运营视频信息，实现关键时段、关键作业、关键岗位以及非正常情况下的远程监控和安全控制。

(4)设备全生命周期管理

监控和分析客运站自动售检、实名核验、综合显示、广播、空调、电梯、照明等客运设备运行状态，提前预警、及时响应设备运维请求，全面掌控客运设备故障处理情况，保障高效运行，提出大能耗设备自律管控策略，实现客运设备全生命周期管理，降低能耗，节约成本。

(5)应急快速响应

整理维护车站应急人员、应急疏散场所、备品备件、地方应急联系方式、应急预案等基础资料，调配人员物资，协调地方相关部门，收集、传递非正常情况信息以及应急处置过程中的相关信息，提供应急处置决策辅助，按应急响应等级通知应急领导小组相关人员，指导现场应急处置。

3. 综合指挥中心建设方案

通过综合指挥中心建设，能有效提高作业效率和保障运营安全，为站段监督落实作业标准提供平台，可确保客运服务质量，优化处置流程，解决管理分散问题，实现站段快捷指挥，全面提升客运站段统筹管理水平。因此，自 2019 年起，各铁路局集团公司全面启动综合指挥中心建设工作，计划利用 3～5 年时间，全面建成客运站段综合指挥中心。

(1)设备配置

本着科学合理的原则，统筹规划综合指挥中心设备配置，充分利用既有资源，保证业务正常开展。在生产设施方面，综合指挥中心应满足生产作业、现场视频监控、应急指挥等业务办理需要。与综控室、其他指挥机构合设时，应保证综合指挥中心业务正常开展。在网络环境方面，综合指挥中心应具备综合信息网、客票网、旅服网、综合视频网接入条件，各网络通道带宽应满足业务办理需求。在支撑平台方面，应统一部署管控平台，采用“一级部署、三级应用”模式，统一部署，计算资源集中部署，分级管控。

(2)人员配备

结合自身实际，做好规划设计，科学合理制定建设方案，对机构设置、职责分工、人员编制、制度建设等进行明确，要根据综合指挥中心工作职能，综合考虑既有机构设置、人员配备，结合站段生产实际，整合业务职能，科学调配人员。按照工作量、班制合理的原则优化岗位设置，合理配置管理和作业人员。

(3)建设要求

按照管控平台总体方案和相关技术标准，部署前置和边缘计算设备，组织软件调试。已建设旅服平台的直属客运站，可沿用旅服平台功能办理业务，但应保证与管控平台数据交互的时效性和准确性，并结合更新改造计划，逐步过渡到综合指挥中心管控平台。新建或改扩建项目按照建设程序和有关要求，结合主数据中心建设情况，统一部署应用管控平台。软件研发单位配合做好管控平台部署、接入及调试工作。建立沟通协调、跟踪反馈、督导盯控等工作机制，不断总结经验，及时解决工作中出现的新情况、新问题，逐步夯实综合指挥中心建设成果，全面提升铁路客运管理水平。

4. 上海虹桥站综合指挥中心(以上海虹桥站综合指挥中心为例)

2018 年起，为了发挥其综合交通枢纽的交通优势，提高车站现代化运营及管理水平，上海虹桥站组织建设综合指挥中心(如图 10.44 所示)，使其具备作业管理、能源管理、应急管理、设备管理、营销决策管理、旅服管理等综合管理及指挥功能。

上海虹桥站综合指挥中心以客运生产组织为核心，整合生产、管理、运营资源，形成了具有综合生产指挥中心、设备运维中心、应急指挥中心、决策及管理中心四大中心为一体的综合指挥中心。

(1)综合生产指挥中心功能

集中进行旅服综控作业、视频监控作业、电梯作业监控；作为智能服务工单落地点，完成各类服务工单的流转；实现重点旅客接送站服务派班及指挥；作为华铁旅服保洁作业、新上铁作业的指挥中心，实现作业派班及指挥；引入 CTC 复示、行车录音，实现网络化巡视管理等。

图 10.44 上海虹桥综合指挥中心

(2)设备运维中心功能

集中进行暖通、给排水、照明、电梯、消防、动环、售检票等设备状态监控，主要设备技术指标采集与显示；故障设备报警、定位，与大物业设备运维管理系统联动；在能耗分类计量及分析的基础上，提供能耗数据采集及分析、节能诊断、节能联控手段，实现空调、照明、电梯等主要能耗系统的智能联控；实现设备维修、检修计划智能排班等。

(3)应急指挥中心功能

实现应急指挥视频会议、车站视频会议、好视通云会议等多种会议功能，实现安全生产指挥平台功能；实现运行图、客运列车编组、客车正晚点等运输信息的集中采集；引入消防复视，实现站台防穿越、调度系统集中监看等。

(4)决策及管理中心功能

引入客运营销辅助决策系统，集中客票计划作业，实现客票综合查询、计划管理、客统三上报；引入短信平台，实现重要信息集中发布；引入干部日常管理、直属站指纹考勤、客调命令阅签、施工调度、车务综合管理等；实现地铁、公交、航空运输情况及周边环境信息采集，为车站生产作业提供决策辅助资料。

此外，搭建了指挥中心网络综合管理平台，实现铁路综合网、客票网、综合视频网、旅服网、互联网多网接入，实现多种信息、语音及视频图像综合展示。既有铁路通信通道不变，增加互联网接入专用通道，增设网络交换设备、安全防护系统、基础数据管理系统等。实现综控、设备运维值守、售票计划、华铁旅服、新上铁服务调度等多岗位合署办公。

借助云计算、物联网、大数据、人工智能和机器人等关键技术，通过建立无障碍畅通出行、人性化无缝自助化服务、安全实时监控、生产高效组织等服务内容，车站变得更加智能、高效，也更好地融入城市建设，发挥枢纽作用，为旅客出行的方方面面带来更加美好的出行体验。

11 高速铁路客运列车服务

高速铁路客运列车是完成旅客运输过程的载体，是旅客进入客运服务系统，实际消费和体验位移服务过程的必经场所，也是旅客与高速铁路运输企业产生交互时间最长的场所。高速铁路客运列车服务作为高速铁路客运的核心服务内容，是旅客“位移”的重要生产环节，也是旅客感知和体验服务的重要过程，包括前台与旅客交互服务和后台列车服务管理两方面工作。

11.1 高速铁路列车服务概述

11.1.1 高速铁路列车服务内容

在整个客运服务链中，旅客对列车上提供的各项服务感受最为深刻。从旅客心理和需求出发，车站只是出行中一个通过式的场所和环节，对其各项服务的追求，主要表现为流程的顺畅和服务过程的便捷、快速。列车是旅客消费位移服务的实际场所和环节，列车运行的过程就是核心位移服务生产和被消费的过程。在此过程中，核心服务的技术质量主要由差异化的客运产品和列车运行的状态决定，其功能质量因素体验便成为旅客的关注重点。换句话说，高铁客运列车服务主要是为旅客提供舒适、便捷和文明的旅行环境。

高速铁路客运列车服务是高接触度的前台服务，从服务设计理论出发，服务过程的实现和服务质量的保证，需要前后台的通力协作，尤其表现出后台服务对前台服务在服务“提供前、提供中、提供后”各阶段的支持与服务。在此，从前台和后台两方面描述高铁列车服务的内容。

1. 高速铁路列车前台服务

高速铁路列车前台服务以向旅客提供“舒适、便捷、文明”的旅行环境为目标，“舒适”来自车厢物理环境和满足旅客生理需要的各类服务，如车厢内的空气、温度、湿度、光照等，再如列车上的餐饮、冷热水供应、卫生条件等。“便捷”来自各类信息服务的丰富、准确和保障性，如丰富多样的信息提供渠道、稳定的网络环境和充电设备、良好的工作（学习）条件以及方便的票务、咨询等业务性服务；“文明”会影响到旅客心理和精神层面的体验质量，与服务人员的素质、态度、服务技巧和信息系统的人性化等有关，同时丰富多彩的文娱活动和服务，一定程度会满足旅客对“文明”性的服务需求。在此，从信息服务、环境服务、生活服务、工作（学习）服务以及文娱服务几个方面介绍。

（1）信息服务

与车站信息服务类似，高速铁路列车信息服务也包括客运业务类、通知和旅行常识类、社会服务类信息。为了使旅客能够方便、快速、准确地获得不同类型的信息，高速铁路列车上均提供有音频与视频节目、实时信息显示屏、报纸与杂志等。同时，运输企业通过技术革新，不断提升通信服务水平，让旅客在旅途中可以借助网络随时随地了解最新资讯，使得旅途不再漫长。

(2)环境服务

环境服务是运输企业为了给旅客创造优质良好的列车环境而提供的服务。包括干净整洁、安静无味的列车环境，适宜的温度、湿度、灯光，舒适的座椅等内容。高铁运输企业在列车环境服务方面进行了积极创新，签约专业公司负责列车保洁工作，保障车内环境卫生等。

(3)生活服务

生活服务是运输企业为了保障旅客的正常生活而提供的服务，包括列车餐饮、商品特产购买、冷热水、洗漱如厕及备品供应等服务内容。其中，餐饮服务是生活服务的重要组成部分，无论是普速铁路还是高速铁路，餐饮服务都是中远途出行的基本辅助服务。

(4)工作(学习)服务

工作(学习)服务是运输企业为了满足旅客的工作或学习需要而提供的服务，包括办公设备提供、电源供应等服务。另外可拓展12306和"掌上高铁"App等网络平台功能，建立与在线教育机构的合作，利用在线学习教育不受时空局限的便利性，拓展服务业态模式，满足不同旅客群体在列车上工作学习的不同需求，让旅客能够便捷地体验到高品质的在线学习教育服务。

(5)文娱服务

文娱服务是运输企业为了满足旅客的文化娱乐需求而提供的服务。如列车电视服务、杂志提供服务、Wi-Fi服务等，这类服务提升了旅客在列车环节的时间价值，改善了旅客的出行体验。

除上述服务外，运输企业还在列车环节提供票务、车站环节的相关辅助服务，如验补票服务，无票人员、非该次列车旅客经车站同意进站上车者，以及未及时在到站下车的旅客，可及时告知列车乘务人员，由乘务人员按规定办理相关票务业务，避免对行程造成影响。在网络条件良好且运能允许的情况下，列车工作人员可通过联网补票机设备为旅客办理有座(铺)的补票业务。在网络及运能不允许的情况下，只能办理无座补票业务或无法办理补票业务。旅客结合实际情况，可向乘务人员提出办理延长、升舱、补票、挂失补等相关业务。

2. 高速铁路列车后台服务

高速铁路列车后台服务是运输企业为了更好向旅客提供列车前台服务，而在后台所做的支持性工作，包括列车服务相关的管理制度、办法等制定，组织架构建设，设施设备维护，人员培训管理等内容。

(1)高速铁路列车服务软件管理

高速铁路列车服务管理是运输企业通过建立高速铁路列车服务管理制度体系，实现对列车服务各环节、各项资源的管理。需要设计合理的列车服务及管理组织结构，制定岗位服务规范、工作流程、作业标准、应急预案，以及相关管理制度办法、奖惩机制等，实现各岗位协调联动，为向旅客提供优质服务奠定基础。

(2)高速铁路列车服务人员培训

高速铁路客运列车服务是典型的高接触度服务。在乘车环境相对稳定的环境下，服务人员直接接触旅客，为其提供指引、问询、餐饮等服务。服务人员心理、业务素质、职业认知和敬业态度等直接影响铁路的声誉。要求针对高速铁路列车服务的标准、技术、设备等，建立完整的培训体系，创新培训模式，定期开展职业技能培训，强化铁路职业道德、社会职业操守教育，实施全员精准培训，提升沟通、应变能力及服务技巧，打造高素质的服务团队，提供让旅客满意的列车服务。

(3)高速铁路列车服务设备维护

高速动车组是实现旅客位移的载体，是旅客接触时间最长的设施设备，需要通过提供实用美观的内部环境、整洁统一的设施布置等，塑造优美舒适的乘车环境，改善旅客服务体验，提升整体服务质量。要保证车辆外观整洁，广播、空调、电源插座、衣帽钩、行李架等服务设备设施齐全，作用良好，各种服务图形标志型号一致，位置统一，安装牢固，齐全醒目，符合规定。服务备品、材料等符合国家环保规定，质量符合要求，色调与车内环境相协调等。同时，高铁运输企业必须制定严格的动车组及相关设备维养制度。

11.1.2 高速铁路列车服务发展

随着5G、人工智能、大数据、云计算、北斗卫星导航等新一代技术的深入应用以及列车服务理论的延伸发展、高速铁路服务质量的持续提升，高速铁路列车服务不断拓展新场景、孵化新业态，其发展逐渐呈现以下几个趋势。

1. 智能化

近年来，高速铁路系统通过广泛应用云计算、物联网、大数据、人工智能、机器人、下一代通信、北斗卫星导航、BIM等新技术，能够对铁路移动装备、固定基础设施及相关内外部环境信息的全面感知、泛在互联、融合处理、主动学习和科学决策，为高速铁路列车精细化管理和智能化服务提供了重要抓手。

例如，高速铁路乘务员手持的查票机，有该车的票务发售的实时动态，能够实时掌握重点旅客信息，方便进行重点服务；还内置身份证识别模块，无论是否有网络均可以查询旅客身份证信息，支持1D\2D扫码功能，可轻松读出二维码信息，快速实现人证+票证核验，方便忘记座席信息的旅客上车后扫描身份证获取座席信息；并通过智慧网格化的管理系统可实现与传统数字对讲机或模拟对讲机互联互通，能够实现点对点、点对群、群对群的呼叫模式，克服对讲机有效半径小、单向通话、专用频率易被占用等缺点，方便沟通使用，增加服务旅客的效率。又如，旅客可通过扫描小桌板、座椅扶手上的二维码，线上购买零食、饮料、盒饭以及铁路文创产品，付款后乘务员会把商品直接送到旅客身边。再如，国铁吉讯推出的掌上高铁App，满足用户出行过程中的连网需求，让用户得以摆脱高速铁路信息孤岛及出行失联的窘境，用户在乘坐高速铁路列车出行时打开掌上高铁App，可自动扫描连接高铁Wi-Fi(如图11.1所示)，在高速铁路场景下畅享娱乐、休闲生活，还可智能化推送沿线城市的地方美

图11.1 掌上高铁App

食、天气情况、酒店民宿等。此外，通过优化 12306 购票系统，可智能识别 60 岁以上的旅客并优先安排下铺，方便其在高速铁路列车旅途中的各项生活需求。

2. 个 性 化

高速铁路安全快捷的优势，以及舒适的乘车环境，吸引着越来越多的客流。智能化、信息化的技术手段的广泛应用，使高速铁路列车服务在满足旅客基本出行需求的基础上，可以更加关注旅客多样化、个性化的服务需求，改善旅客出行体验。

“以人为本”“个性化服务”等理念已被广泛渗透至现代高速铁路列车服务中。各高速铁路运输企业不断完善服务理念并付诸实践，站在旅客的角度，想旅客所想，充分发掘旅客的需求，针对旅客的特点提供个性化服务，最大限度地实现高速铁路列车服务高质量特点。

如京沪、成渝高速铁路指定车次开展的“静音车厢”试点，取得了非常好的效果，得到了社会广泛赞誉，京沪高速铁路试点“静音车厢”的客座率比同车次其他二等座车厢高出约 23%。京雄高速铁路途径大兴机场等交通枢纽，为增加通道的宽度，一侧的三排座位变为两排；每个车厢内部共设有三个行李架，如图 11.2 所示，可放置大件行李箱；在每个座椅的扶手上有一个二维码，旅客扫码可购买零食、饮料以及故宫文创产品和冬奥会特许商品，乘务员会把商品送到旅客身边。同时，在列车上配备了为哺乳妈妈准备的哺乳挡帘，以及针线盒、指甲包、一次性雨衣等爱心便民用品。同时，还准备了五色中国结，用于标记重点旅客，以更好地为旅客服务。

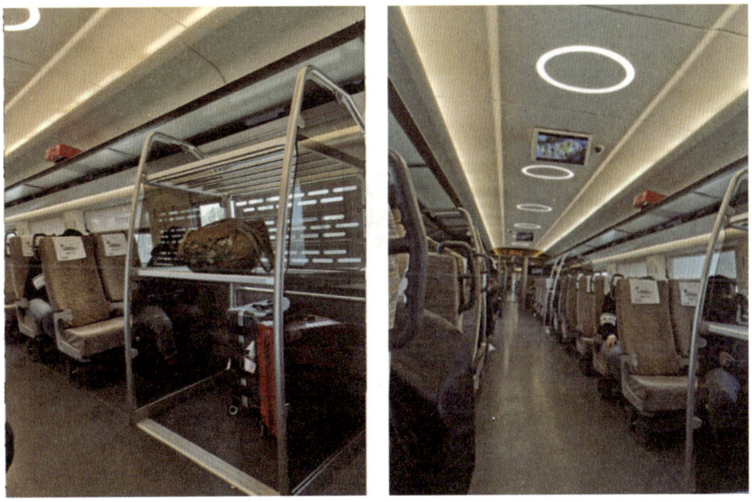

图 11.2　京雄高速铁路车厢行李架

3. 全 程 化

四通八达的高速铁路，丰富的高速铁路产品，优质便捷的服务，让说走就走的旅行成为可能。在互联网普及的时代，充分运用交通大数据，人们可以实现便利出行。

高速铁路列车服务与车站服务一起，借助网络信息技术，通过与其他服务信息协同运作，不断延伸服务范围，实现与社会资源无缝对接，为旅客提供了从订票开始到抵达目的地的全程服务。旅客在列车上，可以利用智能手机、电脑等智能终端，随时随地查阅旅游地相关信息，享受行程提醒，在线订餐，预定住宿、接送站、定制旅游线路等服务，可以使旅客提前规划好行程，还可以利用线上导游等功能，充分享受“互联网＋出行”的便利。

例如，国铁吉讯推出的掌上高铁 App，其提供的“预约专车”功能新增了共享汽车服务，为用户提供分时及短期租车服务。用户通过掌上高铁 App 下单，可自助完成预约、用车、还车、支付所有环节，操作十分简单流畅。

又如，由十堰东开往恩施州的 G6796 次列车，为湖北省首次开通的“春游高铁”（如图 11.3 所示）之一。该趟线路串起了湖北省内主要旅游景点，列车内部为旅客提供了线路宣传卡，卡片将列车所经过之处的景点、美食等信息标注得一目了然，旅客也可咨询乘务人员，了解沿途景点详情。

图 11.3 G6796 次列车“春游高铁”服务

4. 人 文 化

中国文化源远流长，传统文化更需发扬光大。在这个巨变鼎新的时代，文化自信依然是这个时代的主流。将中国特色文化融入高速铁路，赋予高速铁路列车服务人文化内涵，从列车内饰到服务提供，营造的文化氛围，不仅使旅途更丰富更精彩，也让文化传承绽放出新的活力与生机。高速铁路搭载着中国文化奔驰在广袤的大地上，这个“高速流动”的文化阵地，既是速度与文化的并行，又是发展与文化的交集，人们在旅途中感受文化冲击，既是心灵的洗礼，又彰显了中国高速发展的魅力。

2018 年开通的广深港高速铁路（如图 11.4 所示），“动感号”整体外形运用了“和”的思想，温润、光滑，线条柔和，形态饱满，车身以银色为底色，白色及红色波浪纹为装饰，列车头尾两侧的橙色弧形花纹十分醒目，增强了速度感，又可以在稳重的造型中增加轻巧的心理感受。一等座车厢座椅和地板印有玫瑰花纹，色调配置浪漫温馨，二等座车厢，设计时尚、色彩明快，地板有波浪纹设计，体现了“动感号”的寓意。

图 11.4　广深港高速铁路列车

2017 年 6 月，成铁成都客运段在非物质文化遗产节开展“‘诗歌高铁’非遗节”活动，邀请非遗传承人在成绵乐“诗歌高铁”上，进行剪纸艺术、川剧变脸（如图 11.5 所示）、“二十四节气”等非遗文化展示，展现四川高速铁路游新形象，让乘车旅客在活动中体验到非遗文化魅力。

图 11.5　“诗歌高铁”非遗节活动川剧变脸展示

11.2 高速铁路列车前台服务

在整个高铁客运服务链中，旅客对列车服务环节所提供服务感受最为直接，而前台服务工作需要与旅客直接接触，其服务内容直接影响旅客对高速铁路列车服务的体验感。在此，从信息服务、环境服务、生活服务、文娱服务对前台服务内容进行介绍。

11.2.1 高速铁路列车信息服务

高速铁路列车服务遵循“无需求无干扰、有需求有服务”的原则。为满足旅客在乘车过程中，对列车运行动态、交通换乘以及其他旅行信息的需求，高铁运输企业在列车上提供了信息服务，增加旅客对需求信息的获取渠道，主要包括广播和电子显示屏、书刊材料、手机客户端和公众号等。

1. 广播和电子显示屏

列车内的广播和电子显示屏（如图 11.6 所示）等既可以介绍基本的服务设备使用方法和服务信息，方便旅客自助服务，又能提示旅客到站信息、安全注意事项、旅行服务信息等内容，保证旅客安全准确到达目的地，通常是旅客获取与列车相关信息的直接方式。

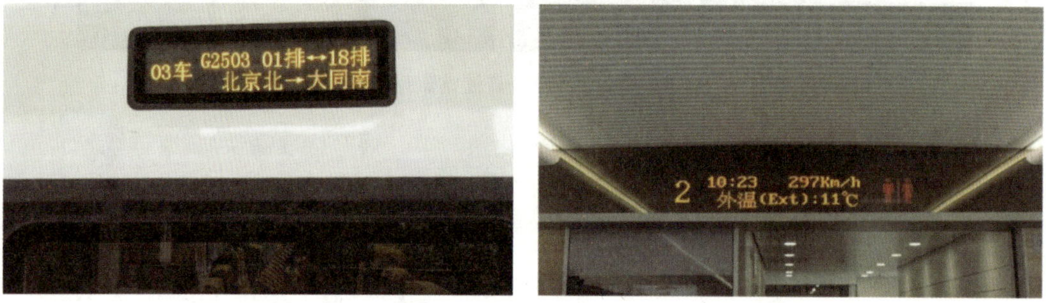

图 11.6 列车电子显示屏

2. 书刊材料

列车的座位背后背袋中提供《服务指南》（如图 11.7 所示）等书刊材料，介绍旅行须知、乘车安全须知、动车组列车设备设施示意图、列车运行时刻表、餐车商品价目表、停靠站交通信息等信息，具有较强的指导性和实用性，为旅客提供必要的旅行信息。

3. 手机客户端和公众号

列车车厢内也对铁路 12306 手机客户端和微信公众号进行了公告（如图 11.8 所示），旅客可以通过扫码安装相关 App 或关注微信公众号，获取需要的咨询。

11.2.2 高速铁路列车环境服务

为向旅客提供方便、舒适、清洁的旅行环境，确保旅客服务设施设备干净、整洁，高速铁路企业从硬件、软件两方面针对列车相关设施设备和保洁管理进行研究和改进。

图 11.7 《京张高铁旅客服务指南》封面

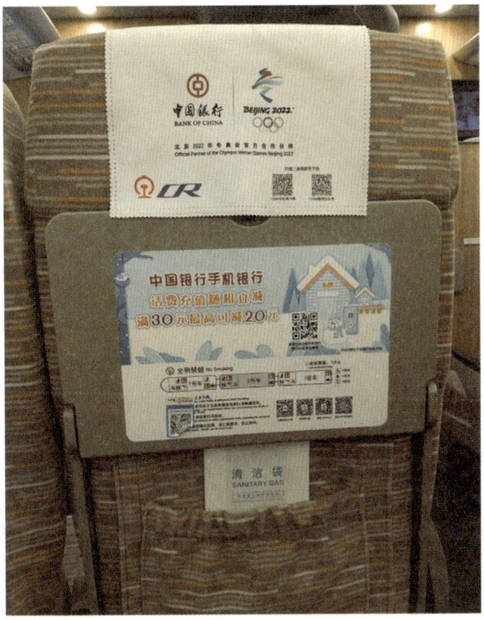

图 11.8 座椅靠背和小桌板印有铁路12306客户端二维码

1. 硬件方面

高速铁路列车采用先进的空气调节系统、客室照明系统、降噪减振材料以及人性化的卫生设施等，保证了动车组车内环境参数包括空气压力、温度、湿度、空气流速、噪声和空气清洁度等满足旅客要求。通过车厢内设置烟雾传感器、门锁传感器、缺水传感器、溢水传感器、便器故障传感器等多种智能控件，及时有效将车内环境状况反馈至相关服务人员，保证了运行途中车内环境干净、整洁。此外，通过在每个座位的后面配置的清洁袋(如图 11.8 所示)以及相关卫生提示标识等细节设计，将旅客纳入服务提供环节，既保持了车厢的卫生，也减轻了列车服务人员的工作量。

2. 软件方面

高铁运输企业在改进既有硬件设施的同时，经过市场化运作、规范化管理、标准化服务和规模化经营，还引入专业保洁公司承担列车保洁服务，通过完善作业流程，加强保洁服务管理，提高保洁作业质量。

例如，上海局集团公司专业保洁业务由华铁旅服公司组织实施，并对高铁保洁的抹布分色使用做出了详细规定，如图 11.9 所示。

客运段负责动车组列车保洁质量管理，针对不同的保洁环节，形成了完整的保洁验收标准。如北京局集团公司北京客运段京张高铁车队以“一车一档案”台账，推进库内保洁监督检查(如图 11.10 所示)，提升列车出库卫生质量。

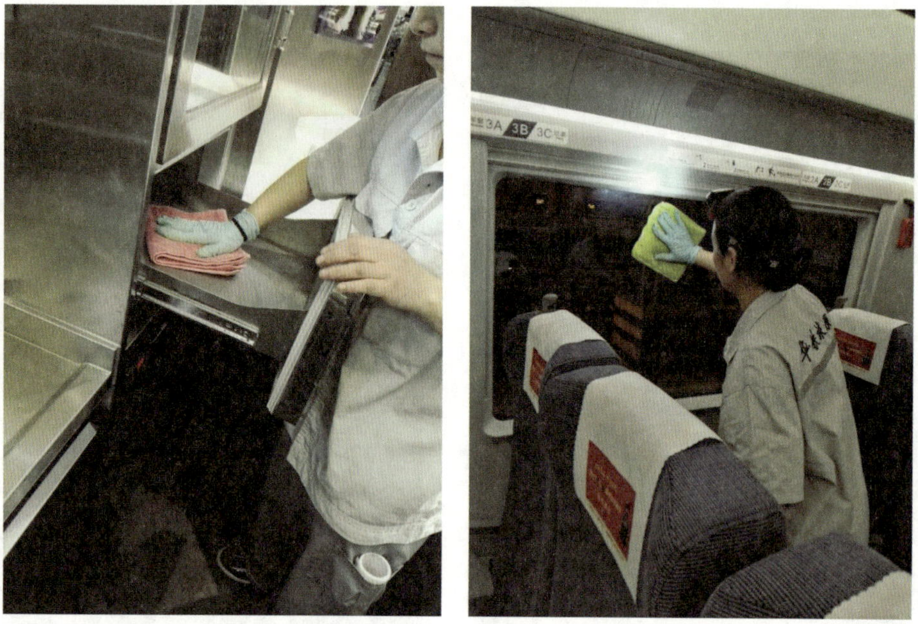

图 11.9　华铁旅服高铁保洁抹布分色使用展示

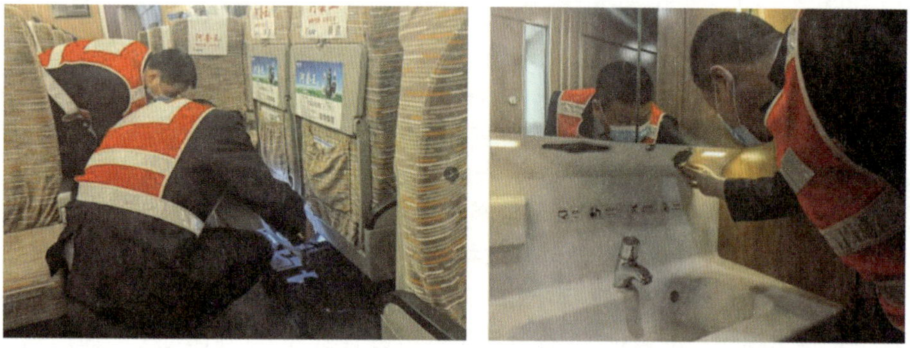

图 11.10　北京客运段京张高铁车队库内保洁检查

11.2.3　高速铁路列车生活服务

随着社会经济水平的不断发展，人民生活水平日益提高，旅客对出行品质的要求不仅仅体现在快速度上，还包括了舒适、便捷、舒心的生活服务，以满足旅客乘车过程中的多样化餐饮需求及冷热水、洗漱等其他生理需要，营造更贴心的服务氛围。

1. 餐饮服务

(1)高速铁路列车餐饮服务类型

高速铁路列车餐饮服务，根据配送方式的不同，可以分为传统的高速铁路列车餐车服务和较新的高速铁路网络餐饮服务两种。

①高速铁路列车餐车服务

高速铁路一般编挂餐车，实行不间断营业，并提供订、送餐服务。餐车内设餐饮吧台、售货柜台、站立用餐桌、单盘水槽及热水器、冷藏柜、陈列柜、微波炉、储藏柜等设施，提供全面的餐饮服务。餐饮服务人员不仅在餐车零售各类食品、饮料，也会通过手推车将物品送到旅客座位。

②高速铁路网络餐饮服务

高速铁路网络餐饮服务是指铁路运输企业线上管理旅客在订餐平台的预定餐食信息，同时监管入网商家的制餐与打包，并在线下提供后台配送服务，经站、车配餐环节最后送达旅客指定座席的服务过程。

高速铁路列车餐车服务以航空式配餐、冷链运输为主，车上不进行餐食制备，只进行加热加工工作；高速铁路网络餐饮服务以即食热链配送为核心，但保质期限短，配送要求高，具体分类方式如图 11.11 所示。

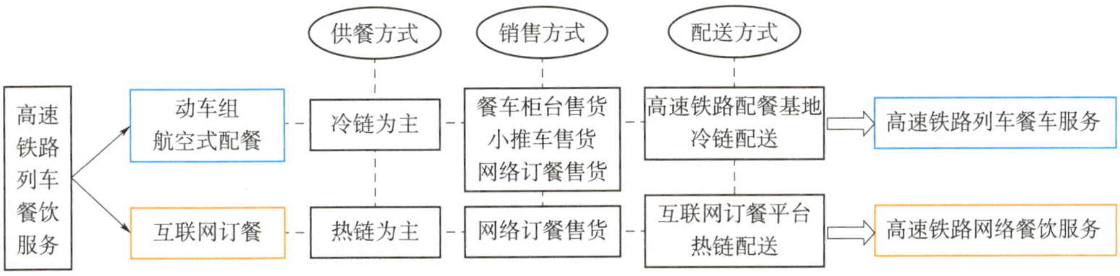

图 11.11　高速铁路列车餐饮服务类型

(2)高速铁路列车餐饮服务模式

为了不断提高旅客列车餐饮服务质量，打造餐饮服务品牌，高速铁路列车在餐饮供应与服务方面进行了市场化改革，即引进先进成熟的经营理念、管理经验和服务方式，实行规范化管理、标准化服务和规模化经营，提高餐饮品质，创新服务方式。当前，高速铁路列车餐饮服务模式主要是售卖成品餐食、互联网订餐、电话订餐、手机 App 订餐、座位扫码点餐等几种。

成品餐食(如图 11.12 所示)来源主要有自营和外采订制，由地面供餐直接上到列车，再由列车餐服人员在列车内销售。自营品牌中如北京局集团公司的"康之旅"、成都局集团公司的"川之味"等，都有自己的餐饮加工基地(如图 11.13 所示)。外采品牌如上海局集团公司的"华东印记"等。

图 11.12　高速铁路列车成品餐食

图 11.13　北京局集团公司餐食生产基地场景

2017 年 7 月 17 日起，在全国 27 个主要高速铁路客运站，推出动车组列车互联网订餐服务，并且所乘列车餐车餐食及沿途供餐站的知名品牌餐食均可预订。旅客通过 12306 网站、手机 App 订票成功后，会弹出“是否订餐”页面，可进行选择。另外，通过电话、车站窗口、代售点、自动售票机等其他方式购票的旅客，也可通过 12306、掌上高铁等网络或手机 App 订餐，只需在订餐时录入车票信息和联系人信息即可。2018 年 6 月起，为进一步满足旅客对高速铁路动车组互联网订餐的需要，全面提升客运服务质量，又陆续新增沈阳站、天津站等 11 个互联网订餐供餐站或特产预订配送站，进一步增加高速铁路动车组互联网订餐站点，方便广大旅客。图 11.14 所示为 12306 手机 App 订餐主页面。

随着“互联网＋”时代的到来，“智慧铁路”也正越来越受到旅客的欢迎。扫码点餐也是新的服务形式。通过在座位扶手处粘贴点餐二维码（如图 11.15 所示），有餐饮需要的旅客就可以便捷地在座位上进行点餐，还可以选购列车提供的其他方便食品等。旅客动动手指，就可以享受美食美景，收获美好的乘车体验。

图 11.14　12306 手机 App 网络订餐

图 11.15　扫码点餐二维码

（3）高速铁路列车餐饮服务流程

①配送服务流程

列车配餐在从配餐地至列车上餐车过程中，其配送流程包括：

a. 根据列车服务信息系统查询终端提供的列车发车前 1 h 的旅客信息，加热适量的正餐，同时确定干点的数量。

b. 将加热后的正餐装入保温箱并施封，将干点装入送餐车内并施封。将保温箱和送餐车装入专业配餐车。

c. 专业配餐车按规定时间到达车站站台列车餐车位置。

d. 将送餐车和保温箱从餐车车门送上列车并办理交接。

②餐食发放服务流程

在旅客列车上为旅客提供餐饮服务的工程中，其服务内容包括：

a. 通过列车服务信息系统手持移动终端确认旅客信息。

b. 开车后发送干点；在中间站开车后，根据旅客座次等信息，向新上车旅客发送干点。

c. 有饭点时间，配送正餐；无饭点时间，不提供正餐。

d. 回收配餐垃圾。

③垃圾回收服务流程

在旅客列车餐饮服务中，需要对配餐垃圾、送餐车和保温箱等进行回收。

配餐垃圾的回收流程为：

a. 将配餐垃圾回收至送餐车。

b. 配餐基地对配餐垃圾清理。

送餐车和保温箱的回收流程为：

a. 将送餐车和保温箱统一送至餐车并交接。

b. 将送餐车和保温箱由专业配餐车直接运走。

c. 在配餐基地对送餐车和保温箱进行清洗、消毒。

2. 其他基础生理需求服务

旅客在乘车过程中，可能会产生洗漱、如厕等其他基础生理需求，因此列车上除座椅外还会配备行李架（柜）、洗手池、厕所等服务设备，同时还有擦手纸、卷纸、垃圾袋等低值易耗品。各高铁运输企业可灵活利用列车设施设备及相关服务备品，打造多种专项服务，满足旅客更多的基础需求，改善旅客乘车体验，提高旅客出行满意度。

11.2.4 高速铁路列车文娱服务

高速铁路的大规模成网，拉近了城市间的距离，吸引着越来越多的乘客，诱发生成了巨大的新增客流量。与此同时，为了满足旅客日益增长的美好出行需求，高速铁路列车主要通过提升多媒体技术和开展文娱活动等为旅客提供相关文娱服务，丰富旅客的乘车体验。

1. 多媒体技术

随着信息技术的飞速发展，网络已经称为人们生活中的重要组成部分。高速铁路列车也为乘客提供了网络等多媒体信息服务。例如，广深港高速铁路广州至深圳段、鲁南高速铁路日照至曲阜段、京张高速铁路全线实现了 5G 网络覆盖。国铁吉讯推出的掌上高铁 App，打造了旅客智慧出行服务平台，为旅客提供了购票、行程服务、高铁 Wi-Fi、在途娱乐、极速打车、高铁订餐等功能，丰富了旅客在途时光。

2. 文娱活动案例

(1)“共做保健操”——引领健康出行

2017 年，石家庄客运段值乘的石济高速铁路，为旅客提供健康出行服务，针对旅客长时间坐车，容易疲劳的特点，乘务员带领旅客做肩、颈保健操。

(2)“诵高铁诗歌”——传承中国文化

2019 年 9 月，G1502 次列车上举办了一场“乘坐中国高铁 · 寻找诗和远方”高速铁路诗歌列车主题活动（如图 11.16 所示），以诗歌朗诵的形式，传承和推广中国诗歌文化，展现近年来中国高铁建设和铁路事业发展取得的巨大成就。还邀请全国知名诗人、评论家、朗诵家与旅客共同朗诵国内外著名诗歌、原创诗歌；组织“我和我的祖国”快闪活动，并现场发放小国旗，赠送《诗刊》杂志及宣传部制作的高铁诗歌杂志。

图 11.16　高速铁路诗歌列车主题活动

(3)“订制行程攻略”——游遍贵州名景

2020 年 5 月，五一小长假期间，贵阳客运段动车二队乘务员担当“高铁旅行规划师”的角色，为旅客打造一站式“私人订制”旅行服务体验。旅客只要到餐吧车问询，“高铁旅行规划师”会根据旅客不同的旅行时长、交通住宿、旅行预算等需求，编制行程路线，为旅客提供贵州旅游咨询、路线规划、酒店景点推荐、美食特产介绍等特色攻略订制服务，向超过规定人数的家庭游旅客，对接贵州多个精品景区的接送站服务，为旅客打通高速铁路车站至景区的“最后一公里”。

(4)“赠新春礼物”——享受旅途乐趣

2021 年 1 月，贵阳客运段动车二队与贵州省励志助学中心在 G1321 次高速动车上联合开展第六届“新春的礼物——带一本好书回家”公益活动，通过搭台赠书，列车员还与旅客们开展“成语接龙”互动活动，获胜的旅客即可得到一本喜欢的图书。活动扩展了乘客的阅读空间，让旅客们在飞快的动车上慢下来，与书籍为伴，在千里旅途中充分享受阅读的快乐。

此外，随着站车设备和服务设施日趋智能化，旅客从购票、进站、乘车到出站的全程旅行中，自助服务程度不断提高，但对于出行困难的特殊重点旅客群体，仍需要给予更多的关注，为老弱病残孕等重点旅客提供顺畅、舒心的出行服务。高速铁路动车组专门设置了无障碍厕所、轮椅存放区、婴儿护理台等，配齐设施设备，让重点旅客出行不再作难。部分车型还设置了多功能室，用于照顾部分重点旅客。列车乘务人员对重点旅客做到知座席、知到站、知困难，有登记、有服务、有交接，在重点旅客上下车、运行途中的特殊需求给予重点关注，并及时提供帮助，如列车乘务人员帮扶盲人旅客下车，联系到站提供担架等辅助器具，及时办理站车交接等(如图 11.17 所示)。

图 11.17　列车乘务人员帮扶重点旅客

11.2.5　京张高速铁路列车服务案例

京张高速铁路是连接北京市与河北省张家口市的城际铁路，是 2022 年北京冬奥会的重要交通保障设施，是中国第一条采用自主研发的北斗卫星导航系统、设计速度 350 km/h 的智能化高速铁路，也是世界上第一条最高设计速度 350 km/h 的高寒、大风沙高速铁路，正线全长 174 km，设北京北、清河、八达岭长城等 10 个车站，2016 年开工建设，于 2019 年 12 月 30 日开通运营。

京张高速铁路通过采用云计算、物联网、大数据、北斗定位、5G 移动通信、人工智能等先进技术，将新一代信息技术与高速铁路技术集成融合，实现高速铁路智能建造、智能装备、智能运营技术水平全面提升。作为我国第一条开通运营的智能化高速铁路线路，京张高速铁路列车在外观设计、内部装饰、列车运行、列车服务、东奥会特殊服务等方面彰显出独具特色的铁路旅客智能化出行特点，定位于“复兴号”的智能型，力求在智能化、安全舒适、绿色环保、综合节能等方面实现新发展新突破。

1. 外观独特设计

国铁集团按照“标准配置＋奥运配置”的思路，在充分考虑中国元素、奥运精神、百年京张文化传承以及前期众创成果等要素的基础上，组织优化设计形成了“龙凤呈祥”与“瑞雪迎春”两种外观涂装方案，这两种涂装方案被亲切地称呼为“中国红”“梦之蓝”。

图 11.18 所示的“龙凤呈祥”设计方案象征“龙腾四海、凤鸣九天”，表达了祝愿伟大祖国繁荣昌盛、人民幸福安康的美好愿望，寓意着我国高速铁路肩负起“交通强国、铁路先行、装备支撑、京张示范”的责任担当。

图 11.19 所示的“瑞雪迎春”设计方案有三层寓意：象征着冬季奥运会对我国“三亿人上冰雪”，普及冬季奥运会运动之春的兆头；也是通过本届冬季奥运会实现京津冀协同发展，经济之春的象征；更是通过运动会精神传播，达到中外文化交融之春的寓意。

图 11.18 “龙凤呈祥”列车外观设计图

图 11.19 “瑞雪迎春”列车外观设计图

2. 内部环境配置

京张高速铁路动车组是“复兴号”动车组的智能升级版，列车采用智能环境感知调节技术，实现温度、灯光、车窗颜色等自动调节，旅客乘坐更加舒适，如图 11.20 所示。饮水机采用触控方式操作，只需点按即可接取不同温度的饮用水。商务座配备了无线充电装置，手机放上去立刻可以充电。另外，列车还搭载 5G，提供无线 Wi-Fi 上网、智能信息显示及交互、盲人导向等功能，打造了温馨、舒适的车内环境。

图 11.20 京张高速铁路动车组内部环境

3. 列车智能运行

目前运行在京张智能高速铁路的列车型号为“CR400BF-C”，旅客在通过 12306 购买京张高速铁路线路上的列车时会显示有“智能动车组”标识。同时借助北斗卫星导航系统，京张高速铁路智能动车组在世界上首次实现自动驾驶，进一步提升了我国高速铁路领跑全球的优势。如图 11.21 所示，“有人值守的自动驾驶”是该车最大亮点之一，列车按照地面调度中心预先规划的运行计划，精准控制发车、加速、减速、停车，实现到点自动开车、区间自动运行、到站自动停车、停车自动开门等。

图 11.21　京张智能高速铁路列车自动驾驶

4. 列车智能服务

列车智能服务包括客室灯光智能调节、卫生间灯智能调节、车内 LCD 电视信息显示及直播、高铁 Wi-Fi 及车外 LCD 信息显示器等。

(1)客室灯光智能调节：隧道模式、商务区自动调节、客室到站模式。

在隧道模式下，通过 TCMS 传输进入隧道信息，提前调节亮度。

商务区灯光自动调节通过在圆头设置光感应器实现，根据环境光线条件，在冷色温、暖色温及自动色温调节三种色温状态下自动调节亮度，调节范围 33%～100%。

在到站模式下，通过 TCMS 传输到站信号，侧顶氛围灯转到白光照明，便于提示及方便乘客取拿行李。

(2)卫生间灯智能调节：卫生间筒灯自带感应装置，根据有无人进行开关。

(3)车内 LCD 电视信息显示及直播：实现内显信息和娱乐视频信息分屏显示，以及奥运赛况直播、本地节目播放功能。

(4)高铁 Wi-Fi：全列覆盖免费高铁 Wi-Fi，旅客在旅行途中可以随时使用电脑办公、手机娱乐。

(5)车外 LCD 信息显示器：提示座席号排序，方便旅客选择登车门，如图 11.22 所示。

图 11.22 京张智能高速铁路列车车外 LCD 信息显示器

5. 冬奥会特殊服务

在标准配置基础上，为满足奥运期间媒体宣传、运动器材存放、残疾人服务等需求，对 5 号车车内布置进行适应性设计，设置媒体工作区，提供 48 个座位、12 个办公桌及国际通用插座等设施，为媒体人员提供办公条件。

在 1、4、8 号车设专用滑雪器材存放柜，如图 11.23 所示，同时车内行李架及各车大件行李柜隔板翻起后也均可存放滑雪器材。4 号车按 UIC565 标准设置为无障碍专用车厢，冬残奥期间可将客室内排布 19 辆轮椅。

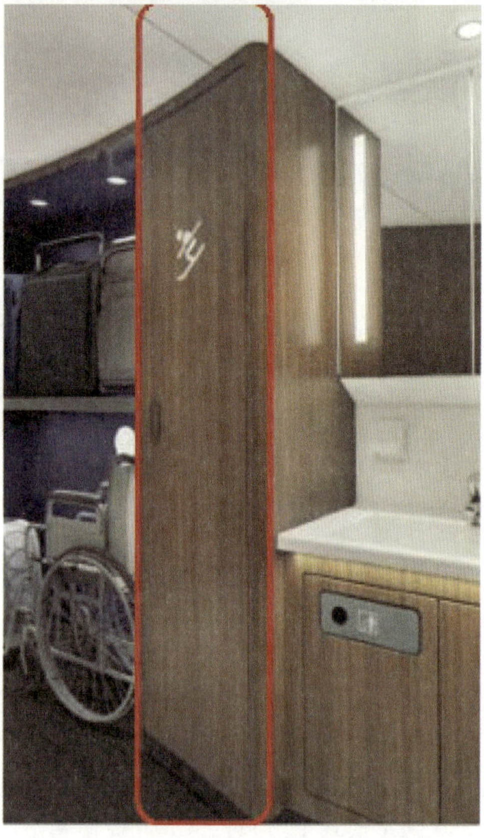

图 11.23 京张智能高速铁路列车滑雪器材存放柜

11.3 高速铁路列车后台服务

随着社会经济的不断发展，旅客对高速铁路服务提出了更为多样的服务需求。高速铁路列车服务作为高铁客运服务的实施主体和基础单元，管理的成效直接关系到高速铁路旅客运输服务的质量和水平，因此，科学、有序、高效地对列车服务进行管理显得至关重要。

11.3.1 高速铁路列车服务管理原则

我国高速铁路向社会大众提供运输服务，其核心位移服务基本是标准化的批量服务，并全路执行统一化的服务质量标准，包括不同等级、席别、品牌的列车硬件设备的配置、服务人员素质要求及服务流程及规范等。所以，高速铁路列车服务管理，应遵守以下原则。

1. 以标准化服务为基础

高速铁路列车服务标准化建设是指围绕服务质量、安全、旅客满意度等方面制定标准，依据标准对列车服务的实际工作进行考评并实施奖惩，并且对标准的执行进行长效监督管理。

2. 以旅客需求为导向

高速铁路列车服务的服务对象为旅客，旅客对其购买服务的期望称为旅客需求，列车服务管理必须明确其生产活动是围绕旅客需求展开的，只有按旅客需求运作，尊重旅客差异的需求，铁路企业才能在日益激烈的市场竞争中立于不败之地。

3. 以文化建设为驱动力

树立以人为本的理念，增强列车服务的文化底蕴，建立积极、健康、快乐的良好氛围，培养旅客的忠诚度。综合考虑列车服务管理的组织结构和岗位设置，以服务人员的能力和特点为依据，发挥个人的潜力，充分调动每个人的积极性，以内在服务动力的提升，带动服务质量的提高，最终实现企业形象的提升。

4. 以一体化管理为手段

高速铁路列车服务关联的工种较多，涉及客运、车辆、公安、餐饮、保洁等多项工作人员，带来了结合部的管理难点。为保证列车服务的整体质量提升，可按照“统一管理，分工负责，各司其职，相互协作”的原则，实现乘务一体化作业管理，共同确保列车运输秩序、服务质量、餐饮卫生、服务备品、设备设施、应急处置及治安状况良好。涉及联动机制的应急预案，需提前沟通明确岗位分工，确保职责清晰、作业内容明确。

11.3.2 高速铁路列车服务管理构架

高速铁路列车服务管理构架由国铁集团客运部、铁路局集团公司客运部和客运段三级组成。其中，客运段是高速铁路列车服务的执行层管理部门和落实主体，一般内设乘务科等多个职能部门，各铁路局集团公司客运段对下设部门的名称及职责分工等不尽相同，但通常包括图 11.24 所示的部门。

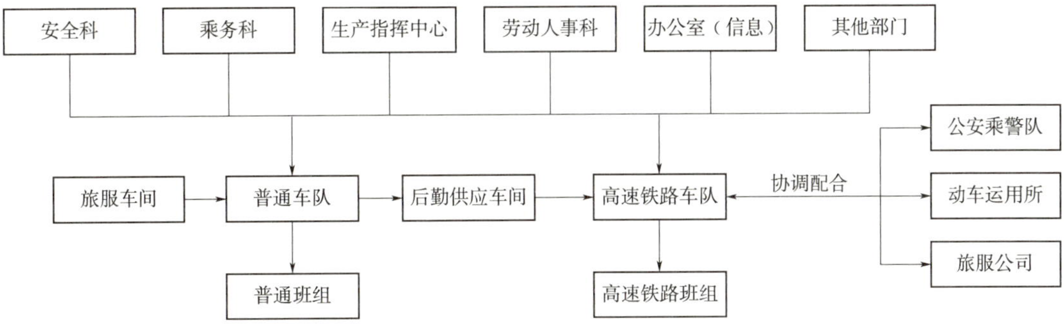

图 11.24 高速铁路列车服务管理组织构架

高速铁路旅客列车服务在三级管理下，具体前台的服务工作以乘务组的形式完成，由六类人员组成。具体包括：动车组司机（负责列车运行操作工作，实行单司机值乘制）、客运列车员（负责列车上面向旅客的各项业务及服务工作，如列车巡视、票务、乘降组织等）、客车检车员（也叫随车机械师，负责列车运行过程中机械设备维修、维护工作）、列车乘警（主要依法预防、制止、查处旅客列车各类违法犯罪活动，维护旅客列车治安秩序、安全）、餐饮员（负责列车内餐饮服务及零售工作）、保洁员（负责列车内卫生保洁工作）。

11.3.3 高速铁路列车服务人员培训

高速铁路客运列车服务是典型的高接触度的服务，除了自助式的冷热水供应、电子或网络等信息服务外，基本为高接触度的人工服务。高速铁路列车服务人员的心理和业务素质、职业认知和敬业态度等尤为重要，所以，各种层级、类型和主题的列车服务人员的培训工作十分必要。

1. 培训组织体系

高速铁路客运段依据铁路局集团公司《高速铁路运营人员培训管理办法》等文件规定，按照客运段、车队、班组三级实施客运服务人员培训管理。

与高速铁路客运车站类似，职工教育科是客运段高速铁路人员培训工作的管理组织实施部门，负责制定高速铁路列车员（含列车长）实施性培训方案，在铁路局集团公司业务部门组织指导下，落实有关高速铁路人员岗前资格性和岗位适应性培训，并建立健全高速铁路人员培训基础资料、统计数据汇总及分析工作。其他业务科室配合授课、教材题库编制等。车队负责职工专业新知识、业务新技能及相关学科知识的教育，进一步提高其工作水平、业务能力及应急处理能力。班组各班组长根据车队编制的教学计划合理安排本班组职工培训，保证职工参加教育培训的学时达标，掌握新技能、新业务。

2. 客运段客运岗位人员准入条件

以北京局集团公司为例，按照《高速铁路客运人员准入和人才储备办法》规定，确定高速铁路列车客运岗位人员准入条件见表11.1。

表 11.1 北京局集团公司高速铁路列车客运岗位人员准入条件

岗位名称	文化素质	专业要求	工作经历	身体要求	职业道德
列车长	大专及以上文化程度，掌握基本服务英语和手语，具备良好的沟通能力和服务技巧，具备妥善处理突发事件的能力	客运专业毕业或经铁路局集团公司组织的岗位培训考试合格，能够熟练使用客服设备设施	从事客运乘务工作不少于3年	体态匀称、五官端正，动作灵活、协调性好，听力及辨色力正常、双眼矫正视力不低于5.0，无职业禁忌证，身体健康，能胜任本岗位工作	遵章守纪、爱岗敬业、服从指挥、团结协作
列车员	大专及以上文化程度，掌握基本服务英语和手语，具备良好的沟通能力和服务技巧	客运专业毕业或经铁路局集团公司组织的岗位培训考试合格，能够熟练使用客服设备设施	见习、转岗培训期满，经考试合格。动车组商务座服务人员应从事动车组列车客运乘务工作不少于1年	体态匀称、五官端正，动作灵活、协调性好，听力及辨色力正常、双眼矫正视力不低于5.0，无职业禁忌证，身体健康，持有健康证，能胜任本岗位工作	遵章守纪、爱岗敬业、服从指挥、团结协作

3. 岗位培训流程

高速铁路列车长、列车员上岗前须经岗前资格性培训合格后方可上岗，上岗后须按规定参加岗位适应性培训，不断提高岗位作业技能。

(1)岗位资格性培训。与高速铁路车站要求一样，高速铁路列车长、列车员也要进行安全规章、专业理论培训与实作技能培训，按照铁路局集团公司对应岗位培训教学指导书等规定的内容，编制教学教案，具体组织培训，确保列车长、列车员在知识和操作技能方面达到高速铁路列车长、列车员岗位要求，表 11.2 为北京局集团公司高速铁路列车长教学计划。图 11.25 为北京客运段京张高速铁路车队新职人员培训现场。

表 11.2 高速铁路列车长教学计划表

序 号	理论教学内容	学 时
1	班组管理	6
2	高速铁路客运运营管理	4
3	安全与应急处置	6
4	客运营业规章及各种售票方式有关规章	6
5	客运电报记录	4
6	安全心理学	4
7	旅客投诉心理与相关法律法规	6
8	高速铁路调度指挥知识	4
9	旅客意外伤害处理及相关法律法规	4
理论教学学时小计		44
序号	实作教学内容	学时
1	动车组列车长作业流程与作业标准	16
2	站车交接和客运记录电报实训	12
3	识别各种乘车票证，办理补票、变更等业务	16
4	各种安全应急预案组织和指挥	32
5	动车组列车设备设施的使用	4
6	服务礼仪	6
7	专业形象与服务技巧	6
实作教学学时小计		92
理论与实作合计		136

(2)岗位适应性培训。由客运段、车队、班组组织实施，采取脱产培训与日常技术业务学习相结合的方式进行。现任列车长每年参加不少于 15 d 的脱产适应性培训。列车员参加车队及以上组织的岗位应知应会适应性培训每年累计不少于 30 学时。此外，每年组织客运人员安全规章和事故案例教育，劳动安全脱产培训不少于 8 个学时，考试不合格者不准上岗，不断强化在岗人员的安全责任意识。

(3)持证上岗。与高速铁路车站持证上岗规定一样，客运段客运人员也必须按照岗位职业资格要求，取得本职业相应等级的“职业资格证书”和“铁路岗位培训合格证书”(含 CRH 证书)。

图 11.25 疫情期间京张高速铁路车队新职人员服务礼仪培训

4. 开展特色培训

与高速铁路车站相比，高速铁路列车具有移动封闭特性，旅客活动空间范围小，且与客运人员高度接触，应该更加注重客运服务礼仪、突发应急预案等的培训。

(1)车队、班组日常应急演练培训

客运段、车队、班组通过定期开展岗位练兵、技能竞赛及应急演练，不断提高在岗人员的岗位技能与应急处置能力。京张高速铁路车队联合机务、电务、车辆等多部门组织“隧道内发生火灾应急演练”(如图 11.26 所示)，现场采用了最新的 5G 传输技术，由国铁集团及北京局集团公司领导在北京局集团公司调度指挥中心实施监控指挥。图 11.27 为京张高速铁路车队 17 组防洪应急预案培训。

(2)新运行线路全方位补强培训

以京雄城际铁路为例，由北京客运段京广高速铁路车队担当京雄城际列车客运乘务工作。自 2020 年 10 月筹备至 12 月中旬，北京客运段结合京雄线路特点、列车设备设施、作业流程、应急预案等认真制定培训计划，对京雄筹备组全体人员进行全方位补强培训。各培训阶段及培训内容见表 11.3。

图 11.26　京张高速铁路车队隧道内火灾联合应急演练

图 11.27　京张高速铁路车队 17 组防洪应急预案培训

表 11.3　京雄城际新线运行补强培训内容

序号	阶　段	培　训　内　容
1	基础理论培训	2020 年 10 月 11～14 日，围绕人身作业安全知识案例的学习，确保新职人员掌握安全风险控制项点和段安全红线范围，提高人身安全防范意识；开展动车组列车服务质量规范和作业指导书的培训，学习京雄及高速铁路列车作业流程和服务礼仪；学习京雄沿途线路车站概况，列车设备设施及应急处置预案，掌握担当京雄线路情况及车体应急备品的数量、位置，桥梁隧道及应急疏散通道设置情况
2	师带徒学习实作技能	10 月 15～11 月 13 日，精心挑选车队业务强的标杆职工带领转岗人员跟班学习高速铁路动车组列车服务质量标准，掌握高速铁路动车组列车作业标准，学习有关列车设备设施使用方法、岗位职责及作业流程，掌握应急备品的使用方法和应急预案
3	跟班实际学习线路特点	11 月 15 日至月底，安排乘务人员跟班学习京雄城际北京西至大兴机场值乘工作。掌握线路特点，途中隧道及桥梁较多，加强乘务人员隧道和桥梁应急处置的学习；学习大兴机场屏蔽门应急使用方法，掌握发生旅客意外夹伤或屏蔽门未开启等紧急情况时处置流程
4	参与实地演练学习	11 月 10 日参与京雄城际大型综合应急演练，包括动车组列车空调失效挂网限速运行、旅客突发疾病临时停车交站处理、运行中遇旅客吸烟引发烟雾报警、列车隧道内发生火灾停车组织旅客疏散、列车发生火灾高架桥停车组织旅客疏散、遇自然灾害断道列车行车中断并返回、动车组故障同站台组织换乘列车晚点共 7 个应急演练科目；11 月 27 日再次进行列车隧道内发生火灾停车组织旅客疏散演练

续上表

序号	阶 段	培 训 内 容
5	开展脱产补强培训	12月中旬，开展了为期1周的新线值乘人员补强脱产培训，聘请了路内外专业老师，对全体新线值乘人员从职业道德、高速铁路应急处置，京哈、京雄高速铁路沿线设备设施，复兴号品牌战略及高速铁路商务座提质、服务礼仪与化妆、列车服务英语、京哈、京雄动车组设备设施、作业程序进行了全面补强培训

11.3.4 高速铁路列车服务设备维护

高速铁路列车是实现旅客位移的载体，是旅客直接接触并伴随全程的设施设备，动车组运营状态除了会影响到运行安全以外，也会对旅客的列车服务体验产生影响，如列车空调、供电、网络等设备，旅客直接接触的卫生洁具、座席等，都会不同程度地影响到旅客的服务感知质量。为了保证动车组及相关设备正常运转，铁路运输企业制定了严格的动车组及相关设备的维养制度。

从列车服务的角度来看，动车组的维修养护可以分为后台支持性服务和前台支持性服务两类。动车组在动车段(检修基地)完成的所有工作，对列车服务来讲，都属于后台支持性服务；乘务组中"随车机械师"的一部分工作属于前台服务。

1. 动车组后台维养

动车组在动车段完成的所有检修、养护等技术支持性工作，相对于列车服务来讲都属于后台的支持性服务。我国高速铁路网共设置北京、上海、武汉、广州四个动车检修基地，围绕这四大动车检修基地，在旅客高度密集的客运站，还设置动车组运用所。

按照动车段功能及设备配置的不同，可将其分为动车段、动车运用维修所和动车运用所三类。

(1)动车段：配属一定数量的高速动车组，承担动车组日常运用、夜间存放、备用车组长期存放以及客运整备作业，一级至五级修程的检修任务。

(2)动车运用维修所：没有配属的高速动车组，主要承担派驻在本动车段高速动车组的日常运用、夜间存放、客运整备、折返、日常检查和一级修程的检修任务。

(3)动车运用所：没有配属的高速动车组，仅承担外段动车组的折返停留、客运整备以及外段动车组的日常检查任务。

2. 动车组前台维养

随车检修是动车组运行过程中随车机械师的职责。具体负责监控动车组在线上的运行状态和应急故障的处理，尽量避免动车组在线上因故障而停止运行、晚点，保障动车组在线路上的运行安全，并将在线路上的运行情况反馈到动车运用所，线路上不能处理的故障待动车组到达一级修检修周期进库检修。

由于随车机械师属于列车乘务组的成员，在一些突发情况下，随车机械师也应该听从列车长领导，配合列车长和乘务员等做好各项服务及应急处理工作。随车机械师的工作及形象等都会影响到旅客的服务感知及体验，所以随车机械师所提供的服务应该具有前台服务的特点。

3. 其他设备的维养

动车组列车内所配属的，为旅客服务所用的其他设备，应该根据设备管理的归属，做好相关维养工作，保证列车上的良好环境和服务。

综上，高速铁路列车上服务设备的维养，应该注意如下几点：

一是，健全设备维护规章标准。

建立严密细致的规章制度，研究各专业作业标准、检修周期和劳动力组织等相互关系，制定设备维护检修管理办法及相关的作业标准和指导书，健全配套管理制度，逐步研究评估，分步实施。统筹作业组织，实施阶段，加强作业管控，强化质量管理，提高检修质量，强化验收管理。

二是，加强设备运行状态监控。

建立主要设备电子档案，加强设备技术状态、养修履历过程管理，定期评估设备安全状态，科学制订设备维护周期、范围和维修技术条件，推进设备精准养护维修。动车组实行五级计划性预防修制度，采用以走行公里周期为主、时间周期为辅的检修模式。在运行中配随车机械师进行乘务检查，处理动车组运行途中发生的故障的工作，负责监控动车组运行技术状态，管理和操作动车组车内设备，应急处理突发故障，保证动车组设备运用状态良好。通过推进建设高速铁路供电安全检测监测系统(6C)、机车车载安全防护系统(6A)、车辆运行安全监控系统(7T)、工务安全检测监测系统(8M)等，实现高速铁路设备的不间断检测监测，及时发现和消除安全隐患。

三是，完善企业监督检查机制。

完善企业内部设备安全监督检查机制，定期开展安全管理评估和专业检查，有针对性地加强恶劣天气、防洪防汛、春运、暑运、节假日、黄金周等阶段性、季节性设备状态安全监督检查；开展高速铁路安全生产专项整治，严格安全准入标准，重点加强设备检修、应急处置、人身安全、消防安全等安全关键项点的检查控制。

12 高速铁路客运应急服务

应急服务是非正常情况下高铁客运的核心服务内容，包括前台与旅客的交互服务和后台应急管理两个方面的工作。应急服务水平和应急处置及救援能力直接影响旅客的服务体验和对服务质量的评价，乃至旅客身心健康安全，甚至社会稳定、国家公共安全等。

12.1 高速铁路客运应急服务概述

12.1.1 高速铁路客运突发事件和应急需求

1. 高铁客运突发事件

突发事件是指突然发生的，造成或者可能造成人员伤亡、财产损失、环境破坏和重大社会影响的、危及安全的事件。高铁客运突发事件是指在高铁客运生产过程中，在一定的地理区域内突然发生的、可能对运输安全和运输生产秩序造成较大影响，会导致人员伤亡、线路中断、财产损失和生态环境破坏等结果，需要紧急采取应急处置措施和相关服务予以应对的事件。

(1)高铁客运突发事件分类

高铁客运突发事件可以分为突发公共卫生事件、社会安全事件、自然灾害、高铁运输生产安全事件(或事故)等类型，见表12.1。突发公共卫生事件是指突然发生的，造成或可能造成社会公众健康严重损害的重大传染病疫情、群体性不明原因疾病、重大失误和职业中毒以及其他严重影响公众健康的事件。社会安全事件主要是指危害高速铁路安全的治安事件、群体性事件，及网络安全事件、涉外突发事件等。自然灾害是以自然变异为主因产生的，表现为自然形态的灾害，如地震、风暴、海啸、洪水、泥石流等。高速铁路交通安全事件是指由于交通运输组织混乱或条件产生异常，导致可能出现的旅客运输突发事件的情况；高速铁路交通事故是指高速铁路在运营过程中发生的各种事故。此外，还包括因节假日或铁路客运设备故障造成区域性或车站突发性大客流形成突发事件等。

表12.1 高铁客运突发事件类型和典型事件表

类型		典型事件
公共卫生事件	传染性疾病	新型冠状病毒肺炎、SARS、甲流等
	中毒	食品中毒、职业性中毒等
社会安全事件	恐怖袭击	爆炸、涉枪、杀人、抢劫、暴力恐怖袭击等
	群体性事件	冲击铁路、拦截列车、聚众非法集会和集体静坐等
	大客流	突发大客流、列车大面积晚点等
	治安事件	盗窃等
	计算机安全	网络安全、计算机系统安全等

续上表

类型		典型事件
自然灾害	地质	地震、泥石流等
运输生产安全事件（或事故）	行车事件	行车事故、铁路火灾事故、设备故障、晚点等
	生产安全	客运作业人员伤亡、经济损失等

不同突发事件，应急服务内容、应急处置措施不同。其中，高铁运输生产安全事件是高铁运输企业可控度最高的事件，可以主动实施预防、过程、结果控制，充分发挥企业安全控制主体作用；自然灾害事件则更多地需要提前预警和及时救援。

(2)高铁客运突发事件分级

与国家突发事件分级一致，高铁客运突发事件分为四个等级：特别重大突发事件（Ⅰ）、重大突发事件（Ⅱ）、较大突发事件（Ⅲ）、一般突发事件（Ⅳ）。以铁路突发公共卫生事件为例，根据突发事件性质、危害程度、涉及范围，划分的四个等级标准分别如下：

①特别重大突发公共卫生事件（Ⅰ）主要包括：a. 省际发生群体性不明原因疾病暴发、流行或者甲类传染病、传染性非典型肺炎、新型冠状病毒感染的肺炎、人感染高致病性禽流感、肺炭疽、埃博拉出血热、中东呼吸综合征等，并有可能借铁路传播的事件；b. 铁路单位和旅客列车发生的100人以上并出现2人以上死亡，或者出现10人以上死亡的食物中毒事件；c. 铁路单位发生的50人以上，或出现5人以上死亡的急性职业中毒事件；d. 国内突然发生特别重大公共卫生事件，造成或者可能造成公众健康严重损害，并有可能借铁路传播，国务院协调国家有关部委参与处理的突发事件。

②重大突发公共卫生事件（Ⅱ）主要包括：a. 县（市）、区发生群体性不明原因疾病暴发流行或者甲类传染病、传染性非典型肺炎、新型冠状病毒感染的肺炎、人感染高致病性禽流感、肺炭疽、埃博拉出血热、中东呼吸综合征等，并有可能借铁路传播的事件；b. 铁路单位和旅客列车发生的50人以上并出现死亡，或者出现5人以上10人以下死亡的食物中毒事件；c. 铁路单位发生的30人以上50人以下，或出现3人以上5人以下死亡的急性职业中毒事件；d. 国家提出控制要求或者国铁集团应急管理部门认定的其他突发公共卫生事件。

③较大突发公共卫生事件（Ⅲ）主要包括：a. 铁路单位和旅客列车发生的50人以上，出现3人以上5人以下死亡的食物中毒事件；b. 铁路单位发生的10人以上30人以下，或出现1人以3人以下死亡的急性职业中毒时间；c. 铁路自备集中供水引起供水人群发病人数100人以上，或者出现1人以上死亡病例的饮用水污染事件；d. 群体性不明原因疾病发病人数30人以上，或出现2人以上死亡病例的事件；e. 地方政府或者铁路应急管理部门认定的其他较大突发公共卫生事件。

④一般突发公共卫生事件（Ⅳ）主要包括：a. 铁路单位和旅客列车发生的10人以上50人以下，或者出现1人以上3人以下死亡的食物中毒事件；b. 铁路单位发生的3人以上10人以下，未出现死亡的急性职业中毒事件；c. 铁路自备集中供水引起供水人群发病人数30人以上100人以下，未出现死亡病例的饮用水污染事件；d. 群体性不明原因发病人数10人以上30人以下，或者出现死亡病例的事件；e. 铁路局集团公司应急管理部门认定的其他一般公共卫生事件。

2. 高铁客运应急服务需求

高铁客运应急需求包括广义应急需求和狭义应急需求。广义应急需求是指突发事件发生后，为减少人员伤亡、降低经济损失、减小生态环境危害，维持社会稳定和国家安全等，而实施的应急处置及救援活动需要的人财物等所有资源的总和。狭义应急需求，也可以称为应急服务需求，是指身处高铁客运突发事件的旅客个体，应对身体及精神伤害、经济及时间损失、行程及任务耽搁等不良后果的生理、安全、感情、尊重及自我实现上的需求。突发事件不同，应急服务需求有很大差异。例如铁路事故造成旅客受伤后的救援、医疗、安置、心理辅导、经济补偿等需求，而列车大面积晚点时列车晚点信息掌握、情绪安抚等的需求。本书侧重介绍高铁客运狭义应急需求，即高铁客运应急服务需求。

(1)高铁客运应急服务需求分类

依据马斯洛需求层次理论，高铁客运应急服务需求可分为生理、安全、感情、尊重和自我实现等的应急需求。其中：①生理上的应急需求包括饮用水、食物等基本生活需求，适宜的温湿度、良好的通风、卫生整洁等舒适环境需求等；②安全上的应急需求包括及时迅速的生命救援需求，医疗需求，疏散、转运、安置需求等；③感情上的应急需求包括应急通讯需求，信息需求，文化娱乐需求，道歉、安抚等精神抚慰需求等；④尊重上的应急需求包括行李的妥善处置需求，家属接待需求，退票、赔偿等经济补偿需求等；⑤自我实现上的应急需求包括为他人提供帮助、尽快回归正常生活、实现出行目标等需求。

高铁客运应急服务需求的定义及分类以马斯洛需求层次理论为基础，其各种不同需求的层次同样呈现出由低层到高层逐层递升的阶梯状。但应急需求需根据具体情况区别对待，所有层次的应急需求不一定都要一一满足，而被满足的顺序应与层次理论保持一致。图12.1为高铁客运应急服务需求层次划分图。

(2)高铁客运应急服务需求特点

不同突发事件衍生的客运应急服务需求不同。高铁客运应急服务需求具有以下特点：

①模糊性，也可以称为不确定性，高铁客运应急服务需求有时是不明确、不具体的。由于经历有限，旅客对身处突发事件时产生的应急需求感知受限，不能全方位明确所有需求；或者即便了解自身的应急需求，在其需要程度上也只能表达可能、大约等具有模糊含义的词语。

②动态性，指旅客应急需求不是一成不变的，具有全生命周期性，即会伴随突发事件的发展阶段有不同形式的表现。

③多样性，高铁客运突发事件的多样性决定旅客应急需求的多样性，且同一类型突发事件也会因事件发生的时间、地点、程度不同导致旅客的应急需求不同。此外，应急需求的多样性与旅客个体差异也有一定的关系，面对同一事件，不同的旅客产生的应急需求也存在差异。

④层级性，指不同的旅客应急需求重要程度呈现出的层级特点，其被满足的顺序遵循一定的优先要求，即有些应急需求是必须满足的(如一些基本的必备需求)，有些应急需求是尽量满足的(如对旅客而言比较必需的且铁路企业有额外能力满足的)，有些应急需求是旅客期望满足的(如旅客想要但不过分奢望实现的需求)。

12.1.2 高速铁路客运应急服务内容

应急服务相对应急需求而产生。高铁客运应急服务是在非正常情况下，针对突发事件所衍生的服务需求而提供的服务。在提供应急服务时,需要根据高铁客运突发事件类别性质、危害程度、波及范围等来确定具体提供哪些方面的应急需求,而非对应其层次划分一一提供。如列车大面积晚点时向旅客提供足够的饮用水及食物来满足旅客的基本生理需求,也可为旅客提供一些书刊、棋牌等文化娱乐活动来满足旅客感情上的应急需求,此时若未出现旅客的身体健康问题则无须提供医疗服务。而针对发生旅客伤亡事故,应迅速采取救援措施,联合医疗部门展开对受伤旅客救治是首要服务。

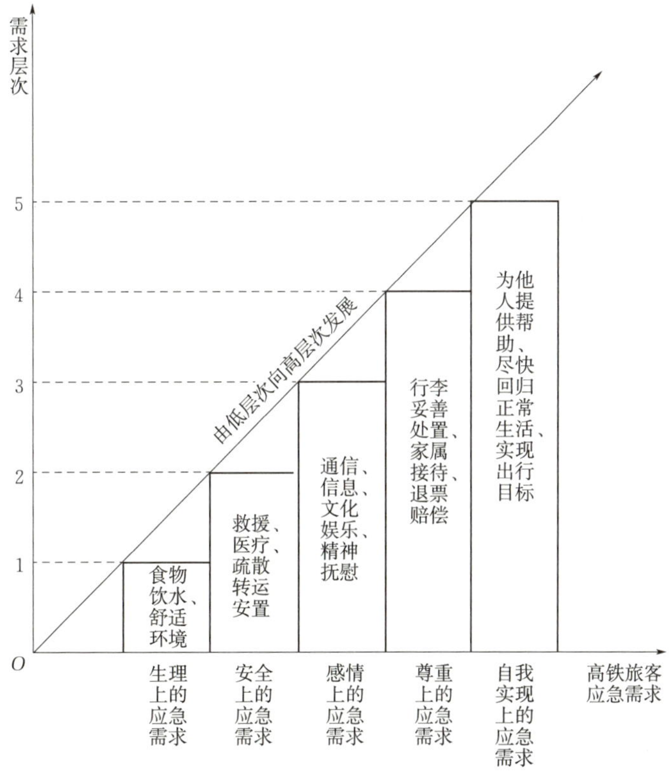

图 12.1 高铁客运应急服务需求层次划分图

1. 高铁客运应急服务特点

高铁客运应急服务具有如下特点:

(1)紧迫性。体现在事件处置的时效性和事态后果的严重性两方面。高铁客运突发事件的发展、衍生和蔓延的速度非常快,如果不能提供及时有效的应急服务,很可能会导致重大财产损失、人员伤亡等。

(2)复杂动态性。由于突发事件发生、发展的不确定性,应急需求的动态性和多样性,应急服务需根据事态发展进行实时动态调整,在较短的时间内对各种应急需求做出判别与处理,具有一定的处置难度和复杂性。

(3)协同性。高铁客运突发事件造成的影响是连锁、多层次的,其应急服务需要各业务部门协同组织,同时也需要社会资源的援助和配合。

(4)社会关注性。高铁客运服务具有社会属性,社会关注度很高,高速铁路是国家的名片,高铁客运突发事件应急服务的响应、处置方法渠道、效果等直接影响企业,乃至政府、国家的声誉和形象。

2. 高铁客运应急服务原则

对各类突发事件的应急服务各有特色，但大多遵循的普遍性、规律性原则如下：

(1)"生命至上"原则。挽救生命和保障人们的基本生存条件，应作为突发事件预防应对的首要任务。

(2)"第一时间"原则。事发后应立即采取紧急处理手段，力争在最短时间内平息事件影响。

(3)"协调一致"原则。统一调度各方面应急力量，优化整合各层次、各部门资源，协同应对突发事件。

(4)"分级管理"原则。根据突发事件危害和影响程度的不同，分别由国铁集团、铁路局集团公司或铁路站段组织应对，对于特大突发事件，还应积极动员社会和政府力量的支持。

(5)"合法适度"原则。依法行使突发事件处置权力，审慎适度采取预防应对措施，最大限度地避免或减轻措施本身可能造成的损失或影响。

3. 高铁客运应急服务内容

不同的突发事件产生不同的应急需求，同类突发事件又因服务场所不同而产生不同的应急需求。可根据突发事件类型、服务场所类型、旅客需求层次三个维度搭建高速铁路应急服务管理体系，制定具体应急预案，确定应急服务内容。

如图 12.2 所示，高铁客运应急服务内容是在高铁客运车站、高铁客运列车场所，应对公共卫生、社会安全、自然灾害、运输生产事件(事故)等突发事件，满足旅客生理、安全、情感、尊重、自我实现需求采取的措施，提供的服务内容。其中服务场所是基础，突发事件是诱因，旅客需求是核心。由于突发事件紧迫性、复杂动态性等特点，服务场所可能会转移至社会场所，服务人员也会涉及社会力量，向旅客提供更专业的应急服务，以保障其生命财产安全。

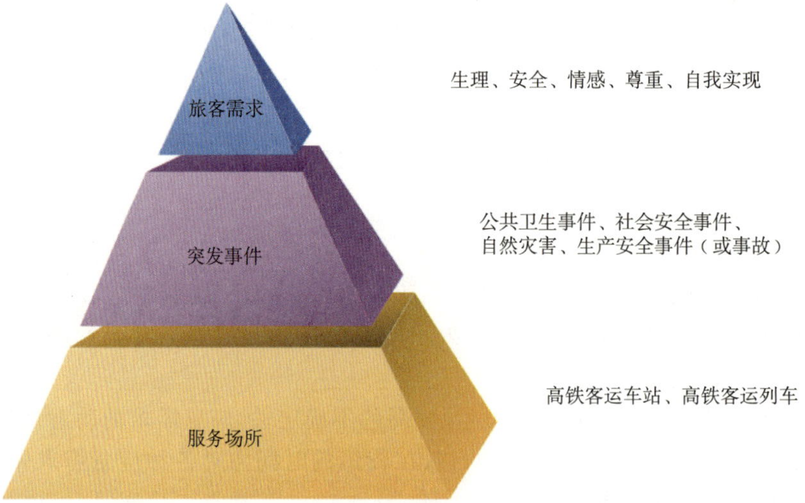

图 12.2 高铁客运应急服务影响因素

12.1.3 高速铁路客运应急服务发展

任何突发事件，都会直接或间接影响旅客利益，甚至威胁旅客的生命财产安全。铁路部门始终坚持以人民为中心的思想，确保高速铁路和旅客安全作为政治红线和职业底线，建立应急管理体系、组建应急救援队伍、提供应急救援服务，保障了人民群众生命财产安全。随着时代进步、科技创新、改革发展、旅客需求升级等，给高铁运输企业，乃至政府、社会提出了更多要求，要求全面提升应急处置及救援能力，促进高铁客运应急服务的发展。

1. 应急服务管理体系不断完善

我国高速铁路取得了举世瞩目的成就，但短期内高速铁路“硬件设施设备”的快速推进，显露出“软件”配套方面的相对滞后，突出表现为运营管理能力滞后于运营服务要求，对于突发事件应急处置能力也较为薄弱。在中国高速铁路运营的十多年中，面对各类突发事件的暴发和处理，铁路部门客观总结经验与教训，认真对待高速铁路技术发展过程中的质量与安全问题，坚守政治红线和职业底线，确保高铁运输和旅客安全万无一失，建立健全了高速铁路应急管理体制机制、法规制度和预案体系。

(1)高速铁路应急服务管理体制是应急指挥结构、社会动员体系、领导责任制度、专业救援队伍和专家咨询队伍等应急服务管理机构的组成形式。我国为应对重大突发事件成立了国务院应急管理办公室和国家安全生产应急救援指挥中心。铁路系统各级组织始终高度重视应急体系建设工作和应急服务工作，成立国铁集团、铁路局集团公司、站段三层组织机构。同时，铁路系统分别与各级政府不断加强业务联系，建立了良好的路地协作制度，最终形成了现在的高速铁路应急组织管理体系，其结构如图 12.3 所示。

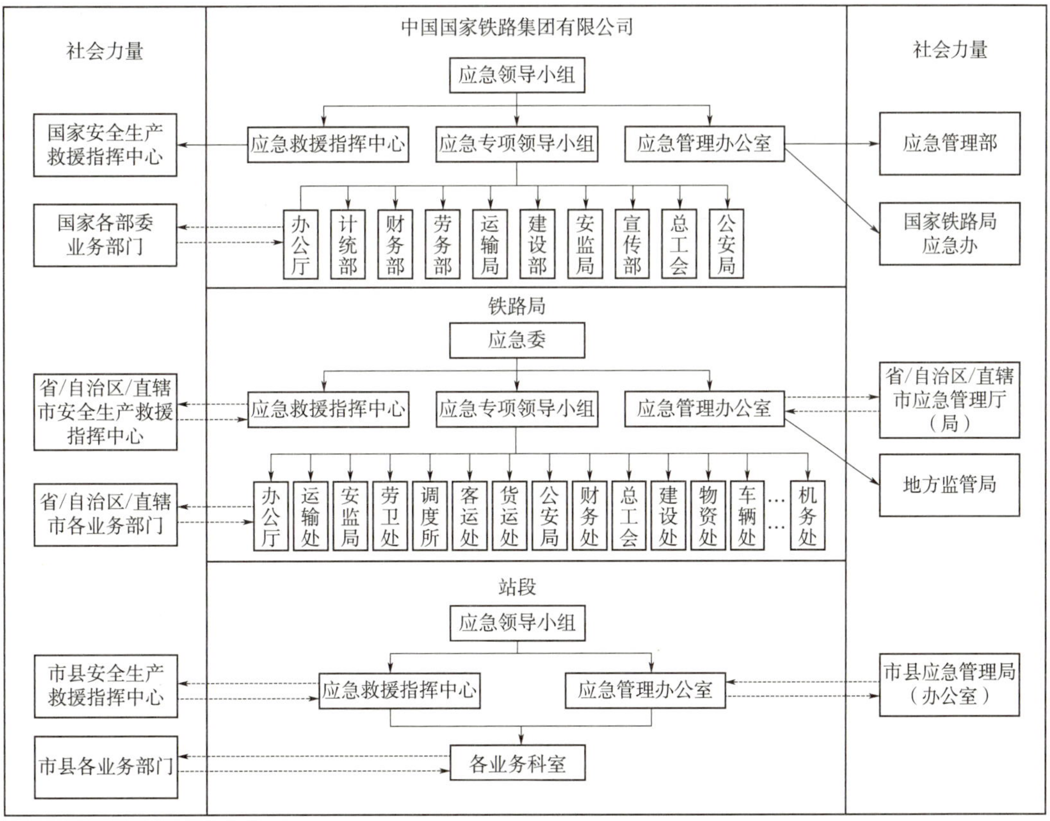

图 12.3　高速铁路应急组织体系结构

(2)高速铁路应急管理机制是指突发事件预防与准备、监测与预警、应急处置与救援以及善后恢复与重建的过程中,所涉及的各种制度化、程序化的应急管理方法和措施。当前高速铁路应急管理机制主要包括预防与准备机制、监测与预警机制、信息报送机制、应急响应机制、协调联动机制、善后恢复机制、应急保障机制和评估机制。根据国务院制定的《国家突发公共事件新闻发布应急预案》,国铁集团制定了《铁路突发事件新闻发布工作实施细则》,各铁路局集团公司也制定了相应的《突发事件新闻舆论调控应急预案》《铁路局集团有限公司舆情应对实施办法》等。

(3)应急预案是为确保高速铁路行车安全和运输畅通,有效预防和控制各类突发事件而预先制定的各类处置方案和具体安排。铁路部门全面分析研究高速铁路安全风险与事故,制定各类应急预案。目前全路共编制各级各类应急预案达 1.4 万个左右,其中,国铁集团级应急预案 14 个,专门针对高速铁路的应急预案 1 个,铁路局集团公司级应急预案 1200 多个,专门针对高速铁路的应急预案有 160 多个。在铁路企业内部,按照预案制定主体,已经形成了国铁集团应急预案—国铁集团所属单位应急预案—基层组织应急预案—岗位应急处置办法四级应急预案体系,基本覆盖了铁路安全生产的各个领域和层级。

高速铁路应急服务管理体系的不断完善,为确保高速铁路安全持续稳定奠定了基础,也为保障旅客生命财产安全奠定了制度基础。

2. 应急服务保障能力更加可靠

高铁运输生产安全事件是高铁运输企业可控度最高的事件,充分发挥企业主体作用,主动控制风险,可防止突发事件发生;自然灾害等其他类型事件则更多需要提前预警和提供及时应急处置及救援服务。

(1)坚持源头治理,实现应急服务预防性管理。不断提升本质安全水平,在铁路设计、建设阶段,建立包括技术标准、工程建设、设备质量、安全防护、联调联试、运行试验、安全评估等一系列的源头质量保障机制。建立"人防、物防、技防"三位一体的运营安全保障体系,从规章制度、设备养护维修及状态监测、职工素质及安全文化、安全监督管理、技术创新等方面,保障高速铁路运营安全,向旅客提供安全优质服务。适应铁路安全保障技术体系建设需求,成功研制高速综合检测车检测系统、工务综合巡检系统,研发应用供电检测监测系统 6C、机车安全防护系统 6A、车辆 5T 系统,实现对设施设备全方位检测监测。研发自然灾害监测系统、地震监测预警系统(如图 12.4 所示),不断提升铁路防灾减灾技术水平。

(2)加强应急救援专业装备、设施、队伍建设,应急救援水平不断提高。应急救援队伍方面,铁路系统建立了国铁集团、铁路局集团公司两级应急救援专家队伍,组建了 200 余支专业应急救援队伍,专兼职应急救援人员达到 33 万余人。加强专项培训和常态化应急演练方面,《中国铁路总公司突发事件应急预案管理办法》对应急预案培训演练明确规定,基本已建立了铁路局集团公司、站段、车间、班组多级应急培训网络,铁路局集团公司一般每年年初制定演练方案,结合时效性、季节性、阶段性工作特点,积极组织相关部门和单位开展应急救援演练。应急救援专业装备方面,作为高速铁路系统工程的一部分,需要加快研发高速铁路救援的新型技术装备,加强特殊极端情况下应急救援技术研究应用。

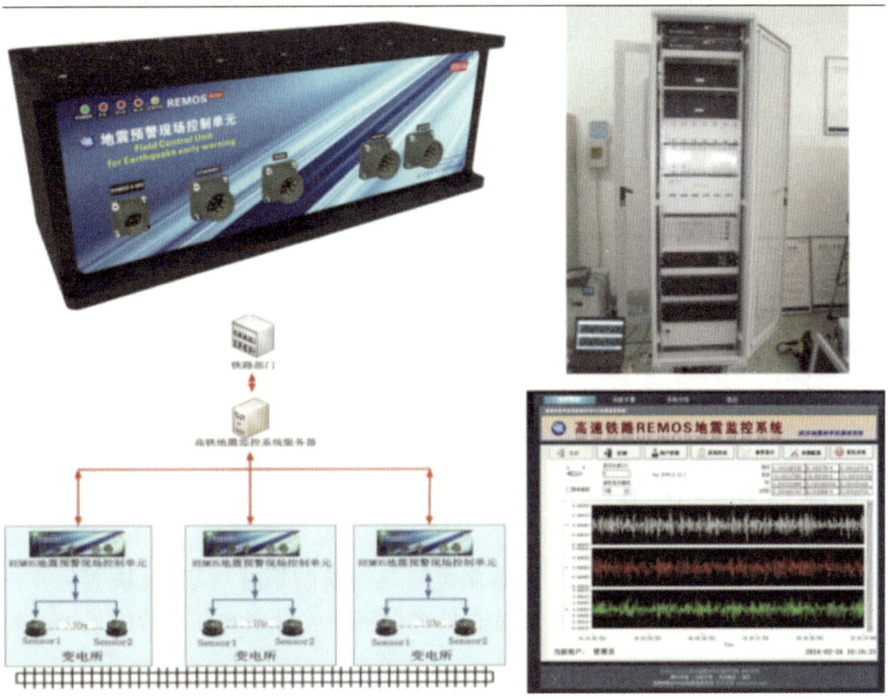

图 12.4　地震监测预警系统图示

3. 应急服务社会协同能力不断强化

高铁客运应急服务内容影响因素非常复杂，高速铁路建设进程的不断推进和高速铁路网规模的不断扩大，铁路运营模式、安全管理模式等方面都发生了新变化，对高速铁路应急服务提出了更高要求，应急服务必然由“单兵作战”向“部门协同联动”发展。

(1)建立健全应急联动机制，强化社会协同能力，形成多部门联动、多方式协同、多主体参与的综合治理格局。关注地方涉及铁路的有关应急预案的编制工作，与地方政府联合制定区域性铁路突发事件应急预案，注重不同预案之间衔接性，进一步明确国家力量与铁路系统内部和地方相关机构的职责和分工。建立与沿线地方政府和企事业单位的常态化工作机制，签订应急资源共享协议，形成社会化协同处置体系，健全紧急情况下的社会物资、运输工具、救援设备、人力资源等的协作机制，提高铁路突发事件社会协同应对能力。

(2)健全高速铁路安全宣传教育体系，强化全民高速铁路安全意识和法治意识。相关政府和铁路企业在高速铁路安全应急救援中的力量有限，需要社会公众的支持和参与，最大限度地利用各种社会应急资源。积极开展安全科普宣教活动，开展公众健康教育培训，提升公众的安全意识和自救互救能力，达到更有效的防控效果。

4. 通信信息技术等的发展促进应急服务扁平化、实时化

随着云计算、物联网、大数据等新一代信息技术的不断发展和普及，高速铁路应急服务将逐步实现跨局的资源共享、铁路与地方资源共享，基于突发事件和应急处置数据的深入挖掘与分析，应急服务也将向智能化和信息化发展。

(1)通讯信息技术的发展促进应急处置、现场救援的实时指挥。立足提升客运生产指挥

现代化水平，研发了旅客服务与生产管控平台，在部分站段试点建设了客运综合生产指挥中心，探索建立了“集中化指挥、一体化管理、集约化运营、智能化作业”的客运站段生产指挥模式。利用野战光缆到现场接入方式、宽带无线接入方式、视频光端机接入方式、无人机拍摄方式等多种图像和数据通信接入方式，建立应急指挥中心，应急通信系统初具规模，实现了国铁集团与事发地的语音通信和实时图像传输，应急管理信息化水平进一步提高。

(2)云计算、大数据等的应用为应急服务提供了海量信息支撑。例如，作为全球交易量最大的票务平台，12306 拥有海量的旅客出行数据。新冠肺炎疫情发生后，12306 快速启动应急机制，利用实名制售票大数据优势，及时配合地方政府及各级防控机构提供确诊病人车上密切接触者信息。随着疫情发展，专门成立了疫情技术保障团队，开展大数据分析、客票功能调整、系统监控保障等多项工作，及时推出全国范围内免收退票费、延长退票时限、“分散售票”等，实现旅客分隔就座，降低疫情传播风险。

12.2 高速铁路客运车站应急服务

高铁客运车站和列车是突发事件引致旅客应急需求的第一现场，高铁客运车站应急服务和列车应急服务是非正常情况下旅客对高铁客运服务质量感知和评价的关键。

12.2.1 突发大客流应急服务

遇恶劣天气、公路断道、普速铁路中断(高速铁路运行正常)及节假日客流高峰期间，导致突发大客流，造成旅客滞留高铁客运车站，引起站内秩序混乱时，车站的应急服务主要包括票务应急服务、秩序应急服务两方面。

1. 票务应急服务

(1)售票组织

车站要组织人员积极调查、统计旅客密集出行的方向、车次；安排开放足够票务服务窗口(尤其是退票窗口)，合理调整售票时间，根据客流去向情况，开设分方向或分车次的专用售票窗口，安排专人引导旅客购票上车。

(2)信息引导

车站要及时通过电子显示屏、广播等方式宣传提示旅客主动配合车站客运组织，通告余票信息，同时在售票厅滚动显示屏上进行公告。当运能无法满足需求时，车站要及时协调地方政府利用电视、广播、报纸、网络平台等媒体广泛宣传引导旅客理性选择交通工具。

2. 秩序应急服务

(1)候车服务

车站应根据站房情况在站前广场等安全开阔处设置临时候车区，增加车站候车容量，安排专人配合派出所民警(驻站公安)共同组织积压旅客候车，维护现场秩序，做到排队有序、进站有序。针对利用车站分时段、分区域进行安置的旅客要加强信息通报和客流组织、引导，防止漏乘、误乘等问题的发生。

(2)乘降服务

①对站台、天桥、地道以及流线转角处等重点部位要安排专人进行引导和防护，确保旅

客进出站、上下车安全。

②在电扶梯旁加强人身安全防护，安排引导人员做好安全宣传，引导行李较少的旅客尽量使用步梯，携带大件行李、推婴儿车等旅客尽量使用垂直电梯。同时加快人流疏散，避免旅客在扶梯口处停留，杜绝发生行李拥堵造成人员摔倒等现象。客流持续较多时，可暂时关闭客运扶梯，防止电梯超载。电梯关闭期间值守人员做好引导并向旅客做好解释。

③在站台，坚持以“先下后上、排队上车、重点优先”的原则做好乘降组织和站台秩序维护，列车到站前客运员提前整队、预检，安排专人带队有序进站，站台及候车室客运员加强岗位联控，控制上车人数，防止挤伤、踩伤旅客。

④在出站通道内指定专人负责引导疏散，站台客运员组织下车旅客有序出站，防止混乱，同时增派客运员到出站口迅速开启所有出站通道，有序组织旅客快速出站。

(3)情绪疏导

车站应立即调集足够力量进行现场组织、引导、宣传，关注旅客情绪动态，安排专人安抚旅客情绪，防止旅客发生过激行为。

12.2.2 列车晚点、停运应急服务

遇动车组列车晚点、停运时，高铁客运车站开展的应急服务主要包括信息引导服务、票务应急服务、秩序应急服务及免费供餐服务等。

1. 信息引导服务

(1)信息公告

车站时刻关注列车运行信息，遇动车组列车晚点 15 min 及以上通过广播和电子显示屏向旅客公告晚点信息。通报内容为晚点原因、晚点时间、宣传解释和致歉。旅客列车受阻不能继续运行或停运时，要增加宣传道歉词滚动播放频次。

(2)疏运宣传

遇动车组列车晚点超过 30 min，车站要统计客流积压情况(内容包括晚点列车售票情况和候车人数、重点旅客情况等)，及时向旅客提出换乘、转运建议。

(3)新闻发布

发现网络关注度较高或新闻、网络媒体介入旅客列车晚点事件时，做好现场记者接待协调工作，迅速了解晚点情况，统一口径，拟定新闻通稿，经领导审核同意后，组织对外发布。

2. 票务应急服务

(1)退改签

车站统计晚点、停运列车的旅客人数及去向，及时调整窗口售票人员，视客流情况增开人工窗口，迅速为旅客办理退票、改签手续，同时加强广播与引导揭示宣传。比如，台风“山竹”来袭，武汉站开设“停运办理专窗”，为旅客快速办理退票。

(2)售票

售票车间计划室接到列车晚点、停运或接到动车组热备车底替换的调度命令后，立即查看晚点车次的售票情况，根据调度命令要求，及时向铁路局集团公司申请扣留换乘车次同等数量的票额。同时，视晚点旅客积压情况控制发售客流积压方向的车票。

3. 秩序应急服务

(1)候车服务

车站妥善做好晚点列车旅客的候车服务，候车室有足够的客运人员值守，随时解答旅客疑问和咨询，做好食品和饮用水供应服务，督促保洁人员做好候车室卫生清洁工作。旅客大量积压时，车站合理有序安排临时候车区，避免发生旅客拥挤现象；坚持旅客凭票候车、分时段候车，控制候车室内旅客集结数量。

(2)乘降服务

车站合理安排进出站口、地道、天桥等旅客通道处力量，加强引导，防止旅客对流和发生挤伤、踩踏事故；加强现场组织，采取分段截留、提前预检、专人带队、分批乘降等组织方式，做到乘降有序。

(3)情绪疏导

①车站工作人员必须掌握旅客列车晚点情况，耐心回答旅客询问，不得出现不负责任言语或不耐烦表现。对情绪激动和有过激行为的旅客，及时予以劝解和制止。旅客列车受阻不能继续运行或停运时，做好宣传解释工作，取得旅客谅解。如武汉站因台风导致大量列车停运、旅客大面积滞留的情况下，在售票厅外临时设立“温馨小屋”，为旅客提供咨询解答服务。

②车站接到铁路局集团公司对晚点列车需要接车的通知后，车站值班站长、派出所所长须带领客运、公安人员到站台接车，组织旅客下车出站，并做好向旅客致歉、解释工作。制止旅客横越股道、滞留站场、侵入站台安全线等违章行为。

③发生旅客不听劝阻蓄意聚众闹事、阻扰列车开行、滞留列车不下车，影响正常运行秩序或发生其他可能危及旅客生命财产安全和铁路运输生产安全等违法犯罪行为，应重点及时处理。

(4)疏运服务

①车站组织晚点列车的旅客乘坐其他列车时，同方向、同到站的其他后续列车有能力时，车站应妥善组织，引导旅客办理改签。旅客来不及改签时，车站工作人员应提前联系列车，编制客运记录将换乘旅客移交给列车长。对终止旅行的旅客，车站工作人员应引导旅客到售票厅办理退票手续。对折返和停运列车，增配人力，准备资金，快速为有需要旅客办理退票、改签手续。

②情况紧急时，各站及时联系地方交通部门延迟末班地铁、公交车停运时间，根据列车长预报的列车上旅客人数，协调地方交通部门调集相应数量的公交车和出租车进行疏运。

4. 免费供餐服务

①站内旅客免费供餐：动车组晚点 1 h 以上并逢用餐时间，需对在车站内符合免费供餐条件的候车旅客免费供应餐食和饮用水。

②车站向列车免费供餐：如车站需对列车免费供餐时，应根据调度命令，为晚点动车组列车提供饮食。

③车站动态储备足量应急餐食，随时供车站应急调配使用。各站应与应急供货商家协定，明确食品品种及价格，要求其接到车站通知 30 min 内将应急食品送达车站。

12.2.3 恶劣天气应急服务

遇台风、暴雨等恶劣天气，列车正常运行秩序可能受到影响时，高铁客运车站开展的应急服务主要包括安全保障服务、信息引导服务、免费供餐服务及票务应急服务等。

1. 安全保障服务

(1)站场巡检

车站接到台风、暴雨等恶劣天气预报后，应及时组织工作人员迅速到岗，加强站场巡视，检查客运服务场所的揭示牌、广告牌、挂钟等服务设施是否牢固，并安排人员准备沙袋等防洪设备。

(2)环境维护

当候车室、地道等区域出现浸水时，车站组织力量及时采取堆垒沙袋设防等方式，防止雨水灌入。保洁人员及时清理积水，并在候车室、天桥、地道等区域设置防滑警示，加强宣传，防止旅客滑倒摔伤。当候车室、地道内积水时，立即使用积水强排措施。

2. 信息引导服务

(1)信息公告

因恶劣天气造成列车晚点、停运时，车站迅速将列车晚点、停运原因、恢复运行时间等信息及时通过广播、揭示向旅客宣传。必要时，及时与地方交通部门联系，做好旅客分流疏散工作。

(2)情绪疏导

车站应通知车站派出所共同维护好站内售票、候车、乘降等秩序，安抚稳定旅客情绪。

3. 免费供餐服务

车站及时掌握受灾情况及旅客滞留情况，适时为滞留旅客提供免费餐食，根据调度命令通知为动车组列车提供免费餐食和饮用水。

4. 票务应急服务

因台风、暴雨等恶劣天气造成列车晚点、停运时，车站及时增开票务服务人工窗口，积极有序组织旅客办理退票、改签手续。

12.2.4 候车区火灾应急服务

高铁客运站候车区发生火灾时，车站工作人员应立即采取灭火措施，并做好向旅客提供相应的应急服务：

1. 安全保障服务

(1)灭火组织

①报火警：遇候车区有火情时，车站工作人员应立即拨打火警电话(119)。

②组织协作：报火警后，指派专人引导消防车及消防人员及时进入火场施救。及时通知设备单位、公安派出所等相关结合部单位派人到场处置。

③切断电源：迅速切断起火、爆炸点附近电源，防止火势蔓延，必要时切断整个站房的非消防电，并确保消防应急用电。

④初期扑救：车站义务消防队员接到火警扑救命令后，按照分工利用车站室内外消防

栓、干粉灭火车、干粉灭火器等起火、爆炸点附近适当的消防器材迅速展开扑救工作以减少损失。

⑤实施隔离：如火势很大，迅速蔓延，不易扑救，应立即根据现场情况及时采取隔离等措施，防止火势进一步蔓延。

(2)疏散安置

①疏散组织：车站工作人员尽快赶赴现场，迅速打开所有安全出口、疏散通道，组织处于着火层等受火灾威胁的人员沿火灾蔓延相反方向，向疏散通道、安全出口有序疏散，并将疏散出的受伤人员转移到安全处所。

②停运组织：情况紧急必要时，车站上报客调暂停动车组运行，并及时向旅客发布公告。

2. 医疗救治服务

(1)现场初期救护

根据具体情况对疏散出来的受伤人员采取止血、简易固定、包扎等现场初期救护措施，同时做好重点旅客服务工作。

(2)送院紧急救治

若有伤势严重的人员，车站工作人员应通知"120"急救中心实施急救，对伤员姓名、身份信息、地址等相关信息进行登记。

3. 信息引导服务

(1)信息公告

发生火灾后，车站立即通过广播、电话、喇叭以及喊话等方式向火灾建筑物内的人员发出警报，告知最佳疏散路线、疏散方法及疏散过程中的注意事项。

(2)情绪疏导

工作人员要使用手提喇叭等扩音设备加强疏散引导宣传，稳定旅客情绪，迅速、有序地组织旅客撤离火场，防止旅客盲目窜跑发生拥挤踩踏，做好脱险人员的安慰工作。

4. 经济补偿服务

当旅客提出退票费免除等经济赔偿要求时，车站工作人员要依照现行法规、铁路规章耐心做好解释和处理工作。

5. 秩序应急服务

公安人员根据现场需要设立警戒线，注意保护好现场，做好宣传工作，稳定群众情绪，维护秩序，以免发生混乱，防止趁火打劫、围观哄抢、破坏现场行为。险情消除后，彻底清理检查，防止复燃。车站应保护好事故现场，积极协助公安部门调查取证，以便侦查破案。

12.3　高速铁路客运列车应急服务

相比高铁客运车站，高速铁路动车组列车由于移动、封闭特点，对应急服务要求更高。

12.3.1　列车晚点应急服务

高速铁路动车组列车发生晚点时，应立即采取措施，并向旅客提供相应应急服务：

1. 信息公告服务

因自然灾害或铁路原因造成晚点时，列车按规定向旅客通报晚点原因、晚点时间等信息，代表铁路向旅客致歉。

2. 情绪安抚服务

列车工作人员要加强车厢巡视，掌握旅客动态，做好宣传解释；主动为旅客特别是重点旅客提供人性化服务，稳定旅客情绪，维护治安秩序，不得以任何理由回避旅客。

3. 经济补偿服务

当旅客提出退票费免除等经济赔偿要求时，列车长要依照现行法规、铁路规章耐心做好解释工作，必要时编制客运记录交车站处理。

4. 免费供餐服务

列车晚点 1 h 以上且逢用餐时间时，提前统计好旅客人数及去向，向当地客调报告旅客用餐人数、时间和地点，由当地客调安排车站向列车提供食品，列车免费为旅客供餐。

12.3.2 大客流应急服务

高速铁路动车组列车遇大客流情况时，应向旅客提供相应应急服务：

1. 信息引导服务

列车长准确掌握车内客流情况，对各车厢的下车旅客人数做到心中有数，到站前 10 min，根据各车厢旅客下车人数，做好宣传引导工作。

2. 秩序应急服务

(1)沟通协调

对上下客流较大车站，列车长主动联系车站，沟通车内客流情况，避免出现严重对流现象，协调做好旅客乘降。

(2)乘降组织

列车工作人员按分工做好到站预告、清理车门等有关到站前准备工作，引导旅客有序乘降。在列车超员情况下，对重点旅客主动提供服务。

3. 安全保障服务

(1)行车保障

列车超员 15%以上时，及时拍发超员电报，确保动车组行车安全。

(2)疏散组织

遇列车超员报警时，由随车机械师确认后，列车长组织列车员将超员车厢的旅客向其他车厢疏散或协同车站进行落地疏散，并做好安抚工作。

4. 票务应急服务

对有越站需求的旅客，在列车容量允许情况下，旅客原票到达站开车后可按章补票；如列车容量不允许，则耐心解释，会同乘警共同维护列车秩序，劝其在原票到达站下车。

12.3.3 空调失效应急服务

当高速铁路动车组列车遇空调失效情况时，按失效程度分单节车厢空调故障与全列空调故障,应分别采取相应的应对措施和提供相应服务。

1. 动车组列车单节车厢空调故障

(1)应急保障服务

①设备报修:列车长立即通知随车机械师进行修复;不能修复时,向客调、段安全生产指挥中心、车队汇报。由安全生产指挥中心向铁路局集团公司客运部报告。

②室温调节:列车长可根据现场实际温度进行判断,如有需求,通知随车机械师调节故障相邻车厢空调温度。列车长通知事发车厢乘务员、安全员予以协助,打开故障车厢与相邻车厢之间的端门,保持各车厢间的空气流通,辅助车内温度调节。

③人员转移:综合考虑车内客流、故障车厢旅客人数等情况,在尽量保证旅客服务质量的前提下,妥善安排故障车厢旅客至其他车厢。

(2)信息引导服务

列车长应通过广播向旅客通报情况并致歉。

(3)情绪安抚服务

列车工作人员做好车厢内旅客的解释、安抚、服务工作,关注旅客动态,照顾重点旅客,维护车内秩序。

(4)应急退票服务

因空调故障需退还票价差额时,列车长组织乘务人员做好旅客人数及相关信息收集统计,按规定编制客运记录,交到站为旅客按章办理退还空调费手续。

2. 动车组列车全列空调故障

(1)全列空调失效超过 20 min 不能恢复且列车不能正常运行等待救援时

①情况汇报:列车长向(所在地)客调、段安全生产指挥中心、车队汇报故障原因、车内情况和旅客需求,听取指示。

②室温调节:等待救援时,列车长可视车内温度(原则上车内温度超过 30℃,特殊情况也可视车内实际情况)和旅客舒适度情况,通知司机向列车调度员提出在区间开门通风请求。获得许可后列车长根据列车工作人员配置及客流情况,确定开门数量与位置,并组织列车工作人员共同配合在列车运行方向左侧(非会车侧)车门安装防护网。列车长确认防护网安装牢固,组织列车乘务人员按照“一人一门”值守看护到位后打开车门通风。

③安全保障:乘务人员按照“一人一门”做好值守防护。列车广播进行安全提示,乘务人员加强对车门口安全宣传,直到车门关闭,严禁旅客靠近防护网或自行下车。

此外,还需要向旅客提供信息引导、情绪安抚、应急退票等服务,不再累述。

(2)全列空调失效超过 20 min 不能恢复但列车能正常运行时

需向列车调度员提出前方最近客运站停车请求和列车运行限速,其他措施和服务与空调失效不能恢复且列车不能正常运行等待救援时基本相同,不再累述。

12.3.4 恶劣天气应急服务

遇恶劣天气造成线路中断,影响动车组列车运行时,列车应为车内旅客提供相应应急服务:

1. 信息公告服务

列车长向旅客广播宣传,通报情况,做好解释工作。

2. 情绪安抚服务

列车长应组织工作人员按岗位分工加强巡视,安抚旅客,了解车内旅客人数及去向,掌握重点旅客的情况,妥善解决旅客困难,稳定旅客情绪,避免激化矛盾;乘警(安全员)负责维护车内秩序。

3. 餐饮供应服务

列车应确保车内餐食和饮用水供应;需补充餐食和饮用水时,列车长应向当地客调或通过司机向列车调度员报告,指定车站为列车补充餐食和饮用水。

4. 其他应急服务

(1)动车组列车在客运站长时间滞留,遇旅客提出取消行程、应急送餐或下交疾病旅客等紧急情况需临时开启车门时

①列车长组织列车员在随车机械师配合下打开指定位置车门,关闭开启车门的两端通过门,并会同乘警(无乘警的为安全员)做好开门处的秩序维护及盯控,防止其他旅客下车。②开启车门前,列车长须确认下车人数,待车站客运人员到达站台指定车门处(滞留站站台为低站台时,车站还需有乘降设备到达车门处),方可开启车门,组织旅客下车,开具客运记录与车站进行交接。③旅客乘降完毕或餐食配送完成后,班组乘务人员应及时关闭车门,由列车长通报随车机械师、司机和车站客运值班员。

(2)动车组列车途中停运时

①列车长接到当地客调停运通知后,要及时向旅客通告停运及接续转乘情况,组织列车工作人员做好旅客安抚、解释工作,避免激化矛盾。②在得到车站已做好迎接旅客下车准备工作的通知后,联系司机集控开门(如司机因故不能操作时,组织列车工作人员手动开门)组织旅客有序下车,并在旅客下车后组织全列巡视,确认无旅客或行李物品遗留后与车站办理交接。

(3)动车组列车变更径路时

①列车长接到当地客调通知后,要及时向旅客通告变更径路情况,组织列车工作人员做好旅客安抚、解释工作,避免激化矛盾。②列车长组织列车乘务员统计变更径路后的旅客去向和各站下车人数,向当地客调汇报,并配合车站组织不同径路的旅客下车,按规定做好站车交接。

(4)情况危急需要疏散旅客时

①列车长通过广播向旅客宣传疏散程序、安全注意事项。②车门开启后,列车长组织列车工作人员按照分工,迅速取出紧急用梯和应急梯,在就近车门架设紧急用梯和应急梯,组织旅客安全、迅速下车疏散,并做好防护。③车门不能正常开启时,列车工作人员应迅速使用应急锤(如图 12.5 所示)击破紧急逃生窗,组织旅客有序撤

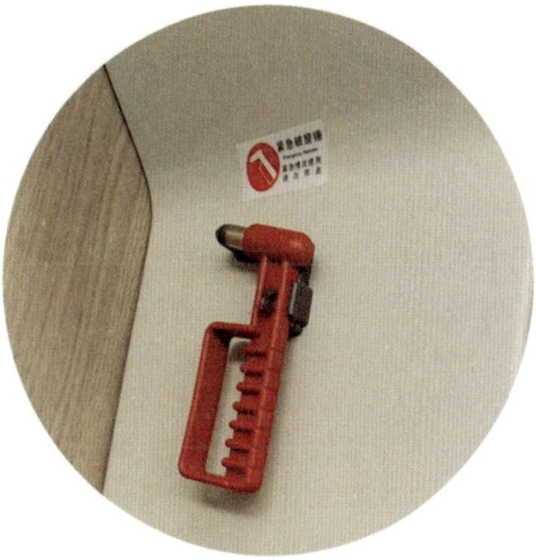

图 12.5 旅客车厢内的应急锤

离车厢，防止旅客盲目打破车窗玻璃跳车。④旅客下车完毕后，列车长、乘警或随车机械师全列进行巡视检查，确认车厢内无人员滞留。⑤所有旅客撤离车厢后，组织引导旅客沿线路外侧向安全地带撤离，将旅客安置在安全地带等待救援。公安乘警负责旅客疏散过程中的防护警戒工作。⑥事故中发生人员伤亡时，列车长要及时安排专人救助。⑦旅客疏散完毕后，列车长应及时向当地客调、客运段安全生产指挥中心报告，接受指示，组织开展后续救援工作。

12.3.5 旅客突发伤病应急服务

旅客在旅行过程中发生意外伤害时，应本着以人为本的宗旨，积极妥善地予以处理。旅客突发伤病等情况时，列车需提供相应应急服务：

1. 医疗救治服务

(1)现场救护：列车长接到有旅客发生意外伤害或突发急病的报告后，立即前往现场，查看旅客伤害情况，组织红十字救护员进行初步救护，并立即通过广播请求旅客中的医务人员采取急救措施，缓解病情。

(2)送院抢救：遇旅客伤害、病情严重，必须送医院抢救时，列车长要及时向司机、当地客调报告，请求在最近具备医疗救治条件的前方车站停车，送医院救治；遇旅客意外死亡时，应交最近前方车站处理。

2. 情绪安抚服务

列车工作人员应尽力安抚受伤旅客，稳定旅客情绪，维护现场秩序。

3. 经济补偿服务

当旅客提出退票费免除等经济赔偿要求时，列车长依照现行法规、铁路规章耐心做好解释工作，必要时编制客运记录交车站处理。

4. 应急保障服务

(1)因旅客伤害交车站处理时，应移交前方县、市所在地车站或当地具备公共医疗条件的停车站；需提前报告运行所在铁路局集团公司客运调度时，由客运调度通知车站做好救护准备工作。旅客不同意在规定的停车站下车处理时，应当由旅客出具拒绝下车治疗的书面声明，并按照规定收集两份及以上证人证言。

(2)车站针对列车移交的伤害旅客，及时联系当地医疗急救机构或送就近医院抢救。

(3)受伤旅客经现场抢救无效死亡，或对站内、区间发现的旅客尸体，经医疗部门或公安机关确认死亡，公安机关现场勘查结束后，车站应当转送殡仪馆存放(在此之前，车站应将尸体转移至适当地点并派人看守)，并尽快通知其家属。

(4)发生旅客人身伤害、需要保护现场时，应当及时采取措施保护现场，禁止与救援、调查无关的人员进入。必要时，可请求地方政府协助。

(5)发生旅客人身伤害后，列车长、站长及时组织现场查验，全面搜集、梳理相关证据资料，检查旅客乘车凭证等，描绘现场旅客定位图，收集不少于两份同行人或见证人的证言及查验记录、现场照片、录像等其他相关证据，形成比较完整的证据链，能够证明发生的过程和原因，初步明确性质，并妥善保管。

(6)列车向车站移交伤害旅客时，车站不得拒绝接收。涉及第三人时，应当将第三人同时交车站处理。

12.4 高速铁路客运应急服务案例

12.4.1 高速铁路新冠疫情防控应急服务

新冠肺炎疫情是百年来全球发生的最严重的传染病大流行，是新中国成立以来我国遭遇的传播速度最快、感染范围最广、防控难度最大的重大突发公共卫生事件。面对疫情重大考验，铁路系统坚守国家铁路战略定位，确保铁路运输大动脉畅通，开辟绿色通道全力保障重点物资和人员运输，累计向湖北、武汉等地区运送防疫物资 2.6 万批、99.2 万 t，输送援鄂医务人员 458 批 1.39 万人次，物资 1.2 万 t，圆满完成的运送任务，为全国疫情防控取得重大战略成果作出了贡献。客运系统各级工作人员坚决服从服务大局，牢固树立客运防疫"一线"安全意识，严格落实各项防控措施，确保了客运站车防疫安全，有效阻断了疫情通过客运站车传播，保证了客运生产组织安全平稳有序，全路客运系统未发生聚集性疫情。高速铁路作为旅客运输主力，高铁运输企业、高铁客运站段及时建立疫情防控方案、全面启动应急机制、严抓疫情防控措施、建立常态化防疫体系，积极向旅客提供应急服务，满足旅客应急需求。

1. 建立完善的疫情防控管理体系和常态化应急机制

(1)成立组织机构

2020 年初突发新冠肺炎疫情，行业主管部门、国铁集团、各铁路局集团公司、站段按照疫情防控部署，启动疫情响应机制，迅速成立应对新冠肺炎疫情工作领导小组和办公室。以北京局集团公司为例，成立了领导小组、领导小组办公室和专业组，其中专业组分疫情防控组、客运组织组、运输组织组、物资采购组、舆情宣传组、治安综合组、后勤保障组、专业信息组、监督督导组，建立包括信息机制、会议制度、值守机制、协调机制在内的工作机制。

(2)制定疫情防控工作方案

以北京局集团公司为例，按照国铁集团和属地政府疫情防控部署，集合优势力量统一指挥、统一部署、统一行动，启动相应级别疫情应急预案，制定疫情防控工作方案，精准推进疫情防控各项工作。方案结构内容见表 12.2。

表 12.2 疫情防控工作方案

重点任务	主要措施
一、提高站位，深刻认识	统一认识、准确定位
二、加强领导，压实责任	(一)增强领导、强化组织
	(二)强化统筹、分工协作
	(三)明确职责、细化任务
三、属地原则，细化措施	(一)加强进出站测温
	(二)做好旅客信息收集
	(三)规范发热旅客处置
	(四)强化车站消毒通风

续上表

重点任务	主要措施
四、突出重点，细化流程	（一）做好旅客测温和信息登记
	（二）做好列车发热旅客处置
	（三）强化列车消毒通风
	（四）做好重点地区人员进京工作
五、加强防控，关心职工	（一）加强从业人员管理
	（二）加强职工健康宣教
	（三）做好后勤保障工作
六、提前预想，认真研判	（一）做好返京客流预测
	（二）做好人员应急储备
	（三）做好节后大客流应对
	（四）做好应急处置值守
七、加强宣传，强化检查	（一）加强站车防控宣传
	（二）强化干部督导检查
	（三）严格信息报送制度

随着疫情的发展，在疫情常态化防控工作要求下，北京局集团公司制定了进一步加强客运系统疫情防控常态化管理工作要求，进一步明确常态化疫情防控具体措施，要求客运系统各站车贯彻落实，细化完善疫情防控工作方案。

2. 疫情防控全过程应急服务

（1）票务服务体现大局观和人性化

作为全球交易量最大的票务平台，12306 拥有海量的旅客出行数据。新型冠状病毒感染的肺炎疫情发生后，12306 快速启动应急机制，利用实名制售票大数据优势，及时配合地方政府及各级防控机构提供确诊病人车上密切接触者信息。2020 年 1 月 21 日，12306 在客票系统团队之外，又专门成立了疫情技术保障团队，开展大数据分析、客票功能调整、系统监控保障等多项工作，先后有 170 人参与相关保障工作。在 1 月 21 日 16:00 接到调整退票费的紧急任务后，疫情技术保障团队立即展开系统调试工作，仅仅两个小时即完成系统参数代码调整和系统测试，实现自 18:00 公告发布之时起，旅客办理已购车票退票时，不收取退票手续费。此后，随着疫情的发展，12306 又推出多项新举措，包括首次在全国范围内免收退票费，延长退票时限至 3 月 25 日等。

为了降低疫情传播风险，12306 推出“分散售票”，增加预留隔离席位和隔号售票控制的调整策略。预留必要区域或座位供途中发热旅客等留观使用。其中，动车组列车每节一等座预留最后一排（大号）席位、二等座双号车厢预留最后一排（大号）席位，作为隔离固定席位，用于临时安置途中发热旅客或（疑似）患者。高速铁路动车二等座控制 B、D 席位，一等座控制 C、D 席位。

（2）站车服务科学精准

站车采用大数据、互联网等先进技术，实施红外测温、限制购票、查验核酸检测证明、科学流调(流行病学调查)和应急消毒等技术手段,依规开展信息协查,实施乘车人手机号码核验,为精准防控提供了有效支撑。

一是坚持旅客测温(如图 12.6、图 12.7 所示)。严把铁路进站、车上、出站三道防控关口,对全路办理旅客乘降业务的车站实行进出站测温,排查发热旅客。

图 12.6 旅客进站测温

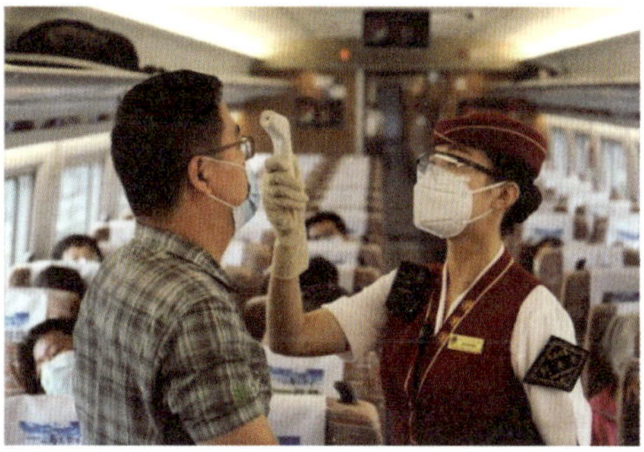

图 12.7 旅客车上测温

二是加强站车联控。按照属地防控要求,积极配合地区聚集性疫情地政府做好进出旅客疫情管控,查验核酸检测阴性证明等,有效切断疫情传播途径。

三是严格落实站车通风消毒工作措施(如图 12.8、图 12.9 所示),坚持日常预防性消毒和终末消毒制度,提高消毒质量,消除污染环境。

图 12.8 自动售票区消毒图

图 12.9 自助检票通道消毒

四是强化应急处置。针对发热旅客和地方防控部门协查重点人员,及时应急处置,下交移送人员,推送相关信息,做好终末消毒,累计协助追查重点人员 850 起,向地方政府提供 11.2 亿条旅客行程信息,全路没有发生旅客在铁路旅途中被感染的确诊病例,有效控制了疫情远距离传播。

(3)客运岗位人员严格落实防护措施

制定客运管理、作业人员分级别佩戴口罩、手套、护目镜和穿戴防护服、鞋套等防护标准,将站车安检、保洁和餐售经商人员以及进入站车供应链人员全部纳入客运防疫重点管控范围;建立全员日动态表,每日统计掌握人员所在地区、健康状况、在岗状态等情况,确保客运人员现状清晰、队伍稳定;对生产区、生活区、就餐区等按防疫措施重新布局,合理安排人员分布及职责范围,划小工作单元,减少人员交叉,降低感染概率;制定集中住宿点管理制度,规范集中住宿和居家观察人员的管理;常态化通过现场、视频包保检查在岗人员防护用品穿戴、测温制度执行等防疫措施落实，严肃问题通报和考核纪律，客运系统出色完成了各项任务。

12.4.2 高速铁路客运车站台风天气应急服务（以广东省2018年强台风“山竹”过境为例）

受强台风“山竹”影响，2018年9月16日，广东省内高速铁路列车全部停运。自9月15日接到气象部门预告、广州局集团公司预警后，广州南站及沿线管辖范围内的各站即刻全面开展防台风应急服务。

1. 信息引导服务

(1)信息公告

接到气象部门预告后，9月15日18:00，铁路部门在12306铁路官方网站、广州铁路官方微博、微信发布列车运行调整方案。

广州南站及沿线管辖范围内的各站利用显示屏、广播公告、微信公众号等方式宣传列车停运消息，并建议广大旅客密切关注站车广播公告或12306铁路官方网站、广州铁路官方微博微信或直接拨打12306铁路客服电话垂询依据台风影响程度及径路变化实时调整的列车运行方案。

(2)新闻发布

铁路部门借助各新闻媒体(电视、网络、报刊等)对相关消息进行广泛宣传。

2. 票务应急服务

(1)暂停售票

9月15日起，广州南站暂停发售9月16日所有运行方向的列车车票。

(2)退票改签

9月15日，广州南站迅速增开退票、改签窗口，为旅客办理退票、改签手续。

3. 秩序应急服务

(1)售票组织

车站额外组织数十名干部职工值守各售票处，向旅客宣传停运列车退票相关政策，以缓解现场退票、改签压力。

(2)情绪疏导

售票处值守人员随时掌握旅客列车调整运行情况，解答旅客疑问。对情绪激动和有过激行为的旅客，及时予以劝解和制止，并对列车停运原因做好宣传解释工作，取得旅客谅解。

4. 安全保障服务

(1)防台准备

9月15日，车站接到台风预警后，立即协调设备和施工单位做好防台、防台物料准备工作：①利用沙袋堵住玻璃门缝隙、电梯口避免雨水渗透；②利用U形锁和木方固定玻璃门，避免大风将门吹开或导致玻璃门破裂；③对站台停车位置标、站名牌进行拆除；④对消防栓箱、揭示牌、广告牌、挂钟等进行加固；⑤对站内用电客运设备进行断电处理；⑥准备防台物料(沙袋、加固铁线、加固木棍钢管、保安箱、岗位应急处置指导书、电台、应急灯、GSM-R手持机、行车安全记录仪、手机、充电宝、应急食品等)。图12.10和图12.11分别为台风到来之前，车站工作人员在巡查站台设备和布置沙袋。

图 12.10　台风前巡查站台设备

图 12.11　在站厅门口布放沙袋

(2)环境维护

9月16日,台风过境时,出站大厅出现浸水,车站立即组织力量及时采取堆垒沙袋设防等方式,防止雨水灌入。保洁人员及时清理积水,并设置防滑警示,加强宣传,防止人员滑倒摔伤。图12.12为车站人员在及时清理地面积水。

图 12.12　及时清理地面积水

(3)安全防护

台风过境当天,车站干部职工一律在站内值守,安排专人接待引导当天到站的不知情旅客,及时将台风走向、列车停运、退票等相关事宜告知在站旅客,并联系地方力量转移旅客,保障旅客在台风过境期间的人身安全。

(4)善后处理

台风过境后,车站立即组织人员连夜清理现场,迅速救灾、恢复生产。

12.4.3　高速铁路列车食物中毒应急服务

201×年6月8日20:35,成都—上海虹桥的D220×次动车组列车南京南站开车后,先后有多名旅客出现呕吐、腹泻症状。列车立即组织应急救治,收取当事人及其他旅客证词,采集食物、呕吐物样本,封存列车食物,停止列车餐车、售货供应。随后将有食物中毒症状的旅客移交镇江站处理。事故导致8名旅客食物中毒，构成旅客食物中毒事故。

1. 事故原因

旅客食用了列车上出售的卤鸡腿所致。经查，该列车卤鸡腿在常温下销售时间过长，销售人员手上有破损伤口，细菌繁殖污染了食物。

2. 事故教训

(1)列车食品销售管理制度不落实，食品销售管理不规范，未能严格落实《食品卫生法》，对食品进货、储存、加工、销售等环节把关不严。

(2)食品销售人员不遵守食品卫生相关法规制度，导致由于经营人员自身健康原因传染食物病菌。

(3)食品卫生工作的日常检查不到位，未能及时发现、整改存在的问题。

3. 应急服务

在此次突发事件中，动车组列车工作人员及时将事况(内容包括：日期、车次、时间、运行区段、中毒人数、危重患者人数、死亡人数以及患者车厢分布人数、主要症状表现、可疑食品、采取的措施、现场控制措施等)报告有关部门，并做好如下应急服务：

(1)针对疑似中毒旅客提供的应急服务

①现场救治服务：列车长接到有旅客发生疑似食物中毒的报告后，立即前往现场，查看旅客情况，利用动车组列车配备的医疗救护药箱，采取催吐、导泄等方法实施应急救治，并立即通过广播请求旅客中的医务人员提供帮助。

②后续救护服务：列车长向当地客调请求在最近具备医疗救治条件的镇江站停车，列车长在指定停车站将疑似病人、相关资料物品移交车站，车站向卫生防疫部门办理移交。卫生防疫部门根据疑似病人情况组织后续救护服务。

③情绪安抚服务：列车工作人员尽力安抚疑似病人，稳定旅客情绪，维护现场秩序。

④应急保障服务：列车工作人员查访旅客，了解疑似病人个人信息、发病经过和饮食饮水情况，调查食物中毒原因及毒源，做好询问记录，收集旁证材料。调查发现，疑似中毒人员都食用过列车上售卖的卤鸡腿，列车长立即停止列车食品供应，并通知车上旅客停止食用可疑中毒食品。

(2)对造成或可能导致食物中毒事故的食品采取的临时控制措施

①封存造成食物中毒或者可能导致食物中毒的食品及其原料、加工工具。

②对疑似病人使用过的餐具、器具、物品集中保管，以便化验。

③收集中毒人员的呕吐物、排泄物，等待卫生监督人员到场查验。

④因不能排除是列车供应食品所致，故列车长立即停止列车食品供应，追回已售可疑食品，通知旅客禁止继续食用，防止事态扩大。

⑤配合卫生防疫部门进行调查，按卫生防疫部门的要求如实提供有关材料和样品。

13 高速铁路客运服务相关系统

高铁客运服务是一个涵盖范围很广的概念，其内容包括实现旅客位移的核心服务和改善旅客出行体验的辅助服务，按提供方式分为线上和线下服务。在全方位实时实现高速铁路票务服务、站车智能服务、特色餐饮服务等多元高铁客运服务的过程中，需要借助先进的信息技术与网络资源，依托一系列客运服务信息系统和客运服务系统平台，包括票务系统、旅客服务系统、市场营销与策划系统、铁路客户服务中心、铁路 12306 系统平台等。

13.1 高速铁路客运服务系统

铁路客运服务系统(PDSS)(简称客服系统)是在全路中心、区域中心及车站按照统一的服务标准、统一的经营策略、统一的管理机制、统一的技术架构建立起的信息高度共享、资源高效利用、运行安全可靠的综合完整的服务系统。客服系统由票务系统、旅客服务系统、市场营销策划系统以及客服系统综合服务平台、数据平台和安全保障平台构成。

客服系统体系架构如图 13.1 所示。票务系统采用集中式结构，担负全路高速铁路客票销售任务。旅客服务系统总体上采用两级架构，部署在区域中心和车站，国铁集团设置小型集成管理平台。市场营销策划系统由国铁集团和区域中心两级构成，数据处理中心设置在国铁集团。系统设置综合服务平台，为旅客提供互联网、手机、电话、短信、邮件等铁路客票销售和信息服务渠道。系统设置数据平台，实现客服系统各系统间以及客服系统与外部系统的信息交换和应用服务。系统设置安全保障平台，采用多种安全保障技术，以技术与管理相结合实现对系统的综合安全防护。系统设置异地灾备中心，实现关键业务系统及数据的备份和故障恢复。客服系统网络系统是承载客服系统各类业务正常运行的基础，是连接车站、区域中心和铁路总公司的核心单元，主要由国铁集团、区域中心、车站的三级局域网通过广域网互联构成，并利用 Internet、公共电话交换网、无线通信网等，共同构成覆盖国铁集团及全路客运专线的客运服务通信网络平台。客服系统广域网覆盖国铁集团、区域中心和车站，由票务专网和客专数据通信网构成。

13.1.1 高速铁路票务系统(TBS)

票务系统是高速铁路客服系统中的主要内容。我国高速铁路的票务系统是以席位管理和交易处理为核心，建立广泛的销售渠道，适应多种售检票方式、多种支付形式和灵活的营销策略，售票以人工与自助式售票相结合、检票以自助检票为主的实时交易系统。

1. 系统总体结构

高速铁路集中设置一个票务中心系统，通过票务专网与售票终端相连接，完成席位集中管理、交易实时处理、基础数据维护、销售策略实施、统计、收入管理等票务系统核心功能，通

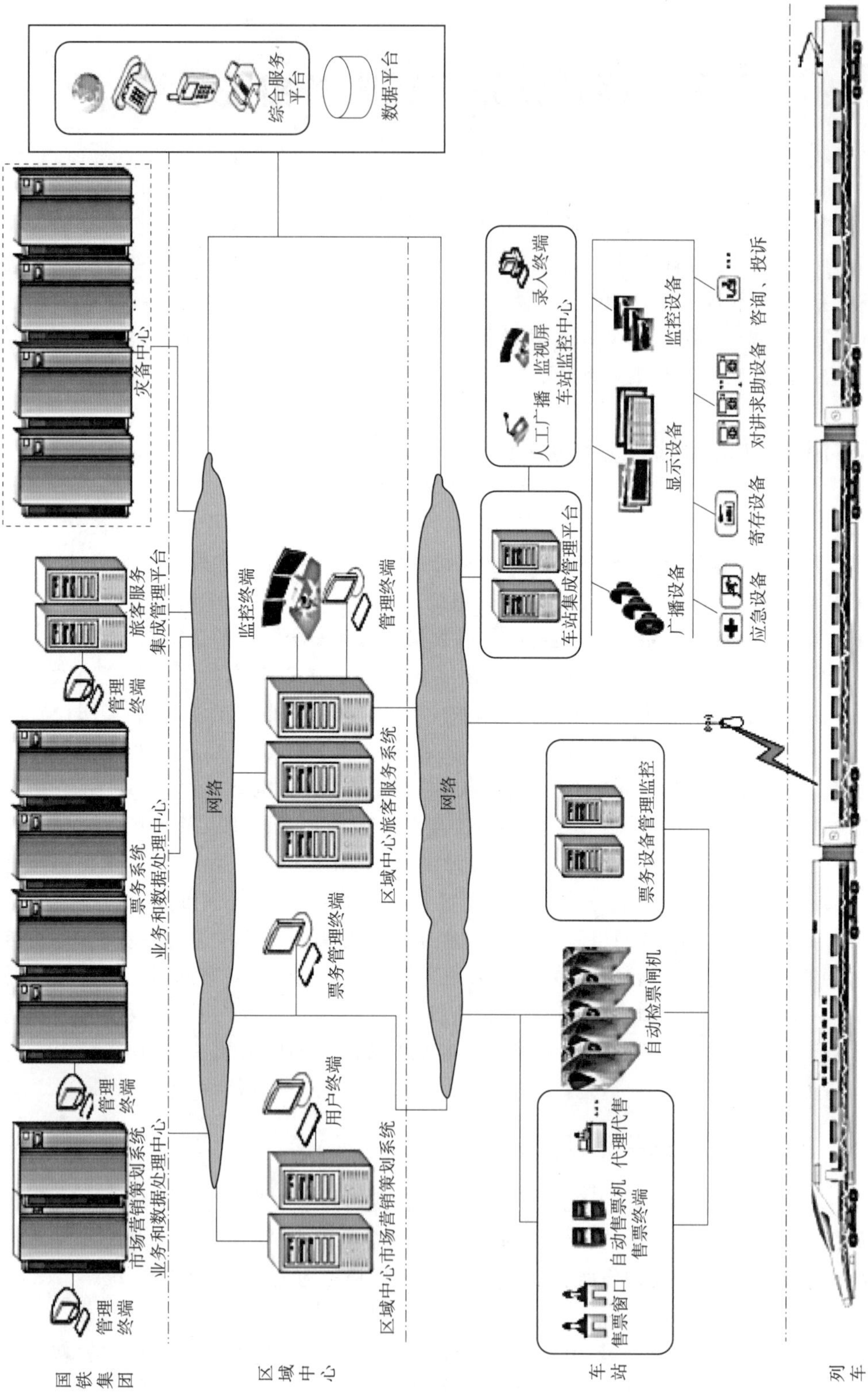

图13.1 客服系统体系架构

过强有力的安全保障措施，确保其安全稳定不间断运行。在车站及相关机构设置业务管理监控终端，完成日常业务管理。

在全路中心，高速铁路票务系统与既有线客票系统(TRS)进行应用层面与数据层面交互，实现既有线和高速铁路车票的互售、收入处理等功能。同时，通过数据平台与市场营销策划和旅客服务等内部系统以及运营调度、银行等外部系统进行信息交互。票务系统体系结构如图13.2所示。

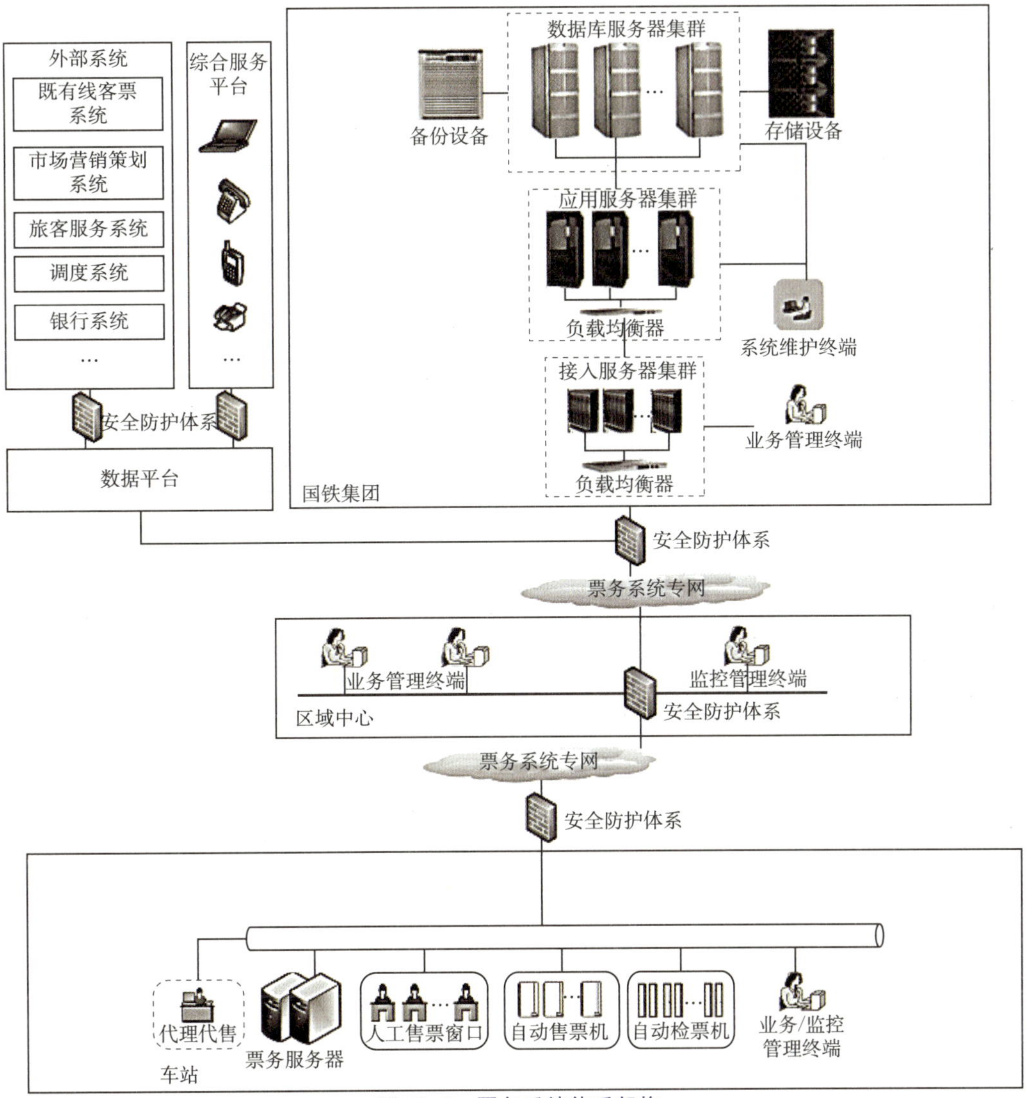

图13.2 票务系统体系架构

2. 系统功能

票务系统完成席位集中管理、交易实时处理、票价计算、销售策略实施、自动检票、统计、收入管理等功能，由运营管理(OMB)、常客管理(FCM)、自动检票(AFC)、交易处理(TM)、席位管理(SM)、业务管理(BM)、票价计算(PC)、径路计算(OD)、储值卡管理(CM)、收入管理(YM)、统计(SA)、数据管理(DM)、系统管理监控(SOM)13个子系统构成。

(1)运营管理子系统

运营管理子系统主要实现高速铁路运营管理策略、营销策略、运价政策等在票务系统的体现。主要功能包括:席位属性描述、席位用途分类管理;根据列车运行信息调整或调度命令,对席位调整和管理;对基本票价、区段票价、一口价、票价季节浮动、票种优惠等进行管理。

(2)常客管理子系统

常客管理子系统对常客户以实名制的方式进行管理,根据客户持卡类别、积分信息等不同进行分类,灵活设置不同类别常客户享受的优惠规则。主要功能包括:对常客信息收集和整理,常客分类管理;常客优惠规则配置;常客车票使用情况统计。

(3)自动检票子系统

自动检票子系统主要部署在客运车站,完成旅客在进站、出站口自动检票作业以及相应的管理和监控作业。

(4)交易处理子系统

交易处理子系统实现票务系统中有关售票、订票、退票、补票的交易处理功能,接收并处理来自窗口、自动售票机、互联网、呼叫中心等各类终端的交易请求,完成客票发售、预订及相关交易业务。

(5)席位管理子系统

席位管理子系统是高速铁路票务系统的核心服务系统,为各个系统提供席位的生成、搜索、占用、修改、删除等关键处理服务,利用先进、成熟的数据处理技术,以高效、可靠的处理策略对席位进行管理,保障席位查询占用的高效性、席位修改与存根记录的一致性、席位利用的可追溯性。

(6)业务管理子系统

业务管理子系统实现对票务系统操作人员和操作终端的身份管理、票据管理、代理代售管理以及系统提供的各类接口的管理功能。

(7)票价计算子系统

票价计算子系统完成高速铁路车票票价计算的功能,票价计算依据中国铁路关于高速铁路制订的票价业务规则,实现普通票、签证票、优惠票等票价计算功能,提供详细的票价计算结果。高速铁路票务系统与既有线票务系统的票价计算提供接口服务,为两个系统的互售票提供保障,也为其他业务信息系统提供票价服务。

(8)径路计算子系统

径路计算子系统根据旅客的旅行需求,在列车运行图信息、线路信息以及其他相关的交通线路信息的基础上,能够实现任意两站之间的乘车径路的计算;能够为旅客按旅行时间、票价、里程等目标要求提供多种乘车路线的比选方案,为旅客的出行提供旅行线路的选择服务。

(9)储值卡管理子系统

储值卡是铁路或铁路与银行联合发放的具有储值功能的消费卡,用于旅客购票时支付的一种方式。通过储值卡管理功能实现储值卡的发放、充值、消费、清算等业务的管理。

(10)收入管理子系统

收入管理子系统完成高速铁路客运进款统计及相关收入统计、审核管理功能,具备当班结账状态查询、窗口日结账、后台废票、退票日处理、退票统计、日售票收入统计汇总、窗口收入统计、售票员工作量统计、分销售渠道(代理代售、自助、站售等)收入统计、车站收入统计、分车次收入统计、收入报表生成与查询等功能。

(11)统计子系统

统计子系统为用户提供方便、灵活的报表统计功能,使各级工作人员对于票务系统的业务情况、营业状况有较为全面的了解。统计报表按照车站、区域中心、国铁集团三级权限分级管理,各级按照业务需求,进行不同的统计和查询,主要包括:售票情况统计、席位利用情况统计、客运统计、收入情况统计、设备布局及运行情况统计。

(12)数据管理子系统

数据管理子系统主要完成高速铁路票务系统路网数据、列车运行图数据、交易数据以及历史数据的维护、管理功能,为整个高速铁路票务系统的正常运转提供数据保障。

(13)系统管理监控子系统

系统管理监控子系统辅助系统管理人员管理、监控系统相关软硬件基础平台、专用硬件设备、业务系统的运行状态、资源使用情况等,保证系统能够安全、稳定、高效的运行。

13.1.2 高速铁路市场营销策划系统

市场营销策划系统以现代营销理念为指导,以科学的数据分析方法为支撑,以先进的信息技术为手段,构建反应敏捷、实时决策、优化方案、综合评价、适应竞争要求的高效系统,为各类管理人员提供信息服务和决策支持。

1. 系统的总体结构

市场营销策划系统由全路中心和区域中心构成,并设置灾备中心进行全路中心系统备份。

全路中心负责客票数据、客服数据、路网数据、地理信息、列车信息、市场信息的采集,数据质量检查,数据的清洗、转换,并将转换后的数据加载到市场营销策划数据库中,同时在数据库上开发市场调查与分析、列车开行方案设计、销售策略制定、票价策略制定、分析评价、客户关系管理等应用,为铁路客运营销分析提供强有力的信息和技术支持。

区域中心系统主要完成市场调查数据的采集、与相关系统交互数据的采集,根据采集的数据进行分拣、整理后上传到铁总市场营销策划系统。区域中心系统进行所辖范围内市场营销分析工作,包括区域内客流调查预测分析、区域内列车开行方案分析评价、区域特色销售策略分析、票价分析评价、客户分析统计、统计报表等,为区域中心市场管理人员改进市场营销计划、执行和管理工作提供依据。同时,区域中心系统把处理结果统一提交国铁集团系统进行审查、审批和备案。

灾备中心完成对全路中心市场营销策划系统关键数据的完整备份,同时具备应用接管的能力,在全路中心发生灾难性故障的情况下,通过灾备中心完成市场营销策划系统的主要业务。

市场营销策划系统体系架构如图 13.3 所示。

2. 系统功能

市场营销策划系统实现市场调查分析与客流预测、销售策略制定、票价策略制定、开行方案设计、相关方案策略及经营结果的分析评价、客户关系管理、分析结果灵活多样的展现、系统及数据的管理等功能,为科学、全面、高效的决策提供辅助支持。市场营销策划系统由市场调查与分析预测(R&A)、辅助决策(DSS)、分析评价(A&E)、客户关系管理(CRM)、系统管理(SMS)和数据管理(ETL)六个子系统构成。

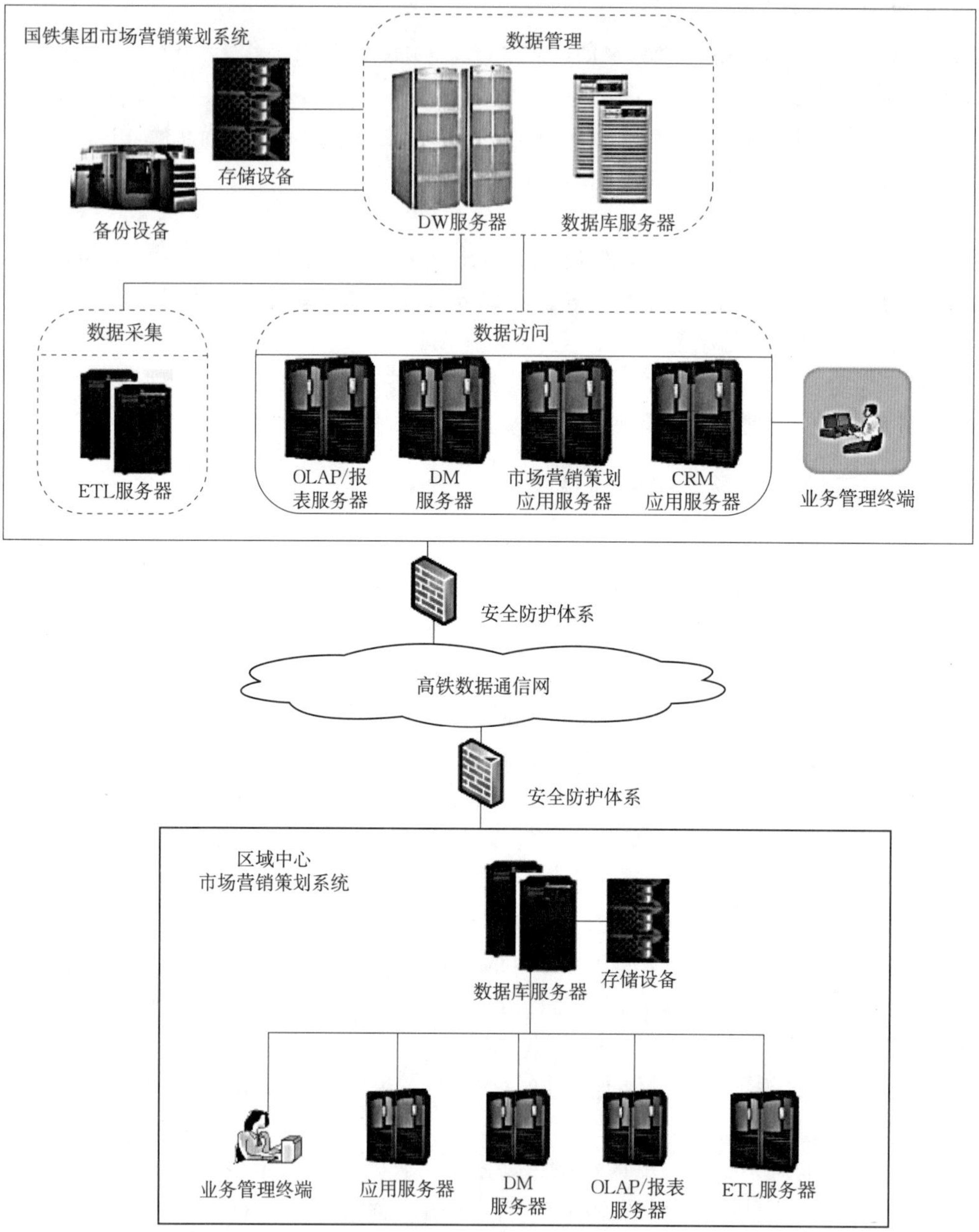

图 13.3 市场营销策划系统体系架构

(1)市场调查与分析预测子系统

市场调查与分析预测子系统通过完备的市场调查手段与分析方法,完成长、短期的常规和专项客流调查与分析预测,帮助业务管理人员及时准确地掌握客运市场动态,为业务决策提供信息支持,主要包括市场调查、数据的编辑修正和审核、市场分析、市场预测(含市场预测的方法与模型)等功能。

(2)辅助决策子系统

辅助决策子系统功能包括旅客运输计划编制、开行方案设计与临时调整、销售策略制定、票价策略制定等。

(3)分析评价子系统

分析评价子系统依据铁路客运经营效果分析评价参照的指标体系，实现客运指标统计查询展现、旅客列车效益分析、列车开行方案评价、客运资源运用评价的功能，并在实践中检验客运指标体系的有效性、合理性，提出客运指标体系改进的建议方案。

(4)客户关系管理子系统

客户关系管理系统是客服系统与客户之间交互信息的平台，也是整个客服系统实现客户信息有效整合的必要手段。客户关系管理包括客户档案管理、客户等级管理、客户信息查询与维护客户服务管理、客户交易信息管理、客户培育管理、客户分析、客户资源计划制定等功能。

(5)系统管理子系统

系统管理子系统是保证市场营销策划系统运行秩序而提供的系统级管理、维护与监控手段，主要包括时钟同步、用户管理、软件版本管理、数据接口管理、网络管理与监控、应用系统管理与监控等功能。

(6)数据管理子系统

数据管理子系统是对业务范围内进入和存储在系统中的数据进行有效管理，确保数据随时间、空间的持续可用性；在出现硬件问题、人为错误或发生灾难情况下保证业务运行的稳定性；同时对数据实施保护和加密策略，防止非授权访问和违规修改。包括数据组织、数据载入管理、数据规则管理、数据清理、数据同步、数据审核、数据加密、数据备份与恢复、数据展现等功能。

13.1.3 高速铁路旅客服务系统(PSS)

高速铁路旅客服务系统的设置旨在体现以人为本的理念，在旅客出行前、进站、候车、乘车、换乘、出站等各环节上提供全方位的信息服务，通过对引导、揭示、广播、监控、查询、求助、应急、投诉、寄存、残障旅客服务和延伸服务等服务资源进行有机整合，形成统一的旅客服务平台。

1. 系统的总体结构

旅客服务系统总体采用两级架构，分别部署在区域中心和车站，国铁集团设置旅客服务小型集成管理平台。

区域中心旅客服务系统以集成管理平台为核心，原则上实现对所辖区域大型车站旅客服务系统的监视，对中小型车站旅客服务系统的集中管控；在紧急情况下，可以代管大型车站旅客服务系统；完成区域内公共音视频数据的制作、发布和转发以及系统间信息共享和功能联动。

大型车站旅客服务系统以集成管理平台为核心，集成导向揭示、广播、监控、时钟、投诉、查询、求助、无线、呼叫中心、座席、寄存子系统，连接火灾报警和楼宇自控等外部系统，实现对本站旅客服务系统的集中监视和控制，完成系统间信息共享和功能联动，紧急情况下接受区域中心代管。根据线路情况，可对邻近中小车站进行代管。中、小型车站旅客服务系统根据线路情况可由区域中心集中管控或者由邻近大站代管，以科学合理的布局配置服务终端设备，为旅客提供导向、广播、时钟、投诉、查询、求助、呼叫、寄存、人工服务等多样服务。

国铁集团中心旅客服务小型集成管理平台对旅客服务系统提供信息上的支撑，进行宏观上的管理，实现对全路旅客服务的监督、管理和统计分析，并完成公共数据管理和音视频基础信息库的制作以及视频监控的功能。

旅客服务系统体系架构如图 13.4 所示。

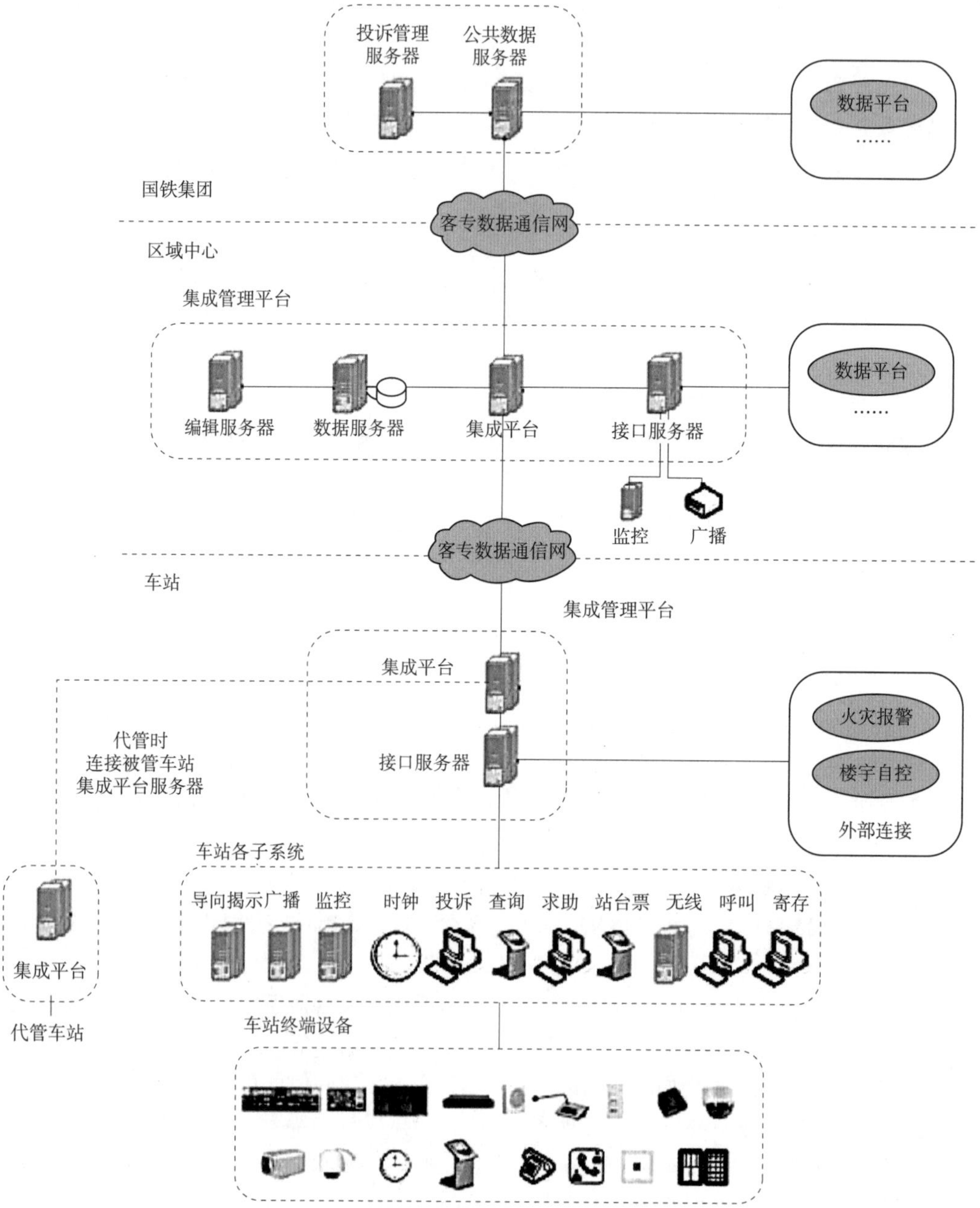

图 13.4 旅客服务系统体系结构

2. 系统功能

旅客服务系统以信息的自动采集为基础，以为旅客提供全方位信息服务为目标，实现客运车站信息自动广播、导向、揭示、监控、查询、求助、应急、投诉、寄存等功能，并提供互联网、呼叫中心、无线局域通信等多种途径的信息服务，运用多样化的服务手段为旅客提供优质的服务，实现旅客服务的信息化。

13.2　铁路客户服务中心

客户服务中心源自呼叫中心。呼叫中心也称为客户关怀中心，是基于 CTI(computer telephony integration)技术、充分利用通信网和计算机网络的多项功能集成，并与企业、政府机关连为一体的一个完整的综合信息服务系统，利用多种现代通信手段，将电话、传真、短信、Internet、Email 等多种媒体渠道进行整合，为客户提供统一的高质量、高效率、全方位的服务。

铁路客服中心的发展定位为：建成通过电话、邮件、短信、微信、手机客户端等多种渠道，采取集中管理和集约化运营模式，向广大客户提供 7×24h 高质量、高标准、体验良好、方便使用的综合服务系统，为打造国际一流、客户满意的铁路运输企业提供强大的支撑能力。

13.2.1　铁路客户服务中心组织架构

2011 年 1 月 19 日，中国铁路客服中心正式面向各社会公众提供服务。铁路客服中心按国铁集团所辖铁路局设置有 18 个区域性中心，以各铁路局所在城市名称命名，分别为：哈尔滨、沈阳、北京、太原、呼和浩特、郑州、武汉、西安、济南、上海、南昌、广州、南宁、成都、昆明、兰州、乌鲁木齐、西宁铁路客服中心。

铁路客服中心的组织关系明确定位了其在企业组织的具体位置，与各铁路局相关部门、与各站段(公司)以及与不同业务渠道部门之间的相互关系和责任与义务，以便于与各相关部门进行通畅的信息沟通与业务协作。铁路客服中心的组织关系如图 13.5 所示。

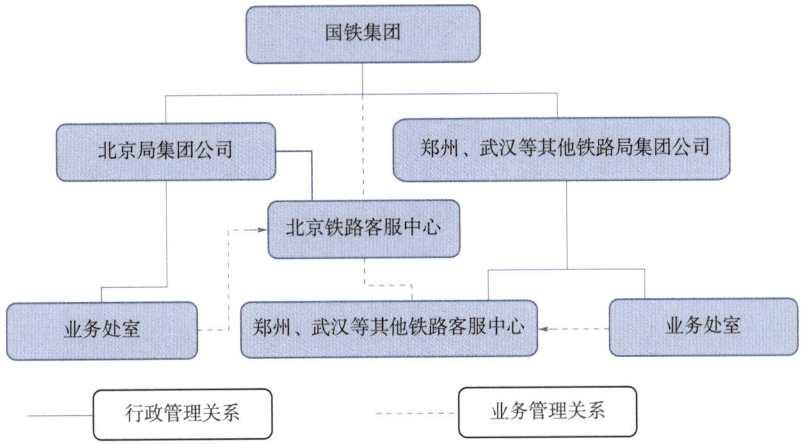

图 13.5　铁路客服中心的组织关系

北京铁路客户服务中心及其他 17 个集团公司客户服务中心目前承担的主要工作职责如下：

1. 其他 17 个集团公司客户服务中心

(1)依靠人工以及自助语音等多种形式来受理对应的客货运输信息，同时依靠微博、短信以及电台等各种方式来实现高效的信息发布。

(2)开通电话订票业务的铁路客户服务中心通过语音开展电话订票业务。

(3)组织开展关于客运、货运等方面的电商工作。

(4)受理关于客货运方面的对应投诉、咨询以及意见等；受理转办而来的对应投诉以及意见等；督促有关主体有效的解决实际存在的投诉现象。

(5)受理电子支付方面的故障，同时将其转发到国铁集团资金清算中心。

(6)定期汇总和分类统计客户投诉、咨询和建议内容，分析铁路服务存在问题，得出配套的优化措施，并发送给有关的服务中心以及业务部门。

(7)整理各方面和客户服务存在显著关联的文电、命令以及信息，进而探讨咨询以及投诉等方面的详细状况，明确目前服务的不足和可供改进之处，有效地补充和优化配套的知识库。

(8)建立绩效考核机制，不断提高运营管理和服务水平。

(9)开展客服人员相关业务知识和技能素质培训。

(10)针对本区域铁路客户实际情况，开展客户关系管理。

(11)组织实施客户延伸服务工作。

2. 北京铁路客户服务中心

北京铁路客服中心除了和其他 17 个集团公司客服中心一样，不仅需要负担北京局集团公司的各项任务，还要接受国铁集团的委托，负责各个集团公司的投诉以及咨询等方面的工作，针对其他集团公司的客服工作提供一定的指引以及协同，完成运输局交办的具体事项。除承担上述 11 项职能外，承担的其他职责如下：

(1)负责对其他 17 个铁路客户服务中心的业务指导。

(2)负责中国铁路客户服务中心网站(www.12306.cn)相关信息的审核和发布工作。

(3)向各铁路局相关部门批转相关客户投诉、咨询及建议，并督办处理。

(4)汇总各铁路客户服务中心运营信息。

(5)组织研究铁路客户服务中心业务需求。

(6)组织研究并提报铁路客户服务中心信息系统需求分析及技术方案。

(7)定期汇总和分类统计各铁路客户服务中心受理的客户投诉、咨询和建议内容，分析铁路服务存在问题，提出改进意见和建议，报国铁集团相关部门。

(8)整理与客户服务有关的文电、命令和信息，分析汇总各铁路客服中心受理投诉、咨询、建议，归纳提炼新出现常见问题，及时补充、完善和更新知识库。

(9)组织铁路客户服务中心人员培训，制定培训计划，开展培训工作。

(10)制定铁路客户服务中心绩效考核标准。

(11)建立铁路客户档案，组织开展客户关系管理。

(12)定期组织开展铁路客户服务质量调查。

(13)组织研究客户延伸服务项目,协调相关部门开展延伸服务工作。

13.2.2 铁路客户服务中心业务职能

目前,铁路客服中心通过电话语音查询、人工在线服务、12306 网站、95306 网站以及铁路 12306 微信公众号为客户提供解答咨询、受理投诉、受理表扬、反馈建议、应急求助等五个方面的服务职能。

1. 咨询业务

咨询业务是客服中心指利用客运、货运知识和专业语言方法,帮助客户解疑释惑的业务。客服中心要准确解答客户提出的关于客货运业务等各类问题,并根据咨询问题类型,定期汇总、分析客户最关注的问题,及时通报给相关领导和部门,提出改进工作建议,为生产一线提供基础信息。

咨询业务受理流程如图 13.6 所示。

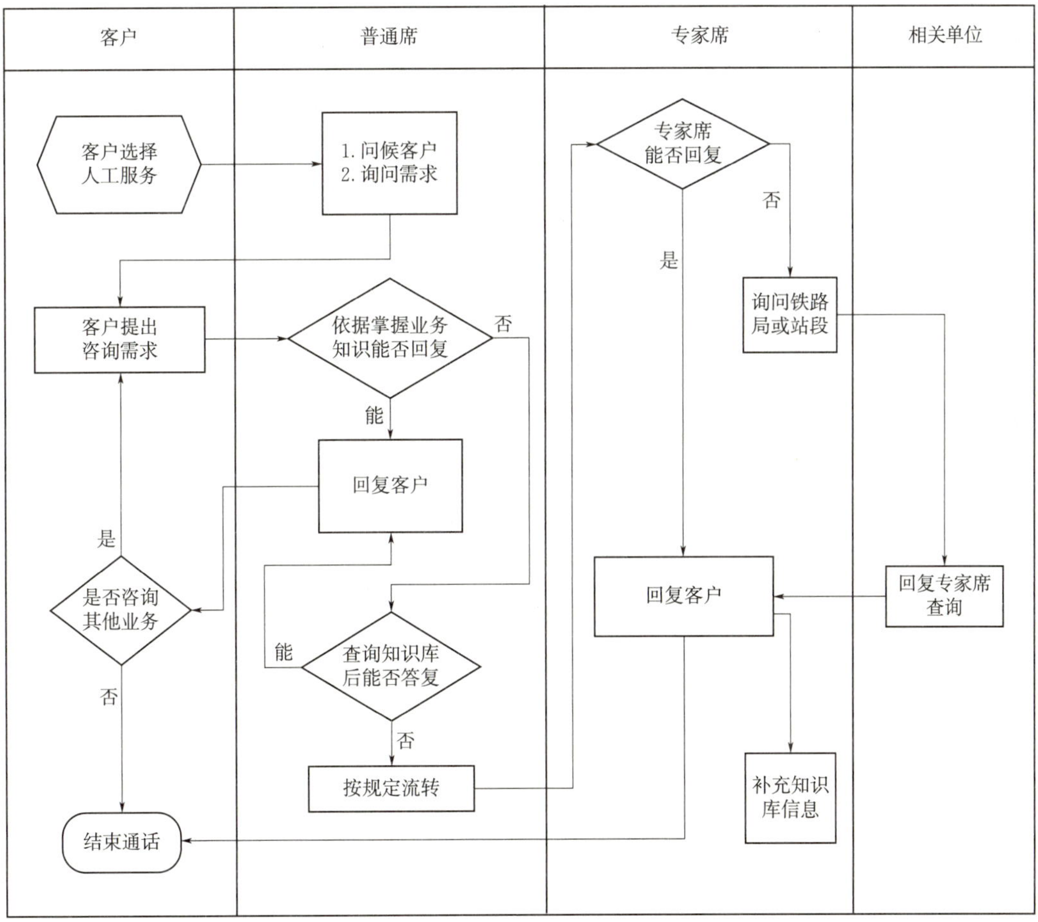

图 13.6 咨询业务受理流程

(1)普通席

①普通席铁路客服人员通过知识库内相应信息,完整、准确地回答客户咨询问题。

②遇到系统内资料不足或对新推广业务有疑问，可以向组长请求协助。组长判断普通席铁路客服人员能否处理有关咨询，如果能处理，组长辅导普通席铁路客服人员从知识库搜索资料，并且适当地回答客户；如果无法处理，组长可接听客户的话务。

③如果客户咨询的问题超出普通席铁路客服人员的职责范围或不能实时解答，组长应该确认客户的咨询，解释无法实时解答的原因，并在系统中按照规定格式建立工单提供给专家席铁路客服人员处理。

(2)专家席

①专家席铁路客服人员实时从系统提取并处理咨询业务工单，根据咨询类别，判断能否处理。如果有关咨询是权限以内，从相关系统阅读资料后，按工单的紧急程度在规定时限内回复客户。

②如果咨询问题超出职责范围或无足够资料解决时，应在支撑部门指导下，更新资料(例如疑难内容及工单的急切性)并记录在电子工单上。

③专家席铁路客服人员回复客户后，更新工单状态(包括已回复客户及转发至相关部门)，这样便可以配合工单处理的监控。

④受理电子工单后，专家席铁路客服人员必须在系统中更新工单状态(进行、调查中、完成)。另外，每天在受理工单中(包括不能解决及已解决的)找出共同问题，提出解决方案，减少普通席提单数量及提高客户满意度。

(3)相关单位

①相关单位指定专人定时收集铁路客服中心提交的工单，按时限处理。

②相关单位指定专人跟踪与解决工单问题。

③解决工单后，相关单位办理人答复铁路客服中心。

2. 投诉业务

投诉业务是客服中心在客户认为铁路企业在经营过程中侵犯其合法权益或对提供的服务表示不满，而向铁路企业表达诉求时，给予协调处理的业务。客服中心要及时受理与客货业务相关的各类客户投诉问题，对问题进行调查、追踪、处理、回访，并根据投诉问题类型，定期汇总、分析各工作环节的服务漏洞和薄弱项点，对暴露出的突出、重点问题，及时通报，警示全员，发挥承上启下的作用。

投诉业务受理流程如图 13.7 所示。

(1)普通席

①普通席铁路客服人员接听客户来电，鉴定是否属客户投诉，识别投诉受理类别，根据职责范围进行处理。

②诚恳地向客户表示道歉并且确认客户的投诉，解释无法实时解决投诉的原因，承诺安排适当的专家给客户处理解决投诉，并告知客户会主动和其联系及联系的时间等。如果客户有特殊要求(如限××小时内答复等)，应在备注栏内注明客户的要求等。

③提交客户投诉工单。

(2)专家席

①专家席铁路客服人员实时从系统提取并处理投诉工单，确定投诉症状，并按规定的时限处理完毕。

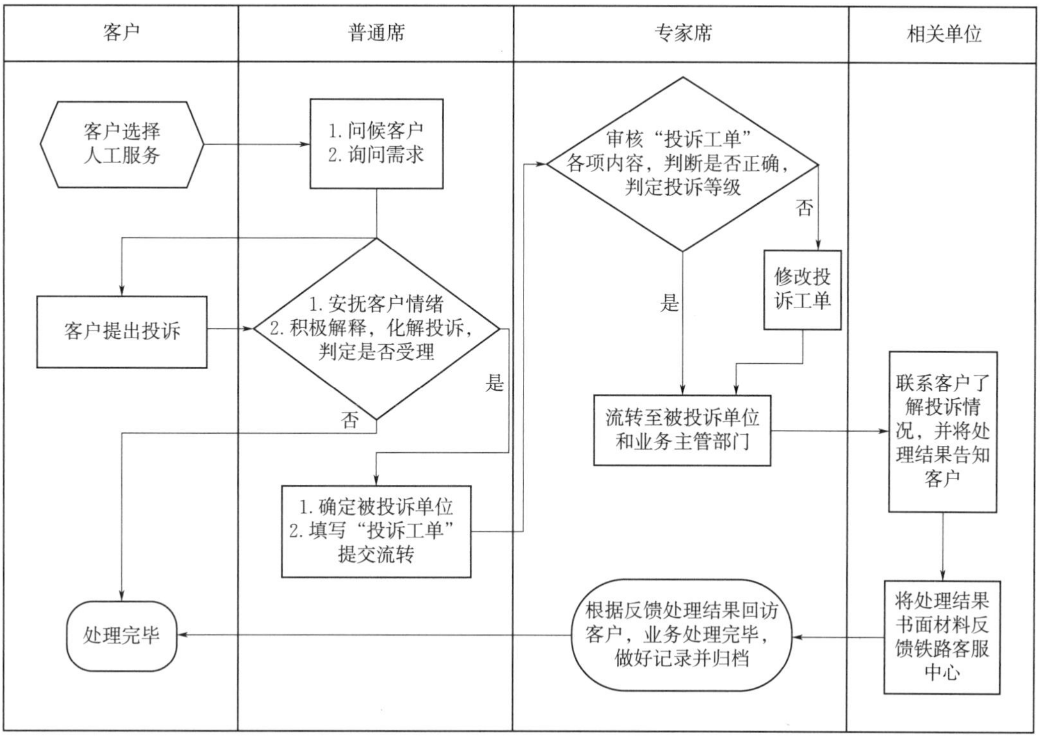

图 13.7 投诉业务受理流程

②如果业务超出职责范围，应通过系统将工单传送相关单位处理。

③相关单位在系统的反馈，系统会自动提示专家席。

(3)相关单位

①相关单位指定专人从系统中提取并按规定时限处理投诉工单。

②相关单位指定专人进行调查，解决客户投诉。

③相关单位指定专人将调查结果反馈给铁路客服中心，以便于向客户反馈投诉处理情况。

3. 表扬业务

表扬业务是客服中心受理客户对铁路提供的优质服务给予赞许和感谢的业务。客服中心要对客户的表扬信息进行登记、转发，成为客户表达心意的桥梁。

表扬业务的受理流程如图 13.8 所示。

(1)普通席

①普通席铁路客服人员接听客户来电，鉴定是否属客户表扬，识别表扬受理类别，根据职责范围进行处理。

②向客户确认表扬内容，并录入工单，承诺及时流转专家席并对客户表达谢意。

③提交客户表扬工单。

(2)专家席

①专家席铁路客服人员实时从系统提取并处理表扬工单，确定表扬内容、类型，并及时将工单传送相关单位。

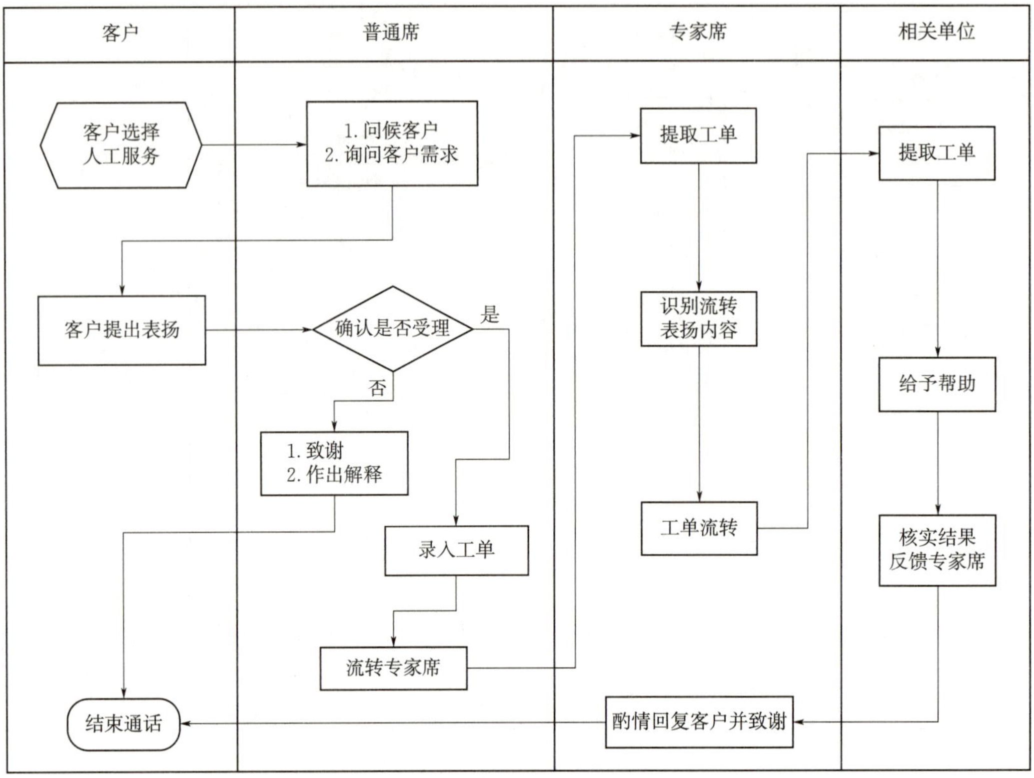

图 13.8　表扬业务受理流程

②针对相关单位核实结果酌情回复客户。

(3)相关单位

①相关单位指定专人从系统中提取并按规定时限处理表扬工单。

②相关单位指定专人将核实结果反馈给专家席。

4. 建议业务

建议业务是客服中心受理客户提出有关改进铁路工作、促进铁路发展等见解和意见的业务。客服中心要对客户提出的各类意见和建议，汇总分类，定期回访，通过与客户互动，表明铁路对社会公众的态度，热情接受社会各界监督。

建议业务受理流程如图 13.9 所示。

(1)普通席

①普通铁路客服人员接听客户来电，收集客户建议。

②在系统平台的建议界面，录入建议资料，按类别存储。

(2)专家席

①专家席铁路客服人员定时跟踪系统中客户建议报表，确定建议是否具有可执行性，按照业务建议、系统建议、设备设施、现场管理等分类汇总。

②按类别从系统流转到相关部门处理。

③针对相关部门采纳结果酌情回复客户。

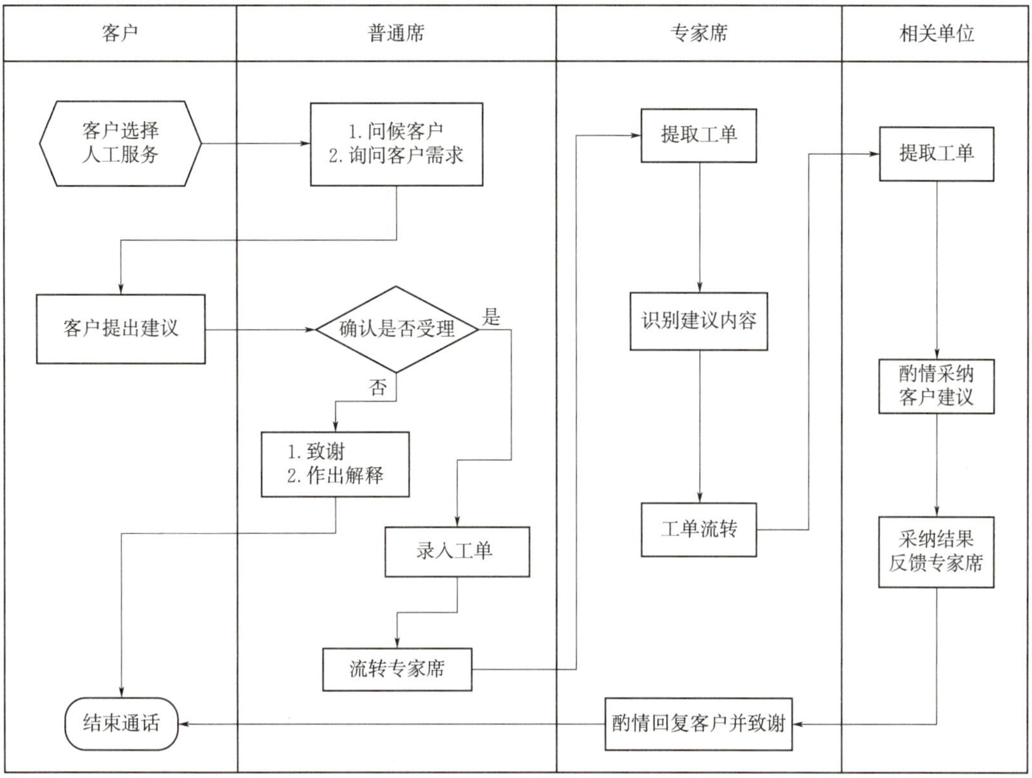

图 13.9 建议业务受理流程

(3)相关单位

①相关单位得到客户建议后,进行研究分析,落实执行建议。

②将采纳结果反馈铁路客服中心。

5. 求助业务

求助业务是客服中心发挥信息平台和网络资源优势,对遇到困难的客户提供相应帮助的业务。客服中心要发挥信息平台和网络资源优势,对遇到突发疾病、遗失物品等现实困难的客户提供应急救助,成为客户出行的依赖和伴侣。

求助业务的受理流程如图 13.10 所示。

(1)普通席

①普通席铁路客服人员接听客户来电,鉴定是否属客户求助,识别求助受理类别,并根据职责范围进行处理。

②向客户确认求助内容,并录入工单,承诺及时流转专家席给客户处理解决,并告知客户会主动和其联系及联系的时间等。如果遇客户有特殊要求(如丢失物品的内容,寻找旅客的特征信息等),应在备注栏内注明客户的要求等。

③提交客户求助工单。

(2)专家席

①专家席铁路客服人员实时从系统提取并处理求助工单,确定求助类型、内容,并及时将工单传送相关单位处理。

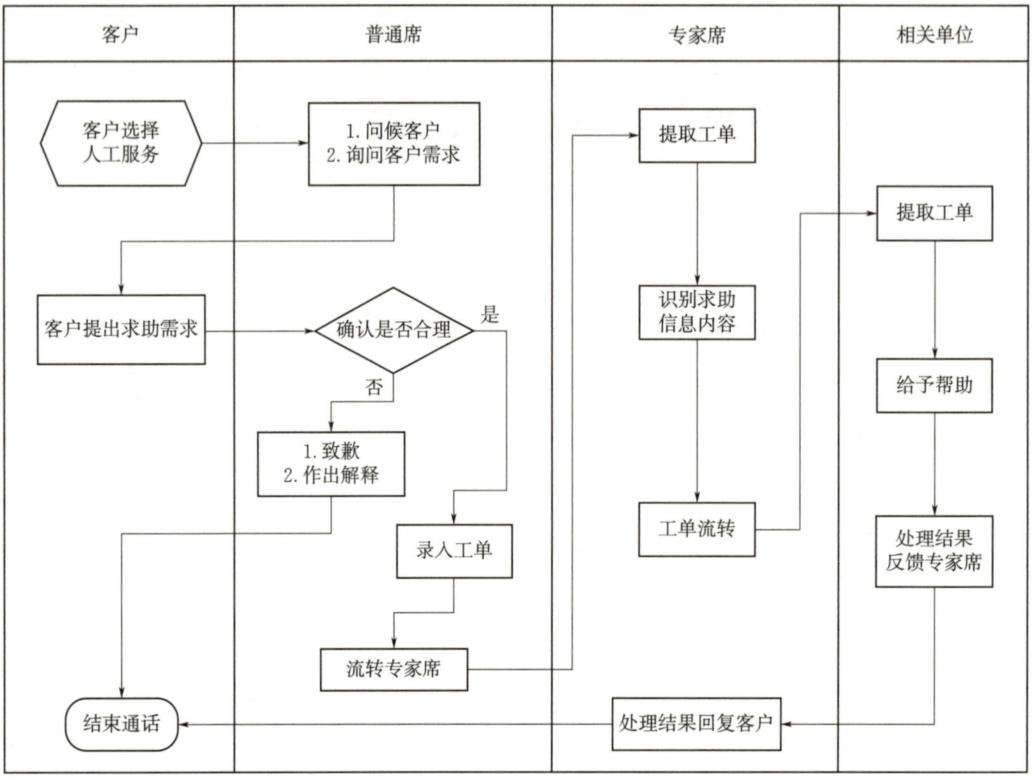

图 13.10 求助业务受理流程

②相关单位在系统的反馈，系统会自动提示专家席。

(3)相关单位

①相关单位指定专人从系统中提取按规定时限处理求助工单。

②相关单位指定专人解决客户求助。

③相关单位指定专人将调查结果反馈给专家席，以便于向客户反馈求助处理情况。

13.2.3 铁路客户服务中心主要工作方式

客服中心经过多年的发展，客户服务手段已从单一的客服电话语音服务扩展到邮件、网站、微信公众号以及手机客户端等多种形式。目前，客服中心主要通过 12306 铁路客服电话为广大客户提供自助语音服务和人工座席服务。

1. 自助语音服务

交互式语音应答 IVR(interactive voice response)，又称自助语音应答，是一种功能强大的电话自助服务技术，主要完成菜单提示、自动应答、自动转接、资料查询和录放语音等功能。以客运为例，北京客服中心自助语音主要提供列车余票时刻和票价查询、客票预售期和学生票相关业务、互联网和电话订票业务查询以及旅行常识等 10 类咨询服务。

铁路客服中心按照客户需要设计了语音层级导航。语音流程如图 13.11 所示。

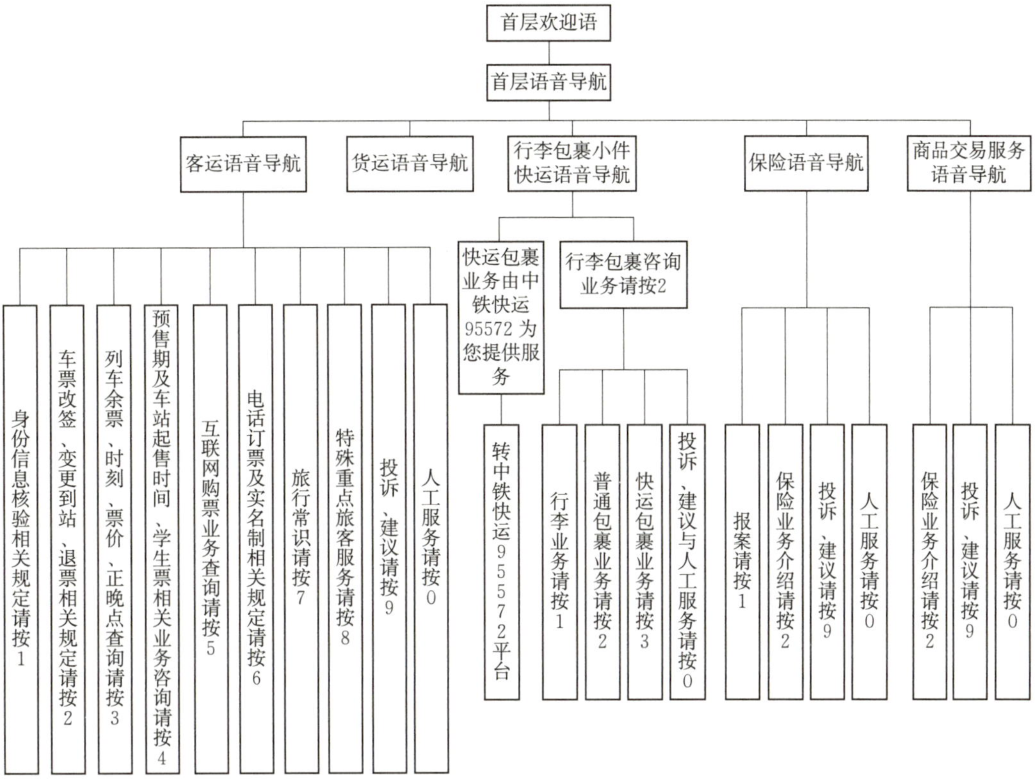

图 13.11 铁路客服中心 IVR 语音流程图

2. 人工座席服务

人工座席服务是北京客服中心最为重要的服务方式，是铁路服务人民群众的窗口，发挥着连接铁路与人民群众之间的桥梁、纽带作用。目前，北京客服中心人工座席提供了客运、货运、行包、保险业务的咨询、投诉、建议、表扬、求助及重点旅客服务。具体服务内容如下：

(1)客运业务

①咨询主要涉及互联网购票、车票退改签问题、旅行常识及电子支付退款查询、列车正晚点信息查询等。

②投诉主要涉及站车服务质量、系统原因导致退款不能按时到账及付款后未购到车票等电子支付问题。

③建议主要涉及列车运行图、互联网购票、站车便民利民措施等。

④表扬主要涉及站车优质服务、捡拾旅客遗失物品及帮扶重点旅客等。

⑤求助及重点旅客服务主要涉及旅客遗失物品查找、车站预约服务、联系救护车进站及携带导盲犬相关工作。

(2)货运、行包业务

货运、行包业务主要涉及各类铁路货物、行包运输产品、作业流程、收费、理赔、运到期限查询等运输过程中的咨询、投诉、建议、求助及表扬。

(3)保险业务

保险业务主要涉及乘意险和其他险种的咨询与报案受理。

(4)常旅客业务

常旅客业务主要为各铁路局集团客服中心提供常旅客业务后台支持,受理各铁路局集团上报常旅客反映和投诉,进行跨局问题的协调处置等。保证对高星级会员的快速响应服务,实现高星级会员全过程服务受理,高星级会员服务投诉直接处理反馈,高星级会员服务质量问题直接考核。

13.2.4 铁路客户服务操作系统功能及应用

铁路客户服务操作系统(以下简称铁路客服操作系统)是依托功能完备、响应快速、安全可靠的语音平台,实现语音、视频、短信、微信、微博、在线客服等全媒体、多渠道接入、支持咨询投诉、业务办理、客货营销、增值服务、多元经营等全方位业务开展,供铁路客服人员操作使用的客户服务平台。

语音平台是铁路客服中心基础硬件平台和业务支撑系统的合称,是为客户提供服务的基础设施。

业务支撑层是以相对独立的容器方式,为客户提供应用的各种复杂逻辑处理计算模块,包含服务单录入、流转、管理,业务数据查询,客户关系管理,报表统计,用户管理以及消息管理等系统业务,并对系统的权限、会话、资源、访问分发进行集中管理,是整个系统的核心部分。

下面以北京铁路客服中心操作系统(又称“桌面辅助系统”)为例,介绍客服操作系统的功能与应用。

1. 电话接续条基本功能

电话接续条是由多个按钮组成的工具条,用于客服人员接听、拨打客户电话时使用。

(1)登录。铁路客服人员输入工号和密码,并选择登录角色进行登录。

(2)签入。铁路客服人员签入语音平台成功后,当有客户来电时,语音平台会根据铁路客服人员的技能权限及忙闲状态分配相应的来电。

(3)签出。铁路客服人员退出语音平台成功以后,语音平台不会给该铁路客服人员分配来电。

(4)工作态,指非接听电话的在线状态。退出工作状态时,等待电话自动分配给铁路客服人员。

(5)示忙,指话机状态由“闲”变为“忙”。此时语音平台不会为铁路客服人员分配来电,示忙状态包括小休、离席、用餐、调整等。

(6)示闲,指话机状态由“忙”变为“闲”。恢复可以接听来电的状态。

(7)挂机,指通话结束后主动挂断客户电话。系统会自动播报请客户进行服务评价的语音。

(8)呼出,指通过输入外部或内部电话号码拨打电话,实现通话功能。

(9)转专席,指转接语音平台内部资源(指定客运、行包、货运、保险等技能队列)电话,首接铁路客服人员结束通话。

(10)通话保持,指铁路客服人员在与客户通话的过程中,将客户来电处于保持状态,接听其他求助来电或者发起求助的操作。客户的呼叫被保持后,为客户播放音乐,屏蔽双方的声音。

(11)静音,指铁路客服人员在不影响与客户通话的情况下,短时间内临时调整状态或求助的操作,不播放音乐,只屏蔽铁路客服人员的声音。

2. 电话接续条基本信息

(1)姓名。铁路客服人员登录客服桌面辅助系统,电话接续条显示当前登录电话接续条的人员姓名。

(2)平台工号。铁路客服人员登录客服桌面辅助系统,电话接续条显示当前登录电话接续条的人员工号。

(3)当前状态。显示电话接续条当前工作状态。

(4)当前来电号码。自动显示指正在接听客户来电的号码。

(5)被叫号码,指外呼客户的号码。

(6)时长。各种状态下的工作时长,包括签入、工作态、通话、人工示忙。

(7)队列排队数,指所属技能组当前客户来电未接通的排队数。

(8)通话量。显示铁路客服人员本次签人电话接续条后,完成通话的累计数。

3. 导航菜单基本功能

(1)业务处理

①服务单类型包括投诉、咨询、求助、表扬、建议、保险等。

②录入服务单。

(2)客户关系管理

铁路客服人员接到客户电话,添加客户信息,来电号码自动填充,其他信息按照来电情况记录。选择不同的业务类型,有不同的操作页面,点击提交,客户信息提交入库。

(3)业务查询

①客运方面可查询余票、票价、车次、发站、到站列车时刻信息,与12306网站信息一致,查询时无须输入验证码。

②行包方面可查询车次、车站、列车时刻信息,与12306网站信息一致。

③货运方面未通过此模块进行查询,客户及铁路客服人员通过95306网站及电子商务平台进行运输追踪、运费试算、营业信息等业务信息查询。

(4)知识库

知识库是铁路客服人员在线查询客运、引包、货运业务内容的数据库,有最新动态、业务通知、常用信息、问题解析、模板规范、培训教材、常用电话、规章制度等模块,具备知识检索、点击排行、在线留言等功能。

13.3 铁路12306系统平台

中国铁路客户服务中心网站 www.12306.cn(以下简称12306网站)是铁路服务客户的重要窗口,集成全路客运信息,为社会和铁路客户提供客运业务和公共信息查询服务。2010年1月,中国铁路开通了12306网站,客户通过登录网站,可以办理购票、改签、退票等相关客运业务,查询旅客列车时刻表、票价、列车正晚点、车票余票、售票代售点以及有关客运规章等。2013 年 12 月，中国铁路又推出了铁路 12306 手机 App，是目前唯一的铁路官方售票 App。

13.3.1 铁路 12306 系统平台发展

多年来，铁路 12306 互联网售票系统的业务功能和操作性能在不断改进和完善。铁路 12306 系统平台从最初的车票查询和网上订票，到推出手机 App、线上支付、退改变更，又陆续推出了接续换乘、自主选座、互联网订餐、电子客票、畅行会员、候补购票、铁路 e 卡通等服务，革新了旅客购票乘车方式，不断提高人民群众的获得感、幸福感、安全感。铁路 12306 系统平台的发展历程见表 13.1。

表 13.1 铁路 12306 系统发展历程

时 间	时 间	改进和完善的内容
2011 年	12306 网站正式运行	2011 年 1 月 12306 网站正式运行，从 2011 年 6 月至 12 月，先后在京津城际铁路、全路动车组线路和直达特快列车实现网络订票、售票，到 2011 年 12 月网络售票服务覆盖全部旅客列车
2013 年	12306 手机 App 上线	2013 年，12306 手机 App 正式上线，同时网络和 App 实现支付宝支付功能，并且 12306 网站增加了自动查询、自动提交订单、有票提醒等功能
2014 年	12306 网站增加货运服务	2014 年，12306 网站增加货运服务，12306App 增加了车次、票价、代售点及起售时间等查询功能，同时铁路互联网售票、电话订票的预售期由 20 d 延长至 60 d，售票系统不接受行程冲突的购票
2015 年	12306 登录界面提出选取图片验证方式	2015 年，12306 网站上线铁路货物追踪功能，网站和手机 App 登录界面推出选取图片验证码全新的验证方式，同时购票、退票和改签时间调整为 30 min，用户购票需在席位锁定后 30 min 内支付票款，并且铁路部门推出“变更到站”服务并启用“网上购票选座”功能
2016 年	12306 线上交易接入支付宝花呗、约车接入首汽约车和滴滴出行	2016 年，12306 对线上交易系统接入支付宝花呗，网站首页增加“余票动态信息”栏目；手机 App 新增列车正晚点查询服务，“约车”功能接入首汽约车和滴滴出行；网站、App 每日开始售票时间提前到 6:00，同时车票预售期调整为 30 d
2017 年	12306 小程序上线，动车组列车互联网订餐服务开通	2017 年，12306 网站新增中国邮政储蓄银行支付及微信支付功能；12036 网站 C、D、G 字头的动车组列车选座功能正式上线运行，动车组列车互联网订餐服务开通，12306 微信小程序上线；铁路部门推出“铁路畅行”常旅客会员服务，同时，铁路异地票售票 5 元手续费取消
2018 年	海南环岛高速铁路开始试点电子客票	2018 年，12306 网站首页改版，购票窗口置于明显位置，网页版登录升级为扫码登录，购票、退票流程更加便捷快速；12306 小程序上线订餐功能，互联网订餐服务陆续增加 11 个订餐站点，订餐时限放宽为配餐站开车前 1 h，并推出地方特产预订服务； 铁路 12306 与苏州旅游局合作，提供旅游服务，开启了“铁路＋旅游”合作新模式，铁路 e 卡通在长株潭城际铁路正式上线投入使用，港澳居民来往内地通行证和台湾居民来往大陆通行证可实现 12306 网站联网核验，同时，海南环岛高速铁路开始试点电子客票，12306 推出候补购票服务试点

续上表

时　间	时　间	改进和完善的内容
2019 年	12306 微信公众号上线	2019 年，12306 微信公众号上线公测，12306 扶贫商城上线试运营，同时铁路候补购票服务扩大至所有旅客列车，电子客票试点扩大 4 条高速铁路城际铁路试点，并且 12306 网站业务办理时间延长至 23:30
2020 年	电子客票进一步覆盖	2020 年，12306App 改版升级，上线个人行程展示、车站大屏、定制化出行服务功能，并和东方航空 App 全面实现系统对接，共同销售空铁联运产品；铁路 e 卡通在京张高速铁路正式上线投入使用，电子客票由覆盖内地高速铁路和城际铁路到在全国普速铁路推广实施；普速列车互联网订餐业务上线，12306 官方支付宝小程序上线，铁路乘意险升级，保障额度从 33 万元提高到 55 万元；同时，购票人需提供每一名乘车旅客本人使用的手机号码举措从 12306 网站先行实施
2020 年	组建 12306 科创中心和合作创新理事会	2020 年 11 月 20 日，12306 科创中心正式揭牌成立，是着眼增强铁路客运营销整体合力，发挥全路经营网络化优势，强化 12306 平台作用的重大举措，标志着铁路客运经营机制的重要变革，为统筹组织协调全路客运营销、客票销售、服务创新开发工作搭建了良好平台

13.3.2　铁路 12306 系统平台服务功能

铁路 12306 系统平台包括电脑客户端和手机客户端，不同客户端的服务功能略有差异。电脑客户端主要涵盖票务服务、信息查询、会员服务、站车服务和商旅服务五大类服务功能。其中票务服务、信息查询和会员服务为核心功能，站车服务和商旅服务为辅助功能、各功能包含的主要内容如图 13.12 所示。

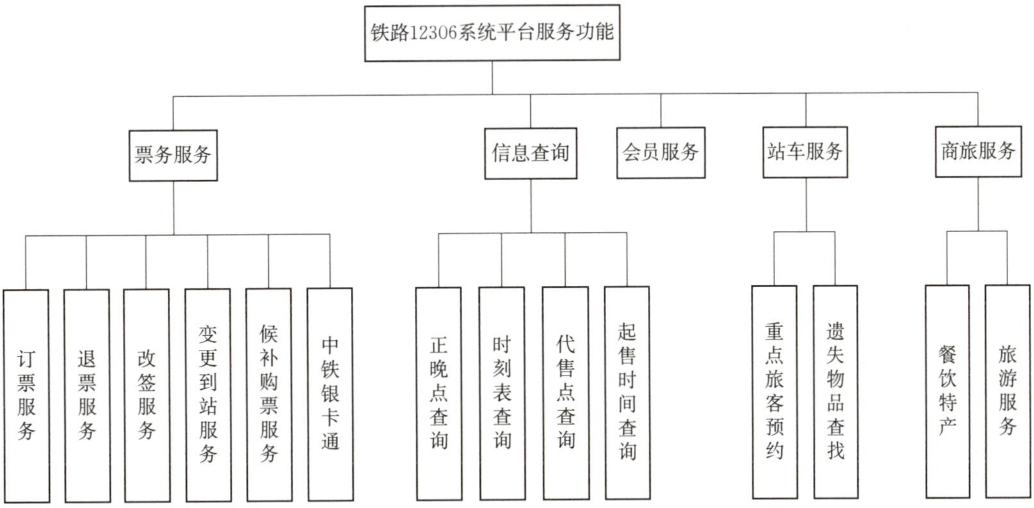

图 13.12　12306 系统平台服务功能

1. 票务服务

票务服务包括订票、退票、改签、变更到站、候补购票、中铁银通卡等以及广九直通车、市郊快速铁路、国际列车等服务查询。

(1)订票服务

订票服务让旅客能够足不出户购买车票，在铁路 12306 手机 App 或 12306 网站，可以预订购买铁路客票系统发售的成人、儿童、学生、残疾军人(含伤残人民警察)四种类型各车次、各席别的直达票。旅客出发地到目的地没有直达列车或直达列车较少时，可以使用“接续换乘”服务功能，查询途中换乘一次的部分列车余票情况。铁路 12306 网站直达票订票服务界面如图 13.13 所示，接续换乘票订票服务界面如图 13.14 所示。

“计次・定期票”是铁路部门于 2020 年 12 月 24 日推出的新型票制产品，分为计次票、定期票。持有者可在规定的有效期内，乘坐规定次数的、购买产品时指定发到站及席别的列车。旅客可通过 12306 网站和“铁路 12306”手机 App 实名购买。购买产品时，需阅读并同意遵守定期票、计次票产品说明中有关规则及条款，选择产品类型、产品指定发到站及席别、乘车人。购买产品后，旅客可以在 12306 网站、“铁路 12306”手机 App、自动售票机提前预约产品所对应发到站及席别的席位；预约席位后，乘车人持购买产品时所使用的有效身份证件原件进站检票乘车，或当列车产品所对应发到站及席别有剩余席位时，旅客可持购买产品时所使用的有效身份证件原件，直接进站刷证检票获取席位乘车，席位信息推送至乘车人预留手机号码。

图 13.13　直达票订票服务界面

当前，计次票和定期票产品包括京沪高速铁路 20 次计次票、成渝高速铁路 20 次计次票和成渝高速铁路 30 日定期票。铁路 12306 网站“计次・定期票”订票服务界面如图 13.15 所示。

(2)退票服务

退票服务是指在铁路 12306 手机 App 或 12306 网站订票后，没有换取纸质车票且不晚于开车前 25 min 的旅客，可以在铁路 12306 手机 App 或 12306 网站办理退票。办理退票时，应退票款会在规定时间退回至订票时所使用的在线支付工具。

退票费核收标准为：开车前 15 d(不含)以上退票的，不收取退票费；票面乘车站开车时间前 48 h 以上的按票价 5%计，24 h 以上不足 48 h 的按 10%计，不足 24 h 的按票价 20%计。

图 13.14　接续换乘票订票服务界面

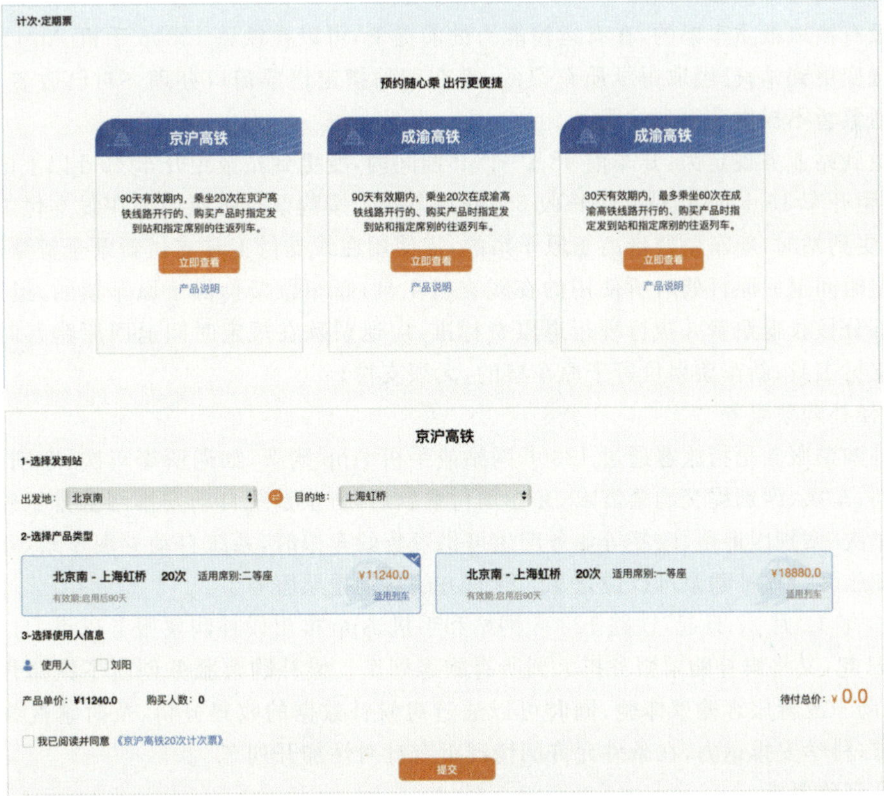

图 13.15　“计次·定期票”订票服务界面

开车前 48 h～15 d 期间内，改签或变更到站至距开车 15 d 以上的其他列车，又在距开车 15 d 前退票的，仍核收 5%的退票费。办理车票改签或变更到站时，新车票票价低于原车票的，退还差额，对差额部分核收退票费并执行现行退票费标准。上述计算的尾数以 5 角为单位，尾数小于 2.5 角的舍去、2.5 角及以上且小于 7.5 角的计为 5 角、7.5 角及以上的进为 1 元。退票费最低按 2 元计收。

(3)改签服务

改签服务是指在铁路 12306 手机 App 或 12306 网站订票后，没有换取纸质车票且不晚于开车 25 min 的，可在铁路 12306 手机 App 或 12306 网站办理改签；已经换取纸质车票或者在开车前 25 min 之内的，需携带购票时所使用的乘车人有效身份证件原件到车站售票窗口办理。

改签业务规定为：开车前 48 h(不含)以上，可改签预售期内的其他列车；开车前 48 h 以内，可改签开车前的其他列车，也可改签开车后至票面日期当日 24:00 之间的其他列车，不办理票面日期次日及以后的改签；开车之后，旅客仍可改签当日其他列车，但只能在票面发站办理改签。已经办理"变更到站"的车票，不再办理改签。开车前 48 h～15 d 期间内，改签至距开车 15 d以上的其他列车，又在距开车 15 d 前退票的，仍核收 5%的退票费。改签或变更到站后的车票乘车日期在春运期间的，退票时一律按开车时间前不足 24 h 标准核收退票费。

(4)变更到站服务

变更到站服务是指在铁路 12306 手机 App 或 12306 网站订票后，在原车票开车前48 h 以上且没有换取纸质车票的，在有运输能力的前提下，可以在铁路 12306 手机 App 或 12306 网站办理变更到站；已经取得纸质车票的，需在车站指定售票窗口办理。对已改签车票、团体票及通票暂不提供变更到站服务。

变更到站业务规定为：开车前 48 h～15 d 期间内，变更到站至距开车 15 d 以上的其他列车，又在距开车 15 d 前退票的，仍核收 5%的退票费。按购票时所使用的在线支付工具相关规定，变更到站时，新车票票价高于原车票的，需使用在线支付工具支付新票全额票款，原票款在规定时间退回原订票时所使用的在线支付工具；新车票票价低于原车票的，退还差额，对差额部分核收退票费并执行现行退票费标准，应退票款在规定时间退回原购票时所使用的在线支付工具；新车票票价等于原车票的，无须支付。

(5)候补购票服务

候补购票服务是指旅客通过 12306 网站或手机 App 购票，如遇所需车次、席别无票时，可按日期、车次、席别提交购票需求，并在预付票款后，售票系统自动安排网上排队候补。当对应的车次、席别因退票、改签等业务产生可供发售的车票时，系统自动兑现车票，并将购票结果通知旅客。候补购票可以说是 12306 官方的自动抢票服务。

2018 年 12 月 27 日起，铁路 12306 网站和手机 App 推出候补购票服务试点，自 2019 年 5 月 22 日起，又将候补购票服务扩大到所有旅客列车。候补购票服务创新了铁路售票服务方式，有助于改善旅客购票体验；同时可以通过对候补数据的收集分析，及时掌握旅客实际购票需求，科学安排运力，在条件允许的情况下有针对性加开列车。

候补订单要求：

①每个用户同时可以保有 1 个待兑现的候补订单。

②1个订单中可添加发到站相同(可以是同城的不同车站)的2个相邻的乘车日期，每个乘车日期可添加2个不同“车次＋席别”的组合需求。

③每个候补订单最多可添加3个乘车人。

④用户在提交候补订单时需确定候补截止兑现时间；

开车时间在0:00—5:59的，候补截止兑现时间不晚于开车前两天的19:00；开车时间在6:00—23:59的，候补终止时间不晚于开车前一天的19:00；用户也可提前主动终止候补。整个订单截止兑现时间以用户选择的截止兑现时间为准，若订单中某一需求的最晚截止时间早于用户选择截止兑现时间，当时间超过该需求的最晚截止兑现时间时，该需求自动结束兑现，订单中其他需求继续轮候兑现。

⑤用户提交候补订单时需预付票款，预付款按本单各候补需求中票款最高的额度计算(卧铺按下铺票价计算)，支付时间为30 min，完成候补预付款支付后，候补购票订单立即生效。

⑥兑现成功按实际要求退还差价，兑换失败则退还全部票款。

⑦同一候补需求不进行部分兑现。

铁路12306网站候补购票服务界面如图13.16所示。

图13.16 候补购票服务界面

(6)中铁银通卡

中铁银通卡是由中铁银通支付有限公司发行的预付卡。该卡卡面印有银联UPcash标识、持卡人姓名、有效身份证件号码及照片，卡内芯片中存有持卡人姓名、有效身份证件号码等实名信息，如图13.17所示。

图13.17 中铁银通卡

中铁银通卡根据铁路应用分为金卡和银卡。目前，持卡人凭中铁银通卡可以在铁路管理部门指定的区段内通过铁路车站自动检票机(闸机)直接刷卡乘车，还可使用中铁银通卡在铁路安装有 POS 机的售票窗口、支持银行卡支付的自助售票机、12306 网站等渠道购票。

当旅客进站的时候，需要在车站自动检票机(闸机)上刷一下中铁银通卡。如果旅客是使用中铁银通卡进站、刷卡乘车的，可不再出示其他有效身份证件。持中铁银通金卡刷卡乘车限乘坐一等座席位，并按一等座票价扣款；持银卡刷卡乘车限乘坐二等座席位，并按二等座票价扣款。当旅客下车出站时，需要通过车站自动检票机(闸机)刷卡验证，并扣减所乘区段票款后方可出站。旅客刷卡乘车后，自乘车之日起 31 d 内，可在铁路车站指定售票窗口补打车票，逾期不予办理，每次乘车只能打印一次车票，不可重复打印。

旅客刷卡进站后，临时取消行程需在同一车站出闸时，若在刷卡后 15 min 内，不收取任何费用；若刷卡后超过 15 min，检票闸机将不予放行，旅客须至出站口补票窗口处理并按以下标准扣款：进出站时间间隔在 30～60 min 内，本站至终点站扣减一次单程票款；超过 3 h 的，按本线全程扣减一次往返票款。不同地区铁路局对使用中铁银通卡临时取消行程的扣款标准也不相同。扣款详情参照当地铁路局的扣关规定执行。目前全国已有京津城际、沪宁高速铁路、沪杭高速铁路、海南环线、广珠城际、长珲城际等 31 条线路开通了中铁银通卡刷卡乘车服务。

2. 信息查询

信息查询包括正晚点查询、时刻表查询、代售点查询、起售时间查询、公布票价查询等服务。还可以查询天气、交通、检票口、信用信息等。

(1)正晚点查询

正晚点查询可以查询目标车站出发或到达的目标车次在查询当时的状态。出发的列车有正在候车、开始检票、停止检票等状态，到达的列车有整点、晚点等状态。正晚点查询界面如图 13.18 所示。

图 13.18　正晚点查询界面

(2)时刻表查询

时刻表查询可以查询目标日期当天目标车次的始发、到达、经停站以及列车在各个车站的到达、出发时间和历时。时刻表查询界面如图 13.19 所示。

(3)代售点查询

代售点查询功能需要旅客输入所在省、市、区(县)，能够查询到对应区域内的铁路客票代售点及详细地址、营业时间、窗口数量等信息。代售点查询界面如图 13.20 所示。

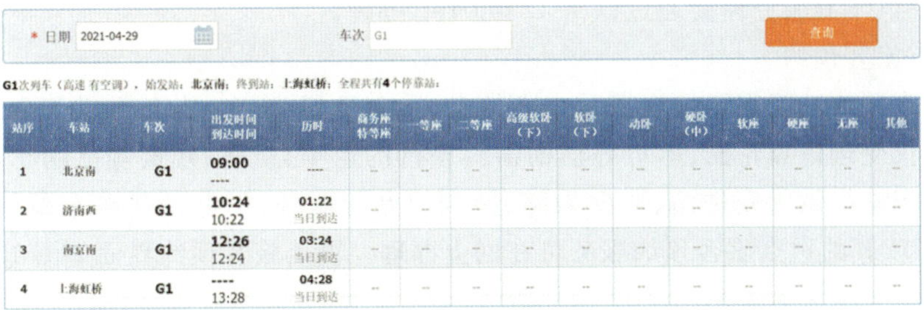

图 13.19　车次查询界面

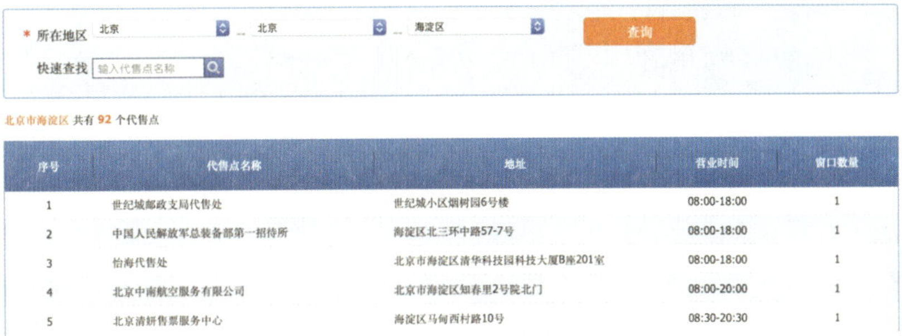

图 13.20　代售点查询界面

（4）起售时间查询

起售时间查询需要旅客输入起售日期及起售车站，可以查询该车站以及同城其他车站的客票起售时间和止售时间。起售时间查询界面如图 13.21 所示。

图 13.21　起售时间查询界面

3. 会员服务

铁路畅行会员是铁路部门自 2017 年 12 月 20 日起推出的一项常旅客会员服务。年满 12 周岁的自然人，通过 12306 网站、铁路 12306 手机 App、车站专门窗口等铁路部门提供的渠道，在主动申请并完成身份认证后，可以成为“铁路畅行”常旅客会员。

“铁路畅行”会员最重要的一项福利便是积分可以兑换车票。具体而言，铁路常旅客会员购买车票将获得相应乘车积分，积分按照其所购车票票价进行累积（具体按照 5 倍于车票票面价格累计积分，即旅客购买 100 元车票获得积分 500 分）。积分首次达到 10000 分以上，即获得积分兑换资格，可用于兑换铁路部门指定车次的列车车票。兑换车票时，100 积分等价于 1 元人民币。使用所兑换车票的乘车人可以是会员本人，也可以是其设定的受让人。

4. 站车服务

出行服务包括重点旅客预约、遗失物品查找、定制接送、共享汽车、车站引导等。其中定制接送、共享汽车等服务需要通过铁路12306App办理。

(1)重点旅客预约

重点旅客预约功能需要旅客填写个人信息、乘车日期、车次、服务需求等内容。重点旅客预约服务仅受理依靠轮椅、单价等辅助器具旅行的老年、伤病、残疾等已购车票旅客服务需求。铁路车站提供优先进站、协助乘降、便利出站等服务,不办理代购车票等其他业务。乘车前12～72 h的重点旅客预约服务可在网上办理。重点旅客预约界面如图13.22所示。

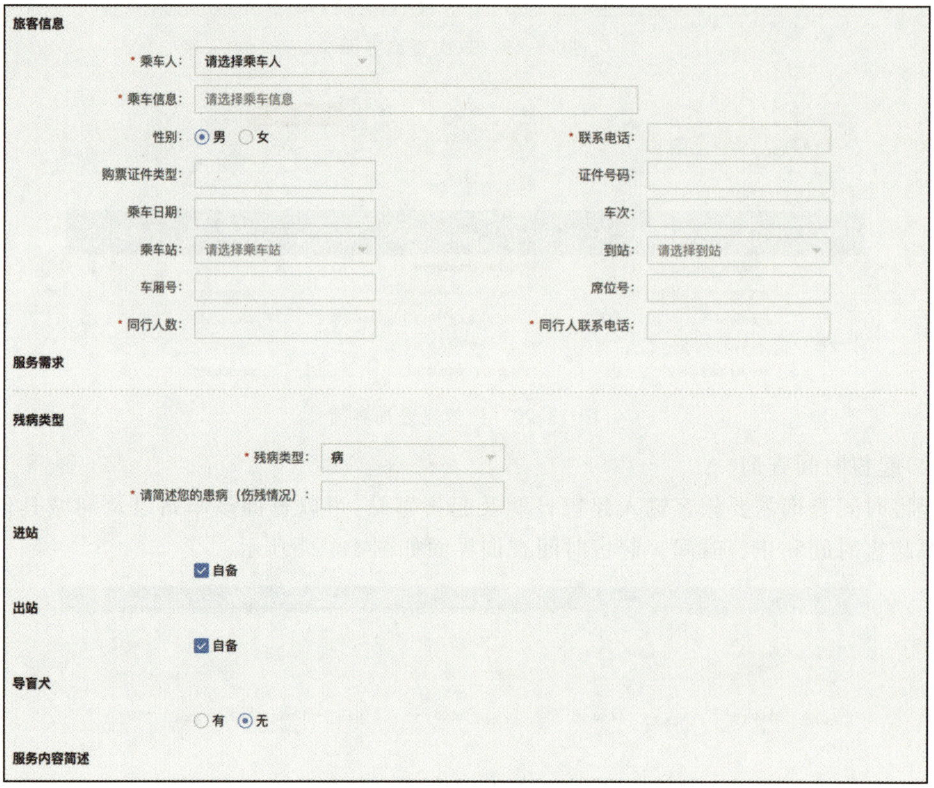

图13.22 重点旅客预约界面

(2)遗失物品查找

遗失物品查找功能需要旅客填写个人信息、乘车日期、车次、遗失物品信息等内容。服务提交完成后6 h内(23:00至次日6:00顺延),铁路工作人员将与旅客联系,告知查找情况。对查找到的物品,确定返还事项。因特殊情况未接到工作人员电话时,需要旅客拨打12306铁路客服电话进行确认。遗失物品查找界面如图13.23所示。

5. 商旅服务

商旅服务包括餐饮特产服务、旅游服务和保险服务。

(1)餐饮特产

餐饮特产是动车组和部分普速列车网上预订餐饮特产到座服务,需要旅客选定乘车日期和车次,系统会提供列车自营商品及所选车次途中各站的餐饮特产服务供旅客选择。每项预订服务都有截止下单时间,而且截止下单时间与送到座位时间时间差较长。铁路12306网站餐饮特产服务界面如图13.24所示。

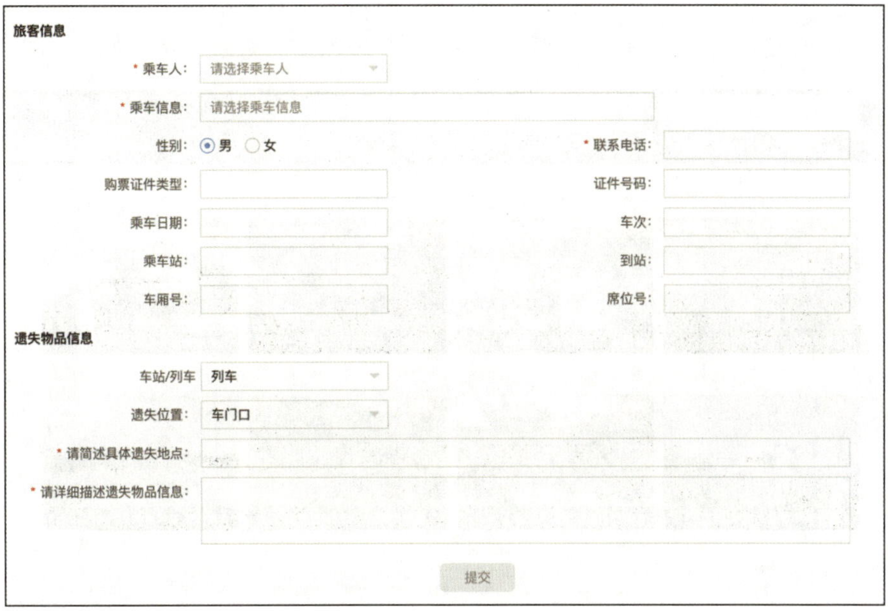

图 13.23 遗失物品查找界面

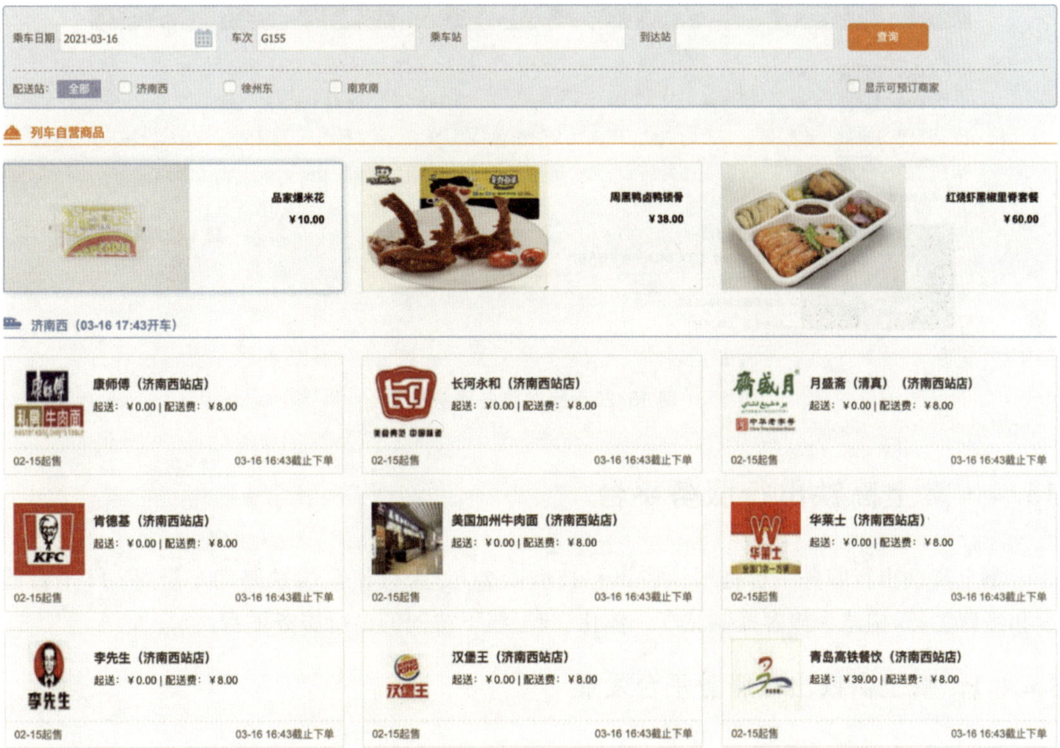

图 13.24 餐饮特产服务界面

(2)旅游服务

旅游服务包含研学旅游、旅游专列、精品线路及热门景点服务。旅客可以查询到各旅游服务的时间、地点、参考价格、行程安排以及沿途各站的相关景点介绍等。旅客也可以通过输入出发地和目的地查询自己想要的旅游服务。铁路 12306 网站旅游服务界面如图 13.25 所示。

图 13.25 旅游服务服务界面

13.4 掌上高铁出行服务平台

掌上高铁出行服务平台是国铁吉讯科技有限公司，为行使全国铁路动车组 Wi-Fi 平台建设和经营之责，构建为旅客提供站车一体化、线上线下协同的出行服务平台。

13.4.1 掌上高铁出行服务平台发展

1. 企业经营模式及组织机构

2018 年 7 月 5 日，中国铁路总公司对其独资设立的动车网络科技有限公司进行混合所有制改革，通过股权转让，由原中国铁路总公司、浙江吉利控股集团有限公司和深圳市腾讯计算机系统有限公司共同组建国铁吉讯科技有限公司，负责全国铁路动车组 Wi-Fi 平台建设和经营，为旅客提供站车一体化、线上线下协同的出行服务。公司的成立，是铁路部门深化国铁企业改革、积极发展混合所有制经济、推动高铁网＋互联网“双网”融合发展取得的重要成果。

国铁吉讯围绕“让出行生活更美好”的发展理念，定位为中国铁路智慧出行服务提供商，以“打造中国铁路国家级互联网公司”为愿景，致力于不断满足人们对美好出行生活的向往。公司充分发挥体制机制优势和股东资源优势，立足科技创新，打造了旅客智慧出行服务平台掌上高铁 App，初步形成了以“基础产品＋商业产品”促进铁路运输、提升客运服务的发展格局；推进“金鹿 OS”铁路站车商业服务系统业务，初步构建了站车商业服务生态体系；拥抱 5G 技术变革，加快动车组 Wi-Fi＋5G 融合发展在铁路垂直行业的应用，助力客运服务提质增效。

国铁吉讯采用互联网企业的运行组织架构，设综合管理部（党群工作部）、战略发展部、人力资源部、财务管理部、法律合规与风险管理部、信息安全部、采购部、通信事业部、智慧铁路事业部等九个部门和产品研发中心、产品运营中心、市场营销中心等三个中心。组织机构如图 13.26 所示。

2. 掌上高铁出行服务平台发展历程

2018 年 9 月 25 日，掌上高铁 App 上线，以车厢网络服务为入口，为铁路旅客提供线上线下协同的出行全过程服务。至 2020 年底，掌上高铁上线的服务，包括电子客票、车厢娱乐、订餐到座等车上旅行服务以及极速打车特色联程出行服务，涵盖了旅客在出行过程中吃、住、行、游、购、娱各个方面，让旅客出行更加安心、愉悦、便捷。具体发展历程见表 13.2。

表 13.2 掌上高铁出行服务平台发展历程

时　间	关键点	上线新功能及产品优化
2018 年	掌上高铁 1.0 发布	9 月 25 日，公司聚焦铁路车站和车厢服务的基础与增值服务，立足用户需求，发布掌上高铁 1.0 产品。服务主要包含高铁 Wi-Fi、行程服务、高铁影院等
2019 年	极速打车业务上线	3 月 27 日，极速打车业务正式上线，整合首汽约车、曹操出行等优质出行服务商，为旅客提供到站后的专车服务；并引入租车等形式作为运力补充，满足不同旅客的换乘需求，初步构建了“门到门”的无缝连接行程服务雏形
2019 年	掌上高铁 2.0 发布	7 月 5 日，掌上高铁 2.0 提供了包括高铁 Wi-Fi、在途娱乐、行程管理、极速打车、站区生活等六大版块在内的出行服务，应用场景也由“站－车－站”拓展到了“门－铁路－门”
2019 年	高铁订餐服务上线	8 月 8 日，掌上高铁通过 API 接口方式接入订餐平台，为旅客提供高铁订餐服务。掌上高铁的餐饮业务定位是“高铁版美团”，用科技连接旅客和商家，不断升级餐饮供应链体系，为旅客提供出发前、行程中和到站后的铁路特色就餐服务
2019 年	重点旅客服务上线	8 月 22 日，掌上高铁平台上线重点旅客服务功能，重点旅客及特殊重点旅客预约后，一次性为符合特定要求的旅客进行建档。对于特定建档的旅客可以享受铁路公益提供的服务，如：优先进站、特定位置休息等
2019 年	遗失物品查找服务上线	10 月 15 日，掌上高铁上线遗失物品查找功能，支持用户填写个人信息、乘车日期、车次、遗失物品信息等内容，帮助乘客查找物品
2020 年	售票小程序上线	12 月 26 日，掌上高铁支持火车票售票服务，乘客使用掌上高铁购票，可享受到一站式、全流程式的出行服务

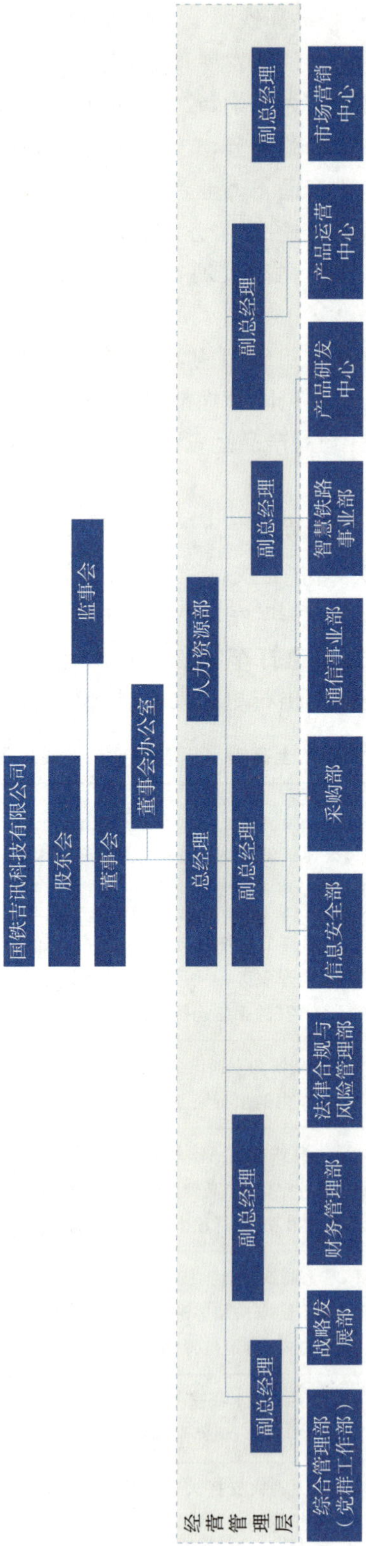

图13.26 国铁吉讯组织机构图

13.4.2 掌上高铁出行服务平台功能及技术架构

1. 掌上高铁出行服务平台功能

掌上高铁平台含有基础服务和商业服务两大功能。基础服务主要包含票务服务、行程管理、出行服务、温馨服务等提升运输服务体验质量的公益性服务(免费);商业服务包含用车服务、高铁餐饮、高铁影院、贵宾厅、国铁会员等拓展运输服务和改善旅客体验的增值服务。图13.27为掌上高铁出行服务功能图。

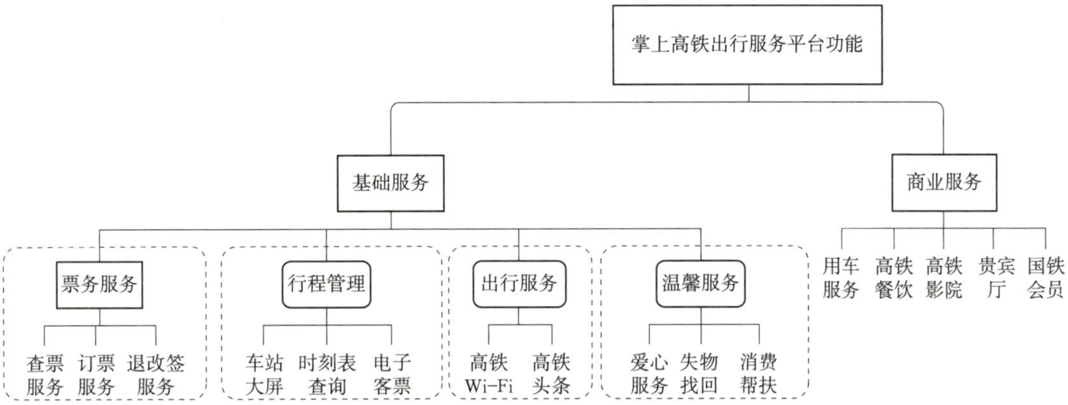

图13.27　掌上高铁出行服务平台功能

(1)基础服务

①票务服务

掌上高铁票务服务包括查票服务、订票服务、退改签服务等。

a. 查票服务

查票服务需要旅客输入始发地、目的地、出发日期,选择是否仅查询学生票、是否仅查询高铁/动车,可以查询各车次列车的时间段、公布票价、站点信息以及余票情况。查票服务如图13.28所示。

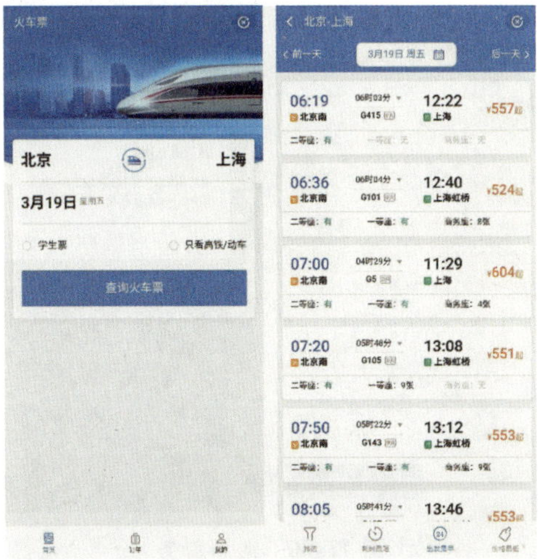

图13.28　查票服务

b. 订票服务

订票服务帮助旅客足不出户购买车票，用户打开掌上高铁 App，输入出发地和目的地，登录账号即可进行购买。掌上高铁 App 订票具有保护个人信息安全、无捆绑消费等特点，使旅客买火车票更省心、放心。同时，旅客可直接使用 12306 账户登录，订票流程自然流畅、容易理解。订票服务如图 13.29 所示。

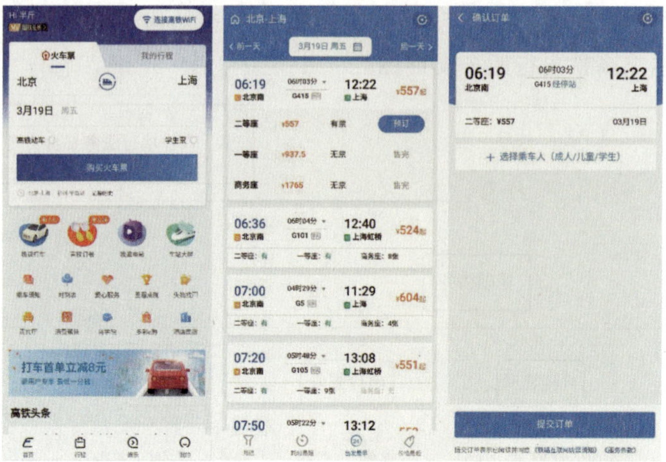

图 13.29　订票服务

c. 退改签服务

退改签服务包括退票服务、改签服务、变更到站等服务。

退票服务是指在掌上高铁 App 订票后，没有换取纸质车票且不晚于开车前 25 min 的旅客，可在掌上高铁 App 购票功能页内办理退票。办理退票时，应退票款将按照实际退票规则，在规定时间内退回至订票时所使用的支付工具。退票服务如图 13.30 所示。

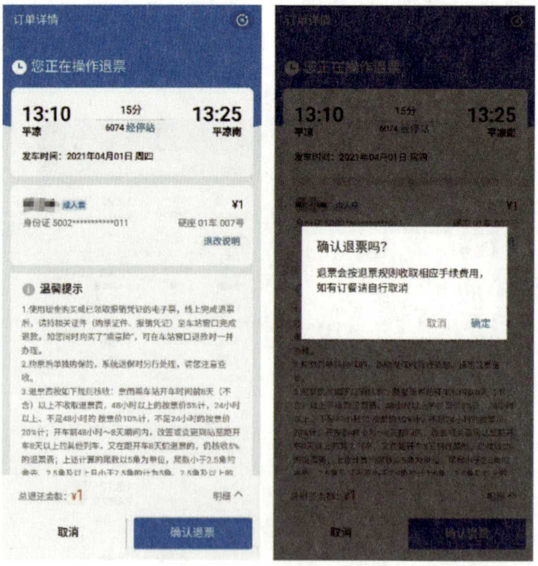

图 13.30　退票服务

改签服务是指在掌上高铁 App 订票后，没有换取纸质车票且不晚于开车前 25 min 的旅客，可在掌上高铁 App 购票功能页内办理改签。已经换取纸质车票的旅客，需要携带乘车人的有效身份证件原件至车站窗口进行线下办理。改签服务如图 13.31 所示。

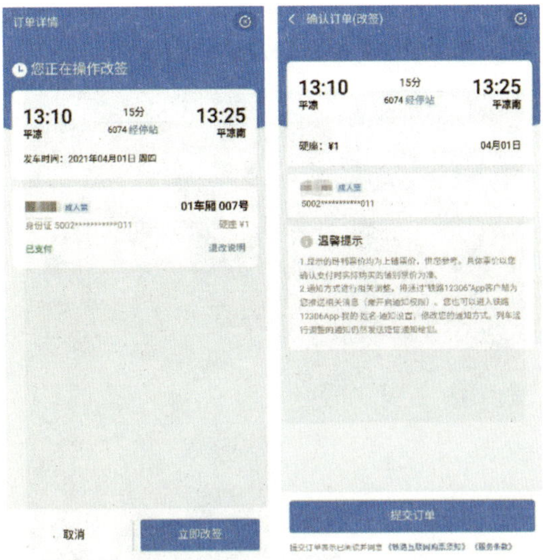

图 13.31 改签服务

变更到站服务是指在掌上高铁 App 订票后，在原车票开车前 48 h 以上且没有换取纸质车票的旅客，在有运输能力的前提下，可在掌上高铁 App 购票功能页内办理变更到站。已经换取纸质车票的旅客，需要携带乘车人的有效身份证件原件至车站指定窗口进行线下办理。变更到站服务如图 13.32 所示。

图 13.32 变更到站服务

②行程管理

掌上高铁 App 定位为铁路出行服务工具，将为旅客提供门到门的“私人助理”，建立了完善的全流程行程服务闭环。行程管理包括车站大屏、时刻表查询、电子客票等服务。

a. 车站大屏

旅客通过车站大屏服务可以查询目标车站出发或到达车次的当前状态，可以在搜索框内填入指定车次查询当前状态。出发的列车有候车、开始检票、停止检票、停运等状态，到达的列车有正点、晚点等状态。车站大屏如图 13.33 所示。

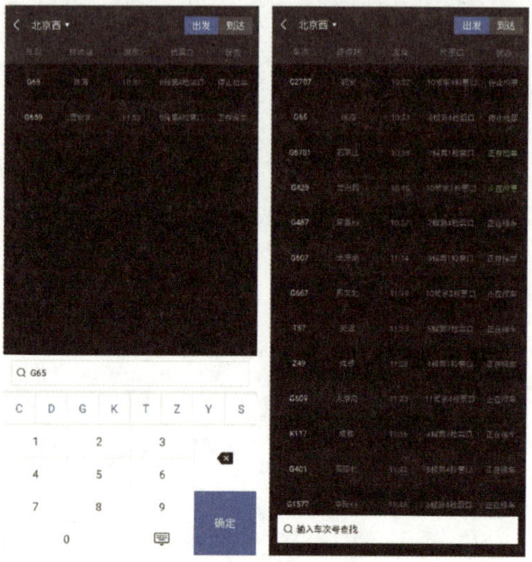

图 13.33 车站大屏服务

b. 时刻表查询

时刻表查询包含车次查询和站站查询两大功能。

车次查询功能可以查询目标车次的始发、到达、经停站以及列车在各个车站的到达、出发时间及正晚点情况，还可以显示该车次所处的检票口信息、目的地天气信息、当前列车地图所在点、该车次当前的评分信息等。站站查询可以查询出发地到目的地所有列车信息。时刻表查询如图 13.34 所示。

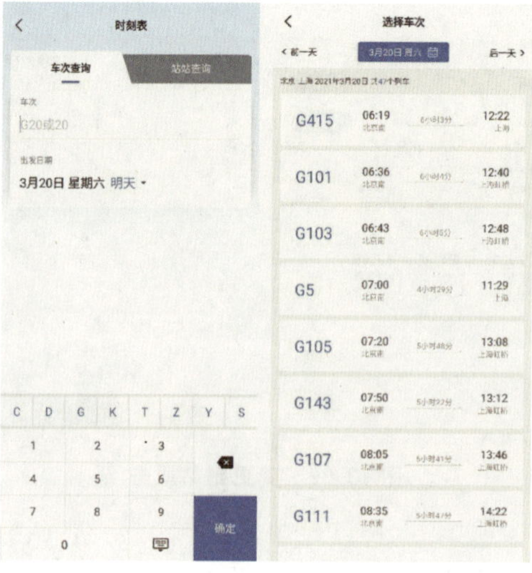

图 13.34 时刻表查询服务

c. 电子客票

用户购票后，可以去掌上高铁 App 同步电子客票，获取在途服务。旅客同步电子客票后，可获得行程检票口、正晚点、车厢及座位号信息等行程提醒服务，包括列车晚点提醒、开始检票提醒、目的地天气提醒等。旅客通过电子客票的行程分享功能，帮助亲人朋友随时了解旅客的行程动态。电子客票服务如图 13.35 所示。

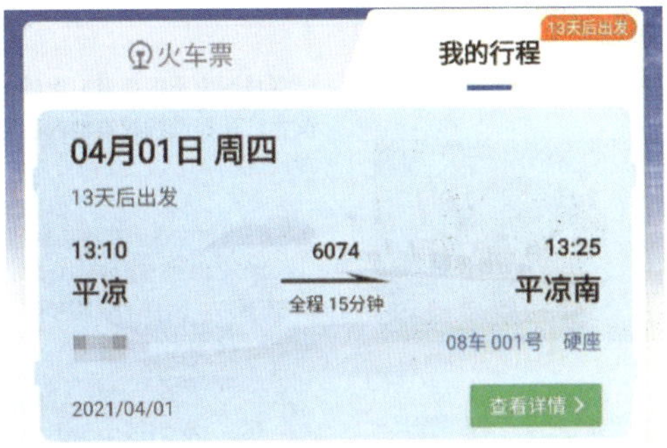

图 13.35 电子客票服务

③出行服务

a. 高铁 Wi-Fi

掌上高铁 App 通过高铁 Wi-Fi 服务满足旅客出行过程中的联网需求，让用户得以摆脱高铁信息孤岛及出行失联的窘境。高铁 Wi-Fi 已实现复兴号、和谐号的双重覆盖，完成装车数量累计 1074 组(折合 8 编组)。用户上车后自动扫描并连接 Wi-Fi，即可获得安全稳定的互联网接入服务，让旅途信号满满。目前，高铁 Wi-Fi 支持手机、电脑、平板等不同设备连接，并且通过安全检测鉴别伪装信号源，保障旅客信息安全。高铁 Wi-Fi 连接如图 13.36 所示。

图 13.36 高铁 Wi-Fi 连接页面

b. 高铁头条

高铁头条包含旅游生活、搞笑、教育、养生、明星娱乐、财经、人文历史、体育、科技等九种题材的内容。与高铁 Wi-Fi 并行，为旅客提供时事热点、新闻资讯，消除车上、车下信息误差。旅客打开掌上高铁 App，下拉即可浏览信息流式头条内容。高铁头条如图 13.37 所示。

图 13.37 高铁头条服务

④温馨服务

掌上高铁温馨服务包括爱心服务、遗失物品找回等功能。

a. 爱心服务

用户可在乘车前 12～72 h 打开掌上高铁 App，进入“爱心服务”进行预约。用户可选择电话和线上两种预约方式，其中线上预约需要填写个人信息、乘车日期、车次、服务需求等内容。重点旅客预约服务仅受理依靠轮椅、担架等辅助器具旅行的老年、伤病、残疾等已购车票旅客服务需求。铁路车站提供优先进站、协助乘降、便利出站等服务，不办理代购车票等其他业务。爱心服务如图 13.38 所示。

b. 失物找回

旅客打开掌上高铁 App 进入“失物找回”，填写个人信息、乘车日期、车次、遗失物品信息等内容。服务提交完成后 6 h 内(23:00 至次日 6:00 顺延)，铁路工作人员将与旅客联系，告知查找情况，并对查找到的物品进行返还事项确定。遗失物品找回如图 13.39 所示。

c. 消费帮扶

国铁吉讯响应“乡村振兴”政策号召，面向旅客提供各地特产商品的购物服务。旅客选购商品，填写收货地址，支付后直接快递到家。消费帮扶如图 13.40 所示。

图 13.38 爱心服务

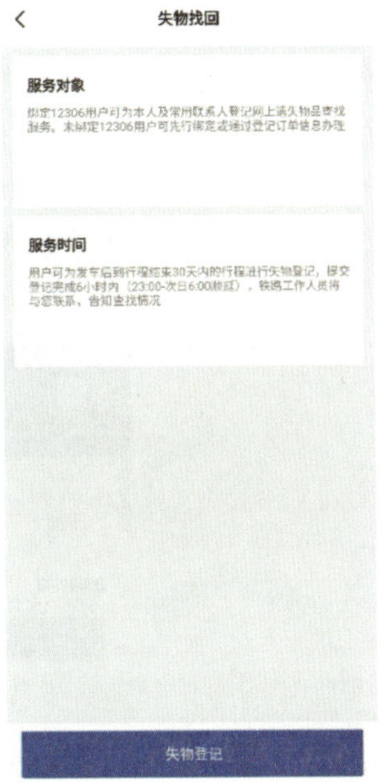

图 13.39 遗失物品找回服务

图 13.40 消费帮扶服务

（2）商业服务

①用车服务

接送站业务范围包括面向个人用户的网约车、租车、包车、公交查询等业务，推动高速铁路和地面交通换乘方式的多元化。其中网约车服务接入曹操专车、首汽约车等 22 家运力服务，租车服务由一嗨租车和悟空租车提供服务。旅客通过掌上高铁 App 下单，即可自助获取预约、用车、还车、支付等所有环节服务。用车服务如图 13.41 所示。

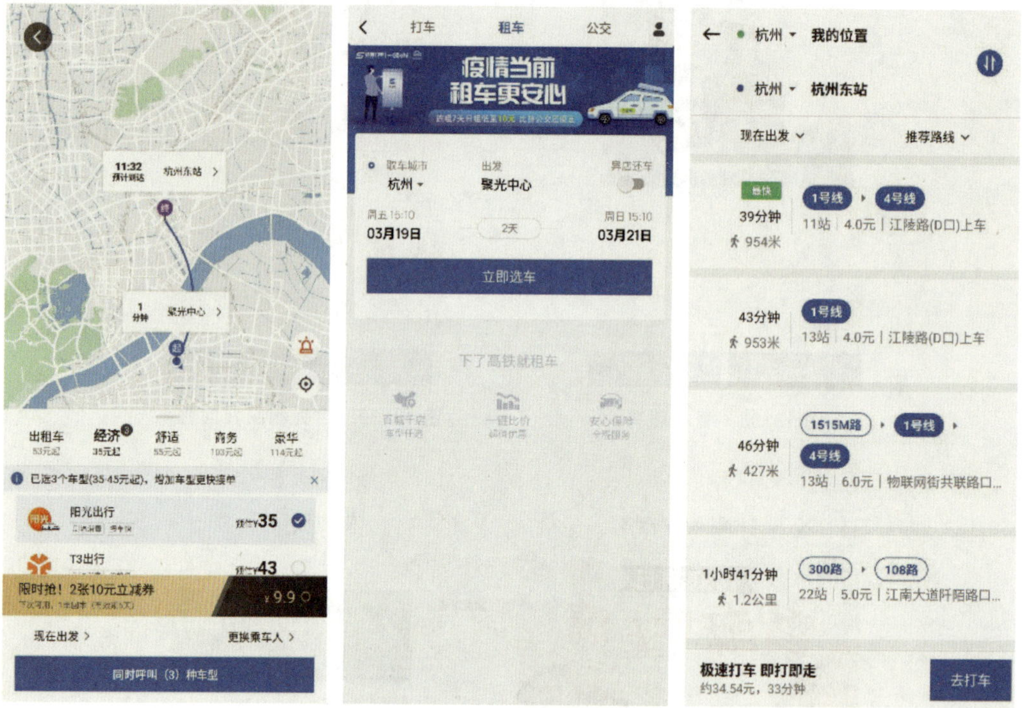

图 13.41　用车服务

②高铁餐饮

通过调用铁路 12306 订餐平台 API 接口方式开展高铁餐饮服务。高铁餐饮服务已组织全路 40 个客运站的 300 余家商家开展互联网订餐和特产预定业务。掌上高铁为旅客提供高铁订餐和到站取餐服务，旅客在出发前选定日期和车次进行预订，系统会提供对应的高铁外卖商家及到站取餐商家为旅客提供服务。在行程中，旅客也可以在规则范围内预订站点商家外卖及车上用餐服务等。由配送员将餐食及零食送至旅客座位上，旅客也可自行前往商家店铺凭借二维码或者核销码进行取餐。高铁餐饮如图 13.42 所示。

③高铁影院

掌上高铁立足铁路旅客车厢娱乐的文化消费需要，以铁路出行场景为切入点，整合多方内容资源，串联多元化视频，联动车载 Wi-Fi，通过“高铁＋互联网＋泛娱乐内容及平台”模式，把高铁车载娱乐系统及平台打造成为被旅客认可的品牌，并在出行领域重新定义高铁娱乐，打造独具铁路特色的高铁娱乐中心。高铁影院包含电影、高铁商学院、国铁头条、小游戏、音频等内容，如图 13.43 所示。

图 13.42 高铁餐饮服务

图 13.43 高铁影院服务

④贵宾厅

贵宾厅包括候车休息、饮料小食、上车提醒、免费 Wi-Fi 上网、手机充电等内容服务。掌上高铁与第三方贵宾厅服务商进行合作，能满足大型高速铁路车站贵宾厅旅客休息需求。旅客可以在掌上高铁 App 下单购买贵宾厅休息服务，也可以通过会员免费兑换贵宾厅休息权益。贵宾厅服务如图 13.44 所示。

⑤国铁会员

国铁吉讯从铁路出行核心场景出发，为会员提供贵宾服务、Wi-Fi 服务、车上 VIP 定制服务等各类高速铁路场景内出行服务权益等高端出行核心服务矩阵。在此基础上，衍生出交通出行、话费充值、电商外卖、旅行生活、品牌餐饮、电影娱乐、健康生活、金融服务等商业化服务矩阵。国铁会员如图 13.45 所示。

2. 掌上高铁出行服务平台技术架构

“掌上高铁出行服务平台”实现了与“铁路信息集成平台”的互联互通，以获取到的“旅服信息”和“动车组运用信息”为基础，向旅客提供铁路出行服务。“旅服信息”包括列车时刻表、正晚点、检票口等信息，并通过掌上高铁用户端产品（App、小程序等）为旅客提供“出行规划、车站大屏、正晚点提醒、检票提醒”等服务。“动车组运用信息”提供列车设备基本信息和列车开行计划，是掌上高铁开展“高铁车厢服务”的基础条件。高铁车厢服务包含了“Wi-Fi连接、列车实时轨迹、高铁订餐、车厢娱乐”等服务。掌上高铁出行服务平台架构如图 13.46 所示。

图 13.44 贵宾厅服务

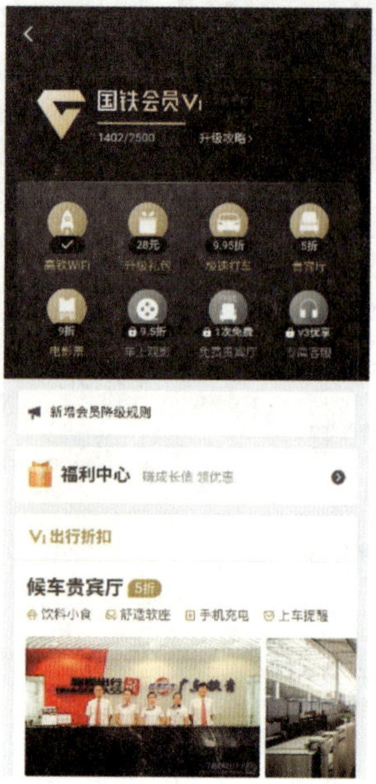

图 13.45 国铁会员服务

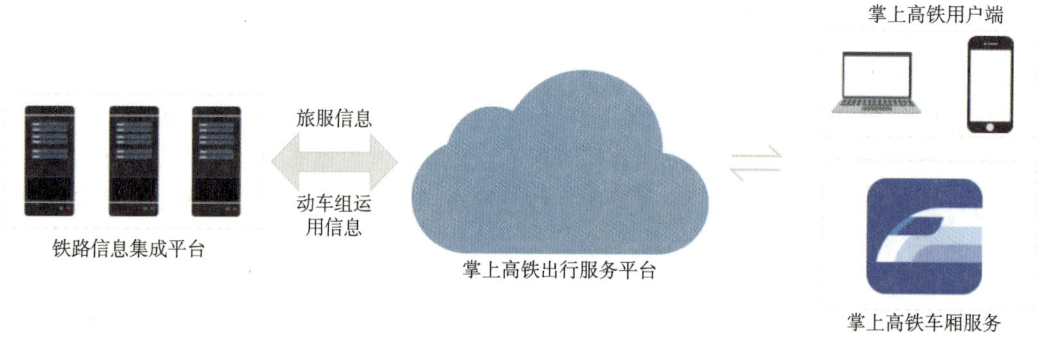

图 13.46 掌上高铁出行服务平台架构

参考文献

[1] 贾俊芳.高速铁路客运服务[M].北京:中国铁道出版社,2009.
[2] 贾俊芳.铁路旅客运输[M].北京:中国铁道出版社,2016.
[3] 陈觉.服务产品设计[M].沈阳:辽宁科学技术出版社,2003.
[4] 应慧刚.长三角高速铁路运营管理实践与探索[M].北京.中国铁道出版社,2019.
[5] 杨光,裴瑞江.高速铁路客运乘务管理与组织实务[M].北京.中国铁道出版社有限公司,2020.
[6] 中国铁路总公司.高速铁路售票组织及关键技术[M].北京.中国铁道出版社,2014.
[7] 程学庆,贾华强,唐瑞雪,等.高铁应急救援管理及预案研究[M].北京:中国铁道出版社,2015.
[8] 国家铁路局《高铁经济学导论》编写组.高铁经济学导论[M].北京:中国铁道出版社,2018.
[9] 裴瑞江,李强.铁路客户服务业务[M].北京:中国铁道出版社,2016.
[10] 中国铁路总公司.高速铁路客运服务管理[M].北京:中国铁道出版社,2016.
[11] 中国铁路总公司.高速铁路客流组织[M].北京:中国铁道出版社,2014.
[12] 波多洛伊,菲茨西蒙斯 J A,菲茨西蒙斯 M J.服务管理:运作、战略与信息技术[M].张金成,范秀成,杨坤,译.北京:机械工业出版社,2020.
[13] 格默尔,路易,迪耶多克.服务管理:整合的视角[M].陈福军,曹婷,译.北京:清华大学出版社,2017.
[14] 王献张.高铁客站进站设备能力匹配研究[D].北京:北京交通大学,2018.
[15] 王莹玉.基于旅客需求的客运站服务优化研究[D].北京:北京交通大学,2014.
[16] 鲁磊.北京铁路客服中心人工座席服务质量优化研究[D].北京:北京交通大学,2017.
[17] 王彦杰,张喜.大型铁路客运站客流组织的动态仿真与评价分析[D].北京:北京交通大学,2013.
[18] 基于 Anylogic 的铁路站台客流仿真[EB/OL].(2015-1-29)[2021-5-21].https://wenku.baidu.com/view/7a5c8b645f0e7cd1842536c4.html.